Couverture inférieure manquante

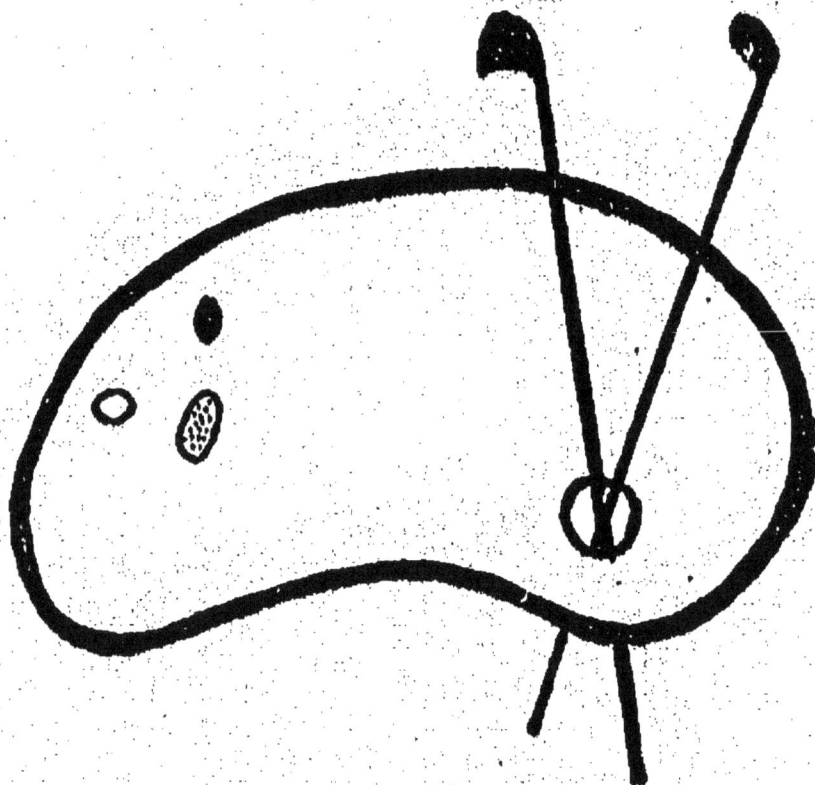

DEBUT D'UNE SERIE DE DOCUMENTS
EN COULEUR

ESSAI

D'UNE

THÉORIE GÉNÉRALE

DE L'OBLIGATION

D'APRÈS

LE PROJET DE CODE CIVIL ALLEMAND

PAR

Raymond SALEILLES

Professeur agrégé à la Faculté de droit de Dijon.

PARIS

LIBRAIRIE COTILLON

F. PICHON, SUCCESSEUR, ÉDITEUR,

Libraire du Conseil d'État et de la Société de législation comparée,

24, rue Soufflot, 24

1890

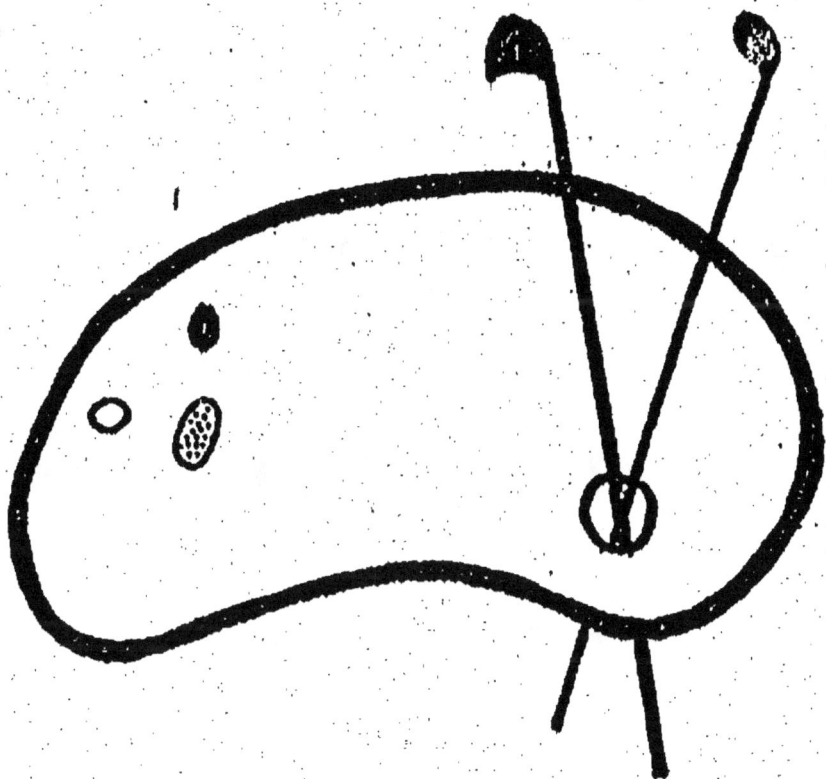

FIN D'UNE SERIE DE DOCUMENTS
EN COULEUR

ESSAI

D'UNE

THÉORIE GÉNÉRALE

DE L'OBLIGATION

D'APRÈS

LE PROJET DE CODE CIVIL ALLEMAND

DU MÊME AUTEUR

Étude sur les Sources de l'Obligation dans le Projet de Code civil allemand (Paris, Pichon, 1889).

Le Domaine public à Rome et son application en matière artistique (Paris, Larose, 1889).

ESSAI

D'UNE

THÉORIE GÉNÉRALE

DE L'OBLIGATION

D'APRÈS

LE PROJET DE CODE CIVIL ALLEMAND

PAR

Raymond SALEILLES

Professeur agrégé à la Faculté de droit de Dijon.

PARIS

LIBRAIRIE COTILLON

F. PICHON, SUCCESSEUR, ÉDITEUR,

Libraire du Conseil d'État et de la Société de législation comparée,

24, rue Soufflot, 24

1890

A

M. BUFNOIR

PRÉSIDENT

DE LA SOCIÉTÉ DE LÉGISLATION COMPARÉE

PRÉFACE

L'étendue donnée à cet ouvrage pourra sembler excessive. Il s'agit d'un projet législatif étranger qui est loin
d'être accepté comme loi définitive, et encore n'est-il question que de l'une des matières qu'il contient. Je dois, sous
forme d'excuse, expliquer ce que j'aurais voulu faire.

La matière des obligations est dominée, pour la plus
grande partie, par le principe de la liberté des conventions : ici donc, il n'y a pas de conceptions juridiques que
l'on puisse déclarer définitives ; ici, tout est incessamment
en progrès, ou, tout au moins, en voie d'innovation.

Or, c'est le mérite des études de droit comparé de
fournir à cette marche du progrès juridique, les éléments
d'observation qui lui sont indispensables. Il n'est pas une
seule des conceptions scientifiques imaginées en France ou
ailleurs, pas un seul des usages inspirés par la pratique du
monde civilisé, qui ne puisse répondre à une intention
possible des individus qui entrent en rapports d'affaires, et
donner satisfaction, aujourd'hui ou plus tard, à un besoin
de la vie juridique.

C'est dans cet esprit que j'ai entrepris cette étude : on voudra bien n'y chercher ni une analyse exégétique, ni une critique du nouveau projet : ceci regarde les intéressés.

Mais j'ai essayé, à l'occasion des dispositions admises par le projet, de grouper sur chaque question les principales théories scientifiques qui ont cours en Allemagne. Je n'apprendrai rien sans doute à ceux de nos éminents jurisconsultes qui, faisant de certaines matières l'objet principal de leurs travaux, connaissent à fond tout ce qui a été dit en France ou à l'étranger sur le sujet. Il m'a paru toutefois qu'une synthèse un peu minutieuse des conceptions germaniques, susceptible de fournir comme un tableau abrégé du mouvement juridique, issu de la pratique du droit romain en Allemagne, ne serait pas inutile à ceux qui ne peuvent sans cesse recourir aux monographies spéciales, et pourrait peut-être trouver bon accueil auprès du public savant, et même des praticiens.

Je n'ai pas eu d'autre but. La première partie de ce travail a fait l'objet d'une communication insérée au *Bulletin de la Société de législation comparée;* cet essai a paru devoir répondre au but que je viens d'exposer et j'ai été encouragé de divers côtés à lui donner une suite; cette suite fournira la partie nouvelle de cet ouvrage. J'ai insisté, surtout dans celle-ci, sur la comparaison avec le droit français, et je m'estimerais heureux d'avoir ainsi fourni de nouveaux éléments d'interprétation pour certaines matières de notre Code civil que, sinon pour le texte, du moins pour la conception doctrinale, tout le monde s'accorde à vouloir rajeunir.

Je viens de dire ce que je m'étais proposé de faire; mais je ne cacherai pas que cette préface ne révélerait qu'à demi

ma pensée, si elle ne laissait pas tout au moins soupçonner ma reconnaissance pour le président actuel de
notre Société de législation comparée, qui a été le véritable
inspirateur de ce travail et dont les conseils et l'appui,
d'une façon générale, m'ont été si précieux. Mais il est devenu pour moi beaucoup plus qu'un maître, et si je ne
puis guère ici accentuer davantage ma reconnaissance, je
demande tout au moins l'autorisation, en inscrivant son
nom en tête de ce livre, de mettre celui-ci sous le patro-
nage de sa haute autorité et de l'offrir ainsi au public sous
le couvert d'une recommandation dont il a, je ne le sens
que trop, le plus grand besoin.

Vaux, par Etang-sur-Arroux,
1er octobre 1889.

RAYMOND SALEILLES,

Professeur agrégé à la Faculté de Droit de Dijon.

ERRATA

Page 9, lig. 20 *au lieu de:*	p. 173, note 2	*lises:*	p. 9, note 1.
— 15 — 34	—	1394	—	1384.
— 16 — 30	—	L. 25, § 78 (192) . . .	—	L. 25, § 7, D. 19. 2.
— 17 — 40	—	ceux de l'Etat . . .	—	celle de l'Etat.
— 19 — 27	—	A. L. R., 20	—	A. L. R., I, 20.
— 33 — 39	—	Al. L. R., II.	—	A. L. R., I, 11.
— 34 — 37	—	A. L. R., I, 12	—	A. L. R., I, 11.
— 37 — 29	—	les droits d'actions.	—	les droits et actions.
— 132 — 2	—	obligation de dette d'argent	—	dette d'argent.
— 137 — 34	—	note 319	—	art 319.
— 199 — 6	—	inexécution tardive	—	exécution tardive.
— 200 — 6	—	exécution	—	exécution tardive.
— 200 — 39	—	Merkvertrag.	—	Werkvertrag.
— 203 — 13	—	n° 201	—	n° 191.
— 228 — 36	—	n° 227	—	n° 217.
— 231 — 41	—	n° 310	—	n° 300.
— 232 — 38	—	n° 310	—	n° 300.
— 233 — 15	—	n° 311	—	n° 301.
— 240 — 26	—	du vice	—	des vices.
— 253 — 15	—	244	—	234.
— 263 — 21	—	243	—	343.
— 269 — 38	—	perdait	—	perdrait.
— 279 — 33	—	(22-2)	—	(22-3).
— 281 — 6	—	ne se porte	—	ne porté.
— 283 — 3	—	le mode de contrat.	—	le mot de contrat.
— 310 — 41	—	*Lex Anastasia* . . .	—	*Lex Anastasiana.*
— 374 — 32	—	raports	—	rapports.

ADDENDA

P. 367, n° 3 *in fine.* — Add. *Loi fédérale sur la poursuite pour dettes et la faillite du* 11 *avril* 1889 (actuellement soumise au vote populaire, le 17 novembre 1889). — Art. 5 et 6. — L'article 6 consacre la responsabilité du canton pour le dommage causé par la faute des préposés et fonctionnaires de l'office de faillite.

P. 373, n° 1 *in fine.* — Add. *Code du Monténégro de* 1888, art. 697, lequel met à la charge de la communauté de famille la dette faite par l'un des membres de la famille pour besoins urgents (cf. la préface du traducteur français des Etudes sur l'histoire du droit, de Summer-Maine, *Etudes sur l'histoire du droit,* Thorin, 1889, *préface,* p. xxvi et suiv., p. xxix, note 1.

ÉTUDE

SUR LA

THÉORIE GÉNÉRALE

DES OBLIGATIONS

D'APRÈS

LE PROJET DE CODE CIVIL ALLEMAND

———

INTRODUCTION

1. Dans toute œuvre législative la matière des obligations constitue une partie presque essentiellement théorique et abstraite; il
s'agit en effet, pour une grande part tout au moins, de préciser les
différentes formes sous lesquelles peut se manifester la volonté
dans le domaine des conventions humaines et d'étudier les effets
qu'elle peut produire : il semble donc qu'il suffise pour les décrire
de raisonner juste et d'être logique. C'est là ce qui donne à cette
partie du droit un caractère d'œuvre rationnelle et par suite d'œuvre scientifique plus accentué que dans toute autre; mais c'est là
aussi ce qui fait que de toutes les institutions de droit privé, ce
soit celle qui tende le plus à l'uniformité : les effets de la volonté
humaine sont presque partout les mêmes et les mêmes nécessités
juridiques suscitent à peu près partout des conventions identiques ou analogues (1). La matière des obligations se dégageant de
plus en plus du formalisme primitif et même des questions d'influence locale, tend à se présenter dans les législations modernes
comme l'expression idéale de la logique juridique en harmonie
avec le principe supérieur du respect absolu de la liberté des con-

(1) Cf. Glasson, *Hist. du droit et des instit. de la France*, t. III, p. 243-
224.

ventions. Le projet du nouveau Code civil allemand n'a garde de manquer à d'aussi hautes et aussi belles ambitions; l'œuvre qu'il nous présente en cette matière a un caractère incontestable d'élévation et une apparence scientifique non moins certaine; le projet procède surtout par formules abstraites et néglige les détails, laissant à la doctrine et à la jurisprudence le soin de tirer les conséquences et de trouver les applications. Nos habitudes d'esprit s'effraient quelque peu de cette méthode de généralisation dont nous ne sentons pas toujours au premier abord la portée exacte et la juste mesure, au point de vue des applications concrètes (1); mais en allant au fond, il est facile de se convaincre qu'on a essayé de donner à chacune de ces formules une limite précise, ce qui ne veut pas dire qu'on y ait toujours réussi. En tout cas nous chercherons, autant qu'il sera possible, à découvrir, sous ces abstractions, la portée pratique qu'elles recouvrent. C'est là le point sur lequel il conviendra d'insister.

2. *Source d'inspiration.* — Il est un autre point qu'il importe de mettre ici en relief : c'est que la principale source d'inspiration du projet, en cette matière tout au moins, a été le Droit romain. Il n'y a pas à nous en étonner; la matière des obligations, par suite de son caractère spéculatif, a constitué comme le chef-d'œuvre de la législation romaine; toutes les législations postérieures y ont puisé en matière d'obligations leurs principaux éléments; notre ancien Droit français se référait sur ce point au droit des Pandectes; Pothier nous a donné sur ce sujet le résumé le plus clair que l'on puisse voir, et notre Code civil a fait du traité de Pothier la base de ses dispositions sur les obligations. A plus forte raison, devait-il en être de même en Allemagne où le droit des Pandectes a continué de former, sous le nom de droit commun, la législation subsidiaire du pays. Tous les grands principes de la législation romaine se trouvent reproduits dans le projet, dans ce qu'ils avaient de profondément rationnel et d'essentiellement juridique.

(1) Les Allemands eux-mêmes reprochent aux auteurs du projet le tour abstrait de leurs formules et les longueurs un peu contournées qui en ont été la conséquence. Un Code civil écrit de cette façon n'atteindra jamais, dit Bekker, à la popularité du Code civil français (Bekker, *Beiträge sur Erläuterung... des Entwurfes*, fasc. 2, p. 51). C'est déjà ce qu'avait si bien dit M. Bufnoir dans sa communication à la Société de législation comparée (*Bulletin*, 1889, p. 147, note 1).

3. *Principe de la distinction entre les modes générateurs d'obligations et les actes d'aliénation.* — Or parmi ces principes, il en est un qui domine toute la théorie des obligations comme celle des droits réels et qu'il importe de signaler au début de cette étude, car il doit être le point de départ du système. C'est celui de l'absolue séparation entre les actes générateurs d'obligations et les actes constitutifs ou translatifs de droits réels (1). Il avait semblé aux Romains que promettre d'aliéner, ce ne pouvait pas être déjà réaliser l'aliénation : notre Code civil, au moins pour les obligations de corps certains, a cru devoir supprimer l'espace intermédiaire et cru plus simple d'attribuer au même acte le double effet de créer l'obligation et de réaliser l'aliénation (art. 1138). Le projet admet, comme les Romanistes l'avaient toujours admis en Allemagne, qu'il y ait une ligne de démarcation entre la convention par laquelle on s'engage à exécuter un fait et la convention par laquelle on réalise le transfert d'un droit. Sur ce point d'ailleurs, les traditions romaines se trouvaient pleinement d'accord avec les plus anciennes traditions germaniques. Le vieux droit féodal n'admettait pas qu'on pût se dire plein propriétaire d'un immeuble sans une remise solennelle de la possession, appelée investiture (2). Cette investiture devint la cession judiciaire de l'époque des coutumiers allemands; il n'y avait de différence avec le système romain que dans la forme employée pour l'acte de transfert, les Romains se contentant de la tradition pure et simple et

---

(1) Cf. *Motifs*, t. II, Einleit., p. 3.

(2) Dans les textes de l'époque carolingienne, on distingue, en matière d'aliénation d'immeubles, deux actes, la *traditio* et la *vestitura*; la *traditio* désigne, dans le langage de l'époque, le contrat lui-même, vente ou donation. On n'est pas absolument d'accord sur l'effet de la *vestitura* : les uns veulent qu'elle ait été nécessaire pour la transmission du droit, d'autres qu'elle ne fût requise que pour la perfection du contrat à l'égard des tiers (c'est le système qui paraît prévaloir parmi les historiens modernes du droit germanique et du droit gallo-franc). En tout cas, pour l'époque des coutumiers allemands, l'ancienne investiture, devenue la cession judiciaire (*Auflassung*), est bien considérée comme nécessaire pour effectuer l'aliénation. Cf., pour l'étude de l'ancien droit, Albrecht, *Gewere*, p. 65 (il représente l'école traditionnelle). Pour l'école nouvelle, voyez Heusler, *Die Gewere*, p. 17 et suiv. et *Instit. des deutsch. Privat. R.*, II, § 92 et 93; Sohm, *Eheschliessung*, p. 80, 81 et Sohm, *Zur Geschichte der Auflassung*, p. 100 et suiv. — Cf. Roth, *Syst. des deuts. Priv. R.* t. III (Sachenrecht), p. 307, § 255. Add. Glasson, *Hist. du droit et des instit. de la France*, t. III, p. 134 et suiv.

les feudistes exigeant une cession en justice; mais tout le monde
était d'accord pour distinguer l'acte de cession du simple contrat.

4. Le principe de la cession judiciaire avait l'avantage de constituer un véritable système de publicité; la cession était, en effet,
constatée sur des registres, elle était de plus opérée par le magistrat lui-même, ou confirmée par lui, suivant les systèmes, et
elle devenait par suite irrévocable; il y avait là une garantie très
sûre pour le tiers. Aussi est-ce cette pratique qui l'avait emporté
en Allemagne, et c'est à elle qu'est due l'extension du régime
de la publicité en matière de propriété foncière; ce régime
fut admis en Prusse par les fameuses lois hypothécaires du
5 mai 1872 (1), et il est consacré d'une façon générale, et dans ses
grandes lignes, par le projet de Code civil; il en est question dans
la matière des droits réels.

5. *Théorie du contrat abstrait d'aliénation.* — Ce que nous avons
à retenir ici c'est que, à côté des actes créateurs d'obligations, il
existe un contrat spécial d'aliénation lequel suppose, au moins en
matière immobilière, la participation d'un officier judiciaire et
l'inscription de l'acte dans les registres fonciers. Ce que ce contrat
a surtout de particulier, c'est qu'il est comme l'ancienne tradition
romaine (2), une pure convention de transfert, indépendante de la

---

(1) Voy. la notice très intéressante de M. Paul Gide servant d'introduction à la traduction qu'il a donnée des lois hypothécaires prussiennes du
5 mai 1872 (*Ann. de la Soc. de législ. comp.*, ann. 1873, p. 208 et suiv.).
Ces lois, d'ailleurs, ne faisaient que reproduire un système déjà admis,
pour le fond tout au moins, dans la législation de quelques États de l'Allemagne : ce principe était celui de la participation d'un officier judiciaire
et de l'inscription de l'acte dans les registres fonciers (c'est le développement de l'ancienne *Auflassung*). Seulement cette participation du juge
avait lieu de deux façons différentes, suivant les pays : ou bien le contrat
devait se former devant lui et s'effectuer par l'inscription immédiate aux
registres : c'était le système du contrat devant justice (*Consensprincip*),
ou bien les parties présentaient au magistrat le contrat fait antérieurement, et celui-ci était censé le confirmer avant d'en permettre l'inscription,
système de la confirmation (*Legalitätsprincip*). Cf. Roth, *Syst. des D. priv.
R.*, t. III, § 258. Pour ce qui est du système admis par le projet, voyez articles 828 et suiv. et *Motifs*, t. III, p. 19, 20. Nous renvoyons, du reste,
pour cette partie du projet à la communication si complète et si intéressante de M. Challamel (*Bull.*, 1889, p. 407 et suiv.).

(2) Cf. Accarias, *Précis de Dr. rom.*, t. Ier (éd. 1886), n° 226, p. 573 ;
Windscheid, *Pandekten*, t. Ier, § 171, note 5.

cause en vertu de laquelle les parties procèdent à l'aliénation. Les parties déclarent vouloir transférer; cela suffit pour que leur consentement soit pleinement efficace, il n'y a pas à rechercher en vertu de quel titre elles veulent aliéner; il en résulte que le contrat étant ainsi dégagé de sa cause juridique, le titre en vertu duquel on procède à l'aliénation pourrait être nul ou annulable, l'aliénation n'en sera pas moins maintenue, et la partie qui aura fait annuler le titre n'aura à son service qu'une action personnelle en restitution, analogue aux anciennes *condictiones;* on en voit l'avantage au point de vue des tiers (1). Ce contrat abstrait, que les Allemands appellent aussi contrat réel, n'a pas été restreint au contrat d'aliénation de la propriété ; toute convention par laquelle on cède un droit se trouvera distincte du titre en vertu duquel on procède à la cession, et par suite tout acte de cession sera aussi un contrat abstrait dégagé de sa cause; c'est ce qui sera admis par exemple pour la cession de créances, et également pour la remise de dette, laquelle est, de toutes les aliénations, la plus complète puisqu'elle équivaut à l'extinction du droit.

Cette théorie du contrat abstrait d'aliénation domine, on le voit, toute la matière : il importait de la bien mettre en relief (2).

6. *Division et plan de la matière.* — Il n'y a plus maintenant qu'à indiquer les grandes lignes du projet. Comme toutes les législations qui visent à être logiques, le projet distingue essentiellement l'obligation en elle-même des sources d'où elle dérive : il étudie donc d'abord, dans une première partie, l'obligation au point de vue de ses effets (3), de sa transmissibilité et de ses modes d'extinction (liv. II, sect. I, art. 206-351); puis dans une seconde, il étudie les sources d'où l'obligation dérive et qui sont : 1° les *actes entre vifs,* lesquels comprennent le contrat et aussi la promesse unilatérale dans les cas où la loi lui attribuera un effet

(1) Pour les détails, voir la partie du projet relative au *Sachenrecht* (art. 828 et suiv.); sur la nature contractuelle de la tradition (Voy. *Motifs,* t. III, p. 7).

(2) *Dinglicher Vertrag,* art. 290 et 294 (*Motifs,* t. II, pp. 114 et 120); art. 828 et suiv. (*Motifs,* t. III, pp. 6-8 et 159). Cf. l'étude de M. Challamel au *Bulletin de la Soc. de lég. comp.,* 1889, p. 404 et suiv.

(3) Certaines matières, comme celle, par exemple, de l'action Paulienne, ayant fait l'objet de lois spéciales, restent en dehors des dispositions du projet; pour celle de l'action Paulienne, cf. loi d'Empire du 10 fév. 1877 sur les faillites (*Konk. ordn.*), art. 22-34 et loi d'Empire du 21 juill. 1879 (*Annuaire* 1880, p. 92).

obligatoire (liv. II, sect. II, art. 342-703) ; 2° le *délit* (liv. II, sect. III, art. 701-720); et 3° certaines causes spéciales que le projet ne désigne pas autrement et qui correspondent à ce que nous appelons les *quasi-contrats* (liv. II, sect. IV, art. 717-722). Pour chacune de ces sources, le projet établit une théorie générale, puis une série de dispositions relatives à des cas particuliers. C'est ainsi qu'à la suite de la théorie générale du contrat et avant de passer aux délits, le projet traite des contrats particuliers : ce procédé est assez familier aux ouvrages de Pandectes allemands; peut-être a-t-il le tort d'interrompre l'exposé d'ensemble dn système général des obligations. Nous n'avons pas l'intention, pour le moment tout au moins, d'étudier les contrats particuliers. Nous voudrions surtout présenter une théorie générale des obligations, à la façon de la partie correspondante de notre Code civil.

Nous diviserons cette étude, comme l'a fait le projet ainsi que nous venons de l'indiquer, en deux grandes sections, la première consacrée à l'étude de l'obligation prise en elle-même, la seconde consacrée à la théorie générale des sources de l'obligation.

PREMIÈRE SECTION

DE L'OBLIGATION EN ELLE-MÊME

7. Le projet supposant l'obligation déjà née, se place, pour en décrire la portée juridique, aux cinq points de vue suivants :

1° Il l'étudie d'abord dans son objet ;

2° Il en détermine ensuite les effets, ce que le projet appelle le contenu de l'obligation ;

3° Il en décrit les modes d'extinction ;

4° Passe aux modes de transmission ,

5° Enfin étudie les modalités tenant à la pluralité de sujets actifs ou passifs, ce qui correspond à la solidarité.

Nous allons essayer de passer rapidement en revue les points les plus saillants contenus dans ces cinq paragraphes.

1° Objet de l'obligation ;

2° Effets, ou contenu de l'obligation ;

3° Extinction de l'obligation ;

4° Transmission de l'obligation ;

5° Solidarité et indivisibilité.

§ 1. — OBJET DE L'OBLIGATION

8. La section relative à l'objet de l'obligation s'ouvre par une définition qui a la valeur d'une déclaration de principe (art. 206) ; il y est dit que l'objet de l'obligation peut être un fait ou une omission quelconque, pourvu que la chose soit licite ; et on a bien soin de ne pas exiger que le fait présente une valeur pécuniaire pour le créancier. C'est la condamnation de l'ancienne théorie romaine exigeant que l'objet de l'obligation soit appréciable en argent ; depuis longtemps on commençait à faire justice de cet adage qui s'expli-

quait à Rome par des motifs propres au formalisme et à la procédure romaine, et dont l'admission dans le droit moderne constitue une véritable anomalie (1). En Allemagne, c'est surtout à
M. de Ihering que l'on doit d'en avoir mieux compris l'inexactitude juridique (2), et le projet ne pouvait pas ne pas faire justice des anciens
préjugés à cet égard ; aussi verrons-nous la validité des stipulations
pour autrui pleinement acceptée (art. 412 et 413) ; qu'importe que
le fait promis doive se réaliser au profit d'un tiers et que le
stipulant n'ait en vue que l'intérêt d'autrui (3)? Il n'y a pas de
raison pour lui refuser l'action ; seulement le projet admet que si
le débiteur n'exécute pas le fait promis, le créancier ne pourra lui
demander d'indemnité que s'il peut évaluer en argent le dommage
que lui cause personnellement l'inexécution (art. 221) ; ceci est
conforme aux principes en matière de dommages-intérêts.

9. *Obligation alternative.* — Après cette déclaration de principe,
le projet étudie certaines obligations spéciales, considérées au point
de vue des modalités de leur objet. La première est l'obligation
alternative. La théorie admise est la théorie traditionnelle contraire
à celle que proposait Dumoulin ; ce sera donc la même que celle de
notre Code civil (4).

Les deux objets compris dans l'alternative seront considérés
comme étant dus dès le principe (5) et le choix qui aura lieu aura

(1) Cf. Larombière, *Obligations* (art. 1128, n° 37, éd. 1885, t. I, p. 237) ;
Aubry et Rau, § 344 *in fine;* Windscheid, *Pand.,* § 250, note 3.

(2) Ihering, dans *Jahrb für Dogm.,* t. XVIII, p. 41 et suiv.

(3) Cf. Demol., t. XXIV, n° 232. Il ne faudrait pas croire que la question
n'eût d'intérêt pratique qu'en ce qui concerne les stipulations pour autrui ;
le contraire est suffisamment démontré par l'espèce même au sujet de laquelle est intervenue la consultation de Ihering. Il s'agissait d'une société
suisse fondée en vue du développement du réseau intercantonal, laquelle
avait stipulé d'une des compagnies suisses, la construction d'une voie ferrée ;
et la compagnie cherchait à se soustraire à son obligation en alléguant
que celle-ci n'offrait d'intérêt pécuniaire pour aucun des membres de la
société pris en particulier et que ceux-ci n'avaient aucun intérêt personnel
à l'affaire, que par suite la simple préoccupation de l'intérêt général ne
suffisait pas à valider l'obligation. (Voir la consultation de Ihering dans
Jahrb. für Dogm., t. XVIII, p. 41-85). — Add. Regelsperger (Théorie des
contrats commerciaux dans le *Handbuch d'Endemann,* t. II, § 250, note 13).

(4) Cf., sur tous ces points, Demol., t. XXVI, n° 6 et suiv., n° 16-19.

(5) On sait que dans le Code civil l'intérêt pratique de la controverse
porte surtout sur la question de transfert (art. 1138). Si l'on admet, comme
le voulait Dumoulin, qu'aucun des deux objets ne puisse être considéré
comme étant dû avant le choix à intervenir et qu'il s'agisse de choses cor-

pour but de dégager de l'obligation celui qu'aura exclu le débiteur; c'est en effet au débiteur que le choix appartiendra en principe [art. 207] (1); ceci est conforme au Code civil et à toutes les législations. Mais ce que le projet admet ici de particulièrement nouveau, c'est une théorie de Ihering sur la façon dont le choix sera opéré, et, par suite, deviendra irrévocable. On pensait en effet que le choix, pour devenir irrévocable, exigeait l'acceptation du créancier; Ihering a essayé d'établir que, au point de vue des principes, il devait suffire de la désignation du débiteur et que le choix constituait par suite un acte unilatéral dont l'effet était acquis dès que la volonté de celui à qui appartient le droit d'option s'était manifestée. Le projet consacre cette idée comme étant la plus favorable à la sécurité du commerce (2) (art. 208).

10. L'option étant ainsi faite, restait à en décrire les effets; le

porcelles à livrer en propriété au créancier, le transfert ne peut se réaliser qu'au moment où le choix intervient; cet intérêt pratique ne peut plus se présenter dans la théorie du projet qui n'admet pas que la convention de donner soit par elle seule translative de propriété. Mais l'influence du système adopté par le projet ne s'en fait pas moins sentir sur la réglementation des effets de l'obligation alternative (Cf. *infra*, p. 173, not. 2). La théorie dominante parmi les romanistes allemands était de distinguer suivant que le choix appartenait ou non au créancier; dans ce dernier cas on considérait que les deux objets étaient d'ores et déjà *in obligatione*, puisque le créancier n'avait qu'à vouloir pour que le débiteur fût obligé de lui fournir l'un ou l'autre : mais on n'admettait plus aussi facilement cette conception lorsque le choix appartenait au débiteur, et l'on sait que c'est le droit commun. Dans le sens de cette distinction, voir Windscheid, *Pand.*, § 255, note 5 et les citations. Le projet repousse cette distinction et admet que dans tous les cas les deux objets compris dans l'alternative sont déjà, et avant que le choix intervienne, objets de l'obligation ; c'était aussi l'opinion de Fitting (*Correal Oblig.*, pp. 136-169), lequel établissait déjà, comme l'avait fait également Demolombe, une très réelle analogie entre l'indétermination de l'objet, c'est-à-dire l'alternative, et celle du sujet, c'est-à-dire la solidarité. Cf. Brinz, *Pand.*, § 242, t. II (2e éd.), p. 103.

(1) La convention a pu d'ailleurs attribuer le choix au créancier, ce qui ne change pas le caractère ni la nature de l'obligation alternative, bien que ceci ait été contesté (V. Karlowa, *Ueber den Begriff der fungibilen Sachen* dans la *Revue de Grünhut*, t. XVI (1889), p. 431, note 37. V. surtout Pescatore, *Die Sog. alternative Obligation*, p. 77 et suiv., p. 237 et suiv. Cf. Seuffert, *Obligationen recht in dem Entwurfe* (dans *Bekker-Beiträge*, fasc. 11, p. 7).

(2) Ihering, *Jahrb. f. Dogm.*, I. p. 31-33. Cf. Windscheid, *Pand.*, § 255, note 9; Brinz, *Pand.*, § 242, note 5, t. II (2e éd.), p. 104); Larombière, *Oblig.*, art. 1190, n° 3; Demol., t. XXVI, n° 51.

projet les résume dans ce que la doctrine appelle le principe de concentration ; lequel signifie que, l'un des deux objets étant écarté ou devenu impossible, l'obligation se concentre sur l'autre et doit être considérée comme ayant toujours été pure et simple ; cela revient à dire que le choix a un effet rétroactif (1) (art. 209) ; ce qui est très remarquable dans le système du projet qui n'admet pas la rétroactivité de la condition (art. 128) (2) ; cela prouve qu'il n'accepte pas l'explication donnée par Demolombe (3) et quelques-uns de nos auteurs français pour qui chacun des objets de l'alternative est dû sous la condition du choix à intervenir. Pour les auteurs du projet, la rétroactivité s'explique uniquement par cette idée que, dès le principe, l'objet choisi était déjà, comme disaient nos vieux auteurs, *in obligatione;* l'idée de condition n'a pas à intervenir. Elle n'intervient que si le choix doit être fait par un tiers ; et dans ce cas c'est l'existence même de l'obligation qui est subordonnée à cette condition que le tiers exerce le choix dont les parties l'ont chargé (art. 212, § 1). Le principe de concentration s'applique également au cas de perte de l'un des objets dus (art. 211) ; le débiteur doit alors fournir l'autre et n'est pas autorisé à offrir le prix de celui qui a péri ; c'est la décision de notre article 1193, § 1 (4).

11. *Obligations de genre.* — De l'obligation alternative le projet rapproche avec raison les obligations de genre. La grosse difficulté portait ici encore sur la façon dont le choix pourrait être fait ; en effet, jusqu'à ce que le débiteur ait spécialisé l'objet de l'obligation, rien n'est dû (5). Lorsque l'objet aura été désigné, le choix sera devenu irrévocable et l'obligation traitée comme pure et simple. Mais quel est l'acte qui opérera désignation suffisante de l'objet ? Trois théories étaient en présence ; celle qui se contente de la simple séparation : il suffirait que l'objet eût été séparé et mis à part, ce qui se fait d'ordinaire par le pesage et le mesurage ; c'est la théorie de notre Code civil en matière de vente de marchandises faites au compte, au poids ou à la mesure (art. 1585) ; c'était aussi

---

(1) Cette rétroactivité est précisément l'un des intérêts pratiques les plus tangibles du système admis par le projet en matière d'obligations alternatives (Cf. *suprà*, p. 8, note 5). Voy. Windscheid, § 253, note 6).

(2) V. *Bullet. de la Soc. de législ. comp.*, 1889, pp. 160 et 161, note 1.

(3) Cf. Demol., t. XXVI, nᵒˢ 8 et 63.

(4) Cette solution n'était pas celle, cependant, de tous les romanistes allemands. Cf. Windscheid, *Pand.*, § 255, note 13.

(5) Cf. Demol., t. XXVI, nᵒ 7.

le système le plus accrédité parmi les romanistes allemands (1) ; une seconde théorie qui paraît bien avoir été acceptée par le Code de commerce allemand (art. 345), exigeait qu'il y eut en outre envoi des marchandises, ou remise au voiturier, tout au moins pour certaines ventes spéciales (2) ; enfin Ihering, allant plus loin, pensait qu'il devait y avoir livraison réalisée, donc tradition au créancier ; jusque-là, le débiteur pourrait revenir sur son choix et livrer un autre objet pourvu qu'il fût de la même espèce (3).

Ce qui faisait surtout l'importance de ces diversités d'opinions, c'est que tout le monde était d'accord pour admettre que le moment où l'objet serait spécialisé et le choix acquis, serait celui où les risques devraient passer au créancier ; or les Romanistes admettaient l'idée romaine que les risques d'une façon générale étaient toujours pour le créancier en matière d'obligations de corps certains. On comprend donc qu'ils se fussent contentés d'une simple désignation de la chose par le pesage ou le mesurage pour déclarer que l'objet ainsi spécialisé, bien que restant aux mains du débiteur, était déjà par le fait même aux risques du créancier. Mais on verra que le projet en matière d'obligations de corps certains a repoussé le principe Romain ; il laisse les risques à la charge du débiteur jusqu'à la tradition (art. 463). Aussi, en matière d'obligations de genre, il devait être amené à consacrer la théorie d'Ihering et à admettre qu'en principe le choix ne serait consommé que par la livraison aux mains du créancier (art. 214). Il pousse d'ailleurs si loin la corrélation que pour les cas exceptionnels où les risques passent au créancier avant la tradition, il place également à ce même moment la spécialisation de l'obligation, comme par exemple au cas de vente à distance et autres conventions devant aboutir au transport de l'objet : le risque passe ici au créancier au moment de l'expédition (art. 465) et à ce même moment l'obligation se concentre sur l'objet expédié (4).

(1) Cf. Aubry et Rau, § 349, note 41. Voy. Windscheid, § 390, note 8.

(2) Voir sur la portée d'application de l'art. 345 du Code de commerce, Endemann, *Handelsrecht*, § 135, III, note 35 a et suiv.

(3) Ihering, dans *Jahrb. f. Dogm.*, t. IV, pp. 346 et suiv. : à la théorie de la désignation et mise à part de l'objet (*Ausscheidungstheorie*), il opposait celle de la livraison réalisée (*Lieferungstheorie*). Au point de vue des textes, Ihering s'appuyait surtout sus le sens qu'il donnait au composé *ad metiri*, dont il faisait le le synonyme de *tradere* (Ihering, *loc. cit.*, p. 390). — *Contrà*, Karlowa, dans la *Revue de Grünhut*, t. XVI (1889), p. 438 et suiv.).

(4) Seuffert reproche au projet ce système de corrélation rigoureuse qui

12. *Obligations de sommes d'argent.* — Parmi les obligations de genre il en est une dont le projet devait plus spécialement s'occuper, c'est l'obligation de sommes d'argent ; le projet l'étudie surtout dans ses deux applications les plus intéressantes, comme dette d'intérêts, et comme dette d'indemnité. A propos de la dette d'intérêts, nous nous contenterons d'indiquer les trois principes suivants : que nulle dette ne porte intérêts de plein droit, que le taux de l'intérêt est libre, et enfin qu'à défaut de taux fixé par la loi ou la convention l'intérêt légal est à 5 p. 100 (art. 358 et 217) (1).

13. *Dette d'indemnité.* — La dette d'indemnité nous amène au contraire à faire allusion à l'une des théories les plus importantes du projet : il suffit de remarquer la place où il est traité de l'obligation d'indemnité pour que l'esprit soit en éveil ; les autres législations parlent d'indemnité, soit à propos de l'inexécution des contrats, soit à propos du délit civil (2) ; or le projet étudie l'obligation d'indemnité en elle-même, indépendamment de la cause qui lui a donné naissance, qu'il s'agisse de faute contractuelle ou de délit : il en résulte que lorsqu'il s'agit d'indemnité à payer, le projet ne fait allusion qu'au dommage causé et non au fait d'où le dommage dérive : quel que soit le fait d'où émane le préjudice, la réparation doit être la même ; le principe est celui de la réparation intégrale. Le projet pose donc les bases du calcul de l'indemnité d'une façon tout à fait générale et sans distinguer entre ce que nous appelons la faute contractuelle et la faute délictuelle, sans s'attacher, par conséquent, comme le faisait le Droit prussien, au plus ou moins de gravité de la faute, sans même distinguer, comme le fait le Code civil, entre les dommages prévus et ceux qui ne pou-

aboutit à de véritables singularités en pratique ; si par exemple je commande un wagon de charbon à une compagnie de mines qui me l'expédie, et que par suite d'une fausse indication le wagon dépasse la gare du lieu de la livraison et que la compagnie en dispose au profit d'un tiers, se réservant de m'envoyer un autre wagon de charbon de même qualité, devra-t-on le lui interdire sous prétexte que son obligation en ce qui me touche s'était spécialisée sur le wagon le premier chargé et expédié à mon adresse? (cf. Seuffert dans *Bekker-Beiträge*, fasc. 11, p. 10).

(1) Cf. Code féd., art. 83, § 1. Ce taux à 5 p. 100 est peut-être un peu élevé, a-t-on remarqué, par rapport au taux usuel en Allemagne ; les placements ne se font guère qu'à 3 1/2 et 4 p. 100. — V. Koch dans Bekker, *Beiträge*, fasc. 4, p. 19).

(2) Cf. Code civ., art. 1149 et suiv.; Code féd., art. 51.

valent pas l'être, ces derniers n'étant pris en considération chez nous qu'au cas de dol; enfin, sans même faire allusion aux dommages directs et indirects (1). Le principe est dans tous les cas celui de la réparation intégrale, fondée sur ces deux éléments traditionnels : la perte réalisée et le gain manqué (art. 218) (2).

Nous arrivons ainsi avec le projet au second paragraphe de cette section.

§ 2. — EFFETS OU CONTENU DE L'OBLIGATION. (*Inhalt der Schuldverhältnisse.*)

14. Tous les effets de l'obligation se résument en un seul mot : l'exécution. Le projet s'occupera donc de l'exécution en elle-même; puis du refus légitime d'exécution, ce qui fait allusion au droit de rétention; enfin, il traitera de l'inexécution et de ses suites, et sous ce titre il comprendra le retard dans l'exécution, ce qui l'amènera à parler de la demeure.

15. *Responsabilité du débiteur.* — La première question à se poser en matière d'exécution de l'obligation est une question de responsabilité; car il s'agit de savoir dans quelle mesure le débiteur s'est engagé à exécuter et quelle somme de diligence il a entendu promettre. La pensée du projet est que, en principe, l'étendue de l'obligation du débiteur en matière de diligence et par suite la mesure de sa responsabilité, dépendent uniquement de la convention. Il se contente de poser une présomption pour le cas où la convention est muette, et cette présomption est celle de la diligence appréciée à un point de vue abstrait, en prenant pour type celle

(1) Cf. Preuss. All. L. R., I, 5, §§ 285 et suiv.; I, 6, §§ 10, 16, 85, 88, 93, 95; I, 16, § 17; Code féd., art. 51 et 116; Code civ., art. 1150. Cf. L. unic. Cod. (7-47) et Windscheid, *Pand.*, § 258, note 9.

(2) Certains criminalistes, tout en approuvant le projet d'avoir supprimé la distinction des deux fautes, le délit qui consiste à violer un contrat étant en effet de même nature que celui qui consiste à violer la propriété d'autrui, reprochent aux auteurs du projet d'avoir confondu l'obligation *ex delicto* avec l'obligation d'indemnité; il est en effet des cas où il y a dette d'indemnité en matière contractuelle sans qu'il y ait responsabilité, par exemple en matière de garantie proprement dite, comme au cas de responsabilité pour autrui (V. *infra*, n° 17). — Les conséquences devraient-elles être les mêmes dans les deux cas? Pourquoi pas? Puisqu'il ne doit être question au civil que de réparation et non de peine privée (Cf. Liszt dans *Bekker-Beiträge*, fasc. 5, pp. 27-28).

d'un bon administrateur (art. 224). Toute violation de la diligence promise constituera une **faute**, de sorte que le principe admis est celui de la responsabilité de toute **faute**, même légère, sans distinction (art. 144). Le projet repousse donc la prétendue graduation des fautes faussement attribuée au Droit romain et plus ou moins acceptée par le Droit prussien et les autres législations allemandes; il n'accepte pas davantage la formule de notre article 1137, adoptée, ou à peu près, par le Code fédéral, lequel, après avoir posé le principe d'une responsabilité unique, attribue au juge un large pouvoir d'appréciation suivant les cas (1).

16. *Des clauses de non-responsabilité.* — Mais ce principe de responsabilité n'est qu'une règle interprétative de volonté; il pourra donc être soit aggravé, soit atténué par la convention, et dans tel ou tel cas déterminé il ne sera pas impossible de sous-entendre une clause de ce genre soit dans un sens, soit dans l'autre. Le projet admet donc dans sa plus large extension l'application de la liberté en matière de clauses de non-responsabilité, celles qui touchent au dol étant seules exceptées (art. 225). Ce principe de liberté est admis même en ce qui touche la faute lourde. Les romanistes allemands étaient d'avis contraire, parce qu'il était de tradition, en se fondant sur le Droit romain, d'assimiler la faute lourde au dol (2); chez nous, l'école de Sainctelette n'admet pas davantage les clauses de non-responsabilité visant la *culpa lata;* cela tient à ce que l'on admet la concurrence en fait d'inexécution d'obligation, de la faute contractuelle fondée sur une pure obligation de garantie dont on peut se départir et de la faute délictuelle fondée sur l'obligation générale de ne causer aucun dommage à autrui; et de celle-ci on ne peut s'affranchir par aucune clause (3). Mais le projet ne connaît aucune de ces théories subtiles et raffinées; il les connaît si peu que pour lui toute faute est un délit civil : le délit consiste à violer le droit d'autrui, or il y a violation du droit d'autrui aussi bien lorsqu'il s'agit d'atteinte à un droit de créance que lorsqu'il s'agit d'atteinte au droit de propriété (art. 704, 705); donc, ce que

(1) Cf. Accarias, *Précis de Dr. rom.*, t. II, n° 662 et suiv.; pour l'état de la législation allemande, voir *Motifs*, sur l'art. 224 (t. II, p. 27). Code féd., art. 113.

(2) C'est également la solution du Code féd., art. 115.

(3) Cf. *Annales de droit commercial*, 1re ann., pp. 185 et suiv., pp. 251 et suiv., et surtout, dans le sens du projet, la lettre très remarquable de M. Labbé, *loc. cit.*, pp. 258 et suiv.

nous appelons la faute contractuelle est pour les auteurs du Projet
un délit civil comme tous les autres (1). Il y a seulement cette
différence que pour celui qui n'est pas engagé dans les liens d'une
obligation, les conditions du délit civil se déterminent d'une façon
absolue d'après les principes généraux, et les mêmes pour tous,
sur le respect du droit d'autrui, tandis que pour celui qui est
débiteur, les conditions du délit, en ce qui touche son obligation,
se déterminent d'après l'étendue de son obligation elle-même ; or,
cette étendue dépend purement et uniquement de la convention.
De cette unité de point de vue en ce qui concerne la théorie de
la faute résultent les trois conséquences suivantes, dont les deux
premières ont déjà été signalées : 1° le règlement uniforme de l'obligation d'indemnité, quelle que soit la cause qui lui serve de fondement (art. 218) (2) ; 2° l'admission de toute clause de non-responsabilité, celles qui touchent au dol étant seules exceptées (art. 225) ;
3° l'application en matière de faute dite contractuelle des cas d'irresponsabilité admis en matière de délits civils : les mêmes causes
qui effaceront ou atténueront la responsabilité de l'agent en matière de délit civil effaceront ou atténueront la responsabilité du
débiteur en ce qui touche l'inexécution de son obligation (art. 224,
708, 709) (3).

17. *Responsabilité pour autrui.* — Il va de soi que, de même
qu'on peut sous-entendre une clause de non-responsabilité,
de même on peut admettre et sous-entendre une clause d'aggravation de responsabilité, et supposer même que le débiteur
ait entendu répondre de certains risques : cela devient une clause
de garantie. Or, une question de ce genre et des plus graves se
posait en matière de responsabilité pour autrui : lorsqu'il s'agira
de délit civil proprement dit, le projet exigera, pour engager la
responsabilité du maître ou du patron, qu'il y ait défaut de
surveillance par rapport à l'acte dommageable commis par le
subordonné (art. 710) ; cela tient à ce qu'ici le maître ne peut
être obligé qu'en raison de sa faute personnelle. C'est tout le
contraire, on le voit, de notre article 1394 (4). Mais lorsque la

(1) Cf. *Motifs* sur art. 704-705 (t. II, p. 727), et *supra*, n° 13 et p. 15, note 2.
(2) *Supra*, p. 12, n° 13.
(3) Cf. Liszt dans *Bekker-Beiträge*, fasc. 5, p. 28 et *supra*, p. 13, note 2.
(4) La question, en matière de responsabilité délictuelle, fut également
très discutée en Allemagne, et spécialement aux séances des XVII° et XVIII°
congrès des jurisconsultes allemands. Nous y reviendrons à propos des

question se pose à propos d'un débiteur et que la cause de l'inexécution de son obligation est imputable à son subordonné ou à
celui qu'il emploie, les choses changent de face ; car il est possible
que le débiteur ait entendu répondre du fait de ses employés,
et la question est de savoir si cette clause doit être sous-entendue. Les romanistes, et encore aujourd'hui Windscheid (1), faisaient à cet égard une distinction, suivant que l'emploi d'agents
auxiliaires avait été ou non prévu par le contrat : dans le
premier cas le créancier était censé avoir accepté que l'ouvrage
fût fait par d'autres et avoir consenti à en subir les suites;
dans ce cas, le débiteur n'était responsable que du choix de ses
agents ; dans le second cas, l'emploi d'auxiliaires restait chose
étrangère au créancier, et le débiteur répondait de toute faute de
ses employés. Mais une théorie de ce genre était fort grave, surtout
en matière de transport ; le créancier, en pareil cas, avait toujours
dû prévoir l'intermédiaire forcé d'agents auxiliaires. Fallait-il déclarer que le débiteur ne serait responsable que du choix, que de
la *culpa in eligendo?* Heureusement, une loi romaine très connue
permettait de repousser la distinction proposée, et venait rassurer
les théoriciens (2) ; les praticiens pouvaient, de leur côté, invoquer
les dangers du système (3) ; aussi, le xviie Congrès des jurisconsultes allemands, en 1884, s'était-il prononcé dans tous les cas
pour l'absolue responsabilité du maître ou du patron (4); déjà, le

délits. On peut voir dès maintenant le discours du conseiller Petersen au
xviiie congrès. (*Verhandl. des XVIIIien deutsch. Juristentages* (1887), t. II,
p. 67 et suiv.)

(1) Windscheid, *Pand.*, § 401, note 5; § 406, note 6; § 410, note 6; pour
le droit prussien, voy. l'*All. L. R.*, I,11, § 929, 930. Voy. aussi Goldschmid
dans *Zeitsch. f. Handelsrechi*, t. XVI, pp. 280-382.

(2) L. 25, § 78 (192). « *Qui columnam transportandam conduxit, si ea....,
fracta sit, ita id periculum præstat, si sua ipsius eorumque, quorum
opera uteretur, culpa acciderit.* » Cf. Brinz, § 270, notes 6-8, t. II (2e éd.),
p. 278; Ihering, *Jahr. f. Dogm.*, IV, pp. 84, 85.

(3) Voy. les décisions de jurisprudence citées par Windscheid, *Pand.*,
§ 401, note 5. Du reste, le principe avait déjà été admis, dans sa généralité, par le Code féd. (art. 115).

(4) Compte-rendu des travaux du xviie congrès, t. I, pp. 46 et suiv., 125 et
suiv., 337 et suiv.; t. II, pp. 80 et suiv., 284 et suiv. Résumé dans le volume publié sur l'ensemble des travaux du congrès de 1860 à 1885 (*Gesammtbericht
über die Thätigkeit des Deutsch. Juristentags in den 25 Jahren seines
Bestehens*), pp. 90-92. — La plupart des consultations données sur la matière avaient conclu dans le sens de la solution qui devait définitivement
l'emporter. Cependant celle du professeur Leonhard, se plaçant sur le ter-

Code de commerce allemand avait admis cette solution en matière de transport; le projet la consacre d'une façon générale et sans distinction (art. 224) (1).

18. *Détails de l'exécution.* — Après avoir déterminé dans quelle mesure le débiteur devrait s'efforcer de procurer l'exécution, le projet indique ce que devra comprendre l'exécution et entre dans le détail des faits : ce sont dispositions sans grande importance au point de vue des principes; nous en détacherons une seule, celle qui, en principe, déclare toutes dettes payables au domicile du débiteur, sauf les dettes d'argent qui sont portables (art. 230).

19. *Refus légitime d'exécution; Droit de rétention.* — Le projet venait de parler de l'exécution et de la façon dont elle devait se faire; il devait prévoir un cas où le refus d'exécution serait légitime, c'est celui du droit de rétention. Sur cette matière, les théoriciens allemands aiment à rapprocher le droit de rétention de la compensation. Dans les deux cas il y a dettes réciproques et l'un des débiteurs s'autorise de ce fait pour refuser de payer ce qu'il doit; au cas de droit de rétention, il refuse le paiement pour forcer son créancier à lui payer ce que celui-ci lui doit; c'est donc un moyen de contrainte pour obtenir un paiement; la compensation suppose les deux dettes de même espèce et exigibles, et alors le débiteur se paie sur ce qu'il doit lui-même, autrement dit en ne payant pas ce qu'il doit. Aussi, Brinz a pu dire que ce n'était qu'un droit de rétention plus complet (2); le droit de rétention est une

rain des présomptions de volonté, distinguait suivant les cas et maintenait au fond le principe romain d'une faute personnelle. Aussi Leonhard demandait que l'on insérât dans le nouveau Code civil une révision dans ce sens de l'article 400 du Code de commerce allemand. On voit que cette opinion n'a pas prévalu. (Cf. compte-rendu du xvii° congrès. *Verhandl. des XVII°° deutsch. Juristent.*, t. I, p. 375, not. 2.)

(1) Voy. *Motifs* sur art. 224 (t. II, p. 29), Code de comm. all., art. 400, 451. Cf. Code de comm. franc., art. 97-99 (Lyon-Caen et Renault, *Précis de Dr. comm.*, n°° 884 *bis* et 885). Cf. les projets de Hesse et de Bavière qui paraissent inspirés de notre art. 1384, bien que ce ne soit plus le domaine d'application de l'obligation *ex delicto, Hess. Entw.*, IV, §§ 211-213; *Bayr. Entw.*, II, art. 62 et suiv., 491, 513, 695, 696. Nous avons surtout fait allusion à la responsabilité du patron par rapport à ses employés; mais l'article 224 règle également la responsabilité des représentants légaux des incapables, celle enfin des représentants des personnes morales, fondations et établissements publics, y compris ceux de l'État par rapport à ses employés (art. 46, 63) (Cf. Meischeider dans *Bekker-Beiträge*, fasc. 9, § 16.).

(2) On a reproché à Brinz d'avoir confondu rétention et compensation :

2

sorte de saisie temporaire opérée sur soi-même, mais n'allant pas jusqu'à la libération. La compensation est une véritable saisie opérant libération réciproque. D'ailleurs toutes deux avaient à leur service à Rome le même moyen de défense, l'*exceptio doli;* il semble donc que, soit en remontant à leur origine romaine, soit on comparant les effets qu'elles produisent, entre les deux institutions un rapprochement s'impose.

20. *Du droit de rétention entre commerçants.* — Ces idées paraissent avoir influé sur la réglementation du droit de rétention entre commerçants; le Code de commerce (art. 313), l'admet dans tous les cas où un débiteur commerçant se trouvant en possession d'objets mobiliers ou de papiers de commerce dont il doit restitution, peut invoquer à l'encontre du propriétaire une créance commerciale quelconque. On n'exige donc pas ici la connexité; c'est la commercialité des dettes qui justifie le droit de rétention, et cela suffit (1). Aussi, la plupart des commentateurs du Code de commerce, considèrent-ils le droit de rétention entre commerçants comme une sorte de moyen terme entre la rétention ordinaire et la compensation : le commerçant garde les papiers et valeurs de son débiteur pour se couvrir de ce qui lui est dû; nous

Brinz n'a cependant jamais prétendu qu'il n'y eût là qu'une seule et même institution, mais deux garanties reposant sur une même conception ayant pour fondement juridique la même idée initiale. On peut voir la théorie de Brinz dans son livre sur la compensation (Brinz, *Compensation*, pp. 54 et suiv., 110 et suiv., 142 et suiv.), et également ce qu'il dit de la compensation dans ses Pandectes (Brinz, *Pand.*, § 287, 2e éd., pp. 419, 421, note 4). Cf. Goldschmidt, *Handb. des Handelsrecht*, I (2e abth.), pp. 962-996; Windscheid, *Pand.*, § 351, note 6. Cf. Krasnopolski (*Zum Gesetze über die Anfechtung von Rechtshandlungen zahlungsunfähiger Schuldner*) dans *Zeitsch. für das priv. und öffent. R.*, t. XV, pp. 177, 178 (notes 333 et suiv.); Hahn, dans son commentaire du Code de comm. all. (II, 2e éd., pp. 171, 177 et suiv., 181, et note 21).

(1) On trouvera des renseignements intéressants sur l'origine de ce droit de rétention en matière de commerce dans le beau livre de M. Thaller sur les *Faillites en droit comparé*, t. II, p. 31. On peut voir, du reste, le résumé du système dans tous les manuels de droit commercial allemand et spécialement dans celui de Goldschmidt, *loc. cit.;* également dans le commentaire de Hahn sur les art. 313 et suiv. Voir aussi l'article cité plus haut de Krasnopolski dans la *Zeitsch. für das priv. und öff. R.*, XV, pp. 166 et suiv. Voir, dans Endemann (*Handbuch des Deutsch. Handels-See-und Wechselsrechts*), t. II (1884), pp. 518 et suiv. (liv. III, sect. I, § V.-F. (art. de Regelsberger), et t. II, pp. 92 et suiv. (Art. d'Endemann).

sommes très près, on effet, de celui qui se paie en ne payant pas ce qu'il doit (1).

21. *Principe de la connexité.* — Le projet n'a cependant pas osé généraliser ce système un peu hardi, et il revient au principe de la connexité ; il faudra donc pour rendre admissible le droit de rétention, que le débiteur puisse s'autoriser d'une créance se rapportant au·même fait que celui d'où est née sa dette (art. 233) (2). Il va de soi aussi que la créance qu'il invoque doit être exigible comme sa dette elle-même, sauf l'exception admise en cas de faillite pour le droit de rétention entre commerçants (3).

22. *Effet de la rétention.* — Le seul effet du droit de rétention sera donc de retarder le paiement, tout le système du projet se résume dans cette formule que la rétention n'est qu'une simple garantie offerte au débiteur et non un mode de libération. Aussi le projet admet-il, à l'imitation du droit prussien, une conséquence bien remarquable de cette idée, le droit pour le créancier d'écarter la rétention qu'on lui oppose en offrant une autre garantie suffisante, pourvu que ce ne soit pas une caution (art. 234) (4). Il ne saurait donc être question de ranger ce droit de rétention parmi les droits réels (5); on ne l'admet même pas pour la rétention entre commerçants bien que celle-ci, au cas de faillite, se transforme en quelque sorte en un véritable droit de gage, permettant au débiteur créancier du failli de se payer par

(1) Cf. Hahn, *loc. cit.*, II, p. 181. Goldschmidt y voit une sorte de gage tenant en partie de la saisie-arrêt et en partie de la compensation (Voir *Handelsrecht*, I, pp. 1030 et suiv.).

(2) Cf. A. L. R., 20, §§ 536 et suiv. Sächs. Ges. B. §§ 767-769. Le Code féd. (art. 224-228) n'a guère en vue que le droit de rétention entre commerçants et reproduit le système du Code de comm. all. (art 313 et suiv.). Cf. Goldschmidt, *loc. cit.*, I, (1868), pp. 964 et suiv.; Thaller, *loc. cit.*, t. II, p. 32. Windscheid reprochait cependant au principe de la connexité d'être trop vague et de ne pouvoir fournir un criterium suffisamment sûr (*Pand.*, II, § 351, note 9).

(3) Cf. Code de comm. all., art. 314; Code féd., art. 226.

(4) Cf. A. L. R., I, 20, §§ 252 et suiv.

(5) Cf. *Motifs* sur l'art. 234 *in fine* (t. II, p. 43). V. Endemann, *Handelsrecht*, § 100 (éd. 1887, p. 354). Si le droit de rétention est opposable aux créanciers du débiteur et en particulier à la masse au cas de faillite, ce n'est pas en tant que droit réel, mais cela tient à ce qu'il constitue un moyen de défense paralysant l'action qui appartient au débiteur et susceptible d'en arrêter l'effet, quel que soit celui qui l'intente. Cf. Thaller, *loc.*

préférence sur les valeurs qu'il détient sans subir la loi du concours (1). Mais ceci, d'ailleurs, sera étranger à la rétention du droit civil.

23. *Impossibilité d'exécution.* — L'hypothèse du droit de rétention est le seul cas où l'exécution puisse légitimement être refusée. Mais il peut arriver que l'exécution ne soit pas procurée, non plus parce qu'on la refuse, mais parce qu'elle est impossible ; il s'agit alors de régler les conséquences de cette impossibilité. Or cette impossibilité peut provenir de deux causes très distinctes et ses conséquences seront elles-mêmes très différentes suivant qu'il s'agira de l'une ou de l'autre : elle peut provenir de la faute du débiteur et alors l'obligation se transformera en une dette d'indemnité, ou bien elle peut provenir d'un fait non imputable au débiteur, et il en résultera la libération de ce dernier.

24. *Du cas fortuit.* — Le projet n'avait pas à définir le fait non imputable au débiteur, car il commence là où finit la faute, et cette limite nous est déjà connue : on évite même en pareil cas de parler de cas fortuit, car cela tendrait à faire croire que celui-ci suppose un événement de force majeure absolument étranger au débiteur, alors qu'en réalité il s'agit d'un fait, peut-être même d'un fait attribué au débiteur, mais n'impliquant aucune faute dont celui-ci, en raison de son obligation, puisse être responsable (art. 237) (2). Cette définition étant donnée, nous continuerons à employer l'expression de cas fortuit, qui est plus simple et plus commode. On sait déjà que le cas fortuit en principe commence

cit., p. 29. Pour ce qui est des cas dans lesquels la rétention du droit civil peut être opposée à la masse, v. Konk. Ordn., § 41, nos 1-7 et Endemann (dans *Endemann, Handbuch des deutsch. Handels-See-und Wechselrechts*, t. II (1884), § 181, p. 97). Il n'en est pas moins vrai cependant que la rétention a un certain caractère de réalité et que le projet a oublié de l'envisager à ce point de vue; on le lui a reproché (Cf. Bekker dans *Bekker-Beiträge*, fasc. 2, p. 8).

(1) Cf. Konk. Ordn., art. 41, 6, 72. V. Code autrichien des faillites, de 1868, art. 11; Cod. féd., art. 228. Cf. Thaller, *loc. cit.*, t. II, p. 35.

(2) Code féd., art. 145. — Cf. Mommsen, *Beiträge zum Obligationen Recht*, I, p. 5, 29, note 7, 32. — Cf. Brinz, *Pand.*, II, p. 323. — Cf. Richard Lœvy, *Die Unmöglichkeit der Leistung* (Berlin, 1888), p. 11-12. Pour ce qui est de la terminologie du projet en cette matière, voir Otto Gierke, *Der Entwurf... und das deutsche Recht* dans la *Revue de Schmoller*, t. XII (1888), p. 859-860).

où finit la faute; mais on sait aussi que la limite du cas fortuit, au point de vue tout au moins de la libération du débiteur, peut être reculée par suite d'une obligation de garantie expresse ou tacite. Or, la question pouvait se poser au cas où l'exécution devient impossible pour le débiteur, mais peut être effectuée par d'autres; c'est ce qu'on appelle l'impossibilité purement subjective ou personnelle au débiteur; entraînera-t-elle sa libération si elle n'implique aucune faute à sa charge? Or, il s'agit de savoir ce qu'a entendu promettre le débiteur, et le projet présume qu'il a entendu promettre l'exécution dès qu'elle serait possible en soi; d'où il conclut que le cas fortuit, duquel dépendra la libération du débiteur, suppose l'impossibilité absolue, ou objective, pour parler comme les docteurs (art. 237). A ce principe cependant l'article 237-2° apporte une exception pour le cas où l'obligation consiste à livrer un corp certain; le cas fortuit ici résultera de l'impospossibilité simplement subjective. C'est sans doute une présomption de volonté qui sera le plus souvent justifiée. On a proposé cependant, sous forme d'objection, l'exemple suivant : Si Primus s'est engagé à livrer un immeuble et que sans sa faute il perde le droit d'en disposer, il est libéré par cas fortuit; mais qu'au lieu de cela il s'agisse d'un industriel qui s'est engagé à faire un ouvrage dans la fabrique qu'il dirige et à en fournir livraison, et qui sans sa faute se voit enlever la direction de sa fabrique, il reste tenu : pourquoi cette différence de solution? (Molscheider, dans *Bekker-Beträge*, fasc, 3, p. 48). Je ne sais trop ce qu'il faudrait supposer pour rendre cet exemple réalisable, mais dans tous les cas les auteurs du projet pourraient répondre qu'on peut toujours faire exécuter l'ouvrage dans une autre fabrique, tandis qu'on ne peut pas remplacer l'immeuble qui devient indisponible.

25. *Impossibilité dérivant de la faute.* — Si l'impossibilité ne provient pas du cas fortuit, c'est qu'elle provient de la faute et on sait que l'obligation se transforme alors en une obligation de dommages-intérêts. Mais il va de soi, que cette obligation n'est que subsidiaire et suppose absolument impossible l'exécution en nature (art. 219-243), ce que le projet admet même à l'égard des obligations de faire; et il écarte par là le vieil adage tout à fait suranné que les obligations de faire se résolvent en argent (1). Cette condition préalable est la seule exigée, et le projet n'exige pas, on

(1) Cf. Code civ., art. 1142; Code féd., art. 111.

le comprend, qu'il y ait mise en demeure du débiteur; celle-ci est
la constatation officielle d'un retard dans l'exécution, elle est inutile, lorsque d'ores et déjà l'exécution est impossible (1). Quant au
calcul de l'indemnité, il se fera d'après les principes généraux
qui ont été antérieurement posés (art. 218). Le projet se contente
d'élucider quelques points de détail qui auraient pu faire difficulté, entr'autres sur le point de savoir à quel moment il faut se
placer pour évaluer la valeur de la chose qui a péri. Logiquement,
c'est à l'époque où elle aurait dû être livrée; si cependant on établit que postérieurement elle aurait augmenté de valeur, le créancier pourrait peut-être prétendre qu'il doit lui être tenu compte de
cet excédant; mais le projet tient la prétention pour excessive, car
rien ne prouve que le créancier eut conservé la chose jusqu'à ce
que la plus-value se fût produite; il n'admet donc cette évaluation
exceptionnelle que si le créancier établit qu'il aurait certainement
profité de l'augmentation de valeur, et que, par conséquent,
celle-ci rentre dans l'appréciation du dommage qu'il subit
(art. 240-2°).

26. *De la preuve du cas fortuit.* — De cette différence profonde
de résultats entre la faute et le cas fortuit dérive l'importance considérable qui s'attache ici aux questions de preuve; or, toutes les
législations admettent en principe que ce sera au débiteur à prouver le cas fortuit, car de droit commun c'est à lui d'établir sa libération; le projet suit les mêmes traditions (art. 239), mais, ici encore, il évite certaines distinctions que le droit prussien et même
le Code civil ont acceptées et qui ne cadrent plus avec le système
du projet en matière d'indemnité. Le droit prussien avait, en effet,
admis une graduation des fautes avec échelle correspondante en
matière d'indemnité, on en avait conclu que le créancier n'avait rien
à prouver tant qu'il s'en tenait à l'un des éléments du dommage,
la perte éprouvée; mais pour qu'on lui tînt compte du gain manqué, il devait établir que le débiteur avait commis une faute suffisante pour que, d'après la graduation de la loi, il dût fournir indemnité de ce chef (2). Cela rappelle le système de notre Code civil
(art. 1150) exigeant du créancier la preuve du dol pour qu'il ait
droit aux dommages même non prévus. Ce sont des théories de ce
genre qui ont pu donner l'idée d'une double faute en matière d'o-

(1) Cf. Code civ., 1146. V. Demol., t. XXIV, n° 543.
(2) V. *Motifs* sur l'art. 237 (t. II, p. 48, note 2).

bligation, l'une censée prévue par la convention constituant une
aggravation de responsabilité et ne donnant droit qu'à une indemnité limitée, mais en revanche toujours présumée; l'autre,
reposant sur la responsabilité générale en matière de délit civil,
donnant droit à indemnité totale, mais alors devant être prouvée.
Le projet rejette ces distinctions, et comme il n'admet qu'une seule
mesure en matière d'indemnité, il n'admet, en matière de preuve,
qu'une règle unique : le créancier n'a jamais rien à prouver. C'est
au débiteur seul, dans tous les cas, à établir le cas fortuit, sinon il
doit, et cela sans distinction, indemnité totale.

27. *Inexécution partielle.* — Après avoir parlé de l'inexécution
totale, le projet passe à l'inexécution simplement partielle, laquelle
comprendra forcément le retard dans l'exécution, c'est-à-dire la
demeure. L'inexécution partielle ordinaire donne lieu purement et
simplement à l'application des principes généraux, sauf que si le
créancier démontre que, l'exécution telle qu'elle reste possible, lui
est devenue sans utilité, il pourra avoir un triple choix. Il pourra,
ou bien demander ce qui reste avec dommages-intérêts pour la
perte partielle, ou refuser l'exécution et demander indemnité pour
inexécution totale, ou bien enfin, cela s'il s'agit de contrat synallagmatique, demander la résiliation, dans les cas et conditions où
le projet l'admet (art. 242).

28. *Demeure du débiteur.* — Reste donc à parler de la demeure.
C'est, comme disaient déjà nos vieux auteurs français, un retard
officiellement constaté (1) et imputable au débiteur. Pour qu'il soit
officiellement constaté, il faut, en principe, que le créancier ait
fait sommation d'exécuter. C'est le principe de l'interpellation.
Mais la sommation est-elle encore nécessaire lorsqu'un terme a été
fixé pour l'échéance? Depuis l'interprétation des glossateurs on a
considéré comme une règle romaine que l'échéance du terme suffisait à constituer le débiteur en demeure : c'est la règle *dies interpellat pro homine.* Elle peut être douteuse comme expression exacte
du Droit romain classique (2), mais l'application qui en fut faite

---

(1) V. Bourjon. *Droit commun de la France*, t. II, p. 445.

(2) Accarias, *Précis*, t. II, p. 742, note 1. On peut croire tout au moins que
chez les Romains la question de savoir quels seraient, à ce point de vue,
les effets du terme était une question d'interprétation de volonté (cf. Windscheid, § 278, note 4). La difficulté serait de savoir quelle était, au cas de

doute, la présomption admise : les parties avaient-elles entendu que le débiteur dût payer au jour dit, sans sommation préalable, de telle sorte que
l'échéance du terme le constituât en demeure ? La plupart des romanistes
modernes sont pour la négative ; il semble bien, en effet, que les textes
doivent leur donner raison ; mais ils invoquent une raison de principe, la
règle que le terme est censé dans l'intérêt du débiteur (Accarias, *loc. cit.*,
et Brinz, *Pand.*, § 272, note 40, t. II, p. 299) : peut-être n'est-elle pas décisive, car elle n'a en vue que le droit pour le débiteur de renoncer au bénéfice du terme ; elle ne vise pas la question de savoir si celui-ci doit ou
non payer à l'échéance sans sommation. Enfin, il faut signaler un troisième effet possible de l'apposition d'un jour fixe, celui de faire considérer
le contrat comme rompu s'il n'est pas exécuté au jour dit : tout dépend,
on le voit, de la convention des parties ; on suppose, dans ce cas, qu'elles
ont entendu faire de l'exécution au terme la condition même du contrat.
On peut voir, à ce sujet, une hypothèse très curieuse dans la loi, 135, § 2,
D. (45. 1). Un individu achète, en qualité de mandataire, un fonds qu'il doit
ensuite faire acquérir au mandant ; mais le mandant ne s'est pas contenté
de l'action qui lui appartient à cet effet, il a stipulé du mandataire la
datio du fonds, et le mandataire l'a promise sous la condition qu'il tou-
cherait au préalable le montant du prix qu'il a déboursé. (Il y a donc eu
novation.) Intervient ensuite un pacte adjoint *in continenti* fixant à une
date déterminée le remboursement du prix d'achat et le transfert du fonds.
A la date fixée, partie seulement du prix a été payée ; or le mandant, très
peu de temps après, offre le reste y compris les intérêts, et le mandataire
se refuse à recevoir et, par suite, refuse de livrer le fonds. Assurément, il
doit se fonder sur ce que le paiement du prix à l'échéance a été considéré
comme une condition mise à l'exécution de son obligation ; or, la condition
est indivisible et, du moment que l'intégralité du prix n'est pas offerte au
jour dit, la condition est défaillie et le mandant est déchu de son action
ex stipulatu, il ne peut plus exiger la *datio* du fonds. En droit moderne,
nous dirions qu'il s'agissait de contrat synallagmatique et que le contrat
devait être résolu de plein droit si l'une des parties n'exécutait pas à
l'échéance. A Rome, ce langage serait inexact, puisque nous sommes dans
une hypothèse de stipulation et que la stipulation est indépendante de sa
cause, indépendante, par conséquent, de l'exécution par le stipulant de ce
que celui-ci a pu promettre de son côté. On pouvait obvier à cet inconvénient en faisant de l'exécution par le stipulant de sa propre obligation la
condition même de son action : c'était le cas dans l'espèce. Restait à interpréter l'intention des parties : Scevola, qui fut consulté, fut d'avis qu'il
fallait interpréter la convention avec une certaine largeur et admettre
que les parties avaient sans doute entendu faire du paiement à l'échéance
la condition même de la stipulation, mais sous cette réserve, toutefois, que
le paiement pourrait avoir lieu à un très court intervalle après le terme
et à condition qu'il ne résultât de ce retard aucun dommage pour le mandataire. On voit donc que, dans certains cas et sous certaines conditions,
le défaut d'exécution à l'échéance pouvait être considéré comme une résiliation du contrat ou plutôt comme une défaillance de la condition mise à
l'existence du contrat. — *Seia cavit Lucio Titio, quod mandante eo hortos
emisset, cum pretium omne cum usuris ab eo recepisset, se in eum pro-
prietatem hortorum translaturam : deinde in continenti inter utrumque*

par les praticiens allemands reste incontestable (1). Chez nous, notre ancienne jurisprudence, surtout celle du Châtelet, avait admis la règle contraire, celle de la nécessité absolue, même au cas de terme, d'une sommation préalable (2) : elle a passé dans le Code civil. Mais le projet (art. 245) suit les traditions romaines, telles du moins qu'elles ont toujours été interprétées en Allemagne et consacrées par toutes les législations allemandes, le Code prussien, le Code saxon, le Code autrichien : on peut en dire autant du Code fédéral, bien que celui-ci n'admette la demeure par la seule échéance du terme que si le terme a été fixé par la convention (3).

---

convenit, ut intra Kalendas aprilis primas universam summam mandator numeraret et hortos acciperet. Quæritur cum ante Kalendas aprilis non omne pretium cum usuris a Lucio Titio Seiæ solutum sit, interposito tamen modico tempore, reliquum pretium cum usuris Seiæ Titius solvere paratus fuerit neque Seia accipere voluit et usque in hodiernum per Titium non stet, quo minus reliquum solveret, an nihilo minus Lucius Titius, si Seiæ universam pecuniam solvere paratus sit, ex stipulatu agere possit, si non multo post optulisset nec mulieris quicquam propter eam moram interesset : quod omne ad judicis cognitionem remittendum est. On peut voir là le germe de la théorie de ce que les Allemands appellent les *Fixgeschäfte* (Code de comm. all., art. 357. Cf. Endemann, *Handelsrecht*, éd. 1887, § 121, note 10 et § 136, note 49) : ce sont les affaires à jour fixe qui doivent être considérées comme non avenues si l'exécution n'intervient pas au jour dit; elles ne se rencontrent pas seulement, du reste, en matière commerciale, mais aussi en matière civile, tout dépend de la convention des parties. On peut citer l'exemple des billets de théâtre ou de concert, ceux de chemin de fer, etc., dans lesquels on peut considérer l'heure indiquée comme une condition même de l'acceptation du billet. Cf. Brinz, *Pand.*, § 270, note 3).

(1) Cf. Windscheid, *Pand.*, § 278, note 5. On trouvera là l'indication d'un certain nombre de décisions de jurisprudence. Add. *Motifs* sur l'art. 245 (t. II, p. 56). Cf. Doneau, *De jur. civ.*, lib. XVI, II, § 7.

(2) V. Pothier, *Obligat.*, n° 144. Il semble que les exigences des praticiens en cette matière aient été surtout inspirées par les principes admis en matière d'intérêts moratoires, lesquels ne pouvaient jamais être dus qu'en vertu d'une demande en justice (ordonn. d'Orléans de 1560, art. 60). On peut voir dans Bourjon combien, sur ce dernier point, la jurisprudence du Châtelet était rigoureuse et formaliste (Bourjon, *Droit commun de la France*, liv. VI, tit. I, ch. vii, § 7-40, éd. 1770, p. 445).

(3) Preuss. A. L. R., I, 16, §§ 20, 21, 67; Sächs. G. B., § 736; Hess. Entw., art. 124 ; Osterr. G. B., § 1374; Code féd., art. 117. Seulement le projet exige, pour que le terme puisse constituer le débiteur en demeure qu'il s'agisse d'un terme fixé d'après le calendrier. Il a pensé que c'est dans ce cas seulement que le débiteur peut être censé s'être engagé à payer sans sommation préalable (Critique de cette disposition par Meischeider dans *Bekker-Beiträge*, § 17).

29. *Condition d'imputabilité.* — A ces conditions de fait de la mise en demeure il faut ajouter une condition personnelle au débiteur : la faute (1); et cela est conforme aux principes, puisque la demeure est un retard imputable au débiteur ; il faut donc qu'il dérive d'une faute; d'où la conséquence que le débiteur pourra se disculper et écarter les effets de la demeure en prouvant le cas fortuit. C'est également, quoiqu'en disent les motifs du projet sur l'article 245 (2), la théorie incontestable de notre Code civil (3). Ce n'est pas absolument, il est vrai, celle du Code fédéral. Celui-ci, pour certains effets de la demeure, en ce qui concerne par exemple les intérêts moratoires, les fait dépendre du seul fait de la mise en demeure sans permettre aucune justification au débiteur : il sous-entend à cet égard une sorte d'obligation de garantie stipulée pour le cas de retard; cela lui a paru d'une grande simplification pratique. Mais le projet a eu raison de ne pas admettre cette atteinte aux principes (4).

30. *Effets de la demeure.* — Les effets de la demeure se produisent en ce qui touche les intérêts moratoires, et la perte par cas fortuit : les législations qui, de droit commun, mettent les risques à la charge du créancier, attribuent à la demeure un troisième effet, celui de transférer les risques à la charge du débiteur; le projet n'a pas à en parler, puisque dans son système celui-ci en est toujours chargé.

31. *Intérêts moratoires.* — Les intérêts moratoires constituent une indemnité pour inexécution partielle; il y aura donc lieu de leur appliquer les principes généraux sur la matière (art. 247), et entre autres d'admettre le triple choix déjà indiqué, à condition, bien entendu, que le créancier établisse que l'exécution tardive ne lui serait plus d'aucune utilité.

----

(1) Cf. Doneau, *De jur. civ.*, lib. XVI, cap. II, §§ 1 et 2. « *Est enim mora species ejus culpæ, per quam fit, quominus debitor præstet, quam debuit : quam culpam veteres definiunt perpetuare obligationem*, etc., etc. » V. Brinz, *Pand.*, § 271 (t. II, pp. 287 et suiv.).

(2) *Motifs* sur art. 245 *in fine* (t. II, p. 59).

(3) V. Demol., t. XXIV, nos 546 et 552.

(4) Code féd., art. 117, 118. Il suit en cela l'opinion de certains romanistes qui, interprétant mal une loi romaine (L. 137, § 4, D. 45, 1), voulaient que la demeure fût indépendante de la faute. Cf. Windscheid, *Pand.*, § 277, note 9).

32. *Intérêts moratoires en matière de dettes d'argent.* — Le projet n'établit de règles particulières qu'en matière de dettes d'argent; mais, contrairement à la plupart des législations, il admet ici le moins de dérogations possibles au droit commun et n'en établit, à vrai dire, qu'une seule, le droit pour le créancier de n'avoir pas à prouver le montant du dommage, s'il veut se contenter des intérêts légaux à 5 p. 100; ce qui, d'ailleurs, ne lui enlève pas le droit d'exiger plus, s'il peut établir un plus ample dommage (art. 248) (1). Il n'y a donc rien de changé en ce qui touche les conditions de la demeure, tandis que notre Code civil (art. 1153) admet au contraire la nécessité d'une demande en justice. Celle-ci n'est exigée par le projet que s'il s'agit d'intérêts moratoires d'intérêts déjà dus, c'est-à-dire au cas d'anatocisme (art. 240). Cette rigueur spéciale vient de ce que l'anatocisme reste interdit en Allemagne; une autre conséquence de cette interdiction sera que la demande en justice ne fera courir ainsi les intérêts moratoires que s'il s'agit d'intérêts conventionnels, l'interdiction reste absolue en matière d'intérêts légaux; et en cela le projet paraît plus sévère que le Code fédéral et les lois autrichienne et hongroise de 1868, lesquels, tout en exigeant une demande en justice, ne faisaient pas la distinction admise par le projet.

33. *Perte arrivée pendant la demeure.* — La seconde série d'effets, en ce qui touche la demeure, se produit en matière de perte de la chose, ou en général d'impossibilité d'exécution. Celle-ci, arrivée pendant la demeure, donne toujours lieu à indemnité et ne libère plus jamais le débiteur, même si elle résulte d'un cas fortuit; c'est que, même dans cette hypothèse, elle est encore la conséquence du retard, et par suite d'une faute. Cependant le cas fortuit peut fournir encore un moyen de libération, ou plus exactement d'exemption, au débiteur; c'est pour le cas où celui-ci peut établir que la chose aurait également péri chez le créancier. La raison en est qu'au cas de perte le débiteur ne doit compte que du dommage résultant de la demeure; or, s'il est établi que même sans la demeure la chose eût été également perdue pour le créancier, il en résulte que la demeure n'a pas par elle-même causé de préjudice spécial au créancier. Le projet, en admettant ces dispositions, ne fait que se conformer aux traditions romaines et au droit commun de la plupart des législations.

(1) Cette réforme, qui est absolument logique, sera, je crois, généralement approuvée (Cf. Koch dans *Bekker-Beiträge*, fasc. 4, p. 20).

34. Mais si ces principes ne pouvaient faire doute, il restait à régler quelques points assez subtils en matière de preuve et en ce qui touche le calcul de l'indemnité. Voici d'où provenait la difficulté : il ne suffit pas, en effet, pour que le débiteur soit dispensé d'indemnité, que l'on ait établi le cas fortuit qui aurait dû atteindre la chose aux mains du créancier, encore faut-il prouver que celle-ci se fût trouvée aux mains du créancier le jour de l'événement qu'on allègue : or, le créancier peut prétendre que si elle lui eût été livrée à temps, il l'aurait vendue et transformée en une valeur hors d'atteinte. A qui doit revenir la charge de ce supplément de preuve? Assurément, c'est au débiteur d'établir le cas fortuit qu'il allègue, mais une fois la chose acquise, est-ce également à lui de prouver que le créancier eût conservé la chose jusque-là, est-ce au contraire au créancier, parce que c'est à lui de fixer le montant de son dommage, qu'il appartiendra de démontrer qu'il eût avant le cas fortuit transformé la chose en argent?

La question peut également se poser, s'il s'agit de perte partielle; il est établi par exemple que la chose eut diminué de valeur, cette diminution l'eût atteinte aux mains du créancier : cela est certain; mais reste à prouver que le créancier l'eût gardée jusque-là. Cette preuve incombera-t-elle au débiteur? La question est la même; or on a voulu la résoudre en Allemagne d'après le principe romain que le créancier a droit à la plus haute valeur que l'objet aurait atteinte pendant la demeure; il en résultait que, dans tous les cas, c'était au débiteur à démontrer que le créancier n'aurait pas bénéficié de ce plus haut prix, donc à lui d'établir, au cas de perte totale ou partielle, que le créancier eut conservé la chose jusque-là et subi la perte (1).

35. Cette solution, pour le cas de perte totale ou partielle par cas fortuit, est exacte et ce sera également celle du projet (art. 251). Mais le danger d'invoquer ici les lois romaines, c'est que celles-ci donnent la même solution qu'il s'agisse de perte, ou d'augmen-

---

(1) L. 3, § 3, D. 19. 1. C'est ce texte et l'assimilation que, logiquement, on doit faire entre la perte partielle et la perte totale qui a entraîné la conviction de Windscheid. Il avait d'abord mis la preuve à la charge du créancier, car c'est à lui d'établir le montant de son dommage, donc à lui de prouver qu'il eût bénéficié de la chose qui lui était due si on la lui eût livrée à temps (Windscheid dans *Heid. Krit. Zeitsch.*, II, pp. 556-558 et III, pp. 263-265). Il abandonne aujourd'hui cette manière de voir et se fonde surtout sur la loi romaine citée plus haut. C'est, du reste, l'opinion dominante (V. Windscheid, *Pand.*, 1887, § 280, note 15).

tation de valeur ; si donc le créancier prétend que la chose, lui eut-elle été livrée à temps, eut augmenté de prix ; il peut réclamer ce plus haut prix sans avoir à prouver qu'il l'eut gardée jusque-là, et ce sera au débiteur d'établir qu'il l'eut aliénée avant cette plus-value (1) ; et cependant les principes réclament contre cette assimilation. C'est au créancier d'établir tous les éléments du dommage qu'il allègue ; or pour prétendre à la plus-value, il lui faut assurément démontrer qu'il en eût profité, donc qu'il eut conservé la chose jusque-là ; c'est la solution admise par le projet au cas de perte imputable au débiteur et arrivée avant la demeure (art. 240-2) ; il n'y avait pas de raison pour ne pas l'admettre au cas de perte par cas fortuit arrivée depuis la demeure. Si les textes romains accordent, dans tous les cas, au créancier le droit de prétendre à la plus haute valeur qu'aurait eue la chose, soit au jour de la livraison, soit au jour où se produit la demande du créancier, c'est par imitation de ce qui se passait au cas de délit aquilien, et par conséquent, en se plaçant à un point de vue pénal qui ne saurait plus être admis aujourd'hui en matière purement civile.

36. Le projet a donc raison de rompre avec les traditions et de donner une solution différente pour les deux cas ; le point de vue auquel il se place est celui d'une présomption très juridique et qui est la suivante : l'enrichissement dont a été privé le créancier se mesure à la valeur que la chose aurait mise dans son patrimoine, donc à celle qu'elle avait au jour où elle aurait dû être livrée ; et c'est à celui qui invoque un événement susceptible d'avoir modifié, en plus ou en moins, cette valeur présumée, de faire la preuve complète du fait qu'il allègue. Si donc, le créancier invoque une augmentation de prix qui fût arrivée après coup, c'est à lui de prouver qu'il en eut profité ; et si le débiteur parle d'une perte totale ou partielle qui eut atteint la chose après livraison, c'est à lui d'établir que le créancier l'eut gardée jusque-là et qu'il eut subi cette perte (2).

37. *Purge de la demeure et de la créance d'intérêts résultant de la demeure.* — Sur la cessation de la demeure, il n'y a rien de par-

---

(1) L. 3, § 3, D. 19, 1. Cf. Windscheid, § 280, note 20 et § 258, note 8. V. sur tous ces points, Savigny (*Système* VI, §§ 275-277).

(2) Cf. Windscheid, § 280, note 15 ; Demol., t. XXVIII, n° 774 ; Pothier, *Oblig.*, n° 664.

ticulier à relever. Mais une question pouvait s'élever en ce qui touche la nature de la créance d'intérêts, résultant de la demeure. On a dit, et cela avec raison, que la demeure n'engendre pas d'obligation nouvelle, et que le créancier, en réclamant intérêts pour retard, ne fait qu'invoquer un des effets de l'obligation initiale (1); on en a voulu conclure que l'obligations d'intérêts n'étant pas distincte de l'obligation principale, on ne pouvait l'invoquer à part, et que si le créancier acceptait le paiement sans réclamer les intérêts, il n'avait plus d'action pour faire valoir ces derniers. On parlait de lui dénier l'action, même si, en recevant le paiement, il eut fait ses réserves (2); on se fondait sur une loi romaine pour prétendre que le créancier n'avait pas de droit spécial aux intérêts, et que ceux-ci ne pouvaient être fournis que par le juge sur la demande principale et par mesure d'équité (3); il s'est en effet trouvé des auteurs pour l'admettre et des tribunaux en Allemagne pour accepter cette solution (4). Cette rigueur a été repoussée par les différentes législations qui toutes admettent le droit pour le créancier de faire ses réserves; mais à défaut de réserves expresses, elles reconnaissent que le droit aux intérêts s'éteint forcément avec l'obligation principale (5). Le projet, ici encore, a rompu avec les précédents et admis la pleine indépendance de la créance d'intérêts et de la créance principale; ce sera donc une question d'interprétation de savoir si, au cas d'extinction de cette dernière, le créancier a entendu ou non réserver ses droits aux intérêts.

38. *Demeure du créancier.* — A côté du retard imputable au débiteur, il faut placer l'hypothèse où ce retard dans l'exécution est imputable au créancier, celui-ci refusant d'accepter. C'est ce que l'on appelle la demeure du créancier. Elle résultera forcément d'offres suivies de refus d'acceptation; reste à savoir quels effets lui attribuer et même s'il y a lieu d'attribuer quelque effet à l'offre seule non suivie de consignation. Il y a sous ce rapport deux sys-

(1) Cf. Windscheid, *Pand.*, § 259, note 10.
(2) Cf. Windscheid, *Pand.*, § 259, note 12.
(3) L. 49, § 1, D. (19, 1). Cf. Mommsen, *Beitrage zum Obligationenrecht:* (3° abt.). *Die Lehre von der Mora* (1855), pp. 330-331; Brinz, *Pand.*, II, § 244, note 6).
(4) V. les citations dans la note de Windscheid citée plus haut, § 259, note 12.
(5) Cf. Windscheid, *Pand.*, § 281, note 8, § 259, note 10; Code féd., art. 119, § 2; Sächs. G. B., § 754; Hess. Entw., art. 256, § 1, Bayr. Entw., art. 140-2°, § 2.

tèmes législatifs possibles ; celui par exemple de notre Code civil qui
n'admet d'autres ressources au profit du débiteur, au cas de refus
de paiement émanant du créancier, que la faculté de se libérer par
voie de consignation, et pour qui par conséquent les offres ne sont
que la condition préalable de la consignation et ne produisent
aucun effet par elles-mêmes ; dans une législation de ce genre, il n'y
a pas de théorie sur la demeure du créancier et le Code civil, en
effet, n'en connaît point(1) ; le débiteur est acculé à la consignation.
Ce système est, au fond, celui également du Code fédéral, bien que
celui-ci parle déjà de demeure du créancier(2). Il y a un autre système
législatif pour qui la consignation n'est qu'une ressource extrême
qu'il faut chercher à éviter, et qui consiste par conséquent à attribuer aux offres seules l'effet de soustraire le débiteur aux conséquences fâcheuses de cette prolongation injustifiée de son obligation et, par suite, à faire supporter au créancier le préjudice
résultant du retard dont il est l'auteur. Ce système est celui de
toutes les législations allemandes ; ces législations ont donc admis
et réglementé une demeure du créancier ; le principe d'ailleurs
s'en trouve en droit romain.

39. *Conditions de la demeure du créancier. Condition de fait.* —
Les conditions de cette demeure du créancier seront tout d'abord
et avant tout des conditions de fait se résumant dans les offres ré-
gulières et complètes et non suivies d'acceptation. Le principe du
projet, comme celui de notre Code civil est celui d'offres réelles ;
mais il est suivi de telles exceptions qu'on pourrait tout aussi bien
ériger en règle, celui de l'offre purement verbale. Il est, en effet,
inadmissible que la demeure du créancier puisse aggraver l'obligation du débiteur ; si donc l'exécution exige une démarche préalable du créancier, et ce sera le cas ordinaire dans une législation
qui admet que toute dette, sauf celle d'argent, est quérable, il suffira que le débiteur soit en mesure de payer au jour dit et qu'il le
fasse savoir au créancier ; si même il y a un terme fixé pour l'é-
chéance et fixé à jour fixe, et que le créancier ne se présente pas au

(1) Sauf, bien entendu, le droit pour le débiteur d'invoquer l'art. 1382
pour se faire indemniser du dommage que le refus du créancier lui a causé.
Reste à savoir si on ne pourrait pas se fonder sur l'article 1382 et sur les
principes généraux en matière d'obligation, pour échafauder une théorie
de la demeure du créancier en droit français : la chose ne nous paraîtrait
pas impossible.

(2) Code féd., art. 106-100.

jour dit, comme cela peut être le cas pour certains titres à ordre ou au porteur payables sur présentation à jour fixe, le créancier sera en demeure par la seule échéance du terme, sans même qu'il soit besoin d'offres verbales : c'est l'admission, pour la demeure du créancier, de la règle *dies interpellat pro homine* (art. 255) (1).

40. *Condition d'imputabilité. Système proposé à cet égard.* — On sait que la demeure du débiteur n'exige pas seulement certaines conditions de fait, mais aussi une condition d'imputabilité : elle suppose la faute et, par suite, implique droit pour le débiteur de se justifier en prouvant que le retard ne lui est pas imputable. C'est, au contraire, une grave et difficile question de savoir s'il en sera de même de la demeure du créancier. Trois systèmes étaient en présence. Le premier assimilant la demeure du créancier à celle du débiteur, présumait la faute et, par suite, donnait droit au créancier d'écarter les effets de la demeure en prouvant qu'il n'était pas en faute, par exemple qu'il a refusé le paiement par suite d'une erreur excusable (2). Le second admettait que la demeure était définitivement acquise dès qu'elle résultait du fait du créancier, sans que celui-ci fût alors autorisé à se disculper ; il n'y aurait que l'événement de force majeure sans le fait du créancier qui pût justifier ce dernier, comme, par exemple, si la dette est quérable et que le créancier, par suite d'accident, se fût trouvé dans l'impossibilité de se présenter au jour dit, sans qu'il pût envoyer personne à sa place (3). Le troisième, enfin, faisait résulter la demeure des seules conditions de fait indiquées sans s'attacher à l'idée de faute et, par suite, sans jamais donner au créancier le droit de se disculper, même en invoquant le cas fortuit proprement dit (4). Le système mixte est un système contradictoire, qui n'avait pas grande chance d'être accepté par le projet : restaient les deux théories extrêmes (5).

41. Celui qui prend pour base l'idée de faute considère le créancier

---

(1) Le Code civil exigeant, dans tous les cas, des offres réelles, on arrive à aggraver, dans certaines hypothèses, l'obligation du débiteur. Cf. art. 1257; cf. Cod. civ. ital., art. 1260-6; Demol., t. XXVIII, n° 73.

(2) Windscheid, § 345-3.

(3) Cf. Mommsen, *loc. cit. Die Lehre der Mora*, § 17.

(4) V. surtout Kohler, *Jahr. für Dogm.*, XVII (1879), pp. 265 et suiv., 409 et suiv., et *Moderne Rechtsfragen bei islamitischen Juristen* (1885), p. 12.

(5) Cf. Windscheid, § 345, note 8.

comme étant tenu d'une véritable obligation, laquelle consiste à procurer au débiteur sa libération ; de sorte que, dans cette théorie, la prétendue demeure du créancier n'est autre que la demeure d'un débiteur qui n'exécute pas ce qu'il doit : il faut donc lui appliquer les principes sur la demeure du débiteur, donc lui donner le droit de se disculper. A quoi Windscheid ajoute que cette demeure va produire des conséquences fâcheuses pour le créancier et qu'on ne peut l'exposer à souffrir un préjudice que s'il est en faute (1). Le projet a compris que toute cette théorie n'était qu'une suite de confusions de tous les principes. Il est impossible, en effet, que la demeure repose sur une prétendue obligation à la charge du créancier, laquelle, à moins de prouver la mauvaise intention, donc le délit civil, ne saurait exister, tout au moins, qu'en matière d'obligations nées de convention. La vérité est que la demeure du créancier résulte de l'impossibilité où il se trouve d'exiger du débiteur plus qu'il ne doit : or, prolonger l'obligation c'est demander au débiteur plus qu'il ne doit, c'est, de la part du créancier, s'arroger un droit que l'obligation ne lui donne pas ; donc, il devra tenir compte au débiteur du fait de lui avoir demandé plus qu'il ne lui était dû ; et alors il est indifférent de savoir si le créancier était ou non en faute, car sa bonne foi elle-même ne peut l'autoriser à invoquer un droit qu'il n'a pas et que ne contient pas l'obligation dont il se prévaut. Si donc la demeure du créancier repose uniquement sur le droit pour le débiteur de repousser toute aggravation de son obligation (2), elle résultera nécessairement des conditions de fait qui constatent cette aggravation irrégulière de la dette et restera indépendante de toute question d'imputabilité. Si, d'ailleurs, le débiteur prétend, en outre, que le créancier s'était obligé à lui faciliter sa libération ou encore que par mauvaise intention, il a refusé le paiement; c'est une tout autre question : ce sera au débiteur à prouver le fait qu'il allègue, de façon à recevoir une plus complète indemnité : mais ce sont là des faits étrangers à la demeure proprement dite. Telle est la théorie du projet (art. 254) (3).

42. *Effets de la demeure du créancier.* — Les effets de la de-

---

(1) Windscheid, qui s'était d'abord appuyé sur la première idée (*Heidelb. krit. Zeitsch.*, III, p. 269), l'abandonne dans ses Pandectes pour s'en tenir uniquement à la seconde (*Pand.*, § 345, note 10).

(2) Cf. Brinz, § 275.

(3) Cf. *Motifs* (t. II, p. 68-69) ; Prouss. Al. L. R, II, §§ 98, 102, 103, 939, 940 ; Österr., G. B., § 1419 ; Sächs. G. B., §§ 746-749. Cf. Code féd., art. 106.

meure se résument, dit Brinz (1), dans les trois faits suivants : Justification du débiteur, indemnité à son profit et libération partielle de son obligation. Le projet a accepté cette triple division.

Il y aura justification, non seulement en ce sens que, si le débiteur est lui-même en demeure, sa demeure sera purgée; mais, on ce que la demeure du créancier soustrait le débiteur à toutes les déchéances qui devraient résulter pour lui de l'inexécution au jour dit, comme, par exemple, à l'application d'une clause pénale.

43. *Indemnité résultant de la demeure.* — Il y aura droit à indemnité au profit du débiteur, puisque la demeure du créancier constitue pour lui une aggravation de son obligation et qu'il doit lui en être tenu compte. Mais dans quelle mesure l'indemnité lui sera-t-elle due ?

Les législations qui font reposer la demeure du créancier sur la faute présumée donnent droit, au profit du débiteur, à l'entière réparation du dommage causé : si l'on suppose que la conservation prolongée de la chose ait occasionné perte ou détérioration d'un bien appartenant au débiteur, celui-ci pourrait demander indemnité de ce chef. C'est la décision du Code prussien et du Code saxon (2). Mais le projet, qui admet la demeure de fait au dehors de toute faute du créancier, ne pouvait accepter ces conséquences rigoureuses et devait s'en tenir aux dommages immédiats résultant directement de la demeure et représentant l'aggravation exacte qu'a subie l'obligation du débiteur; aussi ne donne-t-il droit à indemnité que pour ces deux chefs : les frais occasionnés par la tentative d'exécution et les frais de conservation de la chose (art. 261). Si le débiteur allègue d'autres dommages, ce sera à lui de prouver la responsabilité du créancier, soit en démontrant qu'il s'était engagé à lui procurer sa libération au jour dit, soit en prouvant sa malveillance, c'est-à-dire le délit civil; mais c'est là, on l'a vu plus haut, un terrain tout autre que celui de la demeure.

44. *Atténuation des effets de l'obligation et libération partielle du débiteur.* — Enfin la demeure constitue pour le débiteur une cause de libération partielle, en ce qu'elle atténue sa responsabilité et relâche, en quelque sorte, les liens de son obligation. Cette atté-

---

(1) Brinz, § 275.
(2) Preuss. A. L. R. I. 12, §§ 102, 103, 940; Säch. G. B. 750. Cf. Dresd. Entw., art. 313.

nuation des effets de l'obligation ne porte ordinairement que sur un point, sur ce qui a trait à la responsabilité. Mais, dans le système du projet qui laisse les risques à la charge du débiteur, elle devait également produire un transfert des risques à la charge du créancier, car le principe est que le débiteur doit être à l'abri des dangers qui peuvent résulter pour lui de la prolongation irrégulière de son obligation. Si donc le créancier eût accepté le paiement, le débiteur eût été à l'abri des risques, et il en sera ainsi lorsque le créancier, sans motif légitime, aura refusé le paiement (art. 257, § 2).

45. *Atténuation de responsabilité.* — Quant à l'atténuation apportée à la responsabilité du débiteur, elle provient de ce que celui-ci avait promis ses soins et sa diligence jusqu'à une époque déterminée et pas au delà; une fois l'échéance passée, il ne peut plus être responsable qu'en vertu des principes généraux, c'est-à-dire de son dol et de sa faute lourde (art. 258-4)) : c'est le droit commun de la plupart des législations allemandes (1).

Il devra résulter de là certaines conséquences graves en matière de restitution de fruits ou d'intérêts. Cela suppose, bien entendu, que la chose soit productive de revenus et que le débiteur en doive restitution ou bien que des intérêts aient été stipulés. Le point de vue théorique accepté par le projet est que le débiteur n'avait promis son fait et ses soins que jusqu'à l'échéance et pas au delà, et que, par suite, après la demeure du créancier, il n'est plus tenu de faire produire des fruits ou de s'occuper d'un placement de la somme due, de façon à ce qu'elle rapporte intérêts; à un autre point de vue tout à fait pratique, le projet a pensé que le débiteur qui est sous le coup d'une demande qui peut se produire chaque jour ne peut ni s'occuper de récoltes ni trouver un placement; la conclusion est que le débiteur ne sera jamais responsable de n'avoir fait produire depuis la demeure ni fruits ni intérêts et ne sera responsable que de ceux qu'en fait il aura perçus (art. 258-259).

46. *Cessation du cours des intérêts.* — Ce qu'il y a ici d'assez nouveau dans la décision du projet, c'est l'assimilation admise entre les fruits et les intérêts : on s'accordait, au contraire, presque unanimement à laisser courir les intérêts même au delà de la demeure du créancier, sous prétexte que le débiteur continuait à

---

(1) Cf. A. L. R. I. 11, § 860; Säch. G. B., § 751. Cf. Windscheid, § 346, note 2; Brinz, § 275, note 9.

jouir du capital (1). M. Mommsen, dans une étude remarquable
sur la demeure, avait été l'un des premiers à protester contre cette
antinomie (2), dont le résultat était d'obliger le débiteur à chercher
un placement pour une somme qu'il devait tenir incessamment à
la disposition du créancier, ce qui était impossible, et dont la conséquence vraie était de faire poser les intérêts, non sur les revenus
de la chose due, mais sur les revenus des autres biens du débiteur,
ce qui, pour celui-ci, constituait une perte injustifiée. Le projet a
eu raison de rompre ici encore avec les précédents.

Avec cette théorie, si complète et si remarquable sur la demeure,
se termine le paragraphe relatif aux effets et au contenu de l'obligation ; et nous arrivons ainsi au troisième paragraphe : Extinction
de l'Obligation.

§ 3. — EXTINCTION DE L'OBLIGATION

47. Comme préliminaire à la matière des modes d'extinction de
l'obligation, il n'y a à faire ici qu'une seule remarque, c'est l'absence dans le projet de dispositions spéciales à la novation. Cela
tient à la fois à des vues théoriques et pratiques ; en fait, le projet
remarque que dans les usages modernes c'est par voie de transfert,
soit de la créance, soit de la dette, que l'on atteint les résultats pratiques obtenus autrefois par la novation. Si d'ailleurs on fait observer
au point de vue théorique que l'effet produit n'est pas absolument le
même, puisque le transfert laisse subsister l'ancienne obligation avec
ses exceptions, tandis que la novation suppose substitution d'une
dette à une autre, la nouvelle étant le plus souvent indépendante de
la validité de l'ancienne, il est facile de répondre que ce résultat qui
n'est en somme que le produit d'un acte en deux parties, peut
toujours s'obtenir par une remise de dette subordonnée à la condition d'une promesse nouvelle, et qu'il était inutile de faire de cette
combinaison une institution particulière ; les principes généraux
suffiront à en indiquer les effets (3). Le projet s'occupera donc successivement : du paiement et de la consignation, de la compensation, de la remise de dette, de la confusion, et du décès de l'une
des parties.

(1) Cf. Windscheid, § 346, note 7.
(2) Mommsen, *Die Lehre von der Mora*, pp. 288 et suiv.
(3) V. *Motifs*, t. II, pp. 78, 79. — Cf. Seuffert, *Bekker-Beiträge*, fasc. 11,
p. 24.

48. *Paiement et dation en paiement*. — Le paiement est le mode normal d'extinction de l'obligation et, sous ce nom, il faut comprendre l'exécution complète de l'obligation quel que soit son objet; et, quant à la façon dont le paiement doit être fait, il n'y a qu'à s'en référer aux dispositions admises en matière d'exécution de l'obligation.

Tout l'intérêt du projet sur ce point se concentre donc sur la théorie admise en ce qui touche la dation en paiement. C'est la subrogation conventionnelle d'un nouvel objet à celui de la dette, et cet objet peut être non seulement une autre chose donnée en propriété à la place de celle qui était due, mais une nouvelle obligation substituée à l'ancienne, soit qu'il s'agisse d'une créance cédée en paiement au créancier, soit d'une véritable délégation opérée à son profit (1); dans tous les cas, ce qui domine, c'est la volonté des parties d'opérer un paiement, donc d'éteindre l'ancienne dette, et celle-ci reste définitivement éteinte, quoiqu'il arrive, et tous les droits accessoires qui s'y rattachent sont également éteints et sous aucun prétexte ne sauraient revivre (2). Nous ne voyons pas d'ailleurs, pour le cas où la dation en paiement se ferait par voie de novation, qu'on permette la réserve des hypothèques au profit de la nouvelle créance (3).

En affirmant ainsi l'extinction définitive de l'ancienne dette (art. 264), le projet prend parti sur une très ancienne controverse de droit romain relative à la *datio in solutum*. La question se posait en effet pour le cas d'éviction de la chose donnée en paiement, et l'on se demandait s'il fallait considérer alors le paiement comme non réalisé et faire revivre l'ancienne dette avec ses accessoires, ou traiter la *datio in solutum* comme une vente abrégée et donner alors au créancier évincé les droits d'action qui appartiennent à l'acheteur au cas d'éviction (4). L'opinion dominante des romanistes allemands, au point de vue tout au moins de la pratique moderne, était d'accorder le choix au créancier entre les deux partis (5),

---

(1) Cf. Windscheid, § 342, note 15.
(2) Cf. Code civ., art. 2038.
(3) Cf. Code civ., art. 1278; Preuss. A. L. R. I, 16, §§ 470, 471; Hess. Pfandges. art. 154. — Cf. *Projet*, art. 1086 et les *Motifs* sur cet article (t. III, p. 705). — Cf. Windscheid, t. I, § 233 *b*, notes 1 et 2.
(4) Cf. Accarias, *Précis*, n° 961, t. II, p. 680, note 1; pour le droit français, cf. Code civ., art. 1270 et 2038; Aubry et Rau, § 292, note 4, § 324, note 28; Larombière, *Oblig.* sur l'art. 1278, n° 6.
(5) V. cependant Bechmann, *Kauf.*, t. II, pp. 557 et suiv.

sans parler d'une troisième ressource que pouvait lui offrir la théorie des *condictiones* (1); ce qui ne veut pas dire d'ailleurs qu'on lui accordant la garantie pour éviction, on l'assimilât forcément à un acheteur (2), et qu'on fît de la *datio in solutum* une vente fictive. La garantie s'est généralisée et existe toutes les fois qu'il y a transfert de propriété ou d'un droit quelconque avec promesse d'en maintenir le bénéfice à celui qui le reçoit. Tels étaient les précédents. Le projet supprime le choix et traite le paiement, dans tous les cas, comme définitif; il n'accorde donc au créancier évincé que les droits et actions dérivant de la garantie; et sans pour cela, bien entendu, le traiter comme un acheteur, ni la dation en paiement comme une vente (art. 265).

49. *Imputation des paiements* (art. 267 et 268). — Après quelques dispositions relatives à l'imputation des paiements, et qui, après avoir posé le principe à peu près absolu du droit de désignation du débiteur, fixent les règles de l'imputation légale, pour le cas où cette désignation n'a pas eu lieu, le projet passe à la consignation.

50. *De la consignation.* — La consignation est un mode de libération exceptionnel admis pour le cas où le paiement régulier ne peut se faire aux mains du créancier, et qui s'accomplira par voie de dépôt dans une caisse publique : c'est, comme disait M. Demolombe (3), le paiement forcé. On sent déjà que c'est là une ressource extrême qui ne doit être admise que très parcimonieusement. Le projet est d'ailleurs, de toutes les législations antérieures, celle où éclate le plus ce système restrictif; et cela tient aux effets déjà si importants attribués à la demeure du créancier. On sait au contraire que le point de vue du Code civil devait être tout différent, puisque le débiteur n'a aucun moyen de constituer le créancier en demeure et que si celui-ci refuse le paiement, le débiteur se trouve en quelque sorte obligé de recourir à la consignation : aussi a-t-on corrigé ce qu'il y a d'excessif dans cette sorte d'encouragement légal à la consignation, en ne donnant jamais à la libération qui en résulte qu'un effet tout relatif, tant que le créancier n'a pas encore accepté (art. 1261). Il en résulte enfin que le droit de consignation devait être admis dans une assez large mesure; le Code

(1) Cf. Brinz, *Pand.*, § 280, note 12 (t. II, p. 336).
(2) Windscheid, *Pand.*, § 342, note 14.
(3) Demol., t. XXVIII, n° 63.

l'organise pour les dettes de sommes d'argent et celles de corps
certains, et certains auteurs sont d'avis de l'étendre à toute dette
quelconque (1). En Allemagne, le droit commun et la plupart des
législations admettent aussi avec assez de largeur la consignation ;
et pour le cas où celle-ci est impossible en raison de l'objet de la
dette, elles reconnaissent au débiteur le droit de faire vendre la
chose en vue d'en consigner le prix ; enfin, s'il s'agit d'immeubles,
la plupart des législations organisent une sorte de séquestre judiciaire, par exemple le droit prussien et pour l'Autriche, l'ordonnance du 14 novembre 1850 (2).

51. *Conditions d'admissibilité.* — Le projet part d'une conception
très différente, celle de n'admettre la consignation que comme
moyen exceptionnel et le droit de vente comme ressource tout à fait
extrême. Les cas d'admissibilité seront les deux suivants : la demeure du créancier, et celui où, à défaut de cette dernière, le débiteur sera, par suite de circonstances relatives au créancier, dans
l'impossibilité de payer avec sécurité (art. 272) : ce qui fait allusion surtout au cas où le débiteur ne peut savoir sûrement à qui il
doit payer, comme au cas de saisie-arrêt, ou de conflit entre cessionnaires, ou entre cédant et cessionnaire de la créance. Quant
aux objets susceptibles de consignation, comme le projet exige dans
tous les cas que celle-ci ait lieu dans une caisse publique, ce seront
ceux dont les caisses publiques admettront le dépôt : en général
l'argent et les titres et effets de commerce (3).

52. *Effet libératoire de la consignation.* — Le point délicat était
de préciser l'effet de la consignation ; le principe est qu'elle produit par elle-même et immédiatement la libération du débiteur
(art. 272). Il a paru cependant difficile de la considérer fatalement
comme irrévocable ; non pas parce que le créancier ne l'a pas encore acceptée : la consignation n'est pas, en effet, comme l'ont dit
certains interprètes du Code civil, une offre de paiement faite au

(1) Cf. Code civ., art. 1257 et suiv., art. 1264. Cf. Demol., t. XXVIII,
n°ˢ 173 et suiv.

(2) *Motifs* sur les art. 272-273 (t. II, p. 93). Cf. Preuss. A. L. R. I, 16, § 234 ;
I, 14, §§ 98 et suiv. et Preuss. Hinterleg. Ordn., art. 87 et suiv.; Code féd.,
art. 107, 108; Demol., t. XXVIII, n° 172 *in fine.*

(3) Pourquoi ne pas l'admettre aussi d'une façon générale pour les objets
précieux et s'en remettre pour cela aux législations locales? (Cf. Koch, dans
Bekker-Beiträge, fasc. 4, p. 25 et 26.

créancier; la consignation est déjà un paiement. Seulement le débiteur peut lui-même concevoir des doutes sur la légitimité de la consignation et, dans ce cas, vouloir retirer l'objet pour revenir au paiement normal aux mains du créancier; pratiquement il eût été dur de lui refuser le droit de retrait. La tendance en Allemagne se montrait cependant très peu favorable à ce droit de retrait; c'est ainsi, par exemple, que la loi prussienne du 14 mars 1879 sur les dépôts et consignations ne l'admettait que si le débiteur en consignant se l'était expressément réservé (1). A l'extrémité opposée, on peut citer notre Code civil qui l'admet tant que l'acceptation du créancier n'est pas intervenue (C. civ., art. 1261, 1262). Le projet prend une position mixte entre les deux systèmes; il admet le retrait en principe, mais permet au débiteur d'y renoncer, auquel cas la consignation devient irrévocable, avant même que le créancier l'ait acceptée. Il en sera de même au cas de jugement qui se soit prononcé sur la régularisation du dépôt (2).

53. Il ne faudrait pas croire que le droit de retrait fût considéré comme supprimant l'effet libératoire de la consignation : la libération est acquise du jour de la consignation. Mais elle est soumise à une condition résolutoire, qui est l'exercice du retrait, et qui, lorsqu'elle se réalise, fait revivre la dette avec tous ses accessoires (art. 275), résultat que n'avait pas voulu admettre le Code fédéral, au moins pour les droits de gage et d'hypothèque (3) et que reconnaît formellement l'article 275 du projet. La libération dépend, d'ailleurs, si peu de la renonciation au droit de retrait ou de l'acceptation du créancier, que si le débiteur tombe en faillite l'objet consigné est véritablement considéré comme ne faisant plus partie du patrimoine du débiteur; il est donc sorti de la masse et l'on enlève au débiteur ou au syndic l'exercice du retrait : le créancier aurait dû, en effet, toucher son paiement intégral avant l'ouverture de la faillite; il est de toute justice que le paiement lui reste assuré (art. 277). Nos auteurs français décident, au contraire, que jusqu'à l'acception du créancier la propriété de la chose consignée reste au débiteur (4).

(1) V. la loi prussienne du 14 mars 1879, art. 19 (*Ann. de législ. étrang.*, 1880, p. 119).
(2) Cf. l'art. 19 de la loi prussienne sur les dépôts.
(3) Cf. Code féd., art. 100.
(4) Demol., t. XXVIII, n° 148.

54. *Droit de vente en vue de la consignation du prix (Selbshül-feverkauf).* — Enfin, le projet admet le droit de vente pour les choses non susceptibles de consignation; sans autre condition si le créancier est en demeure, et c'était déjà la décision du Code de commerce (art. 343) (1), et, pour les autres cas où, en dehors de la demeure, la consignation serait admise, seulement si la chose menace ruine ou encore si elle est d'un entretien trop coûteux. Bien entendu la vente doit être faite aux enchères par les soins d'un officier public, et doit être en outre précédée et suivie d'un avertissement au créancier et la libération n'est acquise que par le dépôt du prix (art. 278).

55. Compensation. — La théorie fort remarquable du projet en ce qui touche la compensation nous offrirait un grand intérêt de nouveauté si nous n'y étions déjà préparés par les dispositions de la loi des faillites en matière de compensation et par celles du Code fédéral sur le même sujet (2). Le système du projet peut se résumer dans les quelques lignes suivantes. Dès qu'il y a deux dettes réciproques ayant même objet et toutes deux exigibles, il n'y a pas extinction de plein droit de chacune d'elles jusqu'à concurrence de la plus faible et à l'insu des parties; car il ne peut y avoir de paiement contre le gré et à l'insu de celui qui paie; mais chacune d'elles tient l'autre en échec et fournit ainsi à chacune des deux parties le moyen de payer ce qu'elle doit en renonçant à ce qui lui est dû et celui, par la même occasion, de se payer elle-même en saisissant en quelque sorte sur elle l'objet de sa propre dette (art. 281). Or, il suffit, pour que ce double effet se réalise, d'une déclaration unilatérale de volonté de la part de l'un des deux débiteurs à l'autre (art. 282) (3), déclaration qui peut se produire sans attendre la poursuite de l'autre et qui, par suite, n'est plus du tout l'analogue de l'ancienne exception dont se servait le droit romain classique pour faire valoir la compensation. Enfin, cette déclaration de compensation a un effet rétroactif en ce sens que les deux dettes seront censées éteintes du jour où la compensation est de-

---

(1) Cf. Endemann, *Handelsrecht*, § 137, p. 500).

(2) Konkursordnung, §§ 46 et 47, C. féd., art. 131-139. Pour le droit saxon, voir Säch. G. B., §§ 988, 992. — Cf. Bayr. Entw., art. 181, 182. — Dresd. Entw., art. 346, 372. Pour le droit autrichien, voir österr G. B., §§ 1438 et suiv. et Unger, dans *Zeitsch. für das priv. und öff. R.*, t. XV (1888), p. 543 et suiv : *Ueber Obligationenrecht.*

(3) Cf. Projet, art 74.

venue possible (art. 283); et ceci s'explique par cette idée que de
ce jour, en effet, les deux dettes se sont paralysées réciproquement
et que la déclaration de paiement ne fait qu'accepter une situation
déjà acquise, et reconnaître par suite une libération antérieure
plutôt qu'opérer un paiement actuel, ce qui aura une grande importance au point de vue, par exemple, du cours des intérêts.

56. *La compensation opposée par voie de déclaration unilatérale de
volonté.* — Le point véritablement nouveau du système n'est pas à proprement parler le rejet de la compensation légale, opérant *ipso jure*, à
l'insu et contre le gré des parties ; cette interprétation assez malheu-
reuse d'une expression romaine (1) n'avait jamais eu grand succès,
sinon dans la théorie (2), tout au moins dans la pratique allemande ; le
côté curieux serait plutôt dans le rejet de la compensation opérant par
voie d'exception, impliquant par suite une poursuite préalable, ce
que l'on pourrait appeler la compensation judiciaire, au sens tout
au moins que nous venons d'indiquer. Dans le système du projet
la compensation s'opère par simple déclaration de l'une des parties
à l'autre et en dehors de toute poursuite judiciaire ; cela paraît bien
être au premier abord un grand progrès de simplification ; ne nous
hâtons pas trop cependant de condamner le procédé romain ; assurément celui-ci s'expliquait surtout par des raisons de procédure
plutôt que par un fondement rationnel ; mais il s'était trouvé que la
procédure était d'accord avec l'équité, la forme avec le but juridique.
En effet, toute compensation peut aboutir à un paiement partiel ; de
plus, comme elle implique double paiement, elle suppose que l'un
des deux est un paiement forcé. On comprend donc que les Romains
aient hésité à permettre à l'un de deux débiteurs, à la fois créanciers l'un de l'autre, d'imposer à l'autre un paiement partiel. Pour
que cela fût possible, il fallait supposer que l'un des deux créanciers prît les devants et poursuivît l'autre sans offrir lui-même le
paiement de sa dette ; dans ce cas c'est le poursuivant qui agissait
irrégulièrement, puisqu'il demandait à être payé sans payer lui-
même, et ce procédé de mauvaise foi justifiait aux yeux des Romains l'exception de dol offerte au défendeur. Que celle-ci du reste
aboutît au rejet total de la demande ou à la diminution de la condam-

---

(1) Accarias, *Précis*, t. II, n° 912, 3° (p. 1241, note 6).
(2) Voir le résumé des systèmes dans Windscheid, *Pand.*, t. II, § 349,
note 10. — Cf. Brinz, *Pand.*, § 287, note 2.

nation, peu importe, cette controverse (1) n'a rien à voir ici avec notre matière ; ce qu'il importe de relever, c'est que, si la compensation peut nuire à l'un des deux créanciers, elle ne lui nuit que parce que lui-même manque à sa propre obligation.

57. *État de la doctrine en Allemagne.* — On comprend donc que beaucoup de romanistes, aujourd'hui encore, repoussent le système d'une compensation opposée antérieurement à toute poursuite ; Windscheid est de ce nombre (2). En dehors de la compensation opérant par voie d'exception, il n'y a place, dit-il, que pour la compensation conventionnelle, impliquant par suite consentement des deux intéressés. Si donc l'un des débiteurs propose à l'autre la compensation et que celui-ci s'y refuse, il y a lieu de se demander si tout au moins cette offre de compensation n'aura pas pour effet de constituer en demeure celui à qui elle est faite, et également si celui qui a ainsi pris les devants ne peut pas agir en justice pour faire prononcer la compensation qu'on lui refuse. Poser ces questions, c'est faire pressentir le résultat final auquel devait aboutir la pratique, celui d'une compensation imposée par l'un des intéressés avant toute poursuite et sans le consentement de l'autre. Windscheid lui-même a dû résoudre par l'affirmative les deux questions que nous venons d'indiquer ; il en est une troisième toutefois sur laquelle il a hésité et varié d'opinion. Si, au lieu de supposer l'un des débiteurs prenant les devants et proposant la compensation, on imagine que l'autre, au contraire, lui offre le paiement réel, pourra-t-il le refuser en déclarant qu'il veut compenser ? On en voit l'intérêt, puisque lui-même peut ne pas être prêt à fournir en nature ce qu'il doit. Windscheid a hésité, et, en dernier lieu, il se décide pour la négative (3), ce qui est logique, puisqu'il n'admet la compensation que sous forme d'exception, et ne connaît que la compensation judiciaire. Il n'en sera plus de même dans le système du projet qui admet la compensation sous forme de déclaration unilatérale adressée par l'une des parties à l'autre.

58. On voit que la pratique tendait de plus en plus à supprimer

---

(1) Cf. Accarias, *Précis*, t. II, nᵒˢ 901, 910, 911. — Brinz, *Pand.*, § 287, note 12.

(2) Windscheid, *Pand.*, § 349, note 15 et suiv.

(3) Windscheid, *Pand.* (éd. 1887), § 349, notes 15ᵃ, 16, 16ᵃ.

la nécessité d'une poursuite et à reconnaître l'admissibilité de la
compensation sous forme de paiement imposé; mais, pour en
arriver là, il fallait nécessairement changer de point de vue et modifier l'ancienne conception juridique; la compensation des romanistes était bien considérée comme un paiement, mais un paiement
opposé par voie d'exception et comme une sorte de réponse à une
poursuite considérée comme injuste; ce paiement fictif devenait
inadmissible, on l'a vu, si l'une des parties offrait le paiement
réel; le principe restait en faveur du paiement en nature, le paiement fictif n'était offert à l'une des parties que si elle était exposée
à payer sans toucher en même temps ce qui lui était dû. L'idée au
contraire qui allait prévaloir est que la compensation était un
paiement normal aussi bien que le paiement réel et que par suite
elle devenait un droit appartenant en tout état de cause à chacune
des deux parties, sans autre condition préalable.

59. *Historique de la question.* — L'idée est déjà en germe dans
Doneau; elle a été reprise et magistralement développée par Brinz.
On sait qu'Azo, à l'encontre des glossateurs qui avaient comme inventé l'idée d'une compensation légale, opposait la conception,
bien plus exacte au point de vue romain, d'une compensation
opérant par le fait de l'homme, mais avec effet rétroactif (1).
Doneau accepte l'idée et la développe avec une remarquable sûreté
de vues. La compensation s'opère, dit-il, lorsque l'un des débiteurs
veut payer son créancier avec les valeurs que celui-ci lui doit et en
refusant par conséquent de les toucher lui-même; de cette façon, il
cesse d'être débiteur et, d'autre part, son créancier se trouve libéré,

(1) L'historique de la compensation est surtout fort bien présenté par
Dernburg dans son étude sur la compensation (voir spécialement édit. de
1868, p. 284, note 7. — Add. *Pand.* (1886), t. II, § 62, notes 11 et 12). L'explication qu'il donne des mots *ipso jure* est cependant très peu vraisemblable;
cela voudrait dire, suivant lui, que, contrairement à la pratique ancienne,
la compensation ne dépendrait plus de l'appréciation du juge, mais serait
soumise à des conditions légales qui s'imposeraient au juge et que, par
suite, ce dernier ne serait plus libre de la rejeter. Il est possible au fond
que le fait soit exact et Dernburg a raison de prétendre que la nouvelle
leçon des *Commentaires* de Gaius l'ait confirmé dans son opinion, que primitivement, dans les actions de bonne foi, la compensation n'étant admise que par raison d'équité, le juge était libre ou non de l'accepter,
suivant les circonstances (Gaius, IV, § 63, voir *Ed. Krueger et Studemund*).
Cf. Dernburg, *Pand.* (1886), t. II, § 62, note 7. — Mais tout ceci ne prouve
pas que l'expression *ipso jure compensari* fasse allusion à cette règle-

il y a paiement (1); et du moment qu'il y a paiement, les deux dettes se trouvent éteintes de plein droit jusqu'à concurrence de la plus faible, et la libération est acquise comme elle le serait au moyen d'un paiement réel; il y a donc extinction de la dette *ipso jure* et non *exceptionis ope* (2); c'est en ce sens qu'il faudrait entendre la fameuse expression de Justinien, laquelle signifierait, non pas que l'extinction pût avoir lieu à l'insu des parties, ce qui était la traduction des glossateurs, mais qu'une fois la compensation opposée par l'une des parties, la libération serait acquise de plein droit, comme en vertu d'un véritable paiement, car la compensation est bien en effet un moyen de payer ce qu'on doit, en faisant abandon de ce qui vous est dû.

60. *Théorie de Brinz; rétention et compensation.* — Ce qui

mentation spéciale de la compensation (cf. Eisele, *Die Kompensation* (1876), p. 144 et suiv.). — On peut voir au sujet de l'opinion de Martin Gosia et autres glossateurs, qui voulaient que la compensation opérât sans le fait de l'homme, par la seule force de la loi, une note de Doneau (*De jure civ.*, lib. XVI, cap. xv, note 27). — Cf. A. Lair, *Compensation* (1863), p. 109. — En somme, l'idée d'Azo a été le point de départ de toutes les théories de la pratique allemande en matière de compensation. — Pour le droit autrichien, voir dans *Zeitsch. für das priv. und öff. Recht*, t. XV. — Unger, *Obligationen recht* (*Compensation*, note 4).

(1) Cf. Doneau, *De jure civ.*, lib. XVI, cap. xv, § 1 : Compensare namque dicitur debitor, qui cum ei vicissim aliquid debetur a creditore eodemque actore, *vult* quod sibi debetur *ab eo retineri ne amplius debeat*, et simul id sibi pro depenso, seu pensato apud eum esse, ut tanquam eo soluto desinat vicissim et ipse debere. — Add., *De jure civ.*, lib. XVI, cap. xv, § 38 et suiv., et *ad Tit. Instit. de action.*, § XXI-5. — Cf. *De jure civ.*, lib. XVI, cap. xv, § 37 : « Solvit autem debitor qui creditori suo pecuniam numerat liberandi sui causa. Nihil autem interest, utrum numerem creditori meo pecuniam, *an vero meam quæ apud eum est, aut quam possum ab eo exigere, potior apud eum esse tanquam numeratam liberandi mei gratia.* » — Cf. Alb. Desjardins, *Compensation*, p. 198.

(2) Cf. Doneau, *De jure civ.*, lib. XVI, cap. xv, § 38 : At compensatio pro solutione est ipso jure, ac non tantum per exceptionem : quia et ipsa numerationem quamdam brevi manu continet. » Add. *ad Tit. Institut. de actionibus*, § XXI-5 et suiv., cf. 6 : « (Justinianus de compensatione) induxit autem tria. Primum, ut compensationes fiant ipso jure, *si quis vult*, in omnibus actionibus, sive in rem sint, sive in personam . . . . Principio cavet in omnibus actionibus tam in rem, quam in personam compensationes fieri ipso jure. (*L. ult.* in prin. *C. de comp.*) id. est, ut hic interpretatur, ut compensationes *oppositæ* actori minuunt actiones omnes ipso jure, ac non tantum opposita et initio contestata compensationis exceptione, sive in rem sint actiones, sive in personam. »

rossort de là, c'est que chaque débiteur, au cas de dettes réciproques, a un moyen de payer ce qu'il doit sans rien débourser, et a entre les mains de quoi se payer lui-même à son gré. C'est bien là l'idée qui était au fond de la théorie de Doneau; c'est celle que Brinz a surtout aperçue et qu'il met si vivement en relief (1). La compensation lui apparaît comme une garantie de paiement aux mains d'un créancier qui se trouve à la fois débiteur de son propre débiteur. S'il y a garantie de paiement, il n'y a pas encore paiement réalisé, les deux dettes continuent donc à coexister l'une en face de l'autre; mais par cela seul qu'elles coexistent, elles se tiennent réciproquement en échec, l'une doit servir à couvrir l'autre (2). Qu'on ne dise plus que chacune des deux créances est paralysée par une exception, cette formule convenait à l'époque classique du droit romain, alors que la compensation n'était qu'une mesure d'équité destinée à repousser une poursuite malhonnête, intentée par qui ne payait pas sa propre dette; on avait alors la ressource de l'*exceptio doli*, et la demande entière était rejetée, comme entachée de mauvaise foi. Mais à la dernière époque du droit romain, et dès avant Justinien, les conceptions avaient changé; l'équité voulait, non seulement qu'un créancier non payé pût repousser une poursuite non accompagnée de paiement, mais que tout créancier qui fût débiteur de son propre débiteur, pût se payer lui-même et se considérer comme couvert pour ce qui lui est dû, de telle sorte que s'il se paie par voie de saisie sur lui-même, il y ait libération réciproque, ou diminution de plein droit de la condamnation en cas de poursuite (3); on reconnaît là les idées de Doneau.

61. Mais alors si le créancier a en mains dans sa propre dette comme une garantie, ou comme une sorte de gage destiné à lui procurer le paiement, un rapprochement s'impose entre deux institutions voisines, dont l'une sert de transition à l'autre, la rétention et la compensation. La première est aussi le droit de refuser un paiement pour contraindre un débiteur à payer; la seconde va plus loin, elle n'est plus seulement un moyen de contrainte, mais un moyen de réaliser le paiement; elle consiste non plus seulement à refuser ce qu'on doit pour obtenir ce qui est dû, mais à se payer sur ce qu'on doit : c'est un droit de rétention ren-

(1) Brinz, *Die Lehre von der Compensation*, et *Pand.* (1849), t. II, § 287.
(2) Brinz, *Pand.*, § 287, note 10.
(3) Brinz, *Pand.*, § 287, note 12 et suiv.

forcé (1). Il est vrai qu'au point de vue de l'équité il y aurait peut-
être beaucoup à dire sur cette conception juridique de la compensation, considérée comme un droit de rétention renforcé, alors
que celui-ci n'a lieu que pour dettes connexes, tandis que la compensation va avoir lieu pour toutes dettes réciproques quelconques,
qui auront même objet. Il faut bien dire aussi, nous l'avons déjà
fait observer, que le premier pas avait déjà été fait dans cette voie
par l'admission du droit de rétention du Code de commerce, lequel
n'exige plus que la commercialité et non la connexité des dettes ;
on comprend dans cette hypothèse que le seul obstacle à la libération soit le défaut d'identité d'objet, et encore a-t-on vu qu'au cas de
faillite cette rétention se transforme en un véritable gage ; donc que
les deux dettes se trouvent être identiques et il n'y aura plus de raison
pour ne pas admettre la libération réciproque au gré de l'une des
parties. C'est toujours la même tendance qui partout se manifeste ;
quiconque a en mains une valeur appartenant à son débiteur a par
là-même une garantie qui lui assure le paiement de sa dette (2).
Dira-t-on que cette garantie va être un effet de pur hasard et sera dépourvue de tout fondement juridique? Il pourra en être ainsi. Mais
dans la pratique des affaires, on considère que celui qui est déjà
débiteur d'un autre n'aura consenti à contracter avec lui et par
suite à devenir son créancier qu'en vue de la garantie que lui offrait
sa dette : la dette de l'un des contractants a fondé le crédit de
l'autre ; le premier a fait crédit au second jusqu'à concurrence de
ce que lui-même lui devait, parce qu'il a compté se payer sur l'objet de sa dette : voici une hypothèse tout aussi pratique, il ne s'agit
plus d'un débiteur qui fait crédit jusqu'à concurrence de sa dette,
mais d'un créancier qui cherche à se payer en contractant une dette
envers son propre débiteur ; celui-ci est insolvable, son créancier
lui fera des commandes, emploiera ses services, et comptera se

---

(1) Voir Brinz, *Pand.*, § 287, notes 4 et suiv. — Cf. Windscheid, *Pand.*,
§ 351, note 6. Pour les développements, voir la Monographie de Brinz sur
la compensation, p. 54 et suiv., p. 110 et suiv., p. 142 et suiv., et Brinz,
Pand., 1ᵉ éd., I, p. 646 et suiv.

(2) Ces rapprochements entre la rétention et la compensation datent,
d'ailleurs, de loin ; on trouvera dans les manuels de droit commercial et
entre autres dans l'excellent manuel de Goldschmidt l'historique de la
question ; on y verra cités d'anciens statuts italiens et allemands qui, en
matière de faillite, font tout à fait ce rapprochement entre les deux institutions. Voir Goldschmidt, *Handelsrecht*, p. 1004, note 24. Quelques-uns
de ces documents ont été reproduits par M. Thaller, *Les Faillites en droit
comparé*, t. II, p. 38-41.

payer par voie de compensation. En somme il y a présomption que l'une des dettes a été la cause de l'autre; si cela est, l'idée de garantie est juridiquement fondée, et cette garantie ne peut plus être enlevée, pas plus à l'un qu'à l'autre des deux intéressés.

62. *La compensation dans la loi des faillites.* — On comprend maintenant que la loi des faillites ait déclaré la compensation opposable à la masse ; le créancier qui a en mains dans sa propre dette, de quoi se payer de ce qui lui est dû, ne rentre plus dans la masse, il est en dehors de la masse au même titre que celui qui a un gage ou toute autre garantie ; la masse, pas plus que le débiteur auquel elle se trouve substituée, ne saurait le poursuivre sans le payer intégralement, et ici encore la comparaison avec le droit de rétention s'impose sans qu'il soit besoin d'insister. La conclusion est que la compensation sera admise pour tous les paiements auxquels la faillite donne ouverture : de là cette décision de la loi des faillites qu'elle sera admise même pour dettes à terme ou conditionnelles (1).

63. *Droit comparé : Jurisprudence française.* — Il semble bien que partout aujourd'hui un même instinct, on ne sait au juste si l'on doit dire un instinct d'équité (2), conduise vers cette solution. Les lois les plus récentes la consacrent (3), et là où la loi s'y refuse, la jurisprudence paraît vouloir s'en rapprocher autant que les textes qui la dominent le lui permettent. Cette tendance commence à s'accentuer même chez nous. Il est vrai qu'avec notre système de la compensation légale, nous ne sommes pas aussi loin qu'on le

(1) *Konk. Ordn.*, §§ 46 et 47. — Cf. Wilmonski, *Konk. Ordn.*, § 47-1. — Mandry (*Konk. Ordn.*, I, p. 488. Voir surtout les motifs du *Konk. Ordn.* (p. 229-234). — Cf. Schrutka-Rechtenstein (*Kompensat. in Konk. nach österr. Recht* (1881), Conc. Ord., § 20. — Cf. Unger, *loc. cit.* (*Obligationenrecht*), Compensation, note 22. — Brinz, *Pand.*, I (1re éd.), p. 642, et II (2e éd.), § 287, note 41. (Cf. *Preuss Konk. Ordn.* du 8 mai 1855, art. 96-3, art. 97-2; voir dans la Revue de Goldschmidt, décision de jurisprudence sur le fondement de cette loi, permettant d'opposer à la masse la compensation résultant d'une créance de change, comme par exemple de l'acceptation d'une lettre de change (*Zeitschr. für Handels R.*, t. XXIII, p. 273).

(2) Cf. Thaller, *Les Faillites en droit comparé*, t. II, p. 45, no 128 *in fine*.

(3) Cf. C. féd., art. 226; cf. C. de comm. allem., art. 314; add. C. féd., art. 136. Pour la législation autrichienne, voir le commentaire déjà cité de Schrutka-Rechtenstein sur la loi des faillites (Conc. Ordn., § 20). Pour le droit anglais, voir Thaller, *loc. cit.*, II, p. 44.

pense des solutions de la loi des faillites de l'Empire d'Allemagne. En effet, pour toutes dettes antérieures à l'ouverture de la faillite, déjà exigibles et liquides avant cette époque, la compensation se sera opérée de plein droit. La différence existe donc uniquement pour les deux hypothèses suivantes : au cas de dettes antérieures à l'ouverture de la faillite, mais non liquides ; et au cas de dettes qui ne viendraient à existence ou ne deviendraient exigibles qu'après l'ouverture de la faillite. Dans le premier cas, la dette n'étant pas liquide, il pourrait y avoir lieu à la compensation conventionnelle : or précisément, si la période suspecte est ouverte, la compensation conventionnelle est interdite en tant que paiement irrégulier (Code de comm., art. 445-447) (1). Tel est le principe ; à ce principe la jurisprudence apporte cependant une atténuation, lorsqu'il s'agit d'un accord qui n'ait pas pour but de dissimuler un paiement irrégulier, mais de faciliter une compensation légale qui, d'après les conventions antérieures et en vertu de faits préexistants, donc par la nature même des choses, aurait dû régulièrement s'opérer (2). Dans la seconde hypothèse, celle de dettes échues après ouverture seulement de la faillite, nous nous trouvons en présence de principes bien plus rigoureux ; on pourrait croire au premier abord que la compensation s'opérant de plein droit elle va se réaliser même à l'encontre de la masse, il n'en est rien ; car la compensation légale est un paiement effectué par la force même de la loi et la loi ne peut pas se mettre en contradiction avec elle-même, elle ne peut opérer le paiement là où elle le défend et c'est précisément le cas après ouverture de la faillite. Aucun créancier ne peut être payé par droit de préférence, sauf les créanciers privilégiés, et dans notre droit celui qui peut opposer la compensation n'est pas au rang des privilégiés. On a donné comme raison que la faillite équivaut à une saisie-arrêt au profit de la masse et que le débiteur saisi ne peut payer au préjudice du saisissant (Cod. civ., 1298) (3). Mauvaise raison, car en même temps qu'il paie, le débiteur libère la masse de sa propre dette, il ne peut être assimilé au débiteur saisi qui paie son créancier sans que le saisissant profite en rien du paiement. La seule question est donc de savoir si le débiteur peut payer par voie de compensation de façon à soustraire

(1) Cf. Lyon-Caen et Renault, *Précis de droit commercial*, t. II, n° 2755 et p. 716, note 2.

(2) Cf. Cass., 26 juillet 1881 (S. 82. 1. 73) et surtout la note de M. Labbé sur Cass., 27 juin 1876 (S. 77. 1. 241).

(3) Cf. Demol., t. XXVIII, n° 636.

4

le créancier à la loi du dividende, et nous avons vu que notre loi
s'y oppose (1). On ajoute d'ailleurs que le créancier étant réduit
à un dividende, sa créance n'est pas liquide et que par suite la
compensation légale est impossible (2). Reste à savoir si la compensation judiciaire, au sens où nous l'entendons chez nous, pourrait être poursuivie. Assurément la négative est de principe, car
la justice ne saurait être appelée à opérer un paiement que la loi se
refuse à réaliser. Cependant sur ce point encore il y a une hypothèse où la jurisprudence a ouvert la brèche, c'est au cas de dettes
connexes ; il s'agissait, dans l'une des espèces soumises aux tribunaux, et ce n'est pas la seule, d'une femme ayant obtenu la séparation de biens après faillite du mari et exerçant ses reprises ; la
faillite de son côté lui réclamait récompenses, et celles-ci se réfé-
raient aux reprises de la femme ; or la faillite tout en poursuivant la
femme se refusait à lui payer ses reprises ; il s'agissait en effet d'une
hypothèse où la femme ne pouvait se prévaloir d'aucun droit de préférence et qui par suite la laissait soumise à la loi du concours.
Alors la femme refusa de payer tant qu'on ne lui aurait pas restitué
l'intégralité de ses reprises : et la jurisprudence admit sa prétention. Il y a, a-t-on dit, un compte indivisible, il s'agit d'une liquidation dont on ne peut scinder les éléments. Il y a compensation
pour dettes connexes, a répondu avec bien plus de raison M. Labbé,
dans une note pleine d'aperçus nouveaux (3). Mais alors n'est-ce
pas en revenir à l'idée de la rétention pour dettes connexes et par
suite à l'idée d'une garantie aux mains du créancier, garantie provenant de la compensation et qu'on ne puisse lui enlever? Il y a un
motif d'équité et de bon sens qui oblige à admettre la compensation, même en matière de faillite, au cas tout au moins où il pourrait y avoir lieu à rétention ; ce en quoi le système allemand va
plus loin, c'est qu'il l'admet pour toutes dettes réciproques, donc
là où il n'y aurait plus lieu à rétention. Peut-être a-t-il dépassé le
but ; en tout cas nous avons exposé les raisons pratiques et économiques qui l'ont guidé dans cette conception (4).

(1) Aubry et Rau, IV, § 326, note 34.
(2) Voir Lyon-Caen et Renault, *Précis*, t. II, n° 2666.
(3) Voir Amiens, 16 mai 1877, et Caen, 27 juin 1874 (S. 70. 2. 145) et note
de M. Labbé.
Jurisprudence approuvée par MM. Lyon-Caen et Renault, *Précis*, n° 2666,
t. II, p. 656, note 1.
(On trouvera là, à la note à laquelle nous renvoyons, l'indication d'autres
hypothèses dans lesquelles il y aura lieu d'appliquer la même solution).
(4) Pour la loi anglaise sur la faillite, v° art. 38 (*trad. Lyon-Caen*, p. 42).

64. *Rétroactivité.* — Restait à se demander si la déclaration de compensation, comme l'exception de compensation, serait rétroactive. Pour ce qui est de l'exception opposée en justice, il n'y avait guère eu d'hésitation ; le défendeur se prévalait d'une situation bien antérieure au jugement, les choses devaient donc se régler comme elles l'eussent été au jour même où la compensation fût devenue possible (1). Mais dans le système du projet, le débiteur déclare payer son créancier avec ce que celui-ci lui doit et se payer lui-même par voie de libération, il semble bien que le paiement se réalise au moment même de la déclaration faite par celui qui a pris les devants, et que la fiction de rétroactivité soit par suite plus difficile à admettre. Déjà Doneau avait hésité ; cependant les nécessités pratiques avaient entraîné sa décision ; le créancier est censé avoir eu les espèces en mains du jour où il aurait dû payer lui-même, de sorte qu'en réalité il est censé avoir reçu son paiement du jour où il se trouve avoir eu les espèces en mains, c'est-à-dire du jour de l'exigibilité de la dette (2). On sait l'importance de la question en ce qui touche le cours des intérêts. C'est également cette raison de pratique qui a déterminé les auteurs du projet à consacrer encore la rétroactivité, bien qu'ils aient eu les mêmes scrupules que Doneau (3). Cependant, plus logiques que Doneau, ils exigent tout au moins, pour que la rétroactivité existe, que la compensation puisse se produire, et par conséquent que les deux dettes se retrouvent encore en présence au moment où l'une des deux parties veut invoquer la compensation, et ils en concluent, contrairement à ce que disait Doneau (4), que si l'un des deux débiteurs a payé dans l'ignorance de la compensation, il ne pourra que poursuivre ce qui lui est dû et n'aura pas d'action en répétition pour recouvrer ce qu'il a payé (5) : ceci peut avoir quelque intérêt

(1) Cf. Windscheid, *Pand.*, § 349-3, notes 4 à 0.

(2) Cf. Doneau, *De jur. civ.*, lib. XVI, cap. xv, § 30 : « (Compensatio) dici enim potuit ex eo tempore eam (numerationem) habere, quo primum objicitur : quasi debitore tunc primum pecuniam numerante, cum vult pecuniam sibi debitam pro soluto esse. Dignum est igitur notatu quod placet non exinde primum compensationem pro soluto haberi ipso jure, cum objecta est ; sed ex quo primum objici potuit, id est, ex quo primum cœpit pecunia utrinque deberi. Quod est æquissimum ; nam et tunc primum eam pecuniam habere cœpit creditor, ex quo eam debuit, etc., etc. »

(3) Voir *Motifs sur l'art.* 283 (t. II, p. 108-109). — Cf. Seuffert, dans *Bekker-Beitrâge*, fasc. 11, p. 27, 28.

(4) Doneau, *De jur. civ.*, lib. XVI, cap. xv, § 30.

(5) *Motifs*, t. II, p. 109.

au point de vue de l'objet et de l'étendue de l'une ou de l'autre action; il est vrai que l'intérêt principal de la question n'existe plus dans le projet, celui-ci n'ayant pas admis d'obligations naturelles; en droit romain, il était fort utile pour le créancier, au cas d'obligation naturelle, de répéter ce qu'il avait payé, puisque, l'action lui faisant défaut, la compensation lui offrait le seul moyen qu'il pût avoir d'obtenir paiement de ce qui lui était dû. Aussi le droit romain accordait en pareil cas la répétition de l'indû, fondée sur ce fait que le débiteur avait payé une dette paralysée par une exception perpétuelle (1). Dans le système du projet, qui n'admet plus l'exception de compensation mais la déclaration de paiement par voie de compensation, le débiteur n'a plus rien à payer, sa dette étant éteinte. Le projet a donc bien raisonné au point de vue logique en reconnaissant que l'idée de rétroactivité ne pouvait pas conduire à modifier les conditions d'admissibilité de la compensation et en repoussant en pareil cas la répétition de l'indû.

65. *Conditions de la compensation.* — Il faut déterminer maintenant les conditions d'admissibilité de la compensation (art. 281). Elles dérivent très logiquement des principes qui viennent d'être posés : ce seront la réciprocité des deux dettes existant entre les mêmes personnes; l'identité d'objet se produisant à un moment quelconque depuis que les dettes coexistent, comme par exemple s'il y a transformation d'une obligation de corps certain en dette d'indemnité (2); enfin, l'exigibilité des dettes, sauf l'exception admise au cas de faillite et dont on a vu les raisons. On remarque que le projet se tait en ce qui touche la liquidité, et nous ne saurions trop l'en féliciter. Si la compensation est une garantie de paiement fondée sur la coexistence de deux dettes réciproques, il est difficile d'en subordonner l'efficacité à un fait de pur hasard tel que la liquidité des dettes et de fournir ainsi à l'une des parties le moyen d'en écarter les conséquences, en se fondant sur une allégation toujours facile à mettre en avant, mais le plus souvent inspirée uniquement par l'esprit de chicane. On dira peut-être que si, dans le système du projet, la compensation est assimilée à une déclaration ou reconnaissance de paiement, elle ne peut avoir lieu que dans les circonstances où le paiement aurait pu se faire, c'est-

---

(1) Cf. Accarias, t. II, p. 1240, note 1³. Windscheid, *Pand.*, § 349, note 5.
(2) *Motifs sur l'art.* 281 (t. II, p. 105).

à-dire à supposer qu'il n'y ait plus lieu à contestation sur l'objet ou l'étendue de la dette. L'objection serait admissible à l'encontre d'un paiement réalisé par voie d'offres et de tradition matérielle; le créancier pourrait être en droit d'en contester la régularité et d'exiger au préalable la liquidation de la dette; mais elle est sans portée à l'encontre d'un paiement à faire valoir sur les espèces que le créancier est déjà censé avoir en mains, qu'il n'a pas à recevoir et par suite qu'il n'a pas à refuser. Le débiteur qui a des valeurs qui lui reviennent aux mains du créancier, peut faire sur ces valeurs une imputation de paiement dont l'étendue reste subordonnée à la liquidation à intervenir. N'est-ce pas ce qui arrive toutes les fois qu'il y a remise de valeurs à titre de couverture? Or, la compensation, comme la rétention, est une sorte de couverture aux mains d'un créancier. Le débiteur qui a dans la prestation qu'il avait à faire de quoi se couvrir d'une créance réciproque, refusera de payer alors même qu'on lui objecte la nécessité d'une liquidation préalable. Il déclare néanmoins se payer lui-même sur ce qu'il doit, sauf à déterminer plus tard le montant du solde et par suite les limites dans lesquelles la compensation se sera opérée.

66. En décidant ainsi, le projet prend parti sur une controverse qui partageait les romanistes; on se demandait si la liquidité, exigée d'ailleurs par une loi du Code (1), était un élément essentiel, donc une condition matérielle d'admissibilité de la compensation, ou simplement une exigence relative à la procédure, si bien qu'au moment où le défendeur eût opposé l'exception, le juge n'aurait pas eu à rejeter en bloc et sans autre examen l'exception de compensation ou la demande reconventionnelle, sous prétexte de défaut de liquidité, mais aurait eu à examiner purement et simplement si la liquidation pouvait s'opérer facilement dans la même instance sans dommages pour le demandeur. Une autre question venait ainsi se greffer sur la première, celle de la séparation possible des deux instances, et l'on sait qu'en principe, dans le droit prussien, par exemple, avait prévalu la règle que le juge de l'action n'était pas juge de la reconvention. Tout ceci cependant était très contesté (2). Mais le Code de procédure avait admis, au contraire, la jonction des deux instances (3), sauf exception. La conséquence

(1) L. 14, § 1, C. de comp. (4-31).
(2) Cf. Windscheid, § 350, note 13.
(3) C. P. Ordn., art. 136, 274 et 401. C'est le contraire de notre article 464 du Code de procédure. Cf. Cont. de Paris, art. 106.

devait être de ne considérer le défaut de liquidité que comme un obstacle essentiellement de fait laissé à l'appréciation du juge et qui, par suite, devait être écarté si la liquidation pouvait se faire dans la même instance sans que le demandeur dut en souffrir. Ces tendances ayant prévalu, il en résultait, dans le système de l'exception judiciaire opérant avec effet rétroactif, que la compensation, une fois la liquidité réalisée, n'en était pas moins reportée au jour de la coexistence des deux dettes, supposées exigibles à ce jour (1). On voit la différence avec ce que nous appelons chez nous la compensation judiciaire ; il va de soi en effet que dans une législation qui admet la compensation légale, c'est-à-dire le paiement réalisé à l'insu des parties, la liquidité devient une condition de ce paiement fictif imposé par la loi (2) ; reste donc, à défaut de liquidité, la ressource de poursuivre la compensation en justice, mais alors, comme la compensation s'opère par jugement, par voie de déclaration judiciaire, elle ne peut remonter au delà du jour de la demande (3) ; et même on a soutenu (4), avec beaucoup de raison, à notre avis, qu'elle ne saurait avoir aucune rétroactivité, si restreinte fût-elle, et ne devrait pouvoir produire effet qu'à partir du jugement ; c'est qu'il ne s'agit plus d'un jugement ayant pour but de reconnaître et de consacrer une situation juridique antérieure, mais de créer un effet de droit, lequel ne peut être acquis que du jour où intervient l'acte qui le produit : il n'y a plus à parler d'effet déclaratif du jugement. On voit combien notre compensation judiciaire diffère de la compensation judiciaire des Allemands, laquelle ne consistait pas dans une demande de compensation poursuivie en justice, mais dans le fait d'opposer en justice l'exception de compensation. Et ce sont précisément ces conséquences de notre compensation judiciaire qui rendent le système du Code civil très défectueux en ce qui touche la question de liquidité ; on l'a vu pour le cas de faillite : cet obstacle de fait s'étant opposé à la compensation légale, le défaut de rétroactivité du jugement em-

(1) C'était le système de nos anciens auteurs avant que l'influence de Cujas eût fait prévaloir l'idée des glossateurs d'une compensation légale, opérant *ipso jure*. — Cf. Henrys, *Œuvres*, t. IV, p. 100 (8e *consultation*, n° 2). Despeisses, *Des Contrats*, part. IV, tit. 3. Voir Alb. Desjardins, *De la compensation*, p. 277.

(2) Cf. Demol., t. XXVIII, n° 512. Alb. Desjardins, *De la compensation*, p. 207.

(3) Demol., t. XXVIII, n° 691. Cf. Aubry et Rau, t. IV, p. 237.

(4) Colmet de Santerre, t. V, n° 251, *bis*, VIII.

pêchera que l'on puisse reporter le paiement fictif à une date antérieure à l'ouverture de la faillite, et la compensation devient impossible : c'est une question presque de hasard. Notre jurisprudence essaie cependant de réagir contre ces résultats malencontreux. Nous renvoyons sur ce point à ce que nous avons dit plus haut. En résumé, le projet a eu raison de ne pas faire de la liquidité une condition essentielle de la compensation (1).

67. *De ceux qui peuvent opposer la compensation.* — Nous terminons cet exposé par une question fort importante en pratique : qui peut opposer la compensation ? Les principes donnent cette double réponse : Pour pouvoir opposer la compensation, il faut : 1° pouvoir payer, et 2° avoir de quoi payer par voie de compensation, autrement dit être personnellement créancier de son propre créancier. A la première condition, se rattache l'impossibilité pour le débiteur saisi d'opposer la compensation au saisissant; reste à déterminer la mesure et l'étendue de cette impossibilité; le projet ne l'admet que s'il s'agit de dettes échues depuis l'opposition faite par le saisissant; décision excellente dans une législation comme la nôtre, qui admet la compensation légale, car, en ce qui touche les dettes antérieures, la compensation se sera déjà opérée à l'insu des parties (art. 1298). On aurait pu hésiter dans le système du projet d'une compensation par voie de déclaration de paiement; le saisi ne peut payer au préjudice du saisissant, même s'il s'agit de dette échue avant la saisie. On pourrait peut-être faire intervenir l'idée de rétroactivité, mais l'argument serait discutable, car avant de parler de rétroactivité de la compensation, il y a lieu de se demander si la compensation est recevable. Les auteurs des motifs invoquent une autre idée, l'analogie qu'il y a entre

(1) Cf. Pour le droit autrichien, Unger, *Oblig. Recht* (*Compensat.*), note 29 à 33 (Dans *Zeitsch. für das priv. und öff. R.*, t. XV, 1888, p. 545). On peut signaler des tendances analogues chez beaucoup de nos anciens auteurs; bien que Loysel et toutes les Coutumes qui admettaient la compensation eussent exigé que les dettes fussent claires et liquides (Loysel, *Inst. cout.*, V, II, 4, Cout. de Paris, art. 105; Cout. de Reims, art. 307; de la Marche, art. 100, etc.), beaucoup cependant interprétaient la règle au sens très relatif du droit romain, entendant cela d'une liquidité facile à obtenir en justice; cela tenait à une confusion perpétuelle chez nos anciens auteurs entre les effets de la compensation judiciaire du droit romain, opérant par voie d'exception, et celle de la compensation légale, opérant *ipso jure*. Voir Alb. Desjardins, *Compensation*, p. 204 et 205 et les citations. Cf. Lair, *De la compensation*, 1862, p. 165.

cette hypothèse et celle de la cession de créances; cette dernière ne peut avoir pour effet d'enlever au débiteur cédé le bénéfice de la compensation, de même la saisie ne peut priver le débiteur saisi du droit qui lui était déjà acquis d'opposer la compensation; au fond, l'idée dominante est encore celle d'une garantie de paiement aux mains du débiteur, cette garantie lui est acquise du jour où il a pu opposer la compensation : aucun événement, saisie ou cession, ne peut à son insu la lui enlever (art. 286).

68. Nous disions en second lieu que, pour pouvoir opposer la compensation, il fallait avoir de quoi payer en monnaie de compensation, ce qui implique que celui qui l'invoque ait des espèces à recevoir de son créancier, donc que les deux dettes existent encore et qu'elles existent entre les deux mêmes personnes; une conséquence de cette idée est que, avant que la compensation ait été invoquée mais depuis qu'elle est possible, l'une des dettes a pu s'éteindre, par exemple par prescription, et dès lors, il ne saurait plus y avoir lieu à compensation; on a vu une autre conséquence de la même idée dans le refus de la répétition de l'indû au cas de paiement par erreur d'une dette susceptible de compensation. D'autre part, les deux dettes peuvent encore exister, mais si elles n'existent pas entre les mêmes personnes, la compensation est impossible; c'est le cas, par exemple, de la caution qui voudrait opposer en compensation au créancier ce que celui-ci doit au débiteur principal; notre Code civil lui permet de compenser, ou plutôt, elle ne fait qu'invoquer une extinction de la dette déjà accomplie (art. 1294-1°); dans le système de la compensation judiciaire, au sens romain du mot, la question pourrait être plus douteuse puisque la compensation est opposable sous forme d'exception et qu'il s'agit de savoir si cette exception est de celles que peut invoquer la caution; il n'y a cependant que très peu d'hésitation. Mais dans le système du projet d'une déclaration de paiement faite par l'un des intéressés à l'autre, il n'était plus possible de permettre à la caution de payer le créancier avec des espèces qui ne doivent pas lui revenir et, par conséquent, dont elle n'a pas le droit de disposer. Elle paierait, en somme, avec ce qui appartient à autrui; la déclaration de compensation doit rester une faculté exclusivement personnelle au débiteur principal.

La question pouvait également se poser au cas de cession de créances; elle était délicate. Bien entendu, il ne saurait être question pour le débiteur d'opposer en compensation, au cessionnaire, une dette du cédant échue depuis qu'il a eu connaissance de la cession ; il sait que ce dernier a cessé d'être son créancier et que, par conséquent, il ne doit plus payer entre ses mains. Cependant, même s'il s'agit de dettes échues avant qu'il ait eu connaissance de la cession, on peut hésiter à lui donner le droit de les opposer au cessionnaire, car il n'y a plus réciprocité de dettes ; il semble qu'il va payer le cessionnaire avec des valeurs qui sont aux mains du cédant : en somme, il paie au cédant, et du jour où il a connaissance de la cession, il ne peut plus payer aux mains de ce dernier ; comment donc lui permettre de payer encore entre ses mains par voie de compensation, par cela seul que la dette invoquée était échue avant que la cession lui fût connue? On comprend que, dans les deux autres systèmes, il n'y ait pas de question ; dans le système du Code civil, la cession n'est parfaite à l'égard du débiteur que si les formalités de l'article 1690 ont été remplies, jusque-là les choses se passent à son égard comme s'il n'y avait pas eu de cession et, par suite, la compensation s'accomplit de plein droit, même à son insu : il y a compensation légale. Dans celui de la compensation judiciaire, l'exception de compensation est de celles que le débiteur peut invoquer contre le cessionnaire ; le doute ne pouvait s'élever que dans le système du projet, et il semble qu'il eût été logique d'admettre ici une solution analogue à celle donnée par rapport à la caution. Les auteurs du projet l'ont bien senti ; mais, ils ont compris aussi qu'au-dessus de la logique il y avait l'équité, et que cette dernière ne pouvait admettre que la cession faite à l'insu du débiteur pût lui nuire. Restait cependant à mettre l'équité d'accord avec les principes, où plutôt à découvrir le principe qu'impliquait en quelque sorte l'équité ; or l'idée mise en avant est encore celle qui fait le fond de la théorie nouvelle, celle d'une garantie de paiement aux mains du débiteur ; une fois cette garantie acquise la cession ne peut la lui enlever et le cessionnaire est censé avoir accepté que le débiteur qui a droit à la compensation use de son droit, même après notification de la cession ; on peut lui interdire de se procurer désormais une garantie de ce genre ; il ne saurait plus acquérir de droit à la compensation en ce qui touche le cédant, mais on ne peut lui enlever le droit qui lui appartient déjà de se payer par compensation ; c'est la garantie de sa propre créance et le cessionnaire en subira les effets. On sait que c'est également par le même raisonnement qu'on avait admis le débiteur au cas de saisie à opposer au saisissant la compensation pour dettes antérieures à la saisie. L'idée est la même (art. 303).

69. Enfin on verra que le projet admet à côté de la cession de créances une sorte de cession de dettes, ou plutôt de succession à la dette par voie de changement de débiteur. Mais ici la logique stricte reprend ses droits, le nouveau débiteur ne peut se prévaloir d'une créance appartenant à l'ancien ; il peut sans doute opposer les exceptions qui paralysent la dette, mais la compensation n'est pas une exception ; d'autre part l'équité n'exigeait plus, comme en matière de cession de créances, qu'on admît aucune dérogation à la rigueur des principes : le débiteur subrogé n'a aucun droit acquis à la compensation, c'est son prédécesseur qui seul eût pu l'invoquer, mais par cela même qu'il cède sa place il y renonce ; de plus, l'objet même du contrat passé entre l'ancien et le nouveau débiteur consiste dans le paiement que s'engage à fournir le subrogé ; si au lieu de payer en espèces il payait en compensation, il se trouverait avoir payé avec ce qui était dû à son prédécesseur, de sorte qu'en définitive c'est celui-ci qui eût fait les frais du paiement et l'autre de cette façon eût violé son contrat : on voit qu'en pareille hypothèse, de toutes façons la compensation était impossible, et cette fois sans distinction, entre la dette cédée et la créance de l'ancien débiteur contre le créancier (art. 316).

70. *Résumé.* — On peut facilement saisir les points qui se détachent de toute cette théorie et qui la distinguent des deux autres systèmes législatifs, aussi bien de la compensation légale que de la compensation judiciaire, au sens romain du mot. Elle diffère de la compensation légale en ce qu'elle ne se réalise que par une manifestation de volonté de l'une des parties, et de la compensation judiciaire en ce que cette manifestation de volonté peut se produire en dehors de toute demande en justice ; elle admet, comme les deux autres, qu'une fois opposée elle produise ses effets du jour de la coexistence des deux dettes, supposées d'ailleurs exigibles ; elle écarte la condition de liquidité, déjà fort atténuée dans la pratique de la compensation judiciaire ; et enfin se sépare de cette dernière, tout autant que de la compensation légale, en ce que la caution, tant que le débiteur principal n'a pas opposé la compensation, ne peut pas s'en prévaloir ; mais reconnaît, comme les deux autres, qu'au cas de saisie ou de cession de créances, le débiteur peut invoquer en compensation les dettes échues, soit avant la saisie, soit avant la connaissance qu'il a pu avoir de la cession, ce qui d'ailleurs n'existe plus s'il s'agit, non plus de cession de créances, mais de succession à la dette.

71. *Remise de dette.* — Le projet n'a qu'un article sur la remise de dette (art. 290) : il lui applique la théorie générale du contrat réel ou abstrait, dont nous avons parlé dans l'introduction de cette étude. Toute convention qui a pour but d'introduire une valeur dans un patrimoine ou de la faire sortir du patrimoine est un contrat d'aliénation ou de transfert au sens large du mot, lequel diffère du contrat par lequel on s'engage à effectuer le transfert, et qui doit en être indépendant. Convenir qu'on éteint une dette, ou déclarer qu'on la reconnaît inexistante, le projet met les deux choses sur le même rang, c'est là un accord de volonté dont les effets doivent être tenus pour réalisés sans qu'il y ait à rechercher la cause qui, juridiquement, en explique la manifestation. Ce contrat de reconnaissance d'inexistence de la dette doit être rapproché de la reconnaissance de dette ou promesse unilatérale de payer; celle-ci est l'ancienne promesse unilatérale des Romains, la *stipulatio*, valable indépendamment de sa cause, nous verrons pourquoi. Or, de même qu'on peut reconnaître qu'une dette existe et que cela suffit à vous engager, de même on peut reconnaître qu'elle n'existe pas ou n'existe plus, et cela suffit à vous dégager; l'effet produit est définitif; c'est l'ancienne *acceptilatio* romaine, moins le formalisme. Elle se réalisera le plus souvent, aujourd'hui, sous l'apparence d'une quittance; mais, d'une part, la quittance ne renferme pas forcément une convention de remise de dette, sa fonction ordinaire dans le système du projet est même toute différente, la quittance est un acte probatoire destiné à prouver le paiement : on déclare dans ce cas avoir reçu; par exception, cependant, elle peut prouver la remise de dette, si on déclare reconnaître la dette éteinte (1) ; d'autre part, la remise de dette n'exige pas pour sa validité l'emploi d'un écrit et nous verrons qu'il n'en est plus de

---

(1) On voit par là que la valeur probatoire de la quittance peut être très sujette à contestation; d'autre part, il arrive souvent, dans le commerce qu'on envoie la quittance d'avance avant d'avoir reçu. Si le créancier ensuite n'est pas payé, on se trouve dans une hypothèse analogue à celle qui avait donné lieu à Rome à l'*exceptio non numeratæ pecuniæ.* Ce sera alors au créancier à réclamer la quittance ou, si on s'y refuse, à prouver qu'il n'a rien reçu. C'est alors que le débiteur pourra objecter qu'il y a eu remise de dette ; ce sera à lui de le prouver. Le projet n'entre pas dans ces détails (cf. Koch, dans *Bekker-Beiträge*, fasc. 4, p. 22-23). V. sur tous ces points d'importantes observations de Bähr, *Zur Beurtheilung des Entwurfes* (extr. de la *Krit. Vierteljahresschrift*), t. II, fasc. 3 et 4 (tirage à part, p. 37 et suiv.).

même de la reconnaissance de dette, laquelle, d'après l'article 683 du projet ne peut pas être verbale.

72. La conséquence du caractère de contrat abstrait (1) donné à la remise de dette est que, si plus tard, l'ancien créancier prétend avoir accordé la remise en exécution d'un acte qui n'existait pas, ou avoir reconnu la dette inexistante sur le fondement d'une cause d'extinction, ou d'une satisfaction qui, en fait, se trouve non réalisée, il n'aura de ressource que dans la théorie des *condictiones* sur l'enrichissement sans cause. Il va de soi qu'il n'en serait plus de même si la reconnaissance avait eu le caractère, non d'une convention nouvelle, constitutive de droit, mais celui d'une simple déclaration, destinée à confirmer un effet juridique préexistant, déclaration dont la valeur, par suite, serait subordonnée à la réalité de ce dernier. Mais le projet présume, avec raison, que la reconnaissance dans le doute doit être constitutive et non déclarative; que les parties, tout en faisant allusion à un fait antérieur qui explique leur convention, ont entendu que celui-ci ne pût être recherché et que l'effet juridique qui en résulte fût rattaché à la reconnaissance elle-même. « Nous reconnaissons la dette éteinte et entendons qu'elle le soit alors même qu'en réalité on contesterait le fait qui lui sert de cause juridique : » il est vrai de dire, en présence d'une convention de ce genre, qu'en réalité l'extinction est détachée de sa cause véritable et se trouve rattachée à la reconnaissance elle-même, que c'est de celle-ci qu'elle dérive. Les parties auraient pu, au contraire, vouloir reconnaître l'existence d'un fait de libération préexistant : « nous reconnaissons la dette éteinte en vertu d'une cause antérieure qui en a produit l'extinction. » Ce n'est plus alors qu'une déclaration relative à la preuve, et par suite subordonnée à l'existence d'une cause juridique; celui à qui on l'oppose pourrait donc en repousser l'effet en prouvant le défaut de cause. Nous avons déjà dit que de ces deux sortes de reconnaissances, le projet, dans le doute, présumait la première (2).

Il va de soi que la remise ou reconnaissance négative de dette est une convention et suppose le consentement des deux parties; la simple déclaration unilatérale de renonciation émanant du créancier serait sans effet sur le sort de la dette; ceci est conforme au droit commun et aux législations modernes.

(1) Cf. Bähr (*loc. cit.*), p. 41, note 1 et p. 42.
(2) Il faut rapprocher tout ceci du contrat de reconnaissance de dette, dont il sera parlé plus loin (n° 274).

73. *Confusion et décès de l'une des parties.* — Pour ce qui est de la confusion, le projet ne fait que signaler le principe de l'impossibilité d'être à la fois créancier et débiteur de la même obligation et celui, par conséquent, de l'extinction de fait de la dette quand les deux qualités viennent à se réunir sur la même tête (art. 291).

Enfin, le projet range parmi les modes d'extinction de l'obligation, le décès de l'une des parties; mais il se hâte très vite d'ajouter que ce n'est qu'un mode exceptionnel et que le principe est au contraire celui de la transmissibilité héréditaire de l'obligation, soit au point de vue actif, soit au point de vue passif. Les cas d'intransmissibilité sont signalés parmi les dispositions du projet, au fur et à mesure qu'ils se présentent.

§ 4. — TRANSMISSION DE L'OBLIGATION.

74. *Exposé de la question.* — Le projet a décrit les effets de l'obligation; il a indiqué ensuite comment l'obligation s'éteint; mais avant qu'elle s'éteigne, une question peut se poser : les parties peuvent-elles se substituer une personne nouvelle à l'effet de prendre leur place dans le rapport obligatoire? Cette substitution d'une personne à une autre, en ce qui touche un droit, correspond à la transmission du droit; mais le mot de succession est plus exact, théoriquement tout au moins; tous les droits étant attachés à la personne, quand on aliène, cela veut dire qu'une personne nouvelle devient le sujet du droit et succède à l'aliénateur en ce qui touche le droit qui est l'objet du transfert; et la vraie formule ne serait même pas de dire qu'on succède au droit d'autrui, mais que l'on succède à une personne par rapport à tel ou tel droit. Aussi, le véritable intitulé de la matière est-il, dans le projet, non pas *de la transmission de l'obligation,* mais de *la succession à titre particulier à l'obligation,* soit au *point de vue actif,* soit au *point de vue passif.* Cette formule, qui est la bonne, le titre du projet la rappelle et se l'approprie quand il s'agit de la transmission de l'obligation; c'est que, en effet, il suffit de la mettre en avant pour qu'aussitôt toutes les difficultés que soulève la question, lorsqu'il s'agit d'obligation, soient remises en lumière et reviennent à l'esprit.

75. *Système romain de l'intransmissibilité.* — Succéder à un droit lorsque ce droit s'exerce par les avantages que donne la possession matérielle, rien n'est plus facile; aussi on n'a jamais mis en doute la transmissibilité de la propriété, tout au moins par acte entre vifs. Mais succéder à un droit lorsque celui-ci consiste dans un fait qu'un tiers doit accomplir au profit d'une personne déterminée, est-ce possible? Le droit romain l'avait nié absolument; un fait se caractérise non seulement par l'objet auquel il se rapporte, mais par l'individualité de celui qui en est chargé: donc substituer un débiteur au premier, c'est changer l'objet de la dette, et par suite modifier l'obligation; il n'y aura donc pas, en ce qui touche l'obligation, de succession au point de vue passif; mais les Romains sont allés plus loin: le fait promis, disaient-ils, est caractérisé non seulement par l'individualité de celui qui l'a promis, mais par celle aussi de celui à qui il est dû; car le débiteur en s'engageant envers Primus et non envers Secundus a entendu mettre son activité au service de Primus et de personne autre: substituer un nouveau créancier à l'ancien, c'est modifier l'obligation; il n'y aura donc pas non plus de succession au point de vue actif (1).

76. Et cependant il peut se faire que le créancier veuille tirer profit de son droit; les Romains ne lui offraient primitivement guère d'autre ressource que la novation : qu'il s'entende avec le débiteur et que celui-ci consente à promettre le même fait à un nouveau créancier; ce dernier acquerra ainsi le bénéfice de l'obligation et l'ancien aura, par là, le moyen de trafiquer de sa créance; mais cela suppose le consentement du débiteur; puis on a beau prétendre que le contenu de l'ancienne obligation passe tout entier dans la nouvelle promesse faite au nouveau créancier (2), ce n'en est pas moins une autre obligation qui se substitue à l'ancienne : il n'y a pas succession à la créance d'autrui, mais substitution

(1) Cf. Accarias, *Précis*, t. II, n° 489-1°. — Puchta, *Cession*, note *b* (dans *Kleine civilist. Schrift.*, p. 456). Ce raisonnement tout doctrinaire n'est d'ailleurs qu'une justification donnée après coup par les jurisconsultes, d'un fait dont la vraie raison d'être se trouvait dans l'origine historique, mais dont on avait perdu de vue l'explication première. Voir sur l'intransmissibilité originaire de l'obligation, Cuq dans *Nouv. Rev. hist.*, 1886, pp. 544, 548 et suiv., et Esmein dans *Nouv. Rev. hist.*, 1887, p. 48 et suiv. Signalons en outre un chapitre intéressant de Krüger dans son récent ouvrage sur la *capitis deminutio* (Krüger, *Geschichte der capitis deminutio*, §§ 15 et suiv.).

(2) Voir Salpius, *Novation und Delegation* (1864) et avec lui P. Gide, dans son beau livre sur la *Novation* (III, ch. II, p. 246 et suiv.).

d'une nouvelle créance à la première. On a donc cherché d'autres procédés, surtout pour s'affranchir du concours du débiteur, lequel était le plus gros inconvénient de la novation, car il est probable que le débiteur ne le prêtait que moyennant profit. On a pensé que le créancier pourrait céder, sinon son droit, tout au moins le profit à en retirer et par suite le droit de l'exiger ; c'est-à-dire le droit de poursuivre à sa place : de là le procédé du mandat faisant fonction de cession de créances ; mais le mandataire représente l'ancien créancier, il n'est pas devenu créancier en son nom : il n'a même pas d'action qui lui soit propre, il exerce l'action d'autrui ; alors le dernier pas fut franchi, le créancier lui céda l'action, non pas l'action propre, directe, la créance restant incessible, l'action directe restait là où était la créance ; mais on admit que le créancier pourrait concéder un droit d'action indépendant de celui qui était censé lui appartenir et pouvant constituer un droit propre appartenant au cessionnaire, sous forme d'action utile (1).

Cela revenait à dire que l'on pouvait détacher les profits matériels d'un droit de la possession du droit lui-même ; si ces subtilités nous étonnent, elles ne surprendront pas ceux qui sont familiarisés avec la marche du droit romain ; il n'y a qu'à se rappeler que dans tous les domaines juridiques il y eut un moment où la même séparation se fit entre le titre et le bénéfice du droit : en matière de propriété et d'hérédité la chose est frappante ; rappelons seulement l'existence d'une propriété de fait à côté de la propriété de droit, la première protégée par voie d'action utile (2), la seconde gardant

---

(1) Cf. Gide, *Novation*, III, ch. v, p. 334 et suiv.). — Accarias, *Précis*, t. II, n° 641-2° *in fine.*

On connaît la théorie de Salpius, reprise chez nous et développée par Gide : ce mode de transfert opéré par cession des actions utiles se serait introduit tout d'abord en matière de succession à titre universel, dans l'hypothèse par exemple du Senatus-cons. Trébellien (cf. Gaius, II, 253), dans celle également d'une vente d'hérédité (L. 16, D. 2, 14 ; L. 5, Cod. 4, 39). — (Pour la *venditio bonorum*, voir Gaius, IV, 35) ; ce procédé aurait été utilisé ensuite pour la succession à titre particulier ; on aurait peu à peu rattaché au titre juridique qui sert de fondement à la cession le fait même de la cession sous-entendue de l'action utile ; par exemple au cas de créance donnée en gage, *pignus nominis* (L. 18. pr., D. 13, 7 ; L. 4, Cod., 8, 17 ; L. 7, Cod., 4, 39) ; on l'admit pour le cas de vente de créances, l'*emptor nominis* acquiert par le fait de la vente l'*utilis actio* comme s'il était créancier. De même, celui qui reçoit une créance à titre de dot, de même le légataire de créance (voir les citations et le résumé de cette évolution dans Brinz, *Pand.*, § 284, note 7).

(2) On sait qu'il n'y a d'action utile proprement dite que s'il s'agit du

l'action directe, mais aussitôt paralysée par voie d'exception dès qu'elle voulait tenter de s'en servir (1). Ce rapprochement explique l'évolution qui se produisit en matière de transmission de créances : le dernier pas est franchi, le transfert s'opère par voie de cession de l'action utile (2). Théoriquement le droit reste à l'ancien créancier, le principe de l'intransmissibilité est sauf.

77. *Développements ultérieurs donnés à la théorie romaine.* — Tel est le point où en est resté le droit romain ; il s'agit de savoir quel développement a été donné au système par les successeurs des juris-consultes romains et en particulier par les Allemands. Aucune matière n'a donné lieu à plus de discussions et de difficultés : on en est arrivé peu à peu à poser en thèse les trois propositions sui-vantes : 1° Le droit romain définitif avait entrevu l'idée d'un véri-table transfert de créances ; le mot seul n'avait pas été prononcé, la chose existait (3). 2° Tout au moins si le développement des principes romains ne permet pas d'admettre l'idée de transfert, le droit coutumier allemand a consacré la théorie de la transmissi-bilité de l'obligation et l'a fait prévaloir à l'encontre du droit com-mun (4). Enfin 3° la transmissibilité est conforme à la nature de

possesséur d'un fonds provincial ou de l'emphytéote : celui qui a l'*in bonis*, ou propriété prétorienne, n'a pas, à proprement parler, de revendication utile ; c'est qu'il trouvait dans la Publicienne, destinée à protéger sa posses-sion en vue de le conduire à l'usucapion, une protection suffisante. Cf. Ap pleton, *Hist. de la propriété prétorienne*, I, p. 3 et suiv. ; cf. II, n° 371.

(1) Cf. Accarias, *Précis*, t. I (éd. 1886), n° 208, p. 528, note 2, n°s 229, 282, 283 *bis*. Voir Gaius, II, § 40, et L. 1, § 1, D , VI, 3. — Cf. Pellat, *De la Pro-priété*, p. 423 et suiv., p. 603 et introd., n° 120-124. On trouvera l'analogie que nous indiquons au texte présentée par Windscheid, *Pand.*, § 328, note 8.

(2) Cf. L. ult. C. (4, 15). — L. 18, C. (6, 37), et Windscheid, § 328, notes 6 et 7. Windscheid insiste surtout sur ce fait que par l'action utile le cession-naire, comme disent les textes cités, agit *suo nomine* et non *ex persona creditoris* ; il poursuit en son nom, donc en vertu d'une action qui lui est propre, d'un droit qui lui a été cédé, et non en invoquant le droit du créan-cier initial et en se servant de l'action d'autrui ; l'*utilis actio* est une ac-tion qui appartient en propre à celui qui l'intente et non une action étran-gère concédée à celui qui s'en sert : *eigene Action* et non *fremde Action* (cf. Windscheid, *Die Actio*, 1865, p. 126 et suiv.).

(3) Le cessionnaire, disait Windscheid, ne peut pas se dire encore créan-cier ; mais il lui est permis d'agir comme s'il était créancier et il en a tous les droits (Cf. Windscheid, *Die Singularsuccession in Obligationen*, dans *Krit. Ueberschau*, t. I, 1853, p. 41 et suiv.). Dans le même sens, sauf quelques nuances de détail, Brinz, *Pand.*, § 284, notes 8 et 9.

(4) Voir citations et exposé dans Kuntze, *Die Obligation und die Singu-larsuccession*, §§ 9 et 10.

l'obligation, donc à la raison; elle est de plus exigée par les besoins du commerce, donc c'est elle qui doit définitivement l'emporter (1).

Elle l'a, en effet, définitivement emporté; non seulement le projet consacre la transmissibilité au point de vue actif comme cession de créances, mais il l'admet au point de vue passif, permettant qu'un nouveau débiteur entre au lieu et place de l'ancien sans que le rapport obligatoire cesse d'être le même. Comment en est-on arrivé là? La chose vaut la peine d'être rappelée.

En France, nous avons admis depuis longtemps l'idée d'une transmissibilité active, et il y a longtemps que la légitimité de la cession de créances ne se discute plus (2); en Allemagne, elle se discute encore; il y a actuellement un parti nombreux qui la repousse comme contraire à l'essence de l'obligation et qui veut en revenir à une simple cession de l'action (3), ou à l'ancienne novation. Mais le parti contraire va alors bien plus loin que nous n'avons jamais été, puisqu'il accepte la transmissibilité au point de vue du débiteur comme à celui du créancier.

(1) Cf. Windscheid, § 329, note 10, et *Krit. Ueberschau*, I, p. 27 et suiv. — Delbrück, *Die Uebernahme fremder Schulden* (1853). — Brinz, *Pand.*, t. I (1ʳᵉ éd.), p. 564; t. II (2ᵉ éd.), p. 400. — Beseler, *Deutsch. Privatr.*, § 118. Bluntschli, *Deutsch. Privatr.*, § 110, nᵒ 2, et surtout § 111, nᵒ 2 : « *Alors que les Romains s'en tenaient à l'idée d'un lien personnel entre individus déterminés, notre droit nouveau s'attache plutôt au contenu objectif de l'obligation ou de la dette et admet par suite la possibilité d'un changement de personnes, pourvu que le fond de l'obligation reste le même.* » Add. Stobbe, *Deutsch. priv. R*, § 177. — Dernburg, *Preuss. priv. R.*, II, §§ 80-85. — Förster, *Preuss. Priv. R.*, § 99. — Regelsberger, dans l'*Handbuch des Deutsch-Handels..... Rechts* d'Endemann (t. II, § 257).

(2) Chez nous, cela semble bien dater déjà de l'ancien droit : sans doute Pothier dit bien encore à propos de la subrogation que celle-ci, comme le transport, ne s'opère que par voie de *procuratio* et que la créance reste attachée au créancier primitif (Pothier, *Intr. à la Cout. d'Orl.*, tit. XX, ch. 1. sect. v, nᵒ 68). Mais on a fait remarquer avec raison que le principe de l'article 108 de la Coutume de Paris « *simple transport ne saisit point, et faut signifier le transport à partie* » implique que la signification saisira le cessionnaire de tous les droits du cédant. Aussi Brodeau, dans son *Commentaire de la Coutume de Paris*, en tire cette conséquence que la signification en matière de droits incorporels équivaudra à la tradition pour les choses corporelles : c'est affirmer la possibilité d'une véritable cession du droit (Brodeau, *Comment.*, 2ᵉ éd., p. 533). — Cf. Loisel, Rég. III, 1, art. 10, et IV, art. 4. Voir Warnkœnig, *Französische Staats und Rechtsgeschichte*, t. II, p. 539). — Cf. Beaumanoir, *Cout. de Beauv.*, XXI-20.

(3) Voir Schmidt, *Die Grundlehren der Cession*, II, p. 438. Voyez l'état de la doctrine résumé dans Windscheid, § 329, note 10.

78. *Conception de Doneau.* — Disons quelques mots de cette évolution qui, certes, n'est pas dépourvue d'intérêt. Toutes les fois qu'on veut remonter au point de départ d'une théorie allemande moderne issue du droit romain, c'est toujours à Doneau qu'il faut revenir; on connaît sa théorie de la cession romaine, comme toutes très originale, très personnelle (1). On peut dire que c'est lui qui a trouvé l'idée d'un véritable transfert par voie de cession de l'action utile : la transmission d'une créance ne se fit jamais à Rome, dit-il, que par voie de cession d'action, seulement il y a deux procédés possibles : celui d'une cession véritable, mais alors le créancier ne peut céder qu'une action utile, c'est la *cessio actionis;* ou celui d'une procuration judiciaire et, cette fois, le mandat porte sur l'action directe ; la *mandata directa actio* est opposée à l'*utilis actio translata.* Comment comprendre la cessibilité de celle-ci et l'incessibilité de la première? Pour l'une, cela tient à ce que tout élément du patrimoine a une valeur pécuniaire ; on doit donc pouvoir le convertir en argent ; l'action est un élément du patrimoine ; celui à qui elle appartient doit pouvoir la céder comme il céderait un objet corporel, seulement l'action qu'il cède ainsi ne peut plus être exercée par celui qui l'acquiert en vertu de la cause d'où provient l'obligation : comment comprendre que le cessionnaire d'une action provenant d'une vente se prétende vendeur? Tout ce qu'il peut faire, c'est de prétendre avoir droit au profit de la vente : le vendeur lui a donc cédé le droit de poursuivre le paiement du prix, il ne peut lui avoir donné celui de se dire vendeur de la chose (2). Ce qui peut être cédé, c'est donc une action utile et, quant à l'action directe, celle exercée en vertu de la cause même d'où provient l'obligation, elle ne peut être exercée par un tiers que par voie de procuration.

(1) Doneau, *De Jur. civ.,* lib. XV, cap. XLIV.

(2) Doneau, *loc. cit.,* § 15 : « *Quæret aliquis, cur actiones directæ non efficiantur propriæ ejus cui mandatæ sunt...? Mœminisse debemus, omnem actionem in personam, ut ex certis causis inter aliquos constituta est... Mandata et cessa actio earum personarum conditionem non mutat : quo fit, ut in alium translata actione, non possit in ejus persona directa illa actio consistere, quæ cedenti competebat. Sit exempli gratia venditor..... Finge hunc id nomen vendere et in eam rem mandare actiones et qui nomen emit; apparet jus superius non pati, ut actio ex vendito, quæ venditori competebat, in istum emptorem nominis transferri possit : nulla enim cessione nostra effici potest, ut is, cui cedimus actiones nostras, sit venditor.* »

79. *École germanique.* — On sent déjà tout le parti qu'on peut tirer de ces idées, surtout à une époque où l'on connaît une division déjà très artificielle de la propriété, où l'on parle de domaine direct et de domaine utile; est-ce que cette distinction entre l'action utile et l'action directe en matière d'obligation ne revient pas à la division des deux domaines en matière de propriété? Une fois l'idée entrevue, il ne sera pas difficile de déclarer artificielle et inadmissible une telle séparation en matière de créance. C'est un Allemand du siècle dernier qui a le plus nettement formulé l'idée nouvelle : Schilter (1). Il oppose la pratique germanique à la théorie romaine. Les Romains, dit-il, n'ont pas admis qu'il pût y avoir une tradition des créances, parce qu'ils ont accepté l'idée que le domaine direct devait être réservé, et ils n'ont pu alors procéder que par voie de mandat. Mais la pratique germanique admet que l'on puisse transmettre le domaine entier de la créance sans réserve du domaine direct, de telle sorte que le cessionnaire soit investi de la créance, non par la *litis contestatio*, comme le voulaient les Romains, car ce n'est qu'à ce moment que le débiteur se trouvait lié envers le *procurator*, mais par la *denuntiatio* elle-même : le cessionnaire est donc bien le successeur du créancier primitif (2).

80. *État actuel de la doctrine.* — A partir de cette époque, il se

(1) Avant lui, voir Lauterbach, *Thesaur. jur. civ.* (éd. Mollenbecius, Lemg., 1717), lib. XVIII, tit. 4.

Schilter, *Praxis jur. Rom. in foro Germanico* (éd. Thomas, t. II (1733), exerc. 30 (*ad Dig.*, 18, 4), §§ 62, 66 et 88. Voir résumé et citations dans Kuntze, *Obligation*, § 8.

(2) « *Propter reservationem dominii et actionis directæ mandatum potiusquam traditionem esse voluerunt jurisconsulti Romani..... Moribus et usu fori nostri venditionem ac cessionem jurium plene transferre dominium, et absque·mandato, atque efficere cessionarium non procuratorem tantum in rem suam, sed plene dominum absque reservatione actionis seu juris directi.....*

..... Unde et illud porro sequitur, ut non demum litis contestatio faciat dominum litis cessionarium, nec denuntiato demum cedenti adimat jus exigendi, sed ipsum factum cedentis ac tradentis jus agendi, etc., etc. » — On peut comparer le mot de Brodeau : « *Signification vaut tradition.* » — Cf. C. Maximil. Bav., II, 3, § 8 : « 8° *Tritt Cessionnarius in alle Rechte des Cedentis, welche durch Gesatz oder Geding nicht besonders ausgenommen seynd, durchgehends ein, und ist der disfalls in Römischen Rechten Unterschied zwischen dem Dominio vel exercitio juris, dann der actione directa vel utili, nach teutsch-und Landüblichen Rechten als eine unnöthige Subtilität aufgehoben.* » — Voir citation dans Stobbe, *Priv. R.*, § 177 (t. III, p. 178).

forma donc un parti allemand partisan de la cessibilité, à l'encontre du parti romain, défenseur de l'intransmissibilité de l'obligation. Jusqu'à nos jours, les deux camps se sont maintenus en
face l'un de l'autre sans qu'il y ait eu grand progrès de fait ni d'un
côté ni de l'autre : d'ailleurs, les théoriciens du droit romain avaient
forcément contre eux toute la pratique, et celle-ci né pouvait revenir en arrière : déjà, il y a trente ans, les partisans de l'intransmissibilité avaient fort à faire pour la défendre; on pourra voir
pour cette époque l'état de la question et de la doctrine dans l'étude
très remarquable de Kuntze sur l'obligation et la succession à titre
particulier en matière d'obligation. Kuntze représente l'ancienne
doctrine. A la tête de la doctrine nouvelle, il faut citer Windscheid,
un romaniste cependant; mais c'est lui justement qui affirme que
le droit romain de la dernière époque avait, sous une étiquette
restée trompeuse, pour la forme, admis en somme une véritable
cession, en tous cas qu'il y arrivait par une marche fatale et que
les héritiers des jurisconsultes romains, chargés de développer
leurs conceptions, restent fidèles à l'esprit du droit romain en
affirmant l'idée d'une transmissibilité active de l'obligation; d'ailleurs, il y a une observation bien simple à faire : on n'admet pas
que si l'obligation se transforme en indemnité, il y ait, malgré le
changement d'objet, substitution d'une nouvelle obligation à la
première (1); les Romains admettent que celle-ci se perpétue : il y a
perpetuatio obligationis; c'est donc la preuve que l'objet peut, dans
une certaine mesure, changer sans que l'obligation change; l'obligation est constituée par le fait promis, apprécié au point de vue
de sa valeur pécuniaire; considérée à ce point de vue, l'obligation
se détache de la personnalité des parties qui en constituent les deux
termes et devient un rapport juridique susceptible d'une valeur
pécuniaire indépendante des personnes entre lesquelles elle existe;
ce sera donc bien, comme disait déjà Doneau, un objet d'échange,
une valeur patrimoniale susceptible d'aliénation. Sans doute, il
peut y avoir des obligations dans lesquelles la considération de la
personne influe sur la valeur pécuniaire du droit, si bien qu'elle en
constitue le principal élément : en ce cas, il sera vrai de dire que
l'obligation reste attachée à la personne et il pourra y avoir, en
effet, des créances incessibles, mais ce sera l'exception.

81. *De la transmissibilité au point de vue passif.* — Restait à se

(1) Voir Windscheid, § 329, note 10. — Add. Brinz, *Pand.,* § 284.

demander si cette conception, que tout le monde ou à peu près, était d'avis d'accepter, au point de vue actif, devrait être étendue au rapport passif de l'obligation : sans doute la considération de la personne du créancier importe peu ; il sera le plus souvent indifférent au débiteur de payer au cédant ou au cessionnaire ; mais, au contraire, la personne du débiteur importe toujours au créancier, et il est inadmissible que le débiteur puisse se substituer un successeur à la dette sans qu'il y ait changement d'obligation : donc, il faudra en revenir à la novation ; c'est encore le point de vue français, et beaucoup de législations, même très modernes, s'en tiennent à la théorie romaine, ainsi le Code fédéral et même le Code saxon et aussi certains projets législatifs allemands comme ceux de Hesse et de Dresde.

Mais sur ce point encore, la pratique a comme forcé la main à la doctrine : sans doute, on ne peut admettre que le débiteur se substitue un subrogé sans l'assentiment du créancier. Mais est-il nécessaire de procéder pour cela par voie de novation, c'est-à-dire par voie de création d'une nouvelle dette qui n'aura pas forcément la même physionomie que l'ancienne, ni au point de vue des privilèges qui peuvent l'entourer, ni à celui des exceptions qui s'y trouvent attachées ? Est-il donc indispensable enfin de mettre le nouveau débiteur en rapport avec le créancier, et si celui-ci consent, pourquoi ne pourrait-il pas y avoir cession de l'élément passif de l'obligation par voie de contrat entre l'ancien débiteur et le nouveau ? Cette fois on était complètement en dehors du droit romain et en pleine pratique moderne (1). Comment donc construire le

(1) On trouvera dans Delbrück (*Die Uebernahme fremder Schulden*, p. 73 et suiv.) et dans les auteurs de manuels de droit privé allemand les principaux cas dans lesquels la pratique sentait la nécessité d'admettre la possibilité d'une succession à la dette sans passer par la voie de la délégation ou, en général, de la novation. C'était d'ordinaire au cas d'aliénation de patrimoine, vente d'hérédité par exemple, vente d'un patrimoine à charge de rente viagère (*Vitalizien-Vertrag*, ce que nous appelons une aliénation à fonds perdu), donation de tout ou partie de son patrimoine ; comment obliger l'acquéreur à faire novation avec chacun des créanciers dont la créance se trouvait avoir été cédée au point de vue passif avec l'ensemble du patrimoine ? Voir Förster-Eccius, *Preuss. Priv. R.*, t. I, § 102, note 12 et suiv. — Stobbe, *Priv. R.*, III, § 181. — Voir décisions de jurisprudence en matière d'aliénation à fonds perdu, dans Förster-Eccius, *loc. cit.*, note 17. — Stobbe, *loc. cit.*, note 28 et suiv. Mais l'hypothèse la plus intéressante et aussi la plus pratique est celle de l'acquisition d'un immeuble hypothéqué ; il arrive souvent que l'acquéreur se charge de payer son prix aux créanciers

système ? Le moyen le plus usité était celui d'un mandat de paiement ; mais cela n'établit aucun lien entre le mandataire et le créancier, pas plus que chez les Romains le mandat de poursuivre ne liait le *procurator* au débiteur. On avait songé aussi à l'emploi de la corréalité, ce qui ne remplissait pas le but, puisque dans ce cas l'ancien débiteur n'eût pas été dégagé (1). Delbrück vint alors poser les premiers éléments de la construction nouvelle. L'idée qu'il met en avant est que, d'après la conception et les usages germaniques on doit considérer à part et comme deux éléments distincts, les deux rapports possibles de l'obligation, le côté actif et le côté passif, et par suite les traiter chacun comme tels en tant qu'éléments de patrimoine : la créance est un élément de l'actif du créancier et la dette un élément du passif du débiteur ; si donc on les traite comme on traiterait toute autre chose, il s'ensuit qu'ils pourront changer de possesseurs ; et la conséquence sera que le possesseur d'une créance aura un droit de poursuite, une action, contre un tiers désigné comme débiteur, et le possesseur d'une dette sera soumis à l'action de celui qui est désigné comme créancier.

Chacun des deux éléments de l'obligation va pouvoir circuler comme élément actif ou passif du patrimoine, et chacun produira ses effets soit au profit, soit à l'encontre, du possesseur actuel, ou, si l'on veut, du porteur, soit de la qualité de créancier, soit de la qualité de débiteur (2).

hypothécaires et de les désintéresser. Comment interpréter cette clause L'acquéreur sera-t-il censé avoir pris à sa charge les dettes du vendeur et, par suite, les créanciers hypothécaires auront-ils contre lui non seulement l'action réelle résultant de l'hypothèque, mais l'action personnelle née de la créance ? On trouvera dans Förster-Ecclus (*loc. cit.*, notes 22-49) un exposé très important de la question et des différentes phases par lesquelles elle a passé jusqu'à la décision de l'article 41 de la loi hypothécaire du 5 mai 1872 (*Annuaire*, 1873, p. 229 et les notes) ; on y verra citées des décisions de jurisprudence datant déjà de 1816 et 1823, puis une déclaration du 21 mars 1835 ayant eu pour but de faire cesser l'incertitude et décidant qu'en principe cette clause n'établit d'obligation qu'entre l'acquéreur et son vendeur, le premier s'étant obligé envers l'autre à payer ses dettes, mais sans que les créanciers hypothécaires puissent s'en prévaloir ; on sait, au contraire, que la loi de 1872 interprète la clause en ce sens que le créancier immédiatement acquerra l'action personnelle contre l'acquéreur de l'immeuble. On retrouvera, du reste, la question plus loin sur l'article 318 du projet.

(1) Voir résumé dans Kuntze, *Obligation*, § 76.
(2) Delbrück, *loc. cit.*, pp. 71, 117.

82. Voilà qui est très hardi, d'autres ont dit très faux et il faut bien reconnaître qu'il y a quelque peu de vrai dans cette dernière assertion : on ne peut isoler ainsi les deux éléments de l'obligation sans dénaturer l'obligation elle-même, puisque toute mutation relative à l'un entraîne mutation correspondante par rapport à l'autre. Si l'élément actif passe à un nouveau possesseur, l'élément passif existera à l'égard de ce nouveau possesseur et inversement. On ne peut donc couper en deux l'obligation et en faire deux rapports juridiques distincts. Mais sans aller si loin, ce qu'il faut reconnaître, c'est qu'en réalité admettre, comme on l'avait déjà fait, la transmissibilité active, c'était avouer que l'essence de l'obligation consistait dans la nature de la prestation à accomplir, la façon dont elle devait l'être et la somme d'activité à laquelle elle pouvait engager, ce que nous avons appelé le contenu de l'obligation, le *præstare* des romains : et que ce *præstare* pouvait avoir une valeur à part indépendante de la personne et circuler comme tel : en réalité ce que veut le créancier, c'est le résultat qu'il attend de la prestation ; il lui importe peu que ce résultat lui soit procuré par tel ou tel : sans doute la personne du débiteur lui importe pour la garantie de la créance : mais la garantie de la créance n'est pas l'essence même de l'obligation : sans doute cette garantie ne peut lui être enlevée contre son gré ; mais s'il y consent, rien n'empêche qu'un nouveau sujet passif se charge de la prestation, le contenu de l'obligation reste le même et lui seul constitue le fond de l'obligation ; donc il est inexact de voir dans le changement de débiteur, un changement de l'obligation ; celle-ci reste la même absolument comme elle reste la même au cas de changement de créancier (1).

83. *État de la législation en cette matière.* — Telles sont les

(1) Il faut en revenir, en somme, à l'idée si bien exprimée par Bluntschli et que nous avons déjà citée (Bluntschli, *Deutsch. Priv. R.*, § 111, note 2, *in fine*). — Cf. Bruns, dans *Holtzendorff's Encyclopädie*, t. I, p. 480-482 (*Das Heutige Römische Recht*, §§ 64 et 65). Ceci n'était-il pas déjà implicitement reconnu par les conceptions admises en ce qui touche le cas fortuit restreint à l'hypothèse d'impossibilité objective (V. *suprà*, n° 24)? Cela signifie que les parties ont entendu que la prestation dût être fournie par un autre que le débiteur au cas d'impossibilité purement personnelle à ce dernier. Si l'on n'avait pas prévu la possibilité d'une exécution par autrui, l'impossibilité subjective arrivée sans la faute du débiteur aurait dû constituer un cas fortuit.

idées qui ont fini par prévaloir ; la doctrine ne résiste plus guère ;
en législation la concordance n'a pas été aussi facilement admise :
pour ce qui est de la transmissibilité active, toutes les législations sont à peu près d'accord pour l'accepter, sauf peut-être quelques
réserves peu importantes (1) : mais en ce qui touche la succession
à la dette, les législations sont partagées : on sait déjà que le Code
civil (2), le Code fédéral, le Code Saxon et les projets de Hess et de
Dresde l'ignorent absolument (3). Le Code prussien avait déjà
vu dans l'*expromissio* une sorte de contrat opérant transfert de
dette (4). Le Code autrichien, suivant les motifs du projet, accepte
l'idée au cas d'assignation, ce qui est une sorte de délégation par
laquelle un individu tire un mandat de paiement sur un autre au
profit d'un troisième (5) : le plus souvent ce sera le cas de celui
qui délègue son débiteur à son créancier : mais ce n'est là qu'un
exemple. Le Code autrichien admettrait en pareil cas qu'il y a succession à la dette (6). Enfin le projet pour le royaume de Bavière

---

(1) Voir cependant *Süch. G. B.*, §§ 953 et suiv. — *Hess. Entw.*, I, § 261-2°, 3°.

(2) Le Code civil ignore la cession de dettes ; ceci est indiscutable. Mais
les parties pourraient-elles consentir une véritable cession de dettes, en se
fondant sur le principe de la liberté des conventions? Ceci est une toute
autre question. Et, à notre avis elles le pourraient, puisqu'il n'y a pas un
article du Code qui s'y oppose ; on ne peut citer l'article 1278 qui se place
dans un cas de novation, puisque nous serions ici en dehors de toute hypothèse de novation. On ne peut donc objecter que la conception théorique
que les auteurs du Code civil se sont faite de l'obligation ; mais cette conception nous lie-t-elle? Non, il est toujours permis à la science d'introduire un principe nouveau et à la pratique de l'accepter, lorsque ce principe ne doit modifier aucune des solutions de la loi écrite et doit aboutir
seulement à en combler les lacunes.

(3) C. civ., art. 1271, 1274, 1275, 1277; C. féd., art. 129, 142. — *Süch. G. B.*,
art. 1003, 1005. (Le Code saxon a cependant une section sur l'endossement
de dette (*Schulduebernahme*) ; mais sous ce nom il comprend quelque
chose d'assez différent de ce que le projet entend par là, voir Projet, art. 318-1°).
— *Hess. Entw.*, art. 322, 326, 327. — *Dresd. Entw.*, art. 375, 379).

(4) *A. L. R.*, I, 14, §§ 300 et suiv. — Cf. Förster-Ecclus, *Preuss. Priv. R.*,
I, § 101, note 14.

(5) *Œsterr. G. B.*, §§ 1345, 1400 et suiv. — Voir *Motifs sur les art.* 314,
315 (t. II, p. 142). — Sur la théorie de l'assignation en droit commercial
allemand, voir Endemann, *Handelsrecht*, § 155, et tous les auteurs de
manuels de droit commercial. —. Cf. aussi Windscheid, *Pand.*, § 412 *b*,
note 13 et suiv. Il en est traité au Code de commerce allemand aux art. 300,
301 et dans le projet de Code civil, art. 605 et suiv. — Cf. *Süch. G. B.*,
art. 1328 et suiv.

(6) Il faudrait bien se garder de généraliser cette idée pour le droit allemand moderne, car le tiré qui accepte le mandat est généralement con-

traite ouvertement du contrat de transmission de dette (1); le projet de Code civil allemand ne pouvait moins faire que de consacrer ce principe ; il admet ainsi la double succession, soit dans les droits du créancier, soit dans les obligations du débiteur.

84. *Transport de créances.* — La succession à titre particulier aux droits du créancier est désignée sous le nom générique de transport de créances : nous avons à voir comment le projet a réglementé la matière.

Tout d'abord il résulte de l'introduction qui précède que la transmissibilité active est acceptée comme étant de la nature de l'obligation ; toutes les créances en principe seront donc cessibles : il n'y aura d'exception à cette règle que celles tenant à la nature même de la créance, par conséquent, pour les créances qui ont pour objet une prestation incommunicable à d'autres que le créancier originaire; cela suppose par exemple que le fait à accomplir ne soit possible que par rapport à une personne déterminée ou qu'il doive se mesurer aux besoins personnels du créancier, ou enfin que par sa nature il ait le caractère d'une faveur exclusivement personnelle, comme au cas où l'obligation aura été contractée par considération de la personne même du créancier : d'ailleurs le projet établit une corrélation parfaite entre l'insaisissabilité et l'intransmissibilité et il suffira de se reporter à l'article 749 du Code de procédure, lequel énumère les objets et créances insaisissables, pour voir quelles seront les créances légalement incessibles (2) :

sidéré comme s'engageant à payer; et c'est là de sa part une promesse abstraite dégagée de sa cause, du moins dans la théorie qui prévaut : Windscheid, *Pand.*, § 412·6°, note 16 (cf. Accarias. *Précis*, t. II, n° 699 *a*-1°). Il se trouve donc personnellement et directement engagé envers le bénéficiaire du titre (l'assignataire); il ne peut plus être question de succession à la dette, de transport de la dette de l'assignant sur la tête de l'assigné. C'est la théorie du Code de commerce, art. 300, 301; celle aussi qu'accepte le projet. Voir *Motifs sur l'art.* 607 (t. II, p. 560). Du reste, l'interprétation que donnent les motifs du projet de l'article 1400 du Code autrichien est elle-même très suspecte; et Unger l'a relevée dans une intéressante petite brochure sur la cession de dettes (Unger, *Die Schulduebernahme*, note 11).

(1) *Bayr. Entw.*, art. 150 et suiv. (*Motifs*, p. 102).

(2) Voici les principales : les créances d'aliments établies par la loi, les bons de secours contre les caisses d'assurances, soit qu'il s'agisse de l'assurance contre la maladie ou de l'assurance contre les accidents de travail. (On peut se reporter aux fameuses lois sur l'assurance en matière d'industrie; loi sur l'assurance contre la maladie du 15 juillet 1883, art. 56; loi sur l'assurance contre les accidents de travail du 6 août 1884, art. 68; loi du

bien entendu, il y en aura d'autres également intransmissibles; ce
seront toutes celles dont l'objet, nous l'avons déjà dit, est par
nature incommunicable à d'autres.

85. *Rejet des clauses d'intransmissibilité.* —Mais la question se posait de savoir si en dehors de l'intransmissibilité naturelle, c'est-à-
dire dérivant de la nature même de l'obligation, on n'accepterait pas
l'intransmissibilité contractuelle, imposée par les conventions des
parties. On est tout d'abord tenté d'invoquer à l'encontre le principe sur l'interdiction des clauses d'inaliénabilité; cependant une
objection se présente : la propriété est de sa nature essentiellement transmissible puisqu'elle emporte plein pouvoir sur la chose,
donc le droit d'en disposer; la déclarer inaliénable par convention,
ce serait créer une sorte de droit mixte que la loi ne connaît pas et
qui serait inconciliable avec les besoins du commerce et le but
économique des objets susceptibles d'échange. Mais tout au contraire, l'obligation trouve sa mesure dans les conventions mêmes
des parties ; elle n'a donc pas le caractère absolu de la propriété ; si
donc la convention l'a attachée à la personne du créancier originaire, c'est en dépasser le contenu que d'en permettre le transport.
Cependant les motifs font remarquer que consacrer ce système ce
serait soustraire aux conséquences de la saisie toutes les créances
et droits incorporels qui seraient ainsi déclarés incessibles ; donc
permettre à un insolvable en faisant accepter des clauses de ce
genre de ses débiteurs, ce qui serait toujours facile, de soustraire
au gage de ses créanciers une bonne partie de son patrimoine.
D'ailleurs l'objection théorique que nous indiquions n'est au fond
qu'une pétition de principes, et ce n'est autre chose que reprendre
la thèse de la personnalité subjective de l'obligation qui est le fond
de la théorie romaine et qui par suite se trouve écartée par cela
seul qu'on admet la transmissibilité du droit : ce serait dire que
ce caractère personnel de l'obligation dépend de la convention alors
que la conception moderne est de ne s'attacher qu'au contenu de
l'obligation, indépendamment de la personne qui doit en bénéficier : d'après cette conception il ne peut donc y avoir qu'une por-

28 mai 1885, art. 1er; loi du 5 mai 1880, art. 73; loi du 11 août 1887, art. 68;
loi du 13 août 1887, art 70). — Les pensions pour les invalides de l'armée;
les retraites de fonctionnaires tant civils que militaires; les bourses de
collèges, etc., etc. — Cette corrélation n'était pas, d'ailleurs, absolument
admise par tout le monde (cf. Windscheid, § 335, note 9 b); aussi le projet
a dû se prononcer expressément à cet égard. — Sur les créances incessibles, voir aussi Puchta, *Cession*, dans *Kleine Schrift.*, p. 406.

sonnalité objective de l'obligation (1), c'est-à-dire dépendant de la nature de l'objet à fournir et susceptible d'influer sur le contenu de l'obligation, en ce sens que le contenu de l'obligation dépendrait des besoins de la personne elle-même, comme au cas par exemple de dettes d'aliments; ce qui revient à dire que le caractère de personnalité et par suite d'intransmissibilité de la créance, dépend de son objet, donc de la nature des choses et non de la convention. Mais ceci n'est pas admis par toutes les législations, témoin le Code fédéral (art. 183).

86. *Des modes de transport.* — Le droit allemand connaît une cession légale, une cession judiciaire et une cession conventionnelle; c'est cette dernière qui porte plus spécialement le nom de cession (*Abtretung*), le projet accepte cette terminologie et désigne alors sous le nom générique de transport (*Uebertragung*) tout acte de transmission de l'obligation, réservant celui de cession pour le transport par voie de convention, lequel, seul, doit nous occuper. Le projet pose, d'ailleurs, le principe que, quel que soit le mode de cession, le transport de créance n'est soumis à aucune condition de forme et est parfait par lui-même, même à l'égard des tiers, sans qu'il soit besoin de dénonciation ou signification adressée au débiteur. La dénonciation n'aura d'autre effet que d'empêcher le débiteur de se prévaloir des garanties qui lui sont réservées pour le cas où il serait de bonne foi; à raison, par conséquent, de l'ignorance où il pouvait être de la cession : la dénonciation l'empêchera de se prévaloir de l'ignorance de la cession, elle sera donc exclusive de l'allégation de bonne foi : c'est là son seul effet; son but n'est pas de rendre la cession opposable aux tiers, car la cession est parfaite dès que le fait duquel elle émane se trouve exister, qu'il s'agisse de cession légale, judiciaire ou conventionnelle.

(1) Le projet cette fois ne va-t-il pas trop loin? Le droit romain faisait échec aux principes de liberté en imposant l'incessibilité, le projet les viole tout aussi bien en l'interdisant. L'obligation sans doute se caractérise par son objet, mais l'objet lui-même peut se caractériser par la personne à qui il doit être fourni; sans doute il n'en est pas ainsi du droit commun; mais si les parties lui ont imprimé ce caractère de personnalité, c'est le dénaturer que de n'en pas tenir compte. Du reste, en matière de louage, de même que le contrat peut interdire la sous-location, de même il a pu interdire la cession des droits et créances résultant du bail, et cette instransmissibilité conventionnelle est admise par le projet (art. 516). Cf. *Motifs*, t. II, p. 396-397).

87. *De la « denuntiatio »*. — Ce rôle ainsi restreint attribué à la signification ou notification (la *denuntiatio* du droit romain) est, il faut le reconnaître, une conception exclusivement moderne et très moderne ; bien qu'on ait voulu, parfois, faire remonter ce système au droit romain, cette interprétation un peu hardie de la législation romaine n'en est pas moins une nouveauté, et le crédit qu'elle a trouvé dans la législation allemande est le fait d'une inspiration qui n'a rien de traditionnel.

88. *De la denuntiatio en droit romain.* — Il est bien certain en effet que tant qu'on s'en était tenu à la conception romaine du mandat, on ne pouvait prétendre que le cessionnaire par le seul fait de la *procuratio* fut investi d'aucun droit propre à l'égard du débiteur ; à plus forte raison ne pouvait-on déclarer le cédant déchu de ses droits (1). Mais lorsqu'on eut émis l'idée d'une cession de l'action utile, il n'y avait plus de raison, semble-t-il, pour ne pas considérer la cession comme déjà réalisée par l'acte même qui la rend obligatoire. Vendre une créance c'est par le fait seul s'obliger à ne plus exercer pour son compte l'action qui s'y réfère ; si donc on sous-entend une clause de cession d'actions, comment ne pas admettre que par le fait seul l'action utile appartienne déjà au cessionnaire et que le cédant soit déchu de son droit ? Il est vrai que les anciens interprètes du droit romain opposaient à cela l'action directe restée aux mains du cédant et qui pour le débiteur était la seule considérée comme valable, tant que le cessionnaire ne lui avait pas fait signification ; on mettait aussi en relief les textes qui après cession de l'action utile parlent encore d'un mandat au profit du cessionnaire (2) et on se demandait alors quelle pouvait bien être l'utilité de celui-ci si le cessionnaire était déjà investi d'un droit propre et le cédant déchu de son droit avant même la signification. Aussi les partisans les plus convaincus du transport par voie de cession de l'*utilis actio*, comme Windscheid par exemple, considéraient le cédant comme gardant tous ses droits jusqu'à la *denuntiatio* (3) ; il est vrai qu'ils étaient quelque peu embarrassés pour déterminer quel serait alors le droit du cessionnaire et non moins embarrassés pour préciser l'effet exact de la *denuntiatio*. Windscheid avait d'abord admis que le cessionnaire acquérait un

---

(1) Cf. Puchta, *Cession*, dans *Kleine Schrift*, p. 482.

(2) L. 5, C. (4-15) ; L. 18, C. (6-37), etc., etc. Voir citations, dans Brinz, § 284, note 11.

(3) Windscheid, § 341, note 8.

droit subordonné à la condition d'une signification à faire au débiteur (1); il en concluait que le cédant gardait encore son droit intact et pouvait le céder à un second cessionnaire dont le droit était soumis à la même condition que le premier; et par conséquent c'était celui des deux qui eut le premier adressé signification au débiteur qui eût été investi du droit; donc le second, à condition de prendre les devants eût été préféré au premier (2). Dans sa dernière édition des *Pandectes*, Windscheid revient sur cette idée et croit au contraire que le cessionnaire acquiert par la cession, indépendamment de toute dénonciation un droit propre, mais sans que le créancier ait déjà perdu son droit de poursuivre : ce serait donc un exemple de corréalité active. Et Windscheid en conclut que le cédant n'a gardé que le droit de poursuivre pour son compte, mais n'a plus celui de transmettre son droit, même avant toute dénonciation, à un second cessionnaire, car il n'a donné qu'au premier le droit de faire signification valable au débiteur, et le second ne pourrait plus signifier utilement : le cédant s'est dépouillé, sauf l'exercice de son droit qui à l'égard du débiteur lui reste jusqu'à la signification, et il ne peut plus transmettre un droit qu'il n'a plus (3). La dénonciation devient nécessaire non plus pour réaliser la cession, mais pour la rendre parfaite à l'égard du débiteur; Windscheid ne dit même plus pour la rendre parfaite à l'égard des tiers, puisque la cession est opposable avant même toute dénonciation aux acquéreurs en second ordre et ayants cause du cédant : elle n'est plus exigée par conséquent que pour rendre la cession parfaite à l'égard du débiteur.

89. *De la signification en droit féodal.* — Il faut reconnaître aussi que l'influence des idées féodales en matière de saisie et d'ensaisinement des droits n'avait pas été étrangère à l'importance attribuée un peu partout à la signification en matière de transport de droits incorporels. Au moyen âge, tout droit était susceptible de possession, sans que l'on distinguât, comme à Rome, une *possessio* au sens exact du mot et une quasi-*possessio* (4); or, tout droit susceptible de possession était soumis à la formalité de l'ensaisinement; s'il s'agissait de droit ayant un caractère féodal, cet en-

---

(1) Windscheid, à la fin de la note précitée.
(2) Windscheid, § 331, note 10.
(3) Windscheid, § 331, notes 8 et 10 *in fine.*
(4) Cf. Heusler, *Die Gewere*, § 21, p. 274.

saisinement devait se faire par acte solennel émanant du seigneur ou de son représentant; c'est le procédé de l'ancienne investiture, devenue la cession judiciaire du droit germanique; nous avons déjà laissé entendre qu'elle était exigée en matière de propriété, non pour faire acquérir la pleine possession de la chose, c'est-à-dire le droit d'en opposer les effets aux tiers, mais pour faire acquérir le droit lui-même; et nous l'avons comparée à l'ancienne *traditio* romaine. Il en fut de même en matière de droits incorporels; l'acquisition dut résulter d'un ensaisinement solennel ou privé, ce dernier résultant de la simple signification pour les droits qui n'avaient pas le caractère de droits féodaux. Ce fut la théorie dominante en Allemagne comme en France, et nous avons déjà cité pour la France l'article 108 de la Coutume de Paris, qui la met si vivement en lumière, assimilant la signification en matière de transport à la tradition en matière de transmission de propriété (1). C'était aller plus loin encore que certains romanistes, comme aujourd'hui Windscheid, par exemple, puisque la signification devenait nécessaire pour réaliser la cession, et non plus seulement pour la rendre opposable aux tiers. Quoiqu'il en soit, l'interprétation dominante en matière de droit romain se trouvait d'accord avec la pratique féodale; elle se trouvait d'ailleurs en harmonie parfaite avec le système d'acquisition en matière de propriété. L'acquisition du droit ne résulte pas du titre qui la rend obligatoire, mais d'un acte matériel de transport qui est la tradition ou l'investiture solennelle pour les objets corporels, la signification pour les droits incorporels.

90. *Droit comparé.* — Mais avec l'abandon des pratiques féodales, le champ redevenait libre et ouvert à toutes les conceptions nouvelles; en France, le Code civil venait de proclamer que l'aliénation d'un droit résultait de la simple convention (C. civ., art. 1138) il allait de soi qu'on devait appliquer le principe à la cession de créance et considérer le cessionnaire comme déjà investi de la créance par le fait seul de l'acte qui sert de titre à la cession elle-même, vente, legs, donation (2). Restait à concilier cette idée avec l'obligation absolue de respecter les droits du débiteur cédé; pour lui, tant que la cession lui reste étrangère, le cédant reste le seul

(1) Cf. Heusler, *Die Gewere*, p. 355. — Cf. Pothier, *Vente*, n° 554.
(2) Voir Colmet de Santerre, *Cours analytique du Code civil*, t. VII, n° 136 *bis*.

créancier. La conciliation devenait aisée, grâce au procédé de la signification qu'il était facile de conserver dans le droit nouveau en lui attribuant un effet plus restreint que dans le droit ancien ; la signification devient comme une sorte de mesure de publicité, assurément très imparfaite, destinée à rendre la cession parfaite à l'égard des tiers, tant à l'égard du débiteur qu'à l'égard des autres cessionnaires de la même créance, ayants cause du cédant. C'est le système de notre article 1690 ; c'est également au fond celui du Code fédéral ; seulement, ce dernier, au lieu d'attacher la perfection du transport à la signification, la fait dépendre d'une solennité de forme, la rédaction d'un écrit (art. 184).

91. *État de la doctrine allemande.* — En Allemagne, où l'on n'était pas dominé par un texte précis, chacun raisonnait un peu à sa guise ; nous avons vu la théorie de Windscheid qui, tout en s'appuyant sur le droit romain, veut admettre un double droit de poursuite en la personne du cédant et en la personne du cessionnaire, sans que cependant le cédant puisse procéder à une seconde cession susceptible de devenir efficace ; de sorte que la signification devient nécessaire pour paralyser le droit de poursuite du cédant, donc pour rendre la cession opposable au débiteur et non pour la rendre opposable aux tiers en général.

92. *La cession parfaite sans* denuntiatio. — C'est alors que, transportant la question sur le terrain du droit romain de la dernière époque, on eut l'idée que la cession pouvait résulter d'ores et déjà du titre même qui lui servait de cause juridique, du *negotium juris* lui-même et non de la *denuntiatio :* assimiler celle-ci à la tradition en matière d'objets corporels, faire de la signification une prise de possession, c'est raisonner d'après les idées féodales et non d'après les idées romaines. Les Romains ne connaissaient pas de possession, et, par suite, pas de tradition en matière de choses incorporelles ; si, d'ailleurs, celles-ci se transmettent par voie de cession d'action, rien de plus naturel que l'action nouvelle résulte du simple contrat. C'est la règle à Rome ; donc le cédant, dès la vente, est désinvesti de son droit (1) ; si l'on parle encore d'action directe qui lui reste, c'est pour la forme ; elle sera paralysée par une excep-

---

(1) Première idée dans Bähr (*Jahrb. f. dogm.*, I, p. 369 et suiv.), suivi par Salpius (*Novation und Delegation*, p. 419, 420, par Brinz, *Pand.*, § 284, note 11.

tion, absolument comme le serait le droit d'un *dominus ex jure quiritium*, alors que la chose serait déjà aux mains d'un autre propriétaire, en vertu du droit prétorien, ayant la chose *in bonis* (1). Enfin, si l'on parle de mandat donné après cession de l'action utile, cela ne veut pas dire que le cessionnaire n'ait aucun droit propre avant la *denuntiatio*, et qu'il ait besoin d'un mandat émanant de celui qui a conservé l'action directe pour pouvoir poursuivre, cela n'a d'autre but que de décharger le cessionnaire de la preuve de la cession, pour lui permettre de poursuivre en ne s'appuyant que sur la procuration qu'on lui donne (2). Quant à la signification, elle n'aura dès lors d'autre but que d'empêcher le débiteur de se prévaloir de l'ignorance de la cession. Tant qu'il n'est pas officiellement averti, il peut prétendre ignorer le changement de créancier et payer à l'ancien, ou se laisser poursuivre par lui : sans doute, s'il est de mauvaise foi, bien qu'il n'y ait pas eu signification, tous les actes qu'il consent avec l'ancien créancier seront inefficaces, mais encore faut-il prouver la mauvaise foi; la signification dispense de cette preuve; elle empêche le débiteur de se prévaloir de son ignorance. Elle n'a pas pour but de réaliser la cession, ni même de la rendre parfaite à l'égard des tiers ou du débiteur lui-même; elle n'a d'autre effet que d'enlever à celui-ci les moyens de justification tirés de la bonne foi et la possibilité de rendre opposables au cessionnaire certains actes passés avec le cédant.

Cette idée avait déjà passé dans certaines législations allemandes telles que le droit autrichien, le projet pour le royaume de Bavière et le projet pour Dresde. C'est également celle qu'accepte le projet et qui forme le fond de son système.

93. *Formes de la cession. Du contrat de cession de créances.* — La signification étant écartée comme condition de validité de la cession ou même comme élément nécessaire à sa perfection à l'égard des tiers, il semblerait que la cession va se confondre avec l'acte qui lui sert de titre; ce serait la théorie du droit français, moins les formalités de l'article 1690 : l'idée d'une aliénation résultant de la simple convention ; c'était également la théorie des romanistes qui n'admettaient pas que la *denuntiatio* fut nécessaire à la réalisation du transport, la cession résultait de l'acte même qui lui sert de fondement, de la vente, de la donation, du legs, de la *datio in solutum*. Ce n'est pas la théorie du projet, lequel applique fort jus-

(1) V. textes reproduits par Salpius (*Novation et délégation*, p. 419-420).
(2) Brinz, *Pand.*, § 284, note 11.

tement à cette matière son système général on fait d'actes de transfert; il n'est pas besoin de formalités spéciales, *denuntiatio* ou
autres, pour opérer la cession et nous parlons ici bien entendu de
cession conventionnelle; mais la cession en tant qu'acte d'aliénation est un contrat ou un acte spécial qui se distingue du titre en
vertu duquel s'opère l'aliénation ; si la théorie romaine sur la
séparation entre l'acte générateur d'obligation et l'acte de transfert
est vraie en ce qui touche l'aliénation des objets corporels, elle doit
l'être également pour ce qui est du transfert des droits incorporels.
La cession s'effectue donc par un contrat d'aliénation spécial, distinct de la vente en vertu de laquelle la cession s'opère; il y aura
un contrat de cession comme il y a un contrat d'aliénation en matière de propriété. Et ce contrat aura le caractère abstrait de tout
contrat de mutation, il sera valable par le seul fait que les parties
seront d'accord pour aliéner, donc indépendamment de sa cause;
il est vrai que le plus souvent les deux actes matériellement seront
confondus, ce qui n'arrive pas par exemple en matière de propriété
immobilière, puisqu'ici le plus souvent le contrat d'aliénation se
passe après la vente, par-devant le juge conservateur des registres
fonciers. En matière de cession l'acte n'a pas besoin de se dédou-
bler, les parties feront un acte de vente et le même acte contiendra
acte de cession. Cela veut-il dire que l'acte de cession suivra le
sort de l'acte de vente? Oui, en tant qu'il s'agirait de vices enta-
chant l'acte tout entier, comme ceux qui seraient relatifs au consentement ou à la capacité; non, en tant qu'il s'agirait de nullités
spéciales à la vente. Et ce que nous disons de la vente serait vrai
de tout autre titre juridique.

94. *Effets de la cession.* — Les effets de la cession seront de
transporter la créance sur la tête du cessionnaire ou plutôt de faire
entrer le cessionnaire dans les droits du créancier originaire d'où
la conséquence que la créance sera exactement la même aux mains
de son nouveau titulaire que dans celles de l'ancien; ce qui veut
dire qu'elle aura conservé les privilèges et accessoires qui pouvaient
la garantir, et se trouvera soumise aux mêmes exceptions que
celles qui la pouvaient paralyser. Si le projet le dit expressément
des privilèges de la créance, en prenant le mot dans le sens romain,
c'est afin d'écarter un doute qu'on avait émis sur la nature même
des causes de préférence, prétendant pour certaines d'entre elles
tout au moins, qu'étant attachées à la personne, étant une qualité
de la personne, elles ne devenaient un droit distinct et indépendant

6

que le jour où le privilège frappait en quelque sorte de saisie l'actif du débiteur et par suite prenait une véritable réalité, d'où la conséquence que les causes de préférences, certaines tout au moins, n'auraient pu passer au cessionnaire qui si, au jour de la cession, il y avait déjà ouverture du concours entre créanciers. Mais cette conception, déjà repoussée par la loi des faillites, ne pouvait manquer de l'être par le projet. Il va de soi que pareille hésitation ne pouvait exister pour les droits accessoires qui entourent la créance, garanties réelles ou personnelles (art. 297), hypothèque ou caution. A l'inverse la créance reste soumise aux mêmes exceptions que celles invocables contre le créancier primitif; le projet fait cependant une réserve admise par toutes les législations, sauf le droit prussien (1), c'est en ce qui touche les exceptions nées de considérations exclusivement relatives à la personne même du créancier. Le droit prussien était d'avis de les maintenir à l'encontre du cessionnaire, car celui-ci, disait-on, n'a pas acquis un droit propre, il a succédé au créancier primitif, il représente la personne même du cédant ; on pensait aussi que la cession ne devait en rien modifier la situation du débiteur (2). Le projet a rejeté cette manière de voir et s'est rallié à l'opinion courante (3). Pour ce qui est de la compensation, nous avons déjà dit dans quelle mesure le débiteur peut l'opposer au cessionnaire (art. 303); il n'y a pas à revenir sur ce sujet (4).

95. *Effets de la cession à l'égard du débiteur.* — Nous savons qu'en principe, la cession est valable, à l'égard du débiteur, dès que le contrat duquel elle résulte se trouve formé sans qu'il soit besoin d'aucune autre condition; le principe, par conséquent, est que, dès ce moment, le débiteur cesse d'avoir le cédant pour créancier et qu'il se trouve lié envers le cessionnaire; la conséquence devrait être que tout acte ou toute convention de libération passés entre lui et le cédant seraient inopposables au cessionnaire; entre autres, le paiement fait par lui aux mains du cédant ne serait pas valable au regard du cessionnaire. Mais, si ces conséquences devaient être admises dans toute leur rigueur, la cession pourrait avoir pour effet de nuire au débiteur, puisque les actes faits

(1) *A. L. R.*, I, 11, § 407, 408. — Cf. Förster-Ecclus. *Preuss. Priv. R.*, I, § 99, note 182.
(2) Cf. Windscheid, *Pand.*, § 332, note 2.
(3) Cf. Aubry et Rau, § 359 *bis*, notes 47, 48 (t. IV, p. 438 et suiv.).
(4) V. *suprà*, n° 68.

par lui do bonne foi et dans l'ignorance de la cession pourraient se
trouver inefficaces, de telle sorte, par exemple, qu'il fût exposé à
payer deux fois. Le projet devait donc concilier cette double exigence, le principe théorique d'une cession parfaite à l'égard de tous
sans autre condition et la protection due au débiteur ; il déclare
alors que les actes faits de bonne foi par le débiteur avant qu'il ait
connaissance de la cession sont opposables au cessionnaire. Donc,
la pensée du projet est de protéger uniquement la bonne foi du
débiteur, donc de s'attacher à l'ignorance réelle et non pas seulement à l'ignorance présumée, en ce qui touche la cession. Il s'ensuit que, à défaut même de notification, s'il est prouvé que le débiteur a connu la cession, les actes passés entre lui et le créancier primitif sont inopposables au cessionnaire, et à l'inverse,
mais ceci, nous le verrons, est moins absolu (art. 306-1°), eut-il
connu la cession, s'il est prouvé qu'il en a connu les vices ou la
nullité, il reste responsable envers le cédant du paiement fait au
cessionnaire. Tout va donc dépendre d'une question de preuve :
notre Code civil a accepté, sous ce rapport, le système d'une présomption légale, irréfragable, fondé sur l'accomplissement d'un
acte de publicité, la notification, ou signification au débiteur ;
cette présomption est absolue comme celle qui dérive de la tran-
scription en matière de transfert de propriété immobilière. Le
projet, on le sait déjà, a repoussé ce système : cependant, il
admet qu'on puisse prévenir l'effet des actes émanant du débiteur au moyen d'une notification officielle de la cession, et celle-
ci devant avoir pour but de lui faire connaître l'existence de la
cession, aura pour effet de renverser la présomption en ce qui
touche sa bonne foi : avant toute notification, c'était au cessionnaire à établir que le débiteur, lorsqu'il a payé au cédant, connaissait la cession ; après notification, c'est au cédant à prouver
que, en dépit de toute notification, le débiteur ne devait pas
payer au cessionnaire, parce qu'il connaissait la nullité de la
cession (1).

96. *Des différents modes de signification et de leurs effets.* — Tel
est l'effet général de la signification ; seulement on doit, sous ce rap-

_____

(1) **Tout ceci vient** en grande partie du droit purement allemand, du
droit prussien en particulier. Voir Stobbe, *Priv. R.* (t. III, § 177, p. 180).
C'est également ce système, ou quelque chose d'approchant, que Brinz, on
l'a vu plus haut, voulait faire remonter au droit romain.

port, distinguer trois hypothèses possibles ; la signification peut, en effet, émaner de l'ancien créancier sous la forme d'un ordre de paiement adressé par lui au débiteur avec indication du nouveau créancier ; au lieu d'être une déclaration directe du cédant au débiteur, ce peut être encore un acte émanant de l'ancien créancier, mais destiné uniquement à faire preuve de la cession, tel, par exemple, qu'une reconnaissance de la cession, et communiqué au débiteur cédé, et il peut lui être communiqué par le cessionnaire ; enfin, la notification peut être un acte émanant purement et simplement d'un tiers qui se dit cessionnaire, sous forme d'avertissement ou de sommation, adressé au débiteur et sans qu'il y ait de titre émanant du créancier primitif. Ainsi donc, dans les deux premiers cas, l'avertissement émane du cédant soit directement, soit indirectement, et dans le troisième, il émane uniquement du cessionnaire ou de celui qui se prétend tel (1).

97. Dans le premier cas, il y a avertissement direct du cédant au débiteur, ce qui implique ordre de paiement au cessionnaire ; d'où ces conséquences que non seulement le débiteur doit payer au cessionnaire, mais que, quoi qu'il arrive, il ne doit payer qu'au cessionnaire, et alors même qu'il saurait la cession nulle ou annulable ; dans tous les cas, sa responsabilité est à couvert, puisque l'ordre émane de l'ancien créancier ; il doit s'y conformer sans autre considération. Les effets de cet ordre de paiement ne peuvent être écartés que par la révocation ; le créancier est libre, en effet, de révoquer l'avertissement qu'il a donné et cette révocation aura le même caractère qu'avait l'avertissement lui-même, celui d'une manifestation unilatérale de volonté (art. 306-1°).

98. Dans le second cas (art. 306-2°), il y a bien encore reconnaissance directe de la cession émanant du créancier primitif, et il en résulte que le débiteur qui paie au cessionnaire après notification d'un titre de ce genre est à couvert ; à son égard, la preuve de la cession est faite ; seulement, il n'y a plus ordre de paiement adressé par le créancier au débiteur, et par conséquent celui-ci ne doit plus payer au cessionnaire s'il apprend que la cession est nulle ; si donc, il paie au cessionnaire après cette découverte, il ne sera plus couvert par la signification qui lui a été faite du titre de cession, et le paiement serait alors inopposable au créancier ; seulement,

(1) Cf. Stobbe, *Priv. R.*, t. III, § 177, note 13.

co serait à ce dernier à détruire la présomption résultant de la signification et à prouver que le débiteur a payé sachant la cession nulle.

99. — Enfin, dans le troisième cas, on suppose avertissement ou sommation émanant d'un tiers qui se prétend cessionnaire, mais qui ne présente à l'appui aucun titre signé du créancier. L'idée du projet est que le débiteur a le droit de repousser et de méconnaître une sommation de ce genre, ce qui ne veut pas dire qu'il pourrait se prévaloir de l'irrégularité de l'avertissement pour payer encore au cédant, alors même qu'il connaîtrait, d'autre part, la cession et serait assuré de sa validité ; ce serait contraire au principe du projet que la cession est valable *ab initio*, même à l'égard du débiteur ; tout ce qu'on veut dire, c'est que cet avertissement, en ce qui concerne le débiteur, ne vaut pas preuve de la cession, et si le créancier le poursuit et qu'il paie, ce serait au cessionnaire à établir qu'à ce moment le débiteur connaissait pertinemment et par une autre voie que la sommation qu'il lui en avait faite, la cession consentie en sa faveur. Une autre conséquence de cette idée est que si le débiteur, au reçu de cette sommation, refuse de payer et se laisse poursuivre ou qu'il appelle son créancier en garantie, tous les frais, en pareil cas, seront pour le cessionnaire. Mais, pour que ces effets puissent se produire, il faut que le débiteur ait retourné, sans plus attendre, la sommation qui lui a été adressée ; s'il n'avait pas protesté, il serait censé avoir reconnu l'existence de la cession et tout au moins vis-à-vis du cessionnaire serait responsable des suites d'une protestation tardive.

100. *Effets à l'égard des tiers.* — Enfin le projet applique les mêmes principes au cas de conflit entre plusieurs cessionnaires de la même créance, soit qu'il s'agisse de cessions successives, soit qu'il s'agisse de cessions cumulatives, c'est-à-dire émanant du même créancier (1). Dans ce dernier cas, il y aurait deux points de vue à

---

(1) Ici encore l'inspiration est venue du droit allemand, en particulier du droit prussien. Voir Stobbe, *Privat. R.*, t. III, p, 181. Il est vrai que dans certaines législations locales lorsqu'il y avait un titre de cession, le conflit se réglait par la remise du titre (cf. Stobbe, *loc. cit.*, notes 24 et 25). Le Code fédéral se rapproche de cette solution ; il exige pour que la cession soit opposable aux tiers, notamment à la masse au cas de faillite, que le transport soit constaté par écrit ; mais au cas de plusieurs cessions de la même créance, celle qui est constatée par le titre le plus ancien l'emporte sur les autres (C. féd., art. 184, 186).

examiner, celui des rapports des cessionnaires entre eux et celui
du débiteur vis-à-vis des cessionnaires : le projet ne s'occupe pas
de la première question et n'établit aucune mesure de publicité
destinée à régler le conflit entre cessionnaires tenant leurs droits
du même créancier, la notification n'est pas faite pour trancher
entre eux la question de priorité ; il faut avouer, du reste, que notre
Code civil, en acceptant un système de ce genre pour régler le conflit entre cessionnaires s'est laissé guider plutôt par des idées traditionnelles que par une vue très sûre du but qu'il voulait atteindre ;
il est bien certain que, dans notre ancien droit, si la notification
valait tradition, le transfert de la créance ne pouvait s'opérer qu'au
profit de celui de plusieurs cessionnaires qui eût le premier notifié ;
même solution dans le premier système adopté par Windscheid sur
l'effet de la *denuntiatio*, celle-ci étant considérée comme la condition
préalable du transport. Mais, dans un système comme le nôtre et
comme celui également du projet, d'après lequel le transfert se produit
par l'acte même de cession, la notification ne peut valoir au plus que
comme mesure de publicité pour la perfection du contrat à l'égard
des tiers ; or, qu'il en soit ainsi à l'égard du débiteur, c'est tout à
fait rationnel et l'article 1690, en ce qui touche le débiteur,
a sur le système du projet le grand avantage de couper court
à bien des incertitudes et à beaucoup de difficultés ; mais faire
également de la notification une mesure de publicité entre cessionnaires, ce n'est plus qu'une demi-mesure, car l'efficacité de
cette dernière dépend uniquement de la bonne foi du débiteur ;
cela suppose que l'acheteur d'une créance se sera enquis auprès du débiteur, et que celui-ci, s'il y a eu notification antérieure, l'en aura averti : mais si le débiteur ne l'avertit de rien, qu'il
achète et notifie à son tour, se croyant le premier en date, il n'en
sera pas moins primé par un premier cessionnaire qui aura notifié
avant lui, sans qu'il y ait en aucun moyen absolument certain pour
personne de s'assurer de l'existence de cette notification : il restera
à ce second débiteur déçu la double responsabilité du cédant et du
débiteur cédé, faible ressource si ce sont des insolvables, tandis que
la cession, si elle se fût réalisée à son profit, lui eût peut-être
fourni une créance fortement garantie dont le recouvrement eût été
assuré. Le projet a donc repoussé le système et laissé le conflit entre
cessionnaires sous l'empire du droit commun ; il se réglera par la
question de date : la seule cession valable, même à l'égard des
tiers, sera la première en date.

101. Reste le second point de vue, celui des rapports du débiteur vis-à-vis des différents cessionnaires : il résulte de ce qui précède qu'à l'égard du débiteur la seule cession valable sera également la première en date, c'est le principe. Mais le principe devra être modifié par les règles admises par le projet en vue de protéger le débiteur contre les surprises d'une cession faite à son insu ; si bien qu'à son égard seront valables les actes passés avec celui de plusieurs cessionnaires qu'il devait légitimement considérer comme le véritable titulaire du droit. Reste la question de preuve, et l'on appliquera pour la résoudre les règles établies par le projet sur le caractère et les effets de la notification, considérée dans les trois formes différentes qu'elle peut affecter. Il en résultera entr'autres que si la notification consiste dans un titre de cession émanant du créancier et présenté par l'un des cessionnaires, c'est celui-ci qui, au regard du débiteur, sera présumé le véritable titulaire du droit, sauf à celui qui le primerait et qui eût omis de faire notifier son titre, de prouver que le débiteur, en payant à celui de qui émane la notification, savait pertinemment que cette cession était nulle, étant primée par une autre, première en date (art. 305).

102. *Règles spéciales au cas de cession d'une créance hypothécaire.* — Le mécanisme que nous venons d'étudier fonctionnera facilement s'il s'agit de cession d'un droit de créance proprement dit, mais si la cession comporte, comme accessoire, transfert d'un droit réel, ce qui est le cas en matière de créance garantie par une hypothèque (art. 1086), il y a lieu de se demander si les choses se passeront encore avec la même simplicité. L'application d'un régime de publicité en matière hypothécaire ne conduit pas forcément à l'admission d'une mesure de publicité en ce qui touche le transfert de l'hypothèque, témoin notre Code civil, et pour l'Allemagne les lois hypothécaires de Bavière, de Wurtemberg, de Brunswig, et d'autres encore : l'inscription en principe est exigée pour que l'hypothèque puisse naître ; on ne l'exige plus pour qu'elle puisse passer d'un créancier à un autre (Cod. civ., art. 1092, 2112). Mais en Allemagne, plusieurs autres législations foncières déjà anciennes exigeaient, en matière de cession d'une créance hypothécaire, l'inscription de la cession dans les registres fonciers, au moins pour qu'elle pût être opposable aux tiers et entr'autres au débiteur ; témoin par exemple la loi saxonne sur les registres fonciers du 6 novembre 1843 ; les motifs du projet reproduisent à cet égard l'article 84 de cette loi ; c'est cette même disposition qui a passé dans les lois analogues d'Altenberg, de Reuss, et, sous une forme un peu différente, dans celles de Hesse, Weimar, Nassau et autres. De même, le projet ayant soumis à inscription dans les registres fonciers toute acquisition de droit réel, par voie de transfert ou autrement (art. 828), il était logique qu'il étendît cette obligation au transfert de l'hypothèque (1). Il aurait pu d'ailleurs n'exiger l'inscription, au cas de cession de créance, que pour permettre au cessionnaire de faire valoir l'hypothèque, sans cependant faire dépendre de cette inscription la validité de la cession elle-même. Mais il a reconnu que ce serait mal protéger le crédit hypothécaire, puisque l'existence de l'hypothèque dépend de celle de la créance et que l'une est l'accessoire de l'autre : si, à l'égard du cessionnaire de l'hypothèque on pouvait opposer une cession de créance valable sans publicité, il pourrait arriver que la créance eût déjà été cédée à un autre au moment où le créancier en propose à nouveau l'aliénation et que par suite le cessionnaire qui croit acquérir une créance hypothécaire et qui fait inscrire la mutation d'hypothèque, se trouverait avoir traité avec qui n'est plus créancier, donc se trouverait n'avoir rien acquis. Aussi l'article 1087 soumet le transport d'une créance hypothécaire à l'accomplissement des formalités de l'article 828 en matière de transfert de droits réels ; on devra donc inscrire sur les registres le nom du créancier et, par suite, l'acquisition de la créance dépendra de l'inscription elle-même. On voit donc que pour cette catégorie de créances on revient au principe de la publicité ; et, pour cette hypothèse spéciale, le projet établit un système très simple, destiné à régler le conflit entre cessionnaires de la créance ; si, de deux cessionnaires de la même créance le second seulement se trouve inscrit aux registres fonciers, c'est ce dernier seul qui sera investi du droit, en tant qu'il s'agira d'exercer l'action hypothécaire, accessoire de la créance (2). Rien de plus juste et rien de plus simple ; quiconque est sur le point d'acheter une créance hypothécaire aura un moyen très aisé de s'assurer de l'étendue et de la validité du droit dont on l i propose

---

(1) Voir *Motifs sur l'art.* 1087 (t. III, p. 707) Cf. l'étude de M. Challamel sur cette partie du projet, n° 66 (*Bulletin*, 1889, p. 445).

(2) C'était déjà le système du Code saxon qui semble bien sur ce point avoir été reproduit par les auteurs du projet. Voir *Sächs. G. B.*, art. 438, et *Verordn. das Verfahren in nicht streitigen Rechtssachen betreffend, vom* 9 *Jan.* 1863, art. 145 (Voir édition du Code saxon, de Bernhardt Franke. Leipzig, 1888, p. 485).

l'acquisition; il lui suffira de voir aux registres si son vendeur est bien désigné comme le créancier actuel.

Mais, au contraire, on pourrait hésiter lorsque la question se pose au regard du débiteur; on sait qu'il a droit de payer à celui qu'il croit de bonne foi le véritable titulaire du droit et que, par suite, s'il paie au créancier, ignorant la cession, le paiement est opposable au cessionnaire; de même, si, de deux cessionnaires, il paie au second, ignorant la première cession, ce paiement est opposable au premier cessionnaire : admettra-t-on encore qu'il en soit de même au cas de cession de créance hypothécaire? S'il paie de bonne foi au cédant, cette extinction de la créance sera-t-elle opposable au cessionnaire inscrit aux registres? Certes, les auteurs du projet avaient lieu d'hésiter; car il s'agit, avant tout, avant même de garantir la foi due aux registres et avant de protéger l'acquéreur d'une hypothèque, de protéger le débiteur que l'on cède à son insu : les circonstances dans lesquelles se pose la question impliquent que le créancier qui a requis l'inscription au registre n'a pas veillé à ce que notification fût faite au débiteur : n'est-il pas en faute? Il est vrai qu'il n'y a pas que lui à protéger et qu'il faut songer à ses propres ayants cause qui verront son nom figurer aux registres et qui, eux, n'auront rien à se reprocher quant au défaut de notification. On voit comment les arguments se répondent de part et d'autre : le principe de la publicité et de la garantie d'authenticité des registres fonciers l'a emporté sur la protection du débiteur (art. 1089) : on écarte l'application des articles 304 à 305 au cas de cession de créance hypothécaire (1). Le débiteur d'une obligation garantie par une hypothèque devra donc, avant de payer au créancier, s'assurer, par l'inspection des registres, que celui-ci est bien encore actuellement créancier. Mais les motifs se hâtent d'ajouter que ces dérogations au droit commun ne s'appliquent qu'en tant qu'il s'agit de l'exercice de l'action réelle dépendant de la créance; il faudrait donc en conclure que si le cessionnaire, pour une raison ou pour une autre,

---

(1) Cf. pour le droit allemand en général et le droit prussien en particulier, Stobbe, *Priv. R.*, t. II, § 113-ıı, et Förster-Eccius, *Preuss. Priv. R.*, t. I, § 99, notes 156 *b* et suiv. — Loi hypothécaire du 5 mai 1872, §§ 3°-3° et 54. — Cf. Alex. Achilles, *Preuss. Gesetze von* 1872, p. 244-245.

On trouvera surtout dans l'excellent ouvrage de Roth (*Deutsch. Priv. R.*, III (*Sachenrecht*), § 315 ııı) un résumé très complet de la législation allemande sur ce point, partagée en trois groupes législatifs : les législations, comme le Code saxon, qui subordonnent la validité de la cession, tout au

no peut plus invoquer son hypothèque, il subira, pour ce qui est de l'exercice de son action personnelle, l'application de la règle du droit commun, protectrice du débiteur et par suite subira l'effet des actes faits par lui de bonne foi avec le cédant (1).

103. *De la garantie en matière de cession de créances.* — Un dernier point reste à régler, celui de la garantie du droit cédé. Le projet accepte sur ce point les décisions admises à peu près par toutes les législations, sauf par le droit prussien et le droit autrichien ; il pose donc en principe que le cédant, à moins de clause expresse, ne répond que de l'existence de la créance (art. 298) et que, s'il s'est engagé à garantir la solvabilité, il faut entendre cela de la solvabilité actuelle seulement (art. 299). L'*Allegemeine Landrecht* pour la Prusse et d'autre part le Code autrichien en sous-entendant dans tous les cas la garantie de la solvabilité (2), se sont placés à un très faux point de vue, ils ont vu là une assimilation qu'ils ont crue exacte avec le cas de garantie en matière de droits corporels, ce qui est certes fort mal raisonner ; en tout cas il ne pourrait y avoir d'analogie qu'avec la garantie des vices, et précisément celle-ci n'existe pas pour les vices que l'acheteur a pu connaître (cf. art. 382 du projet et Cod. civ., art. 1642). N'est-ce pas le cas en ce qui concerne la solvabilité du débiteur ? C'est à celui qui veut l'accepter pour débiteur à s'enquérir de ce qu'il vaut. Le principe sera donc qu'à moins de clause expresse, le cédant ne répond que de l'existence du droit, et encore admet-on une exception si la cession est faite en vue de réaliser une donation, puisque, dans ce cas, d'après les principes qui seront posés en matière de donation, le donateur ne répond pas de l'existence du droit qui forme l'objet de sa libéralité, sauf s'il a connu lui-même le défaut de droit et qu'il l'ait caché au donateur, auquel cas il répond du dommage qui aura pu

moins au regard des tiers, à l'inscription du cessionnaire dans les registres fonciers, celles qui ne font pas dépendre de cette inscription la validité de la cession, mais la considèrent comme nécessaire pour garantir au cessionnaire l'efficacité de son action hypothécaire, celles enfin, comme le droit prussien, qui déclarent la cession de la créance hypothécaire indépendante de l'inscription (*Ges. ueber Eigenthums-Erwerb*, etc., du 5 mai 1872, § 54), mais tout en réservant quelques avantages à l'inscription (Voir Roth, *loc. cit.*, p. 672, et Achilles, *loc. cit.*, p. 289). On voit que ce n'est pas le système prussien qui a prévalu dans le projet.

(1) *Motifs sur l'art.* 1089, t. III, p. 712-713.

(2) Cf. *A. L. R.*, I, 11, §§ 427-441 (Voir Förster-Ecclus, *Preuss. Priv. R.*, t. 1, § 99, note 141). — Cf. Œsterr. G. B., § 1397.

on résulter pour ce dernier (art. 443, cf. Cod. féd., art. 192). Mais, d'autre part, dans les cas où il y a lieu à garantie, le cédant est responsable de tout l'ensemble des dommages et non seulement, comme le veulent le droit prussien et le Code fédéral (1), jusqu'à concurrence de la somme reçue en raison du transport (art. 208, cf. art. 377). Les restrictions de ces dernières législations en ce qui touche la garantie en matière de cession de créances, paraissent être un dernier vestige de la fameuse *Lex Anastasiana*, aujourd'hui abandonnée ou rejetée partout. Le Landrecht prussien l'avait encore admise et le droit commun était aussi obligé de la subir (2); mais dans plusieurs États les législations spéciales l'avaient expressément repoussée (3); il ne pouvait être question de l'introduire dans le projet de Code civil et on ne pouvait pas davantage accepter, en matière de garantie, ces restrictions qui paraissent bien être inspirées de la même pensée que cette loi malencontreuse.

104. *Cession de la créance d'autrui.* — Le projet termine cette théorie de la cession de créances en faisant application à la matière d'un principe général admis par lui en ce qui touche les actes de disposition du droit d'autrui. Il importe du reste de ne pas confondre; il ne s'agit pas du contrat par lequel on s'oblige à transférer à un autre ce qui ne vous appartient pas, vente de la chose d'autrui, vente de la créance d'autrui : la validité de pareilles conventions n'est pas mise en doute. Il s'agit toujours du contrat d'aliénation en lui-même, contrat réel, comme disent les Allemands : non plus celui qui donne naissance à l'obligation, mais celui qui consomme l'aliénation : on comprend ici que la validité du contrat soit discutable, c'est bien en effet en vertu d'une conception de ce genre, parce que notre Code civil confond en un même acte le contrat générateur d'obligation et le contrat de transfert qui doit en être la suite, que chez nous la vente de la chose d'autrui est nulle (art. 1599). Rigoureusement le contrat de transfert du droit allemand devrait aussi être nul; il n'est cependant qu'inefficace et il se trouvera vivifié rétroactivement par la confirmation ou approbation du véritable titulaire du droit. On ne lui

(1) *Preuss. A. L.*, I, 11, §§ 422-425). C. féd., art. 194).
(2) Cf. Windscheid, § 333, notes 1 et suiv.
(3) Pour le Brunswick, loi du 21 décembre 1848; — pour la Bavière, loi du 22 février 1855; — pour la Prusse, loi du 1er février 1864. — Cf. C. de comm. allem., art. 299. — Cf. Stobbe, *Priv. R.*, III, § 177-7°.

appliquera donc pas les règles des articles 101 à 110 sur la nullité, mais celles de l'article 127 sur la confirmation des actes faits par qui n'avait pas pouvoir de les faire. Le projet fera application de cette doctrine à propos de l'aliénation du droit d'autrui (art. 830, 876, §2) (1); il l'applique également au cas de cession de la créance d'autrui : la cession n'est pas nulle, elle n'est qu'inefficace et se trouvera rétroactivement validée par l'approbation ou confirmation du créancier, soit aussi au cas de confusion, par suite de décès, de la qualité de cédant et de celle de créancier sur la même tête (*Konvaleszenzprincip*).

105. *Transport de dette ou endossement de la dette (Schulduebernahme).* — Nous n'avons pas à revenir sur l'historique de la matière, mais à voir la réglementation qui en est donnée par le projet : la chose est intéressante ; car c'est la première fois que l'institution nouvelle se trouve soumise à un essai vraiment sérieux de réglementation législative.

Le projet passe en revue les trois questions suivantes : Formes et caractères du transport de dette, effets, applications particulières.

106. *Formes et caractères de l'opération.* — Les caractères de l'acte dérivent de cette idée que transporter une dette sur la tête d'un autre, c'est disposer d'un élément du patrimoine, d'un droit; d'où il suit que le contrat qui aura pour but de réaliser cette opération sera, comme le contrat de cession, un acte de disposition, rentrant dans la catégorie des contrats réels, indépendants de leur cause juridique. Ceci dit, l'opération peut revêtir deux formes très distinctes; elle peut se réaliser au moyen d'un contrat conclu entre le créancier et le nouveau débiteur, sans que l'ancien y prenne part ; ou bien au moyen d'un contrat entre le débiteur et son futur successeur, auquel cas le transport ne peut devenir efficace que par l'adhésion du créancier.

La première forme (art. 314) correspond à l'ancienne expromission, et on comprend qu'elle n'exige pas la participation de l'ancien débiteur; car, de même qu'un tiers peut payer pour le débiteur, de même un tiers peut, sans son consentement, prendre la dette à sa charge par une convention faite avec le créancier; seulement, d'après les théories anciennes, cette convention était une novation, opérant, par suite, par voie de création d'une nouvelle

(1) V. Challamel, *Étude sur le projet, Droit des choses*, n° 38 (*Bulletin,* p. 1889, p. 429).

dette ; déjà, cependant, le caractère de succession à la dette avait passé dans l'*expromissio* du droit prussien (1) ; dans le système du projet, il n'est plus question d'*expromissio* proprement dite, mais du contrat de transport de dette émanant du créancier : cette première forme du contrat est assurément la moins pratique et la moins importante ; elle était cependant déjà signalée dans les auteurs (2).

La seconde forme (art. 315) est celle d'un contrat passé entre l'ancien débiteur et celui qui accepte de lui être substitué ; il va de soi que, si le créancier a participé au contrat, l'effet translatif se trouve déjà réalisé, la dette a passé sur la tête du nouveau débiteur ; mais il faut supposer, pour comprendre les questions qui peuvent s'élever, que le tout s'est passé en dehors du créancier ; l'effet du contrat, qui est de transporter la dette sur la tête du nouveau venu, ne pourra, à coup sûr, se produire que par l'adhésion du créancier ; mais, jusque-là, quel est le caractère de l'opération ? Forcément, la pratique et la jurisprudence, toute réglementation législative faisant défaut ou à peu près, avaient dû chercher une explication juridique, et la plus simple avait été d'y voir une promesse de la part du nouveau débiteur de prendre la dette à sa charge et par suite de garantir l'ancien de la poursuite du créancier, promesse accompagnée d'une stipulation pour autrui, le nouveau débiteur s'engageant accessoirement à payer au créancier (3). Mais cette conception était fort incertaine et tout à fait insuffisante ; très incertaine, car on ne voyait pas très bien, dans une convention de ce genre, si le créancier qui acquérait un nouveau débiteur était obligé de renoncer à l'ancien et comment on aurait pu l'y forcer : eut-on subordonné l'acquisition du droit qui lui était offert en ce qui touche le nouveau venu à la libération du débiteur ? Tout ceci

---

(1) Cf. Förster et Eccius, *Preuss. Priv. R.*, I, § 101.

(2) Windscheid, § 338, note 3 *a*. — Bruns, dans *Holtzendorff's Encyclopädie*, I, p. 482 (*Das heutige Römische Recht*, § 65). — Regelsperger, dans le *Handbuch*, d'Endemann (II, p. 534). Dans le cas de l'ancienne *ex promissio*, le créancier acquérait un droit propre contre le nouveau débiteur ; on pouvait supposer aussi que le débiteur eut contracté avec un tiers, ordinairement un acheteur, qui se fût engagé à prendre le paiement à sa charge (*Erfüllungsübernahme*), et que l'ancien débiteur eût cédé au créancier ses droits contre ce dernier. Dans ce cas, le créancier devait subir l'effet des exceptions tirées du contrat passé entre ce nouveau débiteur et l'ancien (Cf. Bähr, *Beurtheilung des Entwurfs*, p. 47). Cf. Souffert, dans *Bekker-Beiträge*, 11. p. 43.

(3) Cf. Windscheid, § 328, note 6 et § 316, note 15.

était fort obscur; sans compter qu'une conception de ce genre n'était rien moins qu'un transport de dette, puisque le créancier acquérait contre le tiers une créance tout à fait nouvelle, née de la convention entre les parties, au lieu de faire passer sur la tête du tiers la dette préexistante, telle qu'elle existait à l'encontre du débiteur (1). Enfin, les effets d'un pacte de ce genre étaient loin de correspondre à ce que voulaient exactement les parties; il faut se souvenir en effet que, d'après les théories modernes, en matière de stipulation pour autrui, le bénéficiaire acquiert par la stipulation même un droit né avant toute acceptation de sa part, et que cette dernière ne fait que confirmer; d'où cette conséquence que ce droit ne peut plus lui être enlevé (2) : comment admettre ici que ce contrat fait en dehors de toute participation du créancier, auquel même les parties l'ont volontairement laissé étranger, confère à celui-ci un droit déjà irrévocable, et que le créancier puisse, sans même qu'on l'y invite, et alors même que les parties voudraient revenir sur ce qui a été fait, poursuivre le nouveau venu et le considérer comme son débiteur au lieu et place de l'ancien? le tiers ne s'est encore engagé qu'envers le débiteur et les parties ont entendu se réserver le droit de soumettre le contrat à l'adhésion du créancier; jusque-là, il est à l'égard de celui-ci *res inter alios acta* (3). Aussi, avait-on voulu voir dans cette convention une sorte de promesse mutuelle de proposer au créancier la mutation projetée; de telle sorte que la notification qui lui en était faite eut constitué une offre collective; il en résultait assurément que le créancier ne pouvait acquérir de droit avant qu'on lui eut fait la proposition dont il s'agit; mais il en résultait par contre que, jusqu'à l'acceptation du créancier, il n'y avait rien de fait, donc que, jusque-là, le contrat de transport ne pouvait produire aucun effet, pas même ceux qui ne se fussent produits qu'entre les parties sans toucher aux droits du créancier; on discutait enfin la question de savoir si cette offre liait déjà les parties qui l'avaient faite ou si celles-ci pouvaient la révoquer tant que le créancier ne l'avait pas acceptée; mais sur ce point secondaire on admettait généralement, conformément aux théories modernes en matière d'offre et pollicitation, que l'offre devait être maintenue au moins pendant un certain délai (4). Le projet admet

(1) Cf. Bähr, *Beurtheilung des Entwurfs*, p. 48.
(2) Ce n'est pas, il est vrai, la solution de notre article 1121; c'est celle de l'article 413 du projet.
(3) Cf. *Motifs sur l'art.* 315 (t. II, p. 144).
(4) Voir sur ce point citations dans Stobbe, *Priv. R.*, t. III, § 181, note 17.

enfin une troisième conception qui avait été surtout défendue par Windscheid (1). Le débiteur, disait l'éminent jurisconsulte, qui convient de transférer sa dette sur la tête d'un autre, dispose en réalité d'un droit qui ne lui appartient pas ; il fait donc quelque chose d'analogue à ce que fait celui qui cède une créance dont il n'est pas créancier ; et nous avons vu que la cession d'une créance appartenant à autrui constitue un acte de disposition qui n'est pas radicalement nul, mais simplement inefficace et qui se trouvera rétroactivement validé par l'adhésion de celui a qui ce droit appartient ; n'est-ce pas ici la même chose ? L'adhésion du créancier viendra vivifier l'acte de transfert et la dette sera considérée comme ayant passé sur la tête du nouveau débiteur du jour même de la convention intervenue entre celui-ci et l'ancien. Cet effet de rétroactivité constitue déjà une différence avec la conception précédente d'une offre collective, ne pouvant se transformer en un acte susceptible de produire effet que par l'acceptation du créancier, et au jour seulement où celle-ci intervient. Une autre différence est que l'acte existant déjà entre les parties entre lesquelles le transfert a été conclu, il est susceptible de produire effet à leur égard et la conséquence est que le tiers sera lié par cet acte envers le débiteur, lié en ce sens, qu'il sera obligé, à son égard, de lui obtenir l'acceptation du créancier : il s'est obligé à le faire sortir en quelque sorte du lien de l'obligation et à prendre sa place (art. 348). En concluera-t-on, comme c'est le cas pour les actes de disposition du droit d'autrui, que l'intéressé, ici le créancier, pourra adhérer au

(1) Cf. Windscheid, § 338, note 6. C'est également la conception à laquelle vient de se rallier Unger (*Schulduebernahme*, note 18). Elle est d'ailleurs très contestée : Beaucoup d'auteurs admettent qu'il n'y a de véritable cession de dette (*Schulduebernahme*) qu'au cas de convention conclue avec le créancier, si bien que lorsque l'affaire se passe en deux actes, il y aurait deux contrats distincts : l'un conclu entre le débiteur et le tiers par lequel celui-ci s'engage à exécuter à sa place et à le libérer, donc à conclure avec le créancier une cession de dette ; l'autre qui intervient entre le tiers et le créancier et qui est la véritable cession de dette (Cf. Souffert dans *Bekker-Beiträge*, 11, p. 45). Il faut d'ailleurs se garder de quelque confusion où pourrait jeter le vague des expressions : ainsi par exemple Bähr, qui ne considère également la succession à la dette comme accomplie que lorsqu'il y a contrat avec le créancier et le nouveau débiteur, voudrait que l'on conservât à cette opération le nom d'*Expromissio*. Le contrat passé entre l'ancien et le futur débiteur, lequel est à proprement parler le contrat de prise de dette (*Schulduebernahme*), n'opérerait aucun transfert de dette et correspondrait à ce que le projet appelle *Erfullungsuebernahme*.

contrat sans qu'il soit besoin qu'on l'en requière (1)? On connaît
déjà les objections pratiques; théoriquement on peut s'appuyer,
pour soumettre l'adhésion du créancier à la condition préalable
d'une proposition émanant des parties, sur ce fait d'interprétation
que, bien qu'il s'agit d'un acte de disposition produisant déjà ses
effets entre les parties, celles-ci avaient pu se réserver le droit de
le soumettre quand elles le voudraient et comme elles le voudraient à l'acceptation du créancier, et que par suite cette dernière
pouvait être subordonnée à la condition d'une proposition faite
par les contractants; rien dans la nature juridique du contrat ne
s'oppose à cette interprétation et tout, au point de vue des nécessités pratiques, devait conduire à l'adopter; c'est aussi la décision
du projet (art. 315).

107. *Acceptation du créancier.* — Reste à déterminer les conditions et les caractères de l'acceptation du créancier : on sait déjà deux
choses, que celle-ci n'est pas considérée comme l'acceptation d'une
offre, acceptation destinée à former le contrat, mais qu'elle a le caractère d'une confirmation destinée à valider un acte de disposition
du droit d'autrui (cf. art. 310); et, d'autre part, que le créancier
n'acquiert ce droit de confirmation que par la proposition qui
lui en est faite de la part des contractants. Le projet n'exige pas,
d'ailleurs, que la proposition émane des deux contractants, ce qui,
en effet, était bien inutile, puisque, à l'égard de l'ancien débiteur,
l'autre s'est engagé à lui procurer l'acceptation du créancier; on
comprend que l'ancien débiteur puisse prendre les devants et la
demander, sans avoir besoin pour cela du concours de l'autre partie. Il suffit donc que la proposition vienne de l'un ou de l'autre.
Une fois la proposition à lui faite, le créancier acquiert un droit
ferme à s'approprier le contrat (2); mais si un délai lui a été im-
parti pour confirmer et qu'il le laisse passer sans acceptation, le
défaut de confirmation dans le délai donné vaudra refus de sa part

(1) Cf. Loi pour la Bavière du 29 mai 1886, art. 2, § 2.
(2) Quand sera-t-il censé se l'être approprié? Cela reste assez vague et
soumis aux conditions d'application de l'article 412 en matière de contrats
pour autrui, lesquelles sont elles-mêmes très peu précises (Cf. *infrà*, nos 263-
264 et Bähr, *Beurtheilung*, p. 51. 53). Voir l'exposé des difficultés pratiques dans Bähr (*loc. cit.*). Primus écrit à Secundus son créancier qu'il a
vendu sa maison à Tertius lequel s'est engagé à payer ses dettes; Secundus répond qu'il accepte Tertius pour débiteur. Dans l'intervalle la maison
brûle avant qu'il soit procédé à l'*Auflassung* au profit de Tertius : celui-ci
sera-t-il encore condamné à payer la dette de Primus!

et les parties reprennent leur liberté et redeviennent maîtresses de révoquer à leur gré le contrat; il en sera ainsi également au cas de refus exprès; de sorte que le créancier ne pourra plus revenir sur son refus, il ne pourra accepter que si on lui fait de nouvelles propositions à ce sujet. Toute cette réglementation a pour but de laisser aussi peu d'incertitude que possible sur le caractère et les effets de l'opération : on tient à ce qu'elle reste le moins possible en suspens. Une fois la confirmation donnée, le transport de dette se trouve rétroactivement validé (art. 127) et la succession à la dette va produire ses effets : voyons quels seront ces effets.

108. *Effets du transport de dette.* — Ils se résument en un mot : c'est l'ancienne dette qui survit à la charge d'un nouveau débiteur; toute la différence avec la pratique de la novation consiste dans cette formule. Il en résultera que la dette aura passé sur la tête d nouveau débiteur avec ses exceptions, sauf, bien entendu, celles qui seraient exclusivement personnelles à l'ancien (art. 316); mais, parmi ces exceptions, on ne comprendra pas la compensation qui, dans le système du projet, n'est plus une exception, et qui, en pareil cas, serait inadmissible, on a vu pourquoi (1); on ne comprendra pas non plus celles qui seraient tirées du *negotium juris* servant de titre juridique au transfert de dette, celui-ci étant indépendant de sa cause : si le nouveau débiteur s'est engagé en vue d'éteindre une dette dont il était tenu envers l'ancien et qui se trouve inexistante, le transfert n'en est pas moins valable et le cessionnaire n'en reste pas moins débiteur du créancier à la place du cédant. Le transfert est un acte de disposition réelle indépendant de sa cause juridique; on reconnaît là l'influence de l'ancienne *delegatio* du droit romain : le délégué, s'engageant par stipulation envers le délégataire, sa promesse restait indépendante des rapports juridiques qui pouvaient exister entre lui et le déléguant (2).

En second lieu, le créancier doit conserver, en principe, les accessoires et garanties de l'ancienne dette : ceci ne souffrira aucun doute pour ce qui est de l'hypothèque grevant les biens de l'ancien débiteur. Mais il ne pourrait plus en être de même, dans tous les cas tout au moins, de l'hypothèque fournie par un tiers, ce que nous appelons la caution réelle; il est, en effet, à présumer que le tiers n'a hypothéqué ses biens que pour rendre service au débiteur; on

(1) V. *suprà*, n° 69.
(2) Cf. L. 13 et 19, D. *De novat.* (46, 2). — Cf. Accarias, t. II, n° 699 *a*·1°.

peut en dire autant de la caution personnelle. Il faudra en conclure
que le changement de débiteur aura pour effet de dégager les cautions. Mais ceci n'est pas absolu, car il peut se faire que celles-ci
se soient engagées, non par considération de la personne du débiteur, mais en vue de garantir la dette indépendamment de toute
considération de personne, peut-être même pour rendre service
au créancier : pour ce cas, les cautions se trouveraient main-
tenues, mais ce sera au créancier à prouver qu'il doit en être
ainsi; il fera donc prudemment, avant de donner son acceptation,
d'obtenir une reconnaissance des cautions. Il va de soi aussi, étant
donné le caractère des privilèges dans le droit allemand, que ceux-
ci ne pourront être invoqués contre le nouveau débiteur (art. 317).

109. *Applications particulières.* — Le projet a cru devoir traiter de certains cas particuliers et de certaines conventions très
proches voisines de celle qui vient de nous occuper et qu'il importait d'en distinguer, pour lesquelles tout au moins une règle
d'interprétation, pour le cas de doute, n'était pas inutile. On peut,
en effet, concevoir qu'un tiers, au lieu de se charger de la dette à proprement parler, se charge simplement de l'exécution : ce n'est plus
un endossement de la dette (*Schulduebernahme*), mais une promesse
d'exécution (*Erfüllungsuebernahme*). Assurément le tiers n'aura plus
à devenir débiteur aux lieu et place de l'ancien; il n'aura plus,
par suite, à procurer l'acceptation du créancier, mais on peut encore
interpréter le contrat de deux façons : soit qu'il se soit engagé à
faire obtenir la libération immédiate du débiteur, ou qu'il se soit
engagé simplement à garantir le débiteur contre toute poursuite et,
par conséquent, sans obtenir libération immédiate de ce dernier,
à offrir satisfaction au créancier au moment où celui-ci voudrait
poursuivre. C'est cette seconde interprétation qu'accepte le projet,
considérant qu'elle est la moins onéreuse pour le tiers qui s'engage et
que, d'autre part, si on considérait ce dernier comme ayant entendu
s'obliger à dégager le débiteur du lien de l'obligation, cela supposerait, ou bien que lui-même paie le créancier, ce qui constituerait
un paiement anticipé, ou bien qu'il se fait accepter comme débiteur
aux lieu et place de l'ancien, ce qui reviendrait presque à confondre
cette convention avec celle du transport de dette (art. 318-1°) (1).

_____

(1) Ungar (*Schulduebernahme*, note 57) fait observer cependant que le
projet perd quelque peu de vue la différence essentielle entre la promesse
d'exécution et la cession de dettes; dans la première, le promettant s'est

Mais, cette fois, nous sommes bien, et sans contestation possible, dans le domaine des stipulations pour autrui : le créancier aura-t-il donc acquis une action contre le tiers, de telle sorte qu'au lieu de poursuivre le débiteur il puisse agir contre le tiers qui s'est engagé à payer à sa place? Il faudrait répondre oui, en principe, puisque tel est l'effet de la promesse en faveur d'un tiers (art. 412). Mais il faut faire observer que cette acquisition immédiate du droit au profit du bénéficiaire dépend d'une question d'intention et qu'entre autres elle peut être retardée ou, tout au moins, subordonnée à une condition préalable admise par les parties : il y aura donc lieu de se demander, dans notre hypothèse, ce que les parties ont voulu, et tout ceci sera, en somme, une question d'interprétation de volonté (1). En tout cas, s'il y a doute en présence d'une convention susceptible d'être interprétée soit comme promesse d'exécution, soit comme transport de dette, c'est la première interprétation qui sera présumée (art. 318-1°) (2).

110. *De l'acquéreur d'un immeuble hypothéqué qui s'engage à payer sur son prix les créanciers hypothécaires.* — Ces distinctions faites, le projet s'occupe d'une hypothèse extrêmement pratique, celle qui avait donné lieu à de fréquentes applications de la théorie du transport de dettes et qu'avait prévue le fameux article 41 de la loi hypothécaire prussienne du 5 mai 1872. Nous avons déjà fait allusion à la question et à son importance. Il s'agit de savoir si l'acquéreur d'un immeuble grevé d'hypothèque, qui prend à sa charge de payer sur son prix la créance à laquelle l'hypothèque est affectée, se trouve soumis, non seulement à l'action hypothécaire du créan-

engagé à procurer au débiteur sa libération uniquement par voie de paiement, et dans la seconde il s'est engagé à la lui procurer en prenant la dette à sa charge : ces deux actes ont donc un objet bien différent.

(1) De là les incertitudes et difficultés pratiques que Bähr a signalées (*Beurtheilung*, p. 51-53), et supra, n° 107 (p. 96) et la note.

(2) C'est, en somme, cette convention de promesse d'exécution que certaines législations, telles que le Code saxon, par exemple (*Sachs. G. B.*, art. 1402 et suiv.), avaient acceptée et réglementée sous le nom d'endossement de dette (*Schulduebernahme*). D'après le Code saxon, l'endossataire, si on peut s'exprimer ainsi, s'obligeait à soustraire l'ancien débiteur à toutes poursuites, mais celui-ci n'était pas libéré (*Sachs. G. B.*, art. 1403). De plus, le créancier acquérait action contre cet endossataire dans les conditions où cette action est acquise au bénéficiaire en matière de stipulation pour autrui (*Sachs. G. B.*, art. 1405, faisant application à la matière de l'article 854). C'est, en somme, le système du projet pour la convention dont il est traité à l'article 318-1°.

cier, mais aussi à l'action personnelle dérivant de la créance (1) ; et alors, dans cette seconde hypothèse, si le créancier a désormais pour débiteur le nouveau possesseur de l'immeuble, il y a lieu de se demander si l'ancien va se trouver libéré et à quelle condition il le sera. Dans les législations précédentes on faisait application à cette hypothèse de la théorie du transport de dette considéré comme stipulation pour autrui : l'acquéreur était censé avoir pris la dette à sa charge et le créancier acquérait ainsi un droit personnel contre lui dans les conditions où ce droit était acquis d'une manière générale au bénéficiaire d'une stipulation pour autrui. La controverse ne s'était guère élevée que sur l'effet de la stipulation pour autrui en général et par suite sur l'effet qu'elle devait avoir au cas particulier qui se trouvait en question ; bien que le droit prussien eût admis en cette matière l'ancienne idée romaine que le tiers étranger au contrat ne pouvait avoir acquis aucun droit contre le promettant, la pratique tendait cependant à donner ici au créancier un droit d'ores et déjà irrévocable contre l'acquéreur qui s'était engagé à payer sur son prix la dette pour laquelle l'immeuble devait répondre. C'est alors qu'intervint, pour la Prusse, une déclaration du 21 mars 1835 (2), dont nous avons déjà parlé, qui tranchait la question contre le créancier, décidant qu'en principe celui-ci n'acquérait pas d'action contre le tiers, mais que cependant si ce dernier s'était expressément obligé à procurer la libération du débiteur, celui-ci était autorisé à céder au créancier l'action qu'il avait acquise de ce chef contre le nouveau possesseur de l'immeuble, ce qui permettait au créancier de se procurer ainsi une action personnelle contre lui ; mais ce n'était encore qu'à titre d'exception et par une voie tout à fait détournée. Cependant, le législateur de 1872 prit position du côté absolument opposé, et les motifs de la loi de 1872 en donnent trois raisons : les nouvelles conceptions en matière de stipulation pour autrui, lesquelles sont en faveur de l'acquisition immédiate d'un droit au profit du bé-

(1) Inutile d'indiquer le gros intérêt pratique de la question : l'acquéreur répondra de la dette non seulement sur l'immeuble, mais sur l'ensemble de son patrimoine ; c'est l'intérêt le plus tangible, il y en a d'autres, par exemple dans notre droit français en matière de purge et de délaissement.

(2) Déclaration du 21 mars 1835, art. 3 : on en trouvera le texte dans le Commentaire, d'Alex. Achilles, des lois prussiennes du 5 mai 1872 (édit. 1881, p. 253). — Cf. Förster-Eccius, *Preuss. Priv. R.*, § 102, t. I (éd. 1887), p. 689. — Voir Werner, *Die Preuss. Gundbuch-und-Hypotheken-Gesetze von 5 mai 1872; nebst Materialien*, II, p. 25-26.

néficiaire, l'inutilité du détour accepté par la déclaration de 1835 pour
le cas de promesse de libération, le débiteur étant autorisé alors
à céder son action au créancier (1), enfin l'intention présumée de
l'acquéreur qui, s'étant engagé à payer au lieu et place du débiteur,
doit être considéré comme ayant entendu devenir débiteur à sa
place. Il en résulte que l'article 41 de la loi de 1872, se fondant
sur l'idée d'une stipulation pour autrui, fait acquérir un droit personnel au créancier, en vertu du contrat lui-même passé entre le
tiers et le débiteur : c'est l'application de la théorie moderne en
cette matière, celle qui sera développée sur l'article 412 de notre
projet. Il n'est donc pas question d'exiger, pour faire acquérir l'action au créancier, qu'on lui en fasse la proposition : les parties ne
sont donc plus maîtresses du contrat. Mais l'article 41 de la loi de
1872 va plus loin ; au fond, le but véritable que l'on voulait atteindre, c'était de dégager l'ancien débiteur : c'est là ce que les parties
ont voulu ; celui qui vend un immeuble hypothéqué entend n'être
plus responsable de la dette ; de là la convention dont nous nous
occupons, passée avec l'acquéreur ; pour lui donner tout son effet, il
fallait arriver à libérer l'ancien débiteur ; on n'osait guère le faire
sans l'assentiment du créancier ; mais alors l'article 41 de la loi de
1872 arrivait, par une sorte de contrainte imposée à ce dernier, à
l'obliger soit à libérer le débiteur, soit à précipiter ses poursuites ;
d'une façon ou de l'autre, on voulait que le vendeur sût très vite à
quoi s'en tenir et que sa situation devînt très nette le plus vite possible : on déclarait donc que l'acquéreur devait notifier le contrat
au créancier, et celui-ci, dans un délai d'un an, devait dénoncer
l'hypothèque à l'acquéreur, c'est-à-dire annoncer l'intention de le
poursuivre de ce chef, et le poursuivre effectivement de ce chef avant
les six mois ; ce délai passé sans dénonciation de poursuite, le
créancier était censé avoir renoncé à ses droits contre l'ancien débiteur et celui-ci était libéré (2).

(1) Voir sur ce procédé Bähr (*Beurtheilung*, p. 46-47) et *suprà*, p. 93,
note 2 *in fine*.

(2) Alex. Achilles, *Die preuss. Gesetze von* 1872, p. 258 : du reste, c'est
encore dans Roth (*Syst. des deutsch. Priv. R.*, III, § 309-III) qu'il faut
chercher le résumé le meilleur et le plus complet de la législation allemande sur ce point ; il distingue, là aussi, trois groupes de systèmes :
celui du droit bavarois, qui donne un droit personnel au créancier contre
le nouveau possesseur par l'effet même de la clause insérée à la vente et
qui le maintient à son profit, même après que l'acquéreur aurait sous-
aliéné l'immeuble, mais sans toutefois forcer le créancier à la libération
de l'ancien débiteur (*Bay. hyp. Ges.*, § 56) ; — celui du droit saxon (*Sach.,*

Or il paraît que cette innovation dont on s'était promis les meilleurs résultats a donné lieu au contraire à de nombreux procès et à de très grandes difficultés. Aussi les motifs du projet sur l'article 318 nous annoncent l'intention de s'écarter du système de 1872 : il ne peut plus être question d'obliger le créancier même par voie détournée à libérer son ancien débiteur. Sans doute il peut être très désavantageux pour ce dernier de se voir exposé plusieurs années après la vente, et peut-être après que l'immeuble a déjà passé en plusieurs mains successivement, à être poursuivi pour une dette que l'acquéreur s'était chargé d'éteindre. Mais il serait encore plus désavantageux pour le créancier de se voir conduit à perdre un débiteur pour un nouveau qu'on lui impose ; et du reste le vendeur de l'immeuble, s'il est prudent, n'aura qu'à s'entendre avec le créancier, de façon à lui faire agréer le nouveau possesseur. En tout cas l'expérience de 1872 avait suffi, paraît-il, à condamner le système.

L'article 318-2°, accepte donc, pour notre hypothèse, une combinaison des deux conventions que le projet venait de réglementer ; le principe est que la clause acceptée par l'acquéreur de payer les dettes hypothécaires sur son prix vaut transport de dette, donc ne produira son effet à l'égard du créancier que par l'acceptation de celui-ci : c'est là le point que l'on voulait atteindre ; on voit la

G. B., § 432), qui ne donne de droit personnel au créancier que par son adhésion au contrat et ne le lui assure que tant que le nouvel acquéreur reste détenteur de l'immeuble : la dette personnelle de celui-ci est liée à la possession de l'immeuble ; — enfin celui du droit prussien, le dernier entré dans cette voie, puisque la déclaration de 1835 avait refusé de consacrer ces tendances et que celles-ci n'ont été admises qu'en 1872. Nous renvoyons au texte pour ce qui est de l'exposé de ce dernier. Mais il n'est pas hors de propos de rapprocher ces théories législatives de celles de notre ancien droit en matière de rentes foncières : le débit rentier était censé s'obliger personnellement à fournir la rente tant que durait sa détention ; les acquéreurs successifs de l'immeuble qui avaient acheté connaissant l'existence de la rente, étaient censés s'être soumis à la même obligation personnelle et le crédit rentier avait contre eux non seulement l'action réelle (hypothécaire spéciale), mais une action personnelle qui lui était surtout utile en vue des arrérages échus pendant que le tiers-acquéreur se trouvait détenteur de l'immeuble et non payés avant qu'il en eut abandonné ou perdu la possession. Cf. Pothier, Bail à rente, n° 84. Cf. Chénon, les Démembrements de la propriété foncière (Thèse, Paris 1881, p. 65). Dans le droit allemand, le créancier avait aussi contre le débiteur de la rente, en dehors de son action réelle, une action personnelle, mais à condition qu'elle eût été expressément formulée. Cf. Roth (Deuts. Priv. R. III, § 288, note 33 et note 58 ; cf. Sächs. G. B., § 515 et suiv.)

différence avec l'article 41 de la loi de 1872. Le créancier, il est vrai, n'a pas encore de droit acquis contre le nouveau possesseur avant la notification qui lui est faite du transport et l'adhésion qu'il y donnera ; mais d'autre part il ne perdra son ancien débiteur que par une acceptation formelle, donnée en dehors de toute contrainte directe ou indirecte. Seulement d'après les principes admis sur le transport de dette, l'acquéreur eut été obligé vis-à-vis du vendeur de procurer à ce dernier sa libération, donc l'acceptation du créancier ; on a pensé que ce serait ici dépasser l'intention des parties, car le plus souvent l'acquéreur ne pourrait obtenir cette confirmation que moyennant de lourds sacrifices, en offrant plus que son prix : et certes ce n'est pas là ce que les parties ont voulu. Le projet supprime donc cet effet rigoureux du transport de dette, et décide que jusqu'à l'acceptation du créancier, le contrat vaut comme promesse d'exécution, ce qui voudra dire que, tant que le créancier ne l'a pas accepté pour débiteur, l'acquéreur n'est tenu qu'à prévenir les poursuites qu'il pourrait intenter contre le vendeur, et par conséquent qu'il n'est tenu, au cas de poursuite, qu'à lui offrir son prix ; ou sans attendre la poursuite à payer entre ses mains, de façon à libérer le débiteur dans la mesure convenue.

111. Enfin, le projet s'occupe en dernier lieu des contrats d'aliénation à titre universel, contrats par lesquels on aliène entre vifs tout ou partie du patrimoine ; on sait que c'était là aussi un domaine très riche au point de vue de l'application par la pratique de la théorie du transport de la dette : contrats d'aliénation à fonds perdu, donation à titre universel, etc. Il s'agissait de savoir comment l'acquéreur deviendrait débiteur des créanciers de celui dont le patrimoine était cédé : or, sur ce point, c'est l'ancien système qui, au point de vue pratique, se trouvait avoir raison : on ne peut obliger l'acquéreur à obtenir acceptation distincte de chacun des créanciers ; ceux qui voulaient voir dans le transport de dette une promesse en faveur d'un tiers et qui donnaient à ce tiers un droit déjà irrévocable résultant pour lui du contrat lui-même, indépendamment même de toute acceptation de sa part, se trouvaient avoir donné la solution la meilleure au point de vue des nécessités pratiques : c'est quelque chose d'approchant qu'accepte l'article 319 du projet, déclarant que l'acquéreur se trouve obligé envers les créanciers du jour même de la conclusion du contrat. Mais, bien entendu, les créanciers n'auront pas perdu leur ancien débiteur ; ils auront ainsi deux répondants pour la même dette ; ce sera un cas de solidarité néc après coup. Enfin, il est dit que l'acquéreur ne répond des dettes que dans la proportion de l'actif : il ne saurait être question de responsabilité *ultra vires*. En somme, le projet consacre une succession à titre universel, au point de vue du passif, bien que l'acquisition, en ce qui touche l'actif, rentre dans les cas d'acquisition à titre particulier (1). Ce qui même est fort remarquable, c'est que l'article 319-2 annule toute convention par laquelle les parties déclareraient l'acquéreur déchargé de cette responsabilité : ceci est la conséquence de cette idée qu'il y a, au point de vue passif, succession à titre universel ; l'acquéreur est donc, vis-à-vis des créanciers, dans la situation d'un héritier tenu *intra vires* (2).

§ 5. — DE LA PLURALITÉ DES SUJETS SOIT ACTIFS SOIT PASSIFS EN MATIÈRE D'OBLIGATION

112. Le projet termine la section relative à la partie générale de l'obligation par l'étude d'une modalité fort importante en cette matière, et qui se présente au cas où plusieurs personnes peuvent se dire soit créancières, soit débitrices de la même obligation.

113. *La divisibilité posée en principe.* — Le principe est que dans le cas de doute, lorsque plusieurs personnes sont indiquées comme sujets, soit passifs, soit actifs, de l'obligation, celle-ci se divise proportionnellement à la part d'intérêt de chacun : c'est la règle, sauf exception bien entendu si l'obligation par son objet est indivisible. Il faut cependant citer, comme se déta-

_____

(1) Cette idée de succession à titre universel au point de vue passif sera plus accentuée encore lorsqu'il s'agira de la vente d'hérédité : ici les créanciers auront action pour le tout contre l'acquéreur, et celui-ci sera tenu *ultra vires*, bien que cependant le projet ne le considère pas comme étant devenu héritier à la place du vendeur (art. 497 et *Motifs sur l'art.* 497).

(2) Chez nous, l'opinion dominante est que la donation dite universelle ne constitue pas un mode d'acquisition à titre universel et n'emporte pas de plein droit transfert des dettes ; le donataire n'en est tenu que s'il s'en est chargé vis-à-vis du donateur par une clause expresse, et vis-à-vis des créanciers il n'en répond alors qu'en vertu et sous les conditions de l'article 1121 : on admet chez nous, comme on l'admettait en Allemagne, qu'il s'agit d'un cas de stipulation pour autrui. Enfin, on s'accorde généralement dans ce cas à soutenir que le donataire qui s'est ainsi chargé des dettes, en répond pour le tout et non seulement *intra vires*. On voit les différences qui séparent la doctrine française des solutions du projet. Cf. Demol., XX, nºˢ 452-460, Aubry et Rau, t. VII, § 706 (notes 2-12). Cf. la note précédente en ce qui touche la vente d'hérédité (art. 497 du projet).

chant de cette unanimité législative, le Code prussien, lequel présume, au cas où il y a plusieurs débiteurs, la solidarité passive ; et, au cas où il y a plusieurs créanciers, les oblige tout au moins à poursuivre collectivement : cette anomalie s'explique, comme le dit fort bien M. Gérardin, dans son *Étude sur la Solidarité*, par cette idée qu'il y a là une garantie très favorable aux créanciers, et que la clause étant souvent devenue de style, on conçoit qu'on la présume ; le cas se présente d'ailleurs très couramment en matière commerciale (1). Il n'y avait cependant aucune raison pour suivre de tels exemples en matière civile : le principe de la présomption favorable au débiteur devait rester intact (art. 320) (2).

114. *Indivisibilité. Solidarité.* — Le principe de la divisibilité rappelé, le projet devait passer à l'exception ; à l'hypothèse par conséquent où l'obligation restant une par son objet, devenait multiple au point de vue des liens qui peuvent la rattacher, soit à un ensemble de créanciers, soit à un ensemble de débiteurs (3). Cette situation est décrite en législation sous des noms divers ; c'était l'ancienne corréalité du droit romain, c'est la solidarité du droit moderne ; mais la doctrine et la pratique ont attribué à ces noms divers des sens souvent différents : on a parlé encore d'obligations *in solidum* qui ne seraient pas l'obligation solidaire au sens strict du mot, de responsabilité collective, de responsabilité au tout ; on connaît une solidarité parfaite et une solidarité imparfaite : et chacun de ces termes cache pour les initiés une institution spéciale. Le projet a voulu échapper à ces distinctions, aussi évite-t-il toutes les expressions traditionnelles, craignant qu'on le soupçonnât d'avoir pris parti pour tel système plutôt que pour tel autre. Ceci fait, il pose le principe d'une seule et unique solidarité dont les règles seront applicables partout où il y aura pluralité de sujets pour une seule obligation (art. 321). On sait

(1) Cf. *A. L. R.*, 1, V, §§ 424, 425. — Förster-Eccius, *Preuss. Priv. R.*, t. I, § 63-2°, p. 357. C. comm. all., art. 280. — Voir Gérardin, *Etude sur la solidarité*, dans *Nouv. Rev. hist.*, 1884, p. 242-243. — Lyon-Caen et Renault, *Précis*, nos 333, 597. — Cf. Endemann, *Handelsrecht*, § 120, II-C, et dans *Handbuch des Handelsrecht*, Regelsberger, § 253.

(2) Gierke reproche au projet d'être revenu ainsi aux principes individualistes du droit romain et d'avoir abandonné la tradition germanique d'une communauté présumée entre débiteurs d'une même dette (V. Gierke, dans *Revue de Schmoller*, t. XIII, p. 204-205).

(3) Cf. Gérardin, *loc. cit.*, *Nouv. Rev. hist.*, 1884, p. 244. — Justin., *Instit.*, III, 16, § 1. — Ulpien, L. 16, D. (46. 4).

comblen on avait émis de systèmes à ce sujet : ces systèmes, du reste, n'avaient guère passé dans la législation ; pour les législations d'avant ce siècle, comme le Code prussien, cela tenait à ce que la théorie des deux solidarités était encore à peine soupçonnée de leur temps ; pour les autres, plus récentes, comme le Code saxon, par exemple, cela tenait à des préoccupations de simplification pratique auxquelles le Code fédéral semble s'être rallié et qui ont également inspiré l'unité de système du projet. C'est donc la doctrine qui avait surtout émis l'idée d'une double solidarité ; cette dualité formait déjà le fond de la théorie connue sous le double nom de Keller et de Ribbentrop (1). Chez nous, elle fut vivement défendue par M. Demangeat (2) sur le terrain du droit romain classique et en vue de restreindre les rigueurs de la corréalité aux seules actions de droit strict. Les auteurs plus récents présentent la distinction sous une autre forme ; on ne dit plus que la corréalité ne fût résultée que d'un contrat de droit strict, mais on croit qu'en dehors des contrats de droit strict, les parties pouvaient stipuler soit la corréalité, soit la simple solidarité, et en tout cas que celle-ci résultait de plein droit de toute communauté de délit, ou de toute responsabilité collective en matière de contrats : cette dernière donnait lieu à l'application d'une corréalité improprement dite, comme s'exprime Savigny (3) ; cette idée d'une solidarité simple pouvant s'élever à la corréalité par voie de convention a été acceptée par M. Accarias pour le droit classique (4). Enfin M. Gérardin (5) prétend, avec beaucoup de raison ce semble, qu'il ne doit y avoir qu'une seule sorte de solidarité, mais qu'il existe, en matière de délit commun, une responsabilité collective, qui est le résultat d'un fait indéniable, l'impossibilité de faire la part de responsabilité de chacun des agents impliqués dans le délit, et qu'on a tort de présenter comme une véritable solidarité.

Non seulement on ne s'entend pas sur la question d'une double solidarité et des cas d'admission de chacune d'elles, si l'on en accepte deux ; mais on est loin d'être d'accord sur les caractères juridiques qui les distinguent. La formule courante est de dire qu'on

(1) V. Ribbentrop, *Zur Lehre von den Correalobligationen* (1831). — Keller, *Ueber Litiscontestation und Urtheil*, p. 446 et suiv.

(2) Demangeat, *Traité des obligations solidaires*, p. 184 et suiv.

(3) Savigny, *Obligat.*, § 16, note c, §§ 17, 20.

(4) Accarias, *Précis*, t II, n° 554 a.

(5) Gérardin, *loc. cit.*, *Nouv. Rev. hist.*, 1885, p. 149, 385 et suiv. — Cf Labbé, *Appendice aux Institutes d'Ortolan*, t. III, p. 819-821. — Cf. Dernburg, *Pand.*, t. II, § 71, et Brinz, *Pand.*, § 233-3°.

matière de corréalité proprement dite il y a unité d'obligation et pluralité de sujets, tandis qu'en matière de solidarité imparfaite il y a bien au fond pluralité d'obligations, mais unité d'exécution : la charge ne devant être fournie qu'intégralement, à un seul ou par un seul. Mais ces définitions ne sont pas admises par tout le monde, et l'on pourra voir dans Windscheid (1) l'énumération d'une dizaine de systèmes épiloguant sur cette question de l'unité et de la pluralité ; les uns cherchant à les combiner, d'autres repoussant l'idée d'unité même en matière de corréalité (2), d'autres l'acceptant, comme Brinz (3), même pour la simple solidarité ; certains enfin, comme Fitting (4), construisant toute la théorie sur l'idée, assurément très ingénieuse, de l'alternative portant sur le sujet au lieu de s'appliquer à l'objet. Ce n'est pas en somme cette énumération qui importe au point de vue de l'histoire du projet ; mais ce qu'il nous faudrait découvrir, et ceci n'est plus indifférent, ce serait celui de ces divers systèmes que le projet a accepté comme base de sa théorie de la solidarité ; et ceci, disions-nous, n'est pas indifférent, puisque le projet n'admet qu'une seule solidarité. Nous avons déjà dit que, pour échapper à tout malentendu et toute fausse interprétation, le projet avait évité de se servir d'aucune expression technique susceptible d'impliquer adoption d'un système particulier ; mais la périphrase par laquelle il remplace l'emploi d'une expression technique semble bien avoir la valeur d'une déclaration de principe : obligations avec pluralité de créanciers ou de débiteurs (*Schuldverhältnisse mit einer Mehrheit von Gläubigern oder Schuldnern*); on croit y voir l'idée d'une obligation unique pouvant être demandée, ou fournie, à plusieurs, de façon à ce qu'une seule prestation faite à l'un ou à l'autre, ou par l'un ou l'autre, dût éteindre la dette. Cependant l'article 320 par lequel débute la section, montre bien qu'on a voulu comprendre aussi sous cette périphrase les obligations qui, sous le couvert d'une pluralité de sujets actifs ou passifs, initiale ou survenue postérieurement, se divisent entre chacun ; de telle sorte que le

---

(1) Windscheid, § 203, note 1, avec énumération des systèmes, § 292, note 3. — Cf. Ihering. *Geist. des Röm. R.*, t. II (2° part. 1883), § 41, p. 307.

(2) Cf. Dernburg, *Pand.*, t. II, § 72.

(3) Brinz, *Pand.*, §§ 235, 253, t. II (2° édit.), p. 79.

(4) Fitting, *Die Natur der Correalobligationen* (1859).

On peut voir aussi la conception de Baron, qui combine à la fois l'idée d'unité et celle de pluralité, *Die Gesammtrechtsverhältnisse im Römischen Recht*, § 19, et *Pand.* (1887), § 247, II-3. — Ad. Bruns, *Das heutige Römische Recht*, dans *Holtzendorff's Encyclopädie*, I, p. 462-463.

titre de notre section ne nous révèle rien sur la pensée du projet : c'est donc par l'examen des solutions admises que nous chercherons à découvrir la ligne directrice qui a dû le guider.

115. *De la diversité des liens obligatoires en matière de solidarité.* — En tout cas, ce n'est pas la première disposition, par laquelle s'ouvre la théorie du projet, qui peut nous renseigner à cet égard (art. 322) : elle pose le principe de l'indépendance respective des différents liens obligatoires, l'un pouvant être à terme, l'autre conditionnel, les autres purs et simples, et même l'un pouvant disparaître, par suite d'annulation, ou même n'avoir jamais existé, par suite de nullité initiale, sans que cela influe sur le reste ; ceci est le droit courant, mais peut se concilier avec tous les systèmes (1).

116. *Du principe de prévention.* — Peut-être en apprendrons-nous davantage avec le principe qui suit, du libre choix, laissé à l'intéressé, jusqu'à définitive extinction de la dette, de celui à qui il veut payer, ou de qui il veut obtenir le paiement, suivant qu'il s'agit de solidarité active ou passive, choix qui subsiste même après introduction de la poursuite. Ce principe était, d'ailleurs, admis par toutes les législations modernes en matière de solidarité passive, et il signifiait que le créancier après avoir poursuivi l'un sans succès, pouvait encore poursuivre l'autre (2). C'est l'abandon, déjà consommé du reste par Justinien (3), de l'ancien effet libératoire attaché à la *litis contestatio* en matière de corréalité et invocable à l'égard de tous (4). On sait d'ailleurs que sous le rapport pratique l'ancien système romain était insoutenable : on a pu l'expliquer sans doute au point de vue des idées primitives et surtout à celui des mœurs romaines et des haines qu'entretenaient, dans une petite cité étroite, la continuation et la multiplicité des procès, par le désir de supprimer les occasions de poursuites judiciaires, et le parti pris de semer des pièges sur leur route (5) ; mais, il ne faut pas, sous prétexte d'apai-

---

(1) Cf. Baron, *Pand.*, § 247. — Dernburg, *Pand.*, t. II, § 72.

(2) C. civ., art. 1204. — Cf. Demol., XXVI, n° 320.

(3) L. 28, §§ 2 et 3, C. de fidej. (8. 40).

(4) Cf. Gérardin, *Etude sur la solidarité*, dans *Nouv. Rev. hist.*, 1884, p. 254-263. — Brinz, *Pand.*, § 235, note 21, et § 253, note 32-35. — Cf. Machelard, *Dissertations de droit romain*, p. 175 et suiv. — Labbé, *Appendice aux Instit. d'Ortol.*, t. III, p. 913. — Hauriou, *Etude sur l'origine de la corréalité*, dans *Nouv. Rev. hist.*, 1882, p. 238.

(5) Gérardin, *Etude sur la solidarité*, *Nouv. Rev. hist.*, 1884, p. 255 et suiv.

sement social, supprimer le crédit et pour cela enlever aux créanciers les garanties qu'ils ont entendu s'assurer; or, la garantie de la solidarité consiste à pouvoir choisir entre plusieurs débiteurs le plus solvable, et le meilleur moyen de connaître leur solvabilité est de les poursuivre; si l'on oblige le créancier à faire son choix avant toute poursuite, c'est lui préparer de dangereuses surprises et l'exposer à tomber dans le piège d'une apparence de solvabilité, peut-être combinée de concert avec les autres, en vue d'une libération par trop facile de toute la bande : Tous libérés sans que personne eut rien déboursé.

117. Mais l'application du même principe n'avait pas été aussi complètement admise, même en droit moderne, en matière de solidarité active. Pour ce qui est du droit romain de Justinien, Brinz explique cette différence au moyen de sa théorie générale sur la représentation en matière de corréalité (1). On ne peut, en effet, dit-il, comprendre que la *litis contestatio* éteigne le droit à l'égard de tous que si l'on admet qu'ils se représentent mutuellement. On a voulu expliquer la chose par l'unité d'objet : celui-ci supprimé, il l'est vis-à-vis de tout le monde. Mais, répond Brinz, cette suppression de l'objet provient d'un acte judiciaire essentiellement relatif, la *litis contestatio* et pour que celle-ci soit invocable dans une nouvelle poursuite cela implique qu'il y ait identité de personnes, ce qui n'aura lieu ici que si l'on introduit l'idée de représentation. Il ajoute qu'en matière de simple solidarité, où ces liens de représentation entre codébiteurs n'étaient, guère admissibles, on avait rejeté cet effet absolu de la *litis contestatio*, ce qui confirme la thèse. Or, on comprend, s'il en est ainsi, qu'on eut supprimé cette représentation entre débiteurs, car elle avait des effets souvent fort regrettables, et qu'on l'eut conservée entre créanciers, car la corréalité active n'a souvent d'autre but que de couvrir un mandat de poursuite réciproque.

Cette explication cependant n'avait pas trouvé grand crédit en Allemagne; on était peu d'avis d'expliquer par l'idée d'une repré-

(1) Brinz, *Pand.*, § 253, notes 34 et suiv. — Cf. Gérardin, *loc. cit.*, *Nouv. Rev. hist.*, 1884, p. 263.

Voy. aussi Dernburg, *Pand.*, § 72, t. II, p. 187.

Dernburg expliquait l'effet absolu en pareil cas de la *litis contestatio* par la crainte de rendre possibles plusieurs jugements de condamnation au tout, ce qui eut pu conduire à faire toucher au créancier plusieurs fois le paiement. — Cf. Dernburg, *loc. cit.*, § 72, note 4.

sentation réciproque l'effet absolu à l'égard de tous de la *litis contestatio;* il est certain, en effet, que cette explication aurait dû avoir pour résultat, et résultat très heureux assurément, de donner au créancier qui eût poursuivi l'un, l'action *judicati* contre tous, ce que malheureusement rien ne nous autorise à admettre (1); cette conception est donc inadmissible pour le droit romain classique; et Windscheid objecte d'ailleurs, contre Brinz, que l'unité d'obligation vient suppléer au défaut d'identité de personnes. Le créancier qui poursuit en second lieu demande non seulement le même objet que celui qui a déjà été déduit en justice, mais fait valoir la même obligation que celle déjà poursuivie, en ce sens que l'unité d'obligation fait que l'obligation de l'un est celle de l'autre, et réciproquement. Ce qui fait qu'on ne peut plus objecter le défaut d'identité de personnes: et il n'y a pas, par suite, à faire intervenir l'idée nouvelle de représentation; il faut donc s'en tenir, pour cette époque, à l'idée d'unité d'objet, suffisante par elle-même, comme le croit M. Gérardin, à faire considérer l'obligation comme éteinte à l'égard de tous par une seule poursuite (2).

La théorie de la représentation en matière de solidarité ne paraît pas avoir eu cours à Rome, on ne peut donc plus dire que Justinien l'eût conservée en matière de corréalité active; et alors on est bien obligé de chercher, en dehors de toute idée de représentation, le motif qui a conduit Justinien, et à son exemple la plupart des romanistes modernes, à déclarer, en matière de corréalité active, le droit irrévocablement fixé au profit de l'un des créanciers par le seul fait de la priorité de sa poursuite (3). La raison qu'on en donne se cache sous une formule connue sous le nom de principe de prévention ; il y est fait allusion par notre article 1198, lorsqu'il déclare que le débiteur ne peut plus payer aux autres créanciers dès qu'il a été prévenu par les poursuites de l'un d'eux ; il faut ajouter que les autres créanciers ne pourraient pas non plus efficacement le poursuivre ; quelle est donc la raison juridique qui se cache sous ce nom et sous cette formule? Windscheid et la plupart des auteurs (4) y voient la fixation désormais irrévocable d'un choix jusqu'alors incertain; il faut avouer qu'on a quelque peine à comprendre; car, ici, le choix appartient

(1) Cf. Gérardin, *loc. cit., Nouv. Rev. hist.,* 1884, p. 263.
(2) Gérardin, *loc. cit., Nouv. Rev. hist.,* 1884, p. 263. — V. Windscheid, § 298, note 3.
(3) Cf. C. féd., art. 170. — Sächs, G. B. § 1023.
(4) Windscheid, § 256, note 1. — Cf. Demol., t. XXVI, n° 15.

au débiteur et on ne voit pas comment la prévention de l'un des créanciers a pu le lui enlever; la raison eût été recevable au contraire en matière de solidarité passive, le choix appartient au créancier, et on aurait pu dire qu'en poursuivant l'un des débiteurs il fixe son choix, or précisément on ne l'a pas dit. C'est en matière de corréalité active que cette idée est mise en avant; alors que veut-on dire par là? Probablement que la désignation du créancier reste indéterminée et que la priorité des poursuites la fixe par droit d'occupation : alors cela deviendra une course au clocher (1). Quoi qu'il en soit, ce principe de prévention avait été admis par la plupart des législations. Le projet le supprime et déclare que, dans les deux cas, en matière de solidarité active comme en matière de solidarité passive, la poursuite de l'un, ou contre l'un, ne change rien au droit qui appartient aux autres de poursuivre, ou qui appartient au créancier, s'il s'agit de solidarité passive, de poursuivre les autres. Il n'y a donc que le paiement, ou un acte équivalent qui, en matière de solidarité, puisse éteindre le droit, et par suite l'action, à l'égard des divers intéressés, soit au point de vue actif, soit au point de vue passif (art. 323).

118. *De l'effet de la chose jugée.* — Mais ceci admis, se pose une autre question au sujet de laquelle l'idée de mandat va cette fois être appelée à jouer son rôle, c'est celle de l'effet de la chose jugée. Il s'agit de savoir si le créancier, en poursuivant un second débiteur, peut se prévaloir du jugement qui a condamné le premier ou se voir opposer celui qui l'a libéré; et de même si l'un des créanciers solidaires poursuivant en second peut invoquer le jugement rendu au profit d'un autre ou subir l'application de celui rendu contre un autre créancier. Cette fois l'idée de mandat réciproque est forcément en jeu : on sait que les auteurs du Code civil ont dû certainement se placer à ce point de vue pour admettre le contre-coup à l'égard de tous les débiteurs de certains actes imputables à un seul; comme ils ont admis pour certains actes cette présomption de mandat, on est en droit de se demander s'ils n'en ont pas fait la base de leur conception de la solidarité, ou tout au moins dans quelle mesure ils ont pu ou dû l'admettre à propos des divers actes de disposition accomplis par un débiteur, ou un créancier solidaire. La question se pose en ce qui touche le jugement, et l'embarras est grand; on sait qu'on avait proposé chez nous une formule bien bizarre, consistant à

---

(1) Cf. Kuntze, *Excurse über Röm., R.* (éd. 1880), p. 532.

dire que les débiteurs ou créanciers solidaires étaient censés s'être donné mandat pour ce qui pût leur être avantageux et non pour ce qui pût leur nuire, de sorte qu'on appliquerait ou non l'effet de la chose jugée suivant l'issue du jugement, comme si la portée d'un mandat pouvait se caractériser, non par la nature et l'importance de l'acte à entreprendre, mais par ses résultats : singuliers mandataires qui auraient pouvoir pour gagner et non pour perdre et qui ne pourraient savoir qu'après coup si, en prenant part à l'action, ils restaient ou non dans les limites de leur mandat (1). Notre jurisprudence, tout au moins celle de la Cour de cassation, plus logique, étend à cette hypothèse et sans restriction l'idée de mandat, disant que si chacun a mandat de payer pour tous, chacun a également mandat de défendre les droits de tous ; quelle que soit l'issue du jugement, celui-ci sera opposable à tous : c'est au moins logique (2). La question se posait également pour le projet ; il la résout par la négative et repousse dans toute hypothèse l'effet de la chose jugée par rapport à d'autres que ceux impliqués dans le jugement ; celui-ci n'a d'effet qu'entre les parties ; et les codébiteurs ou cocréanciers qui sont restés étrangers à l'instance, n'auront pas été représentés par celui qui a poursuivi ou qui a subi la poursuite ; il n'y a pour personne mandat réciproque de défendre le droit des autres ; chacun ne représente que lui (art. 327). Cette fois la théorie du projet s'éclaire par voie d'élimination, voilà tout au moins un système qu'il semble bien n'avoir pas admis (3) : celui d'un mandat réciproque en ce qui touche les actes par lesquels on peut disposer du droit ou le compromettre.

119. *De la faute et de la demeure.* — Continuons cet examen : les effets de la faute de l'un réagiront-ils à l'égard des autres, et par faute il faut comprendre la demeure du débiteur aussi bien que la perte qui lui serait imputable ? Le projet répond non (art. 325 et 326). Si donc la chose périt par la faute de l'un ou pendant sa demeure, ce sera un cas fortuit à l'égard des autres, et de même si

---

(1) Cf. Demol., t. XXVI, n°ˢ 189 et suiv. et 366 et suiv.

(2) Cf. Cass., 28 déc. 1881 (S. 83. 1. 465); Cass., 1ᵉʳ déc. 1885 (S. 86. 1. 55). — Dans le même sens, Alger, 7 déc. 1885 (S. 86. 2. 80). — Et dans le sens opposé, Alger, 2 janv. 1883 (S. 84. 2. 17).

(3) L'opinion dominante était en faveur du droit pour le débiteur même étranger au procès de se prévaloir du jugement obtenu par un autre codébiteur solidaire et admettant l'inexistence de la dette. — Cf. Windscheid, § 295, notes 7 et 8. — *Contra.* Dernburg, *Pand.*, §, 73, note 16. — Egalement Kuntze, *Oblig.*, § 50, p. 214.

l'un des créanciers, en supposant que la demeure ne résulte pas de l'échéance du terme (cf. *suprà*, n° 28), auquel cas elle se produirait à l'égard de tous, a fait seul sommation et acquis par là droit aux intérêts moratoires ou à indemnité pour perte arrivée pendant la demeure, les autres ne pourront rien réclamer de ce chef. On repousse donc ici encore l'idée de mandat réciproque, même celui du mandat restreint admis, comme une sorte de cote mal taillée, par notre Code civil, sur la foi d'une interprétation de deux lois romaines proposée par Dumoulin, interprétation trop connue pour qu'il y ait à la rappeler ici. Cette idée que les débiteurs se représenteraient mutuellement à l'effet de perpétuer l'obligation dans son étendue primitive, mais non à l'effet de l'aggraver et d'en augmenter le contenu, se heurte aux mêmes objections théoriques que la théorie proposée en matière de jugement, opposable à tous s'il prononce la libération et non s'il contient condamnation; comme si le droit romain, qui est tout imprégné de logique, avait pu concevoir un mandat dont la portée fût déterminée par les résultats et non par la nature juridique et économique de l'acte qui en fait l'objet. Du reste cette idée de représentation, fort recevable en matière de poursuites, est tellement bizarre en ce qui touche la faute, que nous ne voyons plus les partisans les plus accentués de l'idée de représentation réciproque, comme Brinz par exemple, y faire allusion en matière de demeure ou de faute du débiteur.

Il fallait donc, si l'on rejetait l'idée de mandat, se placer à un autre point de vue et examiner si d'autres conceptions théoriques ne devaient pas conduire soit au même résultat peut-être que l'idée de mandat que l'on rejetait, soit à celui d'une distinction, analogue à celle des jurisconsultes romains, entre la faute résultant du fait et celle résultant de la demeure; il n'était peut-être pas impossible de justifier encore cette distinction en se fondant sur l'idée d'unité de l'obligation combinée avec celle d'une pluralité de sujets responsables; au cas de faute proprement dite, la dette continue à exister sous forme de dommages-intérêts et elle ne peut pas, en raison de son unité, n'avoir pas à l'égard de tous la même étendue, donc le créancier pourra demander à tous indemnité complète; mais s'il y a demeure et ensuite perte fortuite, le cas fortuit ne peut pas ne pas être un cas fortuit pour les autres, et s'il y a cependant *perpetuatio obligationis*, c'est un effet de responsabilité tout personnel à celui qui est en demeure; quant aux autres effets de la *mora*, tels que

8

les dommages-intérêts, ils ne constituent pas à proprement parler des accroissements de la dette, auquel cas tous les subiraient, mais ne sont que des accidents de l'instance, se référant aux pouvoirs du juge en matière de condamnation, donc restent personnels aux parties impliquées dans la poursuite (1). Ainsi se justifierait théoriquement la distinction du Digeste entre le fait et la demeure ; sans compter que pratiquement on a pu dire, bien que la justesse du raisonnement fût contestable (2), que le créancier qui fait sommation fait choix de son débiteur et qu'il doit subir, si celui-ci retarde le paiement, les conséquences de son choix : les autres n'en sont pas responsables ; tandis que la faute proprement dite étant indépendante du fait du créancier, réagit contre tous, toujours par suite de l'unité d'obligation (3). Il semblerait en tout cas, pour ce qui est de ces explications, que la solution difficile à justifier ne serait pas celle relative à la faute, mais celle concernant la demeure ; et que par suite l'idée d'unité, combinée avec celle de la *perpetuatio obligationis*, devrait faire réagir dans tous les cas à l'égard de tous toutes les conséquences, même personnelles à l'un, qui influent sur le maintien et l'accroissement de l'obligation.

Le projet ne l'admet pas ; aurait-il pris parti sur la question théorique d'unité d'obligation et aurait-il rejeté cette dernière ? Kuntze disait (4) : l'obligation corréale n'est pas une obligation une, née à l'égard de plusieurs, mais une obligation distincte née à côté de plusieurs autres semblables et ayant toutes même contenu, absolument comme la novation engendre une obligation nouvelle ayant même contenu que l'ancienne ; voici sa formule : la corréalité implique unité de contenu, disons unité d'objet, dans une pluralité

(1) Cf. Brinz, *Pand.*, § 253, notes 69 à 74.

(2) Cf. Gérardin, *loc. cit., Nouv. Rev. hist.*, 1884, p. 252.

(3) Cf. Accarias, *Précis*, nos 549-550 (t. II, p. 321, note 3).

(4) Kuntze, *Obligation*, § 37. — Cf. Dernburg, *Pand.*, §§ 72 et 73. — Aussi Kuntze bien entendu est un de ceux qui, même pour l'époque romaine, veulent rendre la faute, aussi bien que la demeure, uniquement personnelles au débiteur à qui elles sont imputables, sans qu'elles puissent rejaillir contre les autres. Il faut pour cela admettre qu'il y a eu interpolation ou erreur dans la L. 18, D. (45. 2) ; ou encore croire, comme l'ont fait certains interprètes (Fritz, *Beitrag zur Lehre von den Correalobligationen*, dans *Zeitschr. f. civ. u. Priv. R.*, t. XVII, p. 145 et suiv. — De même Baron, *Die Gesammtrechtsverhältnisse im Röm. R.*, p. 288 et suiv., et peut-être aussi Windscheid, *Pand.*, § 295, note 13. — Cf. Gérardin (*Nouv. Rev. hist.*, 1884, p. 215) que le *factum* dont il est parlé à la L. 18 devrait s'entendre de certains faits autres que la faute du débiteur. — Cf. Kuntze, *Obligat.*, § 38, note 9.

simultanée d'obligations et la novation implique unité d'objet dans
une pluralité successive d'obligations; donc dans les deux cas il y
a plusieurs obligations ayant objet identique; seulement en matière de novation la seconde naît après la première, tandis qu'en
matière de corréalité, elles naissent toutes ensemble : mais l'indépendance de chaque obligation n'en existe pas moins. Est-ce cette
idée d'une pluralité d'obligations avec objet identique que le projet
aurait eu en vue? Ne nous hâtons pas de conclure; car nous
voyons des représentants très formels de l'unité d'obligation,
comme Windscheid, admettre aussi la même solution que celle du
projet, en ce qui touche l'effet tout relatif du fait ou de la demeure (1). En somme un seul point, jusqu'ici, se dégage très net :
c'est que l'idée d'un mandat réciproque a été repoussée; quant à la
pensée intime du projet sur la nature de l'obligation solidaire, elle
ne nous apparaît pas encore.

120. *Interruption et suspension de prescription.* — On ne sera
pas très étonné, après ce qui précède, de voir le projet, en ce qui
concerne la prescription, consacrer l'effet essentiellement relatif de
l'interruption ou suspension de prescription; on sait qu'une loi de
Justinien (2) en faisait rejaillir les conséquences à l'égard de tous,
ce qu'on expliquait par l'idée d'unité de la dette (3), ou, comme dans
notre Code civil, par celle d'un mandat réciproque; celle-ci est repoussée par le projet, et quant à l'idée d'unité d'obligation elle n'implique
pas forcément, à notre avis, l'effet absolu de l'interruption ou suspension de prescription; car si la dette est une, elle implique pluralité d'actions, puisque plusieurs sont obligés ou, au cas de solidarité active, puisque plusieurs peuvent poursuivre distinctement,
chacun pour son compte; et le sort de chacune de ces actions
reste distinct et indépendant de ce qui concerne les autres. Disons
d'ailleurs que (4) cet effet absolu n'avait pas été admis en matière
de simple solidarité, et que la loi sur la change (5) l'avait égale-

(1) Windscheid, § 295, note 13. — Cf. Baron, *Pand.*, § 245-IV-2°. — Cf. *A.
L. R.*, I, 5, § 438. — C. féd., art. 165. — Gérardin, *loc. cit.*, *Nouv. Rev.
hist.*, 1884, p. 252.
(2) L. 4 (5), Code (8. 40).
(3) Windscheid, § 295, note 11. Add. Kuntze, *loc. cit.*, p. 193. — La plupart
des législations avaient accepté le principe de la loi de Justinien. — Cf. *A.
L. R.*, I, 5, § 440. — C. civ., art. 1199, 1206, 2249. — C. féd., art. 155. — *Hess.
Verjährungs ges.* du 19 mars 1853, art. 28. — *Bayw. Entw.*, art. 248.
(4) Windscheid, § 298. — Cf. Dernburg, *Pand.*, § 75, notes 4, 5.
(5) *Wechs. Ordn.*, art. 80.

ment rejeté, ce qu'on expliquait par l'admission en cette matière d'une simple solidarité au lieu de corréalité. Le projet qui n'accepte qu'une seule espèce de solidarité semble donc, sans cependant que les motifs le disent positivement, se rattacher à la théorie de l'ancienne solidarité simple, ou corréalité imparfaite. Les motifs, du reste, se contentent de dire ici que le créancier n'a entendu faire que sa propre affaire et qu'il ne représente pas les autres, de même pour le débiteur.

121. Jusqu'ici nous venons de voir les faits ou événements personnels à l'un des intéressés qui n'auront pas d'effet à l'égard des autres : c'est le jugement, ce sont aussi les actes d'interruption ou de suppression de prescription, la perte de la chose, ce qui correspond à la faute, et enfin la demeure. Dans tous ces cas, satisfaction complète n'a pas été fournie ; il est au contraire de l'essence de l'obligation solidaire que, son objet étant un, dès qu'il est fourni en réalité ou par équivalent, l'obligation est éteinte, et forcément cette fois éteinte à l'égard de tous ; le créancier ne peut recevoir deux fois le paiement ou le débiteur payer deux fois. Reste donc à voir quels seront les faits qui, équivalant à la prestation de l'obligation, supprimeront la dette.

122. *Paiement. Dation en paiement.* — Pour le paiement, cela va de soi ; rien de plus naturel aussi en ce qui concerne la consignation ; déjà pour la dation en paiement la question pourrait devenir plus délicate, pour ce qui est tout au moins de la solidarité active : la dation en paiement modifie l'objet de la dette ; admettra-t-on l'un des créanciers à recevoir autre chose que ce qui est dû ? A quoi on peut répondre : qu'importe si au point de vue du recours des autres, ceux-ci peuvent lui demander leur part de l'objet primitif, tel qu'il devait être fourni, et non se contenter d'une part dans celui qui a été donné à sa place ? Il est vrai qu'ils courent peut-être une chance de moins de toucher ce qu'ils devaient avoir, si le créancier qui a consenti la dation en paiement n'a en mains que ce qu'on lui a donné et aucun objet semblable à ce qui avait été promis. Ils auraient avantage dans ce cas à considérer la dation en paiement comme non avenue à leur égard, et à demander à nouveau au débiteur l'objet même de la dette : mais le projet ne s'arrête pas à cette objection ; car la règle est que le débiteur ne doit fournir qu'une seule prestation, et l'on arriverait ainsi à lui en imposer deux ; dira-t-on qu'il devait se refuser à la dation en paiement ? Ce serait alors le mettre dans une situation plus désavantageuse que celle qui est faite, de droit commun, aux autres débiteurs, en ce qui touche les modes de libération qui leur sont offerts et par suite la chance qu'ils ont de se libérer ; or la solidarité qui augmente déjà les chances de poursuite, ne pouvait pas avoir pour effet d'en aggraver les rigueurs. Après tout, la solidarité active soumet les co-créanciers aux risques des faits personnels de chacun d'eux, par conséquent c'est à eux de subir cette situation et non au débiteur d'en supporter les inconvénients (1).

123. *Compensation.* — La plupart des législations se trouvent également quelque peu embarrassées en ce qui touche la compensation : pour celles qui y voient une exception, on se demande si elle est de celles qui étant purement personnelles ne peuvent être invoquées par d'autres ou contre d'autres que ceux contre qui elle s'est opérée (2). Dans le système d'une compensation légale on devrait, semble-t-il, assimiler la compensation au paiement réalisé, et cependant on en revient à se demander encore si elle rentre au nombre des exceptions simplement ou purement personnelles, comme s'il pouvait être question d'exception là où il y a paiement opérant libération *ipso jure*. La vérité est que l'on comprend mal que la compensation qui est un fait souvent de hasard vienne rompre l'égalité de situation des cointéressés, et pour prendre l'exemple de la solidarité passive, que le fait d'une créance acquise au profit de l'un des débiteurs lui impose contre son gré la charge d'un paiement intégral et délivre les autres de la menace de faire l'avance ; aussi l'article 1294 du Code civil déclare, malgré l'article 1290, que le codébiteur ne peut opposer en compensation au créancier ce que celui-ci doit à l'un des autres débiteurs solidaires. Il est vrai que l'on se demande s'il ne pourrait pas au moins l'opposer pour la part que celui-ci doit supporter dans la dette : Domat et Pothier (3) le lui permettaient, en vue cette fois d'empêcher que le créancier ne s'adressât de préférence à ceux qui ne peuvent opposer la compensation, donc toujours pour un motif d'égalité. Mais il est vrai que c'était menacer le créancier d'un paiement

---

(1) Cf. *Motifs sur l'art.* 329 (t. II, p. 162).

(2) Conformément au droit romain, on admettait généralement que la compensation pouvait être opposée dans le cas où celui qui en a le bénéfice pourrait se trouver, sans cela, exposé à un recours en raison de la poursuite intégrale de la dette (L. 10, D. 45. 2). — Accarias, *Précis*, t. II, n° 552-a-3°. — Windscheid, § 295, note 2, § 350, notes 19 et 20.

(3) Pothier, *Obligat.*, n° 274.

partiel, ce qui est juste l'antipode de la solidarité. La doctrine moderne paraît peu favorable à l'idée de Pothier (1). En tous cas, dans le système du projet, il ne pouvait y avoir d'hésitation : la compensation déjà opposée est un paiement réalisé, donc opposable à tous et par tous; mais tant qu'elle ne l'est pas, elle reste un mode de paiement offert aux parties, mais dont les parties seules peuvent se servir : permettre au débiteur de l'opposer à un autre créancier que celui dont il est créancier, c'eût été le renvoyer toucher son paiement sur les espèces qui sont censées aux mains de son co-créancier, alors que celui-ci ne les tient pas encore à titre de paiement de la part du débiteur, donc alors que ce dernier n'a encore rien fourni; et permettre à l'un des débiteurs de l'opposer du chef de l'autre, c'eût été lui permettre de s'exonérer du paiement pour l'imposer à celui qui peut invoquer une cause de compensation, alors que la compensation dans le système du projet, doit rester à la libre disposition des parties et ne leur est jamais imposée. Donc elle ne pourra jamais, ni pour le tout ni pour partie, être invoquée par d'autres que ceux entre lesquelles elle existe (art. 330-331) (2).

124. *Remise de dette.* — Pour ce qui est de la remise de dette le projet laisse le champ libre à toutes les conventions des parties et n'établit aucune présomption relativement aux effets qu'il convient d'accorder à un pacte de ce genre : c'est une question de fait et par suite une question de preuve à faire. On sait qu'il n'en est pas de même dans la plupart des législations : il se pose en effet sur ce point plusieurs séries de questions. La remise de dette peut avoir un caractère absolu ou relatif, étant accordée soit pour toute la dette, soit pour la part seulement dont le créancier est censé pouvoir disposer s'il s'agit de solidarité active, ou que doit supporter le débiteur à qui elle est accordée s'il s'agit de solidarité passive. Les Allemands distinguent aussi une remise objective et une remise subjective. Or la première question est de savoir si dans tous les cas la remise objective ou absolue est permise; et l'on sent que la question ne vise que la solidarité active; car lorsqu'il n'y a qu'un seul créancier celui-ci est toujours libre de libérer s'il le veut tous ses débiteurs au lieu de n'en libérer qu'un. Au contraire, on décide généralement que l'un de plusieurs créanciers solidaires ne peut

---

(1) Colmet de Santerre, V, n° 142 *bis*, III. — Demol., XXVI, n°s 400, 401.
(2) Conclusion semblable du Code saxon, § 1027.

disposer que de sa part; il pourrait poursuivre pour le tout et recevoir le paiement intégral, et la dette serait éteinte à l'égard des autres ; mais s'il fait remise au débiteur, celui-ci ne pourra se prétendre libéré à l'égard des autres créanciers, si ce n'est pour la part qui devait revenir au créancier qui a accordé la remise (1). Une seconde question s'élève sur le terrain des présomptions, pour le cas où la remise peut avoir l'un ou l'autre caractère ; généralement dans la plupart des législations pour le cas seulement, on vient de le voir, de solidarité passive ; il s'agit de savoir, lorsque le créancier a conclu une remise de dette avec l'un des débiteurs, si l'on doit présumer une remise totale, invocable pour le tout par les autres co-débiteurs ou seulement une remise personnelle au débiteur avec qui elle a été conclue ; en raison, si tant est qu'on présume quelque chose, on devrait présumer la remise personnelle, car jusqu'à preuve contraire on ne doit admettre de la part d'un créancier que l'abandon le plus faible possible de ses droits. Notre Code civil présume la remise totale, probablement parce qu'il s'est laissé égarer par les souvenirs du droit romain où l'*acceptilatio*, considérée comme un paiement fictif ayant même étendue que l'obligation elle-même, avait forcément un effet absolu (2). Enfin pour le cas où il y a remise avec effet relatif, il s'agit de savoir si, pour la part pour laquelle elle a été accordée, elle pourra être invoquée par d'autres ou contre d'autres que ceux entre qui elle est intervenue ; ou pour parler la langue de notre Code civil, si elle a engendré une exception personnelle ou purement personnelle : notre Code civil décide, en matière de solidarité active, que la remise sera invocable à l'encontre des autres pour la part du créancier qui l'a faite, et que, dans les cas où il y a remise avec effet relatif en matière de solidarité passive, les autres débiteurs peuvent l'invoquer pour la part du débiteur à qui elle a été accordée : ce qui re-

---

(1) C. civ., art. 1198. — Il est vrai qu'en droit romain s'il s'agissait d'*acceptilatio*, il n'y avait plus de distinction à faire entre les deux espèces de solidarité. La question ne se posait que pour le pacte de remise et on était assez disposé à le déclarer inopposable, en matière de solidarité active, aux créanciers qui ne l'avaient pas consenti ; Windscheid est un des rares romanistes qui admettaient qu'il pût être opposé à tous, et cela non seulement sur le terrain de l'ancien droit romain, mais même en droit moderne, à raison de l'analogie entre la quittance actuelle et l'*acceptilatio* et en s'appuyant surtout sur l'idée d'unité de l'obligation. V. Windscheid, § 295, note 4. — Cf. Accarias, *Précis*, n° 552a-2°. — Add. Vangerow, *Pand.*, III, § 373, p. 95.

(2) Cf. C. civ., art. 1285. — Demol., XXVI, n° 396.

vient à dire que dans la mesure dans laquelle elle produit effet, elle a le caractère de remise objective ; c'est une remise partielle, mais ayant, dans les limites dans lesquelles elle intervient, effet absolu, ou autrement dit produisant pour la part qu'elle vise exception commune (1).

125. Or le projet ne soulève aucune de ces questions, mais pose un principe qui les résout toutes : en cette matière les parties peuvent toujours faire tout ce qu'elles veulent et l'on n'a aucune présomption à établir ; ce sera aux intéressés à faire leur preuve dans les termes du droit commun (art. 332). Cela revient à dire que, même en matière de solidarité active, l'un des créanciers peut faire remise du tout, et que la remise comme le paiement sera pour le tout opposable aux autres, à condition de prouver, bien entendu, qu'on a entendu faire une remise objective. Les rédacteurs du projet ne se sont pas laissé émouvoir par cette objection que le créancier va disposer de la part des autres, puisque c'est là un des effets de la solidarité et qu'on lui permet bien de poursuivre pour le tout et de recevoir un paiement intégral. Les motifs remarquent en outre que la dation en paiement est permise au créancier solidaire bien qu'il s'agisse là d'une modification aux effets prévus de l'obligation (2) ; dira-t-on que le projet revient à l'idée de mandat après l'avoir rejetée, et qu'il permet ainsi à l'un des créanciers de disposer valablement de la part des autres ? Tel n'est pas absolument le point de vue auquel il se place : l'idée qui le domine est que la dette ne doit être payée qu'une fois et que tout mode d'extinction qui équivaut au paiement supprime la dette ; il a dû l'admettre pour la dation en paiement, dès lors il fallait bien convenir que si l'un des créanciers pouvait changer l'objet de la dette, et qu'il pût être considéré vis-à-vis des autres comme ayant reçu l'objet promis, il pourrait de même être censé avoir été payé sans avoir rien reçu du débiteur : vis-à-vis de ses co-créanciers il substitue sa responsabilité à celle du débiteur ; mais c'est ce qui se passe chaque fois qu'il reçoit le paiement ; il est vrai que dans ce dernier cas, les autres ont une chance de plus de toucher leur part ; mais si cependant celui qui l'a reçue l'emploie aussitôt à ses besoins personnels, la chance des autres disparaît et le débiteur n'en est pas moins libéré ; or, qu'est-ce que la remise sinon un paiement qui est

---

(1) C. civ., art. 1285. — Cf. Demol., XXVI, n°* 179 et suiv., n° 396 et suiv.
(2) V. *Motifs sur l'art.* 332 (II, p. 165).

censé avoir été touché et tout aussitôt restitué ? Mais il va de soi
que si la remise peut dans tous les cas avoir le caractère de remise
objective, il n'y a jamais aucun doute sur l'admissibilité de la remise subjective; et quant à la question de savoir si dans le doute
on doit présumer l'une plutôt que l'autre, le projet ne pose aucune
règle à cet égard. Notre Code civil, nous avons dit pourquoi, présumait la remise totale en matière de solidarité active; les législations allemandes qui prévoyaient la question, présumaient plus
volontiers la remise simplement personnelle au débiteur (1). Le
projet n'établit aucune règle à cet égard et laisse la question de
preuve sous l'empire du droit commun; et quant à la remise personnelle, il croit qu'elle peut également avoir, suivant l'intention
des parties, un double effet; elle peut être absolue en ce qui touche
la part pour laquelle elle est faite et dans cette mesure être invocable par d'autres ou contre d'autres, c'est l'hypothèse ordinaire,
celle prévue par notre Code civil. Elle peut aussi être purement
personnelle, le créancier s'engageant à ne pas poursuivre, sans
répondre pour les autres ou à l'égard des autres; et enfin on pourrait supposer que même dans cette hypothèse le créancier, tout en
ayant consenti une remise purement personnelle même pour la part
qu'elle a en vue, a entendu se porter garant d'une poursuite intégrale susceptible d'enlever au débiteur le bénéfice de la remise;
dans ce cas le débiteur aurait donc recours contre lui dans la
mesure de la part pour laquelle la remise a été faite, soit qu'en
matière de solidarité active un autre créancier le poursuive pour
le tout, soit qu'en matière de solidarité passive, le créancier ayant
poursuivi un autre débiteur pour le tout, ce dernier exerce un recours contre le bénéficiaire de la remise (2). C'est là une hypothèse
bien peu pratique; le projet, sans la prévoir expressément, suppose
qu'elle peut se rencontrer et qu'il n'y aura qu'à donner effet aux
conventions des parties. Pour aucun cas, du reste, il n'y a de présomption établie : les questions de preuve restent sous l'empire du
droit commun.

126. *Confusion.* — Enfin, le projet admet (art. 333), comme
c'était la règle courante (3), que la confusion, tenant uniquement
à une impossibilité de fait d'être à la fois créancier et débiteur de

(1) Cf. Sächs. *G. B.*, § 1030. — Cf. Gérardin, *Nouv. Revue histor.*, 1885,
p. 402-403.
(2) V. *Motifs sur l'art.* 332 (II, p. 105).
(3) Cf. *A. L. R.*, I, 16 §§ 492, 493. — Windscheid, § 295, note 9.

la même obligation, ne produit aucun effet à l'égard des autres intéressés ; elle supprime un créancier ou l'un des débiteurs, elle ne supprime pas l'objet de la dette ; et du moment qu'il reste d'autres créanciers pour le poursuivre ou d'autres débiteurs à qui le demander, rien n'est changé quant à ces derniers. Le projet n'admet pas que le débiteur poursuivi puisse se prévaloir de la confusion pour la part que devait toucher le créancier dont il a endossé la qualité, ou que devait supporter le débiteur que représente le créancier (1). La confusion reste pour les autres et pour le tout, chose sans influence. Fitting (2), discutant cette solution acceptée partout par le droit commun, y voyait un argument contre l'idée d'unité d'obligation, mais les partisans de l'unité ont démontré que les deux choses n'étaient pas inconciliables (3). Ici, encore, cette solution ne suffit pas à nous révéler la conception théorique du projet.

127. *Des recours après paiement.* — Reste la question des recours. Lorsque l'un des créanciers a touché le tout ou que l'un des débiteurs a payé le tout, il y a lieu, en général, à une répartition du profit entre les autres créanciers, ou de la charge entre les autres débiteurs. Sans doute, il peut résulter des rapports existant entre les intéressés que cette répartition ne doive pas avoir lieu, mais l'hypothèse contraire est la seule pratique. Cependant le droit romain, en matière de corréalité, ne présumait aucun rapport préexistant entre cointéressés, et le droit commun allemand exige encore que celui qui exerce un recours prouve le rapport préexistant sur lequel il se fonde (4). De même, en prouvant son droit au recours, il établira la proportion pour laquelle il peut l'exercer. Mais, depuis longtemps, la tradition germanique avait fait justice de ces singularités (5). Le droit prussien avait présumé le droit au recours et l'avait accepté, sauf preuve contraire, pour parts égales (6). Le Code saxon était revenu au droit romain, la corréalité par elle

(1) Cf. C. civ., art. 1209, 1301.
(2) Fitting, *Correalobligat.*, p. 103.
(3) Voir citations dans Windscheid, § 295, note 9.
(4) Accarias, *Précis*, n° 551. — Windscheid, § 294. — Cf. Labbé, *Appendice aux Instit. d'Ortolan*, III, p. 900. — Gérardin, *Nouv. Revue hist.*, 1885, p. 150 et suiv.
(5) Stobbe, *Zur Geschichte des deutschen Vertragsrechts*, p. 171.
(6) A. L. R., I, 5, §§ 443-446. — Cf. Förster-Eccius, *Preuss. Priv. R.*, I, § 63, notes 68 et suiv. — Cf. Osterr. G. B., §§ 895-896. — C. féd., art. 168. — V. Gierke dans la *Revue de Schmoller*, t. XIII, p. 204-206.

seule ne fondant aucun droit au recours (1). Le projet suit les traditions allemandes : il ne pouvait guère y avoir à cela aucune hésitation. Cette présomption d'un droit au recours était déjà admise,
même sur le terrain du droit romain, en matière de simple solidarité (2); c'est aussi la solution de notre Code civ. L'article 337
ajoute que le codébiteur qui aura un recours à exercer pourra,
dans la proportion de son recours, exercer les droits du créancier,
ce qui équivaut à une cession d'actions pour la part dont le débiteur aura à poursuivre le remboursement, cession légale, opérée de
plein droit; seulement ce bénéfice de cession d'actions qui résulte
du paiement, indépendamment de la volonté du créancier, ne
pourra jamais nuire à ce dernier; c'est l'application de la règle :
Nemo contra se subrogasse censetur (3).

Enfin, ce même article consacre la règle acceptée par toutes les
législations de la répartition entre tous de l'insolvabilité de l'un
des débiteurs solidaires (Cf. C. civ., art. 1214).

128. La question du recours peut aussi s'élever au cas de responsabilité collective (4), hypothèse donnant lieu à la simple solidarité du droit romain, selon l'expression courante, et rangée par
le projet dans le domaine de la solidarité unique qui forme la base
de son système. On avait été quelquefois tenté, ici, de dénier le
droit au recours d'une façon générale et même lorsqu'il s'agissait
de délit civil n'impliquant aucun dol; mais l'opinion générale
avait été, pour le cas où plusieurs individus devraient répondre du
même fait, de refuser le recours uniquement à celui qui serait coupable de dol ou de mauvaise foi, et sur lequel, en définitive, devait
retomber la charge du délit. C'est la solution du droit romain et
celle du Code saxon (5). C'est également celle du projet : l'article 338
ne refuse le droit au recours qu'à celui à qui le fait est imputable et
qui, ayant été de mauvaise foi, doit en supporter toutes les con-

---

(1) *Dresd. Entw.*, art. 16. — Sächs, G. B., § 1036.

(2) Il est vrai que cela tenait peut-être à l'extension en cette matière du
bénéfice de division, lequel devait entraîner le bénéfice de cession d'actions. — Cf. Windscheid, § 298, notes 12-13. — Accarias, *Précis*, t. II, nº 556a
in fine. — Gérardin, *Nouv. Rev. hist.*, 1885, p. 403-404.

(3) Cf. C. civ., art. 1251-1252.

(4) Cf. Gérardin, *Nouv. Rev. hist.*, 1885, p. 385 et suiv.

(5) *A. L. R.*, I, 6, §§ 33-34. — Sächs, *G. B.*, § 1493. — Cf. *Dresd. Entw.*,
art. 219.

séquences. Il s'éloigne ainsi du Code fédéral qui laisse la question à l'appréciation du juge (Code féd., art. 60).

129. *Résumé.* — Si maintenant nous cherchons, en examinant d'ensemble le système du projet, à découvrir le principe sur lequel il a entendu construire sa théorie de la solidarité, ce qui nous apparaîtra de plus certain c'est qu'on a admis en général les solutions acceptées par la doctrine, pour ce qu'on appelait alors la simple solidarité par opposition à la corréalité : droit pour le créancier de poursuivre chaque débiteur tant qu'il n'y a pas eu paiement, ou pour chaque créancier de poursuivre le débiteur tant que la dette n'est pas éteinte, et cela sans qu'il y ait d'appropriation définitive au profit du créancier qui a entamé les poursuites; effet absolument relatif et tout personnel à ceux entre qui ils interviennent des faits qui, sans constituer un paiement ou acte équivalent, peuvent influer sur le sort de la dette par suite de circonstances toutes personnelles à l'un des intéressés, telles que la chose jugée, l'interruption ou suspension de proscription, la confusion, la perte arrivée par la faute ou après la demeure de l'un des débiteurs, la compensation non encore opposée, et enfin la remise consentie à l'un des débiteurs pour sa part ou par l'un des créanciers pour la part qui lui revient : au contraire, effet extinctif absolu du paiement ou de tout acte équivalent à paiement et impliquant satisfaction fournie, telle que la dation en paiement, la compensation opposée par qui a le droit de le faire, la remise accordée pour le tout; enfin, présomption, jusqu'à preuve contraire, d'un droit au recours pour parts égales. Nous en avons déjà conclu que l'idée d'un mandat réciproque avait été rejetée par le projet (1); ajouterons-nous aussi que l'idée d'unité d'obligation aurait été repoussée, puisque généralement on ne l'admettait pas en matière de simple solidarité? Nous nous trouverions ainsi en présence de plusieurs obligations devant s'éteindre par le fait d'une exécution unique. Nous serions d'autant plus en droit d'accepter cette conclusion que nous allons

---

(1) L'idée de mandat eut impliqué certains rapports de société ou de communauté entre débiteurs ou créanciers solidaires; l'ancien droit allemand eut reconnu dans un fait de ce genre une conception qui lui était familière, celle de la *Gesammte Hand*; il est bien certain que le projet est parti d'une idée tout opposée, celle de l'indépendance réciproque des divers intéressés en matière d'obligation; il a cherché ses inspirations dans les idées individualistes du droit romain, et les germanistes comme Gierke le lui reprochent (V. *Revue de Schmoller*, t. XIII, p. 204-206).

voir rangées sous le même titre les obligations indivisibles; et là il est bien certain que l'obligation est multiple, mais ne peut s'exécuter que par une seule prestation. Il en résulterait que le caractère de la solidarité du projet serait celui de l'indivisibilité conventionnelle de notre Code civil, que nous appelons l'indivisibilité *solutione tantam,* celle du n° 5 de l'article 1221. Seulement il reste une solution du projet qui se trouverait très difficilement conciliable avec cette dernière idée, c'est l'admission, en matière de solidarité active tout au moins, de la remise objective : qu'elle soit possible si l'on accepte l'unité d'obligation, rien de mieux ; il n'y a qu'une seule obligation, le créancier en faisant remise pour le tout ne dépasse pas ses droits et l'on revient ainsi à l'idée romaine d'un paiement fictif, comme pour l'ancienne *acceptilatio;* mais comment concilier cette solution avec la pluralité d'obligations? Le créancier peut bien faire remise de l'obligation dont il est créancier, mais comment supposer qu'il puisse disposer de l'obligation des autres? Dira-t-on que tous se représentent réciproquement? Mais nous avons vu que cette idée de représentation réciproque a été rejetée par le projet. Répondra-t-on que chacun pouvant poursuivre le tout peut également se tenir comme ayant reçu le tout et supprimer la dette? tout cela est fort bien si l'on admet l'unité d'obligation ; s'il n'y a qu'une obligation, chaque créancier peut en effet se comporter comme s'il était seul créancier (1). Mais s'il y en a plusieurs, le créancier ne poursuit que son obligation, et s'il se trouve qu'en même temps il demande le tout, c'est que le paiement a été déclaré indivisible; par conséquent, du moment qu'il ne s'agit plus de paiement, donc d'indivisibilité, il ne peut faire remise que de sa propre créance et non de celles des autres, l'idée de représentation ayant été rejetée. Nous pensons donc, malgré les vraisemblances qui sembleraient favorables à l'opinion contraire, que le projet a conservé l'ancienne conception d'une seule obligation avec pluralité de sujets soit actifs, soit passifs; et s'il range l'indivisibilité dans la matière de la solidarité, il veut dire par-là que toutes les règles de la solidarité compatibles avec l'idée d'une pluralité d'obligation seront applicables à l'indivisibilité; mais il ne préjuge pas les solutions qui pourraient se rattacher à l'idée qu'en pareil cas les obligations sont multiples, et laisse à la doctrine et à la jurisprudence le soin de les découvrir et de les appliquer; ce qui nous confirme dans cette idée, c'est que l'article 340, en ce qui touche l'in-

---

(1) Cf. Windscheid, § 295, note 4.

divisibilité par rapport aux débiteurs, fait expressément à cette matière l'application des règles sur la solidarité passive : cela prouve bien que dans l'intention des auteurs du projet il ne suffisait pas d'avoir rangé les deux matières sous la même rubrique pour y voir deux situations absolument identiques. Cette remarque va trouver son application en matière d'indivisibilité par rapport aux créanciers, ce qui est le point auquel nous arrivons.

130. *De l'indivisibilité.* — L'indivisibilité suppose que l'objet de l'obligation ne puisse être fourni en plusieurs prestations ayant chacune une valeur égale et comportant pour le créancier une part d'utilité qui soit une fraction exacte du profit total (1). Si donc, en pareil cas, on n'accomplit qu'une partie du fait promis, il devient impossible de calculer le rapport exact du profit procuré au créancier avec l'utilité complète de l'ensemble ; il peut même se faire que la partie offerte n'ait aucune utilité pour le créancier ; en pareil cas la prestation est indivisible. Si donc l'obligation se divise entre plusieurs créanciers, il y aura bien pluralité d'obligations, mais le créancier de chacune d'elles aura droit de demander le tout, puisque c'est le seul moyen qu'il y ait de lui faire avoir sa part : l'obligation est divisée, mais l'exécution est indivisible. C'est donc par suite d'une impossibilité matérielle que chaque créancier peut recevoir plus que sa part ; et les motifs ont bien soin de distinguer ce cas de celui de la solidarité de l'article 321 (2), dans lequel le droit du créancier consiste précisément à demander le tout, tandis qu'en matière d'indivisibilité son droit ne devrait lui permettre que de poursuivre sa part et que la nature de l'objet rend seule cette poursuite divisée irréalisable. Cette observation des motifs confirme donc la remarque que nous avons déjà faite que le rapprochement sous une même rubrique de la solidarité et de l'indivisibilité n'implique pas identité de matière et de situation. Il importait donc en pareil cas de rendre l'exécution possible sans compromettre les droits des créanciers et sans aggraver la situation du débiteur.

131. *Indivisibilité par rapport aux créanciers.* — L'article 339

(1) Cf. Windscheid, § 253. — Savigny, *Obligat.*, § 31. — Brinz, §§ 229 et suiv. — Cf. une bonne thèse belge sur la matière, Camille Kleyer : *Des obligations divisibles et indivisibles* (Bruxelles, 1873, p. 7 et suiv.). — Cf. art. 769-1° du projet.

(2) *Motifs sur l'art.* 339 (II, p. 171).

distingue : si l'exécution totale du fait promis, même fourni à un seul, profite à tous, chaque créancier peut demander le tout et le débiteur peut fournir le tout à qui il veut, et cette exécution au profit d'un seul libérera le débiteur. Windscheid cite comme exemple le cas de plusieurs copropriétaires qui ont droit à l'exécution d'un fait d'aménagement du domaine commun; l'exécution au profit et sur la demande d'un seul fournira à tous la satisfaction à laquelle ils ont droit (1). Mais ce n'est pas le cas ordinaire ; le plus souvent la prestation fournie à l'un des créanciers ne profitera pas aux autres : ici donc la question se posait de savoir si le débiteur pouvait en fournissant le tout à l'un se libérer à l'égard des autres, et si par conséquent chacun pourrait poursuivre le tout sans le concours de ses cocréanciers. On peut imaginer deux solutions extrêmes, ou bien que tous les créanciers soient obligés de se réunir pour poursuivre, c'est la solution du droit romain, ou bien que chacun puisse poursuivre le tout, comme en matière de solidarité ; c'est la solution de notre Code civil, celle du droit saxon et du Code fédéral (2). Il est vrai que la première solution conduit à une véritable impossibilité si tous ne peuvent s'entendre ; aussi Windscheid admettait, sur l'autorité de quelques lois romaines, la possibilité pour l'un des créanciers de demander le tout à condition de fournir une sûreté au débiteur, de façon à le garantir contre les poursuites des autres ; le débiteur, bien que non libéré envers les autres, était obligé de s'exécuter si la garantie était jugée suffisante ; le projet de Code civil pour la Bavière avait accepté ce tempérament (3). Mais les motifs reconnaissent avec raison que cette solution est inacceptable : elle aggrave la situation du débiteur en l'exposant à payer plusieurs fois. Reste le droit pour chacun de poursuivre le tout de telle sorte que l'exécution au profit d'un seul libère le débiteur ; elle est contraire à l'idée de pluralité d'obligations, et supposerait une représentation réciproque, laquelle n'existe pas. Le projet revient donc au principe que le débiteur n'est pas autorisé à ne payer qu'à un seul et doit payer à tous collectivement (art. 339). Il en résulte que l'un seulement des créanciers ne devrait pas pouvoir demander le tout sans le concours des autres ; mais le projet a prévu l'inconvénient de cette solution

---

(1) Windscheid, § 299, note 4.

(2) C. civ., art. 1220, 1224 ; C. féd., art. 79. — Sächs, *G. B.*, § 1037.

(3) Windscheid, § 299, note 5. — Bayr, *Entw.*, art. 242. Voir pour l'époque romaine, l'énoncé des espèces et la discussion des textes dans la thèse précédemment citée de Cam. Kloyer (p. 71 et suiv., notes 79 et suiv.).

et il a voulu l'atténuer en permettant à chacun de poursuivre seul l'exécution collective : il intente seul l'action, mais il demande le paiement à tous collectivement, en ce sens que le débiteur doit offrir à tous l'exécution et mettre en demeure ceux qui se refusent à la recevoir ; reste, il est vrai, un cas où ce tempérament est inefficace, c'est celui de l'exécution forcée ; lorsque de la poursuite on passe à la saisie : puisqu'on ne doit fournir l'objet qu'à l'ensemble des créanciers, le concours de tous est nécessaire pour l'exécution forcée ; il est vrai que la plupart du temps, il y aura en pareil cas insolvabilité ou pour mieux dire impossibilité d'exécution et par suite transformation de la dette en dommages-intérêts, auquel cas l'obligation devient divisible (art. 341) (1). Il n'en est pas moins vrai que l'expédient imaginé ne donne pas satisfaction à toutes les exigences. Mais les motifs croient qu'aucun des systèmes proposés n'est exempt d'inconvénients pratiques et que la combinaison qu'adopte le projet est encore celle qui en présente le moins.

132. Enfin l'article 330 ajoute qu'un fait qui ne se produit que relativement à la personne d'un des créanciers n'a pas d'effet à l'égard des autres. Ceci s'applique sans difficulté à la faute, à la sommation ayant en vue la mise en demeure et enfin aux actes interruptifs de prescription : pour toutes ces hypothèses, c'est déjà la solution admise en matière de solidarité. Mais il n'y a pas de doute que le projet ait entendu comprendre dans cette formule la remise de dette. On sait pourquoi le créancier solidaire peut accorder une remise objective. Le créancier d'une dette indivisible ne peut disposer que de sa créance, donc ne peut supprimer la dette des autres : cela est d'autant plus certain que le projet en principe n'admet même pas le paiement à un seul.

133. *Indivisibilité par rapport aux débiteurs.* — Lorsque l'indivisibilité existe entre débiteurs, il semblerait, pour rester en harmonie avec le cas qui précède, que le créancier dût les mettre tous en cause et qu'aucun ne pût être forcé à faire seul l'avance du tout : c'est la décision du droit prussien. Mais la plupart des législations ont vu là un inconvénient considérable pour le créancier, surtout, comme c'est le cas ordinaire, lorsque la pluralité de débiteurs est survenue après coup, par suite de succession. Savigny avait très

(1) Cf. Windscheid, § 299, note 6.

fortement insisté sur la raison d'établir une règle différente suivant que l'indivisibilité existait entre créanciers ou entre débiteurs : il importe peu, dit-il, au débiteur unique de payer à un seul ou à plusieurs, sa situation n'en est pas aggravée ; mais il importe grandement au créancier qui n'a originairement qu'un seul débiteur de n'avoir pas à diviser et multiplier ses poursuites. L'objection, il est vrai, n'est peut-être pas présentée d'une façon suffisamment précise ; car sous cette forme elle viserait toute division des dettes entre cohéritiers (1). Ce que Savigny a voulu dire, c'est que si l'objet est indivisible, aucun des débiteurs ne peut en fournir une part proportionnelle à sa dette, il faut donc ou qu'il fournisse le tout à lui seul, ou qu'il obtienne le concours des autres ; or faire dépendre de cette dernière circonstance le succès des poursuites du créancier, c'est en effet compromettre le droit de celui-ci, et cette considération suffit à justifier la différence admise suivant que l'indivisibilité existe au point de vue passif ou au point de vue actif. Le projet admet donc, comme la plupart des législations qui l'ont précédé, que le créancier peut demander le tout à un seul débiteur et il ajoute qu'il y aura lieu de faire à cette matière application des règles de la solidarité ; cela veut-il dire qu'il fait de l'obligation indivisible entre débiteurs une obligation solidaire ? Nous avons déjà dit que théoriquement cela nous semblait bien impossible ; dans la pensée des auteurs du projet, les règles admises en matière d'obligations solidaires étant les solutions généralement acceptées par les jurisconsultes et romanistes allemands pour la simple solidarité, elles n'ont pas paru inconciliables avec l'hypothèse d'une pluralité d'obligations existant sous le couvert de l'unité d'exécution. Mais s'il y a parmi les règles de la solidarité quelques solutions pour lesquelles le projet ait entendu s'en remettre à l'intention des parties, comme par exemple en matière de remise de dette, il y aura encore à voir, et ceci sera l'affaire de la doctrine, si à propos d'indivisibilité on devra suivre les mêmes règles d'interprétation et si toutes les conventions seront aussi pleinement admises qu'en matière de solidarité. Par exemple, acceptera-t-on aussi pleinement ici la règle de l'article 332, la possibilité d'une remise objective conclue avec l'un seulement des débiteurs ? En matière de solidarité nous avons accepté l'idée d'unité d'obligation, la remise faite pour le tout avec l'un des débiteurs supprime

_____

(1) Cf. Savigny, *Oblig.*, § 33 *in fine* (trad. Gérardin et P. Jozon, t. I, p. 393).

l'objet et les autres ont droit de se prévaloir de cette extinction de l'obligation, laquelle était unique et la même pour tous. Ici il y a pluralité d'obligations, et la remise de dette est un contrat (art. 290 *in fine*); le projet n'admet pas que la simple renonciation unilatérale lie le créancier; donc en tant qu'il conclut une remise avec l'un des débiteurs il ne peut la lui accorder que pour ce qui est de son obligation; pour qu'elle pût valoir à l'égard des autres, il faudrait que chaque débiteur représentât les autres, ce qui n'est pas admis par le projet. Sans doute on peut dire qu'il y a une offre à l'égard des autres et que ceux-ci en se prévalant de la remise l'acceptent et forment la convention : fort bien si la remise n'a pas été révoquée, mais l'intérêt de la question est de savoir si le créancier n'étant pas lié peut révoquer la remise en ce qui touche la part de ceux avec qui elle n'a pas été conclue; et il nous semble difficile que le projet ait entendu en décider autrement, à moins qu'il ait entendu traiter la remise objective comme un pacte en faveur d'autrui, auquel cas l'effet poursuivi par la convention devrait se réaliser immédiatement en la personne du tiers sans attendre son consentement; mais encore est-ce là, d'après l'article 412, une question d'interprétation de volonté; et en tout cas cette façon indirecte de faire produire effet à la remise objective n'aboutirait-elle pas absolument aux mêmes conséquences que l'effet immédiat de la remise de l'article 332 en matière de solidarité.

Pour ce qui est de la remise subjective, il nous semble difficile de ne pas autoriser les autres débiteurs dans tous les cas à l'invoquer pour la part de celui au profit duquel elle est intervenue; en matière de solidarité, on peut supprimer un des sujets sans toucher à l'objet de l'obligation; en matière d'indivisibilité le créancier qui supprime l'un des débiteurs, supprime du même coup l'une des obligations; si donc il poursuit les autres pour le tout, il demande non seulement plus que celui qu'il actionne ne devrait lui fournir, mais plus qu'il ne lui est dû par la totalité des débiteurs; il est dans la situation d'un copartageant qui reçoit plus que sa part, il doit une soulte : il semble donc difficile qu'il puisse demander le tout sans tenir compte de la valeur de la part dont il a fait remise; tout au moins, s'il s'agit sur ce point d'une question d'intention et par suite de présomption, il ne nous semblerait pas que la décision dût être la même, soit qu'il s'agit de solidarité, soit qu'il s'agit d'indivisibilité; et ces points de différence ne sont pas les seuls sur lesquels l'attention de la doctrine dût être attirée, malgré l'identité de situation que le projet semble faire aux deux matières. Le point important à mettre en relief est qu'en cette matière, le créancier pourra, comme cela est également admis chez nous, demander le tout à chaque débiteur : seulement notre Code civil apporte une atténuation au principe, il permet au débiteur d'appeler les autres en cause (1) de façon à faire prononcer contre tous une condamnation conjointe (Cod. civ., art. 1225). Il est vrai que ce bénéfice n'a guère d'intérêt pratique qu'au point de vue de la division des dommages-intérêts, au cas où l'obligation étant rendue impossible elle se transforme en indemnité. C'est la question qu'il nous reste à examiner.

134. *Condamnation aux dommages-intérêts.* — Pour qu'il puisse être question d'indemnité divisée, il faut supposer que l'obligation reste possible; si elle était devenue matériellement impossible, comme au cas de perte de la chose, et que cette impossibilité fût imputable à l'un des débiteurs, celui-là seul devrait en répondre et il en répondrait pour le tout; la faute étant un fait personnel à celui de qui elle émane ne saurait réagir à l'encontre des autres; et d'autre part, celui qui l'a commise devrait indemnité totale, bien qu'il ne fût débiteur que d'une part, puisque c'est par sa faute que l'exécution totale est empêchée et qu'il doit réparer toutes les conséquences de sa faute. Mais on peut supposer que l'exécution objectivement reste possible; seulement, le débiteur poursuivi ne peut la fournir; il peut se faire, par exemple, qu'il ait besoin du concours des autres et que ceux-ci, ou l'un d'eux, le refusent. Si donc, le créancier actionne l'un seulement des débiteurs, que pourra-t-il lui demander? On comprend trois solutions possibles : il pourra lui demander le tout, puisque l'indemnité représente l'objet visé par la poursuite et doit avoir la même étendue que lui, et le débiteur n'aura aucun moyen de se soustraire à cette poursuite intégrale; ou bien, il pourra encore demander le tout, mais le débiteur pourra exiger la division de la condamnation, il a la ressource de l'*exceptio plurium litis consortium;* s'il ne l'invoque pas, il est censé accepter de répondre pour le tout, s'il l'invoque, le juge devra diviser la condamnation entre tous (2); enfin, le créancier ne pourrait jamais poursuivre qu'une condamnation divisée;

---

(1) Cf. pour l'époque romaine la thèse précédemment citée de Kleyer, p. 75 et suiv.

(2) Cf. Demol., XXVI, n° 604.

du moment que l'obligation indivisible s'est transformée en une obligation de dette d'argent dont l'objet est par suite divisible, l'obstacle à la divisibilité des poursuites ayant disparu, on revient à la règle d'une condamnation divisée. Tout au moins devrait-on, dans tous les cas, faire une distinction entre deux hypothèses, celle où les débiteurs ont contracté la dette sous sa forme actuelle ou encore ont succédé à la dette, l'objet existant encore et étant indivisible; et celle où la transformation en indemnité se fût opérée du vivant du débiteur initial, l'obligation ayant passé à ses héritiers sous la forme de dette d'argent; dans ce dernier cas, on ne voit plus bien sur quoi on s'appuierait pour permettre encore la poursuite indivisible, en dehors de toute hypothèse de solidarité proprement dite (1). De sorte que l'hésitation n'existe guère que pour l'hypothèse où la dette indivisible a été contractée comme telle par les débiteurs ou bien encore a passé comme telle aux héritiers du débiteur unique; dans ces conditions, le créancier peut-il obtenir une condamnation divisée?

135. En Allemagne l'opinion dominante était d'accord pour l'admettre, soit qu'on se plaçât sur le terrain du droit romain, soit qu'on se plaçât sur celui du droit moderne. Au point de vue romain (2) on faisait remarquer que toute condamnation à Rome était formulée en argent, donc qu'elle ne pouvait porter que sur la part du débiteur dans la dette ; l'obligation n'eût été indivisible qu'en ce sens que le débiteur qui eût voulu par l'exécution en nature échapper à la condamnation pécuniaire aurait dû fournir le tout. Sur le terrain du droit moderne on faisait valoir que l'exécution intégrale ne dérivait pour le débiteur que d'une impossibilité ma-

---

(1) Cf. Brinz, *Pand.*, § 233, note 20 (II, p. 74).

(2) Dernburg cependant croit qu'à Rome le principe primitif avait été en faveur de la condamnation au tout représentant l'objet intégral de la poursuite, et qu'après avoir essayé de divers procédés pour garantir le débiteur, on en vint à la pratique d'une condamnation divisée. (Dernburg, *Pand.*, § 25, note 6).

Le moyen intermédiaire indiqué par Dernburg, comme expédient et système de transition, est celui des cautions mutuelles imposées par le juge de l'action en partage; de façon à ce que chaque héritier garantissait aux autres le remboursement des avances qu'il pourrait être appelé à faire; ou encore si le paiement intégral a été fourni par l'un des héritiers avant le partage, le juge le rembourse par voie de prélèvements ou d'accroissement de part. — Voir sur ce point quelques citations d'espèces dans la thèse de Kleyer, *Des obligations divisibles et indivisibles*, § 21.

térielle, l'indivisibilité de l'objet ; et que celui-ci s'étant transformé en un objet divisible, il fallait en revenir à la règle du droit
commun : chacun condamné pour sa part. Savigny s'éleva très
vivement contre cette manière de voir ; il discute surtout la question au point de vue de l'interprétation des textes romains : la difficulté, en ce qui touche l'analyse des textes, provenait surtout d'une
sorte de contradiction que présente un fragment très connu d'Ulpien ; celui-ci, après avoir parlé de l'indivisibilité absolue de l'o-
bligation de construire un ouvrage, cite, en ayant l'air de se
l'approprier, une opinion de Tubéro, d'après lequel cette obligation
s'étant transformée en dette d'indemnité par suite d'inexécution,
elle devrait être considérée sous ce rapport comme divisible. Savigny
croit qu'Ulpien cite l'opinion de Tubéro comme une curiosité juridique et une singularité qui n'avait pas prévalu (1). Windscheid
et Brinz se sont rattachés à ce système, bien qu'ils expliquent autrement le fragment d'Ulpien, supposant que Tubéro se place dans
l'hypothèse où la transformation en dette d'argent s'est produite
du vivant du débiteur initial (2). L'argument principal est que
l'obligation ne peut changer d'étendue parce qu'au lieu de l'objet
en nature on fournit de l'argent ; l'indemnité doit représenter exactement l'équivalent de la poursuite en nature et celle-ci pouvait
être intentée pour le tout. Mais tout autre chose est pour l'un des
héritiers du débiteur par exemple de fournir en nature un objet
indivisible qu'il est en situation de procurer ou d'en payer la valeur
intégrale : qu'il soit condamné à cette pleine indemnité lorsque
c'est par sa faute qu'il ne peut fournir la chose, c'est de toute justice ; mais l'obliger encore à faire l'avance entière lorsqu'il n'est pas
en faute et que par suite le créancier ne peut lui demander sous
forme d'indemnité que la représentation de ce qu'il lui doit, c'est-
à-dire l'équivalent de sa part : c'est une contradiction juridique ;
aussi certains romanistes, Dernburg entre autres, sont d'avis que
l'opinion de Tubéro rapportée par Ulpien, loin d'être, comme le
voulait Savigny, la reproduction d'une conception isolée et suran-
née, représenterait au contraire l'idée nouvelle, celle qui finit par
prévaloir et qu'a entendu consacrer Justinien (3). C'est en tout cas

(1) Savigny, *Oblig.*, § 34. — Cf. Cujas, § *Comment. ad Leg.*, 72 *D.* (45. 1).
(2) Windscheid, § 209, note 7. — Brinz, 233, note 20. — Cf. Vangerow, III,
§ 567, note 2).
(3) Dernburg, *Pand.*, t. II, p. 70, § 24, note 6. — Baron, *Pand.*, § 244,
notes 20-22.

la solution des législations modernes (1); le projet l'accepte également; le débiteur poursuivi n'est même pas obligé, comme chez nous (art. 1225, Cod. civ.), d'appeler les autres en cause pour obtenir une condamnation divisée : le bénéfice de l'art. 1225 tel que l'entendaient Pothier et nos anciens auteurs (2), implique l'ancien principe d'une condamnation intégrale même en matière d'indemnité; à ce principe on apporte une atténuation : le débiteur peut échapper à cette rigueur en faisant prononcer la condamnation contre tous (3). Le projet, conformément au Code saxon et à la théorie dominante du droit commun, n'exige pas cette mise en cause de l'ensemble des débiteurs; du moment que le débiteur poursuivi n'est pas en faute de l'inexécution et que cependant il ne peut se prévaloir d'une impossibilité matérielle résultant du cas fortuit, on revient au principe de l'indemnité ; mais cette indemnité a pour mesure, non l'objet compris dans la poursuite, lequel n'avait cette étendue qu'accidentellement, mais l'étendue de sa propre obligation : donc la condamnation aux dommages-intérêts ne sera prononcée que pour sa part dans la dette.

(1) Pour le droit prussien, voir Förster-Eccius, *Preuss. Priv. R.*, t. I, § 67, *in fine*, p. 392. — Sächs. *G. B.*, § 1038, C. féd., art. 80.

(2) Pothier, *Obligat.*, n° 331-335.

(3) Cf. Demol., XXVI, n° 604. — Colmet de Santerre, V, n° 160 *bis*-11° *in fine*.

DEUXIÈME SECTION

SOURCES DE L'OBLIGATION

136. Le projet a admis, conformément à toutes les traditions juridiques, que l'obligation peut provenir de trois sources : l'acte entre vifs, le délit, et diverses causes correspondant à ce que nous appelons le quasi-contrat; il adopte le terme juridique d'acte entre vifs, parce que la simple promesse unilatérale pourra, dans certains cas exceptionnels, et sans qu'il soit besoin d'acceptation, produire une obligation; l'expression de contrat, impliquant forcément le concours de deux volontés, eût été par suite trop étroite et n'aurait pu comprendre ces cas, assez rares il est vrai, où il suffit d'une seule volonté pour faire naître l'obligation. Ces trois sources possibles d'obligation formeront les trois grandes divisions de cette partie de notre travail; nous aurons ainsi à traiter :

1° Des actes entre vifs considérés comme source d'obligation;

2° Des délits considérés comme source d'obligation;

3° Des quasi-contrats considérés comme source d'obligation.

I

Des actes entre-vifs considérés comme source d'obligation.

137. Cette matière se trouvera forcément quelque peu tronquée par suite du plan adopté par le projet, puisqu'il a inséré dans l'introduction générale tout ce qui a trait aux actes et conventions juridiques, considérés indépendamment de l'objet qu'ils peuvent avoir en vue. C'est ainsi que nous n'aurons pas à nous occuper de la question si importante de la formation des contrats, ni de celle des vices du consentement; le projet a pensé qu'il y avait là matière

à une théorie générale applicable à toutes les manifestations de
volonté susceptibles d'effets juridiques, et il l'a placée dans l'introduction; nous ne pourrons y faire, par conséquent, que quelques
allusions par voie de références (1). Il est vrai de dire, par conséquent, que la section dont nous entreprenons l'étude se réfère à peu
près exclusivement aux effets des actes juridiques considérés au
point de vue de la formation de l'obligation. Cependant une question préalable se présente : quels sont les actes juridiques susceptibles
de donner naissance à l'obligation? Nous savons déjà que le projet
admet, à côté du contrat, et tout à fait par exception, la simple
promesse ou pollicitation. Le projet passe ensuite aux particularités relatives à l'objet des contrats; après quoi, il en aborde les
effets ou le contenu : ceux-ci comprennent des effets directs et des
effets accessoires, tels que la clause pénale et le droit de retrait.
Parmi les effets normaux ou directs, il faut distinguer ceux qui
sont généraux de ceux qui ne résultent que de certains contrats
particuliers, tels, par exemple, que la garantie pour les contrats
par lesquels on s'oblige à aliéner un droit, ou encore les droits
que le contrat peut produire en faveur d'un tiers s'il s'agit de
stipulation pour autrui. Enfin nous croyons devoir ranger dans
cette partie générale les effets de la promesse de dette, considérée
comme promesse sans cause (*Schuldversprechen*), et que le projet
classe parmi les contrats particuliers (art. 683-684), ainsi que
la promesse faite au porteur, qui n'en est qu'une application
(art. 685-703). Il nous a semblé, bien qu'en réalité il s'agit de
contrats particuliers, comme c'était le cas pour la *stipulatio*,
qu'il y avait là plutôt une forme générale destinée à couvrir des
opérations très diverses; et que par suite, en raison de leurs fonctions
multiples, des conventions de ce genre, devaient rentrer dans la
partie générale de cette étude (2); elles serviront à en compléter

---

(1) Du reste, les points les plus importants compris dans cette partie générale, ont été signalés et très nettement indiqués dans le résumé que
M. Bufnoir a présenté de cette partie du projet et qui se trouve reproduit
dans le *Bulletin de la Société de législation comparée*, n° de février 1889.
Les indications relatives à la formation des contrats, aux vices du consentement, au terme et à la condition (*Bulletin*, 1889, p. 152-161), suffiront
amplement pour l'intelligence des théories que nous aurons à exposer : il
nous suffit d'y renvoyer.
(2) C'est également l'avis de Gierke qui reproche au projet de les avoir
classées parmi les contrats particuliers (Gierke, dans *Revue de Schmoller*,
t. XIII, p. 220).

l'ensemble et à mieux faire comprendre le mécanisme des sources de l'obligation. Il nous faudra pour cela modifier quelque peu le plan adopté par le projet, et voici celui que nous proposons :

1° Des actes juridiques susceptibles de produire une obligation : simple promesse et convention ;

2° Objet des contrats ;

3° Effets généraux des contrats : exécution des contrats; risques :

4° Effets particuliers à certains contrats : garantie; stipulation pour autrui; promesse sans cause; promesse souscrite au porteur;

5° Effets accessoires : des arrhes; clause pénale; clause de résiliation.

§ 1 — DES ACTES JURIDIQUES SUSCEPTIBLES DE PRODUIRE UNE OBLIGATION

138. *Contrat et simple promesse.* — La volonté est l'agent principal destiné à former l'engagement juridique; mais, en règle générale, il n'y a engagement véritable, susceptible de produire un lien de droit et par suite de donner action à autrui, que s'il y a eu accord de volontés; pour s'engager, il faut être deux, l'un qui promet, l'autre qui accepte la promesse; en d'autres termes, le contrat est la source normale de l'obligation. Or il importe de rappeler, pour l'intelligence de ce qui va suivre, que le projet a cependant considéré comme ayant une valeur distincte et une existence juridique indépendante, avant même qu'elles se rencontrent, chacune des deux manifestations de volonté destinées à former le contrat (1). L'offre, dès qu'elle est émise, vaut comme expression de la volonté du pollicitant; il y a plus, c'est une volonté qui s'est déjà liée elle-même (2) (art. 80), en ce sens que l'offre ne peut être révoquée pendant un certain délai, soit exprès, soit tacite (art. 82-84); le pollicitant s'est donc engagé, vis-à-vis de lui-même, à maintenir son offre pendant le délai normal; une fois celui-ci expiré, l'offre tombe (art. 82); on aurait pu se contenter de lui enlever son caractère obli-

---

(1) Voir sur tous ces points le *Bulletin* du 9 février : exposé de M. Bufnoir (*Bulletin*, 1889, p. 155-156).

(2) V. All. L. R., I, 5, § 103; Osterr. G. B., § 862; C. comm. all., note 319 C. féd., art. 3. — Siegel, *Das Versprechen als Verpflichtungsgrund im heutig. R.*, p. 53 et suiv. — Dernburg, *Preuss. Privat. R.*, I, p. 199. — Dernburg, *Pand.*, § 9, note 10 et § 11, note 12. — Cf. Stobbe, *D. Privat. R.*, III, § 168, note 17. — *Contra* Windscheid, § 307, note 7a.

gatoire à l'égard do celui qui l'a faite et la maintenir jusqu'à révocation; mais le projet, conforme en cela à la pratique moderne,
interprète la volonté du pollicitant comme n'étant exprimée que
pour un certain délai, après lequel elle doit être considérée comme
expirée (1). Il faut remarquer du reste que cette force obligatoire
de l'offre ne lui est acquise qu'à partir du moment où elle parvient
à celui auquel elle est adressée, car c'est la règle pour toutes les
déclarations de volontés émises à l'adresse d'un tiers (2), qu'elles ne
produisent effet juridique à son endroit qu'à partir du moment où
elles lui parviennent (art. 74); jusque-là elles valent bien comme
manifestation de volonté ayant une existence indépendante, mais
ces déclarations de volonté appartiennent encore à celui qui les a
émises (3); de là il suit que si ce dernier meurt avant que l'expression de sa volonté parvienne à destination, l'offre subsiste puisqu'elle vaut déjà comme manifestation de volonté dont son auteur
s'est dessaisi et existant en dehors de lui (4); mais tant qu'elle n'est
pas parvenue à destination il peut la reprendre, puisque, bien
qu'ayant une existence juridique indépendante, elle lui appartient
encore; l'effet obligatoire de l'offre commence avec sa réception (3);
d'où il suit enfin que la révocation antérieure ne sera efficace que
si elle parvient avant l'offre elle-même ou en même temps (5).

139. L'acceptation, dès qu'elle est émise, vaut également comme
expression de la volonté de l'acceptant et indépendante aussi

(1) Cf. Windscheid, § 307, note 7.
(2) Sur ce caractère particulier des déclarations de volonté adressées à
autrui, qui ne sont pas de pures manifestations de volonté, mais dont l'é-
lément essentiel est d'être adressées à un intéressé (*gegenüber einem Be-
theiligten abgegeben*, art. 74), on peut voir Zitelmann, *Die Rechtsgeschäfte
im Entwurfe* dans les *Bekker-Beiträge*, fasc. 7 et 8, p. 98-99.
(3) Cf. Windscheid, § 306, notes 5 et 6.
(4) Cf. Projet, art. 74. — Cf. C. de comm. all., art. 297. — *Contra*, Windscheid, § 307, note 9.
(5) Les auteurs, comme Windscheid, qui n'admettent pas que le pollicitant soit lié par son offre et qui par suite lui permettent de révoquer tant
qu'il n'y a pas eu acceptation, donnent alors contre le pollicitant une action en indemnité fondée sur le tort qu'il a pu causer à l'autre partie en lui
donnant l'assurance d'un contrat qui ne s'est pas réalisé; ces dommages-
intérêts comprendront non seulement la restitution des frais et dépenses
que l'autre partie a pu faire en vue du contrat projeté (ce système trop
restrictif était fondé sur une idée de mandat, c'était celui de Mommsen
(*Erörterungen*, II, p. 134 et suiv.), ils représenteront la réparation exacte
du dommage que l'offre a causé à celui à qui elle était faite et qui a pu

de son existence à lui (1); mais elle ne peut produire, à l'égard de celui à qui elle est adressée, l'effet qu'elle a pour but de produire, que du moment où elle arrive à destination; l'article 87 du projet n'a pas eu besoin de le dire expressément, puisque c'est la règle formelle posée par l'article 74 pour toutes les déclarations de volonté adressées à un tiers à l'égard duquel elles doivent produire effet juridique; mais les motifs sur l'article 87 rappellent très nettement le principe de l'article 74, déclarant que par acceptation de l'offre il faut entendre, au point de vue de l'effet qu'elle doit produire, l'acceptation arrivée à destination (2). Il en résulte que non seulement l'acceptant peut révoquer son offre de façon à ce que la révocation parvienne avant ou en même temps que l'acceptation, mais que le contrat n'est formé qu'au moment où l'acceptation parvient au pollicitant; le projet, en décidant ainsi, a pris carrément parti sur une des questions les plus délicates et les plus discutées du droit moderne (3). Il semblerait, à première vue, que le système du Code de commerce allemand fût contraire à cette solution; car

compter sur elle, comme par exemple si cette circonstance lui a fait manquer une vente avantageuse. C'était un des cas d'application du *Negative Vertragsinteresse* (Windscheid, *Pand.*, § 307, note 5), dont il sera parlé plus loin (n°ˢ 153 et suiv.). Dans le système du projet la question ne se pose plus dans le cas d'offre révoquée, puisque la révocation est inefficace tant qu'il y a obligation de maintenir l'offre (V. *Motifs sur l'art.* 97, t. I, p. 195).

(1) Cf. Windscheid, § 306, note 5, § 307, note 11.

(2) On n'en a pas moins pu dire avec raison que l'article 87 était rédigé à la façon d'une véritable énigme; il déclare que la conclusion du contrat se place au moment de l'acceptation de l'offre (*Mit dem Zeitpunkte der An-nahme des Vertragsantrages ist der Vertrag geschlossen*). Tout le monde comprend que c'est au moment où l'acceptation est donnée. Or les motifs nous disent qu'il faut traduire *acceptation* par *acceptation arrivée à destination*, et que cette définition provient de l'article 74. Les rédacteurs du projet ont poussé jusqu'à l'excès la crainte d'un mot inutile. — Cf. Meischeider dans *Bekker-Beiträge*, fasc. 3, p. 17. — Cf. également *Bulletin*, 1889, p. 156.

(3) Les *Motifs sur l'article* 74 rappellent les quatre théories possibles qui toutes quatre avaient cours en Allemagne : 1° théorie du jour de la manifestation eu volonté (*Aeusserungstheorie-Declarationstheorie*); 2° théorie du jour de l'émission (*Absendungstheorie*); 3° théorie du jour de la réception (*Empfangstheorie*); 4° théorie du jour de la prise de connaissance par le pollicitant (*Agnitionstheorie- Vernehmungstheorie*). Le projet accepte la troisième en principe et la quatrième par exception au cas de déclaration de volonté tacite (art. 74-1°).

Les partisans de l'*Empfangstheorie* et ceux de l'*Agnitionstheorie* surtout reproduisaient la démonstration par voie d'exemple donnée par Merlin

si d'une part l'article 320 permet la révocation de l'acceptation tant que celle-ci n'est pas parvenue au pollicitant, l'article 321, d'autre part, déclare que lorsqu'un contrat passé entre absent s'est formé, on doit considérer comme l'époque à laquelle il a été conclu, celle de l'émission de l'acceptation; d'où il paraîtrait légitime d'induire que le contrat se forme au moment où l'acceptation est émise, bien qu'elle puisse encore être révoquée si la révocation parvient à temps. Mais plusieurs parmi les interprètes du Code de commerce l'avaient entendu autrement; si l'acceptation peut encore être reprise après son émission, c'est donc, disaient-ils, que le contrat n'est pas encore formé; de plus, l'article 321 distingue deux choses : la première, la formation du contrat (*Ist ein unter Abwesenden verhandelter Vertrag zu Stande gekommen*), puis la seconde qui est le moment auquel on reporte les effets du contrat (1) (*So gilt der Zeitpunkt, in welchem die Erklärung der Annahme behufs der Absendung abgegeben ist, als der Zeitpunkt des Abschlusses des Vertrags*). Le contrat s'est donc formé à la réception de l'acceptation, mais, par une fiction de rétroactivité, on en reporte les effets au jour de l'émission (2). Ce système mixte était considéré comme une sorte de concession faite aux partisans de la théorie qui plaçait la formation du contrat au jour où les deux volontés avaient coexisté, donc au jour de l'émission. Quoiqu'il en soit, le projet en déclarant le contrat formé au moment de la réception de l'acceptation est d'accord avec l'interprétation donnée à l'article 321 du Code de commerce, seulement il rejette la fiction de rétroactivité qui

(*Répertoire*, v° *Vente*, t. XIV, éd. 1815, p. 308). — Cf. Regelsperger, *Civilrechtliche Erörterungen*, I Heft (1868), p. 23 et suiv. — Id. dans l'*Handbuch* d'Endemann, II, § 248. — Cf. Windscheid, § 306, note 8. — Lyon-Caen et Renault, *Précis*, n°ˢ 630-632. — On trouvera dans Zitelmann, *Die Rechtsgeschäfte* (*Bekker-Beiträge*, fasc. 7 et 8, p. 102-110) d'intéressants développements sur la théorie du projet. Zitelmann lui reproche d'avoir distingué entre les déclarations expresses et les déclarations tacites et voudrait voir consacrer dans tous les cas la théorie qui exige la connaissance effective de la part de celui à qui la déclaration est adressée (*Vernehmungstheorie*).

(1) Intérêts pratiques aux points de vue suivants : 1° quand le contrat doit transférer les risques d'une partie à une autre; 2° lorsqu'on s'est référé pour la fixation du prix au cours du marché, etc., etc.

(2) La nuance n'est pas suffisamment marquée dans la traduction française du Code de commerce : « *Un contrat débattu entre absents est censé conclu, etc.* ». On a voulu abréger et supprimer le « *Ist ein, etc., zu Stande gekommen* », et l'excès de concision a supprimé une nuance que le texte rend parfaitement : « *Lorsqu'un contrat débattu entre absents est venu à*

avait fait reporter à l'émission les effets du contrat et c'est en cela qu'il corrige le système du Code de commerce (1).

140. Mais ce qu'il importe de remarquer, c'est que l'acceptant, en émettant son acceptation, se lie également lui-même dans une certaine mesure, au même titre que l'auteur de l'offre; puisque même s'il révoque à temps son acceptation, c'est-à-dire avant qu'elle soit parvenue à destination, sa révocation sera non avenue si elle ne parvient au pollicitant qu'après l'acceptation reçue; celle-ci, au moment où elle arrive, n'exprime plus en fait qu'une volonté révoquée, et cependant le contrat se forme; c'est donc que pour l'acceptant son acceptation le lie d'avance, en ce sens qu'elle produira son effet dès sa réception et indépendamment de toute révocation déjà émise; c'est le système admis pour l'offre elle-même, sauf que pour celle-ci l'effet obligatoire unilatéral dure pendant un délai déterminé, tandis que pour l'acceptant il n'y a obligation unilatérale à son encontre que jusqu'à la réception de l'acceptation, puisqu'à ce moment le contrat se forme et que les obligations naissant du contrat se lient de part et d'autre; tout ce que nous voulions faire remarquer c'est qu'il y a également en ce qui regarde l'acceptant une sorte d'obligation unilatérale de se considérer comme tenu par son acceptation, alors même qu'il l'aurait révoquée, si sa révocation arrive tardivement.

Ce qu'il y a à retenir de ce qui précède, c'est que le droit allemand moderne admet qu'en certains cas la volonté peut se lier elle-même. On peut se demander quel est le caractère de cette obligation qui résulte pour le pollicitant de l'offre qu'il a faite; tout ce qu'on peut dire d'à peu près certain, c'est que son offre ne l'a pas encore obligé, au sens strict du mot, n'a fondé à sa charge aucune obligation; on ne peut exiger de lui aucune prestation; cet engagement est tout passif; il doit rester à la disposition de celui à

existence, alors il faut considérer comme époque de sa conclusion, etc. » — Cf. Endemann, *Handelsrecht,* § 117, notes 30, 31.

Endemann s'exprime comme l'article 87 du projet : « *Le contrat se forme par l'acceptation* »; et il ajoute aussitôt : « *Ce qui veut dire par l'acceptation parvenue à l'auteur de l'offre.* » Cela montre bien que dans le langage de la pratique l'*annahme* était entendue, comme l'explique l'article 74 du projet, d'une *acceptation reçue par le pollicitant.* — Add. Regelsperger, dans l'*Handbuch* d'Endemann, II, § 248, note 2. — Cf. Thöl, *Handelsrecht,* I, 2ᵉ part. (éd. 1876), § 239-III, p. 157.

(1) Et ajoutons celui du Code fédéral, art. 8. — Cf. *Motifs sur l'article* 87 du projet.

qui il a fait l'offre et ne peut plus retirer sa proposition; il n'est
plus maître de sa volonté et doit subir le contrat si l'autre l'accepte.
Siegel, dans sa fameuse théorie sur la promesse unilatérale, le
déclare lié à sa parole, obligé à faire honneur à sa déclaration (*Verpflichtung im Wort zu bleiben*); Siegel distinguait en effet l'obligation
de tenir sa parole de l'obligation d'exécuter sa promesse. Stobbe, qui
a combattu cette distinction en se plaçant surtout sur le terrain
historique (il y avait d'ailleurs été conduit par Siegel qui opposait
en cela les traditions germaniques aux traditions romaines) déclare
l'auteur de l'offre obligé au contenu du contrat sous condition suspensive, sous la condition de l'acceptation donnée dans le délai (1).
Quoiqu'il en soit, il n'est pas encore question d'un simple engagement pris d'un seul côté, sans acceptation à intervenir, et susceptible de produire une obligation au sens complet du mot, c'est-
à-dire d'imposer une prestation à celui qui l'a pris.

141. *De la simple promesse.* — Mais la question a été posée par
Siegel sur ce nouveau terrain; quiconque s'engage par devers lui
et au moyen d'une déclaration verbale et publique entend se considérer comme tenu par son engagement; sans doute son engagement
ne s'impose à personne, et, s'il s'adresse à quelqu'un en particulier,
celui-ci a droit de le rejeter; mais, si ce dernier l'accepte, celui qui
a pris l'initiative n'a plus le droit de prétendre avoir révoqué son
engagement, il ne peut renier sa parole; il doit s'en tenir à la parole
donnée; il n'est pas nécessaire qu'il y ait parole donnée et acceptée
tout à la fois. Siegel a prétendu démontrer que cette théorie était
conforme aux traditions germaniques; il a essayé de mettre en
regard la possibilité de revenir sur un contrat déjà formé et celle
de se trouver lié sans qu'il y ait contrat; il lui a semblé que le droit
allemand avait accepté toutes les manifestations les plus élastiques
de la volonté, et il a essayé de le démontrer sur le terrain du droit
de retrait ou de résiliation; il a cru pouvoir établir que dans
beaucoup de cas il y avait contrat déjà formé et que cependant
la révocation était possible; parallèlement et à l'inverse, il a
pensé que dans d'autres il n'y avait pas encore contrat et que

(1) Siegel, *Das Versprechen als Verpflichtungsgrund im heutig. R.*
(Vienne, 1874), p. 20 et suiv., p. 42 et suiv. — Stobbe, *Reurecht und Ver-*
trayssohlusnach ält. deutsch. R., dans *Zeitch. f. Rechts Geschichte* (XIII,
p. 257 et suiv.), et *Deut. Priv. R.*, III, § 168, note 17. — Cf. Brinz, *Pand.*,
§ 248, notes 38 et suiv. Windscheid, § 304, note 12, et § 307, note 7 *a*.

la révocation ne l'était plus. C'est surtout à ce parallélisme que
Stobbe s'est attaqué, montrant que dans la plupart des hypothèses où Siegel avait vu un cas de révocation d'un contrat
déjà conclu, il n'y avait pas encore contrat; témoin l'hypothèse
de l'article 319 du Code de commerce : pour le cas où l'acceptation émise à temps n'arrive qu'après le délai fixé pour le
maintien de l'offre, auquel cas le contrat ne sera pas considéré
comme étant venu à existence, mais à condition toutefois que
le pollicitant eût envoyé sans retard avis de sa révocation.
Siegel disait : voici un exemple de contrat déjà formé, et qui peut
être révoqué; à quoi Stobbe a répondu que le contrat ne s'était
pas formé, car l'offre est censée tombée avec l'expiration du délai;
elle ne serait considérée comme maintenue que si l'auteur de
l'offre, au reçu de l'acceptation tardive, ne donnait pas avis immédiat de sa révocation. Dans tous les cas, il n'y a pas là révocation
d'un contrat, d'ores et déjà conclu (1). Passant ensuite à la preuve
directe, Siegel avait cru reconnaître dans l'ancien droit allemand
certains exemples d'engagements par simple déclaration unilatérale.
Déjà, du reste, en droit romain, quoique le principe de la convention soit absolument la règle, on peut présenter quelques exemples
d'obligations naissant d'une seule manifestation de volonté (2). On
l'a dit du vœu, qui engage la personne sous la condition d'un événement dont on demande à la divinité la réalisation (3). Mais
l'exemple le plus sûr est celui de certaines *pollicitationes* faites au
profit des cités; non qu'il faille l'admettre pour toutes sans distinction, ni pour toutes les époques du droit romain (4); mais il
est certain que, sous l'empire, il est question de gens qui promettent
d'accomplir une prestation au profit de leur cité et qui se trouvent
liés sans qu'il y ait trace d'acceptation de la part de la cité ou de
ses représentants. Cela tient sans doute à certaines considérations
relatives soit au droit public, soit au droit sacré; mais il n'en est

(1) Stobbe, *Zeitch. f. R. Gesch.*, XIII, p. 255-256.
(2) Cf. Dernburg, *Pand.*, § 9, notes 6-8.
(3) Cf. Pernice, *Labeo*, t. I, p. 105. — Sur la *Sponsio ad aram Herculis*, cf. Krüger, *Geschichte der Capitis deminutio*, I, p. 351 et suiv.
Pernice a du reste combattu ailleurs cette conception du vœu et de la pollicitation considérés comme engagements non contractuels : Compte-rendu du livre de Siegel, dans la *Revue* de Goldschmidt (*Zeitsch. f. Handelsr.*, t. XX, p. 290).
(4) V. *Mommsen, Staats Recht*, t. I (édit. 1876), p. 231 note 1. — Cf. Karlowa, *Das Rechtsgeschäft und seine Wirkung*, 1887, p. 273. — Brinz, *Pand.*, § 248, notes 35-37.

pas moins vrai que l'on n'a pas considéré comme radicalement impossible que la volonté en certains cas pût se lier elle-même, sans qu'il y eût accord de deux volontés (1).

142. *Rejet en principe de la déclaration unilatérale comme mode d'engagement.* — Le projet devait donc prendre parti sur la question; il pouvait ou ne jamais admettre la possibilité d'un engagement volontaire mais non contractuel, ou l'admettre toujours, suivant l'intention de celui qui s'engage, ou enfin ne l'admettre qu'exceptionnellement, dans les cas fixés par la loi; c'est cette solution mixte qu'il adopte; et c'est précisément parce qu'il a accepté l'idée comme fondement de certaines théories juridiques qu'il a pu craindre une fausse interprétation de sa pensée; on aurait pu en induire qu'il acceptait pour chacun d'une façon générale la possibilité de s'engager sans manifestation de volonté de la part du futur créancier; de là, l'article 342 qui prohibe la simple promesse en dehors des cas où elle est admise par la loi; nous n'osons pas dire promesse unilatérale, car l'expression est généralement employée pour qualifier la promesse qui ne produit d'obligation que d'un seul côté, et surtout la promesse dégagée de sa cause juridique, analogue à l'ancienne *stipulatio*, laquelle est bien une promesse acceptée, donc un contrat; il importe d'éviter la confusion. Il est probable que le projet s'est laissé guider moins par des raisons théoriques, que par des considérations pratiques; d'objection théorique il ne saurait y en avoir, puisqu'il admet dans certains cas la simple promesse, sous forme d'engagement émanant d'une seule volonté; il faut donc bien qu'il accepte la possibilité métaphysique de ce résultat; s'il le repousse en principe, c'est sans doute pour les raisons qu'expose Brinz, les dangers qu'offrirait une pareille liberté, en raison précisément des difficultés qu'il y aurait à distinguer, sous cette apparence de pollicitation, l'engagement ferme et sincère de l'offre ou même de la promesse en l'air (2).

143. *Exceptions aux dispositions de l'article 342.* — Il reste à parler des exceptions; elles se réduisent à trois formelles, et peut-

---

(1) L. 3, D. (50,12) : » Pollicitatio vero (est) *offerentis solius promissum;* et ideo illud est constitutum ut..., etc. Et même loi, § 1 : « Si quis quam ex pollicitatione tradiderat rem municipibus vindicare velit, repellendus est a petitione; æquissimum est enim *hujusmodi voluntates in civitates collatas pœnitentia non revocari.* »

(2) Brinz, *Pand.*, § 248, notes 40-42.

être une quatrième moins accentuée; nous rencontrerons cette dernière à propos des stipulations pour autrui (art. 412); parmi les autres, il en est une sur laquelle nous nous arrêterons plus loin avec quelque détail, c'est en ce qui touche les titres au porteur; signalons les deux autres qui sont la fondation et la promesse de récompense. Il est question de la promesse de récompense (*auslobung*) (1) à propos des contrats particuliers (art. 581 et suiv.). Le projet avait à choisir entre deux théories, celle qui voyait dans une promesse de ce genre une offre de contrat adressée à tout le monde, et celle qui la traitait comme une pollicitation obligatoire par elle-même; l'intérêt existait surtout au point de vue des facilités de révocation. Le projet y voit une pollicitation par elle-même obligatoire, mais sur la question de révocation admet une sorte de système mixte; il part de cette idée que le promettant n'est obligé que dans la mesure où il a voulu l'être, et qu'il est censé n'avoir voulu l'être qu'autant que cela est nécessaire pour donner crédit à sa promesse; or il n'y a nécessité à cette irrévocabilité de la promesse, d'après le projet tout au moins, que pour le cas où il y a réalisation du fait en vue duquel récompense a été promise; le projet exclut la révocation dans cette hypothèse et en dehors de cela l'admet d'une façon générale (art. 582). Le promettant pourra donc révoquer tant que le fait n'aura pas été réalisé, et alors même que quelqu'un se serait déjà mis à l'œuvre pour l'effectuer. Seulement dès que l'exécution est acquise la révocation n'est plus recevable, et peu importe que l'auteur du fait ait ou non connu la promesse; c'est même pour le cas où il l'a ignorée qu'il y a intérêt à dire que l'engagement du pollicitant résulte d'une déclaration unilatérale de volonté (2).

144. *Exception relative à la fondation.* — La fondation (*stiftung*) est une matière très actuelle et de beaucoup plus intéressante; ce n'est malheureusement pas le cas d'en traiter ici. Il serait bon que l'attention des jurisconsultes, et peut-être aussi celle du législateur, pût être sérieusement attirée sur ce sujet; c'est le vœu implicite qui se trouve très certainement formulé dans le résumé inséré au *Bulletin de la Société de Législation comparée* sur cette partie du

---

(1) Cf. Orelli, *Inscript.*, n° 4319 : « *Fugi, tene me, quum revocaveris me domino Zozimo, accipis solidum* (inscription d'un collier de chien). » — Cf. Dernburg, *Pand.*, § 9, note 8.

(2) Voir sur tous ces points notre étude sur les contrats particuliers dans le projet, n° 42.

projet (1). L'histoire des fondations serait digne de tenter la plume d'un érudit; elle se rattache aux *piæ causæ* dont les exemples remontent au Bas-Empire et se multiplient à l'époque du moyen âge. On commence par donner une somme à une église avec affectation désignée, c'est une donation *sub modo;* nous en sommes restés là en France; au lieu de donner à une église ou à une abbaye, on donne à une commune. Seulement quand les héritiers du donateur ne sont plus là pour faire exécuter le *modus*, comment assurer le respect des intentions du fondateur, et même quand ils sont encore là est-on toujours sûr que ses intentions seront respectées et que le donataire ne gardera pas la somme sans l'employer à sa destination? La doctrine allemande, sous l'influence de traditions qui ont leur source dans le droit canonique, est arrivée peu à peu à la notion d'un patrimoine indépendant, constitué sans qu'il soit nécessaire qu'il aille se confondre dans le patrimoine d'une personne morale déjà existante; c'est le patrimoine lui-même qui devient une personne morale, ou plutôt, comme dit Brinz, c'est sa propre destination, son but qui lui sert de fondement juridique et qui lui donne l'indépendance et la vie juridiques (2); la fondation devient un patrimoine existant en vue d'un but à remplir; on lui donne des administrateurs, on lui constitue des organes, et il fonctionne comme l'a voulu l'auteur de la fondation. Ce n'est plus une donation au profit d'une personne morale quelconque; ce n'est plus même à proprement parler une donation (3). Restait la question de savoir par quel acte se ferait la fondation. On comprend que le développement des idées qui précèdent ait dû conduire à ce résultat qu'une fondation se constitue par voie d'engagement, de la part du fondateur, lequel existe dès que ce dernier s'est obligé par acte public à consacrer à l'œuvre qu'il désigne une partie de son patrimoine; on n'a pas voulu l'obliger à contracter cet engagement avec l'État ni toute autre personne publique, car il s'agit d'affaire privée; il peut se faire, suivant la législation locale, que l'État soit appelé à autoriser la fondation; mais c'est là une tout autre question. Il ne s'agit plus de le traiter comme partie contractante dans l'acte de fondation; car la véritable partie en vue de laquelle l'engagement est pris et avec qui il devrait être pris, ce sont ceux dans l'intérêt de qui la fondation est faite; et ils n'ont pas de représentant avec qui on puisse traiter; d'où cette conséquence que la déclaration unilatérale de volonté faite par le fondateur dans les formes voulues suffira à constituer la fondation (1), à donner l'être juridique à ce

(1) On a objecté que l'engagement était pris ici envers une personne juridique déterminée, la fondation, et que, par suite, il pouvait avoir tout au plus le caractère d'une offre faite envers cet être de raison supposé existant en tant que sujet de droit. Le fondateur, en s'engageant à affecter une partie de ses biens à une œuvre déterminée, fait une offre à l'œuvre considérée comme ayant une existence juridique; en décider autrement, c'est confondre la personnalité qui constitue la fondation, et qui doit avoir une réalité intellectuelle, et la constitution du patrimoine qui doit lui appartenir. Le fondateur offre un patrimoine à la fondation; or, celle-ci, en tant que personne juridique, ne peut pas exister par le fait d'une déclaration de volonté, tant qu'elle n'est pas incarnée dans un organisme destiné à lui prêter la vie juridique; si donc la fondation, en tant que sujet de droits patrimoniaux n'existe pas encore, comment l'offre qui lui est faite peut-elle lier celui qui l'a faite? On comprend que l'on soit lié à son offre lorsque celle-ci s'adresse à un sujet juridique qui puisse immédiatement se l'approprier, sinon cela devient inintelligible. En d'autres termes, l'engagement pris par le fondateur n'est autre chose qu'une offre en faveur d'un tiers non encore existant, ce tiers est la fondation, laquelle ne sera constituée que par l'établissement d'un organisme destiné à la faire fonctionner. Or, un droit stipulé pour autrui peut être révoqué tant que le bénéficiaire n'existe pas encore en tant que sujet de droit : il lui est acquis dès qu'il vient à naître (V. art. 412-414 du projet. V. Gierke, *Der Entwurf*, dans la *Revue de Schmoller*, t. XII, p. 1243, et *Genossenschaftstheorie*, p. 122-124, et p. 123, note 1). Toutes ces objections partent d'un point de vue qui n'est pas celui du projet. Le projet accepte l'idée que la fondation en tant que personne et sujet juridique, existe par le seul fait de la constitution d'un patrimoine; toute la question était de savoir si un patrimoine exigeait pour être constitué un acte d'aliénation ou s'il suffisait d'une déclaration de volonté; or, la jurisprudence allemande se contentait d'une déclaration de volonté. Gierke cite lui même à ce sujet des décisions très caractéristiques, par exemple cet arrêt de la haute cour de Berlin, déclarant qu'une somme léguée en vue d'une œuvre est devenue par le fait même un sujet de droits et de même une décision de Wiesbaden admettant que pour l'existence d'une fondation il suffit d'un acte de dernière volonté et d'un fonds érigé par cette seule déclaration en patrimoine indépendant (V. Gierke, *Genossinschafstheorie*, p. 122, note 1). Or, la notion de patrimoine se caractérise par l'existence d'un ensemble de droits susceptible de constituer un tout juridique; peu importe que ces droits s'incarnent dans des objets appartenant en propre au patrimoine et dont ils soient la propriété, un droit de créance suffit à lui seul pour manifester l'existence du patrimoine. Donc le fondateur en manifestant sa volonté et en s'engageant à doter la fondation fait deux choses : il donne naissance à l'être juridique qui sera la fondation et il s'engage envers cet être juridique à lui verser un capital.

but, comme dit Brinz, qui doit être le centre de tous les droits patrimoniaux qui lui seront attribués (1). Nous renvoyons pour les détails aux articles 58 et 59, et pour les théories émises à cet égard, à tous les ouvrages si nombreux sur la matière, et principalement aux livres de Pandectes; il faut avant tout consulter Brinz, l'auteur de la théorie de *Zweckvermögen;* on lira également avec fruit ce qui en est dit dans Bekker (2). Nous n'avons pas à traiter ici la question *ex professo*, et nous revenons au principe du projet; le contrat est parmi les actes juridiques là source normale de l'obligation; c'est de lui exclusivement que nous allons maintenant nous occuper.

§ 2. — DE L'OBJET DES CONTRATS

145. Le projet, comme notre Code civil (art. 1126 et suiv.), étudie à propos des contrats les conséquences résultant, pour ce qui est de la formation de l'obligation, des particularités relatives à l'objet de l'obligation elle-même. On ne peut nier en effet que sous le titre d'objet des contrats, il ne s'agisse ici de l'objet des obligations que le contrat a pour but de créer (3); de sorte que le projet se trouve avoir en réalité deux sections sur l'objet de l'obligation, l'une à propos de la théorie de l'obligation et l'autre à propos de la théorie du contrat. Cependant ce sectionnement s'explique : dans la première, le projet suppose l'obligation valablement formée et il étudie son objet au point de vue de l'influence qu'il peut avoir sur le contenu de l'obligation, sur la façon dont la prestation doit être opérée; dans la seconde, le projet s'occupe des sources de l'obligation et par suite de la formation de l'obligation elle-même; logiquement il devait en étudier l'objet au point de vue des conséquences qu'il peut avoir, non plus sur les effets de l'obligation,

---

(1) D'autres ont dit que la fondation devrait résulter du titre d'aliénation des biens destinés à en constituer le patrimoine et non de la promesse faite par le fondateur d'affecter un certain capital à la fondation; dans ce système, il ne serait pas nécessaire pour cette hypothèse d'apporter exception à la règle que la simple promesse non encore acceptée ne produit pas d'obligation (cf. Gierke, *Rev. de Schmoller*, t. XII, p. 1243; t. XIII, p. 207. — Schlossmann, *Zur Lehre von den Stiftungen* (*Jahrb. f. dogm.*, t. XXVII, p. 1-69).

(2) Brinz, *Pand.*, t. I (édit. 1884), §§ 59-60) et t. III (éd. 1888), § 446. — Bekker, *Pand.*, t. I (éd. 1886), §§ 59-60.

(3) Cf. Demol., XXIV, n° 300.

mais sur sa formation elle-même, et par suite au point de vue de la validité de l'acte d'où elle procède : ainsi s'explique que le projet ait été autorisé à intituler ce chapitre : *Objet des contrats.*

146. *Objet impossible ou illicite.* — La première règle à poser était celle de la nullité du contrat dont l'objet est impossible, illicite ou contraire aux mœurs (art. 344). Mais le projet se défie des applications qui pourraient présenter un caractère de généralité quelque peu dangereux; il imite en cela la réserve prudente du Code fédéral (art. 17) et évite de parler, comme l'avaient fait le Code saxon et certaines autres législations, de choses qui n'existent plus, ou qui n'ont jamais existé, ou de choses hors du commerce (Cf. *Sach. G. B.*, § 793 et suiv.). Les motifs reconnaissent d'ailleurs qu'il y a une distinction à faire entre l'impossibilité naturelle et l'impossibilité juridique et que cette dernière n'entraîne pas toujours forcément la nullité du contrat; et entr'autres si la prescription légale d'où dérive l'impossibilité ne repose pas sur un motif d'ordre public et qu'il soit parfaitement licite, par conséquent, de prévoir la disparition de cet obstacle purement légal, l'obligation pourrait être interprétée comme subordonnée à une condition tacite, consistant dans l'éventualité d'une transformation juridique (1) : ceci pourrait s'appliquer aux choses mises hors du commerce en raison de leur soumission à l'usage public; les parties pourraient avoir prévu l'hypothèse d'une désaffectation, et en tout cas la doctrine aurait à décider si la convention qui aurait de telles choses pour objet ne pourrait pas être considérée tantôt comme ayant pour objet une chose future (2) (art. 346), tantôt comme l'analogue de celles qui portent sur la chose d'autrui et que le projet ne déclare pas nulles (art. 348). Et en tout cas ces moyens détournés de valider la convention ne seraient nécessaires que s'il s'agit de contrat ayant pour objet un acte de disposition tout à fait incompatible avec la destination des choses publiques : les motifs reconnaissent que suivant la doctrine la plus généralement acceptée, il n'y aurait pas à mettre en doute la validité de conventions qui auraient pour but un fait ne portant aucune entrave à l'usage

---

(1) On peut comparer cette formule à celle donnée par M. Bartin en vue de distinguer le fait juridiquement impossible du fait illicite proprement dit : cf. Bartin, *Théorie des conditions impossibles, illicites ou contraires aux mœurs*, 1re part., ch. I, § 2 et suiv.

(2) Cf. notre étude sur le *Domaine public à Rome* (*Nouv. Rev. histor.*, 1888, p. 537-538). — Cf. Förster-Eccius, *Preuss. Priv. R.*, I, § 66, note 9.

auquel ces choses sont soumises. Cela prouve deux choses : 1° que les auteurs du projet considèrent comme désormais abandonnée la conception d'Ihering que les choses consacrées à l'usage public seraient choses *nullius* non susceptibles de propriété, même au profit de l'État (1); et 2° que tout en admettant qu'elles puissent être objets de propriété, tout au moins aux mains de l'État, on ne considère plus comme absolue, mais comme simplement partielle, la mise hors du commerce qui les frappe : certains auteurs, Wappäus par exemple, voulaient faire remonter cette dernière solution aux Romains : c'était un anachronisme (2); mais il n'en est pas moins vrai que la mise hors du commerce absolue était inconciliable avec l'idée d'une propriété de l'État et qu'elle ne pouvait s'expliquer à Rome, c'est ce que nous avons essayé de démontrer ailleurs, que par la conception que l'on se faisait alors des personnes morales (3); ces conceptions ont changé et par suite la mise hors du commerce ne doit atteindre les choses publiques aux mains de l'État que dans la mesure où cela est indispensable pour la garantie de leur propre destination (4).

Tout ceci d'ailleurs correspond à un principe général posé par l'article 340 en vertu duquel l'impossibilité temporaire, bien qu'elle doive cesser, est une cause de nullité si les parties ne l'ont pas prévue, tandis qu'à l'inverse elle ne rend pas le contrat nul, mais

---

(1) Ihering, *Geist. des Röm. R.*, III (éd, 1888), p. 348, p. 360-363. — Id. *Die Basuler Gutachten*, I, p. 36 et suiv., II, p. 6 et suiv.

Ce que la conception d'Ihering a de véritablement particulier, ce n'est pas à proprement parler l'idée que les choses du domaine public seraient *res nullius*, soumises au droit de souveraineté de l'État, et non susceptibles de propriété : il y a longtemps que cette thèse avait été soutenue tant chez nous qu'en Allemagne.

C'est ce point de vue très neuf que ces sortes de choses seraient bien susceptibles de droit; mais que ce droit serait un droit d'usage public tellement absorbant qu'il serait exclusif de toute idée de propriété au profit de qui que ce fût (voir spécialement Ihering, *Geist.*, III, § 61, notes 476 et 477 et p. 363 et la suite de notre étude sur le *Domaine public* dans *Nouv. Rev. histor.*, 1889).

Ihering reconnaît l'existence d'un droit nouveau qu'il oppose au droit de propriété, le droit d'usage public (*Das Recht des Gemeingebrauchs*).

(2) Wappäus, *Zur Lehre von den dem Rechtsverkehr entzogenen Sachen*, p. 7, p. 40. — Cf. Eisele, *Rechtsverhältniss der res publicæ in publico usu*, p. 14, note 1, et notre étude précitée (*Nouv. Rev. histor.*, 1888, p. 536, note 2, et p. 545, note 1).

(3) V. *Nouv. Rev. histor.*, 1888, p. 550, note 1.

(4) Cf. *A. L. R.*, I, 5, § 58.

conditionnel, si on l'a prise en considération, auquel cas le contrat est subordonné à la disparition de l'obstacle qui s'oppose à son exécution. Tout ceci, bien entendu, n'est dit que de l'objet impossible et non de l'objet illicite ou contraire aux mœurs.

147. *Cas particuliers.* — Le projet, cela va de soi, n'entre pas dans le détail des faits considérés comme impossibles ou illicites; la première catégorie échappe par définition à l'action de la loi, puisqu'il s'agit d'impossibilité naturelle; quant à la seconde, elle reste sous l'application des lois spéciales; on en trouvera de nombreux exemples, entre autres dans les lois qui réglementent le travail et l'industrie (1). Le projet cependant a dû prendre parti sur certaines questions depuis longtemps débattues et qui appelaient une solution.

148. *Pactes successoraux.* — L'une des plus célèbres est celle des pactes sur succession future. On sait les motifs plus ou moins exacts qui avaient conduit les jurisconsultes romains à prohiber toute convention de ce genre (2); peut-être serait-il exagéré d'y voir un danger pour la vie de celui dont l'hérédité est en jeu, bien que les motifs du projet n'aient pas complètement écarté cette supposition (3); mais il est certain que de tels contrats, à raison même de l'incertitude qui règne, jusqu'à la mort de celui de l'hérédité duquel on dispose, sur le contenu de cette dernière et par suite sur la valeur de la convention qui s'y rapporte, ne peuvent que donner lieu aux spéculations les plus immorales, et cela sans aucun profit économique appréciable : il ne faut pas permettre à ceux qui se croient appelés à hériter d'un autre de se donner sur le fondement de cette espérance un crédit qui sera le plus souvent imaginaire et du moins qui sera toujours très fragile. Aussi la pratique allemande avait en principe accepté la prohibition du Droit romain (4).

(1) Cf. C. de comm. allem., art. 422 et suiv., *Reichs Gewerbe Ordnung*, v, 1869, art. 134 et suiv. — Loi du 7 juin 1871, art. 5 et suiv. — Cf. Stobbe, *D. Priv. R.*, t. III, § 166, note 18. — Regelsperger, dans l'*Handbuch* d'Endemann, t. II, § 250, note 8. — Pour ce qui est des contrats ayant pour but de restreindre la liberté de travail et d'industrie du promettant, la jurisprudence allemande est loin d'être fixée à cet égard. V. une note à ce sujet dans Stobbe, t. III, § 166, note 19).
(2) L. 30, *Cod. de pactis* (2-3). — Cf. Accarias, *Précis*, t. II, p. 235, note 2.
(3) *Motifs sur l'art.* 340, t. II, p. 185, *in fine.* — V. Accarias, *Précis*, t. II, p. 235, note 2.
(4) Voir en note sous les motifs de l'art. 349 (t. II, p. 184, note 2) l'indi-

Seulement il est bon d'observer qu'il peut y avoir deux catégories très distinctes de pactes successoraux; il y a ceux qu'un futur successible contracte avec un tiers par rapport à l'hérédité à laquelle il croit devoir être appelé, puis il y a ceux qu'un individu contracte par rapport à sa propre succession, et par laquelle il dispose de son vivant de son hérédité future. La règle romaine s'appliquait à la fois aux deux catégories, à la première parce qu'il était immoral et dangereux de trafiquer de l'hérédité d'autrui et à la seconde parce qu'il n'était pas permis, en disposant de son hérédité, d'aliéner sa propre liberté de tester. Mais le Droit romain permettait les pactes successoraux de la première classe, ceux relatifs à l'hérédité d'autrui, si l'intéressé, et il faut entendre par là celui dont l'hérédité fait l'objet du contrat, avait consenti; bien entendu en autorisant le contrat, il ne s'engageait pas lui-même à faire parvenir l'hérédité à celui à qui son futur successible l'avait promise, il ne se liait pas les mains et pouvait encore par un testament rendre le contrat dépourvu d'effet; sa liberté restait sauve; on considérait de plus qu'en approuvant le contrat il avait indiqué par là qu'il n'y voyait pour son compte et pour ce qui est de sa personne aucun danger; et dès lors les motifs de la double interdiction prononcée par la doctrine romaine ne se retrouvant plus, il y avait lieu de valider la convention.

Ces observations étaient nécessaires, car la solution romaine ne fut jamais pleinement acceptée en Allemagne que par rapport aux pactes successoraux de la première catégorie, les pactes relatifs à l'hérédité d'autrui (*Erbschaftsverträge*) et non à ceux de la seconde, les contrats d'institution d'héritier (*Erbsverträge*) (1). L'institution d'héritier a ses racines dans le plus ancien droit germanique, et il ne pouvait être question d'opposer à sa validité les mêmes scrupules qu'en Droit romain, puisque le testament, si fort en honneur à Rome, fut très longtemps inconnu des Germains. Sans doute il se manifesta après la réception du Droit romain un courant hostile à l'institution d'héritier; on voulait étendre à cette matière la prohibition relative aux pactes successoraux : disposer de son hérédité, c'est bien en effet faire une convention relative à une succession future. Mais les mœurs furent plus fortes que les tendances roma-

cation de décisions législatives datant du XIVᵉ siècle et consacrant la prohibition romaine.

(1) Cf. Gierke, *Der Entwurf...*, dans la *Revue de Schmoller*, t. XIII, 1889, p. 268.

nistes de l'époque (1); on tenait surtout à sauver de la prohibition les renonciations, si fort en honneur dans le monde féodal, et qui ne sont qu'une autre face de l'institution d'héritier, *negative Erbverträge*, comme disent certains allemands (2). On emprunta au droit canonique son procédé fort élastique du serment : la promesse sanctionnée par serment devenait affaire de conscience et échappait aux théories des juristes. Enfin on parla de restreindre l'admission des renonciations et de l'institution d'héritier à la matière des conventions entre époux (*Pacta dotalia*); mais en somme la distinction subsista et l'on continua à valider les pactes relatifs à sa propre hérédité, alors qu'on interdisait ceux relatifs à l'hérédité d'autrui (3).

Le Droit prussien avait été bien plus loin encore : non seulement il accepte l'institution contractuelle et la renonciation sous forme de contrat entre l'un des futurs héritiers et celui dont l'hérédité est en jeu, mais il va jusqu'à valider les arrangements entre héritiers, en dehors même de toute participation de l'intéressé (4) : renonciation de l'un des héritiers au profit des autres, arrangements relatifs au partage et autres combinaisons de ce genre; l'intervention du principal intéressé n'était requise que lorsqu'il s'agissait de pactes successoraux passés avec un étranger. Dans ce cas, le propriétaire dont on dispose des biens à venir n'a pas seulement une autorisation à donner, il intervient directement au contrat, et alors il se passe entre lui et le futur héritier un contrat de renonciation, et entre lui et le tiers auquel le renonçant a vendu sa part un contrat d'institution d'héritier. Étant partie au contrat, celui-ci produit ses effets contre lui.

(1) Cf. Zœpfl, *Deutsche Rechtsgeschichte*, t III, p. 233-237, p. 268 et suiv.
Il est bon de signaler ces sociétés d'héritiers, communautés de mainmortables, sociétés taisibles et autres de ce genre, si nombreuses au moyen âge, auxquelles s'appliquait en Allemagne le principe de la *Gesammte Hand*, formant par conséquent des sociétés tenant le milieu entre la communauté d'indivision et la personne morale, et dont l'acte de fondation pour chacun des associés constituait un véritable contrat relatif à l'hérédité de celui qui entrait dans l'association En dehors des communautés formées sur le modèle de la *Gesammte Hand*, laquelle supposait une administration en commun, il est bon de rappeler la conception de l'association germanique proprement dite, qui sans être personne en droit, constituait cependant un corps organisé au point de vue de l'administration. — Cf. Sohm, *Deuts. Genossenschaft*, p. 10 et suiv.). — V. Heussler, *Institut. des Deutsch.-Privatrechts*, dans l'*Handbuch de Binding*, I, §§ 50 et 51, et spécialement p. 231 et suiv.
(2) Cf. *Holtzendorff's Rechtslexicon*, v° Erbvertrag, I, c. 2, in VI°. I, 18.
(3) Stobbe, § 310 et § 312, note 17.
(4) Cf. *Motifs sur l'art.* 340. A. L. R., I, 11, § 446 et I, 12, §§ 640 et suiv.

149. Le projet a pris évidemment cette conception du Droit prussien pour base du système qu'il admet; seulement il supprime les exceptions que celui-ci avait acceptées pour les pactes entre futurs successibles : il pose en thèse la règle romaine de la prohibition des pactes successoraux (art. 349) et n'admet à ce principe aucune dérogation, pas même celle du Droit prussien pour les arrangements de famille entre futurs héritiers : les germanisants comme Gierke (1) le lui ont reproché. De plus il supprime la réserve du Droit romain en faveur des pactes approuvés par celui dont l'hérédité est l'objet du contrat : seulement le projet permet d'autre part les contrats d'institution d'héritier ou de renonciation à succession (art. 1940 et suiv., art. 2019 et suiv.). Il admet en d'autres termes qu'on puisse disposer d'avance de sa propre succession : ce sont cependant bien là, quoiqu'on puisse dire, de véritables exceptions à la règle qui prohibe les pactes sur succession future; notre Code civil ayant supprimé la réserve du Droit romain en a conclu que les renonciations à succession étaient prohibées et quant à l'institution contractuelle il ne l'admet que dans une hypothèse spéciale (art. 1082); elle se heurte en effet à plusieurs principes de notre droit, l'idée romaine qu'on ne peut aliéner sa liberté de tester, la prohibition coutumière des donations de biens à venir et enfin la prohibition des pactes successoraux (2).

Quoi qu'il en soit, les motifs du projet, d'accord en cela avec la plupart des législations allemandes, déclarent qu'il y a une différence absolue de caractère entre les contrats passés avec celui dont l'hérédité est en jeu et ceux passés entre un tiers et un futur héritier (3). Les premiers sont permis sous leur double forme d'institutions d'héritier et de renonciations à succession et les seconds sont toujours nuls, même s'ils ont reçu l'approbation de celui dont l'hérédité a fait l'objet du contrat. Pour les rendre valables, il ne suffit

(1) Otto Gierke, *Der Entwurf* dans la *Revue de Schmoller*, t. XIII, 1889, p. 208. — Cf. Bähr, *Beurtheilung des Entwurfs* dans *Krit. Viertel Jahr schrift*, t. XXX, p. 374 (tirage à part, p. 54).

(2) Cf. Aubry et Rau, t. VIII, § 739, note 1.

(3) Cf. *Motifs*, t. II, p. 183, et t. V, p. 310 et suiv. (art. 1940) et p. 470 et suiv. (art. 2019). — Cf. Gierke, *loc. cit.*, p. 208.

Cela prouve bien que le motif traditionnel des dangers que de pareils contrats peuvent faire courir à celui dont l'hérédité est l'objet de la convention, a été laissé de côté, puisque ces périls menacent tout aussi bien le possesseur de l'hérédité future lorsqu'il en dispose lui-même, par exemple par voie d'institution d'héritier, que lorsqu'un des futurs successibles dispose de la part qui doit lui revenir ; la différence fondamentale est donc

pas que celui-ci les ratifie, il faut qu'il traite directement avec le tiers comme partie au contrat, et le contrat se décompose alors en une renonciation conclue avec le futur héritier qui dispose de sa part à venir et en une institution d'héritier passée directement avec celui au profit de qui on en dispose : bien entendu on devrait alors se soumettre aux formes exigées pour ces actes spéciaux.

150. *Actes de disposition des biens à venir.* — A côté des actes par lesquels on dispose d'une succession non encore ouverte, il faut placer ceux par lesquels on aliène ses biens à venir. Si l'on entend par là disposer de sa fortune telle qu'elle se trouvera au jour de son décès, cela rentre dans les contrats de disposition à cause de mort, soit sous forme d'institution d'héritier, soit sous forme de legs contractuel ou donation à cause de mort, toutes conventions permises par le projet. Il faut donc supposer pour que la question s'élève que l'on ait entendu aliéner d'avance ses biens à venir au fur et à mesure de leur acquisition, ce qui reviendrait à dire qu'on n'aurait plus le droit de rien acquérir pour soi et qu'on ne serait plus qu'un instrument d'acquisition pour autrui : successions, donations futures, tout cela irait grossir le patrimoine de celui au profit de qui on en aurait disposé par avance. Cela suppose pratiquement qu'on a aliéné son patrimoine présent et futur moyennant une pension ou une rente viagère; sans cela on ne verrait guère comment on pourrait imaginer que de pareilles conventions fussent possibles. Grâce à la combinaison que nous indiquons, elles restent vraisemblables : mais devait-on les admettre? Le projet s'est décidé pour la négative. On aurait pu s'appuyer sur un motif analogue à celui qui lui a fait repousser les pactes successoraux, l'incertitude qui règne sur la valeur exacte d'un tel contrat; ce motif, il ne le met pas en avant et assurément il a raison, car il est peu vraisemblable qu'une convention de ce genre se prête aux spéculations qu'on a voulu prévenir en prohibant les pactes successoraux, d'autant plus que le rapprochement ne pourrait s'établir qu'avec les pactes successoraux passés avec le possesseur de l'hérédité future et on sait

que lorsqu'on trafique de l'hérédité d'autrui on fait d'ordinaire une spéculation malhonnête, tandis que lorsqu'on dispose de sa propre succession on ne fait rien de malhonnête; toute la question est de savoir si on peut se donner un héritier par contrat, c'est-à-dire par un acte irrévocable entre-vifs : et il faut reconnaître qu'il y a à cela bien des dangers. Chez nous nous n'admettions comme à Rome que le testament; les Allemands en ont jugé autrement.

que le projet les permet. Il se place donc au point de vue de celui qui disposerait de ses biens à venir et il considère qu'en les déclarant acquis à autrui au fur et à mesure qu'ils lui adviendraient, il se trouverait avoir aliéné d'une façon absolue sa capacité d'acquérir, c'est-à-dire en somme un élément essentiel de sa propre liberté, et l'un de ceux qui sont indispensables à l'homme pour jouer son rôle dans la vie. C'est sur ce fondement que le projet s'oppose avec raison à de pareils actes de disposition (art. 350). Cela suppose bien entendu que l'aliénation porte sur l'ensemble du patrimoine à venir. Il faut reconnaître que la solution admise par le projet ne pouvait guère être douteuse tant qu'il s'agit d'aliénations proprement dites, et surtout réalisées sous forme de donation. La tendance des législations allemandes était absolument contraire à l'admissibilité de la donation de biens à venir. Mais la question pouvait être moins sûre lorsqu'il s'agissait d'une aliénation particulière, la mise en commun de deux patrimoines, la société de tous biens, présents et à venir. Plusieurs législations qui repoussaient ou n'admettaient que sous certaines réserves la donation de biens à venir, n'avaient fait aucune difficulté d'accepter la société universelle comprenant même les acquisitions futures, et ceci indépendamment bien entendu de la communauté entre époux : on en trouvera l'indication dans les motifs du projet sur l'article 350 (t. II, p. 187, note 1). Citons à titre d'exemple le Code saxon (art. 1053, art. 1389 et 1390) et tous les récents projets législatifs allemands. Rappelons que le Code civil ne permet la société universelle de gains en ce qui touche les acquisitions à titre gratuit, telles que successions et donations, que pour ce qui est de la jouissance. Les associés peuvent bien mettre d'avance dans la société la jouissance des successions qui pourront leur échoir, ils en garderont la propriété (art. 1837). Quoi qu'il en soit, sur le terrain du Droit allemand, il semble bien que le projet se trouvait tout naturellement conduit à admettre la société universelle de tous gains, même comprenant les successions et donations à échoir aux associés. Il la repousse, absolument comme il écarte les aliénations à fonds perdu portant sur les acquisitions futures (Cf. art. 660 et suiv.) (1). Ici encore Gierke regrette cette atteinte à la liberté d'association ; il ne croit pas que la pratique antérieure, qui d'ailleurs a ses racines en Allemagne dans un passé très lointain, ait jamais donné lieu à de grands abus ni à aucune réclamation : aussi s'explique-t-on mal, dit-il, la condam-

---

(1) Cf. *Motifs*, t. II, p. 187, et p. 595.

nation portée par le projet des sociétés universelles de tous biens présents et à venir (1). Il va de soi, en tout cas, que par cette prohibition le projet n'entend rien préjuger en ce qui regarde la société de gains ou d'acquêts entre époux (Cf. art. 1347) (2).

151. *Actes de disposition des biens présents.* — Enfin, il n'y avait plus les mêmes raisons d'interdire les contrats par lesquels on s'engage à aliéner l'ensemble de ses biens présents; sans doute, dans le système du projet, un pareil contrat ne suffira pas à effectuer le transfert du patrimoine : ce n'est pas une hypothèse d'acquisition à titre universel, il faudra pour chacun des droits particuliers compris dans le patrimoine procéder aux actes spéciaux d'aliénation qui leur sont propres, tradition, cession judiciaire avec inscription aux registres fonciers, cession de créances, etc. Tout ce que signifie l'article 350-2, c'est que le contrat par lequel on s'engage à disposer de son patrimoine actuel est valable en tant que productif d'obligations. Seulement le projet soumet la validité de ce contrat à l'emploi de la forme judiciaire ou notariée, ce qui, dans le système du projet, ne signifie pas que le contrat doive être forcément conclu devant justice ou devant notaire (3); il suffit que les parties fassent individuellement et séparément leurs déclarations devant justice ou devant notaire. Le point important à mettre en relief est donc l'exigence d'une formalité spéciale en vue de garantir la sincérité des déclarations des parties et d'obtenir d'elles un consentement absolument éclairé sur les conséquences de l'acte qu'elles acceptent. Ces règles de forme sont imposées pour tous les cas, qu'il s'agisse de donation proprement dite ou de contrat à titre onéreux.

152. *Contrats relatifs à la chose ou au fait d'autrui.* — Le projet s'occupe en dernier lieu, toujours dans cet ordre d'idées, du contrat par lequel on promet la chose ou le fait d'autrui : ici encore il s'agit du contrat purement obligatoire et non de celui par lequel on aliène. Nous avons déjà eu occasion de dire qu'un pareil contrat, en tant qu'il porte sur la chose d'autrui était valable, et que si le Droit français en décide autrement en matière de vente (art. 1599), c'est qu'il confond dans le même acte la convention obligatoire et

---

(1) Gierke, *loc. cit.* (*Revue de Schmoller*, t. XIII, p. 208-209).
(2) Cf. Sohm, *Deutsch. Genossenchaft*, p. 42 (tirage à part).
(3) Cf. art. 92 (*Motifs*, t. I, p. 186).

l'aliénation. Même l'aliénation de la chose d'autrui ne sera pas nulle, dans la théorie du projet, bien que dépourvue d'effet tant que le propriétaire ne l'aura pas encore approuvée (1). A plus forte raison devait-on déclarer valable la convention par laquelle on s'engage à faire acquérir la chose d'autrui (2). S'il s'agit du fait d'autrui, il ne pouvait être question de déclarer le contrat nul, il est bien certain que le promettant a entendu s'engager lui-même à quelque chose, et tout le monde sait que notre article 1119, en tant qu'il traite de l'engagement pour autrui, est dépourvu de toute portée juridique. Reste à préciser à quoi le promettant a entendu s'engager; on peut supposer deux choses : ou bien qu'il ait promis de faire tous ses efforts pour obtenir l'engagement du tiers, sans avoir entendu répondre de son refus, ou bien qu'il se soit porté garant, ce que notre article 1120 appelle se porter fort, de l'accomplissement du fait promis, auquel cas il devrait indemnité pour inexécution de l'obligation, qu'il y ait ou non de sa faute : c'est une obligation de garantie. Le Droit prussien, partant de ce principe que dans le doute les conventions doivent s'interpréter dans le sens favorable au débiteur, présumait l'engagement le moins onéreux (3); le projet a reconnu, comme notre Code civil et comme le Code fédéral, que c'eût été là le plus souvent aller contre l'intention véritable des parties, il présume donc l'obligation de porte-fort (4); mais il reste entendu que ce n'est qu'une présomption pour le cas où cette intention est douteuse, et que le débiteur a toujours le droit d'établir qu'il ne s'était engagé qu'à faire en sorte d'obtenir le consentement du tiers, et qu'il avait été accepté qu'il ne répondrait pas du refus de celui-ci, si l'on n'avait rien à lui reprocher pour ce qui est de lui (5).

153. *Dommages-intérêts pour nullité de contrat.* — Nous avons indiqué, d'après le projet, dans quels cas le contrat est nul faute d'objet possible ou licite; mais il restait à se poser, comme conclusion de cette théorie, une question générale de la plus haute importance : quelles vont être les conséquences de la nullité pour impossibilité ? On comprend, en effet, que la nullité du contrat

(1) Cf. sur la question W. Endemann, *Studien in der romanisch-kanonistischen Wirthschafts-und Rechtslehre*, II, 1883, p. 25 et suiv.
(2) Cf. Sächs. G. B., § 798.
(3) A. L. R., I, 5, § 40 et suiv.
(4) C. civ., art. 1120; C. féd., art. 127.
(5) Cf. Sächs. G. B., § 799.

puisse causer aux parties un dommage fort appréciable : ce dommage ne sera pas sans doute exactement le même que celui qu'eut éprouvé le créancier, au cas de contrat valable, si son débiteur n'eut pas exécuté le fait promis (1) ; dans ce dernier cas l'intérêt du créancier correspond en général à la valeur qu'aurait dû mettre dans son patrimoine l'objet qu'on devait lui fournir (*Erfullungs interesse*, v^r supr. n°s 13 et 25). Lorsque le contrat se trouve nul aucune des parties ne peut se dire créancière, aucune ne peut demander indemnité correspondant à la valeur de la chose promise ; et en effet, dans la plupart des cas, c'est-à-dire en matière de contrats synallagmatiques, si chacune des parties se trouve privée de l'objet qu'elle s'était fait promettre, elle se trouve dispensée, en revanche, de fournir celui qu'elle aurait dû prester en en retour : il serait donc absolument inexact de mesurer le dommage qu'elle éprouve, à raison de la nullité du contrat, d'après la valeur de l'objet qu'elle aurait dû acquérir en échange de sa propre prestation, puisqu'elle est dispensée de toute prestation et qu'elle garde ce qu'elle aurait dû livrer. Mais son dommage pourra consister dans la privation du bénéfice que le contrat lui eut procuré, celui-ci entendu au sens économique, en tenant compte de la comparaison des prestations réciproques, bénéfice qui peut lui être définitivement enlevé, si l'occasion qui lui avait été offerte ne se retrouve plus : ce sera par exemple un individu à qui on avait proposé un échange et qui sur ce fondement aura manqué une vente avantageuse. Or l'objet qu'on lui promettait en contre-échange rentrait au nombre des prestations impossibles, l'échange est nul, et la partie trompée risque de ne plus retrouver les mêmes conditions de vente qui lui étaient offertes : la nullité de l'échange l'a privée du bénéfice d'une vente avantageuse ; ce dommage constitue l'intérêt qu'elle aurait eu à ne pas s'engager dans un contrat qui se trouve nul (2), c'est ce que Ihering a appelé le *Negative vertrags*

---

(1) Il pourra arriver quelquefois qu'il se confonde avec lui, par exemple au cas de contrat unilatéral, s'il y a promesse unilatérale d'une chose que le stipulant n'a plus de chance d'obtenir d'autre personne. Seulement le projet déclare que dans aucun cas le *Negative Vertrags interesse* ne devra dépasser l'*Erfullungs interesse*. Les dommages-intérêts pour contrat manqué pourront bien égaler les dommages pour inexécution, mais non leur être inférieurs (art. 97-3°, art. 345). — Cf. *Motifs sur l'art.* 97-3°, t. I, p. 195.

(2) Cf. Instit., III, 23, § 5. « *Habebit actionem ex empto... ut consequatur, quod sua interest deceptum eum non esse.* » — Cf. L. 62, D. (18-1).

interesse (1). Il va de soi que la partie qui a connu ou qui aurait dû connaître l'impossibilité est censée avoir accepté les chances auxquelles elle se soumet; et c'est pour cette raison que notre question ne s'élève pas au cas d'objet contraire aux mœurs, personne n'étant excusable ici d'avoir ignoré ce caractère de l'objet; elle s'élève au contraire si le contrat est simplement impossible ou défendu par la loi, sans que cette défense se réfère à une question de bonnes mœurs ou d'ordre public (art. 347). Si donc l'objet est impossible, et que l'une des parties l'ignore et que, sur la foi de l'autre, elle s'engage dans un contrat qu'elle croit valable, la question est de savoir si elle ne peut pas réclamer contre l'autre indemnité pour nullité de contrat, lui demander le *Negative vertrags interesse*, autrement dit l'équivalent de l'intérêt qu'elle aurait eu à ne pas contracter. Si l'autre partie a connu elle-même l'impossibilité, l'affirmative s'impose : il y a sinon dol, tout au moins faute suffisante à fonder dans tous les cas un délit civil, et même chez nous nous trouvons sur ce point des ressources très complètes dans notre article 1382. Il faut donc supposer pour que la difficulté s'élève que les deux parties aient ignoré l'impossibilité, et que l'une d'elles ait pris l'initiative du contrat : il s'agit de savoir alors si l'autre peut la rendre responsable du préjudice que la nullité lui cause et à quelles conditions cette responsabilité se trouvera exister. — La question est fort délicate, car par hypothèse la convention que les parties voulaient conclure est nulle et par suite elle entraîne dans sa chute les obligations réciproques qu'elle devait avoir pour but d'engendrer à la charge des parties. Sur quoi donc fonder l'obligation de responsabilité de celui des contractants qui a pris l'initiative de l'affaire ?

154. *Fondement de la théorie.* — On songe immédiatement à un premier moyen, la théorie du dol ou plutôt de la faute lourde qui lui est assimilée : si l'ignorance de la partie qui a proposé le contrat est le fruit d'une négligence suffisante pour constituer un délit civil, elle en devra réparation en vertu des principes généraux sur la matière : c'est, dit-on, la seule ressource que nous ayons chez nous en pareil cas, c'est l'article 1382 qui nous la fournit (2). Mais il y a à cela un double inconvénient, la responsabilité délictuelle

(1) Ihering, *Jahrb. f. dogm.*, IV, p. 16 et suiv. — Cf. Windscheid, § 307, note 5, § 315, note 7.

(2) Est-il vrai que nous en soyons réduits à l'unique ressource de l'article 1382? C'est ce que nous examinerons plus loin.

n'est attachée en général qu'à la négligence proprement dite, et non à la simple imprudence ; de plus c'est à celui qui invoque le délit à en établir les éléments constitutifs, et ces deux conditions vont de beaucoup limiter les chances que peut avoir la partie qui est victime de la nullité d'obtenir réparation.

155. *Historique.* — Or les Allemands qui avaient à poser la question sur le terrain du droit romain trouvaient dans les textes relatifs à la vente des précédents susceptibles d'élargir le débat et de fournir des idées nouvelles et passablement hardies. Les jurisconsultes romains nous disent que la vente d'un objet hors du commerce subsiste, bien que la livraison soit impossible en soi, si l'acheteur a ignoré la condition de l'objet ; et ils en concluent que ce dernier aura l'action dérivant du contrat, l'action *ex empto*, pour réclamer indemnité (1). On pourrait croire au premier abord qu'il n'en sera ainsi que s'il y a eu dol de la part du vendeur, et le passage des Instituts, parlant de l'acheteur trompé et demandant pour cela réparation (2), tendrait à le faire croire ; l'action *ex empto* ne serait qu'un moyen de procédure mis en œuvre pour demander réparation en raison d'un dol. Mais les textes du Digeste ne font plus allusion à aucune fraude de la part du vendeur ; l'un d'eux suppose même que les deux parties ont ignoré la condition de l'objet (3) : et ici il ne peut donc être question de dol de la part du vendeur. Du reste en disant que la vente subsiste, cela semble bien dire qu'elle subsiste avec les obligations qu'elle engendre, donc avec la responsabilité qu'elle met à la charge du vendeur, d'où l'on est en droit de conclure que l'acheteur par l'action *ex empto* pourra lui demander compte de toute faute, dont il aurait eu à répondre en vertu de la responsabilité propre à la vente ; par conséquent il serait responsable de son ignorance toutes les fois que celle-ci eut été le résultat d'une négligence rentrant dans la catégorie des fautes dont le vendeur doit réparation en raison de son contrat : c'est tout au moins un minimum de responsabilité ; d'autres inter-

---

(1) LL. 4-6; L. 62, § 1; L. 70 (*De contr. empt.*), 18, 1. « *Et liberi hominis et loci sacri et religiosi, qui haberi non potest, emptio intellegitur, si ab ignorante emitur* (L. 4). »

(2) Instit., III, 23, § 5. « *Loca sacra vel religiosa, item publica... frustra quis sciens emerit, quas tamen si pro privatis vel profanis deceptus a venditore emerit, habebit actionem ex empto, etc., etc.* »

(3) L. 70. D. (18, 1).

prêtes iront plus loin encore et déclareront le vendeur tenu sans distinction, parce que toute ignorance de sa part est, dit-on, une faute dont il doit compte, sans qu'il lui reste aucun droit de justification. Mais laissons pour le moment cette interprétation de côté; il reste acquis tout au moins ceci, que par l'action *ex empto* on doit pouvoir lui demander compte de toute ignorance impliquant faute légère, ou pour mieux dire impliquant une faute dont il aurait à répondre si la vente était réellement valable. Il va de soi que ce maintien supposé de la vente alors que celle-ci n'a plus d'objet ne pouvait être qu'une fiction; et un jurisconsulte plus sincère le reconnaît franchement en disant: bien que la vente n'existe plus, l'acheteur n'en aura pas moins l'action *ex empto* (1). Si l'on donnait à celui-ci une simple action *in factum*, cela s'expliquerait encore à la rigueur (2); mais lui donner l'action du contrat lorsqu'on reconnaît qu'il n'y a plus de contrat, c'est tout à fait inexplicable. En tout cas nous sommes loin du domaine étroit du dol et de la faute lourde.

156. Ce n'est pas ici le lieu de chercher l'explication du problème juridique, et plus encore historique que juridique, dont nous venons d'indiquer le point délicat. En raison les Romains ont senti que dans un contrat de bonne foi lorsque deux parties s'abouchent pour entrer en relations d'affaires, il y a tout au moins une première convention qui se forme en dehors de toute autre obligation spéciale, c'est l'engagement de part et d'autre de faire en sorte de ne pas se nuire réciproquement; alors même que la vente en tant que vente vient à tomber, cette convention spéciale qui en est indépendante doit subsister; seulement les principes généraux à Rome ne fournissent pas d'action spéciale pour la consacrer, car cette convention ne serait qu'un pacte qui comme tel serait dépourvu d'action. Comme il faut, pour avoir une action, conserver le moule d'un des contrats consacrés par le droit civil, on suppose fictivement que la vente subsiste et l'on donne à l'acheteur l'action

---

(1) Modestin : L. 62, D. « *Licet emptio non teneat, ex empto tamen adversus venditorem experietur, ut consequatur quod interfuit ejus, ne deciperetur.* »

(2) Il semble bien d'ailleurs que c'est par le moyen de l'action *in factum* que la théorie avait débuté; le préteur donnait une action *in factum* voulant échapper aux conditions et rigueurs de l'action de dol, puis cette action *in factum* fut remplacée par l'action même du contrat : cette marche nous est indiquée par la loi 8, § 1, D. (11, 7).

ex emplo (1). Mais comment construire la théorie dans le droit moderne où nous ne sommes plus arrêtés par ces subtilités ?

157. *Théories proposées.* — Ihering (2) a proposé un système qui n'est guère que la reproduction de l'interprétation que nous venons de présenter des textes romains et qui peut se résumer ainsi : quiconque entre en relation d'affaires avec un autre et lui fait une offre de contracter, s'engage par le fait même à répondre envers lui de toute faute dont il devrait réparation en vertu du contrat lui-même, et une fois cette offre acceptée, alors même que le contrat est nul ou révoqué, l'engagement pris par le pollicitant subsiste et suffit par conséquent à le rendre responsable de toute faute commise par lui à raison de sa proposition elle-même, ce que Ihering appelle la *Culpa in contrahendo*, faute appréciée suivant la mesure de responsabilité propre au contrat que l'acheteur avait entendu conclure. En d'autres termes la responsabilité spéciale qui devait dériver du contrat s'attache déjà à la proposition de contrat. A s'en tenir là l'explication serait admissible, car cette responsabilité conserverait une origine contractuelle puisque l'on peut en effet décomposer la convention conclue entre les parties ; celle-ci contient un contrat nul faute d'objet et en outre un pacte qui en est indépendant et qui subsiste, lequel consiste dans l'engagement réciproque de répondre de toute faute commise par les parties dans les rapports d'affaires qu'elles ont eus entre elles (3). — Mais on alla plus loin (4), les auteurs qui n'admettaient pas que le pollicitant fût lié à son offre pendant un certain délai et qui par suite lui permettaient de la révoquer, appliquaient à cette hypothèse la théorie du *Negative vertrags interesse*, lui imposant réparation, non seulement pour son dol, mais pour toute imprudence impliquée dans sa révocation (5). Comment donc parler ici d'un contrat spécial qui est déclaré nul tandis que la convention de responsabilité subsiste? Tout tombe puisque la révocation fait disparaître la volonté de l'une des parties avant que la volonté de l'autre l'ait rencontrée. De sorte qu'on

---

(1) Cf. *Nouv. Rev. hist.*, 1888, p. 536, note 2. — Accarias, *Précis*, t. II, n° 602 *in fine*.

(2) Ihering, *Jahrb.*, *f. dogm.*, IV, p. 1 et suiv.

(3) Cf. *Nouv. Rev. hist.*, 1888, p. 536, note 2.

(4) Et Ihering ira jusque-là.

(5) Cf. Windscheid, *Pand.*, § 307, note 7. — Cf. Goldschmidt, dans *Zeitschr. f. Handelsr.*, t. XIII, p. 335.

réalité la responsabilité du pollicitant, bien qu'ayant un caractère contractuel au point de vue de son étendue, était attachée au point de vue de son origine, à une pure déclaration unilatérale de volonté de sa part (1), et ce qu'il y a de plus bizarre c'est que cette théorie est acceptée par les auteurs qui refusent à l'offre seule tout caractère obligatoire, sous prétexte que la volonté à elle seule ne peut pas se lier elle-même ; c'est sur ce fondement qu'ils admettent la révocation, et cependant ils mettent à la charge du pollicitant une responsabilité qui n'est pas fondée sur le délit civil, mais sur un véritable engagement de sa part. Pour sortir de cette impasse certains auteurs avaient invoqué l'idée de mandat ; le pollicitant invite l'autre partie à accepter et à exécuter le contrat qu'il lui propose, si donc il le révoque il lui doit compte des frais qu'elle a déjà faits en vue de l'exécution, autrement dit des dépenses que l'exécution du mandat lui avait occasionnées (2). Cette théorie a le grave inconvénient de limiter outre mesure le montant de l'indemnité : c'est la négation même du *Negative vertrags interesse* (3), et de plus elle ne répond pas à l'objection formulée, le mandat révoqué donne lieu à indemnité pour le préjudice que cause la révocation lorsqu'il y a déjà mandat formé, c'est-à-dire accepté, puisque le mandat est un contrat qui suppose concours de volonté : mais lorsque le pollicitant reprend son offre, il ne révoque pas le mandat, il l'empêche de se former. Il faut en dire autant de la théorie que Windscheid avait primitivement présentée d'une obligation de garantie à la charge du pollicitant (4) : il avait voulu, en mettant cette idée en avant, échapper à l'idée de faute et rendre le pollicitant responsable dans tous les cas, par conséquent pour reprendre

---

(1) Il y a bien d'autres cas où le caractère contractuel du fondement de la responsabilité en matière de *Negative vertrags interesse* eût été insuffisant pour la faire admettre là où il était équitable d'en reconnaître l'application, par exemple dans l'hypothèse visée par l'article 97-3° : il s'agit d'une promesse qui n'est pas faite sérieusement et que l'autre partie a prise au sérieux ; il y a lieu de la part de celui qui a ainsi induit l'autre en erreur au *Negative vertrags interesse*. On ne peut plus dire que celui-ci repose sur une convention de responsabilité maintenue alors même que le contrat principal se trouve nul, puisque le promettant n'a pas eu l'intention de conclure un acte juridique d'aucune sorte et qu'il n'y a même pas offre de contracter, mais badinage de sa part.

(2) V. citations dans Windscheid, *Pand.*, § 307, note 5.

(3) C'était la théorie de Mommsen, *Erörterungen*, II, p. 134.

(4) Cf. Windscheid, dans les précédentes éditions de ses Pandectes, et Regelsberger dans l'*Handbuch* d'Endemann, II, p. 414, note 8.

l'exemple du vendeur, au cas où l'objet est impossible, le rendre responsable de toute ignorance de sa part sans réserve de justification d'aucune sorte à son profit (1). La base de la théorie faisait défaut puisque la garantie suppose convention, donc concours de volontés. Aussi a-t-il dû en venir à ce moyen héroïque de déclarer que l'obligation qui pèse sur le pollicitant ne repose pas sur un fait de volonté de sa part, Windscheid n'admet pas en effet que la volonté puisse se lier elle-même, mais que c'est le droit qui la lui impose (2) ; pour parler net, disons que c'est une obligation légale : le droit veut que lorsqu'on propose un contrat à quelqu'un, celui-ci puisse compter que ce contrat pourra naître et par suite celui qui le lui a proposé est tenu de toutes les suites préjudiciables que sa proposition pourra causer à l'autre partie. Windscheid ne parle même plus de proposition imprudente : l'idée de faute a disparu, cela se comprend, puisqu'il s'agit d'une obligation légale, attachée au seul fait de se mettre en rapport d'affaires avec quelqu'un.

158. *Législation.* — En législation la question du *Negative vertrags interesse* n'avait pas encore été explicitement abordée ; on prétend cependant à peu près généralement, et les motifs du projet l'affirment aussi (3), que la théorie d'Ihering sur la *Culpa in contrahendo* avait été déjà reconnue par avance par le Code prussien. Les commentateurs les plus autorisés de celui-ci le nient (4) ; la question est tout au moins douteuse. Ce qui peut le faire croire, c'est d'abord que l'*Allgemein Landrecht* signale différents cas où le contrat étant nul ou révoqué il y a lieu à indemnité contre celui qui a induit l'autre partie en erreur (5) ; c'est ensuite et surtout parce que le Code prussien contient un article qui semble bien formuler un principe général (6) dont les cas auxquels nous faisons allusion ne seraient alors que des applications ; il y est dit que les dispositions qui ont pour but de régler la responsabilité des parties en matière d'exécu-

(1) Cf. Windscheid, § 307, note 5. — Cf. Ihering, *Das Schuldmoment im Röm. Privat R.*, p. 38, note 73.
(2) Windscheid, *Pand.* (éd. 1887), § 307, note 5.
(3) Cf. *Motifs*, t. II, p. 178, note 3.
(4) Förster-Ecclus, *Preuss. Priv. R.*, I, § 78, note 27 et suiv.
(5) Voir citations dans Förster-Ecclus, *loc. cit.*, notes 32 et suiv., et dans *Motifs*, t. II, p. 178, note 3.
(6) A. L. R., 1, 5, § 284.

tion s'appliquent également à la responsabilité qui peut incomber aux parties du chef même de la formation du contrat. On en conclut qu'il y a une responsabilité qui pèse sur quiconque entre en rapport de convention avec autrui, et cette responsabilité est la même que celle dont il aura à répondre en matière d'exécution du contrat : c'est la théorie même d'Ihering sur la *Culpa in contrahendo*. A quoi on a répondu que notre article supposait le contrat formé et valable et qu'il signifiait alors que le contrat engageait la responsabilité des parties non seulement en ce qui concerne son exécution, mais également en ce qui concerne sa formation (1); dans ce système les exemples d'indemnité admis au cas de contrats nuls ou révoqués impliqueraient qu'il y a dol ou faute lourde et ne seraient dans le Code prussien que des applications de la théorie générale sur le délit civil. Nous n'avons pas à prendre parti sur la question d'interprétation de l'article dont il s'agit; mais il faut bien reconnaître que même à supposer le contrat valable les parties ne répondent pas forcément, sauf le cas de dol, des faits concomitants à la formation du contrat, et entre autres des faits de négligence ou d'imprudence qui ont pu rendre le contrat désavantageux pour l'une des parties (2); elles ne s'engagent en somme que pour l'avenir et n'ont pas à répondre du passé, toute question de dol à part : en leur imposant une sorte de responsabilité, même pour le passé, c'est-à-dire pour ce qui est de la formation même du contrat, le Code prussien reconnaît implicitement qu'en s'abouchant pour contracter elles ont déjà dû observer à l'égard l'une de l'autre la même diligence, le même respect des intérêts de chacune d'elles que lorsque le contrat aura été conclu et qu'il s'agira de l'exécution (3).

(1) Voici le texte : « *Was wegen des bei Erfüllung des Vertrages zu vertretenden Grades des Schuld Rechtens ist, gilt auch auf den Fall, wenn einer der Kontrahenten bei Abschliessung des Vertrages die ihm obliegenden Pflichten vernachlässigt hat.* » — V. Förster-Eccius, *loc. cit.*, note 29.

(2) Förster-Eccius citent (*loc. cit.*, note 29) le cas où le vendeur aurait caché à l'acheteur certaines propriétés de l'objet susceptibles de constituer pour lui un désavantage.

(3) Ceci semble bien tout à fait confirmé par un autre article (A. L. R., 1, 5, § 53), qui paraît être la reproduction exacte des textes du Digeste cités plus haut : il s'agit d'une impossibilité simplement relative, c'est le cas par exemple, de l'impossibilité juridique, chose publique, chose sacrée, comme dans les textes romains, et il est dit que si celui qui l'a promise connaissait la condition de la chose (c'est le cas du vendeur romain qui promet

159. *Système du projet.* — Le projet avait donc à se prononcer : limiterait-il la responsabilité à la faute lourde; admettrait-il la théorie d'Ihering qui la mesure à la faute même dont le contrat impliquerait réparation, ou enfin celle de Windscheid qui, laissant de côté l'idée de faute, la déclare engagée pour tout fait d'ignorance de celui qui a proposé le contrat et qui par suite a induit l'autre partie en erreur? On peut dire qu'il n'accepte au juste aucune de ces trois théories. Assurément il s'en tient à l'idée de faute, puisqu'il exige que l'ignorance soit imputable à négligence (art. 345). Mais d'autre part il admet une responsabilité unique et non, comme le voulait Ihering, graduée au degré de faute dont le contrat spécial impliquerait réparation; et cependant cette responsabilité unique n'est pas celle de la faute lourde, mais de la faute légère appréciée suivant le type abstrait du bon administrateur, les motifs le disent expressément (1). On pourrait croire que cela tient à ce que le projet n'admet en principe qu'un seul type de faute et que pour lui tout contrat entraîne responsabilité pour faute légère (art. 224, cf. *supra*, n° 15); la responsabilité relative à la formation du contrat serait la même en fait que celle relative à son exécution. En apparence l'idée serait à peu près celle d'Ihering dégagée de la théorie sur la diversité des fautes, laquelle en principe est supprimée. Il semble

sciemment une chose sacrée), il est obligé vis-à-vis de l'autre à complète réparation. Certains commentateurs ont dit qu'en pareil cas le contrat n'était pas nul et que le promettant devait intérêt pour inexécution (l'*Erfullungs interesse*). Ce n'est pas ce que dit le texte, il parle d'indemnité complète, c'est-à-dire adéquate au dommage causé; or le dommage causé consiste dans le fait d'avoir accepté un contrat qui se trouve nul et par suite d'avoir manqué une occasion d'acquisition qui ne peut plus se retrouver, ou qui ne se retrouvera que dans des conditions moins avantageuses : l'intérêt variera suivant les cas. C'est l'hypothèse du *Negative vertrags interesse*. Voici le texte : *War die bedingte Unmöglichkeit nur demjenigen bekannt, der zu der unmöglichen Handlung oder Leistung sich verpflichtete, so muss er den andern Theil vollständig entschädigen* (V. discussion dans Förster-Eccius, *Preuss. Priv. R.,* I, § 66, note 16. — Cf. *Sächs. G. B*, § 844).

(1) Cf. Meischeider, dans *Bekker-Beitrage*, fasc. III, p. 40.

Comme exemples d'application de la théorie du *Negative vertrags interesse*, en dehors du cas des articles 345 et 347, il faut citer l'hypothèse d'une proposition de contrat faite sans intention de contracter et prise au sérieux par l'autre partie (art. 97-3°), le cas également de nullité pour erreur (art. 99-2°). Si celui qui a proposé le contrat et induit l'autre en erreur est coupable d'imprudence, constituant faute légère, il doit le *Negative vertrags interesse.*

donc que l'intérêt de la question se trouve écarté; tant s'en faut
cependant; il faut en effet se souvenir que la mesure de la responsabilité contractuelle est affaire de convention ; si donc la convention
des parties l'a rendue plus ou moins étroite, devra-t-on admettre
la même mesure de responsabilité en ce qui touche la faute commise à propos des offres de contrat et de la formation même du
contrat? Ce serait la théorie d'Ihering et celle du Code prussien.
On voit qu'il importe encore de poser la question de principe. A
lire les motifs du projet, tout au moins sur l'article 345, on croi-
rait volontiers que la chose n'a pas été tranchée; les motifs
déclarent qu'on n'a pas voulu décider si la responsabilité en
matière de proposition de contrat devait être considérée comme
ayant pour fondement le délit ou la volonté (1); et il semble bien
au premier abord que la solution du problème que nous posons
dépende de cette question préalable. Si en effet la responsabilité a
sa source uniquement dans le délit commis par celui qui par sa
faute a induit l'autre en erreur sur la formation du contrat, elle
aura toujours forcément la même mesure ; sans doute cette mesure
sera plus étroite que celle du délit ordinaire, cela tient aux circonstances dans lesquelles la faute est commise : on sait qu'en
principe dans le système du projet toute faute est délictuelle (V.
supra, nᵒˢ 13 à 16). Si l'on distingue encore une responsabilité
délictuelle et une responsabilité contractuelle, cela ne touche pas
au caractère de la faute elle-même, mais aux conditions dans lesquelles elle se produit, aux éléments nécessaires à son admissibilité :
la faute contractuelle est un délit dont les éléments ont été prévus
et réglés par la convention. Le délit proprement dit est une violation du respect général que l'on doit à autrui en dehors de tout
lien de convention; or, ce respect peut être plus ou moins étroit,
suivant les circonstances, et l'on comprend que l'on soit plus
rigoureux, pour celui qui prend l'initiative d'un contrat destiné
d'avance à tomber et qui, sans le vouloir, peut attirer son cocon-
tractant dans un piège; on peut le rendre responsable même de
toute faute légère sans que sa responsabilité cesse de reposer sur le
délit civil, non seulement au sens large, toute faute étant délictuelle, mais au sens étroit, en ce sens que la responsabilité ici
n'aurait d'autre origine que la violation d'un devoir général de
respect indépendant de tout engagement à l'égard d'autrui. Seulement ce qui est certain c'est que ce devoir de respect étant toujours

---

(1) *Motifs*, t. II, p. 179.

le même, puisqu'il ne repose pas sur un engagement volontaire, la
mesure de la responsabilité serait forcément la même : le projet
l'ayant mesurée à la faute légère, il n'y aurait pas à la faire varier
dans aucun cas. Si au contraire la responsabilité repose sur un
engagement de la volonté, rien de plus naturel qu'elle puisse varier
suivant la rigueur de l'engagement qu'on a entendu accepter.
Assurément ce serait un engagement d'un seul côté, puisque nous
avons repoussé l'idée d'une responsabilité reposant sur la convention et qu'il s'agit d'une responsabilité attachée à la seule déclaration de volonté et subsistant alors que toute convention disparaît;
mais ceci n'aurait rien d'exhorbitant dans le système du projet qui
admet en certains cas exceptionnels l'effet obligatoire résultant
d'une seule déclaration de volonté, la volonté se liant elle-même :
ce serait une exception de plus à ajouter à celles que mentionne le
projet à propos de l'article 342. Mais alors la volonté pourrait se
donner sa mesure à elle-même et l'on comprendrait qu'elle enga-
geât sa responsabilité dans la mesure exacte où elle entend l'engager à propos de l'exécution du contrat; ce serait la formule
d'Ihering : la responsabilité relative à l'exécution existe déjà dans
la même mesure par rapport à la proposition de contrat elle-même.

160. On pourrait donc croire, à ne lire que les motifs sur l'article 345, que le projet a entendu rattacher la question qui nous
occupe à celle qu'il a laissée en suspens sur le caractère délictuel
ou volontaire de la responsabilité relative à la formation du contrat; et cependant il n'en est rien; il est dit ailleurs et de la façon
la plus formelle, sur l'article 97-3°, que la responsabilité qui nous
occupe ne se mesure pas à celle du contrat lui-même, dans les cas
où les clauses particulières du contrat l'auraient rendue plus ou
moins étroite (1). Or cela peut-il s'accorder avec l'hypothèse d'une
responsabilité volontaire? Il faut bien que dans la pensée du
projet il en soit ainsi, puisque si le projet ne se prononce pas pour
la responsabilité volontaire, il n'entend pas non plus la repousser. C'est l'explication qu'il faut trouver; rien ne sera plus facile,
on l'a déjà vu, si l'on doit admettre le délit civil; la difficulté
n'existe que si on donne pour fondement à la responsabilité un
engagement de la volonté : la volonté s'est liée elle-même, et elle
n'est pas libre de se lier plus ou moins : comment le comprendre
et pourquoi n'en pas revenir purement et simplement à l'idée

(1) *Motifs*, t. 1, p. 105.

de Windscheid qui supprime la faute et déclare qu'il y a obligation légale? Comment donc le comprendre? La pensée du projet est peut-être que la responsabilité d'un débiteur peut varier en ce qui touche l'exécution de son obligation et que rien n'est plus juste, puisque dans ce cas cette atténuation de responsabilité a été acceptée par le créancier; mais lorsqu'il s'agit d'une proposition de contrat, c'est-à-dire d'un acte auquel l'autre partie est restée étrangère, le pollicitant ne peut plus restreindre à son gré sa responsabilité et déclarer qu'il n'entend répondre que de telle ou telle faute : l'autre partie n'est pas mise pour cela en défiance et par suite ne peut pas se voir opposer une atténuation de responsabilité qu'elle n'a pas été à même d'accepter ou de refuser. La pensée du projet serait alors celle-ci : quiconque entre en rapport d'affaires avec quelqu'un est censé s'engager, avant même toute acceptation de l'autre partie, à ne commettre aucune faute légère à son endroit et par conséquent s'engage à répondre des suites de toute offre imprudente susceptible de causer dommage à l'autre partie. Cet engagement est censé lié à toute proposition de contrat, et la loi n'admet pas qu'on s'en délie, car ce serait se placer soi-même en dehors de la justice, et la loi n'accepte pas que la volonté puisse se mettre en dehors de la justice et de l'équité. Telle est l'explication proposée pour le cas où l'on devrait considérer la responsabilité qui nous occupe comme ayant pour fondement un engagement volontaire de la part de quiconque prend l'initiative d'un contrat. Reste à se demander s'il subsiste un intérêt pratique à la question de savoir si l'on doit accepter cette idée d'un engagement volontaire ou celle du délit civil ; or les motifs ont répondu par avance en signalant la différence de prescription de l'action (art. 719) : peut-être y en aurait-il d'autres. Peu importe : c'est le point théorique qu'il était indispensable d'élucider.

161. *Droit français.* — Comment d'ailleurs résister ici à la tentation d'établir sur ce point important un rapprochement avec les principes de notre droit en ce qui touche la matière? on reconnaît généralement que la question doit être tranchée d'après les principes de l'article 1382; mais on sait déjà combien cette ressource est insuffisante; et du reste est-il donc absolument certain que nous en soyons réduits là? Tel n'est pas notre avis : non que nous voulions introduire chez nous un principe emprunté au droit allemand; nous avons en vue une disposition même de notre Code civil, qui à elle seule suppose admis le principe de la responsabilité pour contrat nul. Comment, en effet, expliquer l'article 1599 qui laisse subsister une obligation d'indemnité bien qu'il y ait nullité du contrat, autrement que comme une reproduction des textes romains sur la vente nulle pour objet hors du commerce et donnant droit cependant à l'action *ex empto* pour indemnité? Sans doute il y a un système qui veut voir dans l'article 1599 un cas de condition résolutoire et qui explique alors très facilement, par voie d'application de l'article 1184, le maintien d'une action en dommages-intérêts (1). Mais comment le justifier pour ceux qui y voient une nullité proprement dite? De deux choses l'une, ou bien il s'agit d'une indemnité pour délit et alors il faudra distinguer si le vendeur était ou non de bonne foi, ou il s'agit d'indemnité pour violation d'un engagement volontaire, et alors on pourra en effet ne plus distinguer suivant la bonne ou la mauvaise foi du vendeur. Il y a sous ce rapport quelque contradiction chez les auteurs; MM. Aubry et Rau, par exemple, ont admis en même temps les deux opinions : au chapitre où ils traitent de la théorie des nullités, ils déclarent que la nullité peut donner lieu à réparation pour cause de délit civil, fondé sur l'article 1382, et ils citent comme exemple le cas de l'article 1599 (2); et sur l'article 1599, ils admettent que l'indemnité sera due que le vendeur soit ou non de bonne foi, parce que la responsabilité n'est pas fondée sur le délit et qu'il n'y a pas à se référer à l'article 1382 : il s'agit de faute contractuelle et non délictuelle (3). Alors comment l'expliquer puisqu'il n'y a plus de contrat? Veut-on dire que, en dehors de la vente qui est nulle, il y a eu, par le seul fait du concours de volontés, une convention tacite de garantie qui subsiste? C'est l'explication que nous proposions comme interprétation des textes du Digeste. Veut-on dire que le vendeur est lié par son offre, ou, pour parler comme M. Demolombe, que par cela seul que l'offre a touché l'autre partie, ou présume qu'il y a déjà convention formée (4), tout au moins convention de garantie réciproque au sens que nous venons d'indiquer? Ce n'est pas ici le lieu de résoudre ce problème délicat. Tout ce que nous voulions montrer, c'est que le principe du *Negative vertrags interesse* était une idée française autant qu'allemande, et nous ne voyons pas pourquoi on nous réduirait sur ce point à l'ar-

---

(1) Colmet de Santerre, t. VII, n° 28 *bis*·XVI.
(2) Aubry et Rau, t. I, § 37, p. 123.
(3) Aubry et Rau, t. IV, § 351, note 45.
(4) Demol., t. XXIV, n°° 64-65.

ticle 1382, alors que pour un cas particulier, celui de l'article 1599, nous avons l'application d'une idée bien plus générale et bien plus féconde, et qu'il n'y a plus qu'à extraire et formuler le principe juridique qui s'en dégage et à lui donner toute l'extension qu'il comporte.

162. *Indétermination de l'objet.* — Nous venons de parler de l'objet impossible ou illicite; il faut rapprocher de cette matière, celle de l'objet indéterminé; si l'indétermination est absolue, cela équivaut à l'absence d'objet et le contrat est nul faute d'objet (art. 352). Il peut arriver aussi que la détermination de l'objet soit remise à l'appréciation soit de l'un des contractants, soit d'un tiers. Dans le premier cas, il va de soi que la partie qui en est chargée ne peut pas déterminer l'objet arbitrairement, mais doit le faire d'une façon conforme à l'équité : il peut se faire aussi que la convention n'ait pas indiqué laquelle des deux parties aurait le droit de procéder à cette détermination, ce qui se présente par exemple, au cas de contrat synallagmatique, lorsque l'une des prestations ayant été fixée on n'a pas précisé quelle serait l'étendue de l'autre, par exemple le montant du prix au cas de vente. Le projet présume que ce sera à la partie à qui cette prestation est due d'en fixer l'étendue, toujours bien entendu conformément à l'équité (art. 353-354).

Si la détermination de l'objet est remise à un tiers désigné, l'intervention du tiers, et ceci doit être remarqué, est considérée comme un élément essentiel à la formation du contrat; les parties ont entendu le prendre pour arbitre et par suite cette désignation a un caractère essentiellement personnel; si bien que s'il s'y refuse, elles ne peuvent s'adresser à justice pour obtenir la détermination de l'objet et le contrat tombe, soit que l'intervention du tiers ait été considéré comme condition suspensive soit comme condition résolutoire (art. 355).

163. *Formalités relatives à certains contrats.* — Enfin le projet traite de particularités relatives à l'objet spécial de certains contrats. Il pouvait être question tout d'abord de se demander si pour quelques contrats spéciaux il n'y aurait pas lieu d'exiger des règles de forme destinées à en garantir la sincérité. Le droit prussien, par exemple, avait soumis à la forme écrite tous les contrats dont l'objet dépassait 50 thalers. La rédaction d'un écrit était donc exigée, non seulement en vue de la preuve, comme chez nous, mais pour l'existence même du contrat; et de plus il était dit que si les parties étaient convenues de rédiger un écrit on présumait dans tous les cas qu'elles avaient entendu l'exiger non pour la preuve, mais subordonner à cette solennité l'efficacité du contrat lui-même (1). Ces prescriptions avaient déjà été abolies en matière commerciale (2); et le dixième congrès des jurisconsultes allemands s'était prononcé pour l'abolition de toute solennité de ce genre (3). Le projet entre dans cette voie : il n'y a plus en principe de contrats solennels (art. 91); restait à se demander s'il n'y avait pas, par exception, à maintenir l'ancienne exigence pour certains contrats d'importance capitale, et entre autres pour celui par lequel on s'engage à aliéner un immeuble. Le Code prussien exigeait ici la forme écrite, quelle que fût la valeur de l'immeuble; et la plupart des législations d'État en faisaient autant, même celles, comme le Code saxon (§ 821), qui n'imposent en principe aucune forme spéciale pour la validité des contrats (4). Il semble bien cependant que l'exigence de la forme écrite en matière de ventes immobilières ou autres contrats de disposition ayant pour objet un immeuble, ait rencontré une certaine hostilité, car les motifs mettent quelque insistance à justifier le maintien des anciennes prescriptions à cet égard. On faisait sans doute valoir contre cette exigence que l'importance économique des fonds de terre avait sensiblement diminué. A quoi on a répondu que leur importance sociale subsistait, que la terre était le siège des populations et donnait par suite à celui qui en est le maître une très réelle influence sur ceux qui l'habitent. La terre en tant qu'objet d'échange a donc une valeur sociale que la féodalité avait sans doute exagérée, mais qui tient à la nature des choses et qu'on ne peut pas nier; on en a conclu que les actes qui étaient destinés, ne disons pas encore à en opérer, mais à en préparer l'aliénation, devaient être entourés de garanties sérieuses; et la nécessité de rédiger un écrit a paru indispensable même pour le

(1) All. L. R., I, 5, §§ 117 et 131.

(2) C. de comm. all., art. 317.

(3) On trouvera dans la consultation du Dr von Feistmantel, de Vienne, l'indication, et aussi la réfutation, des arguments que l'on faisait valoir en faveur du maintien d'une solennité de forme et, entre autres, de la forme littérale (*Verhandl. des Zehnt. Deutsch. Juristentages* (1872), I, p. 117 et suiv. — V. *Motifs sur l'art.* 91).

(4) Nous reproduisons ici les renvois cités en note par les *Motifs* (t. II, p. 189, note 1). — Säch. G. B., §§ 822-824. — *Würtemb. Ges. v. 23 juin.* 1853. — *Bay. Notariats Ges. v.* 10 nov. 1861. — *Hess. Ges. v.* 4 aug. 1871. — *OEst. G. B.,* § 434. — Cf. féd., art. 10.

contrat qui n'engendre cependant que l'obligation de transfert, sans réaliser le transfert lui-même. Le projet va plus loin; il a pensé que toute aliénation d'immeuble pourrait avoir des conséquences juridiques sur lesquelles l'attention des parties devait être appelée d'une façon particulière, et que du moment qu'on exigeait un écrit, il fallait être logique et imposer la garantie de la forme judiciaire ou notariée (art. 351). La sanction sera la nullité (art. 91); par conséquent, le contrat étant nul, aucune des parties ne peut plus exiger de l'autre qu'il soit procédé à la cession de l'immeuble (l'*auflassung*). On a pensé toutefois que cette dernière, lorsqu'il y est procédé d'accord avec les deux parties et qu'elle est complète, c'est-à-dire suivie de l'inscription aux registres fonciers (*auflassung und Eintragung*) devait couvrir le vice de forme : c'est que la cession elle-même donne au contrat les garanties qui lui ont manqué, puisque les deux parties renouvellent leur convention devant un fonctionnaire de l'ordre judiciaire; il n'y avait pas lieu non plus de ne tenir compte que de ce nouveau contrat sans faire produire à l'autre ses effets à la date où il a été conclu, car les formalités de la cession font disparaître le doute qui avait empêché le contrat antérieur de produire ses effets, elles prouvent que les parties qui viennent ainsi solennellement renouveler leur consentement, avaient fait un contrat sérieux dont elles avaient compris et accepté toutes les conséquences; donc la suspicion qui tenait son existence en suspens disparaît et le contrat se trouve validé. Du reste la solution contraire eut apporté quelque entrave aux facilités qui doivent entourer la cession judiciaire; le juge conservateur des registres eut refusé de procéder à l'inscription tant qu'on ne lui eut pas représenté un contrat en forme; et en admettant qu'il y eut procédé, les parties auraient eu une action en répétition analogue à la *condictio sine causa*, pour obtenir la restitution de l'immeuble, action prescriptible par 30 ans et qui laisserait planer ainsi une longue incertitude sur le régime de la propriété. Tout ceci d'ailleurs n'est que la reproduction de ce qui avait été admis par l'article 10 de la loi du 5 mai 1872, lequel avait eu à prévoir le cas où la cession aurait lieu sans que le contrat eut été passé dans la forme requise (1).

164. *Intérêts conventionnels.* — Le projet termine cette section relative à l'objet des contrats par une disposition importante rela-

(1) Förster-Eccius, *Preuss. Priv. R.*, 1, § 79, note 67.

tive à la stipulation d'intérêts (art. 358) : on pouvait, en effet, se
demander dans quelle mesure elle serait permise; or, le projet consacre à nouveau la liberté complète du taux de l'intérêt. Celle-ci,
d'ailleurs avait été reconnue dès l'année 1866, en Prusse (1), étendue
l'année suivante à toute la Confédération germanique du Nord par
la loi du 14 novembre 1867 (2) et cette loi est devenue, en 1870, loi
d'Empire (3). Seulement elle consacrait une réserve que le projet a,
paraît-il, l'intention d'abroger, par cela seul qu'il ne la reproduit
pas (4). Lorsque l'intérêt dépassait 6 p. 100, le débiteur avait droit,
à partir du sixième mois après la conclusion du contrat, de donner
avis de révocation de ce dernier au créancier (5), lequel avis devait
être à six mois : ce qui voulait dire tout simplement que le débiteur avertissait son créancier que dans un délai de six mois il le
rembourserait; en somme, c'était le droit au remboursement anticipé. La loi réservait, il est vrai, la faculté pour les législations
d'Etats de rendre plus facile ou plus onéreux ce droit de résiliation
du contrat, et aussi la faculté de le supprimer : généralement, la
tendance s'était montrée peu favorable à cette atteinte indirecte à
la liberté du taux de l'intérêt (6). Le projet l'abroge. Mais il laisse
intactes les prescriptions de la loi du 24 mai 1880 sur l'usure (7).
Or il faut savoir, pour comprendre comment les deux choses
peuvent se combiner, que le délit d'usure n'est pas constitué par le
fait de s'être fait promettre un intérêt excessif, puisque le taux de
l'intérêt est libre, mais par le fait d'avoir abusé de la situation du
débiteur pour obtenir un intérêt trop élevé (8) : il faut donc établir

(1) Cf Preuss. Wucher Ord., v. 12 mai 1866 et loi du 2 janv. 1867. Un
vœu avait également été émis en ce sens au sixième Congrès des juristes
allemands (V. Verhandl. des 6ten deutsch. Juristentages, 1865, p. 225-271).

(2) Sur la loi du 14 novembre 1867, voir P. Hinschius, dans Zeitschr. f.
Gesetzgebung und Rechtspflege in Preussen, II (1868), p. 14 et suiv.,
p. 336 et suiv.

(3) V. Bund. G. Bl., v. 1870, p. 647-656.

(4) V. Motifs sur l'art. 358, t. II, p. 196

(5) Halbjährige Kündigung des Vertrages (loi du 14 novembre 1867, § 2).
— V. Motifs sur l'art. 358, et Stobbe, D. Priv. R., t. III, § 190, p. 301 et
suiv.

(6) V. Motifs sur l'art. 358, et Stobbe, loc. cit., § 190, note 43.

(7) V. traduction de M. Paul Jozon, dans Annuaire 1881, p. 77 et suiv.
Cette loi a été intercalée dans le Code pénal allemand comme complément
de l'article 302 du Code pénal.

(8) L'élément frauduleux en matière d'usure consiste dans l'un des trois
faits suivants : avoir abusé des besoins, de la faiblesse d'esprit ou de l'inex-
périence d'un autre (V. traduction Jozon, loc. cit., p. 80) (Ausbeutung der

le fait de manœuvres dolosives, autrement dit l'élément délictuel; on ce cas la loi de 1880, en dehors des sanctions pénales, contient des sanctions civiles et entre autres la nullité du contrat usuraire (1). Le projet ne touche pas à cette disposition.

Un mot maintenant de la question de l'anatocisme : le projet laisse toute liberté en ce qui concerne la convention relative aux intérêts déjà échus; quant à celle qui a en vue les intérêts à échoir, elle est nulle sans autre distinction. On ne peut donc convenir d'avance que les intérêts échus et non payés porteront d'eux-mêmes intérêts. C'est le système du Code fédéral (art. 335). Le projet ne reconnaît à cela d'autre exception que celle du Code de commerce (art. 291) pour le compte courant entre commerçants; on avait proposé de l'étendre d'une façon générale à la matière des comptes courants, sans distinction de personnes, mais on a voulu réserver la question pour l'époque de la révision du Code de commerce.

§ 3. — DES EFFETS GÉNÉRAUX DES CONTRATS

165. Le titre que nous donnons à cette section est une abréviation plutôt qu'une traduction littérale de celui admis par le projet et qui est celui-ci : *Du contenu des obligations nées de contrats;* ce ne serait donc là qu'un complément du chapitre sur l'effet de l'obligation (art. 224 et suiv., *supra*, n°ˢ 14 et s.). C'est qu'en réalité, le seul effet normal et direct du contrat est de produire des obligations, et si l'on veut examiner en quoi consistent ces obligations il est bien certain que c'est l'effet des obligations elles-mêmes que l'on décrit. Cependant il peut se faire, et c'est généralement le cas s'il s'agit de contrats synallagmatiques, que ces obligations réagissent les unes sur les autres et que par suite il y ait lieu, non plus de les étudier isolément, mais dans leurs rapports réciproques, auquel cas il paraît logique de parler des effets du contrat lui-même. Quoi qu'il en soit

Nothlage, des Leichtsinns, der Unerfahrenheit). — V. sur l'interprétation de ce texte d'intéressants développements dans *Holtzendorff's Lexicon,* v° *Wucher,* t. III-2, p, 1354 et suiv., p. 1358 et suiv. — Cf. lois autrichiennes de 1877, *Annuaire* 1878, p. 216-238. — Cf. Cauwès, *Précis d'économie politique,* t II, n°ˢ 902-903. — Cf. Ch. Gide, *Principes d'économie politique,* liv. IV, part. 2, ch. II, § 4. — Cf. Henry George, *Progress and poverty,* liv, III, § 3 *in fine,* et § 5.

(1) V. *Holtzendorff's Lexicon, loc. cit*, p. 1363-1364. — Cf. Förster-Eccias, *Preuss. Priv. R.,* t. II, 1887, § 137, note 139.

do cette question do mots, il suffisait do s'entendre; reste à dire ce
que le projet a compris sous ce titre et à ranger nos matières dans
un ordre méthodique, lequel ne sera pas toujours d'ailleurs celui
du projet.

166. Nous aurons à parler d'abord de l'exécution des contrats,
puis de l'inexécution totale ou partielle, ce qui nous conduira à
traiter de la résolution et des risques : ce sont là en effet les quatre
sujets dont s'occupe le projet sous la rubrique que nous avons adoptée.

167. *Exécution.* — L'exécution du contrat doit se faire conformément aux conventions adoptées; le principe du projet est celui
qui est admis par toutes les législations, que la convention forme
la loi des parties, et d'autre part que les conventions doivent s'interpréter conformément à l'équité et aux usages reçus (art. 359). Il
ne reste plus qu'à remplir les obligations qui en ressortent et ceci
se rattache à l'exécution de l'obligation elle-même (V. *supra*, nᵒˢ 14 et
suiv., nᵒˢ 18 et suiv.). Nous avons déjà dit que la question spéciale à
examiner ici est surtout celle de l'effet réciproque que les obligations diverses nées du contrat peuvent avoir l'une par rapport à
l'autre, et ceci nous conduit à parler du contrat synallagmatique.

168. *Contrats synallagmatiques.* — Il y a sur la nature du contrat
synallagmatique, et au point de vue doctrinal, des théories assez
délicates entre lesquelles, nous disons les motifs, le projet n'a pas
entendu prendre parti (1). Nous verrons cependant que sur un
point le projet adopte une solution qui suppose, sinon qu'il ait
pris carrément parti pour l'une des théories proposées, tout au
moins que certaine d'entre elles a été positivement exclue par lui;
il n'est donc pas sans intérêt de rappeler les principales. On les
trouvera très nettement résumées dans une note de Windscheid (2).
Il e   tout d'abord une première conception qu'il faut rejeter sans
autre examen, c'est celle qui considérerait les deux obligations
nées du contrat comme absolument indépendantes (3); il est bien
certain que chacune des deux parties a entendu dans une mesure
qu'il reste à préciser, c'est là le point délicat, subordonner le propre

---

(1) *Motifs sur l'art.* 362, II, p. 200, note 1.
(2) Cf. Windscheid, *Pand.*, § 321, note 2.
(3) Bruns, dans *Holtzendorff's Encycl.*, I, p. 485. — Cf. Windscheid,
Pand., § 321, note 16.

sacrifice auquel elle s'est obligée à l'obtention des avantages qu'elle a stipulés en retour; sans doute, le Droit romain ne considérait pas chacune des prestations promises comme affectée d'une condition résolutoire dont l'inexécution par l'autre partie eut constitué la réalisation, mais il n'en mettait pas moins chacune d'elles sous la dépendance l'une de l'autre, puisqu'il refusait l'action à celui qui poursuivait sans exécuter de son côté (*exceptio non adimpleti contractus*), soit qu'il s'agit là d'une condition préalable exigée pour que l'action pût être accordée, soit qu'il s'agit d'une exception de procédure, au sens propre du mot, que le défendeur eût à faire insérer dans la formule, question qui est ici réservée. Comment donc caractériser cet état de dépendance réciproque des deux obligations? Keller et après lui Karlowa (1) ont considéré que chacune des deux parties n'avait promis la prestation à laquelle elle s'était engagée que déduction faite de la contre-prestation qui lui était due; cette dernière affectait donc le contenu même de l'obligation réciproque, en ce sens qu'elle en diminuait l'étendue. Cette conception peut être exacte au point de vue économique en s'en tenant à la notion de valeur réciproque; on voulait la transporter sur le terrain juridique en disant : chacun doit ce qu'il a promis, moins ce qui lui est dû, donc n'est obligé à payer que lorsqu'il a reçu son paiement. Dans cette théorie, l'*exceptio non adimpleti contractus* n'était pas une véritable exception dont on dût demander l'insertion dans la formule, c'était une véritable dénégation du droit du demandeur, opposable en tout état de cause; car le demandeur ne peut demander que ce qui lui est dû; or, en poursuivant, sans avoir payé lui-même il demande ce qu'on ne lui doit pas (2). On a répondu à cela que les deux obligations ne sont pas, comme on voulait le dire, affectées l'une par l'autre au point de vue de leur contenu : elles restent entières au point de vue juridique; seulement elles se tiennent l'une en face de l'autre à titre d'équivalents (3); il est entendu que chacune doit être l'équivalent de l'autre; donc celle

---

(1) Keller, *Jahrb. d. gem. R.*, IV, 1860, p. 337 et suiv., et Karlowa, *De natura atque indole* συναλλαγματος, etc., etc., 1862.

(2) Cette conception difficilement acceptable en droit commun, puisque les textes romains paraissent bien présenter comme une véritable exception l'*exceptio non adimpleti contractus*, est au contraire considérée en général comme étant le point de vue certain du droit allemand; pour le droit prussien en particulier, voir Förster-Eccius, *Preuss. Priv. R.*, I, § 83, notes 9-11.

(3) Théorie de Windscheid, § 321, note 2.

des parties qui poursuit sans avoir exécuté de son côté poursuit
encore ce qui lui est dû, seulement elle dénature le caractère de
l'obligation dont elle réclame le paiement, puisqu'elle la traite
comme si elle était isolée et ne tient pas compte de la question
d'équivalent : elle va donc frauduleusement à l'encontre des intentions exprimées ou tacites; voilà pourquoi le Droit romain donnait
au défendeur une nouvelle variante de l'exception de dol, l'*exceptio
non adimpleti contractus*. Nous verrons, à propos de cette dernière
exception, quelle solution le projet a entendu adopter. Mais quel
que soit le parti que l'on accepte sur cette explication doctrinale,
tout le monde s'accorde à reconnaître que l'exécution, en matière
de contrat synallagmatique doit être simultanée, donnant (1) donnant,
zug um zug, comme disent les allemands (art. 362); et que par conséquent si l'un poursuit sans avoir payé, l'autre a droit de se refuser
à payer lui-même; comment donc sortir de cette impasse, car il est
bien certain que personne ne voudra prendre les devants et s'exposer à payer sans être sûr de recevoir ce qui lui est dû? L'article 305
y pourvoit pratiquement. On aurait pu croire tout d'abord qu'il
eut suffi à celles des parties qui veut se libérer de mettre l'autre en
demeure d'accepter; rigoureusement l'autre aurait encore pu
répondre qu'il n'y avait pas paiement et la partie qui poursuit
aurait dû alors, si elle craint de se dessaisir la première, se résoudre
à la consignation : c'étaient là des complications inacceptables. Or la
pratique avait admis déjà depuis longtemps (2) qu'on pareil cas celui
qui prend l'initiative pût demander non pas, à proprement parler, le
paiement de ce qui lui est dû, mais l'exécution simultanée, et par
conséquent faire condamner l'autre partie à payer sur l'offre qui lui
est faite de la prestation à laquelle elle a droit; si bien que celui qui
est nanti de ce jugement pourra, si l'autre est en demeure et refuse
d'accepter, procéder à la saisie, sans être obligé de recourir à la
consignation et sans avoir non plus à se dessaisir au préalable de
ce qu'il doit lui-même. Cette ressource est également admise au
cas où les deux prestations ne doivent pas être simultanées, mais
que l'une doive précéder l'autre; bien entendu, dans ce cas, celui
qui doit payer en second n'a pas besoin de ce détour puisqu'il n'a
pas à craindre l'*exceptio non adimpleti contractus;* mais l'autre
partie, celle qui doit prendre les devants, peut être désireuse d'y
recourir pour vaincre la résistance injustifiée de son créancier : sans

(1) Cf. Forster-Eccius, *loc. cit.*, t. I, § 83, notes 7 et 8.
(2) Cf. Forster-Eccius, *loc. cit.*, note 10.

avoir à recourir à la consignation, dès que son créancier se trouvera constitué en demeure, elle n'aura qu'à intenter l'action pour exécution simultanée (*Klage auf erfullung zug um zug*); dans les conditions et avec les résultats que nous avons indiqués (art. 365).

169. *De l'exécution au cas de division de l'une des obligations.* — Restait à prévoir une hypothèse, celle où, au cas de contrat synallagmatique, il y aurait, d'un côté ou de l'autre, pluralité d'intéressés, initiale ou survenue après coup; le cas ordinaire est celui où l'une des parties laisse plusieurs héritiers; à leur égard les obligations nées du contrat se sont divisées; il faudrait donc en conclure que l'autre partie ne devrait pouvoir obtenir de chacun d'eux que sa part individuelle dans la dette, de même que chacun d'eux ne pourra la poursuivre que pour ce qui lui revient. Il en sera en effet ainsi si la partie dont nous parlons prend l'initiative des poursuites, elle ne peut demander à chacun des héritiers de son débiteur que sa part individuelle, et à supposer qu'elle lui ait livré de son côté la part qui lui revient dans la créance réciproque. Mais si c'est au contraire l'un des héritiers qui entame les poursuites, bien qu'il ne puisse demander que sa part dans la créance, il ne peut la demander qu'en livrant le tout, donc en payant toute la dette que devait son auteur. Pourquoi cette différence? Les motifs font observer que si la partie qui se trouve exposée à recevoir un paiement partiel prend l'initiative en payant à l'un des représentants de l'autre contractant la part qui lui est due, elle reconnaît la divisibilité, donc elle ne peut demander à celui qu'elle poursuit que sa part dans la dette; lorsqu'au contraire c'est elle qu'on poursuit, elle a droit d'exiger, avant qu'on lui demande de s'exécuter même pour partie, qu'on lui assure un paiement intégral, donc qu'on lui fournisse le tout : en d'autres termes la divisibilité ne lui est opposable que lorsque c'est elle qui attaque. Les motifs fondent cette décision sur l'intention présumée des parties; ils supposent que lorsqu'un des contractants doit recevoir un paiement intégral, bien qu'il ait plusieurs débiteurs, il est entendu qu'on ne peut l'obliger à se dépouiller de quelque chose qu'en lui fournissant intégralement ce qui lui est dû. L'origine de cette solution se trouve d'ailleurs dans une loi romaine que rappellent les motifs et qui donnait une décision analogue au cas de vente, pour l'hypothèse où l'un des héritiers de l'acheteur demande sa part dans l'objet vendu; il ne peut le faire, dit le texte, qu'en fournissant le prix intégral (1).

(1) L. 31, § 8, D. (21. 1). — Cf. Sächs. G. B., § 1099.

C'est cette décision qui se trouve ici généralisée (art. 363) : elle vient compléter la solution de l'article 320 sur la divisibilité de l'obligation.

170. *Inexécution.* — Nous venons de voir comment doit s'opérer l'exécution du contrat synallagmatique ; il nous faut supposer maintenant que l'une des parties se refuse à exécuter ; on doit alors distinguer deux hypothèses, ou bien c'est celle qui poursuit qui n'a pas exécuté, ou c'est uniquement celle qui est poursuivie. Dans le premier cas, l'une des parties demande ce qui lui est dû, sans fournir ce qu'elle doit, et nous supposons bien entendu que le défendeur n'ait pas à fournir le premier, donc que l'exécution doit être simultanée. Dans le second cas, l'une des parties s'est exécutée et c'est l'autre seule qui ne paie pas.

171. *De l'exceptio non adimpleti contractus* (1). — La première hypothèse donne ouverture à l'*exceptio non adimpleti contractus*, ce qui veut dire que le demandeur n'ayant pas exécuté de son côté, le défendeur a droit de refuser le paiement de ce qu'il doit ; il ne l'a plus dès que le demandeur propose d'exécuter et offre le paiement de ce qu'il doit lui-même. Tout ceci est inhérent à la nature même du contrat synallagmatique et toutes les législations l'ont admis ; nos auteurs français voient dans cette solution (Cod. civ., art. 1612) un cas d'application du droit de rétention (2). Le projet a grand soin de s'abstenir de ce langage (3) : le droit de rétention est une garantie accordée au cas de dettes réciproques et connexes, mais qui suppose nécessairement l'indépendance respective des deux obligations : dans le contrat synallagmatique les deux obligations ne sont pas seulement des dettes connexes, ce sont des dettes dont chacune est la cause juridique de l'autre ; si bien que ce n'est pas seulement par voie de faveur et sous forme de mesure d'équité, que l'on permet au débiteur de l'une de ne pas s'exécuter si le paiement de l'autre ne lui est pas offert, mais c'est en vertu d'un droit qu'il tient du contrat lui-même. Celui qui invoque un droit de rétention se prétend nanti d'une garantie de paiement que le droit lui assure par voie d'équité, parce que sa créance se rattache à sa propre dette, tandis que le débiteur d'un contrat synallagmatique

(1) V. Pernice, *Labeo*, I, p. 457 et suiv.
(2) Cf. Aubry et Rau, t. III, § 256 *bis*, note 2.
(3) V. *Motifs sur l'art.* 233, II, p. 42-43.

qui exige l'exécution simultanée se prévaut d'un des effets même de la convention qu'il a consentie. Sa dette n'est pas à proprement parler une garantie de paiement de ce qui lui est dû en retour, c'est l'équivalent de sa créance et cela suppose par suite celle-ci assurée. Il y a à cette distinction quelques intérêts pratiques; par exemple, au cas de faillite, si le contrat synallagmatique n'a pas été encore exécuté ni de part ni d'autre, le syndic a le choix ou de l'exécuter ou de le résilier; mais s'il se décide pour la première solution, il doit l'exécuter intégralement de son côté (1). Lorsqu'il s'agit de droit de rétention, il ne peut être question de résiliation. On sait aussi qu'en certain cas, en matière commerciale, la rétention se transforme en un droit de gage, au cas de faillite, sur les valeurs détenues par celui qui peut l'invoquer (2) : rien de semblable bien entendu s'il s'agit de contrat synallagmatique; l'une des parties qui doit fournir des valeurs à l'autre en échange d'un prix fixé ne saurait en aucun cas vendre à d'autres les mêmes valeurs pour s'en pro urer le prix : ce serait une résiliation du contrat et la résiliation n'appartient, nous venons de le voir, qu'au syndic (3). Les motifs signalent enfin comme intérêt de la distinction la faculté admise par le projet, au cas de rétention, d'en écarter l'effet en fournissant une sûreté à celui qui l'invoque pour ne pas payer ce qu'il doit (art. 244). Assurément celui qui demande l'exécution d'un contrat synallagmatique sans l'exécuter lui-même ne saurait se dispenser de cette condition préalable de sa poursuite en fournissant à l'autre une sûreté suffisante; car il ne s'agit pas de deux obligations indépendantes dont l'une sert à l'autre de garantie, mais de deux obligations dont chacune forme l'équivalent de l'autre, et le créancier de chacune d'elles a le droit d'exiger que l'équivalent lui soit fourni, non pas sous forme de gage, mais en nature, avant de payer lui-même. Donc l'*exceptio non adimpleti contractus* n'est pas une application pure et simple du droit de rétention.

(1) Konk. Ordn., art. 15.
(2) Konk. Ordn., art. 41, § 8.
(3) On trouvera cependant quelque chose d'analogue en matière commerciale, pour ce qui est des ventes de marchandises, pour le cas où l'acheteur est en retard pour le paiement : le vendeur peut faire vendre les marchandises pour le compte de l'acheteur et se payer sur le prix (C. de comm. all., art. 354 et 357). Mais c'est là quelque chose de tout à fait spécial, et qui se rattache non pas à proprement parler à l'idée de rétention, mais aux clauses tacites usitées entre commerçants.

172. Nous venons de dire ce que l'*exceptio non adimpleti contractus* n'est pas; demandons-nous ce qu'elle est. Bien que sur l'article 362 les motifs aient déclaré ne pas vouloir prendre parti sur la nature du contrat synallagmatique, nous voyons l'article 360 faire positivement de l'*exceptio non adimpleti contractus* une véritable exception au sens romain du mot, ce qui est bien dans une certaine mesure prendre position dans la controverse relative à la nature même du contrat : les deux choses se tiennent (V. *supra*, nº 168). Cette décision du projet reproduit exactement une solution romaine, la chose n'est guère douteuse (1). Mais le Droit prussien avait très certainement fait de la livraison préalable la condition même de la poursuite et il en résultait que le défendeur, en tout état de cause, pouvait toujours invoquer l'inexécution du côté du demandeur pour faire repousser l'action, que même ce moyen pouvait être suppléé d'office ; c'était une contradiction directe au droit du demandeur et non un moyen de défense fourni par l'équité et que le défendeur dût opposer d'une façon expresse et en temps opportun (2). Le projet pouvait donc hésiter entre les deux systèmes, il adopte le point de vue romain (3); on pourrait croire au premier abord qu'en dehors de l'intérêt relatif à la procédure et que nous venons d'indiquer, il y en aurait un autre relatif à la preuve : c'est à celui qui invoque une exception à en prouver le contenu. Le défendeur, semble-t-il, devrait établir que le demandeur n'a pas exécuté de son côté : cependant le projet met la preuve à la charge du demandeur absolument comme dans la théorie du Code prussien; ceci était déjà admis par les romanistes (4), et voici l'explication qu'ils en donnent : ce que le défendeur invoque est moins un fait d'in-

---

(1) Gaius, IV, § 126 *a*; L. 25, D. (19. 1); L. 5, § 4, D. (44. 4); L. 5, Cod. 8, 44 (45).

(2) A. L. R., I, 5, § 271. — Cf. C. féd., art. 95. — Forster-Eccius, I, § 83, notes 7 et suiv.

(3) Add. Sächs. G. B., art. 860.

(4) Windscheid, *Pand.*, § 321, note 3. — Dernburg, *Pand.*, t. II, (éd. 1886), § 21, notes 3-4. Au point de vue historique cela s'explique par le caractère originel de la vente, qui a commencé par être une opération au comptant et dont le but a toujours été considéré comme étant de réaliser un échange de prestations, plutôt que de créer simplement des obligations : c'est en ce sens qu'on appelle la vente le contrat d'aliénation par excellence. Nous y reviendrons tout à l'heure avec plus de détail. On trouvera ces idées très nettement exposées, au point de vue historique, dans Pernice, *Labeo*, I, p. 460, notes 18-21.

exécution que l'existence d'une obligation née du contrat à la charge du demandeur; il prétend que tant qu'il existe à la charge de celui-ci une obligation qui soit l'équivalent de sa propre dette, à lui défendeur, l'autre n'a pas le droit de prendre les devants; or cette preuve résulte de ce qu'il y a contrat synallagmatique et voilà pourquoi le défendeur, par cela seul qu'il oppose l'*exceptio non adimpleti contractus*, a déjà fait sa preuve; c'est alors à son adversaire à établir qu'il n'existe plus d'obligation à sa charge, donc à prouver sa libération et par conséquent l'exécution. Le projet s'approprie sans doute ce raisonnement puisqu'il accepte la solution à laquelle il conduit (art. 300).

173. *De l'exceptio non rite adimpleti contractus.* — Logiquement on devrait conclure que si le demandeur a exécuté, mais que l'exécution fut incomplète, le défendeur pourrait encore repousser la poursuite en invoquant l'*exceptio non adimpleti contractus*, car en droit le paiement partiel est assimilé au défaut de paiement. Aussi les allemands ont-ils inventé une *exceptio non rite adimpleti contractus* à cet usage. Assurément cela suppose que le défendeur en acceptant n'a pas entendu renoncer à se plaindre des défectuosités de l'exécution : ceci est une question de fait qu'il faut supposer résolue. Dans le système du Droit prussien qui exige la preuve de l'exécution préalable pour donner droit à la poursuite, on était conduit à donner la même solution au cas d'exécution incomplète; les commentateurs du Droit prussien font remarquer à juste titre qu'il n'en est ainsi que si le défendeur, en s'appuyant sur les vices de l'exécution, nie qu'il y ait eu exécution valable; il contredit en effet directement le droit du demandeur, puisque celui-ci n'est ouvert que par l'exécution préalable. Si au contraire il se contentait de réclamer satisfaction pour les vices de l'exécution qu'il a acceptée, par exemple une diminution correspondante de sa propre dette, on reconnaît qu'il y a là une véritable exception au sens romain, laquelle n'est qu'un cas d'application de l'exception de dol (1). Dans le système des romanistes pour qui l'*exceptio non adimpleti contractus* n'est elle-même qu'une exception ordinaire, à plus forte raison ce caractère sera-t-il reconnu sans distinction à l'*exceptio non rite adimpleti contractus* qui n'est qu'une autre face de la première (2). Restait à se demander si l'on admettrait pour la seconde

(1) Forster-Eccius, *Preuss. Priv. R.*, I, § 83, notes 12-14.
(2) Windscheid, *Pand.*, § 321, note 5.

les mêmes décisions que relativement à la première en ce qui touche
la distribution des rôles en matière de preuve : s'il suffit au défendeur de prétendre que l'exécution est incomplète pour que le demandeur soit obligé de prouver qu'il a rempli intégralement son
obligation, on voit à quels abus un pareil système pourra conduire :
un débiteur qui après avoir reçu ce qui lui revenait voudra gagner
du temps pour acquitter sa propre obligation pourra toujours très
facilement contester la valeur du paiement qu'il aura reçu, et la
preuve pouvant être délicate pour celui qui a fait le paiement,
l'autre aura trouvé un excellent moyen d'entraver la poursuite.
Cependant les logiciens à outrance acceptaient encore que la preuve
de la régularité du paiement dût être à la charge de celui qui
l'avait fait, donc du demandeur, car, disait-on, pour échapper à
l'exception qu'on lui oppose, il doit prouver sa libération (1). Il
semble cependant qu'on aurait pu échapper à cette logique à
outrance en reconnaissant que l'acceptation du paiement devait
faire présumer la régularité du paiement, tout au moins quand
celui qui l'a reçu était à même de se rendre compte de ce qu'il
pouvait avoir d'incomplet et qu'il n'a fait aucune réserve à ce sujet.
C'est cette sorte de transaction qu'avait acceptée le Code saxon ; le
défendeur qui a reçu le paiement sans faire ses réserves et qui plus
tard à la poursuite dont il est l'objet répond par l'*exceptio non rite
adimpleti contractus*, devra prouver que le paiement qu'il a reçu a
été incomplet et que son acceptation d'une prestation incomplète
n'a pu impliquer adhésion de sa part (*Sachs, G. B.*, art. 863). Les
auteurs du projet qui se sont parfaitement rendu compte des dangers de l'*exceptio non rite adimpleti contractus*, dangers signalés
plus haut, auraient pu accepter cette combinaison. Elle leur a
semblé insuffisante et il leur a paru, en présence des difficultés pratiques et des abus auxquels avait donné lieu la matière, qu'il était
opportun de supprimer entièrement l'*exceptio non rite adimpleti
contractus*; ce qui ne veut pas dire que celui qui a reçu l'exécution
incomplète soit censé l'avoir acceptée comme telle et qu'il soit déchu
de ses droits ; il pourra encore, s'il est établi qu'il a entendu se les
réserver, agir pour obtenir le complément d'exécution qui lui revient ; mais il faudra pour cela qu'il intente une action spéciale
contre le demandeur, et il ne pourra faire de sa prétention une
exception opposable à la poursuite dont il est l'objet et susceptible

(1) Windscheid, § 321, note 3ᵃ-5. — Dernburg, *Pand.*, II, § 21, notes 8 et
suiv.

de l'exempter lui-même du paiement de ce qu'il doit (art. 367).

174. *Omission de l'exceptio non adimpleti contractus. Répétition du paiement.* — Nous venons d'étudier une première hypothèse, celle où la partie qui demande à l'autre de s'exécuter ne s'exécute pas elle-même; on peut supposer l'hypothèse inverse; l'une des parties a exécuté et elle réclame alors ce qui lui revient; mais l'autre s'y refuse ou se trouve dans l'impossibilité de fournir ce qu'elle doit. La partie qui a rompli de son côté sa propre obligation a une première ressource que nous avons étudiée à propos des effets de l'obligation, elle peut demander indemnité pour inexécution; mais cela suppose l'exécution devenue matériellement impossible; si elle est encore possible, elle peut sans doute se la faire procurer par les tribunaux; mais il n'est pas toujours très pratique d'obtenir la réalisation d'un fait par voie d'exécution forcée, surtout s'il s'agit d'un fait dont l'exécution ne puisse être procurée que par celui qui le doit. L'autre partie aurait un moyen de contrainte indirecte très efficace si elle n'eut pas livré ce qu'elle devait, car elle pourrait en refuser la livraison tant que l'autre ne se fût pas exécutée. Pourra-t-elle ressaisir cette garantie d'exécution en répétant ce qu'elle a livré, non pas pour résilier le contrat, mais pour garder l'objet jusqu'à entier paiement de ce qui lui est dû et ne le livrer à nouveau qu'à ce moment? La question revient à savoir si l'on peut poursuivre la répétition de ce qu'on a payé en dépit d'une exception qui eut permis d'en retarder la livraison? La question est très discutée sur le terrain du Droit romain; peut-être n'est-elle pas toujours très exactement posée; on la rattache en effet à la question de la *condictio indebiti* et à celle du droit de rétention? On se demande si celui qui peut invoquer la rétention et qui néglige de le faire, à supposer qu'il y ait erreur bien entendu, peut exercer la *condictio indebiti*. C'est là à notre avis un terrain voisin de celui dans lequel se meut notre controverse, ce n'est pas absolument son domaine, car à côté de la *condictio indebiti* il y a la *condictio ob rem datam* d'une application beaucoup plus large et que l'on pourrait très bien déclarer applicable à notre matière, alors même qu'on eut adopté la négative sur le terrain spécial de la *condictio indebiti*: d'autre part nous avons vu qu'il n'était pas très exact d'assimiler au droit de rétention la faculté pour l'une des parties dans un contrat synallagmatique de retarder son paiement jusqu'à réception de ce qui lui est dû.

175. Quoiqu'il en soit il n'est pas inutile de savoir ce qu'on décide, du moins en général, en ce qui touche l'exercice de la .*condictio indebiti* pour abandon par erreur du droit de rétention. Les auteurs qui en rejettent l'application déclarent que celui qui a payé, a payé ce qu'il devait, donc qu'il n'y a pas indû (1). Mais cette réponse pourrait être faite toutes les fois qu'on a payé une dette paralysée par une exception, ce qui n'a pas empêché les Romains d'étendre la notion de l'*indebitum* à une dette de ce genre, tout au moins si l'exception est perpétuelle (2) ; or, une dette dont on peut retarder le paiement en invoquant le droit de rétention est une dette couverte par l'exception de dol et l'on ne voit pas bien pourquoi si le débiteur omet par erreur son exception, il ne jouirait pas du droit de répétition. Il est vrai que la question s'est posée sur un texte d'une explication difficile ; Pomponius déclare que si on a la rétention sans avoir l'action pour obtenir ce qui vous est dû et que l'on paie ce qu'on doit, on ne pourra répéter en se fondant sur l'omission du droit de rétention : *Ex quibus causis retentionem quidem habemus, petitionem autem non habemus, ea si solverimus, repetere non possumus* (3). L'on songe immédiatement aux cas bien connus en Droit romain où le possesseur d'un immeuble n'a pour recouvrer ses imponses que le droit de rétention et pas d'action ; s'il restitue l'immeuble, oubliant d'invoquer l'*exceptio doli*, il ne pourra répéter (4). Mais on a traduit le texte de Pomponius de bien d'autres façons ; les uns ont pensé qu'ils faisaient allusion à l'obligation naturelle (5) ; on peut dire en effet des obligations de ce genre que le créancier a pour se faire payer la rétention et pas l'action, mais il faut alors supposer que la première partie du texte se rapporte au créancier, tandis que la suite se rapporterait au débiteur : il y aurait interversion des sujets dans les deux membres de phrases, alors cependant que tous les verbes semblent bien se référer à la même personne, il faudrait traduire : lorsque nous avons la rétention et pas l'action (*nous*, c'est-à-dire le *créancier*), si nous payons (c'est-à-dire *nous* le *débiteur*), nous ne pourrons répéter. C'est à peu de chose près l'interprétation de

(1) Dernburg, *Pand.*, II, § 21, note 6. — Add. Romer, dans la *Revue de Goldschmidt*, t. XIX, n° 4.

(2) Cf. Accarias, *Précis*, t. II, n° 659-1°.

(3) L. 51, D. (12. 6).

(4) Cf. Accarias, *Précis*, t. I (éd. 1886), n° 257, p. 648, note 4.

(5) Cf. Accarias, *Précis*, II, n° 659-1°.

Brinz qui traduit le texte de **Pomponius** en ce sens qu'il s'agirait d'un paiement fait à celui qui pouvait invoquer la rétention et non d'un paiement fait par ce dernier : ce serait toujours l'hypothèse de celui qui est tenu d'une obligation naturelle pour laquelle on ne peut lui opposer que la rétention sans qu'on ait action contre lui, et qui la paie. Cette solution est exacte (1), mais pour y arriver, quelle torture on impose au texte! Le premier membre de phrase a pour sujet celui à qui appartient la rétention; le second membre de phrase ajoute que s'il paie il ne pourra répéter, et on voudrait que le jurisconsulte eut entendu parler ici de celui à qui la rétention peut être opposée et d'un paiement fait, non pas par celui qui en jouit, mais fait à ce dernier : quelle construction bizarre! Il faut donc bien reconnaître que le texte parle de celui qui ayant le droit de rétention sans avoir d'action paie sans invoquer son droit et veut ensuite reprendre ce qu'il a payé : il ne le pourra pas.

176. Nous n'avons pas à chercher l'explication de cette décision, ni à nous demander, comme le laisse entendre Windscheid (2), s'il n'y a pas là qu'une opinion isolée; constatons seulement que lorsqu'il s'agit de contrat synallagmatique nous sommes dans des conditions d'espèce tout à fait différentes, et que même à s'en tenir sur le terrain du Droit romain nous ne sommes plus liés par le texte de Pomponius. Il n'y a plus à parler du droit de rétention au sens propre du mot; et à supposer qu'on veuille encore y voir une application de la rétention, celui qui s'en prévaut, l'invoque pour une créance pour laquelle il avait un droit de poursuite et qui par suite doit être plus rigoureusement garantie que celles auxquelles Pomponius faisait allusion (3); d'autre part, s'il a payé, ignorant qu'il eut la rétention, si par exemple c'est un héritier qui a cru par erreur que son auteur avait reçu paiement de la contre-prestation, on peut dire avec raison qu'il paie en vue d'une cause qui n'existe pas, puisque la raison d'être du paiement qu'il effectue n'est pas, à proprement parler l'obligation dont il est tenu, mais la croyance où il est que la prestation réciproque a été fournie : or comme la loi elle-même fait de l'exécution simultanée la condition préalable du droit au paiement, il y a lieu de dire que celui qui paie croyant

(1) Brinz, *Pand.*, II, § 304, note 13, p. 543. — Cf. Windscheid, *Pand.*, § 426, note 12 *in fine*.

(2) Windscheid, § 426, note 12.

(3) Cf. Windscheid, *Pand.*, § 321, note 10*-a in fine*.

cette condition accomplie, alors qu'elle ne l'est pas, fait un acte dépourvu de cause juridique et qu'il doit avoir par suite, sinon la ressource de la *condictio indebiti* dont le cercle d'application est peut-être trop étroit, du moins la *condictio ob rem datam*. C'est l'opinion de Windscheid, lequel donne aussi la même solution au cas où le paiement est fait sous la condition expresse de l'exécution simultanée; le défaut d'exécution rend le paiement sans cause, pour les raisons indiquées plus haut (1).

177. Le projet évite de se prononcer expressément sur la question, soit à propos de la théorie des contrats, soit à propos de l'enrichissement sans cause, mais comme les motifs admettent la possibilité d'une *condictio* en matière de contrats synallagmatiques, bien qu'il ne puisse être question de résolution, laquelle, nous allons le voir, est supprimée, et que pour les cas d'application ils renvoient à Windscheid, il est donc légitime d'en conclure qu'ils ont entendu s'approprier les opinions de l'éminent jurisconsulte en cette matière (2). De sorte que nous trouvons en matière de contrats synallagmatiques une sorte de revendication à l'effet de ressaisir le droit de rétention, analogue à celle que, suivant l'opinion la plus généralement adoptée, notre article 2102-4° admet, sous certaines conditions, au profit du vendeur d'effets mobiliers : ce point de rapprochement est à coup sûr assez curieux (3).

178. *Résolution.* — Nous avons étudié jusqu'alors les effets normaux de l'inexécution en matière de contrats synallagmatiques; ils se résument dans le droit de rétention, que nous appelons ainsi par abréviation, sous le bénéfice toutefois des réserves que nous avons faites sur cette dénomination et le droit de répétition qui en est la conséquence, au cas de paiement exécuté sur la foi d'une contre-prestation que l'on croyait fournie ou dont on avait stipulé l'exécution immédiate. Jusqu'alors ces effets n'ont pas touché à l'existence même du contrat; le contrat reste debout : seulement l'une des parties se tient sur la défensive attendant que l'autre se soit exécutée pour exécuter elle-même. Mais on peut aller plus loin et l'on a le droit de se demander si cet état d'expectative peut ainsi se prolonger indéfiniment ; sans doute la partie qui reste dans l'at-

(1) Windscheid, § 321, note 10ᵃ.
(2) *Motifs sur l'art.* 742, t. II, p. 842, note 3).
(3) Colmet de Santerre, t. IX, n° 33 *bis*-II.

tente peut poursuivre, comme nous l'avon* vu, l'exécution simultanée et obtenir un jugement qui ordonne l'échange concomitant des prestations, et lui donne droit, à défaut de cette exécution réciproque, de saisir et de se payer : nous avons vu tout cela. Mais on comprendrait que, devant cette résistance de l'autre contractant, la partie qui est prête à remplir ses obligations pût considérer le contrat comme rompu et qu'au lieu de passer par ces complications, et peut-être aussi ces dangers, d'une demande d'exécution simultanée, elle poursuivît la résiliation et reprît sa liberté. Le pourra-t-elle? Assurément elle aurait pu se ménager ce droit de résolution ; le projet lui permet même de le stipuler sous deux formes, à la façon d'une condition résolutoire, auquel cas l'événement indiqué comme tenant la condition en suspens s'étant réalisé, tout sera résolu, même le transfert de propriété : c'est la résolution réelle; ou bien elle a pu se le réserver sous la forme d'un simple droit de retrait, auquel cas il n'y aura de résolu que les obligations nées du contrat, résolution simplement personnelle que nous étudierons sur l'article 426. — Les parties auraient pu se réserver réciproquement un droit de ce genre; mais nous supposons qu'elles n'ont admis aucune clause semblable, la question est de savoir si, en l'absence de convention, elles pourront invoquer la résolution : la résolution pour inexécution des conventions est-elle de l'essence du contrat synallagmatique?

179. Le projet, suivant en cela le droit romain, accepte et consacre la négative en principe (art. 360); il faut dire en principe, car nous allons voir admises de si importantes exceptions qu'il est bon de ne pas donner à la règle, dès le début, une formule trop affirmative. Rappelons sur ce point deux théories extrêmes dont il faut quelque peu se défier : l'une qui présente chacune des obligations du contrat synallagmatique comme subordonnée à la condition de l'exécution préalable de l'autre; la seconde, tout à l'opposé, qui les considère, une fois nées, comme absolument indépendantes l'une de l'autre : la première théorie serait tentée de considérer la résolution comme étant de l'essence du contrat synallagmatique et prête à l'admettre toujours; la seconde serait tentée de ne l'admettre jamais; même au cas où l'une des obligations est devenue impossible et ne peut plus s'exécuter par la faute du débiteur. Nous avons présenté comme étant la conception exacte, et celle du projet, l'idée que les deux obligations ne sont pas réciproquement dans un état d'indépendance absolue, mais qu'elles

sont considérées comme devant être l'équivalent l'une de l'autre.
Partant de cette théorie le projet, comme le droit romain, reconnaît que tant que l'une des obligations a l'autre pour équivalent,
elle n'est pas dénuée de cause juridique et que par conséquent il
n'y a pas de raison pour ne pas exécuter le contrat, tel que les parties ont voulu qu'il fût exécuté : le créancier n'a qu'à exiger de
son débiteur l'exécution par les moyens [de droit qui sont à sa disposition, et tant qu'il lui reste une espérance d'obtenir le paiement
il n'y a aucune raison pour qu'il revienne sur ce qui a été fait et
se délie lui-même de sa propre obligation en résiliant le contrat.
Donc contrairement au droit français (art. 1184), mais conformément au droit autrichien (art. 919), au droit saxon (art. 864) et à
la plupart des législations allemandes, le projet pose en règle que
la résolution n'est pas admise par le seul fait que l'une des parties
ne remplit pas ses obligations (art. 360). C'est ce que disait aussi
le Code prussien ; mais ce dernier, aussitôt après, avait apporté
un très grand nombre d'exceptions à la règle, si bien que malgré
l'affirmation donnée par l'*Algemeine Landrecht* dans ses articles 393 et 394, il ne serait pas incorrect d'assimiler dans l'ensemble le système prussien à celui de notre Code civil. Nous allons
voir qu'il n'en est plus de même du projet.

180. Prenons le système du Code prussien pour point de départ :
il range sous le titre de dissolution du contrat divers cas qui ne
rentrent plus dans la résolution proprement dite ; mais à cette dernière appartiennent incontestablement suivant lui les deux hypothèses suivantes : celle de l'impossibilité survenue par cas fortuit
(I, 5, § 364), ce qui correspond à la question des risques, et celle
du refus d'exécution injustifié (I, 5, § 306 et suiv.) : dans ce dernier cas, le créancier doit faire constater le refus en justice et si en
effet celui-ci est déclaré irrégulier, il a le choix entre les dommages-intérêts et la résolution : on voit que c'est à peu près sur ce
dernier point le système de notre article 1184, si ce n'est que celui-
ci permet au juge d'accorder la résolution pour inexécution sans
supposer qu'il y ait eu refus proprement dit, et que de plus notre
article 1184 admet à la fois et cumulativement la résolution et les
dommages-intérêts. Le projet est loin d'ouvrir la brèche aussi
large ; du reste, il est reconnu que la pratique s'était montrée fort
rebelle à cette institution (1). En tout cas, il ne suffit pas, dans le

(1) Cf. Forster-Ecclus, I, § 87, note 32.

système du projet, qu'il y ait refus ni même que ce refus soit injustifié : tant qu'il reste quelque chance d'obtenir le paiement, il n'y a pas en principe de résolution ; nous sommes loin cette fois de notre article 1184.

Reste l'hypothèse où l'exécution est devenue matériellement impossible, et nous supposons l'impossibilité objective bien entendu. Cette fois le doute pouvait être permis : car si les deux obligations doivent être considérées comme formant chacune l'équivalent de l'autre, il y en a une qui ne peut plus jouer ce rôle d'équivalent, du moins tel que l'avaient entendu les parties, puisque son objet ne peut plus être fourni : on pouvait donc se demander alors si le contrat ne s'en trouvait pas modifié et si la résolution, en prenant ce mot au sens large, ne devait pas être admise. Examinons la question au point de vue de l'impossibilité due au cas fortuit et à celui de l'impossibilité imputable au débiteur.

181. *Risques.* — Si l'un des débiteurs, sans qu'il y ait de sa faute, ne peut plus exécuter, son obligation s'éteint : c'est la règle, c'est le principe que nous avons étudié sur l'article 237 du projet (cf. *supra*, n° 23-24) ; c'est celui que pose, sous une forme un peu trop étroite, il est vrai, l'article 1302 de notre Code civil. Mais tout n'est pas dit par là : l'article 237 du projet, comme l'article 1302 du Code civil, ne se place qu'au point de vue de l'obligation prise individuellement ; celle-ci est éteinte par l'impossibilité d'exécuter non imputable au débiteur ; mais il s'agit de savoir maintenant, en nous plaçant au point de vue du contrat synallagmatique et des rapports de deux obligations réciproques, ce qu'il adviendra de l'autre obligation : sera-t-elle éteinte par cela seul que l'obligation qui lui servait d'équivalent n'existe plus ou, au contraire, continue-t-elle à subsister ? Si elle est éteinte, il est vrai de dire que l'impossibilité fortuite d'exécution a résilié le contrat puisque toutes les obligations qui en étaient issues se trouvent anéanties ; si elle subsiste, il faut dire que le contrat subsiste, bien que l'une des deux obligations qu'il avait engendrées ait disparu.

Or il faut observer que formuler le problème de cette façon, ce n'est pas autre chose que soulever une question de risques ; car le risque est une perte fortuite et la perte, en matière de contrat synallagmatique, consiste, non pas à proprement parler, à perdre ce qu'on devait, puisque de toutes façons on s'en fût dépouillé, mais à ne pas toucher ce qui était dû tout en perdant ce qu'on devait fournir. Aussi les auteurs qui, chez nous, veulent résoudre la question des risques en s'appuyant sur l'article 1302 commettent-ils une confusion manifeste (1) : l'article 1302 déclare le débiteur libéré, mais la libération du débiteur ne suffit pas à trancher la question du risque : pour savoir qui doit supporter le risque, il y a lieu de se demander si cette libération du débiteur entraîne libération réciproque du créancier et c'est un point que l'article 1302 n'a nullement pour but d'élucider. Or c'est précisément la question que nous posons à notre tour : la libération du débiteur par suite du cas fortuit entraîne-t-elle libération réciproque du créancier, ou autrement dit entraîne-t-elle dissolution du contrat? Si l'on doit répondre affirmativement, cela équivaudra à laisser le risque à la charge du débiteur, puisqu'il aura perdu l'objet ou se trouvera dans l'impossibilité de se le procurer et que, d'autre part, il ne recevra rien en échange de cette perte. Si l'on répond négativement, le risque sera pour le créancier qui paiera sans avoir rien à recevoir.

Si donc la question de résiliation du contrat, nous n'osons pas employer le mot de résolution, lequel a chez nous, grâce à l'article 1184, un sens tout à fait spécial, répond ici à la question des risques (2), il ne suffit pas pour la trancher de s'en tenir aux procédés mathématiques du raisonnement juridique : cela devient affaire

---

(1) Cf. Laurent, chez lequel cette confusion est très frappante : *Principes de droit civil*, t. XVI, nos 206-207, p. 266 et suiv. On peut voir la question nettement posée par Pothier, *Vente*, n° 307.

(2) Sur la corrélation entre les deux questions, voir l'*All. L. R.*, et principalement les textes suivants : 1° au titre de la dissolution en matière de contrats (*Aufhebung der Verträge*) l'article 364 (I, 5, § 364) : « *Entsteht die Unmöglichkeit, den geschlossenen Vertrag zu erfullen, durch einen Zufall*, etc., etc. — *So wird der Vertrag fur aufgehoben angesehen* »; et 2° au titre des risques en matière de vente, les articles 95 et 100 (I, 11, §§ 95 et 100). — Art. 95 : « *So lange der Verkäufer dem Käufer die Sache noch nicht uebergeben hat, bleibt..... Gefahr an Schade dem Verkäufer zur Last* », et article 100 : « *Wird die Verkäufte Sache, noch vor der uebergabe, durch einen Zufall gänzlich zerstört..... so wird der Kontrakt fur aufgehoben geachtet.* » — Cf. Forster-Eccius, I, § 87, notes 14 et suiv. On peut voir aussi sur la corrélation entre les deux matières l'article de M. Labbé dans la *Nouvelle Revue historique de droit* (Ann. 1888, p. 377 et suiv.). Malheureusement on a posé la question chez nous non plus au regard de la dissolution du contrat, mais de la résolution de l'article 1184, et sur ce terrain la corrélation entre cette dernière question et la matière des risques ne nous paraît plus aussi sûre; car la résolution de l'article 1184 suppose encore existante l'action du créancier dont elle est la sanction et la garantie, tandis que la question des risques ne se pose que s'il y a libération du débiteur.

d'interprétation de volonté : l'une des deux parties doit subir la perte fortuite; laquelle doit la subir? celle à la charge de qui les parties ont entendu la mettre. Telle est la réponse; restait, pour le cas de doute, à poser une présomption.

182. Solution rationnelle. — Si donc l'on s'en tient aux probabilités que suggère un premier examen, on trouvera étrange que celui qui ne doit plus rien recevoir puisse encore être obligé à payer. Il y a un cas où cette solution n'est guère discutable, c'est en matière d'obligations de faire : le créancier a stipulé l'exécution d'un ouvrage, il est bien entendu qu'il a subordonné le paiement à la livraison. S'il s'agit de l'obligation de donner un corps certain, on ne voit pas bien au premier abord pourquoi il n'en serait plus de même; en pareil cas, le fait promis est un transfert de propriété, il semble donc bien que la contre-prestation du créancier reste subordonnée à l'exécution de ce transfert. Si l'aliénation résulte de la seule convention, comme chez nous (art. 1138), on comprend en raison que le risque ne soit plus pour le débiteur, puisque son obligation principale se trouve déjà exécutée ; mais lorsque la convention n'a pas consommé le transfert et que le créancier n'a reçu encore aucun équivalent, comment l'obliger à payer lorsque cet équivalent devient impossible, d'une impossibilité matérielle, et que la *datio* promise ne peut plus s'exécuter ? On a invoqué chez nous l'article 1302; nous savons déjà que l'article 1302 n'a rien à voir dans la question ; on a parlé de la compensation des chances (1) : on oublie que les chances de plus-value, si elles accroissent le bénéfice du créancier qui en profite sans augmentation de prix, ne constituent jamais pour le débiteur qu'un gain manqué et non une perte véritable, puisque ce surcroît de valeur n'a jamais été destiné à entrer dans son patrimoine, tandis que les chances de détérioration ou de complète inexécution se produisant sans rien changer à l'obligation du créancier, constitueront toujours pour celui-ci une perte sèche, puisqu'il aurait à s'exécuter lui-même sans rien recevoir en retour : il n'y a donc pas corrélation. La vérité est que si l'on oblige le créancier à payer une fois l'objet disparu ou l'exécution devenue impossible, cela revient à exiger de lui non plus un équivalent, mais une indemnité : il n'y a d'équivalent qu'autant qu'une contre-prestation reste possible, et il ne doit y avoir indemnité que s'il y a faute ; donc de toutes façons l'on va à l'encontre

(1) Laurent, *Principes*, t. XVI, n° 209.

et de l'intention des parties et de la nature du contrat synallagmatique.

183. *Droit romain.* — Aussi le droit romain avait-il posé en principe que, une fois l'exécution devenue impossible par cas fortuit, le créancier n'était plus obligé à rien (1) : c'était dire qu'en matière de contrats synallagmatiques le risque restait au débiteur : qui ne doit rien recevoir ne doit rien débourser. Cette proposition étonnera sans doute, car on attribue généralement au droit romain la paternité de la règle qui met les risques à la charge du créancier. Or on n'a pas assez remarqué que le droit romain a procédé en cette matière par voie de solutions particulières, pour chacun des différents contrats ; on a eu le tort de généraliser la solution qu'il donne en matière de vente, et on n'a pas vu que cette solution constitue une exception, bien loin d'être la règle générale des contrats synallagmatiques. Tenons-nous-en donc au principe que nous révèle le texte précédemment cité : qui ne doit rien recevoir n'a pas à se dessaisir de sa chose ; c'est dire que les risques sont pour le débiteur ; le droit romain appliquait très certainement la règle en matière d'obligation de faire ; il l'appliquait même en matière de vente lorsqu'il s'agissait d'impossibilité relative à l'obligation de l'acheteur : c'est l'hypothèse même du texte que nous avons cité.

Mais à ce principe général le droit romain apportait une très large exception lorsqu'il s'agissait de contrats impliquant l'obligation de faire avoir un corps certain, ce que l'on pourrait appeler les contrats d'aliénation, non en ce sens qu'ils dussent réaliser un transfert de propriété, mais en ce sens qu'ils doivent conduire au transfert et qu'ils ont pour but final de consommer une aliénation. La vente en est le type par excellence ; on peut citer aussi l'échange, et également la mise en commun de certains biens, autrement dit le contrat de société en tant qu'il oblige les associés à procéder à des aliénations réciproques, sous forme d'apports sociaux. Dans tous ces contrats le droit romain met les risques à la charge du créancier, en ce sens que la perte est pour lui avant même tout transfert de propriété : l'acheteur paie son prix bien que l'objet ait péri aux mains du vendeur. Cela revient à dire que l'acheteur a

---

(1) L. 50, D. (19, 1). « *Bona fides non patitur, ut, cum emptor alicujus legis beneficio pecuniam rei venditæ debere desisset antequam res ei tradatur, venditor tradere compelletur et re sua careret.* » — Cf. Windscheid, § 321, note 16.

considéré comme étant l'équivalent de son obligation l'action qui lui est acquise en retour (1), et non le profit définitif que cette action est destinée à lui procurer. On a expliqué cette dérogation par le but économique de la vente qui est de substituer à une valeur susceptible de variations, et même sujette à périr, une valeur ferme et sûre, de l'argent; on concluait que cette volonté des parties devait trouver sa réalisation du jour même de la vente, que de ce jour le vendeur doit être assuré de toucher la somme d'argent qu'il a voulu obtenir, tandis que de ce jour l'acheteur serait exposé aux risques qu'il a entendu accepter en se faisant promettre un corps certain. Cette explication, qui d'ailleurs ne s'appliquerait qu'à la vente et non à l'échange, suppose la question résolue plutôt qu'elle ne la résout, puisqu'il s'agit toujours de savoir à partir de quel moment les parties ont entendu que s'opérât cette substitution d'une valeur sûre à une valeur périssable, et rien ne prouve que le moment qu'elles aient eu en vue ne soit pas celui de la livraison. Rien en effet n'est plus bizarre que de supposer que l'acheteur se soit contenté, comme équivalent de son prix, de l'action que lui a fait acquérir le contrat : une action n'est rien par elle-même; elle n'est que le moyen d'obtenir l'objet qu'elle a en vue et c'est bien cet objet que l'acheteur a voulu avoir en promettant son prix. On a dit enfin (2) que ces contrats étaient des contrats d'aliénation, au sens indiqué plus haut, ayant pour but final de faire entrer la chose dans le patrimoine du créancier, et que par suite le créancier, ayant eu en vue cette aliénation à laquelle le contrat doit conduire, a entendu que les choses dussent se passer comme si elle était déjà consommée, tandis que le débiteur ayant de son côté moralement fait abandon de l'objet promis, est censé s'en être désintéressé pour n'avoir en vue que la contre-prestation qui doit lui revenir : les choses doivent se passer au point de vue de la perte comme si cette aliénation à laquelle le contrat doit aboutir était déjà réalisée. Cette explication est certainement la bonne, mais à condition de la présenter sous une forme historique, en rappelant les origines de la vente et l'époque où cette dernière avait lieu par voie d'aliénation et sous forme de vente

---

(1) Cf. Pothier, *Vente*, n° 307.

(2) Cf. Windscheid, § 321, note 18, note 19, note 19 a, § 389, note 2. — Brinz, *Pand.*, (2ᵉ éd.), II, p. 690 et suiv. — V. Voigt, *Jus naturale*, IV, p. 519 et suiv., et *Zwölf Tafeln*, II, § 94, p. 128, p. 130 et suiv. — Bechmann, *Kauf*, I, p. 18 et suiv.

au comptant; il est certain qu'en même temps que le contrat se concluait les risques passaient à l'acheteur et le vendeur était toujours sûr de toucher son prix; lorsqu'on admit la vente à crédit on la considéra comme devant aboutir finalement aux mêmes résultats que la vente primitive et le vendeur voulut être sûr de toucher son prix quoiqu'il pût arriver (1).

184. *Droit moderne. Système du projet.* — Il semble donc bien que le droit moderne n'étant plus lié par ces traditions historiques devait, en matière de vente, comme lorsqu'il s'agit des contrats synallagmatiques en général, revenir au principe unique des risques laissés à la charge du débiteur. C'est ce qu'avaient fait la plupart des législations allemandes, qui, sauf de très rares exceptions comme celle du Code saxon par exemple (2), avait accepté en matière de vente une solution opposée à celle du droit romain, les risques restant au débiteur. Les Codes prussien et autrichien étaient dans ce sens, et les plus récents projets législatifs consacraient également le principe, dit principe germanique, par opposition au principe romain. Les motifs du projet ajoutent enfin que dans les rares pays où s'était conservée la règle romaine, la pratique lui était hostile et s'en trouvait fort mal. Le projet ne devait donc éprouver aucune hésitation à consacrer une solution que tout concourait à lui recommander, sans compter la satisfaction, assez rare dans cette partie des obligations, de s'éloigner du droit des *Pandectes* pour faire un peu de droit allemand. Aussi l'article 368 déclare-t-il qu'en matière de contrats synallagmatiques si l'un des débiteurs se trouve libéré par suite de l'impossibilité fortuite d'exécuter, il n'a plus aucun droit à la contre-prestation, ce qui revient à dire que le créancier est libéré de son côté. Le contrat est dissous ; non pas que nous assimilions cette résolution à celle qui provient du retrait conventionnel que les parties auraient stipulé pour le cas d'inexécution, ou encore à la résolution de notre article 1184 : il s'agit dans ces derniers cas d'une résolution servant de garantie à l'action qui appartient encore au débiteur, il s'agit d'une résolution qui sert de contrainte à l'encontre du débiteur pour l'obliger à s'exécuter et de sanction au créancier. Si le

(1) V. sur toute cette question Pernice, *Labeo*, I, p. 462. — Cf. Förster-Eccius, *Preuss. Priv. R.*, I, § 108, p. 738, note 12.

(2) Cf. Sächs. G. B., §§ 866, 867, 1013, 1091. — Dans le même sens, le Code fédéral, art. 145.

débiteur est libéré, si le contrat est dissous, c'est en ce sens que les obligations qu'il avait engendrées se sont éteintes, l'une par la perte fortuite, et l'autre comme conséquence forcée de l'extinction de la première.

185. *Perte partielle.* — Pour être logique, le projet devait admettre, au cas de perte partielle arrivée par cas fortuit, qu'il y aurait libération correspondante du créancier : l'obligation de ce dernier se maintient dans la mesure où il lui reste un équivalent, et se dissout dans la mesure où cet équivalent a disparu (1). On pouvait toutefois se demander si au cas de perte partielle le créancier, à condition de prouver l'inutilité qu'aurait pour lui la livraison de ce qui reste, aurait eu droit à la résiliation du contrat. Nous verrons que si cette perte même partielle lui fût imputable à faute, il serait fondé, à charge par lui de faire la preuve nécessaire, à exiger la résiliation. Mais les motifs font remarquer que dans ce dernier cas la faute du débiteur a créé au profit du créancier une action en indemnité, laquelle, s'il prouve l'inutilité absolue pour lui de l'exécution partielle, sera égale à celle qu'il aurait pu demander au cas de perte totale. Or l'action en indemnité pour cause d'inexécution a pour corrélatif, nous le verrons, le droit à la résiliation, et ce droit à la résiliation doit avoir une étendue correspondante à la créance d'indemnité. Le créancier pourra donc demander, au cas de faute, la résiliation totale là où il pourrait exiger indemnité correspondant à l'inexécution totale. Mais lorsque la perte partielle n'est pas imputable à faute, il n'y a plus d'indemnité ; le débiteur est libéré dans la mesure où son obligation est impossible et là où il y a libération du débiteur il ne peut être question de résiliation prononcée contre lui, car la résiliation au sens du droit de retrait du projet (art. 420), et au sens de notre article 1184, n'est que l'accessoire et que la sanction de l'action qui appartient au créancier pour inexécution. Seulement s'il ne peut être question de résiliation du contrat, il y a, conformément au système du projet sur les risques, libération proportionnelle du créancier dans la mesure où sa propre obligation se trouve manquer d'équivalent ; cette libération proportionnelle n'aboutirait à

---

(1) Pour ce qui est du mode de calcul en ce qui touche la réduction de l'obligation du créancier, on appliquera les règles qui seront données à propos de l'action en réduction du prix en matière de garantie des vices (cf. *infra*, n° 230).

la libération totale que s'il résultait de la convention que l'exécution avait été considérée comme indivisible et que dans l'intention des parties la perte partielle dût équivaloir à l'inexécution totale ; mais il faudrait alors que le créancier fît la preuve préalable de cette clause tacite du contrat.

186. *Des risques au cas d'inexécution tardive.* — Enfin ce que nous venons de dire de la perte partielle, nous le dirons également du retard non imputable au débiteur, nous n'osons parler de demeure, car la demeure au sens technique du mot implique la faute (cf. *suprà*, n° 29). L'exécution tardive est une exécution partielle ; il faudra donc lui appliquer la solution que nous venons d'exposer d'une libération corrélative du créancier dans la mesure dans laquelle le retard dans l'exécution a modifié la valeur de la prestation promise ; et il n'y aurait droit à résiliation, étant donné que nous supposons un retard fortuit, que si l'exécution tardive avait été assimilée par les parties à l'inexécution totale, comme par exemple dans les affaires qui doivent s'exécuter à jour fixe, les *Fixgeschäfte* dont nous dirons un mot plus loin.

187. Il n'est peut-être pas inutile de montrer le jeu de ces principes appliqués à une espèce pratique. Prenons par exemple une obligation de faire, celle d'exécuter un ouvrage, ou l'obligation prise par un entrepreneur de construire une maison et voyons où nous conduirait l'application stricte des principes ; une grève se déclare parmi les ouvriers en bâtiment, l'entrepreneur ne peut commencer ses travaux ; il y a donc impossibilité d'exécution. Constitue-t-elle un cas fortuit? Cela dépend. Oui, s'il s'agit de travaux qui ne pouvaient être faits que dans l'usine dont la grève a entraîné le chômage ou la clôture ; ou encore de travaux qui ne pouvaient être exécutés que par les ouvriers actuellement en grève. Non, si l'ouvrage pouvait être fait ailleurs ou par d'autres : dans ce dernier cas l'entrepreneur reste tenu, et le créancier pourra donc faire fixer un délai d'exécution passé lequel si l'ouvrage n'est pas livré, il pourra faire condamner son débiteur à indemnité (art. 243). Même dans le premier cas, qui est celui de l'impossibilité objective ou matérielle, deux hypothèses peuvent se présenter : ou bien cette impossibilité est définitive, par exemple, l'usine a cessé d'exister et le travail ne pouvait être exécuté que là ; il y aura alors libération du débiteur et, comme le risque est pour lui, il y aura libération correspondante du créancier ; ou bien l'impossibilité, bien qu'il s'agisse d'impossibilité objective, n'est que provisoire, et il n'y a encore que retard dans l'exécution : l'usine est fermée mais prête à ouvrir à nouveau après la cessation de la grève. Le débiteur n'est pas libéré, et le créancier ne peut de ce chef prétendre l'être lui-même : il n'en serait autrement qu'à la condition pour le créancier de prouver que l'exécution équivaut quant à lui à l'inexécution. En dehors de cela il y a simplement retard dans l'exécution. Le retard est dû au cas fortuit, puisque l'obstacle qui l'a produit constituait une impossibilité objective : il n'y aura donc pas demeure proprement dite, laquelle implique une faute; le débiteur n'aura donc pas à fournir de dommages-intérêts à proprement parler. Mais, comme d'autre part, le risque est pour lui, si le retard dans l'exécution a diminué la valeur objective de sa prestation, il y aura libération correspondante du créancier, en ce sens que l'obligation de ce dernier en sera diminuée d'autant : cette diminution n'est pas le résultat d'une compensation résultant d'une créance en dommages-intérêts; car les dommages-intérêts supposeraient qu'il a droit d'exiger indemnité pour l'entier préjudice que ce retard a pu lui causer, ce qui n'est pas, puisqu'il n'y a pas faute; cette diminution n'est autre chose qu'une libération partielle du créancier correspondant à la libération partielle du débiteur, et cette libération partielle du débiteur consiste en ce que celui-ci n'a pas à répondre de n'avoir pas exécuté à l'échéance; le prix sera réduit à ce qu'il aurait été, ou plutôt à ce qu'on peut supposer qu'il eut été, si le créancier avait consenti à reculer l'époque de la livraison, et il est bien certain que pour fixer cette réduction il y aura lieu de tenir compte des convenances du créancier; mais on en tiendra compte en se plaçant aux divers points de vue que le créancier était susceptible de prendre en considération au jour du contrat et sans qu'il ait à apprécier le préjudice exact que le retard lui a fait subir : c'est en cela que ce calcul diffère de celui de l'action en dommages-intérêts (1).

(1) Telle est l'application stricte des principes : cela revient à dire que le simple retard d'exécution, tant que celle-ci reste possible, et à supposer que le retard soit dû au cas fortuit et ne soit pas équivalent à demeure, ne donne pas ouverture, au profit du créancier, à la résiliation : celui-ci n'a que le droit de faire réduire son prix (art. 368). Il est cependant une hypothèse où cette solution a paru insuffisante; c'est lorsqu'il s'agit du contrat d'entreprise d'ouvrage (*Merkvertrag*). Très souvent il résultera de la fixation d'un terme que l'exécution au jour dit aura été considérée comme la condition même de l'exécution, ce qui reviendrait à faire du

188. *De l'impossibilité imputable à faute. Résiliation du contrat.* — Nous venons d'étudier l'hypothèse où l'impossibilité est due au cas fortuit, prenons celle où elle est imputable à faute au débiteur. Ici le débiteur n'est plus libéré, le créancier garde son action, seulement celle-ci s'est transformée en action d'indemnité. Le débiteur n'étant pas libéré, il ne peut être question de dissolution de plein

contrat une convention à jour fixe (*Fixgeschäft*), résoluble par le seul fait de l'inexécution au jour dit (art. 361). Mais il est vrai que cette transformation du contrat devrait être prouvée et que le projet n'accepte pas cette présomption comme résultant de la seule apposition d'un terme fixé. Lorsqu'il n'en sera pas ainsi, on se trouverait réduit à la simple réduction du prix. Le projet a pensé que ce serait insuffisant et contraire à l'intention des parties ; il présume donc que l'entrepreneur a entendu garantir l'exécution au jour dit, comme il garantit l'absence de vices ; d'où cette conclusion que le retard fortuit sera traité comme un cas d'exécution vicieuse ; or au cas d'exécution entachée d'un vice, indépendamment même de toute question de faute ou de dol, le créancier, d'après l'article 569, a le droit de fixer lui-même, sans s'adresser à justice, un délai pendant lequel l'entrepreneur aura à faire disparaître le vice, après quoi ce délai passé sans que le créancier ait obtenu réparation, il aura à son choix l'action en réduction de prix, ou la résiliation, cette dernière toutefois à condition que le dommage subi ait une certaine importance. Or l'article 569, paragraphe 4, déclare cette solution applicable au cas de livraison tardive. Au premier abord, il semble bien qu'il n'y ait plus lieu pour le créancier de fixer un délai en vue de permettre au débiteur de faire disparaître le vice qui affecte l'ouvrage, puisque le vice ici consiste dans le retard et qu'on ne peut pas faire que le retard n'ait pas existé ; on ne peut effacer le retard déjà acquis, de sorte qu'en vertu de l'article 569 lui-même il n'est plus besoin de délai et le droit à résiliation est déjà acquis ; et alors on ne voit plus bien en quoi cette solution diffère de celle de l'article 361 en matière de contrats à échéance fixe (*Fixgeschäfte*). La vérité est que l'article 569 suppose l'existence d'un vice et que le retard est assimilé à un vice de la chose ; or un vice est par définition un défaut qui enlève à la chose de sa valeur, le retard ne sera donc considéré comme tel que s'il est préjudiciable au créancier ; d'où cette conclusion que celui-ci ne pourra exercer la résiliation que lui accorde l'article 569 qu'autant que la livraison tardive est susceptible de lui nuire ; et si le retard déjà acquis n'est pas encore dommageable, c'est alors qu'il peut indiquer un délai qu'il considère comme la limite au delà de laquelle l'exécution lui deviendrait sans intérêt, et passé lequel il aura droit à résiliation : c'est en cela que le cas diffère de celui des contrats à jour fixe de l'article 361. Voilà donc une très large exception apportée, dans le cas de l'entreprise d'ouvrage, aux principes généraux, exception dans laquelle la résiliation est accordée parallèlement à la réduction, bien qu'il n'y ait pas faute du débiteur. Il va de soi que cette dérogation doit être restreinte aux contrats d'entreprise d'ouvrage, et que en matière d'obligation de faire ne rentrant plus dans cette catégorie, il faudrait revenir à l'application des principes.

droit du contrat ; l'on peut seulement se demander si le créancier, au lieu de poursuivre les dommages-intérêts, ne serait pas admis à exiger la résiliation. Il s'agirait alors d'une résiliation laissée au choix du créancier, l'analogue de la résolution de notre article 1184. Devait-on l'admettre ? et si on l'admettait, dans quelles limites serait-elle acceptée ? Il pouvait tout d'abord y avoir doute sur le principe ; car ici l'obligation du créancier n'est plus sans équivalent, puisqu'il garde action contre le débiteur; il est vrai que sa créance s'est transformée, elle ne lui donne plus droit qu'à des dommages-intérêts. D'autre part, l'objet n'existant plus, il reste beaucoup de chances pour que le créancier ne touche rien, et que ne pouvant se saisir de la chose il ne puisse avoir ni la chose ni l'argent. Si donc l'on se place au point de vue du créancier, l'on peut se demander si l'indemnité en argent reste un équivalent suffisant au maintien de son obligation ; en tout cas, ne convient-il pas de le faire juge de la question et de lui laisser le choix entre la poursuite de l'indemnité et la résiliation ?

189. On peut ajouter d'autres considérations qui avaient touché même les romanistes, défavorables cependant en principe à la résolution ; si l'on suppose par exemple que le débiteur soit en demeure et que le créancier ait dû pour pourvoir à ses besoins se procurer ailleurs la chose qu'il avait stipulée, obliger le créancier à maintenir le contrat, c'est-à-dire à accepter ce dont il n'a plus besoin, c'est le contraindre à créer lui-même le préjudice dont il va avoir à demander compte au débiteur; la résolution ne serait pas seulement pour lui un mode de réparation, ce serait le moyen d'éviter le préjudice lui-même ; et il vaut mieux éviter un préjudice qu'offrir après coup le moyen de le réparer. Aussi beaucoup de romanistes étaient d'avis d'admettre la résolution comme conséquence forcée de la demeure, d'autres en limitaient la faculté au cas où l'exécution tardive se trouvait constituer un préjudice grave au créancier (1); c'était en somme un premier pas dans le sens du système tempéré de notre article 1184. Mais on pouvait faire le même raisonnement au cas de perte partielle, tout au moins pour le cas où ce qui reste fût de peu d'utilité au créancier ; l'obliger à l'accepter, c'était l'obliger à subir un préjudice pour qu'il eut ensuite le droit d'en exiger réparation. Pour tous ces cas, tout au moins dans une

---

(1) Cf. Windscheid, § 280, note 1.

mesure qu'il restait à préciser, la résolution s'imposait. Comment donc la refuser au cas de perte totale (1)?

190. *Résiliation pour impossibilité d'exécution.* — Le projet ne pouvait donc se refuser à accepter certaines exceptions à la règle de l'article 360, qui rejette en principe la résolution pour simple inexécution de la convention. Il restait à fixer les conditions d'admissibilité de cette résiliation exceptionnelle; elles résultent des considérations qui précèdent. S'il s'agit de perte ou diminution totale, l'admission du droit de résolution au profit du créancier suppose d'abord l'impossibilité objective, c'est-à-dire la perte de toute chance pour le créancier d'obtenir l'exécution en nature; il est vrai qu'on lui assimilera l'impossibilité fictive de l'article 243 (V. *infra*, n° 201); elle implique en outre la faute du débiteur, puisque la résolution est ici un droit corrélatif à l'action en indemnité pour inexécution et qu'elle suppose le débiteur non libéré. Si maintenant il s'agit simplement de perte partielle ou de la demeure du débiteur, toujours en supposant faute chez ce dernier, on exigera, en outre, non pas que le créancier démontre que l'exécution intégrale ou procurée au jour dit, avait été considérée comme la condition *sine qua non* de l'existence du contrat, mais qu'il prouve que l'exécution partielle ou tardive lui deviendrait sans utilité; ceci provient de ce que la résiliation est ici le corrélatif de l'action en dommages-intérêts, et que, sous la condition préalable de cette dernière preuve, l'action en dommages-intérêts se mesurerait à l'indemnité due pour inexécution totale : de là le droit à résiliation. On voit par là que le projet circonscrit dans des limites assez étroites et en tout cas très précises, le champ d'application de la résolution légale pour inexécution des conventions; et en cela, il se trouve d'accord avec les tendances romaines et germaniques tout à la fois (2).

191. *Résumé.* — Voici maintenant le résumé du système : s'il y a inexécution fortuite de l'une des obligations, le créancier est de plein droit libéré de la sienne, ce qui revient à dire qu'il y a résolution de plein droit du contrat, celle-ci, du reste, n'entraîne

(1) Cf. *Motifs sur l'art.* 360, II, p. 210.
(2) Voir ce que nous avons dit plus haut du droit prussien et du peu de faveur que son système extensif avait rencontré (*supra*, n° 180). — Cf. Stobbe, *Das Reurecht*, dans *Zeitsch. f. Rechtgeschichte*, t. XIII.

pas résolution réelle, et si le créancier avait déjà payé, il n'aurait qu'une action en répétition; si l'exécution est partielle ou tardive, il y a libération partielle du créancier dans la mesure de l'amoindrissement de valeur que la perte partielle ou le retard ont pu produire par rapport au bénéfice qu'il attend de la prestation. Tout cela signifie que les risques restent au débiteur (art. 308).

Si, au contraire, l'inexécution est imputable à ce dernier, il n'y a plus résolution de plein droit, mais faculté de résolution au choix du créancier : celle-ci lui est accordée de droit si l'exécution est devenue matériellement impossible; si elle n'est que partielle ou tardive, elle ne lui est accordée que si cette exécution tardive ou partielle ne lui est plus d'aucune utilité. Il est vrai que, dans le système du projet, il y a, à tout ceci, une réserve importante qu'il faut indiquer : lorsque l'obligation consiste dans un fait ou dans la livraison d'un corps certain, peu importe, tant que le débiteur n'exécute pas, soit qu'il y ait refus d'exécution ou impossibilité personnelle qui lui reste imputable, il résulterait des principes, si on les appliquait à la lettre, que l'exécution restant possible, le créancier n'a d'autre droit que d'en poursuivre la réalisation forcée; il ne pourrait même y avoir transformation de sa créance en créance d'indemnité qu'après insuccès de l'exécution forcée. Tout cela était contraire aux besoins de la pratique; c'est pourquoi l'article 243 a établi une fiction d'impossibilité qui sera acquise aux conditions suivantes : le créancier poursuivra l'exécution en nature et fera fixer un délai passé lequel il sera censé, sans autre preuve, avoir renoncé à l'exécution réelle pour lui substituer l'exécution en argent. Le délai passé sans exécution, il y a impossibilité fictive, laquelle est assimilée à l'impossibilité matérielle et objective, et par le fait même le droit à indemnité est acquis, mais en même temps le droit à résiliation est offert au créancier : de sorte qu'à côté de l'impossibilité matérielle, il faudra placer l'impossibilité fictive, laquelle consistera, pour les obligations autres que celles de choses fongibles, dans la fixation d'un délai d'exécution passé lequel l'impossibilité sera censée acquise (art. 369).

192. *Effets de la résolution.* — Le projet ne décrit pas les effets de la résolution légale; ce seront ceux du retrait conventionnel tant au point de vue de l'exercice du droit de résolution et de la façon dont il doit se manifester qu'à celui des obligations qu'entraîne la résolution prononcée. Nous reportons cette étude à la

partie qui sera consacrée au retrait conventionnel, et nous étudierons là les effets de cette règle importante, que le retrait ne résout que les obligations et non les transmissions de propriété.
Disons seulement, pour terminer, que le projet, en ce qui touche
la résolution légale, et dans les cas où elle est admise, n'admet
pas que le créancier, s'il opte pour le retrait du contrat, puisse demander, en outre, des dommages-intérêts : la résolution est considérée comme un mode de réparation que la loi lui offre, et qu'elle
met sur la même ligne que le droit à indemnité, à lui de choisir;
s'il en profite, c'est qu'il juge par là sa réparation pleinement assurée et il ne peut rien demander en outre. Ajoutons que, conformément aux règles du retrait conventionnel, la résolution n'aura
effet que par rapport aux obligations nées du contrat et non en ce
qui touche la propriété, la résolution est personnelle et non réelle;
enfin, il ne sera pas nécessaire de la faire prononcer par justice,
et il suffira d'une déclaration du créancier : ce sont là tout autant de différences avec la résolution de notre article 1184.

193. *Affaires à jour fixe.* — On peut ajouter enfin, et à titre
d'accessoire, un troisième cas d'admissibilité de la résolution;
mais ici, il ne serait pas très exact de parler d'exception au principe de la prohibition générale de la résolution, car ce principe
d'interdiction ne s'applique pas à la résolution conventionnelle, et
le cas auquel nous faisons allusion doit être considéré comme ren-
fermant une clause de retrait sous-entendue; il s'agit des affaires à
jour fixe, les *Fixgeschäfte ;* il va de soi que l'inexécution au jour dit
constitue une condition essentielle de la prestation, si bien que
l'inexécution au terme fixé doit être assimilée à l'impossibilité
d'exécution; or, nous savons déjà que l'impossibilité d'exécution, si
elle résulte du cas fortuit, entraîne libération du créancier, et si
elle résulte de la faute, donne ouverture au droit de résolution;
comme les deux résultats ne sont pas les mêmes, il eut fallu, si
l'on eut appliqué le droit commun, distinguer suivant qu'il y avait
faute ou cas fortuit; il était donc bien plus simple de considérer la
fixation du terme comme impliquant une clause de résolution
tacite pour le cas d'inexécution. De sorte que le créancier pourra
demander la résiliation sans avoir rien à prouver (1). Bien entendu, cette clause de résolution tacite n'opérera pas autrement

---

(1) C'est par là qu'il est paré en partie tout au moins au défaut de dispositions relatives à la demeure en matière de risques.

que la clause expresse, et nous verrons sur les articles 426 et suiv.,
que la clause de retrait n'opère pas de plein droit. Du reste, le projet ne fait que reproduire ici une solution conforme à celle admise
en matière commerciale; on avait jusqu'alors traité les *Fixgeschäfte*
chäfte comme une matière purement commerciale; le projet a
raison d'en prévoir aussi l'éventualité au civil, où les affaires de ce
genre peuvent, en effet, être assez fréquentes : constructions à faire
pour une représentation, fournitures pour une fête, et autres choses
de ce genre.

194. *Comparaison avec le droit français.* — Il n'est pas inutile,
en terminant, de comparer toute cette vaste théorie au système correspondant du droit français, en nous plaçant, pour ce qui est de
ce dernier, aux deux points de vue que nous avons adoptés, l'impossibilité d'exécution due au cas fortuit et celle due à la faute du débiteur. Dans le premier cas, le débiteur est libéré : le créancier le
sera-t-il également? Non, dit le projet. Le Code civil ne donne pas
de réponse générale, et ne formule pas d'axiome. Suivant en cela
la méthode romaine, il tranche la question pour une hypothèse
particulière, celle où l'obligation consiste à livrer un corps certain; et, dans ce cas, il déclare le créancier tenu de son obligation, bien que celle du débiteur soit éteinte, ce qu'il exprime en
disant que les risques, dans ce cas, sont pour le créancier
(art. 1138). Il est vrai qu'on a expliqué cette solution par l'innovation admise par le Code civil en matière de transfert de la
propriété : celui-ci résultant de la seule convention, il s'ensuit
qu'en matière d'obligation ayant pour objet une *datio*, cette
dernière se trouve déjà réalisée par le seul fait du contrat, et
le créancier ayant cessé d'être créancier d'une *datio* pour devenir
propriétaire, doit supporter les risques : l'intérêt pratique de la
controverse se restreint au cas où les parties auraient retardé la
réalisation du transfert; dans cette hypothèse, ceux qui expliquent
l'article 1138 par la règle *res perit creditori*, laissent les risques
au créancier, bien qu'il ne soit pas devenu propriétaire; ceux qui
l'expliquent par la règle *res perit domino* mettent alors les risques
à la charge du débiteur. Quoi qu'il en soit de cette controverse, on
doit admettre qu'elle se restreint au domaine des obligations ayant
pour objet la livraison d'un corps certain, les seules qu'aient visées
l'article 1138. En toute autre matière, il importe de se décider par
référence aux principes généraux et sans qu'il y ait lieu d'étendre au
delà de sa sphère spéciale l'article 1138; or, les principes généraux

sont d'accord, chez nous comme à Rome, surtout s'il s'agit d'obligations de faire (1) pour laisser les risques à la charge du débiteur (cf. *supra*, n° 183), et cela sans que la solution admise sur le fondement théorique de l'article 1138, puisse avoir aucune influence sur la question; il est vrai que ce n'est peut-être pas l'avis de tout le monde (2). Il est donc des cas, en droit français, où les risques sont encore pour le débiteur, et d'autres où ils passent au créancier; le projet, au contraire, ne connaît qu'une règle unique, sauf quelques rares exceptions : le risque est pour le débiteur. Là où le risque est pour le créancier, le contrat subsiste et il ne peut être question de faire application de la résolution de l'article 1184 pour inexécution des conventions; celle-ci est chez nous, comme dans le projet, le corrélatif de l'action qui appartient au créancier, et ici le créancier n'a plus d'action, le débiteur étant libéré; d'autre part, permettre au créancier de s'en servir, ce serait tourner la règle qui met les risques à sa charge (3). Enfin, lorsque le risque est pour le débiteur, le contrat est résilié, ou dissous, puisque le créancier se trouve libéré, mais il ne faut pas dire que cette résiliation soit une application de la condition résolutoire de l'article 1184 (4), car celle-ci est une résolution judiciaire offerte au créancier comme sanction du droit qui lui appartient contre le débiteur, et, dans l'espèce, le créancier n'a plus de droit contre le débiteur, et il ne s'agit plus d'une résolution qui lui soit offerte à son choix, mais d'une libération de plein droit qui lui est acquise, d'une dissolution de plein droit du contrat. Le Code civil ne dit rien de la perte partielle, cela tient à ce qu'il n'envisage que l'hypothèse où le risque est pour le créancier, et il va de soi que, dans ce cas, la perte partielle ne change rien à l'obligation du créancier; si l'on se place, au contraire, dans l'hypothèse où le risque reste au débiteur, il faudra bien admettre, comme dans le projet, que l'obligation du créancier sera diminuée dans une proportion correspondante à la part pour laquelle le débiteur se trouve libéré. S'il y a retard fortuit, ne disons pas demeure, celle-ci impliquant faute, le créancier doit le subir s'il supporte les risques, et si au contraire le risque est pour le débiteur, il aura droit de faire réduire son obligation dans la mesure correspondant à l'amoindrissement de valeur qu'aura pour

(1) Cf. Laurent, *Principes de droit civil*, t. XVI, n° 270, p. 832-833.
(2) Cf. Labbé, *Nouv. Revue histor.*, 1888, p. 382.
(3) Cf. Labbé, *Nouv. Revue histor.*, 1888, p. 384.
(4) Cf. Laurent, *Principes*, t. XVI, p. 832.

lui l'exécution tardive du débiteur; cela suppose, bien entendu, dans le système du Code civil, que le premier ait fait sommation ou acte équivalent, mais comme il n'y a pas faute du débiteur et que, par suite, il n'y a pas, malgré la sommation, demeure proprement dite, nous avons parlé d'amoindrissement de valeur de la prestation qui lui était due et non de dommages-intérêts au sens propre du mot (cf. *supra*, n° 187).

195. *De la résolution de l'article 1184 comparée à la résiliation du projet.* — Plaçons-nous maintenant au point de vue de l'inexécution due à la faute du débiteur : c'est le cas d'application normal de la résolution pour inexécution; le créancier reste créancier, le débiteur n'est pas libéré et alors le créancier garde comme sanction et garantie de son droit de créance qui subsiste, la résolution, résolution judiciaire et non plus cette fois résolution de plein droit. L'article 1184 ne la soumet à aucune condition préalable, sauf celle des délais judiciaires que le juge a pu imposer au créancier, en vue de permettre au débiteur de s'exécuter. Il suffit de ce tempérament de l'article 1184 pour nous faire apercevoir une première différence entre le système français et celui du projet au point de vue des conditions d'admissibilité de la résolution : le projet suppose l'exécution en nature devenue impossible, l'article 1184 suppose simplement l'obligation du débiteur non exécutée : cela revient à dire qu'au cas de retard dans l'exécution imputable à faute, c'est-à-dire au cas de demeure la résolution chez nous est de droit, tandis que d'après le projet elle ne sera admise que si l'exécution tardive doit correspondre à l'inexécution totale. Une autre différence capitale est le cumul permis par l'article 1184 entre la résolution et les dommages-intérêts, tandis que d'après le projet le créancier doit choisir entre la résiliation ou l'indemnité en argent (1).

196. *De la résolution au cas d'inexécution partielle.* — L'article 1184 ne parle pas de l'inexécution partielle; exigera-t-on pour admettre la résolution que l'exécution de ce qui reste possible ne soit plus d'aucune utilité pour le créancier? C'est le système du projet.

Certains auteurs veulent également que ce soit celui du Code

(1) V. autres différences quant aux effets et au mode d'exercice de la résolution signalées plus haut, n° 202 *in fine*.

civil, et ils s'appuient sur une décision analogue de l'article 1636 donnée en matière de garantie à propos d'éviction partielle. Les deux matières sont bien différentes : la garantie rentre dans la question de savoir ce que le débiteur a promis et traite de la mesure de son engagement, aussi n'y a-t-il pas à distinguer suivant que l'inexécution en pareil cas est due à la faute ou au cas fortuit ; le débiteur s'est engagé, quoi qu'il arrive, à faire avoir au créancier un droit ferme sur tel objet, s'il ne remplit pas son obligation, il doit réparation ; c'est en cela que consiste son engagement. Dès lors il y a lieu de donner à son obligation la mesure exacte que les parties ont entendu lui accorder, et la question se pose en dehors du domaine de l'art. 1184 qui traite des moyens de contrainte accordés au créancier pour obtenir ce qui lui est dû et non de l'étendue de l'obligation du débiteur ; on comprend, en matière de garantie, que le débiteur ait entendu répondre du défaut de droit portant sur une partie seulement de l'objet dû, sans vouloir pour cela attribuer au créancier, pour ce seul fait et sans autre preuve, le droit de faire résilier le contrat. Lors, au contraire, qu'il s'agit de l'article 1184, on suppose que par sa faute le débiteur n'est pas à même d'exécuter intégralement ; il ne s'agit plus pour le créancier de poursuivre une obligation de garantie à laquelle le débiteur se serait engagé d'avance pour le cas d'inexécution, mais bien d'intenter une action en responsabilité pour inexécution fautive : cette action en responsabilité est une action en dommages-intérêts qui vient s'ajouter à l'action qui appartient au créancier d'exiger l'exécution de ce qui reste possible ; or toutes les fois que le créancier possède une action en indemnité pour inexécution, il a le choix comme moyen de contrainte et comme sanction de la créance d'indemnité de demander la résiliation. Nous avons vu qu'il en est ainsi au cas de demeure ; le créancier peut, sans autre preuve, au lieu de poursuivre l'exécution après l'échéance, demander la résiliation ; or la demeure correspond à l'inexécution partielle, c'est donc qu'au cas de perte partielle, il pourra aussi, au lieu d'exiger ce qui reste, demander, sans autre preuve, la résolution. On doit admettre toutefois que la résolution de l'article 1184 étant une mesure d'équité établie en vue d'éviter une perte probable au créancier, le juge reste souverain appréciateur des circonstances et est libre de les rejeter s'il résulte des faits que la perte partielle ne constitue qu'une perte insignifiante pour le créancier (1). Tout ce

(1) Cf. Laurent, *Principes*, t. XVII, n° 127 (spécialement p. 144-145).

14

que nous voulons dire, c'est qu'il pourrait l'admettre, d'autre part, sans qu'on eut fait au préalable la preuve de l'équivalence au point de vue du créancier entre la perte partielle et la perte totale : on voit la grosse différence avec le système du projet.

197. *De la résolution au cas de retard d'exécution.* — Jusqu'alors nous n'avons appliqué la résolution de l'article 1184 que s'il y a inexécution, totale ou partielle, due à la faute du débiteur; on a proposé cependant de l'étendre même à l'inexécution fortuite; bien entendu ceci ne vise pas le cas d'inexécution totale, car dans cette hypothèse il y a libération du débiteur et nous savons déjà que du moment où il y a libération du débiteur il ne saurait y avoir lieu à la résolution de l'article 1184; ou les risques en effet sont pour le créancier et celui-ci ne peut faire résoudre le contrat, ou ils sont pour le débiteur, et le contrat se trouve dissous de plein droit, sans qu'il y ait à faire intervenir l'article 1184 (cf. *supra*, n° 184). Il faut donc supposer pour que la question se pose que le débiteur ne soit pas libéré. Cela se présentera toutes les fois que l'exécution sera encore possible, le fût-elle par d'autres que le débiteur (cf. *supra*, n° 24). Seulement, bien que l'exécution en soi reste possible, il y a retard apporté à l'exécution, or ce retard peut être la consé- quence d'un cas fortuit; assurément les conditions constitutives du cas fortuit en matière de retard, destiné à soustraire le débi- teur à la *mora*, sont les mêmes que celles constitutives du cas for- tuit en matière de perte de la chose ou d'impossibilité d'exécution; elles impliquent que d'autres que le débiteur n'auraient pas pu à sa place exécuter au jour dit : nous avons déjà laissé entendre à pro- pos d'une hypothèse que nous avons citée (*supra*, n° 187) et que nous pouvons reprendre ici à titre d'exemple, que le retard fortuit sera constitué par l'impossibilité objective provisoire, tandis que la libération résulte de l'impossibilité objective définitive : ceci suffit à écarter toute application du cas fortuit en matière de dettes d'argent, du moins en principe; en pareil cas, le débiteur s'est porté garant de l'exécution à l'échéance.

Mais on peut supposer un exemple analogue à celui que nous avons cité : un événement de force majeure a entraîné la clôture temporaire de la seule usine où pouvait être exécuté l'ouvrage promis. Le créancier pourra-t-il demander la résolution conformé- ment à l'article 1184 (1)? On a prétendu que cette question était

(1) Cf. Laurent, t. XVII, n° 124, p. 140.

dominée par la théorie admise en matière de risques (1), que l'affirmative s'imposait dans les cas où le risque est pour le débiteur; et que la négative était de droit, si le risque passe au créancier. En est-on bien sûr? Si le risque est pour le débiteur, la seule conséquence qui en résulte, c'est que le créancier poursuivant l'exécution pourra obtenir libération partielle dans la mesure où l'exécution tardive constitue elle-même pour le débiteur une libération partielle. Il n'en résulte pas forcément que le créancier pourrait, au lieu de cette libération proportionnelle dont il va bénéficier lors de l'exécution du contrat, demander la résiliation, tout au moins sans avoir à prouver que l'exécution après terme équivaut pour lui à l'inexécution totale. Si les risques sont, au contraire, pour le créancier, cela veut dire qu'il subira l'exécution tardive sans que son obligation en soit diminuée; s'ensuit-il qu'il ne pourrait jamais de ce chef demander la résiliation? Non, car la résiliation ne constituerait pas à proprement parler un déplacement des risques : du moment, en effet, qu'il n'y a pas perte de la chose et que le contrat est dissous, chacun garde ce qu'il devait fournir et le débiteur, s'il ne reçoit rien, ne perd rien. Le créancier n'en souffre pas moins du risque provenant du retard, puisqu'au jour dit il n'a pas obtenu la chose et qu'il ne peut demander indemnité de ce chef. Donc la question que nous posons doit se résoudre d'après les conditions propres d'admissibilité de la résolution de l'article 1184 et n'est nullement dominée par la théorie des risques, tout au moins dans l'espèce que nous venons d'indiquer.

Elle revient à savoir si la condition résolutoire doit être mise à la disposition du créancier toutes les fois qu'il peut y avoir danger pour lui de ne pas toucher ce à quoi il a droit, et ce peut être le cas même si le retard est dû au cas fortuit, puisque si l'inexécution persiste l'obligation du débiteur se transformera forcément en indemnité (art. 1142), et que le paiement de cette dernière dépend de la solvabilité du débiteur : c'est une manière de voir fort acceptable; ne doit-on pas dire, au contraire, que la résolution de l'article 1184 soit le corrélatif des dommages-intérêts résultant de la faute du débiteur? Et nous inclinons vers cette solution. L'article 1184, malgré la généralité de ses termes, nous y invite, puisqu'il permet le cumul de la résolution et des dommages-intérêts et qu'il suppose même qu'il y a toujours lieu à ces derniers, ce qui par conséquent vise le cas de faute. Ajoutons que la réso-

---

(1) Cf. Labbé, *Nouv. Revue hist.*, 1888, p. 378 et suiv.

lution est une rupture du contrat et une rupture qui ne résulte pas d'une convention précise des parties; celles-ci sont censées avoir laissé au juge le droit de prononcer la résolution suivant son appréciation; cela prouve bien que la résolution a été envisagée comme la peine de la violation de l'obligation et que par conséquent la première circonstance que le juge ait à envisager est de savoir si l'inexécution a été empêchée ou non par un cas fortuit : lorsque celui-ci sera démontré et établi au sens que nous avons indiqué, on ne peut plus dire qu'il y ait violation d'aucun engagement, il n'y a que libération partielle du débiteur et l'article 1184, à notre avis, n'est pas fait pour l'hypothèse où il y a libération du débiteur, soit totale, soit partielle.

Sur ce point nous établissons par conséquent pleine assimilation entre le projet et le droit français; mais il faut reconnaître que l'hypothèse où il y aura retard non susceptible d'équivaloir à demeure, malgré la sommation préalable, sera très exceptionnelle; et par suite nous rappelons que le gros point de différence entre la théorie du projet et celle de l'article 1184 se rencontre au cas de demeure, laquelle, chez nous, peut toujours donner lieu à la résolution, tandis que d'après le projet elle ne rend la résiliation admissible que sous la condition préalable d'une preuve assez difficile, celle de l'assimilation pour le créancier de l'exécution tardive et de l'inexécution totale.

Ceci constituera donc une différence énorme pour le cas de dettes d'argent; c'est l'hypothèse vraiment pratique. Prenons la vente; l'acheteur ne paie pas son prix : le droit français donne au vendeur la résolution sans autre condition que celle de subir le délai que le tribunal aura pu lui imposer; dans le système du projet il ne saurait y avoir en pareil cas impossibilité d'exécution, il y a refus ou retard d'exécution et l'on sait qu'au cas de demeure la résiliation n'est accordée que sous une condition qui ne saurait guère trouver ici son application. Cela revient à refuser au vendeur la résolution pour défaut de paiement du prix, sauf clause expresse. Il est vrai que lorsqu'il s'agit de livraison d'un corps certain ou de l'exécution d'un fait, la portée de cette différence est singulièrement atténuée; nous avons déjà vu que le projet permet au créancier de faire fixer un délai passé lequel son obligation se sera transformée en dommages-intérêts (art. 243), et que l'article 369 admet là résiliation pour le cas d'impossibilité fictive, comme au cas d'impossibilité réelle. De sorte qu'en matière d'obligations de faire la différence entre le système du projet et le nôtre est très mince;

l'inexécution au jour dit sera assimilée à l'impossibilité d'exécution, absolument comme chez nous l'inexécution dans le délai fixé par le tribunal réalisera la résiliation de l'article 1184. Il est vrai que chez nous celle-ci pourra être accompagnée de dommages-intérêts et que d'après le projet le créancier devra choisir ; mais comme d'ordinaire il optera pour ces derniers le résultat final sera, pour le cas où lui-même devait de l'argent, une sorte de compensation entre ce qu'il devait perdre et le montant de l'indemnité, de sorte qu'en fin de compte il touchera l'excédant de cette dernière, résultat qui est à peu près celui de notre article 1184. A tout prendre la différence essentielle entre les deux systèmes ne porte guère en réalité que sur les obligations de sommes d'argent, comme nous l'avons montré plus haut.

§ 4. — Effets spéciaux a certains contrats.

198. Nous réunissons sous ce titre certains effets des contrats qui rentrent encore dans la catégorie des effets directs, puisqu'ils existent sans clause spéciale, mais qui ne se rencontrent toutefois que dans certaines catégories particulières de contrats ; ce qui justifie le groupement spécial dans lequel nous les rangeons, c'est la garantie, en matière de contrats ayant pour objet l'acquisition d'un droit ; ce sont également les effets spéciaux à l'égard des tiers étrangers au contrat, lorsqu'il s'agit de contrats en faveur d'autrui ; ce sont enfin les effets restreints et très particuliers des contrats dans lesquels on a entendu isoler la promesse des circonstances qui la justifient, ce qui comprend la promesse sans cause et la promesse souscrite au porteur. Nous allons parler d'abord de la garantie.

199. *Garantie.* — La garantie est une institution qui est née à propos de la vente et dont il est traité d'ordinaire au sujet de cette dernière ; mais en réalité elle reçoit son application toutes les fois qu'il s'agit d'un contrat dont l'objet propre soit de procurer un droit à autrui. Le projet a grand raison, à l'imitation d'ailleurs du Code prussien (1), de généraliser l'institution et de lui consacrer une section indépendante (art. 370). Il va de soi que ces règles générales comporteront exception pour certains contrats particu-

(1) A. L. R., I, 5, art. 317, 318.

tiers, comme par exemple en matière de donation. Laissons ces exceptions de côté et étudions le principe.

La garantie comprend deux chefs : elle peut avoir pour objet le défaut de droit ou les vices de la chose; historiquement il y a là deux institutions distinctes, issues de deux points de vue différents, nées par conséquent à deux époques spéciales de l'évolution du droit romain et qui pour cette raison ont donné lieu à deux systèmes très divergents. Rationnellement on pourrait concevoir au contraire qu'on les rattachât à un point de vue unique : c'est ce qu'avait fait le Code prussien (1). Le projet en fait encore deux institutions séparées : il suit donc ici l'usage traditionnel plutôt que la stricte logique; nous verrons comment cela se justifie.

Enfin la garantie elle-même est souvent rangée parmi les effets accessoires des contrats (2); on en parle comme d'une protection spéciale accordée à celui à qui l'on a promis de faire acquérir un droit; et il semble qu'elle soit distincte de l'obligation même par laquelle on s'est engagé à le lui faire acquérir. Ce point de vue peut surprendre; tout le monde sait qu'il s'explique historiquement; mais ce qui étonnera peut-être encore ce sera de retrouver trace, dans une certaine mesure, de l'ancienne conception romaine en matière de garantie dans le système du projet. Ce point de vue nécessite quelque retour en arrière.

200. *Historique.* — Il est aujourd'hui à peu près admis par tout le monde que dans la vente primitive, réalisée sous forme de *mancipatio*, la garantie pour cause d'éviction n'était pas un élément de l'obligation même du vendeur et ne dérivait pas d'un engagement personnel de celui-ci, mais était liée à la *mancipatio* elle-même et considérée comme une conséquence des solennités de l'acte d'aliénation. Il est très probable, comme l'a si bien montré M. Girard, qu'on s'était primitivement placé à un point de vue délictuel (3); l'acheteur évincé que son auteur n'avait pas su défendre au procès en revendication dans lequel il avait succombé, se retournait contre le vendeur et, l'accusant de l'avoir trompé, lui demandait réparation

---

(1) Cf. Forster-Eccius, *Preuss. Priv. R.*, I, § 84-III.

(2) Cf. Aubry et Rau, IV, ch. III-II, § 310. — Cf. Pothier, *Du contrat de vente*, n° 102. « L'action de garantie est une *branche* de l'action personnelle *ex empto*, etc., etc. »

(3) Girard, *L'action auctoritatis* (*Nouv. Rev. histor. du droit*, année 1882, p. 212 et suiv.).

de l'injure, plus encore que de l'injustice. Peu importe la bonne foi du vendeur : il y a délit dans le fait d'avoir fait servir à l'attestation d'un mensonge les solennités de la mancipation, indépendamment de toute intention frauduleuse chez le mancipant. Tout ceci est absolument dans les données primitives. Et plus tard alors même que le caractère délictuel de la responsabilité pour éviction out disparu, cette dernière resta encore attachée au fait de la *datio* elle-même, sans être considérée comme étant comprise à proprement parler dans l'obligation résultant du contrat. Elle dérive, dit Brinz (1), non du fait qu'on a promis une chose, mais du fait qu'on la donne, en prenant le mot au sens juridique du *dare* des romains. Et Brinz continue en disant que lorsque la vente se dégagea du contrat réel d'aliénation pour devenir un contrat consensuel, elle garda, à côté de l'obligation propre de livrer la chose, l'obligation accessoire et distincte d'en garantir l'acquéreur contre toute éviction ; et il ne fut pas question d'obliger le vendeur à livrer la propriété, car une obligation de ce genre historiquement ne pouvait pas ressortir de la vente primitive qui n'était autre qu'un contrat réel de transfert de la propriété et qui avait pour but de réaliser le transfert et non de le promettre, qui par suite ne comportait d'autre obligation pour l'avenir que celle de garantir des troubles futurs. La vente devenue simple contrat productif d'obligations se distingua de cette vente primitive en ce qu'elle eut pour objectif l'accomplissement matériel de ce contrat réel dont elle était jadis la réalisation ; et c'est là par conséquent tout ce que le vendeur promettait : faire tradition ou faire mancipation, quant au résultat juridique qui devait s'ensuivre il n'en était responsable, comme jadis, qu'en vertu de l'obligation accessoire de garantie. Ainsi s'explique que la vente n'ait pas eu pour objet un transfert de propriété, mais un transfert de paisible possession (2) ; ainsi s'explique aussi le caractère accessoire de la garantie qui, tout en étant poursuivie par l'action du contrat, resta une obligation distincte et spéciale, ou, comme disait encore Pothier, une branche de l'action *ex empto*. On comprend que dans cette conception historique la garantie se restreigne au cas d'éviction proprement dite et que l'acheteur, sauf le cas de dol du vendeur (3), ne puisse recourir contre lui avant d'être troublé dans sa possession, même s'il apprend qu'il n'a pas été rendu propriétaire.

(1) Brinz, *Pand.*, § 280, t. II-1 (éd. 1879), p. 335.
(?) Cf. Brinz, *Pand.*, § 280, note 15.
(3) Cf. Accarias, *Précis*, t. II, n° 610.

201. Le droit romain s'est-il dégagé de ce point de vue historique pour n'envisager que le point de vue rationnel qui est celui-ci : la garantie n'est qu'un des côtés de l'obligation du vendeur ; celui-ci étant tenu de procurer la chose est responsable de ne l'avoir pas procurée. La conséquence logique de cette idée eut été de rendre le vendeur responsable de tout défaut de droit de l'acheteur avant toute éviction. Assurément personne ne prétend qu'on en fut arrivé à formuler le principe sous cette forme absolue ; mais tout au moins on pense que la tendance de la jurisprudence romaine avait été de s'en rapprocher le plus possible et que le vendeur était responsable du non transfert de la propriété, non seulement au cas de dol, mais toutes les fois que ce défaut de droit, avant même toute éviction, dût empêcher l'acheteur de jouir de la chose comme il avait pu compter pouvoir le faire (1) ; et l'on cite l'exemple de l'acheteur d'un esclave qui veut l'affranchir et acquérir par suite la qualité de patron et les droits qui en dérivent : si après l'affranchissement il s'aperçoit qu'il n'a rien acquis parce que l'esclave se réclame d'un autre maître et aura ce dernier pour patron au lieu de l'acheteur, celui-ci agira par l'action *ex empto* (2). Mais les auteurs qui invoquent ce texte n'ont pas remarqué que l'esclave en se prévalant du patronat d'un autre réalise précisément la condition d'éviction nécessaire pour qu'il y ait lieu à garantie.

202. *Point de départ du projet.* — Quoiqu'il en soit du droit romain, cet exposé sommaire suffit à mettre en relief les deux points de vue différents qui peuvent servir de point de départ à la théorie de la garantie. Il n'est pas douteux que le projet ait adopté le point de vue rationnel que les motifs désignent d'ailleurs sous le nom de *Verschaffungsprincip*, ce qui signifie obligation, au cas d'aliénation, de procurer le droit lui-même et non seulement la possession de la chose (art. 370-371). C'est donc l'opposé du principe romain en matière de vente, c'est l'admission de la théorie moderne : quiconque promet d'aliéner s'engage à procurer le droit qu'il a promis ; d'où cette conséquence que s'il n'y a pas transfert et acquisition du droit lui-même il y a inexécution du contrat : et l'acquéreur qui n'a rien acquis en principe devrait avoir les droits

---

(1) Eck suivi par Windscheid. — Cf. Eck, *Die Verpflichtung des Verkäufers zur Gewährung des Eigenthums* (Halle, 1874). — Windscheid, *Pand.,* §380, note 8 *a.*

(2) L. 43, L. 45, § 2, D. (19. 1). — Cf. Windscheid, *Pand.,* § 380, note 8 *a,* et 8 *c.*

qui appartiennent à tout créancier contre un débiteur qui n'a pas rempli ses obligations. La garantie n'est autre chose que l'une des faces de l'obligation même de quiconque s'engage à aliéner : rien n'est plus faux que d'en faire une obligation accessoire ou distincte et il semblerait que nous n'eussions plus qu'à renvoyer aux effets généraux en matière de contrat. Nous verrons cependant que malgré cette affirmation très nette de l'obligation au transfert (*Verschaffungsprincip*), le projet, sur un point spécial, semble bien ne s'être pas dégagé du point de vue traditionnel qui était celui des romains.

203. Il semblerait aussi en partant de ce point de vue, que l'on dût forcément attribuer ce même caractère à la garantie des vices : quiconque aliène, s'engage à procurer non seulement le droit sur la chose, mais à fournir une chose susceptible de remplir l'usage qu'on est en droit d'en attendre ; si donc elle possède certains vices qui la rendent impropre à son usage normal, il y a inexécution de l'obligation et il doit y avoir application pure et simple des règles sur l'inexécution des contrats. Le projet a rejeté cette logique à outrance et cet excès de simplification ; et l'on aperçoit en effet immédiatement certaines raisons juridiques qui doivent nous faire hésiter à accepter sans autre examen l'assimilation : la garantie pour défaut de droit se réfère forcément au fait promis, puisqu'elle se réfère au fait d'aliéner, au *præstare* lui-même ; elle se rattache ainsi à l'exécution de l'obligation ; la garantie des vices se réfère aux qualités de l'objet ; donc on pourrait concevoir qu'indépendamment de toute promesse expresse ou tacite relativement aux qualités que la chose peut avoir, il eut lieu à réparation au profit de l'acheteur, soit en raison de l'erreur, soit parfois en raison du dol. Donc la garantie pour défaut de droit donnera forcément ouverture à l'action même du contrat ; la garantie des vices, touchant à la question de l'objet lui-même, pourra donner lieu aux actions qui se réfèrent à la formation du contrat, comme par exemple à la nullité ou à la rescision. On voit donc *a priori* et sans autre examen que les deux institutions ne sont pas forcément deux faces d'un point de vue unique.

Plaçons-nous maintenant comme le projet aux deux points de vue suivants : conditions et effets de la garantie.

204. *Conditions de la garantie.* — Les conditions d'exercice de l'action en garantie dépendent de l'étendue de l'obligation de celui qui doit garantie, puisque c'est la violation de son obligation qui donnera ouverture au recours en garantie. Or, nous savons déjà que son obligation consiste à procurer le droit dont l'aliénation forme l'objet du contrat; mais nous devons ajouter avec l'article 371 que ce droit doit être complet, et qu'il ne peut être restreint par aucune charge qui viennent en diminuer l'efficacité; ceci fait allusion surtout aux droits de servitude, pour lesquels, par conséquent, garantie sera due. On a voulu ainsi couper court aux controverses qui existaient à cet égard sur le terrain du droit romain (1), et le projet a entendu admettre garantie pour toutes les servitudes dont l'existence aurait été inconnue de l'acquéreur, sans même faire exception pour les servitudes apparentes. Il reconnaît qu'il n'y a plus lieu, comme à Rome, de présumer l'existence de servitudes grevant les propriétés (2); et que celui qui achète un fonds, ignorant les charges qui le grèvent, alors même qu'il n'a pas stipulé le recevoir libre de toutes charges, ne doit pas s'attendre à voir se révéler aucune servitude, car l'état économique de la propriété en Allemagne n'est pas favorable à l'extension d'une certaine réciprocité de charges foncières; et, par suite, il aura droit à garantie pour toute servitude qui sera réclamée après coup. Gierke (3) reproche aux auteurs du projet de s'être mépris sur le régime économique du sol en Allemagne : nous avouons n'être pas à même de vérifier la justesse de cette critique, les éléments d'observation nous faisant défaut; mais ce que l'on peut dire, c'est que le projet s'est placé, non pas au point de vue de certains rapports habituels de voisinage, mais à celui de la sécurité absolue des droits et de la publicité nécessaire de toute charge qui vienne diminuer la valeur de la propriété. Nous ne sommes pas absolument certain que ce point de vue poussé à ces extrêmes conséquences soit forcément le meilleur.

Tout ceci s'applique, bien entendu, aux droits d'hypothèque comme aux servitudes : le projet admet même que la garantie subsiste au cas où l'acquéreur en aurait eu connaissance; bien qu'il les eut connus, il n'est pas censé avoir pour cela renoncé à son action en garantie le cas échéant; cela tient à ce que le dommage pouvant résulter de l'hypothèque est subordonné à une éventualité douteuse, et que l'acquéreur courant la chance de n'être pas in-

---

(1) Cf. Windscheid, *Pand.*, § 391, note 28. — Accarias, t. II, n° 608 *a*, p. 451, note 1.

(2) Cf. Labbé, *De la garantie*, n° 20, *Rev. prat.*, t. XIX, 1865, p. 265.

(3) Gierke, dans *Revue de Schmoller*, t. XIII, p. 210. — Cf. les excellentes observations de M. Labbé au passage indiqué à la note précédente.

quiété doit être présumé avoir réservé son recours pour le cas où il le serait : on ne doit présumer qu'à la dernière extrémité l'abandon d'un droit.

Il n'en est plus de même au cas de servitudes : si l'acquéreur les a connues, il sera censé avoir renoncé à la garantie, sinon autant vaudrait dire que celle-ci lui est acquise du jour du contrat, puisque de ce jour il connaît les restrictions mises à l'exercice de son droit et que celles-ci ne dépendent d'aucune éventualité douteuse, mais existent d'ores et déjà.

Enfin, le projet n'admet pas garantie pour les charges fiscales et autres qui ne sont pas soumises au régime de la publicité par voie d'inscription aux registres fonciers : ce sont de celles auxquelles l'acquéreur devait s'attendre.

205. *Effets de la garantie.* — La solution en ce qui touche les effets de la garantie devrait être des plus simples, tout au moins pour les législations modernes qui ont répudié le point de vue romain : la garantie supposant violation de l'obligation, les conséquences qui en résultent seront celles qui résultent de l'inexécution en matière de contrat, c'est-à-dire qu'elle offrira deux ressources au créancier qui se plaint d'un défaut de droit, celle du refus d'exécution, autrement dit l'*exceptio non adimpleti contractus*, ou bien, s'il a exécuté, par voie de paiement ou de consignation, ou encore s'il poursuit l'exécution simultanée en offrant d'exécuter conformément à l'article 365, l'action en dommages-intérêts pour inexécution; nous ne parlons pas de la résolution qui n'est admise qu'exceptionnellement et ne constitue pas un recours de droit commun (art. 360 et 369). Or sur ce point le système du projet n'est pas aussi simple qu'on aurait pu croire; et c'est ici que nous allons retrouver l'influence de l'ancien principe romain sur la nécessité d'un trouble préalable. Le projet distingue suivant que les formalités du contrat de transfert ont été ou non accomplies.

206. *Distinction suivant qu'il y a eu ou non contrat réel de transfert.* — Tant qu'il n'y a pas ou tradition ou cession judiciaire, disons contrat réel d'aliénation, l'acquéreur reste sous l'empire du droit commun; il pourra donc, sans qu'il puisse être question d'éviction préalable, refuser d'exécuter, donc opposer l'*exceptio non adimpleti contractus*, et cela même si on lui offre de procéder au contrat réel d'aliénation puisqu'il sait que ce contrat ne peut pas recevoir son efficacité, son auteur n'étant pas propriétaire; il pourra aussi, conformément à l'article 243, faire fixer un délai pour l'exécution efficace de l'obligation de son débiteur, après quoi, il recourra contre lui en indemnité pour inexécution; il peut donc user des deux armes que la loi met à son service, l'arme défensive et l'arme offensive.—Mais une fois le contrat réel accompli, il n'a plus, à moins d'éviction, que l'arme défensive; l'éviction devient, comme à Rome, la condition préalable nécessaire de l'action en garantie. — Donc, sans attendre qu'on trouble sa possession, il peut, après le contrat réel, s'il n'a pas exécuté, invoquer encore l'*exceptio non adimpleti contractus;* c'est l'application des principes, puisque l'autre partie, bien qu'elle eut procédé à l'acte de transfert, n'a pas procuré le droit qu'elle s'était engagée de faire acquérir, et par suite n'a pas rempli son obligation. Mais l'acquéreur n'a plus le droit d'agir en indemnité en se fondant sur ce seul fait qu'il n'a pas été rendu propriétaire, il ne peut agir en garantie qu'après éviction préalable. Voilà cette fois le point de vue romain qui reparaît. On comprendrait au besoin qu'il en fût ainsi, lorsque le défaut de droit consiste dans une menace qui peut ne pas se réaliser, comme au cas d'hypothèque; mais lorsqu'il consiste dans l'absence absolue du droit lui-même, comme au cas de vente de la chose d'autrui, comment expliquer, par cela seul qu'il y a eu cession et inscription aux registres, que l'acquéreur doive, pour agir en garantie, attendre l'éviction? Les motifs (1) invoquent à cet égard l'exemple des législations modernes, le droit prussien, le droit saxon, notre Code civil et le Code fédéral des obligations. Peut-être notre Code civil n'a-t-il guère prévu que la menace résultant de privilèges ou hypothèques, puisque, chez nous, la vente de la chose d'autrui est nulle, et alors on comprend, nous l'avons dit plus haut, qu'on exige la condition formelle d'un trouble préalable. Cependant même, chez nous, on peut, en dépit de notre article 1599, supposer que la vente soit valable et que, cependant, l'acheteur soit censé n'avoir rien acquis; sans parler des cas de résolution, nous citerons l'hypothèse d'une seconde vente transcrite avant la première : or, le premier acquéreur qui se voit ainsi devancé par le second et exposé à la revendication de ce dernier pourrait-il, sans attendre l'éviction, agir en garantie? L'affirmative aurait pour elle le nouveau principe, que la vente oblige au transfert même de la propriété, et la négative invoquerait les textes du

(1) *Motis sur l'art.* 374. t. II, p. 218. — A. L. R., I, 5, § 317, I, §§ 135, 136, 143. — Œterr. *G. B.,* §. 922. — Säch. *G. B.,* §§ 930 et suiv. — Code féd., art. 235 et suiv. — Code civ., art. 1626.

Code en matière de garantie, qui semblent bien reproduire la théorie romaine d'une éviction préalable. Il paraît bien à peu près certain que cette dernière solution soit la vraie, et cela ressort surtout de la nécessité de se reporter, pour l'estimation de la chose, à une époque fixe que l'acheteur ne puisse faire varier suivant son intérêt ; or, cette époque ne peut être, comme l'indiquent nos articles 1631 et 1633, que celle de l'éviction. C'est également ce motif tout de pratique qui explique la solution du projet, et c'est pourquoi nous avons tenu à faire ce rapprochement. Donc, après accomplissement du contrat d'aliénation l'éviction devient, quand il s'agit de prendre l'offensive, et non en ce qui touche l'*exceptio non adimpleti contractus*, la condition préalable de l'action en garantie. Voyons donc ce qu'il faut entendre par éviction.

207. *De l'éviction.* — Laissons de côté les détails : nous pouvons poser en principe la règle suivante : il y a éviction toutes les fois que l'acquéreur, par l'effet d'un acte auquel il ne pouvait pas s'opposer perd le bénéfice du droit qu'il avait entendu acquérir (art. 375); ce qui comprendra avant tout, toute sentence judiciaire en vertu de laquelle l'acquéreur sera condamné à restituer la chose ; mais également le compromis ou même l'acquiescement, et il faut ajouter le cas où l'acquéreur conserverait la chose en vertu d'un titre nouveau, comme s'il devenait héritier du propriétaire (art. 376). Tout cela est conforme aux traditions romaines. Une seule remarque est importante, c'est que l'acquéreur poursuivi en restitution n'est pas obligé d'appeler son auteur en garantie ; il le peut, mais il n'y est pas forcé ; seulement, s'il a omis de dénoncer le procès à son garant, le jugement n'est pas opposable à ce dernier ; l'acquéreur est bien admis à intenter l'action en garantie, puisque la condition nécessaire à son exercice se trouve réalisé, mais le jugement conserve son effet relatif et n'est pas opposable à l'aliénateur, celui-ci peut donc encore contester le bien-fondé de l'éviction (1).

208. *Du contenu de l'action en garantie.* — L'action en garantie n'est qu'une action en indemnité pour inexécution ; elle aura pour objet l'intérêt que l'acquéreur aurait eu à ne pas subir l'éviction. Il n'y a pas à distinguer si l'aliénateur en s'engageant à aliéner une chose dont la possession ne peut pas être assurée à qui l'ac-

(1) Cf. *Motifs sur l'art.* 375, t. II, p. 219.

quiert est ou non en faute, car en admettant qu'il ne parvienne pas à garantir l'acquéreur de l'éviction, ce n'est jamais pour lui qu'une impossibilité subjective, et d'après le droit commun, tout débiteur est garant sans distinction de l'impossibilité qui lui est purement personnelle (V. *supra*, n° 24). D'autre part, c'est au jour de l'éviction qu'il faut se placer pour calculer l'intérêt dont l'acquéreur demande compte et par suite la valeur de la chose, bien qu'en principe, au cas d'inexécution, on tienne compte de la valeur qu'aurait eue l'objet dû au jour fixé pour la livraison : cela tient à ce que, lorsqu'il est question de perte survenue avant livraison, on ne peut savoir si le créancier eut conservé la chose et profité des accroissements de valeur, tandis qu'au cas d'éviction, la preuve du maintien de la chose dans le patrimoine du créancier résulte du fait lui-même et que par suite il y a lieu de faire obtenir réparation de la perte exacte que subit l'évincé. On reconnaît à cette formule la règle romaine, bien différente de celle du droit français acceptée par le Code fédéral, en vertu de laquelle le premier élément de la garantie est la restitution du prix : cela tient à notre système sur l'admission de droit de résolution en matière de contrats synallagmatiques, système repoussé, dans sa généralité tout au moins, par le projet. Pour ce dernier, il ne pourrait être question de résolution que dans les conditions exceptionnelles de l'article 369. Tant qu'on parle de garantie, il n'est question que d'indemnité et l'indemnité se mesure au dommage exact qui a été éprouvé, peu importe qu'il dépasse ou n'atteigne pas la valeur de la contre-prestation fournie par celui qui se plaint de l'éviction. Si maintenant il y a éviction partielle, on appliquera purement et simplement les principes du droit commun de l'article 242, l'acquéreur évincé pourra demander indemnité proportionnelle au dommage que lui cause la perte résultant de l'éviction, et de plus, s'il prouve que la partie dont il n'est pas évincé ne lui offre plus d'utilité, il pourra demander la résolution conformément à l'article 369 (1).

209. L'article 380 conclut, sous forme d'épilogue à cette théorie sur la garantie, en déclarant que les dispositions qui précèdent ne sont pas impératives et que les parties peuvent accepter toutes clauses qui en atténuent ou aggravent la rigueur : la chose allait de soi; puisqu'il s'agit de mesurer sur un point spécial, et pour

(1) Cf. C. civ., art. 1636, et C. féd., art. 242.

uno catégorie spéciale de contrats, la portée exacte de l'obligation, il est tout à fait conforme aux principes que la volonté des parties soit souveraine et qu'il n'y ait qu'à se conformer à leur intention expresse ou tacite. Seulement la preuve d'une clause de ce genre incombera très certainement à qui l'invoquera.

210. *Garantie des vices.* — Nous abordons ici une des parties que le projet a le plus minutieusement traitées : elle ne contient pas moins de trente-un articles (art. 381-411) auxquels correspondent plus de quarante pages des Motifs. Cela tient à des difficultés pratiques très délicates au cas de ventes d'animaux domestiques ; cette hypothèse particulière avait donné lieu à de nombreux systèmes divergents : elle exigeait une réglementation spéciale. De sorte que le projet contient sur cette matière des vices rédhibitoires deux parties très distinctes, l'une dans laquelle il formule la théorie générale et l'autre dans laquelle il envisage les espèces particulières, dont la plus importante est celle des ventes d'animaux domestiques. Posons d'abord les principes généraux.

211. *Théorie générale.* — Nous savons déjà que le projet ne considère pas la garantie des vices comme une garantie pour éviction partielle : car, s'il en était ainsi, la conséquence serait que quiconque eut livré une chose viciée se trouverait n'avoir pas rempli son obligation et soumis par suite à une action en dommages pour inexécution ; or, le projet n'accorde qu'exceptionnellement le droit à indemnité pour inexécution, absolument comme le droit romain n'accordait qu'exceptionnellement, en vertu du contrat de vente, le droit d'agir *ex empto* pour se faire indemniser des vices de la chose vendue. Au lieu de cela, le projet admettra comme recours de droit commun et ressource ordinaire, sur les traces d'ailleurs de la législation établie à Rome par les édiles, la résiliation du contrat ; et l'on sait que lorsqu'il s'agit de garantie et d'inexécution du contrat, pas plus dans le projet qu'à Rome, il n'y a en principe, et réserve faite des exceptions, aucune résolution possible.

212. *Caractère et fondement juridique de la garantie des vices.* — Comment donc le projet a-t-il envisagé la garantie des vices et comment expliquer les résultats juridiques auxquels elle donne ouverture? Le projet nous paraît surtout avoir accepté toute faite une théorie traditionnelle, celle des actions édiliciennes, qui de-

puis la réception du droit romain, avait généralement été acceptée
en Allemagne, aussi bien que chez nous, comme base fondamentale du système de la garantie en matière de défauts cachés, et cela
sans qu'on se soit fort préoccupé de la mettre d'accord avec la
stricte logique du droit. Il est fort probable que si on avait aujourd'hui à construire de toutes pièces, et sans avoir à suivre aucun
précédent historique, une théorie de la matière, on ne se rencon-
trerait pas de tous points avec la théorie romaine des actions édiliciennes : l'une d'elles surtout a droit de surprendre, l'action en
réduction du prix, laquelle n'est pas une action en indemnité,
mais une faculté laissée à l'une des deux parties seulement de
refaire le contrat à elle seule, en ramenant le prix à ce qu'il aurait
dû être si on avait tenu compte du vice caché ; qu'on résolve le
contrat, rien de mieux, mais qu'on le modifie au gré de l'une seulement des deux parties, voilà qui est contraire à toutes les idées
juridiques et il y a beaucoup de jurisconsultes allemands qui espé-
raient que le projet eut modifié sur ce point les traditions romaines (1). De sorte que l'explication logique manque aussi bien en ce
qui touche la théorie des édiles qu'en ce qui regarde celle du projet.

On a bien cherché sans doute à rattacher le système à quelqu'un
des principes fondamentaux du droit : on a invoqué la théorie de
l'erreur ; lorsqu'en effet il s'agit de défauts inconnus du vendeur,
il est difficile de parler de garantie, tant que celui-ci n'a pas promis
expressément de répondre de tous les vices connus et inconnus ; si
donc l'acheteur découvre un vice caché, il se trouve avoir été trompé
sur une des qualités essentielles de l'objet, puisqu'il s'agit d'un
objet qui devait être susceptible de possession utile à son profit et
que celle-ci est devenue impossible ; seulement lui seul peut être
juge du caractère de l'erreur et de la question de savoir si, à son défaut, il eut renoncé au contrat ; on comprend donc que sur ce fondement on mette à son service une action en résiliation. Il est vrai
que cette théorie n'explique guère l'action en réduction du prix (2).
De plus, elle est incompatible avec certaines solutions du projet,
entre autres avec celle qui s'attache, lorsqu'il s'agit de savoir de
quels vices le vendeur répondra, au moment du transfert des ris-

---

(1) V. la consultation du Dr von Volderndorff, de Munich, présentée à la
réunion du XIXe Congrès des jurisconsultes allemands (*Verhandl. des
XIXen deutschen Juristentages*, I, p. 67-68).

(2) V. la consultation citée à la note précédente et le passage indiqué. —
Cf. Demante, *Cours analytique de droit civil*, continué par Colmet de
Santerre, t. VII, n° 81.

ques et non à celui de la formation du contrat; il sera donc responsable de vices qui auront pu ne se produire qu'après la vente ; comment parler alors d'un défaut de consentement relativement à l'objet du contrat? L'objet acheté était bien exactement celui que l'acheteur avait en vue et il était tel qu'il le croyait, donc il n'y a pas eu erreur.

213. Brinz (1) propose pour ce qui est du droit romain une explication qui, si elle n'est pas absolument exacte pour l'époque ancienne, est très certainement celle qui serait le plus capable de rendre compte des solutions du projet; la responsabilité pour vices cachés ne dérive pas de l'obligation stricte du vendeur : il ne s'agit pas de responsabilité pour inexécution des obligations dérivant de la vente. Il s'agit d'une question de risques (2). Pour cette hypothèse spéciale et pour des raisons purement pratiques, les édiles ont mis à la charge du débiteur, ici le vendeur, le risque des défauts de la chose objet du contrat. Or, la charge des risques ne consiste pas à payer indemnité, mais à prendre une perte à son compte; d'où cette conséquence que l'acheteur, en résiliant le contrat, mettra au compte du vendeur la perte résultant du vice, puisque celui-ci rendra le prix et gardera la chose viciée ; quant à l'action en réduction du prix, elle s'explique comme l'équivalent de la première; si l'acheteur estime que la chose même viciée peut encore lui servir, il la gardera, mais on doit assimiler le cas à celui de perte partielle, c'est-à-dire que la prestation fournie au vendeur doit être diminuée dans la mesure correspondant à la perte de valeur que la chose a subie. Cette idée se trouverait en harmonie, en ce qui touche le projet, avec le moment choisi pour celui où il y a lieu de constater l'existence des vices, ce sera celui où les risques passent au créancier, en général par conséquent celui de la tradition : c'est donc que le vendeur doit supporter le risque des diminutions de valeur provenant de vices survenus entre le contrat et la livraison ; cela expliquerait également que le vendeur n'eut pas, sauf le cas de fraude, à supporter la perte concrète que le vice fait subir à l'acheteur, mais la perte que subit la chose , c'est-à-dire l'amoindrissement de valeur calculé à un point de vue abstrait et sans tenir compte des conséquences qu'il peut avoir pour l'acheteur; cela vient de ce qu'il s'agit, non pas

(1) Brinz, *Pand.*, § 327.
(2) Cf. L. 3, Cod. (4, 58).

d'une indemnité à fournir, mais d'un risque à subir. Si l'on ne se place pas à ce point de vue tout reste inexplicable.

Cette explication est fort séduisante pour une législation comme celle du projet qui laisse les risques à la charge du vendeur; seulement il est bon de ne pas se payer de mots; qui parle de risques en matière de contrat, suppose qu'il y a inexécution du contrat; le problème relatif aux risques contractuels est de savoir qui subira la perte résultant de l'inexécution fortuite de l'obligation, donc parler de risques à propos des vices cachés, c'est encore revenir à l'idée que l'obligation du vendeur consiste à livrer une chose qui n'ait aucun vice, donc à le déclarer responsable des vices même qu'il n'a pas connus : autrement dit, c'est revenir à l'idée de garantie; seulement c'est une garantie exceptionnelle que l'on présume en raison des besoins de la pratique et qui n'était pas forcément de l'essence de la vente; exceptionnelle aussi par conséquent au point de vue de ses résultats, puisque la garantie ordinaire a pour effet de soumettre le garant aux dommages-intérêts pour inexécution, même s'il n'y a pas faute de sa part, tandis qu'ici le garant s'est engagé à supporter le risque et non à payer indemnité, et on a vu plus haut la différence. La formule exacte est donc celle-ci : la garantie des vices est une garantie de nature spéciale par laquelle le garant répond non pas des conséquences des vices qu'il aurait ignorés, mais s'engage uniquement à prendre à sa charge la dépréciation qui en résulte par rapport à la chose, donc par laquelle il s'engage à supporter les risques des défauts qu'il ignore et non à payer indemnité de ce chef; et quant à cette garantie des risques, elle se traduira par la voie des actions édiliciennes et non purement et simplement par voie d'application des principes du droit commun sur les risques en général.

214. Telle est l'explication très acceptable qui paraît rendre compte des solutions du projet pour le cas tout au moins où il s'agit de vices ignorés du vendeur, et dont il ne s'était pas engagé expressément à répondre. Pour le cas de vices connus du vendeur et dissimulés, ou encore s'il s'agit de qualités garanties formellement par lui, la responsabilité du vendeur dérive de l'obligation même qu'il a assumée par le contrat de vente; elle sera réglée par suite, d'après les principes ordinaires sur la garantie de droit commun, et donnera lieu à l'action en dommages-intérêts pour inexécution : c'était déjà la théorie romaine; la seule difficulté en pareil cas pouvait être d'admettre au profit de l'acheteur le choix entre les trois moyens que la loi avait établis et par conséquent de lui proposer la ressource des actions édiliciennes à côté de l'action en dommages-intérêts : on pouvait dire que les premières eussent être un moyen exceptionnel pour le cas où le créancier ne pouvait obtenir l'exécution intégrale du contrat en nature ou en équivalent; mais on comprend qu'il était impossible de refuser à l'acheteur contre un vendeur de mauvaise foi ou spécialement engagé à garantie, les moyens que la loi mettait à sa disposition contre le vendeur de bonne foi. La pensée du projet, comme celle du droit romain, a donc été, en pareil cas, de laisser l'acheteur libre de choisir le moyen qu'il considère comme le plus efficace à l'effet de l'indemniser du dommage que le contrat lui fait subir : s'il choisit la voie des actions édiliciennes, comme il renonce par là à tout supplément d'indemnité, le vendeur n'a pas à se plaindre; on le traite comme un vendeur de bonne foi, ou comme un vendeur qui ne se serait pas engagé par clause expresse à la garantie des vices; on lui applique la garantie édilicienne, c'est-à-dire la moins rigoureuse, au lieu de la garantie de droit commun.

Tel est l'ensemble de la théorie, voyons les détails.

215. *Des défauts dont il est dû garantie.* — Le projet, pas plus que le droit romain, ne donne une énumération des vices dont l'aliénateur est censé garant; il repousse d'ailleurs, pour ce qui est de la théorie générale sur la garantie des vices, toute idée d'énumération limitative : la garantie est aussi étendue que possible, elle sera due pour tout vice de quelque importance. Le projet pose d'ailleurs les deux principes suivants : 1° il y aura garantie pour tout vice qui enlèverait à la chose tout ou partie de l'utilité que, d'après les usages du commerce, elle est censée devoir procurer, et et à la condition, bien entendu, qu'il s'agisse d'une dépréciation sérieuse; 2° il y aura garantie pour tout défaut de qualités dont l'aliénateur se serait déclaré responsable (art. 381).

Il va de soi qu'il est indifférent au point de vue du principe de la garantie que l'aliénateur ait ou non connu les défauts de la chose; mais il importe que l'acquéreur les ait ignorés, sinon il serait présumé avoir renoncé à la garantie (art. 382). Il n'y a lieu de se demander si l'aliénateur les a connus qu'au point de vue des effets de la garantie. C'est ce que nous verrons plus loin.

Du reste, la garantie est de nature différente suivant qu'elle a pour objet les vices non déclarés ou le défaut de qualités promises.

Dans le premier cas, il s'agit d'une garantie légale (1), et, il y a
lieu, au point de vue de l'appréciation du vice, à un assez large
pouvoir discrétionnaire laissé au juge; dans le second, il s'agit
d'une garantie conventionnelle qu'il faut appliquer à la lettre. On
sait aussi qu'au point de vue des effets, la première, à moins qu'il
s'agisse de vices que l'aliénateur aurait dissimulés, ne donne lieu
qu'aux actions édiliciennes; la seconde donne ouverture, en outre,
à l'action en dommages-intérêts pour inexécution.

Enfin, tout au moins lorsqu'il s'agit de vices non déclarés (2), il
y a lieu de prendre en considération, pour savoir si le défaut dont
on se plaint est à la charge de l'aliénateur, non pas le moment de
la formation du contrat, mais celui du transfert des risques, donc
en général, l'époque de la livraison. C'était déjà la décision du
droit prussien, du droit autrichien et de plusieurs projets législatifs allemands (3), contrairement au droit romain et aux législations qui l'ont suivi sur ce point, tel que le droit saxon et notre
Code civil (4). Nous avons déjà fait observer que cette décision
concordait avec le système du projet sur les risques.

216. *Effets de la garantie des vices.* — L'effet de la garantie est
ici d'assurer à l'acquéreur, en général, deux ressources, et quelquefois trois, à l'effet d'obtenir réparation. Il a toujours à sa disposition les deux actions édiliciennes et peut choisir entre elles; ce
choix d'ailleurs sera irrévocable : ceci est conforme aux idées du
projet en matière d'option, mais contraire à certaines législations,
comme, par exemple, le droit prussien et à la doctrine généralement acceptée en droit français. Du reste, ce choix lui est toujours
assuré sans que le juge ait, dans aucun cas, le droit de lui imposer
telle ou telle action, et de s'opposer par conséquent à l'exercice de
l'autre, comme l'admet le Code fédéral (art. 250-251).

En outre, l'acquéreur a, dans certains cas spéciaux, une troisième ressource exceptionnelle, l'action en dommages-intérêts pour
inexécution et à fin de réparation intégrale, c'est l'analogue de
l'ancienne action *ex empto*; c'est d'elle que nous parlerons tout
d'abord, puisqu'elle constitue l'exception.

(1) Cf. *Motifs sur l'art.* 381.

(2) Cf. *infra*, n° 227.

(3) *Œsterr. G. B.*, art. 922, 924; *Preuss. All. L. R.*, I, 11, §§ 192 et suiv.,
I, 5, § 322 (cf. Forster-Eccius, I, p. 102, 504. — *Hess. Entw.*, art. 104. —
Bayr. Entw., art. 317. — *Dresd. Entw.*, art. 172.

(4) *Sächs. G. B.*, art. 900; C. civ., art. 1641.

217. *Action en dommages-intérêts.* — L'attribution de dommages-intérêts pour dommage résultant d'un vice ou d'un défaut de qualité suppose que l'on invoque les effets ordinaires des contrats, donc que l'on se prévaut de l'inexécution de l'obligation ; or, du moment qu'on n'a pas assimilé dans tous les cas la garantie des vices à l'éviction partielle, cette application des principes généraux en matière d'inexécution ne pourra avoir lieu que dans deux hypothèses, au cas de dol et au cas de garantie expresse : au cas de dol, puisque le dol est une violation directe de l'obligation, et au cas de garantie expresse, puisqu'elle a pour effet de faire rentrer dans le contenu de l'obligation elle-même la responsabilité de certaines qualités déclarées. Sortons maintenant de ces abstractions et précisons : au cas de dol correspondra la dissimulation de vices connus de l'aliénateur, et au cas de garantie expresse correspondra l'indication de qualités expressément déclarées (art. 385).

Au cas de garantie expresse, il n'y a pas lieu de distinguer, pour que l'on puisse exiger indemnité, si l'aliénateur est ou non en faute. La garantie a précisément pour objet de répondre surtout du cas fortuit ; il n'y a pas lieu non plus de s'en préoccuper au point de vue de la fixation et du montant des dommages-intérêts ; quiconque se porte garant promet réparation intégrale, indépendante de son fait ou de sa faute. Mais toutes les législations ne l'entendent pas ainsi (1).

D'autre part, cette garantie expresse pouvait être entendue dans deux sens, au sens qu'on garantissait l'existence de telle qualité au jour de la vente, ou bien qu'on en garantissait encore le maintien au jour de la livraison : l'aliénateur aurait pu étendre à ce dernier cas la garantie, le projet accepte la première interprétation qui est en effet la moins rigoureuse; quant à cette question d'époque, il y a ainsi une différence à signaler entre la garantie pour qualités promises et la garantie pour vices non déclarés; si donc la qualité a disparu avant la livraison, l'aliénateur ne serait responsable qu'en vertu des principes relatifs aux vices non déclarés, c'est-à-dire en tant qu'il en résulterait pour la chose un défaut susceptible de la rendre impropre à son usage normal, et encore n'en répondrait-il qu'en vertu des actions édiliciennes.

Au cas de dol, c'est-à-dire si l'aliénateur a connu les vices et

---

(1) En sens contraire, l'Al. L. R., I, 5, §§ 285, 281, 320. — Cf. *Œsterr. G. B.*, § 932. — Egalement le Code fédéral dont l'article 253 renvoie à l'article 241 et par conséquent l'article 241 *in fine.*

qu'il ne les ait pas déclarés, il répond du dommage positif, c'est-à-dire, comme dans le cas précédent, de la perte qu'il éprouve à conserver une chose viciée; et, de plus, s'il est prouvé que, sans la dissimulation du vice, l'acquéreur n'eut pas contracté et que par suite le dol eut été la cause du contrat, il y a lieu de faire application de la nullité pour dol, et par suite l'acquéreur peut demander l'intérêt négatif, c'est-à-dire celui qu'il aurait eu à ne pas contracter, par exemple, au cas où le contrat dont il se plaint lui a fait manquer une occasion avantageuse (1), c'est l'application du *negative vertrags interesse* auquel l'action rédhibitoire ne lui donnerait pas droit. Il a donc une assez grande variété de moyens à sa disposition pour obtenir réparation.

Telles sont les seules hypothèses où il puisse être question d'indemnité : ce sont des cas exceptionnels. Arrivons aux actions édiliciennes qui sont les ressources normales en matière de garantie des vices.

218. *Action rédhibitoire* (*Wandelung*). — Nous n'avons à indiquer ici que les solutions principales sans y insister autrement, car le projet assimile la rédhibition au retrait conventionnel, et c'est à propos de cette dernière institution que nous étudierons la façon dont la résolution opère et quels en sont les effets; contentons-nous d'indiquer les deux principes suivants : le premier, que, par le seul fait de la déclaration de l'acquéreur, déclaration par laquelle s'exerce et se consomme son choix, le contrat est immédiatement résolu, au point de vue des obligations qu'il avait engendrées; la résolution résulte d'une déclaration unilatérale et n'a pas besoin d'être prononcée par justice, il ne s'agit pas de résolution judiciaire; et le second, que la résolution ne touche qu'aux rapports contractuels et non aux effets réels du contrat, la propriété n'est donc pas résolue de plein droit; seulement les parties sont obligées réciproquement à retransférer ce qu'elles ont reçu et entre autres, le vendeur a une action, une *condictio*, action personnelle par conséquent pour réclamer la chose; tout ceci est la reproduction des principes romains.

Sur un point particulier, on avait hésité à admettre les précédents romains; c'est au cas de perte de la chose par cas fortuit,

---

(1) C'est ce que Demante appelait le dommage *propter rem ipsam non habitam* (cf. Demante, *Cours analytique*, continué par Colmet de Santerre, t. VII, n° 83, p. 110 et 111.

sans qu'il y ait faute de l'acquéreur ni que la chose ait péri par suite du vice, donc sans qu'il y ait faute de personne; on était généralement d'accord pour convenir que le droit romain donnait encore dans cette hypothèse l'*actio redhibitoria*, bien que l'acheteur ne pût rien restituer de son côté (1); le principe de la résolution était acquis à l'acquéreur par le fait seul de l'existence du vice au jour du contrat, ce droit ne pouvait lui être enlevé par un cas fortuit, et, par conséquent, la perte était dans ce cas pour le vendeur. Le droit prussien (2) avait rompu ici avec les traditions romaines; du moment que l'acheteur ne peut plus rien restituer, il n'y a plus de résolution possible; notre Code civil a raisonné de même (art. 1647), il lui a semblé qu'après la perte de la chose, il n'y avait plus de résolution possible, que, pour que la résolution pût s'accomplir, il fallait qu'il y eût un objet à l'égard duquel elle pût s'opérer (3). C'est là un raisonnement bien artificiel (4) en ce qui touche la condition résolutoire ordinaire s'opérant de plein droit; mais il faut convenir qu'il devient, au contraire, plus volontiers acceptable, lorsqu'il s'agit de résolution judiciaire, comme l'est celle de l'article 1184, et la rédhibition n'est guère qu'une résolution de ce genre (5). Enfin, on ajoutait qu'en cas de perte fortuite, le dommage qu'éprouve l'acheteur ne provient pas du vice de la chose et que, par suite, l'acheteur ne peut pas demander réparation à raison d'un vice dont il n'a pas souffert (6). Or, c'est précisément ce dernier motif qui semble avoir attiré l'attention des auteurs du projet et leur avoir fait donner la préférence à la solution romaine. Comment en effet décider, après coup, si la chose n'a pas péri par suite du vice dont elle était affectée? Pour un cas qui sera certain, combien d'hypothèses douteuses et susceptibles de

(1) Windscheid, § 394, note 12. — Cf. Pothier, *Du contrat de vente*, n° 220.

(2) A. L. R., §§ 327, 328.

(3) Demolombe, XXV, n° 461.

(4) Cf. Bufnoir, *Théorie de la condition*, p. 454, 456.

(5) Colmet de Santerre, t. VII, n° 84 *bis* I, et t. V, n° 102 *bis* IV. — Voir cependant Aubry et Rau, t. IV, § 355 *bis*, note 22. Nous croyons cependant, quant à nous, que cette exclusion de la rédhibition, au cas de perte fortuite de la chose, n'entraîne pas forcément, par voie d'analogie, exclusion de la résolution de l'article 1184, lorsque celui qui aurait le droit de l'exercer n'est plus à même, par suite de cas fortuit, de restituer ce qu'il aurait reçu. L'analogie n'est pas aussi complète qu'on le prétend et entre autres le motif pratique qui a inspiré l'article 1647 du Code civil ne se présente plus dans le cas de la résolution de l'article 1184 (cf. *infra*, n° 310).

(6) Cf. Colmet de Santerre, t. VII, n° 84 *bis* I.

donner lieu aux plus grandes difficultés (1). D'ailleurs, le principe romain est le seul qui soit conforme au caractère de la rédhibition ; elle est fondée sur ce fait que le vendeur a promis garantie des vices existant au jour de la tradition ; du moment que ces vices existent à ce jour, il doit la garantie spéciale à laquelle il s'est engagé ; de ce jour, le droit à rédhibition est acquis à l'acheteur et ce droit ne peut dépendre des événements fortuits qui peuvent survenir ; il faut que l'acheteur, par cela seul que les vices existent, puisse être remis dans la situation où il serait, s'il n'avait pas contracté, donc il doit échapper désormais au risque des cas fortuits. Les législations qui en décident autrement admettent, en matière de vices rédhibitoires, une solution qui est l'équivalent de celle du droit romain, en matière de garantie pour éviction ; il faut que l'acheteur ait souffert du vice pour qu'il ait le droit de se plaindre, de même qu'il faut qu'il ait été dépouillé pour qu'il puisse agir en garantie pour éviction ; or, nous avons cherché à démontrer que cette exigence, en matière d'éviction, était peu rationnelle, à plus forte raison devons-nous nous estimer heureux de n'avoir pas à subir une solution analogue en matière de garantie des vices ; cette différence n'a d'ailleurs rien qui doive surprendre, puisque le projet a traité d'une façon distincte les deux institutions (2).

219. Nous venons d'indiquer une réserve qui suffit à tracer la limite d'application de la rédhibition et à préciser par suite les cas où elle sera exclue : elle le sera, non seulement au cas de perte par la faute de l'acquéreur, mais toutes les fois que par un fait de disposition volontaire l'acquéreur aura rendu impossible la restitution de l'état de choses antérieur, donc dans les deux cas suivants : 1° lorsqu'il a sous-aliéné ; 2° lorsqu'il aura grevé l'objet de droits ou charges en faveur de tiers. La résolution n'opérant pas ici au point de vue du transfert ou de la constitution des droits réels, elle est sans effet à l'égard des tiers et par suite l'acquéreur dans les deux cas qui précèdent est incapable de ramener les choses dans l'état où elles étaient au jour du contrat, et il en est incapable par suite, non d'un cas fortuit, mais d'un fait de disposition émanant de lui, et par lequel il doit être censé d'avance avoir renoncé à toute résolu-

(1) *Motifs*, II, p. 231.
(2) Cf. *infra*, n° 310.

tion volontaire. C'était aussi la solution romaine (1), protectrice des droits des tiers ; le projet en a fait une règle générale au cas de retrait conventionnel (art. 430), et c'est par voie de référence à l'article 430 qu'il l'applique à la rédhibition. Seulement l'article 430-3° exclut également le retrait au cas de transformation de la chose par suite d'un fait volontaire de l'acquéreur, comme au cas de spécification ; en matière de rédhibition, il en sera de même, sauf exception pour le cas où le vice ne se révélerait qu'au moment de la spécification elle-même (art. 387-2°) : rien de plus équitable ; on achète certaines substances en vue d'une préparation chimique, certaine matière en vue de la travailler, et c'est au moment où l'on veut l'employer à l'usage auquel on la destine qu'on s'aperçoit seulement qu'elle est impropre à cet usage; il faut nécessairement que toutes les voies de réparation restent ouvertes à l'acheteur (cf. *infra*, n° 311).

220. *Action en réduction du prix (Minderung).* — Cette action est la moins facile à justifier ; elle serait inexplicable avec la théorie de l'erreur ; nous l'avons rattachée à celle des risques et le projet lui-même nous y invite, puisque dans l'article 368 sur les risques au cas de perte partielle il renvoie à notre article 392 sur l'action en réduction du prix : l'acquéreur est juge de la question de savoir si la chose viciée lui offre encore quelque utilité; si elle n'en a plus aucune il résout le contrat, s'il préfère la garder il se fait restituer une partie du prix correspondant à la perte de valeur que le vice fait subir à la chose : c'est le vendeur qui doit supporter la perte provenant de la dépréciation de la chose. Restait à poser les bases du calcul en réduction; notre Code civil n'indique à cet égard aucune règle ; il s'en remet à une expertise (art. 1644). Dans la pratique allemande il s'était élevé une controverse assez délicate sur ce point. On peut en effet concevoir trois façons de calculer la réduction : ou bien faire restituer à l'acquéreur la diminution exacte de valeur que la chose a subie, ou bien la différence entre le prix payé et la valeur vraie que la chose devrait avoir en tenant compte du vice, ou enfin retrancher du prix une part proportionnelle à la diminution de valeur de la chose calculée d'après la valeur vraie. Les deux premiers modes prennent pour base du calcul un chiffre absolu, le dernier est un calcul de proportion. Pro-

(1) Cf. Accarias, *Précis*, t. II, n° 609 a-1°-2. — Windscheid, *Pand.*, § 394, note 12 a. — L. 43, § 8, D. (21, 1).

nons un exemple et supposons qu'une chose qui aurait valu 20 sans le vice dont elle est affectée ait été achetée 15 et que le vice en réduise la valeur vraie à 10. Si l'on retranche la perte de valeur exacte que le vice fait subir à la chose, on fera restituer 10 à l'acheteur ; si on ramène le prix à la valeur vraie de la chose on lui rendra 5 ; et enfin si on diminue le prix dans le rapport dont la chose a baissé de valeur, on lui rendra la moitié de son prix, 7 1/2. Le premier mode est inacceptable, car il fait de l'action en réduction une action en indemnité, ce qui en dénature le caractère ; le second, connu sous le nom de principe absolu, consiste à refaire le contrat en fixant comme prix de la chose sa valeur vraie, ce qui ne tient aucun compte des avantages que le contrat tel qu'il avait été accepté avait pu procurer à l'une ou l'autre des parties : on le défigure. Aussi la pratique s'était-elle décidée pour le principe relatif qui seul conserve au contrat sa physionomie en réduisant le prix dans la proportion où la valeur de la chose a été réduite : logiquement ce mode de calcul était aussi le seul qui fut acceptable puisque la seule façon de faire subir le risque au vendeur c'est de lui enlever la partie du prix qui représente la perte partielle : lui enlever la valeur exacte de la perte subie serait lui faire payer une indemnité ; lui enlever la valeur correspondante, autrement dit une part proportionnelle, c'est mettre le risque à sa charge sans dénaturer le contrat et sans permettre à l'acquéreur de le refaire à son gré. C'est ce mode de calcul qu'accepte l'article 392 ; on comprend qu'il s'applique aussi dans l'article 368, au risque résultant de la perte partielle : le parallélisme est parfaitement respecté (1).

221. Reste une question d'époque à fixer ; la proportion repose sur une comparaison entre deux valeurs, celle de la chose supposée non viciée et celle de la chose prise avec le vice ; à quel moment se placer ? si l'on envisage celui où l'action est intentée, il peut se faire que la dépréciation soit plus forte qu'on ne s'y serait attendu au jour du contrat, si par exemple le vice s'est développé dans des proportions excessives, ce qui peut arriver lorsqu'il s'agit d'un principe de détérioration susceptible de plus ou de moins ; l'inverse peut aussi se présenter ; même sans tenir compte du développement du vice il peut aussi arriver, tout en le prenant dans l'état où il se présentait lors de la vente, que si on l'appréciait au moment de la

(1) Voir sur la question Windscheid, § 394, note 1. — Cf. pour le droit prussien Forster-Eccius, I, § 85, notes 41 à 45 a.

poursuite la dépréciation qui en résulte fût différemment calculée : tel vice, peut avoir plus ou moins d'importance suivant les époques, ce peut être une question de mode ou de saison. Or on ne pouvait songer d'aucune façon à apprécier le vice soit au point de vue de son développement actuel, soit en tenant compte de l'époque de la poursuite ; car c'eût été revenir à l'appréciation concrète du dommage, ce qui est le fait de l'action en indemnité et non de l'action en réduction : la comparaison de valeur doit se faire en se plaçant au jour du contrat ; on doit comparer la valeur vraie que la chose paraissait avoir à ce jour avec celle qu'elle aurait eue si on eût connu le vice qui dût plus tard se révéler.

222. *De la prescription des actions relatives à la garantie des vices.* — Nous connaissons les trois actions auxquelles peut donner lieu la garantie des vices. Dureront-elles ce que durent les actions ordinaires ? Ce serait inacceptable. On ne peut établir sûrement l'époque à laquelle le vice a pris naissance qu'à la condition d'agir promptement, sinon comment prouver que le vice soit né avant la tradition aux mains de l'acquéreur ? D'autre part, il importe que la situation soit réglée au plus vite ; et, d'ailleurs, si l'acquéreur tarde à se plaindre, il y a toute raison de croire que la chose lui a fourni un usage complet et normal, sinon comment s'expliquer son silence ? Ses réclamations tardives laissent supposer qu'il voudrait faire supporter au vendeur un risque qu'il doit subir, au contraire, en tant que propriétaire. Le droit romain l'avait compris, aussi avait-on soumis à une prescription très courte les actions créées par l'édit des édiles ; seulement la prescription était différente pour les deux actions. Ceci s'explique mal, étant données les raisons que nous venons d'exposer. Aussi le projet, conformément aux législations modernes, établit la même prescription pour toutes ; ce qui est plus remarquable, c'est qu'il l'applique même à l'action en dommages-intérêts, sauf lorsqu'elle est donnée au cas où il y a eu dissimulation des vices, car ici il y a dol et on ne peut restreindre au détriment de l'acheteur les droits que le contrat lui donne de ce chef. Cette assimilation, en ce qui touche la prescription, de l'action en dommages-intérêts aux actions édiliciennes est une innovation du projet, déjà acceptée du reste par le Code saxon et le Code de commerce. Jusque-là on avait hésité, car cette action, dans les cas où elle existe, est l'action directe née du contrat, action relative à l'inexécution des obligations elles-mêmes ; cependant comme il s'agit d'une clause accessoire de garantie (art. 385-1°), on peut toujours supposer que les parties ont réglé à leur gré, les conditions de la garantie; et, pour les raisons indiquées plus haut, on présume qu'elles ont limité même l'action et indemnité pour qualités promises à un délai très court; cela est d'autant plus admissible qu'on leur laisse toute liberté de modifier cette disposition et d'étendre le délai de prescription.

Restait à fixer le point de départ du délai : le droit romain d'accord avec la logique, disait qu'il y avait là un délai utile comptant à partir du jour où l'acheteur avait été à même d'exercer l'action, donc du jour où il a découvert le vice. Certaines législations, au contraire, admettaient que le délai devait commencer du jour de la vente ou de la livraison et par conséquent qu'une fois le délai expiré, l'action était éteinte alors même que l'acheteur eu ignoré le vice en raison duquel l'action lui était donnée. Il faut reconnaître que ce dernier système semble bien contraire aux principes rationnels et même à l'équité, et cependant c'est dans ce sens que paraîtrait se dessiner le courant législatif; le projet l'a suivi. C'est que les motifs invoqués pour restreindre et abréger la prescription exigeaient que le délai fût un délai fixe et invariable indépendant du moment où l'acheteur a pu découvrir le vice et par suite indépendant de sa négligence; le projet en a conclu que, dans tous les cas, le délai devait courir du jour de la livraison (1). Seulement il établit un délai différent, non pas comme à Rome, suivant l'action qu'il s'agit d'intenter, mais suivant la nature de la chose, six mois pour les meubles, un an pour les immeubles; on a pensé que si l'acheteur se sert de la chose six mois ou un an sans se plaindre, c'est qu'elle est propre à l'usage auquel elle est destinée; et si, après ce délai, il prétend avoir découvert un vice nouveau, il ne sera pas admis à prouver que ce vice date du jour de la livraison, car on considère cette preuve comme suspecte, et il sera forclos. Il faut bien remarquer, en effet, qu'il ne s'agit pas, comme en matière de ventes d'animaux, de vice qu'on ne puisse découvrir par aucune recherche, si minutieuse soit-elle, avant qu'il éclate, comme le cas de maladie. Il s'agit de vices inhérents à l'objet; il est donc toujours possible avec un peu de diligence de s'en apercevoir du jour de la livraison; de là, la présomption du projet qu'on les a découverts ce jour même. Il est vrai que certaines législations avaient, à cette rigueur, un palliatif qui était de laisser, sous l'empire du droit commun l'action

(1) Cf. Aubry et Rau, t. IV, § 355 bis, note 28.

née du contrat, l'action en dommages-intérêts. Le projet l'ayant soumise, sauf le cas de dol, aux mêmes prescriptions que les actions édiliciennes, il y a lieu de se demander s'il n'a pas poussé un peu loin le désir d'assurer la sécurité du commerce et de couper court aux difficultés, au risque parfois de sacrifier les intérêts des parties.

Observons d'ailleurs qu'il s'agit là d'un délai de prescription et non d'un délai de garantie, ayant pour effet de dispenser l'acheteur de l'obligation de prouver que le vice existait au jour de la vente. Nous verrons, lorsqu'il s'agira des vices rédhibitoires relatifs aux animaux domestiques, qu'on admet un délai d'éclosion du vice pendant lequel il y a présomption que le vice, s'il apparaît dans ce délai, existait déjà lors de la vente; ce n'est plus ici un délai de prescription touchant à l'exercice de l'action, mais un délai de garantie touchant aux questions de preuve : de droit commun, le projet n'accepte aucun délai de garantie, il ne connaît qu'un délai de prescription qui laisse intactes les règles relatives à la preuve; l'acheteur aura encore à prouver que le vice existait au jour de la livraison. Il y a lieu de croire, au contraire, qu'il n'en est plus de même chez nous où le Code civil paraîtrait, dans les cas où il y a délai légal pour intenter l'action, avoir fait de ce délai de prescription un véritable délai de garantie dans tous les cas (cf. Aubry et Rau, t. IV, § 355 *bis*, note 10).

223. *Espèces particulières.* — Après la théorie générale que nous venons d'étudier, passons avec le projet à l'examen de certains cas spéciaux, pour lesquels il pouvait y avoir lieu à quelques dispositions particulières ou peut être à certaines dérogations que le projet devait indiquer.

224. *Garantie de contenance* (art. 388). — Le projet examine le cas où l'on a garanti une contenance déterminée en matière de vente d'immeuble. Il est vrai que la question aurait pu être considérablement élargie et qu'on aurait pu envisager tous les cas où l'on eut indiqué une mesure déterminée en matière de vente d'objets quelconques. Le Code prussien l'avait fait. On conçoit en effet que, sur ce point, trois questions puissent se poser; la première est de savoir si l'indication de la mesure implique promesse de la garantir; la seconde est relative au caractère de la garantie? y a-t-il garantie pour inexécution, comme au cas de défaut de droit? y a-t-il garantie relative aux qualités de l'objet, comme au cas de garantie des vices? La troisième enfin est de savoir, si l'on admet la garantie des vices, s'il n'y a pas lieu ici de ne l'accepter que sous réserve de certaines dérogations. Le projet n'aborde pas ces questions lorsqu'il s'agit du défaut de mesure en matière de choses quelconques, les laissant sous l'empire du droit commun, ce qui signifie qu'on s'en remet à l'intention des parties. Le droit prussien qui avait abordé la théorie générale était parti de cette idée, que lorsqu'on indique le poids ou la mesure, c'est qu'on assure que la mesure y sera, donc que cela implique garantie; mais en principe, il n'y a pas là garantie pour défaut de qualité, car il s'agit d'une question de quantité; on n'a pas livré tout ce qu'on a promis, mais ce qui a été livré l'a été tel qu'il avait été promis, donc il ne s'agit pas de vice, mais d'inexécution partielle, et il y aura lieu d'appliquer les dispositions du droit commun en matière d'inexécution partielle (1).

Par exception, on a pu considérer la question de quantité comme une qualité de l'objet, si, par exemple, la quantité désignée a une influence décisive sur l'usage à laquelle la chose est destinée, influe sur sa qualité, comme s'il s'agit, c'est un cas entre cent autres, d'une pièce de bois de charpente : les dimensions indiquées sont ici les conditions même de l'usage qu'on prétend en faire. Dans tous ces cas, il peut y avoir lieu à l'application des règles sur la garantie des vices. Il est très vraisemblable que le projet, en s'en remettant à l'intention des parties, a entendu, sauf preuve d'intention contraire, consacrer des règles analogues (2).

225. Le projet a cru indispensable, au contraire, de poser certaines règles relatives à la garantie de contenance en matière de ventes d'immeubles. Il laisse cependant la première question de côté, celle qui a trait à la présomption résultant de l'indication de contenance : cette dernière vaut-elle promesse de garantie, est-elle une simple approximation n'impliquant aucune promesse à cet égard, et le vendeur a-t-il entendu vendre l'immeuble tel qu'il est, sans en garantir l'étendue exacte ? Ce sont là des questions dont le projet laisse la décision aux usages locaux d'abord et, à défaut de ceux-ci, à l'appréciation des tribunaux : il a pensé qu'en présence de la variété de certaines clauses de style, il serait imprudent d'é-

(1) Cf. Aubry et Rau, IV, § 355 *bis*, note 6.
(2) *Motifs*, II, p. 233.

tablir une présomption légale qui pourrait être souvent le contre
pied de l'intention exacte des parties. On a pensé entre autres qu'il
y avait inconséquence à faire dépendre la question de savoir si l'indication de contenance vaut garantie, de l'importance même de
l'écart existant entre la mesure vraie et celle indiquée (cf. C. civ.,
art. 1619); il est peu probable que cette question de plus ou de
moins soit une indication sûre de l'intention des parties. Notre
Code civil a admis une présomption de ce genre; ce ne peut être en
se fondant sur une promesse tacite de garantie, mais uniquement par
application d'une idée qui lui est chère, celle de l'équivalence des
prestations en matière de contrat synallagmatique, chacune étant
la cause l'une de l'autre, non seulement en ce sens que les deux
obligations se servent de cause réciproque, mais en ce sens qu'il
doit y avoir également réciprocité d'exécution : c'est cette idée qui
a inspiré notre article 1184 sur la résolution pour inexécution des
conditions, elle explique l'action en diminution du prix au cas
d'écart dans la contenance indiquée toutes les fois que l'écart est
suffisant pour justifier un défaut d'équivalence dans la réciprocité
des prestations; on a dit aussi qu'en pareil cas il y avait erreur
présumée et que cette erreur avait influé sur la formation du contrat, il serait plus exact de dire qu'il y a lésion : et en tout cas la
sanction de l'erreur ou de la lésion est forcément la nullité ou la
rescision : l'action en réduction du prix ne peut s'expliquer que par
l'idée d'un défaut d'équivalence : il y a une partie du prix qui correspond à une cause qui n'existe pas. On a vu, à propos de la résolution, que ces conceptions ne sont pas celles du projet; il n'y avait
donc pas lieu, à aucun point de vue, d'attribuer quelque influence
en ce qui touche le sort du contrat, à l'importance de l'écart existant entre la contenance indiquée et la contenance vraie de l'immeuble.

226. Le projet se place donc dans l'hypothèse où il y a garantie;
quel sera le caractère de la garantie? Le projet se rallie sur ce point
au système du code saxon qui avait admis en cette matière, s'agissant d'immeubles, qu'il y a garantie pour défaut de qualités déclarées : la contenance est considérée comme une qualité de l'immeuble; mais cela suppose, bien entendu, qu'il s'agit d'un
immeuble déterminé, considéré comme corps certain : cela serait
inapplicable si on a vendu une contenance déterminée à prendre

(1) Cf. Demante (continué par Colmet de Santerre), t. VII, n° 52.

sur un terrain, comme ce peut être le cas dans des pays de défrichement ou dans certaines villes pour les terrains à bâtir. Supposant que l'immeuble a été considéré comme corps certain, le projet, comme le droit saxon, voit dans la garantie de contenance une garantie pour qualité promise, et cela sans distinguer si le prix après avoir été fixé en bloc, a été également fixé à tant la mesure, comme fait notre article 1617. On appliquera donc en principe les règles sur la garantie des vices ; c'est-à-dire que l'acheteur aura les actions édiliciennes et de plus, comme on se trouve dans l'une des hypothèses où l'action en dommages-intérêts est admise (art. 385), il aura, en outre, la ressource de demander indemnité pour inexécution. Mais ce principe posé, le projet restreint pour cette hypothèse l'application de la rédhibition, laquelle n'est accordée à l'acquéreur, et en cela le projet est d'accord avec la plupart des législations, que si la contenance livrée ne peut être pour lui et l'usage qu'il comptait faire de l'immeuble d'aucune utilité ; de sorte qu'en réalité c'est l'action en réduction du prix qui est ici la ressource de droit commun, combinée avec l'action en dommages-intérêts pour inexécution ; ce qui en somme est à peu près le système admis par notre article 1617 pour une hypothèse spéciale, et que le projet généralise. Il y a cependant cette différence que dans l'hypothèse de l'article 1617 notre Code civil donne l'action préalable en supplément de contenance, probablement parce qu'il considère la contenance promise comme un fait rentrant dans l'exécution de l'obligation, tandis que le projet se plaçant carrément sur le terrain de la garantie du vice ne peut obliger le vendeur qui a entendu vendre un corps certain et pas autre chose à fournir un supplément de contenance, mais déclare qu'il y a inexécution déjà acquise, en ce qui touche les qualités promises, et action en dommages-intérêts d'ores et déjà fondée.

227. *De la garantie des vices en matière d'obligations de genre.* — L'article 398 prévoit une hypothèse extrêmement délicate qui a donné lieu en Allemagne à de nombreuses difficultés, celle où il s'agit de l'aliénation d'une chose déterminée seulement quant à son espèce. Si la chose fournie se trouve affectée d'un vice caché, admettra-t-on les actions édiliciennes ? La controverse est des plus célèbres. Il semble bien que tout dépende de la question de savoir si au cas de livraison d'une chose viciée et lorsqu'il s'agit de dettes de genre il y a ou non paiement. Nous supposons, bien entendu, que l'acquéreur n'ait pas connu le vice, sinon il aurait accepté en paiement une

chose viciée au lieu de la chose qu'il avait eue en vue, il y aurait
tout au moins dation en paiement parfaitement valable (1). Mais
cette hypothèse mise hors de cause, comment traiter le cas ?

Voici comment raisonne une opinion qui compte encore dans la
doctrine d'éminents représentants, entre autres Thöl et Windscheid (2), mais qui n'a pu l'emporter en jurisprudence (3). Lorsqu'il s'agit d'obligation de corps certain, il est évident que la livraison de l'objet désigné, bien que celui-ci ait des vices cachés, constitue un paiement valable, puisque le débiteur a fourni l'objet
exact qu'il avait promis : il peut y avoir lieu à garantie spéciale
relativement à l'objet, mais on ne peut exiger du débiteur une
autre chose que celle qu'il avait promise et qu'il a livrée ; mais
lorsqu'il s'agit d'une dette de genre, le débiteur a promis non une
chose individuellement désignée, mais une chose à choisir parmi
tout un genre ; il va de soi qu'il l'a promise avec les qualités
qu'elle doit avoir (4). Si donc il fournit une chose qui manque des
qualités nécessaires, il se trouve n'avoir pas livré l'objet promis (5),
donc il n'y a pas paiement : d'où cette conséquence que le créancier peut exiger livraison d'une autre chose ayant les qualités promises (6) et le débiteur devrait également avoir le droit de reprendre ce qu'il a donné pour procéder à un paiement régulier (7). Si
à côté du droit de poursuivre livraison d'une autre chose de bonne
qualité le créancier a une action en dommages-intérêts, celle-ci
n'a pour objet que les dommages-intérêts pour retard, et non pour
inexécution puisque l'exécution régulière reste encore possible (8).
Enfin il n'aurait la résolution que s'il prouvait l'inutilité pour lui
d'une livraison ultérieure, considérée comme livraison tardive.
Dans aucun cas il ne devrait avoir une action en réduction du
prix ; Cependant Windscheid la lui donne par exception lorsqu'il n'a

---

(1) *Motifs sur l'art.* 398, t. II, p. 241. Windscheid, *Pand.*, § 394, note 21.

(2) Thöl, *Handelsrecht*, I, § 83 (6. aufl., § 275). — Windscheid, *Pand.*,
§ 394, notes 18-31.

(3) Pour l'exposé de la jurisprudence, voir le remarquable article de
Goldschmidt (*Ueber die Statthaftigkeit des œdilitischen Rechtsmittel
beim Gattungskauf*), dans *Zeitsch. für Handelsr.*, t. XIX, p. 98 et suiv.
(et spécialement note 2). — Add. Windscheid, § 394, notes 18 et 19.

(4) Windscheid, § 394, note 20. — Cf. Brinz, *Pand.*, t. II, § 327 *b*, note 31.

(5) Windscheid, § 394, note 21.

(6) Windscheid, § 394, note 22.

(7) Cf. Windscheid, § 394, t. II (éd. 1887), p. 521. — Cf. Goldschmidt, *loc.
cit.*, p. 116, 117.

(8) Windscheid, § 394, note 23.

conservé la chose que dans l'intérêt du vendeur, comme par exem‑
ple, s'il s'agit de denrées qu'il est urgent de consommer sur
l'heure (1). En tout cas le principe sur lequel on insiste est que du
moment qu'il n'y a pas paiement, le seul droit du créancier est
de poursuivre un paiement régulier : il ne peut invoquer les actions
édiliciennes lesquelles supposent qu'il y a livraison de l'objet pro‑
mis (2) : or, en matière de dettes de genre, si on fournit une chose
viciée, il n'y a pas livraison de l'objet promis ; il y a dation d'une
chose pour une autre et cela sans le consentement du créancier ;
il n'y a même pas inexécution partielle, mais inexécution totale : il
ne peut être question de garantie.

228. Cette opinion pose en principe qu'en matière de dettes de
genre, tout vice qui affecte la chose fournie, fait de cette der‑
nière un objet autre que celui qui avait été promis, ce qui re‑
vient à dire qu'on sous-entend la clause qu'il n'y aura prestation
régulière que si l'objet n'a aucun vice.

A quoi on a répondu : 1° qu'il fallait distinguer les vices que les
parties ont pu avoir en vue et qui entachent la prestation d'irré‑
gularité contractuelle, autrement dit qui en font une prestation
différente de celle qui avait été promise, des vices qui l'affectent
sans en faire, au point de vue du contrat, un objet autre que celui
qui avait été promis ; 2° que même, au cas de prestation irrégu‑
lière, l'acceptation que le créancier en a faite, même dans l'igno‑
rance du vice, en fait un paiement régulier au même titre que le
paiement d'une chose viciée, en matière de corps certain, ne cesse
pas d'être un paiement.

La première assertion se tire de la façon traditionnelle dont a été
conçue la garantie des vices rédhibitoires, conception qui est éga‑
lement celle du projet : s'il s'agit de qualités promises et qu'elles
manquent, il y a bien inexécution du contrat ; mais, s'il s'agit de
vices cachés mais dont on n'avait pas garanti l'absence, il n'y a plus
inexécution de l'obligation ; c'est donc que le défaut de qualités
n'entache pas le paiement d'irrégularité en soi et n'a d'autre effet
que de donner ouverture à une obligation accessoire du vendeur.
Or, ce qui est vrai des obligations de corps certain, le sera des
obligations de genre : les vices qui ne sont pas censés avoir attiré
l'attention des parties, ne feront pas considérer la prestation four‑

(1) Windscheid, § 394, notes 26 et 27.
(2) Cf. Goldschmidt, *loc. cit.* (*Zeitsch. f. Hand. R.*, XIX, p. 107).

nie comme constituant une inexécution de l'obligation, mais mettront en mouvement l'obligation accessoire de garantie qui incombe au vendeur (1).

229. Mais on va plus loin; même s'il s'agit de vices prévus et par conséquent de prestation irrégulière, il y a encore paiement : la prestation est irrégulière en tant que contraire aux prévisions des parties, mais elle n'est pas irrégulière en tant que paiement, parce qu'elle a été acceptée comme telle par le créancier : d'où cette conséquence que ce dernier ne pourrait pas exiger livraison d'une autre chose, mais n'aurait que les droits accordés au créancier, en matière d'obligations de corps certain, pour inexécution résultant du défaut de qualités promises. Cette opinion s'appuie sur le caractère juridique de la dette de genre : celle-ci doit, en effet, se résoudre nécessairement en une obligation de corps certain, et c'est le choix qui opère cette transformation ; donc quel que soit l'acte par lequel se consomme l'option, envoi ou livraison des marchandises (V° *supra*, n° 11), le choix exécuté fait de la dette une obligation pure et simple qui doit être traitée comme ayant eu toujours pour objet celui qui a été choisi (2) ; il faut donc, à son égard, traiter la question de garantie des vices comme s'il s'agissait d'une obligation de corps certain (3). On ajoute que le créancier, en acceptant l'objet, consent à le recevoir à titre de paiement et qu'il se forme comme un nouveau contrat ayant pour objet la spécialisation de la dette, excluant par conséquent toute demande en livraison d'un autre objet (4). Si donc, il y a paiement, le créancier, au cas de vices même considérés comme expressément garantis, n'aura que le choix entre les actions édiliciennes et l'action en dommages-intérêts pour inexécution (art. 385). Seulement, il va de soi que pour cette opinion, il n'y a renonciation tacite de la part du créancier à toute demande en livraison d'un autre objet que par le fait de l'acceptation ; si donc, avant d'avoir accepté, il s'aperçoit du défaut de qualité, il pourra exiger qu'on lui fournisse une autre chose de meilleure qualité (5).

230. Les conclusions que l'on pose sont donc celles-ci. Toutes

---

(1) Sur tous ces points, Goldschmidt, *loc. cit.*, p. 107, 108 et suiv.
(2) Goldschmidt, *loc. cit.*, p. 111 et 112.
(3) Cf. Goldschmidt, *loc. cit.*, p. 116.
(4) Cf. Windscheid, § 394, note 22 *b*.
(5) Goldschmidt, *loc. cit.*, p. 114-3°.

les fois qu'il y a acceptation, il y a paiement, et cela sans distinguer s'il s'agit ou non de prestation non conforme aux prévisions du contrat; et du moment qu'il y a paiement, il n'y a plus lieu qu'aux ressources de la garantie des vices: il n'y a plus lieu à poursuite d'un autre objet, celle-ci n'étant possible qu'avant l'acceptation. Ce qui résulte de cet exposé, c'est que la doctrine, sauf quelques opinions mixtes qu'on trouvera exposées dans l'article très remarquable de Goldschmidt, que nous avons cité, établissait une sorte d'antagonisme entre l'admissibilité des actions édiliciennes et la demande en livraison d'un autre objet. Ou cette dernière est admise, et cela suppose qu'il n'y a pas paiement, et alors il n'y a plus lieu aux actions édiliciennes; ou bien, il y a place pour celles-ci, ce qui implique paiement, et on ne peut permettre qu'on exige livraison d'un autre objet.

231. *Système du projet.* — Le projet, en présence de ces difficultés et en face de ces deux partis très tranchés, devait aborder de front la question; il accepte la théorie qui admettait, en matière de dettes de genre, l'application des actions édiliciennes; à cela, rien d'étonnant; c'est celle qui avait triomphé devant les tribunaux et en législation (1); mais, en même temps, il admet l'action en livraison d'un autre objet (2); cela semble contraire à toutes les théories reçues; le créancier aura donc la rédhibition, l'action en réduction du prix, ou encore, dans les hypothèses de l'article 385, l'action en dommages-intérêts pour inexécution; mais il aura en outre à son choix le droit, tout en maintenant le contrat, d'exiger autre chose en paiement (3). Cela revient à dire qu'il peut, à son choix, accepter ou non comme paiement la prestation fournie : s'il la tient pour paiement, il exerce les actions édiliciennes, sinon il exige livraison d'un autre objet; et comme ce choix dépend de lui, le vendeur, de son côté, ne pourra pas prendre les devants et l'obliger à recevoir un nouvel objet non vicié (4); car ce serait

---

(1) V. *Motifs sur l'art.* 398, II, p. 241, notes 1 et 2. — Säch. G. B., §§ 900, 909. — C. féd., art. 252.

(2) Cf. *Motifs*, t. II, p. 242.

(3) Ce cumul de l'action édilicienne et de l'action en délivrance d'un autre objet existera également en matière de ventes d'animaux domestiques, lorsqu'on a vendu un animal d'un genre particulier sans qu'on l'eût désigné individuellement (art. 408 du projet).

(4) En sens contraire, le Code fédéral, art. 252.

enlever à l'acheteur l'exercice de son action en rédhibition (1); seulement, il nous semble cette fois, qu'il ne pourrait intenter l'action en dommages-intérêts pour inexécution, même dans les cas de l'article 385, qu'après avoir prouvé que la livraison, désormais tardive, d'un autre objet, lui serait devenue sans utilité; car l'action en dommages-intérêts pour inexécution, même dans les cas de l'article 385, n'est autre que l'action du contrat; or il est de principe qu'on ne peut demander indemnité qu'après avoir, au préalable, poursuivi l'exécution ; cette poursuite préalable n'est pas exigée lorsque le vice apparaît en matière d'obligation de corps certain, puisque l'objet promis ayant été livré on ne peut en exiger d'autre; mais en matière de dettes de genre, l'exécution régulière reste possible du moment que le débiteur peut fournir un autre objet conforme aux conditions du contrat; il en sera donc ainsi (2), à moins que la livraison tardive doive équivaloir à l'inexécution. Pour en décider autrement, il faudrait admettre l'hypothèse quelquefois mise en avant d'une sorte de contrat de spécialisation de l'objet résultant de l'acceptation et liant les deux parties, impliquant pour elles obligation stricte de s'en tenir à l'objet choisi sans qu'on en pût en demander d'autre. Mais le projet n'a certainement pas accepté cette conception, puisqu'il donne encore à l'acquéreur, même après livraison reçue, le droit de restituer l'objet fourni et d'en exiger un autre (3). Il va de soi que, dans les deux cas de l'article 385, l'acquéreur, en exigeant une nouvelle prestation, pourra demander indemnité pour les dommages que le vice aura pu causer à son propre patrimoine, comme par exemple au cas de contagion (4). Tout ceci n'est que l'application du droit commun en matière d'exécution et d'indemnité. Nous ne voyons que cette façon de concevoir sous une forme logique la théorie du projet en cette matière.

232. Les motifs ajoutent qu'il y aura à voir, lors de la révision du Code de commerce, s'il y a lieu d'admettre en matière commer-

---

(1) *Motifs*, II, p. 252.

(2) Toutes réserves faites bien entendu pour le cas où il y aurait non seulement dol, ce qui est le second cas prévu par l'article 385, mais dol ayant été la cause déterminante du contrat; car ici on pourrait invoquer la nullité du contrat fondé sur le dol, et poursuivre de ce chef l'intérêt pour défaut de contrat (*Negative Vertragsinteresse*).

(3) Cf. Windscheid, § 304, note 22 *b*.

(4) Cf. Windscheid, § 304, note 23. — Cf. Goldschmidt, *loc. cit.*, p. 114·3°.

ciale le cumul au cas de dette de genre des actions édiliciennes et de l'action en livraison d'un autre objet (1). Le Code de commerce n'a pas traité la matière *ex professo*, il s'est contenté de donner, en matière de ventes d'objets à expédier *Distanz käufe*) (2), quelques règles relatives à la recevabilité des actions en garantie : obligation de vérifier la chose à l'arrivée, et, au cas de découverte de vice qui la fasse considérer comme marchandise non marchande, obligation d'en donner avertissement immédiat au vendeur; réserve faite pour les défauts qui ne peuvent se révéler immédiatement, et même obligation lorsqu'ils se révèlent après coup d'en avertir le vendeur; enfin, délai de prescription fort abrégé pour les actions en garantie. Toutes ces dispositions ne touchent pas à la question de fond, relative à la nature des actions admises en pareil cas (3) : c'est à cela que les motifs font allusion en réservant pour la revision du Code de commerce la question du cumul, en matière de ventes de ce genre, de l'action en exécution du contrat et des actions en garantie des vices.

233. *Garantie des vices en matière de ventes et échanges d'animaux domestiques.* — Nous arrivons ainsi à la grosse question du sujet, le cas d'aliénation d'animaux domestiques. Le droit romain n'avait établi pour cette hypothèse aucune règle spéciale, on peut même faire observer que c'est pour les ventes d'animaux domestiques et spécialement pour les ventes d'esclaves que l'édit des édiles avait introduit les premières dispositions relatives à la garantie des vices (4) : la jurisprudence les généralisa. C'est donc en vue surtout des ventes de ce genre que se forma la théorie romaine sur les vices rédhibitoires. Or le système romain se caractérisait par les trois principes suivants qui en forment comme les points saillants : 1° Le vendeur répond de tout vice grave sans que l'on ait songé à énumérer limitativement les vices donnant lieu à garantie; 2° Pour qu'il soit tenu à garantie, l'acheteur doit prouver que le vice existait au moment de la vente; son action a beau être limitée à un délai assez court, il n'est pas pour cela dispensé de sa preuve. 3° La garantie consiste dans l'exercice d'une double action au choix de l'acheteur, la rédhibition et l'action en réduction du prix. Lo-

(1) *Motifs*, t. II, p. 242.
(2) C. de comm. allem., art. 347, 350.
(3) Cf. Goldschmidt, *loc. cit.*, p. 118-120.
(4) L. 1, § 1, D. (21. 1); L. 38, h. tit.

giquement ce système est parfait; on pourrait croire également
qu'il est excellent en pratique puisque la majorité des congrès de
vétérinaires en Allemagne s'est prononcée pour son maintien (1).

Et cependant les intéressés directs, c'est-à-dire ceux qui fréquentent
les foires et dont les besoins se sont traduits par les usages locaux,
n'ont pas cessé de protester contre la rigueur des principes romains :
principes de logiciens et non de praticiens. Ce n'est pas seulement
en Allemagne que les mœurs se sont écartées du système romain,
mais partout où les usages et coutumes ont pu se développer librement ; ainsi dans la France coutumière. De l'autre côté du Rhin
on qualifie de principe germanique la théorie contraire au droit
romain en cette matière; il serait plus vrai de lui donner le nom
de principe coutumier : c'est celui qui correspond au libre développement de la vie juridique partout où il a pu se faire jour ; c'est
sous ce nom que nous le désignerons.

234. La pratique avait donc découvert au système romain de
très gros inconvénients; inconvénients résultant principalement de
ceci, que lorsqu'il s'agit de ventes d'animaux domestiques les vices
rédhibitoires consistent surtout en affections dont le germe peut
exister au moment de la vente alors que la maladie n'éclate que
quelques jours après. En pareil cas il devient très difficile pour le
vendeur d'être absolument sûr de sa marchandise et il a toujours à
craindre les surprises d'une action en garantie pour vices qu'il
n'avait même pas pu soupçonner : on comprend combien cette
incertitude doit encourager la fraude; on prétend que la plupart
des maquignons qui achètent chez le cultivateur pour revendre en
foire savent toujours découvrir un vice rédhibitoire aux animaux
qu'ils n'ont pas vendus et obtiennent toujours assez facilement un
certificat de vétérinaire qui leur permette de faire rompre le marché :
l'éleveur, le cultivateur était cependant sûr de la bête qu'il avait
livrée, mais devant cette menace il transige. C'est du moins la raison sur laquelle le rapporteur de notre loi du 5 août 1884 (2) a

---

(1) Voir surtout le Congrès d'avril 1875. — Cf. *Motifs*, II, p. 248. — Cf.
Gutachten du Dr von Völdendorff (*Verhandl. des XIXᵐᵉ deut. Juristentages*, I, p. 59). On trouvera l'historique et l'exposé scientifique des différents systèmes sur la matière dans l'ouvrage de Max Hachenburg : *Das
Recht der Gewährleistung beim Thierhandel auf Grundlage des Gemein-
samen Gesetzes* (1888).

(2) Cf. rapport de M. Mannoury à la Chambre des députés (dépôt le
5 juillet 1883). Voir *Officiel, Doc. parl.*, p. 1372. Voir Sir., *Lois annot.*,
1881-1885, p. 669-670.

insisté pour obtenir que l'on restreignît dans les plus strictes limites l'exercice de la garantie pour vices rédhibitoires en matière de ventes d'animaux domestiques. Ceci est le point de vue du vendeur : il y a lieu de ' protéger contre les surprises et la fraude. Mais il faut se placer aussi au point de vue de l'acheteur ; si l'on restreint l'exercice de la garantie pour vices à un certain nombre de vices limitativement désignés, ne risque-t-on pas de nuire au crédit en créant le gros danger pour l'acheteur de n'avoir aucun recours pour vices ultérieurement découverts et non compris dans la liste ? Ceci est une question à résoudre par les hommes de l'art : c'est aux vétérinaires à indiquer les vices considérés comme ayant une importance suffisante pour qu'on doive admettre la rupture du marché, ils devront aussi se préoccuper d'écarter autant que possible les vices dont la constatation pourrait être délicate ; ce sera le seul moyen d'éviter la fraude dont nous parlions tout à l'heure : ce second point de vue est celui auquel se sont surtout placés les vétérinaires français (1), aussi ont-ils restreint de beaucoup, on pourrait dire le plus possible, la liste des vices rédhibitoires : les vétérinaires allemands s'étaient surtout placés au premier point de vue, c'est-à-dire à celui de l'acheteur plutôt qu'à celui du vendeur ; et c'est pourquoi, désespérant de prévoir tous les vices dont l'acheteur pourrait avoir à souffrir, ils s'étaient déclarés pour le principe romain d'une garantie illimitée pour tout vice grave, à l'appréciation des tribunaux.

235. Mais voici un autre danger du principe romain pour l'acheteur : c'est en ce qui touche la preuve ; nous avons déjà dit que le plus souvent le vice ne se révèle qu'après une première période d'existence latente ; comment savoir si le vice existait où non au au jour de la vente ? il faudrait avoir déterminé pour chaque vice la période exacte d'incubation ; si cette période n'a pu commencer qu'après la vente, en calculant à rebours à partir du jour où le vice éclate, c'est que le vice a pris naissance depuis la vente ; si au contraire, par le même procédé de calcul, la vente se place pendant cette même période, il doit y avoir lieu à garantie. Comment faire cette preuve : exigera-t-on pour chaque cas que l'acheteur demande une expertise spéciale ? ce serait la logique stricte, mais ce serait une source d'incertitudes très grave pour la sécurité du commerce Admettra-t-on que pour chaque vice il puisse y avoir un délai de

(1) Cf. le rapport cité plus haut (Sir., *Lois annot.*, 1881-1885, p. 070).

garantie fixé d'une façon invariable pour tous les cas de la même espèce, mais tout au moins variant suivant les localités? C'était le système de notre Code civil (art. 1648). C'était aussi le système de beaucoup d'États allemands (1). Celui enfin de notre ancien droit (2). Tout cela était fort bien à une époque où les communications étaient rares; cela devient inadmissible à une époque de communications rapides et fréquentes. Il y a donc partout un grand désir d'unification en matière d'usages commerciaux, et la matière des vices rédhibitoires est une de celles où cette tendance se fait le plus sentir: c'est elle qui a inspiré notre loi de 1838; elle aussi qui a inspiré de nombreux vœux et pétitions en Allemagne en faveur d'une fixation uniforme des délais de garantie (3). Il importe donc d'indiquer une période invariable, non pas seulement invariable pour tous les cas d'un même genre, mais invariable pour tout un pays; certains souhaiteraient même une réglementation identique pour plusieurs États formant union à cet égard et réclameraient une convention internationale à cet effet; période pendant laquelle il sera admis, si le vice éclate, qu'il existait déjà au jour de la vente. Il en résultera au point de vue juridique que si l'acheteur se plaint immédiatement il sera déchargé de la preuve, il y aura présomption que le vice existait au jour de la vente : d'autre part, et par voie de conséquence, il ne doit plus être admis à se plaindre une fois le délai passé. De sorte qu'on est amené ainsi à fixer un délai de garantie en vue non pas forcément de la recevabilité de l'action, mais de la recevabilité du vice sur lequel elle est fondée : il faudra que le vice ait apparu dans ce délai pour qu'il y ait garantie de ce chef : et alors si le vice a apparu dans ce délai, l'acheteur n'a plus à prouver qu'il existait au jour de la vente. Ce bénéfice s'imposait presque au profit de l'acheteur; il en résultait que l'incertitude et les surprises risquaient d'en être augmentées du côté du vendeur; la situation de celui-ci s'en trouverait aggravée; la preuve était faite d'avance contre lui. Il y avait donc là une raison de plus de restreindre le nombre des vices et de ne le soumettre à garantie que pour des cas

(1) On pourra voir dans la consultation précitée de Völderndorff qu'il n'y avait pas moins de 80 systèmes locaux à cet égard en Bavière avant la loi de 1850 qui réglementa la matière (*Verhandl. des XIXten deutsch. Juristentages*, I, p. 62 et suiv.

(2) Cf. Pothier, *Vente*, n° 205.

(3) V. *Motifs sur l'art.* 399, t. II, p. 243, et *Verhandl. des XIXten Juristent.*, I, p. 63.

bien sûrs et d'une évidente constatation ; les avantages faits à l'acheteur au point de vue de la preuve devaient écarter les scrupules que l'on avait à renfermer dans des limites plus étroites son action en garantie. D'ailleurs la pratique allemande se montrait assez rigoureuse à l'égard de l'acheteur et ce sentiment se traduisait par différents proverbes sur lesquels les auteurs juridiques aiment à s'appuyer : c'est à lui d'ouvrir l'œil ; qui n'ouvre pas l'œil doit ouvrir la bourse (*Wer die Augen nicht aufthut, muss den Beutel aufthun*), et autres de ce genre (1).

236. Enfin, à un troisième point de vue, la pratique réclamait une dérogation au principe romain, c'est en ce qui touche l'action en réduction du prix ; comment en effet calculer exactement la dépréciation de l'animal? Nous avons dit aussi que réduction ne signifiait pas indemnité et que par conséquent il fallait calculer non pas la dépréciation que la maladie donne actuellement à l'animal, mais celle qu'il aurait subie au jour de la vente si on avait connu la maladie qui allait éclater, et en se reportant par conséquent à un moment où il pouvait y avoir à cet égard des prévisions très différentes de la réalité : ce sont là des calculs beaucoup trop délicats ; et d'autre part la réduction offre un moyen trop facile aux acheteurs peu consciencieux d'obtenir pour rien une marchandise qu'il leur est encore avantageux de conserver, puisqu'ils la gardent ; pour que la garantie soit sérieuse, il faut obliger l'acheteur à rompre le marché, c'est la seule façon de s'assurer que le vice lui enlève tout le profit qu'il comptait retirer de la marchandise.

237. Il résulte de ces observations que la pratique tendait à poser en cette matière les trois règles suivantes qui sont l'opposé du principe romain : 1° que la garantie en matière de vices ne doit pas être illimitée, mais restreinte à un certain nombre de vices spécialement désignés ; 2° qu'il y a lieu de fixer un délai de garantie pendant lequel il faudra que le vice ait apparu pour que l'acheteur soit admis à se plaindre de ce chef, et qui, d'autre part, établira au profit de l'acheteur une présomption d'existence du vice au jour de la vente ; 3° qu'il importe de supprimer la réduction. Et c'est ainsi qu'on a été amené à poser en regard du principe romain un principe coutumier que les Allemands appellent principe germa-

(1) Cf. *Verhandl. des XIX* deut. *Juristentages*, I, p. 69, et Gierke dans la *Revue de Schmoller*, t. XIII, p. 212.

nique et qui se caractérise par une limitation stricte des vices
rédhibitoires, un délai de garantie impliquant présomption au
profit de l'acheteur et la suppression de l'action en réduction du
prix.

238. Le pur principe romain est réduit en Allemagne à une
sphère d'application extrêmement restreinte (1), et encore il est bien
rare que là où on applique le droit commun purement et simplement,
on n'ait pas admis quelque dérogation partielle. On peut citer spécialement les États suivants : Mecklembourg-Schwerin, Mecklem-
bourg-Strelitz, Brunswig, Oldenbourg, Schleswig-Holstein. Il n'y
a plus à citer dans ce groupe les pays d'application de notre Code
civil, comme l'Alsace-Lorraine; puisque si le point de départ de
Code civil est encore le principe romain, il faut reconnaître que la
loi du 20 mai 1838 a admis d'une façon à peu près générale en
matière de vente d'animaux domestiques les trois règles qui constituent le principe coutumier : limitation des vices, délai de garantie avec présomption au profit de l'acheteur et suppression de la
réduction (2); or notre loi de 1838 est applicable en Alsace-
Lorraine. Il est vrai que celle-ci est considérée comme loi exceptionnelle et que le principe romain, tel du moins qu'il a été accepté par
notre Code civil, reste applicable pour les cas non prévus par la
loi de 1838. Nous venons de laisser soupçonner quelques réserves
sur la qualification du principe fondamental du Code civil : principe romain, sans aucun doute; mais est-on bien sûr que notre
Code civil n'ait pas entendu accepter comme règle de droit commun, en même temps qu'un délai abrégé de prescription, une
présomption au profit de l'acheteur de l'existence du vice au jour
de la vente et quel que soit l'objet de la vente (3); ce serait une
forte atteinte au principe romain et elle expliquerait que nos lois
sur les vices rédhibitoires n'aient pas cru nécessaire de poser le
principe de la présomption légale; il existerait de droit dès qu'il y

(1) *Motifs*, t. II, p. 244.
(2) Voir pour la Belgique la loi du 28 janvier 1850 qui reproduit à quelques différences près notre loi de 1838.
(3) MM. Aubry et Rau l'admettent tout au moins toutes les fois qu'il y a
délai fixé par la loi ou l'usage (t. IV, § 355 *bis*, note 10). Mais nous ne
prétendons pas que cette opinion soit irréfutable (cf. *Bruxelles*, 20 messi-
dor an XIII, Sir., 5. 2. 269). Nous la donnons simplement comme opinion
dominante.

a délai légal de proscription (1), celui-ci équivalant à un délai de garantie.

Dans certains pays allemands s'applique un système mixte ayant pour base le principe romain d'une garantie illimitée et laissant la preuve de l'existence du vice au jour de la vente à la charge de l'acheteur, mais cependant admettant la présomption du droit coutumier pour certaines maladies, entre autres pour celles qui éclatent dans les vingt-quatre heures (*Nachtkrankheiten*); on présume, si elles se révèlent le lendemain de la vente, qu'elles datent de la veille. Les motifs rangent dans ce groupe le droit prussien et le droit autrichien (2).

Le principe coutumier, dit principe germanique, règne partout ailleurs, mais avec des variantes assez nombreuses suivant les États. On pourra voir surtout à cet égard les dispositions du Code saxon (3).

Cependant nous avons déjà dit que la majorité des congrès de vétérinaires en Allemagne s'était déclarée contre le principe coutumier d'une garantie limitée; il leur avait paru impossible : 1° de déterminer tous les vices devant donner lieu à garantie, et 2° de fixer un délai de garantie suffisamment sûr pour chacune des maladies acceptées comme vices rédhibitoires. Enfin le dix-neuvième congrès des jurisconsultes allemands, en 1888, s'est également prononcé dans ce sens malgré une consultation très ferme du Dr von Völderndorff en faveur du principe allemand. Il est probable d'ailleurs que les conclusions de la commission en cette matière étaient déjà formées avant qu'elle eût connaissance des travaux du dernier congrès (4).

239. *Système du projet.* — Ses conclusions sont nettement favorables au principe allemand; Gierke en félicite le projet, disant qu'en pareille matière c'est aux intéressés qu'il faut accorder crédit et non aux juristes ni aux vétérinaires : les premiers veulent faire

---

(1) Voir la note précédente.

(2) *Motifs*, II, p. 246. — *A. L. R.*, I, 11, §§ 192-198; I, 5, §§ 310, 325-332. — Cf. cependant *A. L. R.*, I, 11, §§ 199-206, et *Anh.*, §§ 13-14. — *Œsterr. G. B.*, §§ 922-927. — Cf. Forster-Eccius, *Preuss. Priv. R.*, II, § 125 (éd. 1887, p. 65).

(3) V. *Sächs. G. B.*, spécialement art. 926 et 927. — Pour la Suisse, le Code fédéral des obligations n'a posé aucune règle nouvelle, renvoyant transitoirement à la législation existante dans l'attente d'une loi nouvelle sur la matière (art. 890).

(4) Cf. Gierke (*Revue de Schmoller*, t. XIII, p. 211-212.

du raisonnement à outrance, et les seconds ne se placent qu'au point de vue des difficultés expérimentales de leur art; tandis que ce qui est urgent c'est de protéger les cultivateurs et d'introduire la sécurité dans les relations commerciales, surtout lorsqu'il s'agit d'affaires de ce genre, traitées en foire et sur place (1). C'est également le point de vue du législateur français; notre nouvelle loi va même très loin dans cette voie puisqu'elle supprime toute garantie pour les ventes au-dessous de 100 francs (2). On sait également que chez nous les vétérinaires n'ont pas eu les mêmes hésitations; cela tient surtout à la façon dont la question avait été posée : on voulait empêcher les fraudes et simulations dont nous avons parlé, et il s'agissait de n'accepter comme vices rédhibitoires que ceux dont la constatation devait être sûre. On se plaçait au point de vue de la sécurité du vendeur et non à celui de la garantie de l'acheteur (V. *supra*, n° 244). Peut-être a-t-on été bien loin dans cette voie; le système du projet ne va pas jusque-là. En voici les grandes lignes :

Le système qu'il admet constituant une exception au droit commun ne doit être appliqué que dans les cas spéciaux qu'il vise; or il n'a en vue que les ventes de certains animaux domestiques, en général ceux des espèces chevaline, ovine, porcine et bovine; notre nouvelle loi de 1884, contrairement aux précédents (3), a supprimé tout vice rédhibitoire relativement à cette dernière espèce (4). La loi de 1884 a entendu régir et soustraire à l'application du Code civil tout ce qui touche à la garantie des vices relatifs aux animaux domestiques en général; si donc il est certaines espèces d'animaux domestiques dont elle ne parle pas, cela veut dire que pour elles il n'y a pas de garantie pour vices rédhibitoires; dans le système du projet, s'il est des espèces omises dans l'énumération légale, cela voudra dire que pour elles on s'en tient au droit commun et à l'application des principes ordinaires sur la garantie des vices; la conclusion est bien différente (art. 300 du projet).

240. Pour chacune des espèces citées à l'article 300, on devra établir une classification limitative des vices donnant lieu à ga-

---

(1) V. Gierke, *loc. cit.*

(2) Loi du 2 août 1884, art. 4. — V. discussion à la Chambre des députés rapportée dans Sir., *Lois annot.*, 1881-1885, p. 672, note 4.

(3) Cf. loi du 20 mai 1838, art. 3.

(4) V. rapport de M. Labiche au Sénat (*Offic.* 1er août, p. 1422 et suiv. — Cf. Sirey, *Lois annotées*, 1881-1885, p. 670-671.

rantie (1); cette classification sera établie par voie d'ordonnance royale et sera susceptible d'être modifiée de la même façon. Cette ordonnance indiquera pour chaque vice (2) le délai de garantie : l'apparition du vice devra être constaté dans ce délai, et sous cette condition préalable on établit au profit de l'acquéreur une présomption d'existence du vice au jour de la vente. Mais, sur ce point, le projet émet deux idées qui étaient loin d'être admises par tous les partisans du principe allemand et qui nous semblent très logiques. La première est que le délai devra dépasser quelque peu la période d'incubation forcée de la maladie, sinon la présomption ne servirait à rien, puisque la preuve de l'existence de la maladie, au jour dit, résulterait du seul fait de son apparition dans le délai légal, étant admis, d'autre part, qu'il fût prouvé médicalement qu'une maladie éclose dans ce délai devait fatalement avoir commencé au jour de la vente : ce ne serait plus une présomption, mais une preuve ; cela revient à dire qu'on devra admettre comme délai de garantie le délai maximum d'incubation (3). Mais alors comme il n'y a plus certitude, mais simple présomption au sens exact du mot, le projet réserve au vendeur le droit de faire la preuve contraire ; rien de plus juste, la maladie a pu provenir d'un changement de régime, des fatigues du voyage, lorsqu'il y a eu transport de l'animal après la vente, ou encore se prendre par contagion ; bien que le délai, dans lequel elle a apparu, permette de croire que l'animal s'en trouvait atteint chez le vendeur, il doit être permis à celui-ci d'établir qu'il a pu le prendre après coup, et on doit laisser à la conscience et à la sagesse des magistrats le soin de décider en pareil cas.

S'il s'agit d'un vice apparu après le délai de garantie, il y a présomption inverse, en ce sens qu'il est censé avoir pris naissance depuis la vente ; et cette fois, il s'agit d'une présomption *juris et de jure* (4), ne permettant pas à l'acheteur de faire la

---

(1) Le principe de la limitation des vices est aussi admis par le Code civil italien (art. 1505). C'est la seule dérogation qu'il apporte au principe romain en matière de vente d'animaux.

(2) On voit la différence avec notre loi de 1884 (art. 5) qui n'admet qu'un seul délai (neuf jours) pour toute espèce de vice, sauf exception pour la fluxion de poitrine pour laquelle on a fixé le délai de garantie à trente jours.

(3) Cf. *Motifs*, II, p. 252-253.

(4) Ce système est relativement nouveau : anciennement il y avait deux systèmes connus, le premier qui faisait du délai de garantie un délai péremptoire, autrement dit qui le confondait avec le délai de prescription.

preuve contraire. Cette remarque a besoin, pour être compris, d'une indication complémentaire ; il est bon, en effet, d'observer dès maintenant que, dans le système du projet, le délai de garantie ne se confond pas avec le délai de prescription. En d'autres termes, il n'est pas nécessaire que l'acheteur intente son action dans le délai de garantie, il suffit qu'il l'intente pour vice apparu dans ce délai. Le délai de garantie n'a donc trait qu'à la question de preuve ; il signifie que pour les vices apparus dans ce délai, il y a présomption jusqu'à preuve contraire de leur existence au jour de la vente et que pour tout vice éclos après, il y a présomption *juris et de jure* de son inexistence au jour de la vente. Si donc, il s'agit d'un vice apparu dans le délai l'acheteur peut, même après le délai de garantie expiré, et pourvu qu'on soit encore dans le délai de prescription, intenter son action et il sera dispensé de toute autre preuve ; seulement, pour conserver le bénéfice de cette présomption, lorsqu'il intente son action après le délai de garantie, il faudra que, pendant ce délai ou dans les vingt-quatre heures qui le suivent (art. 402), il ait donné avertissement au vendeur du vice rédhibitoire. A défaut de cet avertissement au cours du délai de garantie, il est déchu de sa présomption, bien qu'il s'agisse encore d'un vice éclos dans le délai légal : c'est que le vendeur, à qui la preuve contraire est réservée, n'a pu être mis à même, lorsqu'il en était temps, de préparer ses moyens de preuve. Si donc, l'acheteur a laissé passer le délai sans agir et sans donner avertissement du vice, il n'est pas encore forclos de son action, mais il doit prouver deux choses : 1° que le vice s'est manifesté dans le délai, puisque s'il avait apparu

---

L'acheteur devait intenter son action dans le délai de garantie et une fois ce délai passé n'avait plus d'action, mais il jouissait alors d'une présomption irréfragable d'existence du vice au jour de la vente. Puis il y a un second système plus moderne en vertu duquel le délai de garantie n'influe que sur la preuve ; si le vice est constaté dans le délai, il y a au profit de l'acheteur simple présomption susceptible d'être combattue par la preuve contraire ; s'il n'apparaît qu'après, l'acheteur a encore action, pourvu qu'il soit encore dans le délai de prescription, mais la présomption cette fois est pour le vendeur ; et c'est à l'acheteur à prouver que le vice existait déjà lors de la vente (cf. *Verhandl. des XIX*ⁿ *deuts. Juristentages*, I, p. 65, 65 et suiv.). Le projet accepte ce second système en principe, seulement si le vice n'apparaît qu'après le délai il dénie l'action sous prétexte qu'il y a présomption irréfragable de son inexistence au jour de la vente ; cela constitue ainsi un troisième système déjà ébauché par quelques lois spéciales sur la garantie et auquel le projet se rallie (cf. *Motifs*, II, p. 253).

après, il y aurait présomption irréfragable qu'il n'a pu exister au jour de la livraison; et, 2° que ce vice apparu dans le délai existait au jour de la livraison; il va de soi, que plus la date d'apparition du vice sera rapprochée de celle de la livraison, plus la preuve sera facile; elle sera même toute faite, si cette date se place dans le délai minimum d'incubation de la maladie.

241. Nous venons de voir consacrées les deux premières règles du principe coutumier : limitation des vices, fixation d'un délai de garantie avec présomption correspondante; restait à poser la troisième règle : exclusion de la réduction; c'est ce que fait l'article 404, et pour les motifs que nous avons indiqués. Dès lors, la rédhibition existant seule, il fallait l'admettre même dans les cas où de droit commun elle est exclue, comme par exemple au cas de revente ou mise en gage de la chose; si donc l'acheteur qui intente la rédhibition ne peut plus restituer la chose, il devra fournir la valeur qu'elle avait à l'époque où il en a été disposé, puisque cet acte de disposition représente le profit qu'il en a retiré. Les motifs remarquent que le projet a cru inutile de prévoir, pour l'application de la rédhibition, certaines espèces visées par quelques législations comme, par exemple, lorsqu'il y a vente d'un troupeau et que l'une des bêtes meurt d'une maladie contagieuse (1). N'y avait-il pas lieu de demander résiliation de tout le marché et de rendre tout le troupeau? L'acheteur est, en effet, menacé de voir périr toutes les bêtes qui le composent et il lui faudra alors intenter une action spéciale pour chacune d'elles, n'est-il pas plus simple d'admettre la résiliation pour toutes, d'autant plus qu'on intentant une série de résiliations individuelles il sera difficile de déterminer le prix afférent à chaque bête, du moins s'il a été fixé en bloc? D'autre part, l'acheteur peut avoir à redouter la contagion pour l'ensemble de son bétail, et c'est un risque qui doit incomber au vendeur, puisque c'est de lui que vient l'animal contaminé. Les congrès économiques et les congrès de vétérinaires s'étaient prononcés dans ce sens (2). Le projet n'a pas accepté cette solution, la considérant comme absolument contraire aux principes. Il peut, en effet, arriver que la contagion se propage et que les autres bêtes périssent, mais la contagion aura pu provenir de l'ani-

(1) Cf. loi bavaroise sur la garantie, du 26 mars 1859 (*Bayr. Währschafts-gesetz*, art. 8).

(2) *Motifs sur l'art.* 404, II, p. 258.

mal qui a péri le premier, et rien ne prouve que tous aient eu la maladie le jour de la vente; si donc il est établi que la maladie a été prise chez l'acheteur, il n'y a plus lieu à garantie; s'il est établi que la contagion vient de l'animal qui a péri le premier et qui avait déjà la maladie lors de la vente, il pourra, suivant les conditions d'application du droit commun, y avoir lieu à dommages-intérêts : mais ce n'est plus une question de garantie. Donc, en présence de cette éventualité et de cette incertitude, on ne peut admettre résiliation pour tout le troupeau puisqu'il n'est pas sûr que tous les animaux fussent infectés du vice chez le vendeur; au moins faut-il attendre l'expiration du délai de garantie ; et encore même pour ceux qui viendraient à périr dans ce délai, bien que la résiliation soit possible pour chacun séparément, il reste encore au vendeur la ressource de la preuve contraire et le droit d'établir que la maladie s'est développée par voie de contagion ultérieure, postérieurement à la vente. Donc, il suffit sur tous ces points de s'en remettre aux principes.

242. Les effets de la rédhibition seront ceux admis de droit commun, on aurait pu hésiter cependant à donner à l'acheteur droit au remboursement des frais de nourriture et de soins au cas de maladie; la preuve est ici délicate, et pour l'éviter on aurait pu admettre une sorte de compensation avec les profits que l'acquéreur a pu retirer du travail de l'animal; mais il eut fallu alors donner à l'acheteur le droit d'établir qu'il n'avait retiré aucun profit, précisément à raison de la maladie ou du vice dont il se plaint, preuve tout aussi difficile à faire. Ne pouvant échapper à ces difficultés, mieux valait s'en tenir au droit commun. L'acheteur établira le montant de ses frais et le vendeur aura le droit de prouver que l'autre a retiré profit de l'animal, de façon à établir compensation (art. 405). Mais, comme l'affaire peut demander du temps et que l'animal risque, pendant que l'instance est en cours, d'être fort négligé par l'acheteur, chaque partie a le droit d'en exiger la vente aux enchères (art. 406). Si la résolution est admise et que cette vente ait eu lieu, le vendeur touchera le prix retiré de de cette vente aux enchères et restituera à l'acheteur celui qu'il avait touché.

243. *Réduction du délai de prescription.* — Il y avait enfin à se demander si l'action en garantie lorsqu'il s'agit de ventes d'animaux domestiques ne devait pas être soumise à un délai de prescription plus court que la proscription de droit commun en matière de garantie des vices. La tendance actuelle est pour l'affirmative parce qu'ici, plus encore qu'en matière ordinaire de garantie des vices, il y a urgence et nécessité que tout soit réglé au plus vite. Sans doute le projet a atténué quelque peu les motifs d'urgence en exigeant que le vice fût dénoncé dans le délai de garantie, et également en admettant pour chaque partie le droit de requérir la vente de l'animal litigieux ; mais ce dernier droit suppose l'action intentée et l'avertissement ne fait que prévenir le vendeur sans le tirer d'incertitude. Il y avait donc lieu d'abréger la proscription. Mais dans quelle mesure la réduire et de quand la faire courir ? On peut compter sur ce point trois groupes législatifs différents : le premier qui se contente de réduire le délai ordinaire de prescription sans en modifier le point de départ ; elle commence à courir du jour de la vente ou de la livraison : donc le délai de prescription commence en même temps que le délai de garantie et se prolonge au delà : mais quel que soit le délai de garantie la durée d'exercice de l'action reste la même (1). Un second groupe fait partir la proscription de l'action de l'expiration du délai de garantie : la proscription de l'action restant la même, le temps d'exercice de l'action varie puisque la proscription ne commence qu'après le délai de garantie qui est différent pour chaque vice (2). Enfin le troisième groupe confond le délai de proscription avec le délai de garantie et dénie l'action après l'expiration de ce dernier : c'est le système de nos lois de 1838 et de 1884 (3) ; or, comme forcément le délai de garantie est très court puisqu'il doit correspondre approximativement à la période d'incubation, on arrive au résultat admis par notre loi de 1884 d'un délai unique de neuf jours pour la proscription des droits de l'acheteur, sauf une exception. C'est le chef-d'œuvre de la simplicité et de la sécurité. Mais n'est-ce pas un de ces cas où l'excès de simplicité conduit à sacrifier l'équité, comme il arrive si souvent ? Il semble que notre loi de 1884 ait été inspirée par une sorte de réaction excessive contre les acheteurs : on a voulu que, neuf jours passés depuis la vente, le vendeur fût désormais à l'abri de toute

---

(1) On peut citer comme exemple la loi du grand-duché de Hesse sur la garantie (voir *Motifs*, II, p. 261.

(2) V. la loi bavaroise du 26 mars 1859. Egalement lois sur la garantie de Cobourg et de Francfort.

(3) En Allemagne, outre l'Alsace-Lorraine, citons Bade et le Wurtemberg comme exemples d'application d'un système analogue (*Motifs*, II, p. 262.

réclamation. Le but est excellent; mais n'y a-t-il pas à craindre que l'usage s'introduise de multiplier les clauses de garantie à l'effet de prolonger la durée de la responsabilité du vendeur? ou bien encore on verra se multiplier les ventes à l'essai. Le temps et l'expérience démontreront ce que vaut sur ce point notre législation actuelle. Le projet n'a pas été d'avis de cet excès de simplicité. En tout cas confondre le délai de prescription et le délai de garantie c'est un peu commettre une hérésie juridique. De ce qu'on fixe un délai dans lequel on présume que le vice doive forcément apparaître s'il existe, on ne peut obliger l'acheteur à poursuivre dans ce délai, car si le vice apparaît à l'expiration du délai, c'est l'obliger à poursuivre avant qu'il ait pu connaître l'existence du vice. Entre les deux autres systèmes il semble que le projet aurait dû se ranger au premier qui est conforme à son principe d'un point de départ unique en matière de prescription de l'action en garantie des vices. Il accepte le second; la prescription courra du dernier jour du délai de garantie et la prescription sera ici de deux semaines. Le temps maximum d'exercice de l'action sera donc de deux semaines auxquelles il faudra ajouter le délai de garantie. Cela provient de la présomption admise par le projet : lorsqu'il s'agit d'objets ordinaires le projet présume qu'on a dû découvrir le vice du jour de la livraison, cela lui a semblé logique puisqu'il n'y pas de délai de garantie; mais là où il y a une période admise pour l'apparition du vice, on présume qu'il n'apparaît que le dernier jour du délai; et c'est alors à ce jour que commence la prescription de l'action.

244. *Garantie conventionnelle.* — Il va de soi, disons-le en terminant, que le projet admet dans sa plus large étendue le droit pour les parties de modifier les dispositions de droit commun en matière de garantie des vices. Certaines lois avaient cependant interdit toute clause abrogeant les délais de garantie : elles présumaient l'intention frauduleuse de tromper l'acheteur et voulaient protéger celui-ci malgré lui. Le projet n'admet rien de semblable (art. 400-411).

245. *Contrats en faveur d'un tiers.* — Parmi les effets propres à certains contrats particuliers nous devons signaler celui qui consiste à faire acquérir un droit à un tiers étranger au contrat; on ne saurait y voir un effet accessoire des contrats; car il s'agit du résultat immédiat et direct que le contrat a pour but de produire; d'autre part il n'y a pas là un des effets normaux des contrats, puisque ceux-ci d'ordinaire n'ont pas d'effet à l'égard des tiers ; il faut donc y voir un phénomène particulier propre à certains contrats et il convient d'en préciser nettement le terrain et la sphère d'application.

246. *Position de la question.* — Il faut supposer qu'un individu stipule d'un autre que celui-ci exécutera telle prestation au profit d'un tiers dont le stipulant n'est pas le représentant et qui lui-même est absolument étranger au contrat : c'est l'hypothèse célèbre de la stipulation pour autrui. La question qu'elle soulève est double ; il s'agit de savoir avant tout si le contrat est valable à l'égard du parties entre lesquelles il a été conclu, autrement dit si le stipulant a une action pour obliger le promettant à s'exécuter vis-à-vis du tiers ; et en second lieu, à supposer ce contrat valable, il y a lieu de se demander si le tiers a lui-même acquis un droit propre à l'exécution et sous quelle condition ce droit lui est acquis. La première question est depuis longtemps résolue dans le sens de l'affirmative, même par les romanistes (1). Il y avait bien eu quelques

(1) Cf. *supra*, n° 8 sur l'art. 206 et Windscheid, *Pand.*, § 316, note 1. La théorie des contrats pour autrui peut trouver tout un vaste champ d'application en matière de *Contrats d'utilité publique*, ceux par exemple passés par une commune au profit des habitants et n'offrant aucun intérêt direct pour ce qui est de la gestion proprement dite du patrimoine communal. On en trouvera un exemple intéressant dans une espèce qui a donné lieu à un important arrêt de la Cour de cassation de Belgique (Sir., 89, IV, 9). Il s'agissait d'un traité passé avec un entrepreneur d'éclairage et contenant certaines stipulations au profit des habitants abonnés. On n'allait pas jusqu'à contester la validité de ces stipulations, celles-ci constituant l'accessoire d'une stipulation principale valable (art. 1121), mais on prétendait tout au moins que la commune n'avait pas d'action pour en poursuivre l'exécution, sous prétexte qu'elle n'avait aucun intérêt pécuniaire à l'exécution ; elle n'aurait eu que le droit de résiliation pour inexécution des conventions (art. 1184). On a dit aussi que la commune en pareil cas agissait comme le gérant d'affaires ou le représentant de ses administrés. Mais en admettant qu'elle eut mandat tacite pour traiter en leur nom, elle n'a pas mandat pour agir ; et l'action appartiendrait encore uniquement aux abonnés et non à la commune. D'autre part, cette idée de mandat est extrêmement dangereuse et pourrait conduire loin. M. Sainctelette contesta toute cette théorie en écartant d'une façon un peu absolue l'application des règles du droit privé, en matière de *Contrats d'utilité publique*. C'est peut-être trop tôt dit et trop tôt fait. M. Labbé, dans une note qui accompagne notre arrêt, a combattu cette idée. Mais si l'on ne peut soustraire en bloc les contrats d'utilité publique à l'application des règles du droit privé, il nous semble possible de les soustraire à celles de l'article 1119.

tentatives à notre époque de s'en tenir à la rigueur des théories romaines à cet égard : c'était, par exemple, la tendance de Savigny (1) qui prétendait que la loi ne devait sanctionner l'obligation que dans la mesure où cela est nécessaire aux relations juridiques entre les hommes, et par suite là seulement où l'obligation offre au créancier un intérêt matériel et palpable : l'obligation constituant une entrave à l'état de liberté ne doit être acceptée qu'avec une certaine réserve; et la loi ne consacre pas, en dehors des cas de représentation ou de gestion d'affaires, l'immixtion d'un tiers qui, par pur sentiment de bienveillance et sans intérêt personnel,

Ils sont par essence des contrats passés par une personne morale publique en vue et au profit, non de ses intérêts patrimoniaux à elle, mais en vue et au profit des particuliers qui la composent; or bien que la personne morale soit un être juridique distinct, au point de vue de ses droits patrimoniaux, des êtres réels qui la constituent, on peut dire, à un point de vue élevé qui est celui du droit administratif, qu'elle n'est que la résultante, sous forme d'intérêt collectif, des intérêts particuliers qu'elle représente; et c'est en ce sens, et au point de vue du droit administratif, que l'on peut dire que l'article 1119 n'est point fait pour elle, lorsqu'elle traite en vue des intérêts particuliers dont elle est l'organe. La règle qui est la base de l'article 1119 : sans intérêt pas d'action, n'a en vue que des rapports purement patrimoniaux, elle n'est plus admissible lorsqu'il s'agit d'un être fictif reconnu par la loi comme l'organe des intérêts généraux d'un groupe de particuliers. Lorsque cet être fait un contrat en vue des intérêts qu'il représente administrativement, il agit dans la sphère légale de sa capacité administrative et le contrat est valable comme rentrant dans la catégorie des actes qu'il a mission de conclure en vertu de sa propre destination. Etant valable il en résulte que les droits stipulés au profit des tiers dans leur intérêt leur sont acquis directement comme c'est la règle généralement admise en matière de stipulation pour autrui, sauf refus de leur part; et il en résulte aussi que le stipulant, ici la commune, a l'action, car on ne peut lui opposer le défaut d'intérêt, puisqu'elle agit en vue des intérêts même dont elle est l'organe : ayant action, elle fera condamner le débiteur à l'exécution vis-à-vis des intéressés, et elle fera exécuter le jugement au profit de ceux des intéressés qui s'adresseront à elle pour en bénéficier. On voit que ce sont des droits et des actions distincts; et qu'il faut bien se garder de dire que la commune agit comme un représentant du droit privé; sinon il y aurait chose jugée même à l'égard des particuliers, ce qui pourrait être dangereux. Voilà bien des détours et des difficultés théoriques : mais comme tout cela serait plus simple si nous faisions justice une bonne fois de ce malheureux article 1119! (cf. Sainctelette, *Les Contrats d'utilité publique*, dans *Revue de droit international*, 1888, p. 425 et suiv.). — Labbé en note, dans Sir., 1889, IV, 9 (cf. *supra*, n° 8 et les notes).

(1) Cf. Savigny, *Obligations* (traduction, t. II, § 50, p. 222, note c). — Cf. p. 220-230.

se fait promettre un fait à accomplir au profit d'autrui. Mais nous avons déjà vu sur l'article 206, à propos de la définition même de l'obligation, que ces idées ont été rejetées et qu'il ne pouvait être question d'y revenir dans le projet de Code civil (cf. *supra*, n° 8) (1).

247. Mais sur la seconde question l'entente est loin d'être acquise entre les jurisconsultes ; on conçoit deux théories principales et extrêmes auxquelles peuvent se ramener tous les systèmes. Ou bien le contrat n'a fait encore acquérir au tiers aucun droit avant toute adhésion de sa part, et cela par la bonne raison que pour acquérir une créance par voie de convention il faut avoir pris part au contrat ; ou bien le tiers, bien qu'il soit resté étranger au contrat, a déjà un droit acquis et indépendant qui est né à son profit de la convention faite à son insu et sans sa participation. Cette dernière solution, vers laquelle tend de plus en plus le mouvement juridique moderne, semble bien être celle qui naît spontanément et naturellement sous l'inspiration de la pratique toutes les fois que celle-ci prévaut sur l'analyse, tandis que la solution contraire l'emporte presque forcément aux époques de critique raisonnée et d'analyse minutieuse ; cette dernière est la seule connue de la période du droit romain classique, et il faut arriver à la veille du Bas-Empire pour qu'il soit question de donner action au tiers indépendamment de toute acceptation de sa part, tout au moins dans une hypothèse spéciale, celle de la donation avec charge (2) : mesure toute d'équité qui semble commandée par les nécessités pratiques, et qu'on n'admet que par voie de faveur et contrairement, semble-t-il, à tous les principes (*benigna juris interpretatione*). Cette solution pratique est également celle du vieux droit germanique, avant la réception du droit romain ; à ce moment on ne va guère au fond des idées juridiques et on analyse encore moins ; or du moment qu'un individu s'engage à payer au stipulant ou à un tiers, ce tiers aura action contre le promettant sans autre condition. C'est du moins ce qui paraît ressortir de quelques formules citées par Brunner (3), bien que pour quelques-unes le tiers indiqué à côté du

(1) En ce qui touche l'état de la jurisprudence allemande et les phases de la question, V. Windscheid, *Pand.*, § 316, note 13.

(2) L. 3, C. 8, 54 (55). — V. Savigny (*Syst.*, IV, p. 284-286). — Windscheid, *Pand.*, § 316, note 5.

(3) V. Brunner, *Fränkisch-Romanische Urkunde (Beiträge zur Geschichte der Werthpapiere)*, dans la Revue de Goldschmidt (*Zeitsch. f. Haud R.*), t. XXII, p. 90-99 (voir spécialement la formule citée p. 96-97 et p. 97, note 2).

promettant puisse être considéré comme mandataire ou comme cessionnaire. Le système qui accorde un droit au tiers par l'effet même du contrat auquel il est resté étranger est donc celui du droit romain à l'époque où ce dernier se plie plus facilement aux expédients de la pratique, celui du droit allemand avant qu'il eut donné droit de cité aux jurisconsultes du Digeste.

Mais à mesure que l'on pénètre davantage, sous l'influence du droit romain classique, dans l'analyse des phénomènes juridiques et que l'on cherche à en décrire les lois, on en revient à cette idée rationnelle qu'un tiers étranger au contrat ne peut avoir acquis par l'effet propre d'une convention faite à son insu aucun droit indépendant avant toute participation de sa volonté; sinon il faudrait à côté de la convention, du délit et du quasi-contrat, lequel suppose soit le fait du futur créancier, soit un enrichissement réalisé à son détriment au profit du débiteur, il faudrait, disons-nous, reconnaître l'existence d'une quatrième source de l'obligation : la stipulation pour autrui. Les auteurs qui admettent la possibilité au moins exceptionnelle de la promesse unilatérale indépendante de tout concours de volonté rangeront peut-être dans cette catégorie la promesse au profit d'un tiers; le promettant s'est engagé envers le bénéficiaire avant toute acceptation de celui-ci (cf. art. 243 et *supra*, n° 143). Mais en réalité, à notre avis, il n'y a là qu'un trompe-l'œil, car la promesse unilatérale au sens que nous avons ici en vue suppose un individu qui s'engage sans qu'il y ait concours de volonté, sans prendre cet engagement de concert avec qui que ce soit; c'est un engagement pris envers quelqu'un, mais non avec quelqu'un. Or dans la stipulation pour autrui il y a engagement pris envers et avec quelqu'un : il y a convention; seulement la prestation au lieu d'être fournie au stipulant sera exécutée envers un tiers; peu importe au promettant; sa promesse est bien contractuelle et absolument contractuelle. Le droit né au profit du bénéficiaire ne dériverait pas d'une simple promesse prise à son égard, il dériverait d'un contrat auquel il a été étranger ou, en d'autres termes, du fait d'autrui : la stipulation pour autrui constituerait bien une quatrième source de l'obligation; or les principes rationnels du droit romain ne permettaient guère d'admettre rien de semblable. On en arrivait ainsi à cette conclusion forcée que le tiers ne pouvait acquérir de droit que par sa participation au contrat.

248. *Analyse du principe romain.* — Cette admission du tiers au contrat pouvait se concevoir de plusieurs façons; la plus simple avait été de décomposer la stipulation pour autrui en deux conventions, l'une forme et déjà acquise, conclue avec le stipulant; l'autre proposée au bénéficiaire et susceptible de se convertir par son acceptation en un second contrat passé avec ce dernier. Seulement, ce qui est au moins bizarre, c'est que cette offre faite au tiers n'est pas censée émaner de celui qui doit devenir son débiteur, de celui qui sera partie au nouveau contrat qu'on lui propose; elle émane du stipulant, puisque c'est ce dernier qui au lieu d'exiger que la prestation lui soit fournie a désigné à sa place la personne du bénéficiaire; le promettant n'y est pour rien. Il en résulte que l'offre est révocable, comme c'est la règle pour toute offre non encore acceptée, mais révocable ici au gré du stipulant et sans intervention de l'autre partie. Celle-ci, au contraire, n'a pas le droit de révocation. Tout ceci est bizarre (1).

Dans certains cas cependant on pourrait supposer que le promettant fût intéressé à la désignation du bénéficiaire et que par suite l'offre émanât de lui tout autant que du stipulant; il y aurait offre collective; donc révocable du consentement seulement des deux parties. Certains auteurs voulaient généraliser cette présomption et l'admettre dans tous les cas; c'est la théorie de l'offre collective (2).

En principe la révocation est possible jusqu'à l'acceptation, c'est la règle en matière de pollicitation; d'autre part l'acceptation peut intervenir dès que la pollicitation existe. Cependant sur ces deux points on peut concevoir quelques particularités spéciales à notre matière : il peut se faire que les parties aient voulu subordonner le droit d'acceptation du tiers à une proposition expresse et directe à lui adressée; jusque-là elles se réservent le droit de changer la personne du titulaire. Ceci est pure affaire d'intention, laquelle se réfère à la question de savoir quand il y a véritablement pollicitation; celle-ci résulte-t-elle de la simple mention du tiers dans un contrat fait à son insu, résultera-t-elle d'un avertissement ultérieur émanant des parties? C'est à la volonté de celles-ci qu'il faudra se reporter. En matière d'assurance sur la vie au profit d'un tiers, on sera très disposé à croire que la faculté d'accepter dépend d'une proposition directe émanant de l'assuré, et même, la plupart du temps, cette proposition ne lui sera adressée, conformément aux

---

(1) V. Gareis, *Verträge zu Gunsten Dritter* (1873), p. 62 et suiv. — Wächter, *Pand.*, II, p. 390. — Cf. Windscheid, *Pand.*, § 316.

(2) Windscheid, § 316 *a*-1, note 5.

volontés de l'assuré, qu'après décès de celui-ci par la compagnie débitrice. Enfin, il va de soi, tant qu'on s'en tient à cette théorie d'une offre soit unilatérale, soit collective, qu'on ne pourrait lui faire application des théories modernes du maintien obligatoire de l'offre pendant un certain délai que s'il y a eu proposition directe faite au tiers; il faut de toute nécessité un acte formel adressé au tiers pour qu'à son égard les parties, ou même seulement l'une d'elles, puissent être liées dans une mesure quelconque (1).

D'ailleurs, même indépendamment de cette application de la théorie moderne sur le maintien obligatoire de la pollicitation, les Allemands n'éprouvaient aucun scrupule à maintenir la stipulation même après décès de l'une des parties; l'offre était en quelque sorte incluse au contrat et subsistait comme partie intégrante du contrat lui-même, tant qu'elle n'avait pas été révoquée. C'est au contraire le point qui chez nous a peut-être soulevé le plus de difficultés.

Il a semblé toutefois que cette théorie d'une offre révocable, bien qu'elle dût échapper, dans la majorité des systèmes, au danger d'une révocation forcée par suite de décès, ne répond pas toujours aux intentions des parties; il peut se faire que celles-ci aient entendu faire acquérir au tiers un droit ferme, indépendant de toute acceptation de sa part : si elles l'ont voulu, l'ont-elles pu? Oui, disaient certains auteurs, à la condition de sous-entendre une cession immédiate au profit du tiers (2); le stipulant acquiert contre le promettant un droit qui passe directement sur la tête du bénéficiaire : le droit romain fournissait l'exemple de cessions tacites ainsi réalisées sans qu'il y eut, à proprement parler, concours de volonté. Mais la théorie se heurtait à de grosses objections pratiques; car il est certain que le stipulant a entendu faire acquérir au bénéficiaire un droit indépendant, né en sa personne et distinct de celui qu'il a pu acquérir lui-même : imaginer une cession, c'est soumettre le cédant, ici le stipulant, à garantie : est-ce possible?

249. *Principe moderne.* — Forcément la pratique devait en revenir à l'idée d'une acquisition du droit immédiate au profit du tiers (3). Non pas qu'il faille y voir, comme semble le dire le pro-

---

(1) Stobbe, *Deuts., Priv. R.*, III, § 172, note 32. — C'est ce qu'accepte le droit prussien : *A. L. R.*, I, 5, § 77.

(2) Cf. Windscheid, *Pand.*, § 316 *a*-2.

(3) V. l'idée acceptée chez nous par Pothier par application de la loi 3, cod., de *Don. que sub. mod.* (Pothier. — *Obligations*, n°ˢ 71-72).

jet, un engagement sous forme unilatérale du promettant ; celui-ci ayant pris un engagement contractuel envers le stipulant et, comme conséquence de celui-ci, un engagement unilatéral envers le bénéficiaire, engagement qui le lie d'ores et déjà et qui rentre dans les exceptions permises à l'article 342 ; nous avons déjà dit en quoi cette analyse de la convention nous semblait fausse. Ce qu'il faut dire, c'est que la pratique et la science modernes se font de la convention une idée différente de celle que s'en faisaient les Romains : les Romains s'en étaient tenus à l'idée d'un acte tout personnel ne pouvant produire effet qu'à l'égard des parties ; et cependant si ces dernières sont d'accord pour créer un effet juridique au profit d'autrui, pourquoi le leur interdire, à condition, bien entendu, de laisser le tiers libre de rejeter les effets du contrat en ce qui le touche personnellement ? En matière d'aliénation de la propriété, le droit romain offrait l'exemple du legs *per vindicationem* par lequel la propriété, du moins d'après l'école sabinienne, est acquise à l'insu et sans la volonté du légataire (1), l'exemple du mandataire à qui l'on fait tradition à l'insu du mandant et qui acquiert la possession et par suite la propriété au mandant indépendamment de tout acte de volonté émanant de ce dernier et relatif à la prise de possession (2) : enfin en matière d'acquisition de créances, on peut citer le legs *per damnationem*, en vertu duquel le légataire acquiert une action contre l'héritier du jour même de l'adition et même à son insu (3). De même un individu s'engage envers un autre : il y a là une convention qui renferme tous les éléments nécessaires à la validité du contrat et le premier de tous, le concours des volontés ; or le fait que promet ici le débiteur c'est de se considérer comme engagé envers un tiers : on peut dire que l'objet du contrat c'est une obligation envers autrui ; or à moins de déclarer cet objet impossible ou illicite, il faut bien le déclarer efficace, puisque le contrat est valable de lui-même ; le déclarer efficace c'est dire que le débiteur est déjà engagé et il est engagé, non pas en vertu d'un

---

(1) L'analogie est très frappante pour l'époque où le testament, fictivement tout au moins, affectait la forme d'une véritable vente faite à l'héritier : les legs étaient une charge de la *mancipatio* fictive, et cependant le légataire acquérait un droit immédiat du jour du décès : on peut faire le rapprochement avec le cas de donation avec charges. — Cf. Gaius, II, 195. — V. Accarias, *Précis* I (éd. 1886), n° 379, p. 1025.

(2) Cf. Accarias, I (1886), n° 215, p. 543, n° 300, p. 781-782. — Cf., p. 11, n° 587, et Labbé sur Ortolan, *Appendice* IX (éd. 1883, p. 873 et note 4).

(3) Accarias, I (1886), p. 1927.

acte unilatéral de sa volonté, mais en vertu d'un concours de volontés, donc l'obligation est déjà née sur sa tête; si elle est née
contre lui il faut bien qu'elle soit née au profit de quelqu'un : ce
quelqu'un ne peut pas être le stipulant qui n'a pas entendu devenir
créancier personnel du fait promis, ce ne peut donc être que celui
que les parties ont voulu constituer créancier de la prestation; l'o-
bligation étant un engagement juridique de la part d'un individu
envers un autre, on conçoit que cet engagement puisse être pris à
l'insu de cet autre et que la loi consacre et sanctionne déjà cette
promesse lorsqu'elle n'est autre chose, que l'objet d'une convention déjà formée et licite.

250. *Cas d'application de la stipulation pour autrui.* — Une fois
lancés dans cette voie, les auteurs en arrivèrent à déclarer qu'il n'y
avait de contrats au profit d'un tiers, au sens propre du mot, que
que lorsque le tiers devait acquérir un droit immédiat du contrat
lui-même. On distinguait donc la véritable stipulation pour autrui
de la fausse (1) : et la question était de savoir quels cas faire rentrer
dans la première et quels cas dans la seconde; et surtout au cas
de doute laquelle présumer. Ce n'était pas assez en effet d'avoir
proclamé la possibibilité juridique d'une acquisition immédiate du
droit au profit d'autrui, encore fallait-il indiquer dans quels cas
cela aurait lieu. Il y eut certaines hypothèses sur lesquelles tout le
monde fut d'accord : les législations, la jurisprudence et les auteurs. Nous avons déjà cité l'hypothèse de la cession de dette (supra, nº 100) : il en fut de même pour certaines dispositions relatives aux tenures de paysans (les *Bauerngüte*). Le père peut de son
vivant les transmettre à ses descendants en grevant la disposition
qu'il fait à leur profit de certaines charges au profit d'autrui; or,
cette transmission entre vifs est traitée comme le serait une transmission par voie de testament et les bénéficiaires des charges im--
posées aux enfants acquièrent à l'égard de ceux-ci un droit im-

---

(1) Cf. Stobbe, *Preuss.*, *Priv. R.*, III, § 172. I *in fine* (p. 114). — Cf. Regelsberger, dans l'*Handbuch d'Endemann* II, § 250-III-B. (p. 473 suiv.). —
Cf. Windscheid, § 316-2, et § 316-a-3. — Cf. la définition que donne Garels
du contrat en faveur d'un tiers : *Celui en vertu duquel le tiers, conformément à l'intention expresse des contractants, acquiert immédiatement
un droit propre et indépendant* (Garels: *Die Verträge zu Gunsten Dritter*
1873, p. 32). — Déjà, précédemment, Unger avait émis la même idée (V.
Unger *dans Jahrb. f. dogm. X.*, p. 1 et suiv. 1869).

médiat comme l'aurait un légataire à l'égard de l'héritier (1).

251. *Assurance sur la vie au profit d'un tiers.* — Mais le cas de beaucoup le plus pratique et le plus important fut celui de l'assurance et en particulier l'assurance sur la vie. Lorsque celle-ci est faite au profit d'un tiers, on est généralement d'accord pour considérer le contrat comme rentrant dans la catégorie des contrats pour autrui au sens propre du mot (2) et de le traiter comme tel ; non pas cependant que le tiers ait du jour de la conclusion du contrat un droit déjà irrévocable, car les parties sont libres de soumettre l'acquisition du droit au profit du bénéficiaire à tel délai ou telle condition qu'il leur plaît, et il est d'usage en matière d'assurance de retarder jusqu'après le décès de l'assuré l'acquisition du droit au profit du bénéficiaire; jusque-là il est révocable au gré de celui qui a stipulé l'assurance (3). Mais immédiatement, au décès de l'assuré, celui qui est indiqué comme dernier bénéficiaire, ou le porteur de la police si celle-ci a été créée à ordre ou au porteur, acquiert un droit irrévocable et indépendant à la somme qui constitue le capital assuré : le bénéficiaire n'a pas à donner son acceptation au contrat, car il ne s'agit pas d'une offre de contrat à lui adressée ; cette offre n'émane ni de l'assuré, ni de la compagnie débitrice, comme on l'a proposé dernièrement chez nous (4). Il s'agit d'un droit qui lui appartient par l'effet du contrat et dont l'acquisition était simplement soumise à une condition actuellement réalisée (5). Il suivra de là que la somme qui lui est garan-

(1) Cf. Stobbe, *Deuts.*, *Priv. R.*, III, § 172, note 41 et V, § 323. — V. citations d'arrêts dans Windscheid, § 316, note 15.

(2) Cela même de la part de ceux qui, en matière de stipulation pour autrui, s'en tiennent au principe romain d'une offre exigeant acceptation ; de même le droit prussien, qui admet le principe romain en matière de stipulation pour autrui et qui cependant donne un droit immédiat au bénéficiaire du jour du décès en matière d'assurance sur la vie au profit d'un tiers. A. L. R., II, 8, § 2280.

(3) Cf. Stobbe, III, § 172, note 45.

(4) Cf. A cet égard une note remarquable de M. Thaller sur un arrêt de la cour de Besançon, du 8 mars 1887 (D. 88. 2. 1).

(5) C'est aussi la théorie qui se fait accepter en Italie : V. le remarquable traité de Vivante, *Le assicurazioni sulla vita* (n° 191 et suiv.), (t. III de son traité du contrat d'assurance). La jurisprudence française se fixe également en ce sens ; nos arrêts emploient, pour consacrer ce résultat, une formule un peu différente de celles qui sont usitées en Allemagne dans la doctrine ; ils parlent de rétroactivité de l'acceptation (V. le rapport de M. le conseiller Crépon, reproduit dans Sirey avec l'arrêt du 2 juillet 1884, qui a été le point de départ d'une évolution nouvelle de la jurispru-

tie ne fait pas partie de la succession de l'assuré et que les créanciers de ce dernier n'y ont aucun droit (1). Il est vrai que pour qu'il en soit ainsi, il faut qu'il s'agisse bien réellement d'un contrat en faveur d'un tiers, c'est-à-dire de quelqu'un qui n'ait pas été représenté au contrat par le stipulant lui-même (2) ; aussi est-on à peu près d'accord pour reconnaître que si l'assuré avait stipulé la somme au profit de ses héritiers, il serait censé les avoir considérés comme les continuateurs de sa personne et ceux-ci recueilleraient les sommes *jure hereditario*, donc le capital ferait partie de l'hérédité et serait la part des créanciers. Quelques auteurs proposent de traiter dans tous les cas l'assurance sur la vie au profit d'un tiers comme contrat en faveur d'autrui au sens du droit allemand (3), ce qui aurait pour effet de garantir dans tous les cas le capital aux héritiers sans que les créanciers du défunt y eussent aucun droit; mais la jurisprudence allemande, comme la nôtre, se refuse à aller

dence de la Cour de cassation. *Sir.*, 85, 1, 5). Le meilleur résumé que l'on puisse lire de la théorie d'ensemble de la jurisprudence et de la doctrine française sur cette matière des assurances sur la vie, est la note magistrale insérée dans Sirey, à la suite d'une série d'arrêts rendus en 1888 (*Sir.*, 88. 1. 121). — Sur la question qui nous occupe, V. spécialement la note indiquée § III. Cette jurisprudence se trouve confirmée par un nouvel arrêt du 7 août 1888 (*Sir.*, 89, 1, 97). — Cf. Bazenet, *de l'assurance sur la vie contractée par l'un des époux au profit de l'autre*, p. 13-41. — Pour la jurisprudence belge, V. un arrêt important déjà cité plus haut en vue d'une autre question (*Cass. Belg.*, 21 juill. 1888. — *Sir.*, 89. 4. 9).

(1) Il y eut en faveur de cette opinion une véritable campagne de Malss (V. *Zeitsch. f. Versicher.*, Il. II, p. 124 et suiv. et *Verhandl. des XVI*en *deutsch-juristentages* (I, p. 142-144). — Cf. un vœu conforme de la part du XVIe congrès de juristes allemands (*XVI*en, t. II, p. 101, p. 356). — Cf. Stobbe, *Deuts. Priv. R.* III, § 108, note 20. — V. sur cette question, en ce qui touche la jurisprudence française, la note qui précède et l'arrêt du 7 août 1888 (*Sir.*, 89. 1. 97). M. Labbé, dans la note qui accompagne cet arrêt, accepte la solution, mais conteste la théorie sur laquelle on l'appuie. Il n'admet pas qu'il y ait un droit acquis en propre au bénéficiaire sans sa participation au contrat, et veut, pour que le bénéfice de l'assurance échappe aux créanciers de l'assuré, que celui-ci ait agi comme gérant d'affaires du bénéficiaire. Nous répondrons, qu'en agissant de la sorte, l'assuré perdait le droit de révoquer sa vie durant, et que ceci est absolument contraire à l'intention ordinaire des individus qui contractent une assurance sur la vie au profit d'un tiers.

(2) Cf. Predöhl, *Ueber Lebensversicherung*, dans *Zeits., f. Hand. R.*, t. 22, p. 491-492. — König, *Versicherungsgeschäfte* dans l'*Handbuch d'Endemann*, t. III, § 425, p. 826 et suiv.

(3) Cf. Rohfous. *Le contrat d'assurance en cas de décès* (*Genève*, 1887), p. 24 et suiv., p. 94 et suiv.

jusque-là ; il faut citer à cet égard une importante décision du 4 juin 1886 qui a nettement formulé la distinction (1) : si l'assuré a stipulé la somme au profit de ses enfants, ceux-ci sont des tiers et il y a contrat pour autrui ; en dehors de cette désignation spéciale il y aurait stipulation pour soi-même et en même temps pour ses héritiers, ceux-ci considérés comme représentants de la personne. Du reste il est indifférent, ou à peu près, pour la solution de ces questions, de prendre parti sur la controverse relative à la nature du contrat d'assurance sur la vie : qu'il s'agisse d'un contrat d'indemnité, d'une sorte de droit aléatoire, ou de l'achat d'un capital moyennant paiement d'un certain nombre de primes, les effets à l'égard du tiers bénéficiaire restent les mêmes.

252. En dehors de ces applications incontestées et de quelques autres analogues, on se demandait à quel signe reconnaître le véritable contrat pour autrui : sans doute tout le monde était bien d'accord pour admettre que les parties étaient libres de donner au contrat la physionomie et le caractère qui leur convenaient ; elles pouvaient faire de la stipulation au profit du tiers une offre proposée à son acceptation, autrement dit avoir fait une fausse stipulation pour autrui ; elles pouvaient avoir entendu faire un véritable contrat en faveur d'un tiers et encore dans ce cas retarder à leur gré l'acquisition du droit au profit du bénéficiaire. Mais dans le doute y avait-il lieu d'établir une présomption et quelle présomption fallait-il admettre ? La tendance était de se montrer favorable à l'extension du nouveau principe de l'acquisition du droit sans adhésion du tiers au contrat ; mais d'autres auteurs se refusaient à toute présomption de ce genre et considéraient que la solution dépendait des circonstances de chacun des cas en particulier (2).

253. *Système du projet.* — C'est dans cet état que la question se présentait aux auteurs du projet. Bien entendu, ils adoptent la possibilité d'une acquisition immédiate du droit au profit du

---

(1) On la trouvera indiquée par Goldschmidt dans le compte rendu de l'ouvrage de Rehfous (*Zeits., f. Hand. R.,* t. XXXV, p. 288). — Distinction analogue est faite par la jurisprudence française ; on pourra établir à cet égard une comparaison intéressante en se référant à l'importante note à laquelle nous avons déjà renvoyé, dans *Strey,* 88. 1. 121 (à la note, § 111).

(2) V. Stobbe, dans son compte rendu de l'ouvrage de Garels (*Dei Verträge zu Gunsten Dritter* dans la *Revue de Goldschmidt,* t. XIX, p. 302-304).

tiers, sans que celui-ci eut pour cela à devenir partie au contrat.
On peut donc par contrat conférer un droit immédiat à un tiers
étranger à la convention; il était difficile de contester, aujour-
d'hui, cette possibilité juridique. Mais le point délicat est de
savoir quand les parties seront censées avoir voulu qu'il en fût
ainsi et, au cas de doute, quelle sera la présomption admise; or,
sur point, le projet a reculé devant tout essai de réglementation;
il se refuse à toute présomption, et ce sera au tiers à prouver que
le droit lui appartient par l'effet direct du contrat; il semble donc
qu'un tel système laisse subsister toutes les difficultés antérieures;
les motifs essaient bien d'atténuer la critique en disant que, dans
la plupart des cas, la preuve sera faite, car pour les hypothèses les
plus importantes, il y a un droit traditionnel à cet égard et des usages constants (1); cela est incontestable, sans doute, pour les quelques cas particuliers dont nous avons parlé, mais pour beaucoup
d'autres règne l'incertitude sur les caractères et les effets du contrat; les déclarations du projet ne sont pas de nature à la faire disparaître (2), d'autant plus que si le tiers ne réussit pas à faire cette
preuve, on ne nous dit pas comment il y aura lieu de traiter le
contrat : il reste plusieurs théories disponibles, laquelle admettre?
Celle de l'offre pure et simple n'exigeant plus que l'acceptation unilatérale du bénéficiaire, ou bien celle du droit prussien qui exige
encore une nouvelle proposition des parties contractantes adressée
au tiers, donc qui surbordonne le droit de ce dernier à un nouveau

(1) On trouvera dans l'article 512 du projet une application intéressante
du contrat en faveur d'autrui. Voici de quoi il s'agit : Contrairement au
droit prussien qui fait du droit du preneur un droit réel, contrairement
aussi au droit français qui, sans en faire un droit réel, le déclare opposable
aux successeurs à titre particulier du bailleur, mais conformément au droit
romain en vertu duquel l'acheteur n'était pas obligé de respecter le droit
du locataire, le projet venait d'admettre, sauf une très légère modification
(V. Motifs, II, p. 383), le principe du droit commun que vente rompt bail,
Kauf bricht Miethe, article 509 (nous disons : vente passe bail) (Cf. Bern-
höft dans *Bekker-Beiträge*, fasc. 12, p 72). Dès lors on peut prévoir le cas
où l'acheteur s'engagerait, au moment de la vente, à respecter le bail;
souvent même le vendeur ne consentira à l'aliénation que sous cette condition; or, l'article 512 voit dans cette promesse de l'acheteur prise envers
le bailleur, mais au profit du locataire, un véritable contrat en faveur d'autrui auquel on appliquera nos articles 412 à 416. — Cf. notre étude sur les
contrats particuliers, n° 33 (*Bulletin*, 1889, p. 616).

(2) Cf. Gierke, dans la *Revue de Schmoller*, t. XIII, p. 213-214. — Cf.
Bähr, *Beurtheilung des Entwurfs* (tirage à part), p. 60-61. — Seuffert,
dans *Bekker-Beiträge*, fasc. 11, p. 69-70.

consentement des contractants ? Toutes ces combinaisons sont possibles, et ce sera par conséquent à celui qui invoquera l'une d'elles à faire sa preuve (art. 412).

254. Plaçons-nous maintenant en présence du véritable contrat en faveur d'autrui, celui dont l'effet propre doit être de créer un droit au profit d'autrui sans qu'il soit besoin de l'adhésion ou de la participation de ce dernier. Quels vont en être les effets ? Constatons tout d'abord que, lorsque le droit stipulé au profit du bénéficiaire doit lui être acquis directement par l'effet propre du contrat, on présume tout naturellement que cette acquisition doit être immédiate ; mais cette présomption n'est pas forcée et les parties peuvent en avoir décidé autrement ; elles sont libres, et entre autres elles peuvent avoir subordonné cette acquisition directe à tel délai ou à telle condition qu'il leur plaît (art. 413) ; nous avons déjà cité l'exemple de l'assurance sur la vie au profit d'un tiers. Il faut en conclure que si le droit a été stipulé au profit d'un tiers non encore né, la stipulation est valable, puisque les parties peuvent toujours subordonner l'acquisition du droit à un délai et à une condition, et ici elle se trouve subordonnée au fait de la naissance ; c'est une condition sous-entendue et forcée. La question a son importance en matière d'assurance sur la vie si le capital doit être versé aux enfants nés et à naître.

255. *De la révocation.* — Il résulte du principe de l'acquisition directe que, logiquement, le droit une fois né, il doit être irrévocable et que, inversement, tant qu'il n'est pas acquis ; il peut être révoqué. Cette dernière solution allait de soi : on peut toujours empêcher la naissance d'un droit qui n'existe encore au profit de personne. Mais le principe de l'irrévocabilité du droit, même une fois acquis, pouvait donner lieu à quelque hésitation ; car du moment qu'il s'agit d'un droit acquis au bénéficiaire sans que celui-ci eut rien stipulé, le bénéficiaire ne peut l'acquérir que dans les conditions où l'on a entendu le lui faire avoir, et par conséquent à l'état de droit révocable si on a voulu lui donner ce caractère. Il n'y a donc pas incompatibilité entre le fait d'une acquisition déjà réalisée et la possibilité de révocation ; nous en avons la preuve dans Pothier qui admettait l'acquisition directe et, cependant, paraît se ranger à l'opinion des auteurs qui accordent encore le droit de révocation tant que le tiers n'a pas accepté (1) ; nous en avons la

---

(1) Très bonne discussion à ce sujet dans Pothier, *Obligat.*, n° 73.

prouve également dans la façon dont certains interprètes de l'article 1121 du Code civil concilient le droit de révocation, subsistant jusqu'à l'acceptation du bénéficiaire, et le principe de l'acquisition directe. Tout dépend donc d'une question d'intention, et par suite d'une question de présomption. Certains auteurs allemands présumaient la révocabilité; le projet présume l'irrévocabilité; et la base de la présomption est que les parties ayant entendu faire acquérir un droit dont un tiers devînt titulaire même à son insu, il est naturel que ce droit fût considéré comme un droit ferme, assimilé à tout autre droit entré dans le patrimoine; car il est de principe que les droits, en général, ne sont pas révocables *ad nutum* (1). Cette présomption d'irrévocabilité existe par le seul fait que le droit est né, donc peu importe qu'il soit né subordonné à un terme ou à une condition; mais encore faut-il qu'il soit déjà né au profit de quelqu'un. D'où il faut conclure que le droit stipulé au profit d'un individu non encore conçu, reste révocable, tant que le titulaire n'existe pas en tant que personne capable de droits.

256. Enfin, il suit de ce système que le projet n'avait pas à parler d'acceptation du tiers; l'acceptation n'est indispensable que pour ceux qui voient dans la stipulation pour autrui une offre faite au tiers, ou encore pour ceux qui laissent subsister la révocabilité même après acquisition du droit; il faut bien mettre un terme à cette révocabilité, et alors ce terme forcé sera l'acceptation du bénéficiaire. Il va de soi que les parties pourront donner à leur stipulation ce dernier caractère; mais il ne suffirait pas pour qu'il en fût ainsi qu'elles se fussent contentées d'exiger acceptation formelle, car cette clause, outre le premier sens que nous venons d'indiquer, peut encore s'interpréter de deux autres façons : d'abord comme impliquant une offre, ce qui laisserait subsister le droit de révocation;

---

(1) Cf. Pothier résumant l'opinion de Fachinæus (*Controv.*, VIII, 80), dans son *Traité des obligat.*, n° 73 : « *Si liberalitati hæc adjici conditio potest ad alterius utilitatem, ita ut ei competat utilis actio, sicut docet L. 3 Cod. (De donat. quæ sub. mod.), non video, quo pacto donator possit auferre jus actionemve illi, cui eam acquisivit. Quid enim aliud egit, nisi ut et in eum liberalitatem exerceret. Quod ergo semel placuit, amplius displicere non debet. Quod donatum est, non debet sine justa causa revocari.* » (Fachin, *Controv.*, éd. Lyon, 1609, p. 1662). — Voir bonne discussion sur ce sujet dans Ant. Perezius, lequel, d'ailleurs, se décide pour l'opinion opposée à celle de Fachinæus, donc en faveur du droit laissé au stipulant de révoquer jusqu'à ce qu'il y ait acceptation (*Perez. prælectiones in XII libros Codicis in lib. VIII, tit. LV*, § 7, éd. 1661, *II, p.* 121).

la naissance du droit serait alors subordonnée à l'adhésion du tiers au contrat, et ceci, outre la révocabilité, présente d'autres intérêts pratiques, comme par exemple, en matière d'assurance sur la vie, au point de vue du droit des créanciers sur le capital assuré : comme celui-ci ne peut passer sur la tête du bénéficiaire que par son acceptation et que cette dernière n'est pas une condition mise à la fixation d'un droit déjà né, mais un élément du consentement nécessaire pour que ce droit ait une existence quelconque, l'acceptation ne peut être rétroactive. Puis, il y a une dernière façon de concevoir l'acceptation : elle peut avoir été considérée comme une véritable condition affectant le droit déjà acquis, en tant que droit conditionnel, au bénéficiaire, et ici, d'après le système du projet que nous avons précédemment exposé, il n'y aurait même plus de révocation possible (1). Donc ce sera aux intéressés de prouver ce que les parties ont entendu faire, lorsque l'on contestera la présomption d'irrévocabilité de l'article 414.

257. *Refus du tiers* (art. 415). — Si le droit stipulé au profit du tiers n'a pas besoin pour naître de l'acceptation de ce dernier, il ne peut cependant lui être acquis malgré lui, et le tiers peut toujours le rejeter; c'est donc un droit soumis à une sorte de condition résolutoire. Et en tout cas, cette abdication du bénéficiaire aura effet rétroactif et le droit sera censé n'être jamais entré dans son patrimoine.

258. *Des exceptions opposables au tiers* (art. 416). — Il résulte du principe admis que le débiteur pourra opposer au bénéficiaire toutes les exceptions nées du contrat, c'est-à-dire concomitantes à sa formation ou relatives à son exécution; rien de plus logique, puisque le droit acquis au tiers dérive du contrat et qu'il doit suivre le sort du contrat; de même l'obligation du débiteur, vis-à-vis du tiers, dérivant de la convention passée avec le stipulant reste soumise aux conditions ordinaires des contrats synallagmatiques; par exemple, elle a pour équivalent la contre-prestation promise par le stipulant; si donc, celui-ci n'exécute pas, le débiteur pourra opposer au tiers lui-même l'*exceptio non adimpleti contractus*. On appliquera cette solution en matière d'assurances sur la vie au cas de non paiement des primes par l'assuré; la compagnie débitrice pourra invoquer l'exception.

(1) Cf. Windscheid, § 316-3°.

Cette solution ne s'appliquerait plus aux exceptions nées postérieurement à la formation du contrat et non relatives à son exécution ; le tiers a un droit acquis indépendant du fait du stipulant et, par conséquent, son droit ne serait pas atteint en principe par les exceptions nées après coup du chef du stipulant ; ceci s'appliquera à la compensation, surtout dans le système du projet où la compensation pour être opposable suppose absolument deux dettes existant entre les mêmes personnes ; le débiteur ne pourrait donc pas opposer en compensation au tiers ce que lui doit le stipulant. Pour d'autres exceptions, il pourrait parfois y avoir lieu à discussion ; le projet n'a pas cru devoir entrer dans les détails, il suffit du principe qu'il a posé pour faire face à toutes les difficultés (1).

259. *De la promesse dégagée de sa cause et de la reconnaissance de dette.* — Nous détachons de la série des contrats particuliers, pour en parler à propos de la théorie générale des sources de l'obligation, la promesse abstraite et la reconnaissance de dette : ce sont là des formes de contracter que peuvent revêtir les conventions les plus diverses et qui, par conséquent, n'établissent pas entre les parties des relations juridiques réciproques caractérisées par le but spécial que celles-ci ont en vue d'atteindre. Par définition, et par cela seul qu'elles ne révèlent pas leur cause juridique, elles échappent à la qualification de contrat particulier, puisqu'elles ont précisément pour but de ne laisser apparaître qu'une partie des résultats qu'on a voulu obtenir et de rejeter tout caractère propre et distinct. Il s'agit donc bien ici encore d'étudier les effets spéciaux à toute une catégorie de conventions qui se cachent sous une forme abstraite : et cette matière rentre forcément dans la partie relative aux effets des contrats. Nous en dirons autant des obligations souscrites sous la forme au porteur, lesquelles ne sont qu'une application de la promesse abstraite dont nous allons parler (2).

260. *Promesse abstraite.* — Nous touchons ici à la grosse question de savoir si l'on devait admettre en droit moderne la validité du contrat unilatéral dégagé de sa cause juridique, conclu sous la forme d'une promesse donnée sans indication du pourquoi l'on s'en-

(1) Cf. Regelsberger, dans l'*Handbuch* d'Endemann, t. II, p. 478.
(2) Cf. Brinz, *Pand.*, § 248. — Gierke, *Revue de Schmoller*, t. XIII, p. 220.

gage, ni du but juridique immédiat en vue duquel on la prend.
Cette promesse abstraite sera-t-elle valable en cette forme, ou bien
sera-t-elle nulle? Nulle, non pas en ce sens que l'absence de cause
indiquée suffise à la faire annuler; la mention de la cause, et par
suite la désignation du contrat particulier que les parties ont voulu
conclure, ne saurait être exigée comme formalité indispensable
pour la validité de l'obligation; mais nulle en ce sens, que la promesse abstraite à elle seule ne suffirait pas à obliger celui qui l'a
prise, si la cause qui l'explique et la caractérise, au point de vue
juridique, ne peut être préalablement prouvée. La déclarer valable
comme telle, ce serait, au contraire, admettre que la volonté de
s'obliger est suffisamment manifestée par l'engagement pur et simple du débiteur et que sur ce seul fondement, le créancier peut
le poursuivre, sans avoir à prouver la cause juridique de sa
promesse.

Il s'agit bien entendu de promesse acceptée par le créancier,
donnée, par conséquent, sous forme de contrat; et il ne saurait être
question ici de l'offre obligatoire par elle-même, dont nous avons
parlé sur l'article 342 (V. suprà, n° 142).

Le débiteur a donc promis de payer, ou souscrit un billet par lequel il s'engageait pour une somme déterminée : cela suffit-il pour
qu'on puisse le poursuivre? C'est là la promesse abstraite proprement dite; il y avait à cet égard deux questions à résoudre : cette
promesse en soi serait-elle valable; et en second lieu quand y aurait-il promesse abstraite proprement dite, permettant ainsi au
créancier de poursuivre sans avoir à prouver la cause?

261. *Historique.* — Le droit romain fournissait à coup sûr
l'exemple le plus saillant d'un contrat abstrait valable indépendamment de la cause qui pût lui servir de fondement; ce contrat
était la *stipulatio* (1); non que la stipulation fût toujours et for-

(1) Liebe, dans son ouvrage magistral sur la stipulation (Liebe, *Die
Stipulation und das einfache Verprechen* (1840), parle bien de la cause
de la stipulation, en ce sens que suivant lui la stipulation constituant un
acte créateur de droit au profit d'autrui, on lui appliqua la théorie de l'enrichissement sans cause; ceci est parfaitement exact comme résultat pratique, mais mal présenté au point de vue théorique; car lorsqu'on pose la
question de savoir si la cause est un élément essentiel de la promesse,
cela revient à savoir si celle-ci pour être efficace exige la preuve préalable
de la cause, auquel cas cette preuve incomberait au créancier. Or Liebe
n'admet rien de semblable; il se contente de constater l'application, soit
de l'*exceptio doli*, soit de la *condictio sine causa* (condictio indebiti,

cément un contrat qui ne laissât apparaître aucun des rapports réciproques des parties entre elles (1), le contraire est suffisamment prouvé par la *stipulatio debiti*, et par l'usage qui se développa de plus en plus de formules écrites dans lesquelles le débiteur indiquait à la fois ce qu'il promettait et pourquoi il le promettait, donc le *negotium juris*, ou autrement dit la cause juridique en exécution de laquelle intervenait la stipulation (2); mais en réalité ces développements et ces explications n'étaient pas de l'essence de la stipulation, bien loin de là; et même là où ces détails apparaissaient dans la formule, ils avaient pour but de préciser le contenu de l'obligation et d'en caractériser l'objet, non d'en faire dépendre la validité de la cause elle-même; la *causa* restait distincte de la *res*. Il est vrai que le caractère abstrait du contrat est considéré, en général, par les interprètes comme une conséquence de la forme solennelle par laquelle se manifestait ici la volonté des parties, expliquant par là que celle-ci fût considérée comme ayant une existence suffisamment sûre et caractérisée en dehors de toute analyse psychologique plus pénétrante. Les parties s'étaient servies d'une formule solennelle qui imprimait à elle seule à leur volonté un caractère de nécessité qui paraissait absolu

condictio sine causa promissi) à la matière de la stipulation, ce qui est reconnu par tout le monde. Et dans tous ces cas la preuve du défaut de cause incombait au défendeur. — V. dans Savigny la réfutation des idées de Liebe sur la *causa stipulationis* (Savigny, *Obligat.* (trad. franç.), § 78, t. II, p. 415 et suiv.). — Liebe reconnaît donc comme tout le monde que la force obligatoire de la stipulation dépend de la forme qui l'accompagne; seulement il voit plus juste que bien d'autres en considérant cet effet attaché à la forme comme le résultat de l'intention présumée des parties, en ce sens que les solennités employées faisaient présumer l'absolue volonté du débiteur de s'engager quoiqu'il arrive indépendamment de toute autre circonstance (Cf. Liebe, *Stipulation*, §§ 6 et 7; cf. Bähr, *Anerkennung*, § 6) : si donc aujourd'hui, ajouterons-nous, les parties manifestent une volonté semblable, bien qu'elles n'aient plus à leur service aucune formule légale pour l'exprimer, il n'en faudra pas moins donner effet à leur intention. Cette façon d'interpréter le caractère de la stipulation romaine est certainement plus exacte que celle qui fait dépendre la valeur obligatoire de la pure formalité, indépendamment de toute interprétation de volonté, et qui par conséquent n'attache cet effet qu'aux contrats formels, c'est-à-dire ne permet plus aux parties en droit moderne de s'engager par voie de promesse abstraite en dehors des cas de contrats formels acceptés par la loi. C'est l'opinion de Brinz, par exemple (cf. Brinz, *Pand.*, II, § 248, notes 26-32).

(1) V. Salpius, *Novation und Delegation*, p. 214 et suiv.
(2) V. Salpius, *loc. cit.*, p. 219 et suiv.

et dispensait de chercher plus avant. Aussi a-t-on prétendu, et c'était logique pour qui raisonnait comme nous venons de le faire, qu'avec la disparition des formes, il fallait en revenir à exiger la justification d'une cause légitime d'obligation, et que, d'ailleurs, les Romains en étaient arrivés là le jour où le simple billet remplaça la formule orale de la stipulation : on cite à l'appui quelques textes, célèbres par les discussions auxquelles ils ont donné lieu, et en première ligne le plus connu de tous, la loi 25, § 4, D. (de Probat), 22.3. Partant de là, on en vient à cette conséquence que le droit moderne, auquel les contrats formels étaient en principe étrangers, devait ignorer la promesse abstraite, sauf dans les cas spéciaux où elle serait admise par la loi, comme en matière de lettre de change. En dehors de ces hypothèses strictes, dans lesquelles certaines formes rigoureuses rappellent encore l'ancienne stipulation, les parties ne pourraient pas, à leur gré, déclarer qu'il y a dette, et l'une d'elles s'engager à payer purement et simplement, abstraction faite de l'origine de la dette. C'était l'opinion dominante considérée comme la solution du droit commun, autrement dit celle qui ressortait des principes du droit romain; chose bizarre, c'est en partant d'une législation qui avait produit le contrat abstrait par excellence, qu'on arrivait à nier l'existence juridique de celui-ci en droit moderne (1).

262. Il suffisait cependant, pour faire justice de cette prétendue corrélation entre la solennité des formes et le caractère abstrait de la dette, de rappeler le système romain en matière de tradition : celle-ci est une convention de transfert (2) jointe à la remise de la possession et valable par cela seul que les parties sont d'accord sur le but immédiat qu'elles veulent atteindre, sans qu'il y ait à se préoccuper de savoir si elles le sont sur l'acte juridique en vertu duquel elles procèdent au transfert (3); et cependant la tradition n'est pas un acte solennel; c'est un acte par lequel on dispose d'un droit, indépendamment de toutes formes de rigueur; pourquoi ne pourrait-on pas aussi vouloir créer un droit de créance en vertu d'un acte juridique que l'on veuille laisser dans l'ombre pour s'en

(1) V. surtout Brinz, *Pand.*, II, § 248, note 28.
(2) Non un contrat au sens romain du mot (cf. Pernice, *Parerga*, dans *Savigny Stiftung* (Rom. Abt.), t. IX, p. 202-203.
(3) Cf. Accarias, I, n° 226, et développements dans Ihering, *Geist des Röm. Rechts*, § 55, III, p. 210 et suiv., et note 267 (trad. Meulenaer (éd. 1888); IV, p. 203 et suiv., note 298).

tenir au but immédiat que l'on cherche, la création de l'obligation?
La stipulation fut le moule juridique mis à la disposition des parties pour y parvenir; et rien ne prouve qu'à la dernière époque du
droit romain, lorsqu'il s'agissait de billets relatant une stipulation,
on eut exigé pour leur validité mention de la cause.

Le fameux texte de Paul sur lequel on s'appuie a été tellement
défiguré par les compilateurs de Justinien, qui y ont intercalé des
passages presque textuels d'une loi du Code (1), qu'il est difficile
de savoir au juste quelle en est la valeur ; ce qui est tout au moins
certain c'est qu'il y est question d'une des variétés de la *condictio
sine causa*, celle que l'on a appelée quelquefois la *condictio indebiti
promissi*. Il s'agit de celui qui a fait une promesse indue et qui
intente une *condictio* pour obtenir sa libération ; le jurisconsulte
traite de la question de preuve et nous annonce que la solution sera
différente de celle qui est donnée pour le cas de *condictio indebiti*
proprement dite (*condictio indebiti promissi* opposée à la *condictio
indebiti soluti*). Lorsqu'il s'agit de paiement indu, celui qui intente
la condictio doit prouver le défaut de cause, ici l'inexistence de la
dette ; lorsqu'il s'agit de la *condictio sine causa promissi*, c'est le
créancier qui devra prouver que la stipulation que l'on attaque
avait une cause, que par conséquent la dette qu'on a voulu couvrir
par ce procédé existait (2). Tout ceci a pu être compliqué par les
dispositions spéciales à la théorie de l'*exceptio non numeratæ
pecuniæ* et de la *condictio* qui s'y référait (3). En tout cas on finit
par décider que le créancier n'aurait plus cette preuve à faire lors-

_____

(1) V. L. 13, Cod. (4. 30). « Generaliter sancimus, ut si quid scriptis
cautum fuerit pro *quibuscumque pecuniis ex antecedente causa descen-
dentibus, eamque causam specialiter promissor edixerit*, non jam et
licentia sit *causæ probationem stipulatorem exigere, quum suis confes-
sionibus acquiescere debeat*, nisi certo e contrario per apertissima rerum
argumenta scriptis inserta religionem judicis possit instruere, quod in
alium quemquam modum, et non in eum, quem cautio perhibet, negotium subsecutum sit, etc., etc. » — Cf. L. 25, § 4, D. (22, 2) : « Sed hæc,
ubi de *solutione indebiti* quæstio est. Sin autem cautio indebite exposita
esse dicatur *et indiscrete loquitur*, tunc eum, in quem cautio exposita est,
compelli debitum esse ostendere, quod in cautionem deduxit; *nisi ipse
specialiter, qui cautionem exposuit, causas explanavit, pro quibus eam-
dem conscripsit. Tunc enim stare eum oportet suæ confessioni, nisi
evidentissimis probationibus in scriptis habitis ostendere paratus sit,
sese hæc indebite promisisse.* — Cf. Salpius. *Novation und Delegation*,
p. 300 et suiv.

(2) Cf. Salpius, *Novation und Delegation*, § 47, p. 291 et suiv.

(3) Cf. Accarias, *Précis*, t. II, nᵒˢ 582-583.

que le billet signé du débiteur porterait mention de la cause en vertu de laquelle il est procédé à la stipulation, et que le débiteur qui a promis et fait cet aveu dans le billet qui constate sa promesse serait lié par cette déclaration, sauf à lui à faire la preuve contraire. C'est cette distinction qui fut introduite, sous une forme et dans un latin très reconnaissables, dans le texte de Paul. Dans tout cela il est question de l'exercice de la *condictio sine causa* par laquelle on veut faire annuler un billet que l'on prétend souscrit à faux (1) : on ne nous dit pas ce qui se passerait si c'était le créancier qui, en se prévalant du billet souscrit, voulût poursuivre celui qui l'a signé ; serait-il encore, au cas de *cautio indiscreta*, obligé à faire la preuve de la cause que doit avoir la stipulation mentionnée au billet ? Les textes cités ne le disent pas. Sans doute il devrait faire cette preuve dans les cas d'application de l'*exceptio non numeratæ pecuniæ* ; mais ces cas à part, y serait-il obligé ? Rien ne le prouve ; et même la théorie de l'*exceptio non numeratæ pecuniæ* démontre suffisamment que la stipulation prouvée au moyen même d'une *cautio indiscreta* reste obligatoire par elle-même sans autre preuve, puisqu'il faut une *exceptio*, c'est-à-dire un moyen d'attaque indirect pour obliger le créancier à prouver la dette antérieure. Donc tout au moins lorsqu'il s'agit de billets probatoires constatant l'existence d'une stipulation, sans relater la cause qui la justifie, les textes qu'on invoque sont insuffisants à établir l'obligation pour le créancier de prouver la cause de la dette antérieure à la stipulation elle-même. Peut-être est-il moins facile de les écarter lorsqu'on pose la question, non plus sur la stipulation, mais sur la reconnaissance écrite (2) ; mais ce n'est pas le point dont nous nous occupons en ce moment.

Les romanistes se trouvaient donc battus sur leur propre terrain, celui des textes ; tout au moins la valeur de ceux qu'ils invoquaient était-elle fort contestable. Dès lors c'était au point de vue purement rationnel que la question devait se poser : toute promesse a une cause ; si les parties veulent n'en pas tenir compte, ou tout au moins décident qu'il n'en sera pas tenu compte au point de vue de la validité du contrat, le peuvent-elles ? Cela revient à la question de savoir si l'expression certaine du consentement indépendante du motif qui l'explique, constitue un consentement suffisant à former le contrat : le pourquoi l'on s'oblige est-il partie intégrante de la vo-

----

(1) Cf. Windscheid, § 318, note 4.
(2) Cf. Windscheid, § 412 *b*, note 2.

lonté de s'obliger à ce point que celle-ci soit sans valeur si l'on n'est à même d'en apprécier la cause, élément essentiel du consentement? Telle est la question (1). Cela devient un problème d'analyse psychologique. Voici ce que l'on peut répondre au point de vue juridique ; celui qui promet ce qu'il croit déjà devoir et qui consent à ce que l'examen ne se porte plus sur la réalité de cette dette antérieure, consent à assurer la sécurité de son créancier, et abandonne le droit de contester la dette primitive, il fait donc une sorte de transaction ; or on peut toujours transiger sur un droit que l'on peut avoir quelque raison de croire incertain : ainsi interprété le consentement en pareil cas est absolument valable, indépendamment de toute autre analyse psychologique plus profonde. Cette manière de voir répond aussi à l'objection, émise cette fois sur le terrain juridique, consistant à dire que cette nouvelle promesse, à moins d'être une donation, n'est que l'aveu, ou peut-être la confirmation d'une dette antérieure ; or avouer ou confirmer une dette n'équivaut pas à devenir débiteur ; c'est violer la loi que reporter la dette au second contrat ; elle date du premier (2). Tout cela est inexact : nous venons de montrer que la seconde promesse constituait un second contrat bien différent du premier et duquel naît une obligation absolument distincte et nouvelle. Restera le droit pour le promettant d'attaquer sa promesse sur le terrain de l'enrichissement sans cause, au moyen d'une *condictio;* tout en ayant renoncé à ce qu'on discutât la cause, il ne peut avoir voulu rester débiteur au cas d'inexistence absolue de la dette ; il en est ainsi de toute transaction ; il en sera de même également si la seconde promesse couvre une dette illicite ; on ne transige pas sur les matières qui touchent à la morale ou à l'ordre public. Donc la promesse abstraite restera susceptible d'être attaquée et annulée par la voie des *condictiones;* jusque-là et en soi elle reste valable et donne au créancier, sans autre preuve, le droit d'agir contre celui qui l'a souscrite (3).

263. *Doctrine et jurisprudence.* — Le caractère transactionnel contenu dans la promesse abstraite, et qui, à notre avis, lui fournit

---

(1) Cf. Windscheid, § 318, note 3.

(2) Cf. Timbal, *De la cause* (thèse), p. 304-311.

(3) Dans le sens de l'opinion émise au texte, voir Windscheid aux notes précédemment citées, et également Regelsberger, dans l'*Handbuch* d'Endemann, II, p. 485 et suiv.

sa base juridique, est surtout très apparent dans les règlements de compte ou arrêtés de compte ; les parties déclarent s'en tenir au solde sans qu'on ait à revenir sur les éléments du compte et à les discuter. Aussi la jurisprudence allemande validait-elle sans hésitation la promesse abstraite donnée sous cette forme et même était-elle tentée d'attribuer ce caractère de règlement de compte à d'autres hypothèses de promesses ou reconnaissances de dettes, qu'elle ne se serait pas crue autorisée à valider sans ce détour ; mais c'est surtout en matière commerciale que l'application des théories nouvelles sur la promesse abstraite gagnait du terrain et devenait incontestée (1) ; en matière de lettres de change tout le monde était d'accord et sur ce terrain, adversaires et partisans de la promesse abstraite se trouvaient unis, puisque de l'aveu de tous, il y a là un contrat formel ; et que les romanistes les plus rigoureux acceptaient les effets de l'ancienne stipulation en matière de contrats solonnels. On finit par l'admettre aussi au cas d'assignation commerciale (*Anweisung*) (2), laquelle n'est autre qu'une variété de la délégation ; nous avons déjà eu occasion d'en parler (cf. *supra*, n° 83). Mais la doctrine, sauf quelques savants d'avant-garde, était peu tentée d'accepter une absolue généralisation de ces principes (3). Cependant la question fut discutée au neuvième congrès des jurisconsultes allemands en 1871 ; et sous l'influence d'Ihering (4), on formula le vœu que la promesse abstraite devait être acceptée. On trouvera le compte rendu de la discussion publié par M. Bufnoir dans le *Bulletin de la Société de législation comparée*, et par M. Rivier dans la *Revue de droit international* (5). Vint ensuite le Code de commerce qui consacra formellement en matière de change et d'assignation les idées déjà acceptées sur ce point par la doctrine en ce qui touche la promesse abstraite (*Hand. G. B.*, art. 300, 301). Restait à accepter la promesse abstraite en matière civile et à lui donner droit de cité d'une façon complète : c'est ce que vient de

(1) Cf. Windscheid, *Pand.*, § 412 b, note 2. — V. Regelsberger, dans l'*Handbuch* d'Endemann, II, p. 491 et suiv.

(2) Regelsberger, *loc. cit.*, p. 484. — Cf. *Bulletin*, 1889, p. 633-637.

(3) Cf. Hesse (*Uber das Wesen und die Arten der Vertrdge des heutigen Römischen Rechts*, 1868) lequel était d'avis de n'admettre la promesse abstraite qu'en matière commerciale.

(4) Cf. Ihering, *Geist.*, III, p. 215 et suiv., et note 262 (trad. Meuleunaere (1888), IV, p. 208 et suiv., et note 304).

(5) *Bulletin* (1871-1872), p. 178-179. — Cf. *Rev. de droit intern.*, 1872, p. 180.

faire le projet (art. 683). Mais avant d'aborder les détails de la matière il est bon de décrire à grands traits un autre acte juridique, nous n'osons pas encore prononcer le mode de contrat, qui se rapproche absolument de celui que nous venons d'étudier, la reconnaissance.

264. *De la reconnaissance de dette.* — Lorsqu'un individu se reconnaît débiteur d'un autre sans plus ample indication et que cette reconnaissance est acceptée par celui qu'il avoue son créancier, on peut interpréter cette déclaration de trois façons, comme simple aveu fournissant un moyen de preuve au créancier sans lui donner aucun droit nouveau, ou bien comme un contrat distinct par lequel le débiteur s'engage à ne pas contester l'aveu qu'il vient de signer, sans que toutefois cette convention substitue un nouveau titre à l'ancien ; enfin on peut y voir un titre auquel il entend rattacher sa dette. Dans le premier cas la reconnaissance n'est qu'un moyen de preuve, un aveu, en réalité un acte unilatéral ; dans le second elle constitue une véritable convention sorte de contrat probatoire ne touchant, il est vrai, qu'à la preuve, mais impliquant obligation de la part du débiteur de s'en tenir à sa parole (*Beweisvertrag*) ; enfin dans le troisième cela devient une véritable promesse de dette se substituant à l'ancienne, assimilable à la promesse abstraite (1), (*Anerkennungs vertrag*) (2). Ce contrat de reconnaissance est une conception de Bähr (3) ; elle a été très vite acceptée par les partisans de la promesse abstraite ; rien de plus naturel en effet que les parties aient entendu lui attacher ce caractère transactionnel qui fait la base de la simple promesse, dégagée de sa cause juridique. Windscheid, tout en acceptant cette reconnaissance contractuelle, a cherché cependant à lui trouver un sens distinct de la promesse abstraite ordinaire ; il est vrai que son analyse sur ce point est quelque peu subtile. Il part de cette observation, en soi par trop littérale, que celui qui se reconnaît débiteur n'entend pas dire qu'il le devient, mais qu'il l'est déjà ; sans doute cette dernière interprétation serait possible, mais encore faudrait-il la prouver, et ce n'est pas elle qu'on doit présumer. Et cependant Windscheid considère qu'on

(1) Cf. Regelsberger, dans l'*Handbuch* d'Endemann, II, p. 488 et suiv., notes 21 *a* et suiv.

(2) V. résumé des systèmes dans Windscheid, *Pand.*, § 412 *a*, note 2, et § 412 *b*, note 1.

(3) Bähr, *Die Anerkennung als Verpflichtungs grund* (2ᵉ éd., 1867).

reconnaissant la dette le débiteur a voulu s'obliger à quelque chose de nouveau, et s'obliger, non pas seulement à fournir un moyen de preuve à son créancier, mais s'obliger à ne pas contester le titre qu'il a souscrit, pour défaut de cause. Essayons de préciser la nuance. Si la reconnaissance n'était qu'un aveu contractuel, celui qui l'a souscrite se serait bien interdit le droit d'en contester la sincérité, mais non celui d'en contester la régularité comme titre de preuve; or un titre de créance pour être valablement produit en justice doit indiquer la créance, il doit être *substantié*, comme disent les Allemands, nous dirions qu'il doit être *causé*. Le débiteur pourrait donc encore exiger du créancier qu'il établît la cause de la dette. Or, dit Windscheid, ce n'est pas assez, il a entendu s'interdire le droit d'en contester même l'irrégularité comme titre de preuve; et le créancier pourra s'en servir sans que l'autre pût objecter le défaut de cause. Le débiteur, pour faire tomber le titre, devrait l'attaquer par le moyen d'une *condictio* comme il devrait le faire en présence de la promesse abstraite. Seulement la reconnaissance diffère de cette dernière en ce qu'elle ne constitue encore qu'une preuve, il est vrai une preuve qui ne peut tomber que par la voie d'une poursuite en annulation de titre, et ne constitue pas l'acte de création de la dette : celle-ci est encore censée se rattacher à un titre antérieur qu'on n'a pas à rechercher, mais dont on a reconnu la réalité et qui reste distinct de la reconnaisance elle-même. La conclusion de tout ceci est qu'il suffit d'un billet par lequel on se reconnaît débiteur pour que le créancier soit dispensé de faire la preuve de la cause (1).

265. *Système du projet* (art. 683). — Le projet avait donc à se prononcer, non seulement en ce qui regarde la promesse abstraite, mais en ce qui touche la reconnaissance de dette. Nous savons déjà qu'il

(1) Windscheid : Exposé du système aux notes ci-dessus indiquées § 412 *a*, note 2, et § 412 *b*, note 1. Nous n'avons pas voulu compliquer cet exposé en faisant allusion à l'influence des théories relatives au constitut. On trouvera à cet égard d'intéressants développements dans l'étude de Bruns sur le constitut; la théorie de Bähr enlevait toute sa valeur pratique au maintien du constitut. Bruns a donc voulu établir que la simple reconnaissance en soi ne pouvait jamais être qu'un aveu contractuel, un moyen de preuve dont le débiteur avait d'avance reconnu la sincérité, mais qu'elle ne pouvait être un titre d'obligation à moins d'impliquer expressément ou tacitement pacte de constitut, c'est-à-dire convention de payer la dette à jour dit; et dans ce cas c'est le pacte de constitut qui en fait un titre de dette se substituant à l'ancien et valable, comme le constitut romain, indé-

accepte la première ; or il lui assimile la reconnaissance toutes les fois
que celle-ci est donnée sous forme abstraite, c'est-à-dire sans indiquer la cause spéciale d'où est née la dette ; dans cette mesure restreinte il consacre donc la théorie de Bähr. Il est vrai que la forme
abstraite peut être plus ou moins stricte ; le caractère abstrait sera
absolu ou relatif ; absolu si le billet n'indique aucune cause, même
pas par la désignation juridique d'une des sources possibles d'o-
bligation ; relative s'il fait mention de la cause par son genre, sans
la spécialiser, comme par exemple s'il porte que la dette provient
d'une vente sans dire laquelle ; en pareil cas, la dette pourrait être
soumise aux nullités susceptibles de s'appliquer d'une façon générale à la cause mentionnée, comme par exemple s'il s'agissait d'un
contrat, vente, prêt, ou autre, conclu par qui n'a pas qualité pour
cela ou qui n'a pas capacité suffisante à cet effet. Mais la disposition
importante du projet est qu'il soumet la promesse abstraite, et l'on
sait qu'il lui assimile la reconnaissance souscrite sous cette forme,
à la rédaction d'un écrit ; cette exigence lui a semblé nécessaire
pour que l'on pût être sûr de la volonté formelle du débiteur de
s'obliger et qu'on ne risquât pas de prendre pour une promessse ce
qui ne serait qu'un projet en l'air ou un engagement pour la forme.
Cette exigence d'une rédaction écrite est établie à peine de nullité.
Pour ce qui est de la reconnaissance énonçant la cause, la *cautio
discreta* des romanistes, elle est valable même sous la forme verbale, seulement le projet laisse à la doctrine le soin de la caractériser et à la jurisprudence celui de découvrir les effets que les
parties ont entendu lui attribuer, simple aveu extra judiciaire, ou
aveu contractuel, ou même, au besoin, titre générateur d'obligation, ayant pour but de fonder une obligation nouvelle remplaçant
l'ancienne à la façon du constitut. Le projet ne se prononce pas ; et

pendamment de sa cause. A quoi on a répondu que si l'on n'admettait pas
en principe la promesse abstraite en droit moderne, il n'y avait pas de
raison pour admettre le constitut en tant que titre nouveau dégagé de sa
cause juridique (V. Bruns, *Das Constitutum debiti*, paru dans la *Zeitsch.
f. Rechts gesch*, I, p. 28 et suiv., et publié à nouveau dans les *Klein. Schrif-
ten*. — Voir spécialement dans ces derniers, I, p. 279 et suiv., p. 301 et
suiv.). Windscheid avait accepté ces idées dans la première édition de ses
Pandectes; il les abandonna dans la seconde leur substituant la théorie indiquée au texte (Windscheid; § 412 *b*, note 1). Le motif est celui que nous
avons indiqué après avoir reproduit la théorie de Bruns. — V. à ce sujet
Bähr (*Anerkennung*, 2ᵉ éd., p. 188), et Unger, dans *Jahrb. f. Dogm.*, VIII,
p. 211. — Cf. Ihering, *Geist.*, III, p. 218 et suiv., et note 270 (trad. Meuleunaere (1888), IV, p. 211 et suiv. et note 308).

voici alors ce qui pourrait arriver : Un individu se disant débiteur reconnaît devant témoins, et sous la forme la plus sérieuse, être redevable de 100 envers tel autre, en vertu d'un prêt qu'il spécialise en lui donnant sa date exacte, sa reconnaissance est valable quoique verbale, sauf à en préciser les effets; si au contraire, intentionnellement ou par hasard, il avait omis la date, sa reconnaissance aurait le caractère abstrait, sous la forme relative, il est vrai, et se trouverait nulle pour n'être pas écrite; si toutes deux sont écrites, il peut se faire qu'un hasard de rédaction, l'omission de la date, en change absolument le caractère, la première constituera toujours une promesse nouvelle, dégagée de sa cause, la seconde ne sera plus qu'un titre sans caractère et dont les effets dépendent d'une preuve d'intention fort délicate. Ces objections ont été faites par Bähr (1), qui aurait préféré que l'on exigeât d'une façon générale la forme écrite pour la reconnaissance sans distinction, sauf à déclarer que la reconnaissance de dette, pourvu qu'elle soit écrite, est valable indépendamment de la mention de la cause, en entendant cela, au sens de la théorie de Bähr, que la reconnaissance suffit à constituer un titre d'obligation sans qu'il y ait lieu de se reporter à la cause originaire et de la prouver.

266. *Effet de la reconnaissance ou promesse abstraite* (art. 684. — La promesse ou reconnaissance souscrite dans la forme d'un billet non causé lie par elle-même celui qui l'a souscrite et ne constitue pas seulement une interversion des rôles en matière de preuve; cela signifie que le débiteur poursuivi sur le fondement du billet qu'il a signé devra, pour en repousser l'effet, non pas à proprement parler, démontrer qu'il n'a pas de cause, mais le faire tomber en s'appuyant sur la théorie de l'enrichissement sans cause; il peut aussi, sans attendre qu'on le poursuive, intenter une *condictio sine causa*, l'ancienne *condictio indebite promissi*, pour la faire annuler; or faire la preuve de l'enrichissement sans cause revient à démontrer que le débiteur s'est engagé par erreur pour une dette qui n'existait pas ou qui n'existait plus, ou encore en vue d'une dette future qui ne s'est pas réalisée, ou en vue d'une prestation qui n'a pas été faite; il ne faut donc pas dire que le souscripteur pourra opposer toutes les exceptions relatives à l'ancienne dette, encore faudra-t-il qu'il prouve les avoir ignorées, autrement dit qu'il soit dans les conditions d'admissibilité de la *condictio indebiti;* par

(1) Bähr, *Beurtheilung des Entwurfs,* p. 89-90.

conséquent si la reconnaissance, comme cela arrive le plus souvent, a été souscrite en vue de satisfaire à un devoir de conscience, celui qui l'a souscrite sachant très bien qu'il n'existait à sa charge aucune dette au sens strict de la loi, la *condictio* ne sera pas recevable et la reconnaissance constituera un titre obligatoire inattaquable; il n'y a plus enrichissement sans cause (cf. art. 737). On voit par là qu'il y a une réelle importance à dire que la promesse ou reconnaissance abstraite constitue un titre d'obligation et qu'elles ont un tout autre effet que celui de dispenser le créancier d'établir la cause de l'obligation du débiteur et de mettre la preuve à la charge de celui-ci (cf. Cod. civ., art. 1131). Il va de soi que le billet non causé peut être attaqué pour cause illicite aussi bien que pour enrichissement sans cause, par conséquent s'il a été souscrit en vue d'obtenir un résultat immoral, ou encore en vue d'éluder une prescription légale, comme par exemple si l'on a voulu purement et simplement s'affranchir des règles et formes prescrites en matière de donation. On voit par l'ensemble de ces dispositions que le système adopté correspond assez exactement à la formule qu'avait acceptée le dix-neuvième congrès des jurisconsultes allemands (1).

267. *Obligations souscrites au porteur.* — Nous avons déjà indiqué le point de vue spécial qui avait conduit le projet à placer parmi les contrats particuliers la souscription d'une obligation au porteur; c'est à peu près le même que celui qui lui a fait ranger dans la même catégorie la promesse abstraite; nous verrons, en effet que le titre au porteur, tout au moins lorsqu'il contient une promesse, n'est plus une simple reconnaissance de dette ; c'est un titre obligatoire par lui-même. Dans le système du projet, l'émission, ou plutôt la création même du titre, constituera un engagement vis-à-vis du public et produira à elle seule tous les effets juridiques qui doivent être attachés au titre. Et cependant, en dépit de cette conception nouvelle et hardie, nous ne pouvons nous empêcher de voir dans cet acte juridique, si indépendant qu'il soit par lui-même, une convention plutôt accessoire que principale, ayant pour but de créer une forme d'adaptation du droit lui-même, plutôt que de donner naissance au rapport juridique entre les parties. Nous en avons la preuve dans ce fait que le titre au porteur peut recouvrir les droits les plus divers ; et l'on songe immédiatement aux titres d'ac-

(1) V. *Bulletin*, 1872, p. 178-179.

tions, lesquels constituent une catégorie fort importante parmi les titres au porteur. Or, le point de vue, quelque peu étroit et artificiel, du projet l'a conduit à n'étudier les titres au porteur que comme titres d'obligations, laissant à la doctrine le soin d'appliquer aux autres titres constatant, soit un droit réel, soit une part d'associé, les dispositions empruntées aux titres d'obligations qui pourraient leur convenir (1). Pour toutes ces raisons, nous avons cru devoir détacher cette matière de la catégorie des actes juridiques ayant un caractère particulier, pour l'étudier ici à propos de la partie générale sur les sources de l'obligation.

268. *Conception théorique.* — Le titre au porteur répond à un besoin essentiel de la vie moderne, la facilité de négociation de tout élément du patrimoine, qu'il s'agisse d'obligation ou de droit réel ; et de ce besoin est née une conception nouvelle de l'obligation, ou plutôt la possibilité de créer une variété d'obligation qui soit comme une sorte de droit mixte entre l'ancienne obligation romaine, rapport essentiellement personnel entre deux individus nettement déterminés, et le droit de propriété, lequel implique une somme d'avantages juridiques existant indépendamment de toute idée de personne, susceptible par conséquent de constituer un tout très défini, très distinct de la personne du titulaire du droit, et par conséquent transmissible à l'infini, sans que la série des successeurs qui en profitent influe sur l'essence et la nature du droit lui-même : un immeuble reste ce qu'il est, avec tous les avantages qu'il comporte, quels que soient ceux qui le possèdent ; nous disons en droit que les différents propriétaires se le transmettent, se le passent de l'un à l'autre : ne serait-il pas tout aussi juste de dire que le droit réel subit la série des titulaires qui passent et se succèdent ? Savigny a fort bien indiqué la nécessité qu'il pouvait y avoir pour le commerce de faire de l'obligation quelque chose d'analogue, un droit existant par lui-même, autrement dit une valeur propre et indépendante, que l'on pût incorporer dans une forme sensible, et qui, sous cette forme, pût se transmettre comme la propriété (2). C'est un peu ce qu'on a réalisé en ce qui touche le papier monnaie ; mais le papier monnaie suppose une valeur uniforme et égale attachée au papier ; le plus souvent même, sinon toujours, il implique

(1) Gierke, *Der Entwurf* (*Rev. de Schmoller*, XIII, p. 220-221). Cf. Ryck, *Die Lehre von den Schuldverhältnissen*, § 95 (3ᵉ fasc., 1889, p. 471).
(2) Savigny, *Obligat.*, II, p. 62 (trad , II, p. 241 et suiv.).

cours forcé (1). On ne peut songer à rien de semblable lorsqu'il s'agit
d'obligations créées par les particuliers ou les compagnies privées,
lesquelles n'auront jamais d'autre valeur que celle que leur donne le
crédit du souscripteur ; aussi, lorsqu'on a quelquefois voulu assimiler le titre au porteur au papier-monnaie, et lorsqu'on l'appelle
un papier-monnaie conventionnel, on ne peut avoir là d'autre prétention que celle de révéler une analogie, on ne saurait y voir une
identité. Quoi que l'on fasse, les obligations créées par les particuliers, quelque forme qu'elles affectent, conserveront toujours, au
point de vue passif tout au moins, un caractère plus ou moins personnel : l'obligation restera toujours forcément ce que les Romains
l'avaient appelée, un *nomen*. Mais ce *nomen*, c'est le nom du débiteur : qu'importe au fond celui du créancier ? Ce *nomen* devient objet
de négociation et de circulation ; le débiteur qu'il désigne paiera à qui
lui présentera le titre ; quant aux rapports entre les possesseurs successifs du titre, c'est affaire indifférente au débiteur. Une obligation
se crée sans créancier déterminé ; un individu est engagé sans savoir
envers qui il l'est : voilà qui est nouveau. L'obligation devient un
droit à une prestation, on voit combien nous sommes près de la conception de Delbrück qui, séparant les deux faces de l'obligation, a
voulu mobiliser le rapport passif, sous forme de cession de dette,
comme on avait déjà mobilisé le rapport actif, sous forme de cession de créance (2). Quoiqu'il en soit, nous concevons un titre
constatant un engagement pris par un individu dont le nom est
jeté sur le marché, c'est le *nomen* des Romains, et cet engagement
est pris envers le public, offert à tous : celui-là aura le droit de
s'en prévaloir qui sera porteur du titre qui le constate. Remarquons que l'idée première qui vient à l'esprit n'est même pas celle
d'une obligation cessible par la simple transmission du titre ; le
porteur n'est pas un cessionnaire, c'est le créancier direct du
souscripteur, celui envers qui le débiteur a entendu s'engager : la

(1) Savigny, *loc. cit.*, § 64 (trad., II, p. 266). — Cf. Schellwitz (*Diss. de
cautionum publicar. inpr. peregrinar. vindicatione* (Lips., 1824), § 15-16).
— Einert, *Das Wechselrecht nach dem Bedürfniss des Wechselgeschäfts
im 19 Jahrh.* (Leipz., 1839). — Cf. Carlin, *Zur rechtlichen Natur der Werthpapiere*, § 1, note 9 (*Zeits. f. H. R.*, t. XXXVI, 1889, p. 9).
(2) Cf. *supra*, n°° 81, 82. Voir le rapprochement fait par Heusler, *Institut.
des Deutsch. Privatrechts* (dans l'*Handbuch* de Binding), § 75, I, p. 374-
375. — V. aussi Brunner qui, au début de son étude historique sur les
titres au porteur en droit français, a consacré un paragraphe à la transmissibilité des créances (*Nouv. Rev. histor. de droit*, 1886, p. 16 et suiv.).

comparaison la plus juste qui nous vienne à l'esprit est celle que nous fournit l'obligation solidaire, contractée envers plusieurs personnes déterminées sans que l'on sache qui poursuivra, toutes ayant le droit de demander le paiement et le débiteur ne devant le fournir qu'une fois ; en matière d'obligations au porteur, le débiteur aussi ne doit payer qu'une fois, mais il ne sait à qui il doit ; lorsqu'il s'agit de solidarité, le cercle des créanciers est bien déterminé, l'indétermination porte sur celui qui touchera le paiement ; ici en matière de titres au porteur, l'indétermination porte sur celui-là même qui sera créancier ; le cercle des créanciers est indéterminé et voilà pourquoi il faut bien poser une condition qui serve à désigner le créancier : le créancier sera celui qui détiendra le titre et le présentera au débiteur. La détention du titre est le fait qui fixe la créance et spécialise le créancier, comme en matière de solidarité active, étant donnée une pluralité de créanciers, la poursuite intentée par l'un d'eux détermine celui, entre tous, à qui le débiteur devra payer. Il n'y a de cession ni dans un cas, ni dans l'autre : il y a indétermination ; dans un cas, l'indétermination porte sur l'exercice du droit, dans l'autre elle porte sur le droit lui-même ; dans un cas, on ne sait entre plusieurs ayants droit qui aura le bénéfice du droit, dans l'autre on ne sait quel est l'ayant droit : sa détermination dépend d'une circonstance dont la réalisation n'implique aucune désignation de personne. L'obligation résultant du titre au porteur est une obligation à créancier indéterminé (1) ; nous avions donc raison de prétendre que les besoins de

---

(1) « *Recht mit wandelbarem Subject* », dit Ryck (*Lehre von dem Schuldverhältnissen*, § 31-3°, fasc. 2, 1889, p. 148). — Cf. Windscheid, *Pand.*, § 291, note 2, et Förster-Eccius, *loc. cit.*, I, § 64, p. 370-371. — Cf. de Folleville, *Titres au porteur* (1875), n° 171. — On sent chez les auteurs français une certaine gêne dans l'expression. Cela tient à ce que chez nous la conception théorique du titre au porteur n'a jamais été nettement précisée. Ainsi M. de Folleville le déclare souscrit envers le porteur considéré comme unique créancier du titre, puis il le compare ensuite à la lettre de change, créée d'abord au profit d'une personne certaine et passant par voie d'endossement aux mains de porteurs inconnus du tireur et envers qui cependant il se trouvera directement engagé. Cependant l'idée qui ressort de la nature du titre à ordre est certainement celle d'une suite de cessions à personnes inconnues, acceptées d'avance par le tireur, avec engagement direct pris par lui et constituant comme une sorte de clause accessoire, à la façon d'une stipulation pour autrui, du contrat principal passé avec le bénéficiaire du titre. Il y a engagement pris envers un premier créancier, avec engagement accessoire envers les endossataires successifs. L'idée de cession domine, combinée avec l'idée de stipulation pour

la pratique moderne avaient produit une variété d'obligation, considérée comme une transformation du type romain de l'obligation.

269. *Historique.* — Il est intéressant de voir cette conception s'établir sous l'inspiration latente des usages coutumiers en dehors de toute préoccupation scientifique. Brunner, dans ses admirables recherches historiques sur les titres au porteur (1), a montré comment les idées anciennes sur le défaut de représentation en justice (2) avaient donné naissance à diverses clauses que nous révèlent déjà nos plus vieilles formules et portant obligation pour le débiteur de payer à un tel ou au porteur ; c'est ce qu'on a appelé la clause au porteur alternative : la pure clause au porteur apparaît aussi au moyen âge, et Bouteiller, dans sa *Somme rurale* lui attribue déjà presque tous les effets du titre moderne ; il faut lire tout le passage dans l'étude de Brunner, il n'y a rien de plus typique (3). L'idée première et l'utilité directe de la clause au porteur avaient été de constituer une présomption de légitimité, et, à une époque où fut admis en faveur de certaines personnes ou, dans certains cas, le droit de plaider par procureur, une présomption de mandat au profit du porteur du titre : c'est l'idée de Bouteillier. Seulement

autrui. Lors au contraire qu'on parle en matière de titres au porteur d'engagement envers le porteur du titre, qu'on désigne celui-ci comme l'unique créancier envers lequel le débiteur soit censé avoir jamais été engagé, on rejette, par le fait même, toute idée de cession, toute idée d'un engagement initial envers un premier créancier : il y a contradiction dans les termes. Tout ceci s'éclairera par la suite de cette étude.

(1) Brunner. *Beiträge zur Geschichte und Dogmatik der Werthpapiere* (*Zeitsch. f. Hand. R.*, XXII, p. 41 et suiv.; XXIII, p. 22 et suiv.), et *Das französ. Inhaberpapier im Mittelalter*, 1879 (traduct. et adaptation par P. Wolf, dans *Nouv. Rev. hist.*, 1886, p. 11 et suiv., p. 130 et suiv.). — Pour l'historique des titres au porteur, voir aussi Kuntze, *Die Lehre von der Inhaberpapieren*, I, §§ 15-2°, 24, et Stobbe, *Zeitsch. f. Hand. R.*, XI, p. 307 et suiv., et *Deutsch. Priv. R.*, III, § 179.

(2) Cf. Heusler, *Instit. des Deutsch. Priv. R.*, I, p. 212-214. — Brunner, dans *Nouv. Rev. hist.*, 1886, p. 31 et suiv., et dans *Zeits. f. Hand. R.*, XXII, p. 87 et suiv., XXIII, p. 225 et suiv. — Cf. l'étude de Salvioli sur les titres au porteur (Salvioli, *I titoli al portatore*, Bologna, 1883); Brunner a d'ailleurs résumé ses recherches historiques dans l'étude qu'il a publiée sur les valeurs mobilières dans l'*Handbuch* d'Endemann, II (*Die Werthpapiere*), § 199, et également Brunner dans l'*Encyclopédie* de Holtzendorff au mot *Inhaberpapiere*.

(3) V. *Nouv. Rev. histor.*, 1886, p. 38 et suiv., p. 148 et suiv.

aux yeux de Bouteillier, ce mandataire est un *procurator in rem suam*, qui, dès qu'il poursuit, devient, dit Bouteillier, *seigneur de la chose*, donc vis-à-vis du débiteur il est considéré comme le véritable créancier et son droit dérive de la pure détention du titre, sans que le débiteur soit admis à prouver qu'il ait acquis celui-ci d'une manière déloyale ; de sorte que Bouteillier, d'accord avec la majorité des auteurs modernes, attache le droit de poursuite à la seule possession du titre, sans qu'il y ait à se préoccuper de savoir si le porteur en est réellement propriétaire. Le point capital est que le porteur a un droit propre, indépendant de celui du créancier primitif, que l'idée même d'un créancier antérieur dont il fût le successeur n'est pas en cause : le créancier, c'est le porteur (1). Cette idée est celle que nous donnions tout à l'heure comme étant la conception qui se trouve le plus en rapport avec les besoins de la pratique moderne : la pratique du moyen âge l'avait déjà, sinon formulée, du moins pressentie : et ce n'est pas seulement en France qu'il en avait été ainsi ; Brunner a rapporté des textes (2) de provenance Flamande, Italienne, Germanique, qui acceptent, sauf quelques variantes, la même doctrine.

270. Les romanistes se demandèrent alors en vertu de quel droit le porteur se trouvait créancier (3) ; le souscripteur ne s'est pas engagé envers lui ; il ne peut donc être autorisé à poursuivre que comme mandataire ou cessionnaire; son droit, s'il est créancier, ne peut être qu'un droit cédé ; il le tient des porteurs antérieurs, et ceux-ci du créancier primitif ; le débiteur a donc le droit de s'enquérir s'il l'a acquis en vertu d'une cession régulière ; et, en admettant même que la cession pût se faire par le seul transfert du titre, si les conditions de cette cession privilégiée, par conséquent celles du transfert du titre, ont été remplies. Tout ce que l'on peut admettre en s'attachant ainsi aux idées romaines, c'est d'attribuer au porteur le bénéfice d'une présomption de propriété : mais sera-ce une présomption susceptible de preuve contraire et permettant au débiteur d'établir qu'il a acquis le titre d'une manière déloyale,

(1) Cf. *notre résumé sur les sources de l'obligation et les contrats particuliers dans le projet de Code civil allemand*, n° 57.

(2) Voir les textes rapportés par Brunner dans ses études publiées dans la *Revue de Goldschmidt* (*Zeits. f. Hand. R.*, t. XXII et XXIII).

(3) Sur l'influence des conceptions romano-canoniques, voir Brunner, dans *Nouv. Rev. hist.*, 1886, p. 139 et suiv., et *Zeits. f. Hand. R.*, XXIII, p. 256. — Cf. *Handbuch* d'Endemann, II, p. 197.

comme disait Bouteillier, donc qu'il n'est pas le vrai cessionnaire du titre, qu'il n'est pas le véritable ayant droit? La controverse ainsi soulevée n'est pas encore pleinement résolue en Allemagne (1); chez nous elle se trouve à peu près écartée par l'application de l'article 2279. Quoi qu'il en soit, on voit s'établir à l'encontre de l'idée formulée au moyen âge et qui se résume dans cette formule : le titre de créancier dérivant de la seule possession du papier, une idée toute contraire conforme aux conceptions romaines : le titre de créancier dérivant d'une cession primitive ; le porteur, au lieu d'un droit direct qui soit censé né en sa personne, a un droit dérivé.

271. *Conception française.* — Au fond, c'est bien encore là l'idée que nous nous faisons en général en France des titres au porteur (2) : notre droit ne connaissant pas la promesse abstraite dégagée de sa cause, le titre au porteur est une reconnaissance de dette, ordinairement une reconnaissance de prêt, souscrite sous une forme qui permette la cession du droit par la seule remise du titre, de telle sorte que le créancier puisse transmettre son droit sans avoir à avertir le débiteur, et que le cessionnaire soit sûr de toucher la somme portée au titre sans avoir à craindre qu'on lui oppose l'effet des actes passés avec le débiteur.

Pour que ce résultat soit atteint, il faut non seulement que l'on supprime ici les formalités de l'article 1690, il faut encore que le débiteur se soit obligé à ne payer qu'au porteur et que par conséquent, il ait renoncé d'avance à toutes les exceptions qu'il pourrait tirer de la personne des créanciers antérieurs ; il faut également qu'il ne puisse discuter la légitimité de la possession du porteur : en somme il devra au titre ; mais en dépit de cette formule, le porteur du titre n'en est pas moins censé tenir son droit des précédents porteurs et par eux du créancier primitif. L'idée de cession reste au fond de nos conceptions françaises en cette matière ; seulement c'est une cession qui se confond avec la transmission de propriété du titre ; et le cessionnaire sera le propriétaire du titre, ou du moins celui qui sera présumé tel, sous les conditions d'application de l'article 2279 (3).

(1) Voir à ce sujet la note de Wolff dans la traduction qu'il a donnée dans la *Nouv. Rev. histor.* de l'étude de Brunner sur les titres au porteur français (*Nouv. Rev. histor.* 1880, p. 43, note 1).

(2) Cf. de Folleville, *De la possession des meubles et des titres au porteur*, n°ˢ 148 et 163 (cf. *supra*, n° 278).

(3) La difficulté est donc en somme de concilier cette idée d'un droit qui

272. — Et cependant si on va au fond de cette théorie, que de questions non résolues et restées incertaines? Comment prétendre que le titre ne soit qu'une simple reconnaissance de dette sous une forme négociable? L'engagement du souscripteur de payer au porteur sans pouvoir discuter le droit de ce dernier, et celui du créancier primitif de subir tout paiement régulièrement fait au porteur sans pouvoir exciper du défaut de droit de celui-ci, ne sont-ce pas là tout au moins des conventions accessoires qui résultent de la forme adoptée et de la clause au porteur? Il faut bien admettre aussi en pareille matière ce que notre jurisprudence accepte pour les titres à ordre, que la simulation ne sera pas opposable au porteur, et que le défaut de cause de la dette primitive n'aura effet qu'à l'égard du créancier primitif (1). Il pourra donc se faire que le souscripteur se trouve obligé envers le porteur alors qu'en réalité il aurait pu à l'égard du premier acquéreur prouver la nullité de la dette; sans doute il pourrait opposer au porteur la nullité du titre en tant que titre au porteur (2); il ne pourrait pas lui opposer la nullité de la dette, en tant que cette nullité dériverait de rapports existant entre lui et le premier créancier.

Il y a donc un engagement direct du souscripteur envers les différents porteurs, engagement qui résulte du titre, et qui se trouve en contradiction nette avec l'idée de cession (3). Telle est ici la

se perpétue par voie de cession avec la règle que le débiteur n'est obligé qu'envers le porteur quel qu'il soit : cette sorte de contradiction a donné lieu aux plus graves difficultés en France avant la loi de 1872, au cas de titres perdus ou volés (V. de Folleville, *loc. cit.*, nos 371 et suiv.). La conciliation nous paraît se trouver dans une conception analogue à celle de Brunner, d'une transmission, par voie de transfert de la propriété, de la qualité de créancier, avec clause accessoire, résultant de la création même du titre au porteur, et portant droit et pouvoir au profit de tout porteur d'exercer le droit contenu au titre sans justification de sa qualité.

(1) Cf. Lyon-Caen et Renault, *Précis de droit commercial*, I, nos 1056 et 1059, et les arrêts cités en note.

(2) Cf. Cass., 4 juin 1878 (Sir. 70. 1. 36). — V. Buchère, *Traité des valeurs mobilières*, no 912.

(3) Il résulte de là également que la question sera à peu près la même en matière de titres à ordre : l'endossement n'est pas une cession, disent la majorité des auteurs allemands (cf. Stobbe, *Priv. R.*, III, § 178, p. 193. — Thöl, *Hand. R.*, § 219 (éd. 1876, I-2, p. 60). — Cf. C. de comm. allem., art. 303, et *Wechs. Ordn.*, art. 82. Il est vrai qu'ici il y a engagement précis avec un premier créancier nettement déterminé, et que l'on peut faire intervenir, pour résoudre la difficulté, l'idée de stipulation pour autrui, laquelle, on le conçoit, n'est plus admissible en matière de titres au porteur, tout au

pierre d'achoppement de toute la théorie : comment donc construire le rapport juridique ? En France on peut bien dire que la théorie est à faire. Voyons les explications dogmatiques qu'on a tentées en Allemagne.

273. *Théories allemandes. — Droit né d'un contrat et transmissible aux porteurs successifs. —* L'idée première fut celle à laquelle nous venons de faire allusion, d'une convention accessoire passée avec le premier acquéreur du titre. Le titre au porteur est une reconnaissance de dette avec cette clause accessoire acceptée de part et d'autre que le débiteur n'aura pas à discuter le droit du porteur quel qu'il soit et qu'il devra payer au titre (1).

Avec l'admission de la promesse abstraite et du contrat de reconnaissance, on a pu faire du titre la source même de l'obligation (2), celle-ci se trouvant rattachée à la promesse souscrite au porteur et non à sa cause première ; au fond le titre n'est encore qu'une constatation d'une promesse abstraite ou d'un contrat de reconnaissance ; ce n'est pas le titre écrit qui a constitué le droit, il n'en est que la représentation, ou plutôt il n'a d'influence qu'au point de vue de la négociation et de ses effets. C'est encore l'idée de Brunner : le titre n'est pas constitutif de droit (3), mais recognitif, avec effet au point de vue de la transmission. Quant à la convention accessoire résultant de la clause au porteur, elle a trait aux deux points suivants : la transmission du droit, laquelle résultera de l'acquisition du titre, et l'exercice du droit à l'égard du débiteur, lequel résultera de la seule détention. De cette façon le droit

moins dans la doctrine allemande qui n'admet pas en cette matière qu'il y ait un contrat principal avec un premier créancier et qui par suite rejette l'idée de stipulations accessoires au profit des porteurs successifs. Dans un autre ordre d'idées, on verra aussi l'idée de stipulation pour autrui intervenir pour expliquer, en matière de chèques, le droit direct du porteur contre le tiré, ou, comme nous dirions, ses droits sur la provision. En somme, tout ceci suffit à montrer que si certaines questions paraissent se poser sous une forme identique en matière de titres au porteur et de titres de change ou, du moins, de titres à ordre, les éléments de solution ne sont pas les mêmes pour tous ces titres et il importe de ne pas s'y tromper.

(1) Cf. Bülow (*Abhandl. uber einzelne Materien des röm. bürgerl. Rechts*, 2 Theile Brauschw., 1817, 10, Th. I, p. 342). — V. aussi Renaud, *Beitrag zur Theorie der Oblig. auf den Inhaber* (*Zeits. f. deuts. R.*, XIV, 1853, p. 320-331).

(2) Cf. Brinz, *Pand.*, § 312.

(3) *Handbuch* d'Endemann, II, § 191.

se transmet avec la propriété du papier, mais l'action appartient à
tout porteur, quel qu'il soit (1), et cela par la bonne raison que le
titre au porteur a pour but avant tout de dispenser le débiteur de
toute recherche sur la légitimité du droit de celui qui le présente ;
le titre au porteur est un papier de légitimation (2). Il faut donc distinguer le droit qui résulte du papier de celui qui est contenu dans
le papier : l'un est le droit de se faire payer du débiteur, il résulte de
la seule possession ; l'autre est le droit de créance lui-même et le
titre de créancier : il résulte de la propriété. Donc pour bénéficier
des effets du droit, en dehors du fait d'agir en paiement contre le
débiteur, il faut être légitime propriétaire ; pour se faire payer il
suffit d'être porteur. A l'égard du débiteur, la clause vaut comme
pouvoir absolu de toucher le paiement : c'est également l'idée de
Thöl, celle de Brinz, celle de Gierke (3). Il en résulte que la possession du titre n'est pas constitutive du titre de créancier ; pour
certains, comme Thöl, par exemple, elle ne fait même pas présumer
ce titre chez le porteur ; celui-ci peut être tout aussi bien un mandataire qu'un cessionnaire, peut-être aussi un porteur sans droit.
Pour le débiteur il a droit de toucher le paiement, voilà tout ce qui
résulte de la clause ; rien n'est présumé quant à la qualité en vertu
de laquelle il se présente. Ce qui fait le fond de toutes ces théories, c'est qu'elles supposent un contrat résultant de l'émission du
titre, contrat passé avec un premier preneur, et d'où naît le droit
auquel succèdent les porteurs successifs (4). D'après Brunner, ce
contrat d'émission résulte de la première tradition du titre ; la
souscription du titre avait en quelque sorte matérialisé l'engagement du débiteur, mais il fallait pour que cet engagement produisît
ses effets, que le souscripteur mît le titre en circulation, non

(1) Tandis que l'exercice du droit ne suppose que la possession du pa-
pier, l'acquisition du droit exige la propriété du titre (*Während die Aus-
übung des Rechtes nur den Besitz des Papiers voraussetzt, fordert der
Erwerb des Rechtes das Eigenthum am Papier* (*Handbuch* d'Endemann,
II, § 199-v, p. 207). C'est la distinction connue entre le *Recht aus dem Pa-
piere* et le *Recht am Papier*. — Cf. le compte-rendu de Gierke de l'étude de
Brunner dans l'*Handbuch*, lequel a paru dans la *Revue* de Goldschmidt
(*Zeits. f. Hand. R.*, XXIX, p. 256 et suiv.), et Carlin, *loc. cit.* (*Zeits. f.
H. R.*, XXXVI, p. 23 et suiv.).

(2) Sur les *Legitimations Papiere*, voir Brunner dans l'*Handbuch*, II,
§ 196.

(3) Thöl, *Handels R.*, § 225. — Brinz, *Pand.*, § 312. — Gierke, dans *Zeits.
f. Hand. R.*, XXIX, p. 254.

(4) Brinz, § 312, note 9.

seulement en l'offrant ou public, mais en le remettant aux mains d'un tiers qui l'accepte par voie de contrat; une fois le titre ainsi émis, le droit appartient au premier preneur; il y a tradition (1). Gierke a donné une forme plus juridique à cette théorie en disant que la souscription du titre équivaut à la déclaration d'une offre de contracter qui par l'émission se trouve incarnée dans le papier et va ainsi au-devant de l'acceptation du créancier; l'acquisition du titre constitue l'échange des volontés et la formation du contrat; et le droit, une fois né au profit d'un premier preneur passe aux porteurs successifs par voie de transmission du titre (2).

274. *Contrat avec personne incertaine. Droit direct acquis au porteur.* — Mais en somme, comme en pratique l'émission se fait toujours en masse, et qu'il n'est pas question de souscriptions individuelles au profit d'un premier preneur déterminé, on arrive quoi qu'on fasse à l'idée d'une offre à une personne indéterminée. De sorte que les partisans de l'idée de succession à la dette ont beau faire, ils ne peuvent échapper à cette contradiction : si le contrat se forme avec un premier preneur, pour se transmettre ensuite par voie de cession aux porteurs successifs, il n'y en a pas moins au début offre à personne incertaine et, par suite, dérogation formelle aux idées traditionnelles sur ce point. Serait-il donc alors beaucoup plus étrange de parler tout de suite de contrat formé avec une personne incertaine? le souscripteur ayant incorporé sa volonté dans le papier qui lui sert de signe matériel et par suite de véhicule, si l'on peut s'exprimer ainsi, et la désignation du créancier restant incertaine jusqu'à la présentation par le porteur du titre, le souscripteur aura pour créancier celui qui sera porteur au moment de l'échéance; le titre matériel se transmet sans doute par voie de traditions successives, mais le droit ne se transmet pas par voie de cession; on ne peut même pas dire qu'il y ait novations successives, chaque porteur cessant d'être créancier pour se substituer le porteur nouveau, c'était l'idée de Kuntze (3); il y a incertitude sur la personne du créancier, le créancier sera le dernier porteur, celui qui, ayant accepté cet engagement incorporé au titre, le fera valoir à l'encontre du débiteur. Tel était le système de Savigny caracté-

(1) Brunner, dans l'*Handbuch*, II, § 194, p. 167.
(2) Gierke, dans *Zeits. f. Hand. R.*, XXIX, p. 258.
(3) Kuntze, *Die Obligation und die Singular Succession*, § 63, et id., *Lehre von den Inhaberpapieren*, § 69.

risé par ces deux idées (1), un contrat *cum incerta persona* et l'incorporation de la dette au papier. Dès lors la dette résultant de la seule possession du papier, on ne peut plus distinguer, comme nous l'indiquions tout à l'heure, le droit lui-même attaché à la propriété du titre, de son exercice résultant de la seule possession. Le point que nous voulons surtout mettre en relief, c'est que chaque porteur tirant ses droits directement du souscripteur, et non des porteurs antérieurs, il est le créancier direct du souscripteur du titre. Cette dernière idée a été adoptée par plusieurs auteurs qui, cependant, n'ont pas accepté la conception de Savigny sur l'incorporation de la dette au papier; ainsi, par exemple, Goldschmidt, qui s'en tient, comme Brunner, au parallélisme entre l'acquisition du droit et celle de la propriété du titre (2), considère cependant que le porteur tient ses droits directement du souscripteur; non pas qu'il définisse l'émission un contrat avec personne incertaine, mais il la regarde comme un contrat passé avec un premier preneur, en faveur de celui-ci et d'un nombre indéterminé de personnes, de sorte que le preneur primitif, s'il cède son droit, sera censé n'avoir été qu'un intermédiaire entre le souscripteur et celui à qui il cède le titre (3) : on échappe ainsi à l'idée de cession, et à celle de novation. L'intérêt pratique n'est pas à coup sûr en ce qui touche le rejet des exceptions tirées des précédents porteurs, puisque tout le monde est d'accord pour les repousser, mais on veut échapper aux dangers d'un contrat passé avec un premier preneur qui fût incapable ou qui pût exciper du défaut absolu de consentement, ou sur la personne duquel il y eut erreur exclusive du consentement, toutes circonstances qui rendraient nul le contrat d'émission et permettraient difficilement de reconnaître le droit des cessionnaires successifs (4).

275. *Rejet de l'idée de contrat. Le droit né de la seule souscription du titre.* — Nous voici donc, en somme, en présence de deux théories très distinctes, celle du droit direct du porteur, et celle du droit dérivé, acquis par voie de cession. Mais jusqu'alors, que le contrat soit passé avec un premier preneur duquel tous les autres

(1) Savigny, *Obligat.*, II, §§ 61-64.
(2) Goldschmidt, dans *Zeits. f. Hand. R.*, XXVIII, p. 56 et suiv., p. 63 et suiv.
(3) Goldschmidt, dans *Zeits. f. Hand. R.*, XXVIII, p. 110-113.
(4) Voir à ce sujet Carlin, *Zur rechtlichen Natur der Werthpapiere* (*Zeits. f. H. R.*, XXXVI, 1889, p. 12 et la note de la rédaction).

tiennent leurs droits, ou qu'il soit censé avoir été passé avec le porteur quelconque du titre, on s'en tient encore à l'idée de contrat. Le droit du preneur et l'obligation du souscripteur résultent d'un échange plus ou moins direct de volontés. Kuntze s'est fait le promoteur d'une idée très différente : en somme, de quelque façon qu'on s'y prenne, l'idée de contrat est difficilement acceptable ; elle n'est conservée que parce que la tradition l'impose : la compagnie qui émet en masse des titres au porteur contracte-t-elle avec quelqu'un ; son engagement dépend-il du rapprochement d'une autre volonté? Où a-t-on vu cela ? Elle a voulu être engagée à payer au titre, et elle veut vendre et négocier cet engagement, mais l'engagement en lui-même existe indépendamment de la vente qui le fait acquérir au premier preneur. Le souscripteur du titre, en le créant, a donc disposé de lui-même et d'un élément de son patrimoine ; il en dispose comme le ferait un testateur qui, par son testament, dispose de sa fortune ; est-ce qu'un testament n'est pas déjà un acte juridique par lui-même, ayant une valeur propre indépendante de tout accord de volonté?

Il est vrai que son efficacité est subordonnée à certaines conditions dont l'acceptation du légataire est la plus importante ; mais cette acceptation n'a pas pour but de transformer en contrat l'acte juridique déjà existant par lui-même par l'effet propre de la création du titre. Nous ne suivrons pas Kuntze dans les longs développements qu'il consacre à la distinction entre l'acte juridique, expression d'une volonté unilatérale, et le contrat expression de deux volontés parallèles et conjointes, montrant l'application de l'acte juridique ainsi entendu dans l'idée d'occupation, expression unilatérale de volonté, conçue comme volonté d'acquisition ; passant à la période romaine du contrat, laquelle fut le triomphe du parallélisme des volontés, et retrouvant enfin la conception de l'acte juridique en plein développement dans les usages germaniques, et s'y traduisant alors non plus comme volonté unilatérale d'acquisition, mais comme acte de disposition (1). Pourquoi alors ne pas voir un acte de disposition de ce genre dans la création du titre au porteur ? Nous sommes loin cette fois de l'idée ancienne d'un titre de reconnaissance, fût-ce même de reconnaissance abstraite, impliquant l'idée d'une cause juridique exprimée ou latente. Le titre crée la dette. Cela veut-il dire que le souscripteur soit déjà engagé par le fait d'une promesse unilatérale ? ce n'est pas exactement ce

(1) Kuntze, *Lehre von den Inhaberpapieren*, § 70 et suiv.

que dit Kuntze ; on le dira plus tard, ce sera la théorie de Siegel et celle du projet. Kuntze, plus subtil, considérait que le titre, par le seul fait de sa création, avait une valeur juridique analogue à celle du testament, mais encore inefficace et subordonnée pour son efficacité à la prise de possession par un premier porteur (1). Il suffira d'une prise de possession telle quelle, même irrégulière, de telle sorte que le titre une fois créé, mais volé à la compagnie avant qu'il fût livré par elle au public constituât un titre valable (2). On aurait compris, il est vrai, que l'on subordonnât l'efficacité du titre, non plus à une prise de possession telle quelle, mais à l'émission volontaire du titre ; ce sera l'idée d'Ecclus et de Stobbe (3) qui, tout en partant de la théorie de Kuntze et de Siegel, se refusent à admettre la conséquence extrême qu'on en veut tirer en matière de titres volés ou perdus avant l'émission.

276. — Enfin, il était inévitable que la logique dût aller jusqu'au bout. Siegel, qui avait été le promoteur de l'idée d'un engagement résultant d'une volonté unilatérale, et l'auteur de la formule qu'on pût être lié à sa parole (*Gebundenheit an's Wort*), devait faire application de sa théorie aux titres au porteur : celui qui crée et signe le titre s'engage, et est lié par sa signature (4).

Sans doute il peut détruire le titre, il est maître d'anéantir le titre tant que celui-ci n'est aux mains de personne ; mais que d'une façon ou de l'autre, même contre la volonté du souscripteur le titre tombe en la possession d'un tiers, ce tiers devient créancier de l'engagement souscrit, absolument comme en matière de promesse de récompense, suivant Siegel, le tiers qui accomplit le fait pour lequel la récompense a été promise, devient créancier de ce qui a été promis alors même que le promettant eût retiré son offre. La promesse unilatérale n'est pas une offre exigeant le maintien de la volonté du promettant lors de l'acceptation du créancier ; c'est un engagement déjà formé et, par suite, subsistant même après rétractation du promettant. De cette façon, on aboutissait forcément, et cette fois sans qu'il pût rester place à la discussion, à

---

(1) Kuntze, *loc. cit.*, § 82 (cf. p. 352 : *Die Emission ist perfekt durch Nehmung des Papieres*). — Cf. Jolly, *Münch. Krit. Vierteljarhessehr.*, II, 1860, p. 552 et suiv.

(2) Kuntze, *loc. cit.*, p. 373.

(3) Förster-Ecclus, *Preuss. Priv. R.*, I, § 64, note 15. — Stobbe, *Deutsch. Priv. R.*, III, § 171, note 21.

(4) Siegel, *Das Versprechen als Verpflichtungsgrund*, § 12.

ce résultat que le titre volé à la compagnie avant l'émission, mais après la création du titre, est un titre qui engage la signature de celui qui l'a souscrit, et de même pour le titre perdu (1). Le titre est négocié et circule, les tiers ne peuvent être avertis de son origine irrégulière, il importe à la sûreté du commerce que la compagnie doive payer au titre. C'est le résultat extrême de la théorie qui fait dériver le droit de la pure création du titre (*Kreation theorie*) par opposition à celle qui le rattache à l'idée d'un contrat passé soit avec le premier preneur, soit avec le porteur quelconque du titre (*Vertrags theorie*).

Cette conséquence de la théorie de Siegel en ce qui touche les titres volés ou perdus avant toute émission paraît bien avoir été acceptée par un arrêt de la haute-cour de commerce de l'année 1875 (2). Elle semble bien aussi avoir été admise par le Code saxon dont l'article 1045 porte que le souscripteur n'est pas recevable à opposer au porteur les exceptions tirées du mode d'acquisition du titre, ce qui laisserait entendre que le titre volé même avant toute émission obligerait le souscripteur (3). Il est vrai qu'on a objecté que le texte cité supposait déjà un titre obligatoire et ne donnait droit de repousser les exceptions tirées d'une acquisition irrégulière qu'au débiteur déjà obligé par le titre, alors que précisément

(1) Siegel, *loc. cit.*, p. 114. Si l'on objecte à Siegel qu'il y a quelque chose d'étrange à cette protection accordée au vol, il répond en renvoyant aux considérations bien connues par lesquelles Ihering expliquait l'admission des interdits possessoires au profit même du voleur et de l'usurpateur (*Jahrb. f. Dogm.*, XI, p. 55).

(2) Cité par Goldschmidt dans son compte-rendu critique du *Manuel de droit prussien* de Dernburg (*Zeits. f. H. R.*, XXIII, p. 307. — Cf. Goldschmidt, même Revue, XXVIII, p. 100 et suiv., et XXXVI, p. 127-129, p. 129, note 1. On pourra voir là l'interprétation qu'en donne Goldschmidt. On trouvera également, citées dans le dernier article de Goldschmidt (*Die Kreation theorie und der Entwurf*, dans *Zeits. f. H. R.*, XXXVI, p. 130) un assez grand nombre de décisions de jurisprudence nettement opposées à la théorie de l'engagement né du seul fait de la création du titre. Il est vrai que la plupart visent des titres à ordre et supposent un contrat de change. — Cf. Brunner, *Handb.*, II, § 194, note 17. — Forster-Eccius, *Preuss. Priv. R.*, § 64, note 15. — V. aussi *Motifs*, II, p. 695, note 2. — Cf. Rich. Koch, *Geld und Werthpapiere im Entwurfe* (*Bekker-Beitrage*, fasc. 4, § 12, note 109).

(3) On se fondait aussi sur l'article 1039 du Code saxon qui donne la définition du titre au porteur et laisse entendre que le droit du porteur résulte du seul énoncé du titre, donc de l'engagement inclus au titre, sans autre condition (*Bei Urkunden, welche auf den Inhaber lauten, gilt jeder Inhaber der Urkunde, so lange er sie inne hat, als Berechtig-*

la question est de savoir si le titre volé avant toute émission est un titre obligatoire qui engage la signature du débiteur (1). Goldschmidt a répondu, en outre, qu'il ne voyait aucun intérêt à protéger les porteurs de bonne foi d'un titre soustrait avant l'émission plutôt que les porteurs d'un titre à ordre, qui après la création aurait été soustrait au tireur et mis en circulation sans sa volonté; et cependant dans cette hypothèse un arrêt de la même juridiction et de la même année 1875 déclarait un pareil titre sans valeur et le souscripteur non obligé (2). Il est vrai qu'on aperçoit une différence : la clause à ordre suppose un premier bénéficiaire avec lequel on traite d'une façon directe, que le souscripteur a en vue et à l'égard duquel il est difficile de supprimer la notion d'un concours de volonté et, par suite, l'idée de contrat. Quoiqu'il en soit, en matière de titres au porteur, la conception nouvelle fut assez promptement acceptée ; par Dernburg par exemple (3) qui ne croit pas qu'on puisse expliquer avec la théorie du contrat qu'un titre souscrit au profit d'un premier preneur incapable puisse obliger les porteurs successifs et qui préfère alors l'idée d'un engagement résultant de la création du titre à l'expédient imaginé par Goldschmidt d'un contrat conclu avec un individu déterminé en faveur de tous les porteurs successifs, si bien que chacun d'eux fût après coup considéré rétroactivement comme le simple intermédiaire de celui à qui il passe le titre. Stobbe accepte en principe la théorie de Kuntze sous la forme que lui a donnée Siegel ; toutefois de même qu'Eccius il se refuse à accepter la conséquence qu'on

ter gegen den durch die Urkunde Verpflichteten). Ce dernier mot, il est vrai, enlève à l'argument beaucoup de sa valeur : les droits du porteur existent contre l'obligé ; or il s'agit de savoir à quelle condition le titre oblige. Si le texte avait parlé du souscripteur (Austeller), on aurait plus facilement admis le sens qu'on veut lui attribuer.

(1) Cf. Brunner, loc. cit., § 194, note 17.

(2) Goldschmidt, dans Zeits. f. H. R., XXIII, p. 307.

(3) Dernburg, Lehrb. des Preuss. Priv. R., II-1, 1877, p. 21 et suiv., p. 194, et Pandek, § 9, note 9. Cependant Forster-Eccius, pour ce qui est du droit prussien, rattachent l'effet obligatoire du titre à la mise en circulation et non au fait de la création. Eccius n'exige pas à proprement parler une acceptation d'un premier preneur comme Brunner (Handb., II, p. 167) et les partisans de la théorie du contrat; mais il veut que le titre ait été mis en circulation du consentement de celui qui l'émet : c'est la théorie de l'émission, un peu différente, on le voit, de la théorie de la création, et aboutissant à une différence pratique importante en ce qui touche les titres soustraits ou perdus avant l'émission (Forster-Eccius, Preuss. Priv. R, I, § 64, p. 372).

on tire relativement aux titres mis en circulation frauduleusement
et contre le gré du souscripteur (1). Windscheid enfin n'est pas
éloigné de souscrire aux idées de Siegel en cette matière. Windscheid
dit avec raison, semble-t-il, que l'idée de contrat n'est admissible
que si les porteurs ultérieurs doivent être considérés comme successeurs du premier preneur, et que si, au contraire, on leur attribue un droit propre et direct contre le souscripteur, il faut bien
accepter l'idée, non plus d'un concours de volonté, mais d'une
volonté unilatérale s'engageant envers le public comme en matière
de promesse de récompense. Sinon on serait obligé d'admettre, si
l'on voit dans le titre une offre en circulation, la possibilité pour
le souscripteur de révoquer, tout au moins à l'encontre des porteurs futurs; or on n'a jamais songé à émettre une pareille prétention; l'idée d'une offre en quête d'acceptation est donc inadmissible. Il faut solidariser les deux théories; à l'idée de contrat
répondra la notion de cessions successives, et à la conception d'un
droit direct acquis au porteur le système d'un engagement résultant de la seule création du titre indépendamment de tout concours
de volontés (2).

(1) Stobbe, *Deuts. Priv. R.*, III, § 171, et surtout note 21.

(2) Cf. Windscheid, *Pand.*, § 304, note 11 et 12. On peut aussi, sans trop
de hardiesse, ranger au nombre des partisans de l'idée principale, Carlin,
bien qu'il rejette la théorie de la création aussi bien que celle de l'émission
du titre, pour s'attacher exclusivement au fait de l'acquisition de propriété
(*Eigenthumserwerstheorie*). En réalité, il admet que le papier au porteur
incarne une valeur, et, en matière d'obligations, cette valeur résulte d'une
promesse; or, cette promesse n'est pas un contrat, Carlin le dit expressément; si ce n'est pas un contrat, c'est donc une manifestation unilatérale
de volonté. Seulement celui qui s'engage, même par un acte unilatéral,
peut toujours subordonner son engagement à telle condition qu'il lui plaît.
Or, suivant Carlin, il l'a subordonné, dans notre hypothèse, au fait d'une
acquisition régulière de la propriété du papier. De cette façon, Carlin, tout
en partant comme Eccius et Stobbe de l'idée de Siegel, échappe aux conséquences de la théorie de la création qui consacre le droit du voleur :
celui qui vole au souscripteur un titre déjà créé par lui n'en devient pas
propriétaire, et par suite la condition mise à l'engagement du souscripteur n'est pas réalisée; il est vrai qu'on peut objecter à cela que le souscripteur, une fois le titre régulièrement émis, n'en est pas moins obligé
envers le voleur, non plus comme dans le cas précédent celui qui l'a volé
au créateur du titre, mais qui l'a volé au porteur régulier; c'est donc que
le souscripteur est engagé envers le porteur en tant que porteur et non en
tant que propriétaire. Carlin répond à cela par la distinction traditionnelle
entre la possession et la propriété, la première suffisant à justifier l'exer-

277. *Résumé théorique.* — Nous résumons ici la dernière expression de la théorie allemande en matière de titre au porteur : la création du titre fonde l'obligation ; celle-ci résulte d'un acte unilatéral et non d'un contrat. Le droit qui est incorporé au titre ne passe pas aux porteurs successifs par voie de cession, de telle sorte que chacun soit censé tenir son droit d'un précédent porteur ; ni par voie de novation, chaque créancier se substituant l'un à l'autre, mais acquérant un droit propre et direct contre le souscripteur ; le droit qui résulte du titre consiste dans une obligation dont le créancier reste incertain ; la volonté incarnée dans le titre constituant un engagement ferme indépendamment de toute acceptation ; le droit se conserve alors même qu'il n'existe aucun titulaire du droit, comme par exemple au cas de perte du papier, ou dans le cas où il revient aux mains du débiteur (1) ; enfin l'indétermination sur la personne de l'ayant droit cesse par la présentation du titre ; chaque porteur successif est le créancier éventuel : celui-là seul est le créancier définitif qui présente le titre.

278. *Projet : création du titre ; ses effets.* — Le projet acceptant la théorie que nous venons d'exposer en dernier lieu, considère le titre au porteur non comme une reconnaissance de dette, mais

cice du droit tant qu'elle n'est pas démontrée illégitime ou irrégulière. Siegel s'était aussi, comme nous l'avons vu plus haut, emparé de l'assimilation. Cependant nous rejetons sur un point l'assimilation : car on peut toujours contester le droit du simple possesseur, tandis que le souscripteur du titre ne peut pas contester le droit du porteur. C'est donc qu'il s'est engagé à payer au porteur en tant que porteur : il a promis au porteur. La condition d'acquisition de la propriété, d'après cette théorie, ne sera donc prise en considération qu'au moment de la mise en circulation du titre : il faut une première acquisition régulière pour que l'engagement existe, après quoi peu importe au regard du souscripteur la légitimité des droits des porteurs successifs. Telle est la formule qui nous paraît le mieux résumer cette doctrine. La différence la plus sensible, au point de vue pratique, entre cette théorie et la théorie du contrat, est que, d'après cette dernière, et bien que quelques-uns de ses partisans comme Goldschmidt aient cherché à échapper à ces conséquences, si le premier contrat est nul pour incapacité du preneur initial l'engagement ne peut plus exister envers personne ; tandis qu'ici le premier porteur pourra bien n'être pas devenu propriétaire, ce qui n'empêchera pas les porteurs suivants de le devenir, s'ils sont de bonne foi ; et alors la condition mise, suivant Carlin, à l'efficacité de l'engagement du souscripteur se trouvera réalisée (Carlin, *loc. cit., Zeits. f. H. R.,* XXXVI).

(1) Cf. Windscheid, § 291, note 2. — Cf. Ryck, *Lehre von den Schuldverhältnissen,* p. 148-149.

comme un titre constitutif d'obligation ; cette obligation consiste dans une dette abstraite, séparée de sa cause. Elle résulte, non d'un contrat, mais de la souscription même du titre (art. 685) ; celle-ci, il est vrai, pouvant être remplacée par une estampille. En d'autres termes, le projet adopte dans ce qu'elle a de plus extrême la théorie qui fait résulter le droit de l'acte de création du titre (*Kreations theorie*) et, par suite, d'un engagement existant d'ores et déjà par le fait d'une déclaration unilatérale de volonté, et ce qui est le plus bizarre, mais c'est la théorie de Siegel, d'une déclaration non encore adressée au public, et se manifestant par la seule signature du titre. Gierke a prétendu que ce sera une promesse résultant d'une sorte de monologue avec soi-même (1) ; il oublie, peut-être, que le monologue a été contresigné par la griffe du souscripteur. Quoi qu'il en soit, on comprend que tout en conservant l'idée d'une promesse résultant d'un acte unilatéral du souscripteur on puisse hésiter, en ce qui touche le fait qui doive le consommer, entre la simple souscription du titre et son émission : en choisissant cette dernière solution, on se rapprocherait fort des partisans de la théorie contractuelle, car l'émission peut être considérée comme la manifestation d'une offre qui attend pour se transformer en contrat l'acceptation du premier preneur (2). Mais ce sont ces théories vagues que le projet a voulu éviter ; il tenait aussi à consacrer l'importante solution de Kuntze et Siegel relative aux titres tombés en circulation contre le gré ou à l'insu du souscripteur ; et l'article 686 tire la conséquence la plus claire du principe admis d'un engagement par simple déclaration de volonté manifestée par le fait de la souscription du titre. Le titre souscrit, mais non encore mis en circulation, qui vient à être volé ou perdu reste valable et oblige le souscripteur (3) ; et de même le titre reste valable si depuis qu'il a été souscrit, mais avant la mise en circulation, le souscripteur est mort ou devenu incapable (art. 686).

On a voulu augmenter le crédit du titre et rassurer les tiers qui ne peuvent s'enquérir du mode d'acquisition initial du titre ; à quoi on a objecté que l'article 689 réserve au débiteur le droit

(1) Gierke, *Der Entwurf.* (*Rev. de Schmoller*, XIII, p. 222, et XII, p. 881).

(2) Gierke, *loc. cit.*, XIII, p. 222 et *Rev. de Goldschmidt* (*Zeits. f. H. R.*), t. XXIX, p. 258.

(3) Sauf réserve de l'exception de dol opposable au voleur lui-même ou aux porteurs ultérieurs qui auraient acquis le titre en ayant connaissance de sa provenance (art. 689), cf. *infra*, n° 280.

d'opposer la nullité résultant du défaut de droit de celui qui a fait l'émission (1); mais ici les tiers connaissent toujours le souscripteur et peuvent se renseigner; le cas n'est plus le même (2).

279. *Droits du porteur.* — Le projet se contente, dans la partie des obligations, de décrire les rapports juridiques entre le porteur et le souscripteur du titre; il ne nous dit pas comment s'acquiert le titre lui-même; cela tient, comme disent les motifs, à ce que celui-ci est un objet corporel soumis, quant à sa transmission, aux règles relatives au transfert de la propriété des meubles. C'est aux articles 877 à 879 qu'il faut se reporter pour la solution de cette question; on y verra que la propriété des meubles est acquise à celui qui les reçoit de bonne foi, même d'un non propriétaire, sauf s'il s'agit de

(1) Gierke, *Rev. de Schmoller*, XIII, p. 221-222.

(2) Nous ne serions pas éloigné d'approuver théoriquement la conception et même la solution extrême du projet, s'il était toujours sûr que le souscripteur, par le seul fait de la création du titre et de l'apposition de l'estampille, eut voulu s'engager. L'idée d'un engagement émané d'une seule volonté n'est pas absolument ce qui nous effraie. Mais encore faut-il que cette volonté soit certaine. Nous la trouvons assurément au cas de promesse de récompense par voie de publicité (cf. notre étude parue dans le *Bulletin de la Soc. de lég. comp.*, n° de juin 1889, spécialement p. 630-632). Nous la trouverions également, en notre matière, dans le fait de l'émission au sens strict du mot, ou de la mise en circulation du titre (*théorie d'Eccius et de Stobbe*); mais nous ne sommes plus aussi sûr de la reconnaître dans le fait seul de donner une signature avant que l'on eut lancé le titre dans la circulation et alors qu'on le garde encore en portefeuille. Ce qui fait l'essence du titre au porteur ne serait-ce pas l'offre au public? Ce critérium, comme signe de l'engagement volontaire, nous paraît certain. L'autre nous semble très douteux. Tout au moins à supposer que cette volonté d'engagement existe en certains cas par le seul fait de la création, elle n'existe pas dans tous, tant s'en faut (voir exemples cités dans le dernier article de Goldschmidt, *Zetts. f. H. R.*, XXXVI, p. 138); et alors le projet se trouve généraliser une présomption qui risque souvent d'être à côté de la vérité. Il serait plus franc de dire, si l'on est de cet avis, qu'il y a intérêt d'ordre public à présumer l'engagement par le seul fait de la signature. Mais ceci est une tout autre question; il ne s'agit plus de déclarer qu'il y a volonté, mais que de par la loi il doit y avoir volonté de s'engager. C'est la carte forcée par raison d'ordre public. Le mot n'est pas trop fort, puisque le souscripteur n'est pas admis à prouver qu'il n'a pas eu l'intention de s'engager avant l'émission. Il est possible que pour des raisons de crédit public la nouvelle question que nous posons doive se résoudre dans le sens du projet; mais nous sommes loin d'en être absolument convaincu, et en tout cas il nous paraît tout au moins indispensable de ramener la question à sa véritable formule : obligation légale plutôt qu'obligation volontaire (cf. Goldschmidt, *Zett. f. H. R.*, XXXVI, p. 139).

moubles volés ou perdus; or pour cette dernière hypothèse, l'article 879, reproduisant la disposition de l'article 307 du Code de commerce allemand, déclare cette exception inapplicable aux titres au porteur, si bien que pour ceux-ci, tout possesseur qui les tient en vertu d'un juste titre et de bonne foi en est propriétaire sans distinction (1). Dans la partie des obligations, le projet s'occupe donc uniquement des droits du porteur, en tant que porteur, et indépendamment de la question de savoir s'il est le légitime titulaire du titre. On pourrait donc croire au premier abord qu'il accepte la distinction de Brunner, Gierke et de tous les partisans de l'*Eigenthums theorie* entre l'exercice du droit, attaché à la pure possession du titre, et son attribution effective attachée à la propriété (cf. *supra*, n° 273) (2). L'article 685 ne dit rien qui lui soit

---

(1) Cf. Challamel (*Étude sur la partie des droits réels dans le projet de Cod. civ. all.*, n° 39-40) dans *Bullet. de la Soc. de Législ. comp.*, 1880, p. 430. — Cf. Cod. de comm. all., art. 306-307.

(2) D'ailleurs cette distinction semble bien ressortir aussi de l'ensemble de la théorie française en matière de titres au porteur. Notre jurisprudence, en effet, ne connaît qu'une base de décision en cette matière, l'art. 2279. Or, l'art. 2279 règle une question de propriété, acquise ou présumée, peu importe. On entend dire, par conséquent, que là où la possession du titre est protégée par l'art. 2279, là aussi se trouve la qualité de créancier : le créancier du droit porté au titre est donc le propriétaire, selon l'art. 2279, du papier qui constitue le titre. Mais, d'autre part, le droit de contester l'application de la présomption tirée de l'article 2279, n'appartient qu'à ceux qui se prévalent d'un droit de propriété et agissent en revendication : les articles 2279 et 2280, traitent des rapports entre personnes qui prétendent à la propriété d'un meuble et des cas d'admissibilité de la revendication. Or, dans les rapports entre souscripteur et porteur du titre, il ne s'agit plus d'une question de propriété et encore moins d'une question de revendication, il s'agit de l'exercice des droits portés au titre. Or, à notre avis, le débiteur ne serait pas recevable à invoquer le défaut d'application de l'article 2279 pour refuser le paiement. Il doit payer au porteur, sans pouvoir par conséquent exciper de l'acquisition irrégulière du titre. En particulier, le débiteur, s'il s'agit de titres perdus ou volés, ne pourrait pas, pendant le délai de trois ans pendant lequel le propriétaire a le droit de revendiquer refuser le paiement au porteur qui se présenterait dans ce délai. Pour qu'il y fût autorisé, il faut une opposition régulière de la part du propriétaire victime du vol ou de la perte ; et encore on sait qu'avant la loi de 1872, les compagnies prétendaient n'avoir pas à tenir compte de l'opposition. En réalité, c'est l'opposition qui engage leur responsabilité envers le propriétaire dépossédé. Mais indépendamment de toute opposition et de leur propre chef, les Compagnies débitrices ne pourraient pas se prévaloir du cas de perte ou de vol pour refuser le paiement, même pendant le délai de trois ans de l'article 2279.

Il semble donc bien que en prenant pour base de notre théorie française

contraire; il déclare que le souscripteur s'oblige à payer au porteur et ne déclare pas, bien que Gierke le lui fasse dire (1), que le porteur soit le créancier; or Brunner et Gierke lui-même ne disent pas autre chose; le titre au porteur a pour fonction première d'écarter toute recherche sur la qualité du porteur, et toute justification de son droit (*Legitimation papiere*); donc le souscripteur doit payer au porteur sans discussion; quant à la qualité de créancier, elle n'est attachée qu'à la propriété. La nature juridique attribuée par le projet à la création du titre ne s'opposerait pas à cette distinction; le souscripteur, par déclaration unilatérale de volonté, s'engage envers tout porteur légitime considéré comme créancier, et de plus il s'oblige à payer aux mains de tout porteur quelconque en tant que créancier présumé. Nous avions donc été très tentés de croire cette théorie conciliable avec les dispositions du projet; cependant certaines expressions des motifs nous laissent bien entendre que, pour le souscripteur, le véritable créancier, non pas présumé, mais réel, c'est le porteur quelconque; c'est envers lui qu'il s'engage (2). On peut aussi invoquer l'admission de la com-

l'article 2279, on en arrive à la distinction des partisans de l'*Eigenthumsthéorie* : De la possession du titre résulte la faculté de faire valoir le droit qu'il représente; mais de la propriété seule résulte le droit lui-même. Cela est surtout vrai dans une théorie comme la nôtre qui voit dans le titre au porteur une reconnaissance de dette avec facilité de cession : le droit ne peut être acquis qu'au cessionnaire régulier, donc au propriétaire du titre. Mais d'autre part, l'exercice du droit appartient à tout porteur, car le titre équivaut à lui seul à une procuration de toucher le paiement (*Legitimation papier*); et l'on ne peut discuter la légitimité de la possession du titre, en se fondant sur le défaut des conditions d'application de l'art. 2279, que si on prétend soi-même à la propriété; sinon le possesseur quelconque est préféré à un tiers sans droit et qui n'en prétend aucun sur le titre; or le débiteur du titre est sans droit sur le titre; il est obligé de payer au titre, ce qui est loin d'être la même chose.

On peut dire d'ailleurs que cette distinction a servi de base, avant la loi de 1872, au système de la jurisprudence en matière de titres perdus ou volés. D'une part on considérait que le propriétaire du titre, bien que n'étant plus porteur, restait le légitime titulaire du droit porté au titre (*Cass.*, 15 nov. 1841. Sir. 41. 1. 829). L'autre part, le propriétaire, bien que créancier, n'était pas admis à demander un duplicata du titre, car le souscripteur était obligé de payer au porteur quel qu'il fût : c'est donc que le porteur puisait dans le titre qu'il avait en mains le pouvoir de faire valoir le droit contenu au titre (Cf. Buchère, *Valeurs Mobilières*, n° 371). — Cf. de Folleville, *Titres au porteur*, n° 371.

(1) Gierke. *Rev. de Schmoller*, XIII, p. 223.

(2) « *Durch das in der Schuldverschreibung enthaltene Versprechen*

pensation entre souscripteur et porteur, ce qui semble impliquer
chez ce dernier la qualité de créancier, puisque les auteurs comme
Thöl, qui ne voient en lui qu'un fondé de pouvoir dont la qualité
reste incertaine, rejettent toute idée de compensation (1); mais il
faut reconnaître que, même en admettant la distinction en cause,
on pourrait déclarer possible la compensation ; il suffirait de faire
du porteur, au regard du débiteur, le créancier présumé (2). Le
motif juridique de notre décision se trouve dans une conception
déjà présentée, celle d'une obligation à créancier indéterminé; le
souscripteur promet un paiement; à qui le promet-il? A celui qui
se présentera nanti du titre. Donc tout porteur est bien pour lui
créancier éventuel, le porteur qui présente le titre est le créancier
définitif. Cela veut-il dire que dans les rapports entre porteurs successifs ou entre porteurs et les tiers, le détenteur du titre doive être
considéré forcément comme créancier? Assurément non; il sera
pour tous le seul autorisé à faire valoir les droits qui résultent du
titre, mais il peut se faire qu'il doive ensuite en reporter le bénéfice
à d'autres, ou que d'autres aient le droit de lui demander compte
du profit qu'il retirera du titre; cela dépendra de son droit par rapport au titre lui-même, suivant qu'il est propriétaire, gagiste, usu-
fruitier, etc. A l'égard du souscripteur, il est réellement créancier,
comme le serait un créancier solidaire, ce qui n'empêche pas,
comme cela peut se présenter en matière de solidarité, que le porteur puisse être considéré comme ne devant pas conserver le bénéfice du droit, et que, dans ses rapports avec d'autres, il puisse
n'être pas traité comme le véritable titulaire du droit. Gierke objecte
à cela (3) que si le porteur a volé le titre sous les yeux du caissier,
celui-ci devra lui en payer le montant, du moment qu'il n'y a pas
opposition régulière au paiement et que tout porteur est le vrai et
seul créancier; il est probable qu'en pareil cas le caissier ferait
d'abord arrêter le voleur; et en tous cas, comme tout débiteur peut
toujours se refuser au paiement sous sa propre responsabilité, le

verpflichtet sich der Aussteller dem jeweiligen Inhaber als solchem », II,
p. 696 (Cf., p. 697, sur l'art. 687). — Cf. Goldschmidt, Die Creation theorie
uud der Entwurf Zeits. f, H. R., p. 135.

(1) Cf., art. 689 du Projet et infra, n° 280. — Thöl, Hand. R., § 229,
note 11.

(2) C'est ce que fait par exemple Brunner, bien qu'il admette que le titre
de créancier n'appartienne qu'au propriétaire du titre ; seulement il convient qu'à l'égard du débiteur, le porteur est le créancier présumé (Handb.
d'Endemann, II, § 199, note 10 et 12.

(3) Gierke, Rev. de Schnaker, XIII, p. 224.

caissier dont il s'agit fera bien de se refuser à payer et d'attendre qu'on le poursuive, auquel cas, s'il prouve le fait de vol, il sera déchargé de toute responsabilité; autrement il s'exposerait à payer une seconde fois à la victime du vol, puisqu'en payant et détruisant le titre, il aura. agi en somme à la façon d'un receleur. Nul ne saurait prétendre qu'en s'engageant par voie de souscription du titre, le débiteur ait entendu s'engager envers le voleur, donc il reste dans les termes de son engagement en refusant de payer au voleur manifeste (1).

280. *Exceptions opposables au porteur.* — Sauf ce cas exceptionnel de vol manifeste, le souscripteur doit au porteur quelconque, sans avoir qualité pour exciper de l'acquisition irrégulière du titre, sans pouvoir par conséquent lui opposer aucune exception tirée de sa mauvaise foi ou de la façon dont le titre se trouve entre ses mains (art. 687); c'est ce que disait déjà, à peu près dans les mêmes termes, l'article 1015 du code saxon (2). Il ne peut pas davantage faire valoir les exceptions tirées des porteurs antérieurs (3), et peu importe que parmi eux il en ait été qui fussent incapables

---

(1) On a mis également en avant le cas de gens qui se trouvent avoir en mains des titres au porteur sans avoir l'intention le moins du monde de s'en attribuer le bénéfice, le domestique par exemple à qui on les confie momentanément : et cependant ils en seront les véritables porteurs au sens du projet, donc, d'après lui, et malgré eux, les seuls créanciers. Créanciers à l'égard du souscripteur, d'accord; mais créanciers malgré eux, jamais. Le projet, et nous tenons à faire remarquer que nous exposons sa théorie sans prétendre la défendre, n'a pas voulu dire qu'il pût suffire qu'un individu eut le titre en mains pour qu'il en fût forcément le créancier, ou plutôt pour qu'il fût le titulaire du droit porté au titre. Le papier contient une promesse, mais cette promesse ne s'impose pas ; elle existe en dehors de toute acceptation, mais pour savoir envers qui elle existe il faut que quelqu'un l'ait acceptée, ou tout au moins qu'il en veuille. Le titre aux mains de quelqu'un qui ne peut ou ne veut être créancier est assimilé au titre délaissé, qui conserve encore la manifestation de l'engagement, sans qu'il y ait actuellement personne au profit de qui celui-ci existe (cf. Gierke, dans *Revue de Schmoller*, XIII, p. 223, et Goldschmidt, dans *Zeits. f. H. R.*, XXXVI, p. 136). Or c'est absolument le cas lorsqu'il s'agit de gens qui détiennent le titre sans afficher la prétention d'en être bénéficiaires.

(2) C'est également ce que nous croyons vrai en droit français, comme nous l'avons montré plus haut.

(3) Il eut donc fallu rejeter de ce chef l'exception de la *Lex Anastasia*, si le Projet avait cru devoir accorder droit de cité à cette institution Romaine (Cf. Kuntze, *Lehre von den Inhaberpapieren*, §§ 139 et 140).

do devenir créanciers du droit incorporé au titre; le porteur actuel
n'est pas leur ayant cause; il ne tient pas d'eux ses droits par voie
de succession à titre particulier; il tient ses droits directement
du souscripteur; il est le créancier direct du créateur du titre,
de là cette disposition de l'article 680 qu'on ne peut lui opposer
que les exceptions tirées de l'irrégularité de la création du titre (1)
ou du contenu de celui-ci, ou enfin celles qui sont tirées des
rapports entre la personne du porteur et celle du souscripteur.
La première catégorie d'exceptions comprend celles relatives au
défaut de droit du souscripteur, ou aux vices de consentement
qui ont pu entacher l'engagement qu'il a pris. Il va de soi qu'un
titre au porteur ne peut être valable, quoiqu'il arrive, par cela seul
que le papier est en règle; il dérive d'une manifestation de volonté,
encore faut-il que celle-ci soit régulière. La seconde catégorie
d'exceptions était au contraire sujette à contestation. Le Code fédéral n'en parle pas (2); il n'admet que les exceptions tirées de la
nullité du titre ou de son contenu; il n'admet pas celles tirées de la
personne du créancier, c'est-à-dire de la personne du porteur
actuel. C'est l'application dans toute sa rigueur de la formule qu'on
ne doit qu'au titre et que la personne du créancier est indifférente.
Le projet considère au contraire qu'il y a un créancier, que le souscripteur s'est engagé envers quelqu'un; ce quelqu'un, il est vrai,
reste indéterminé, mais, une fois le créancier déterminé, on lui
applique les règles du droit commun dans ses rapports entre lui et
le débiteur. C'était déjà la théorie du Code de commerce et de la
loi sur le change (*C. de com. all.*, art. 303. — *Loi sur le change*,
art. 82), celle également du Code saxon (*Sächs. G. B.*, 1045-1046).
La question importante est celle qui concerne la compensation. Il
faut supposer, bien entendu, une cause de compensation existant
dans la personne du porteur actuel; nous avons déjà fait allusion à
l'idée de Thöl que le titre ne fonde qu'une autorisation de poursuites
sans établir de présomption relativement à la qualité du porteur;
il peut être le créancier réel ou son mandataire, on ne présume
rien et, par suite, le débiteur n'est pas autorisé à le traiter comme
créancier, et c'est le traiter en créancier que de lui opposer la compensation de ce qu'il doit au débiteur. Nous avons dit aussi que,
même les partisans de la distinction entre l'exercice du droit dérivant de la possession et son acquisition dérivant de la propriété

---

(1) Cf. Cass., 4 juin 1878 (Sir. 79. 1. 36).
(2) Cf. Cod. féd., art. 847.

traitaient en général le porteur comme créancier présumé et, par suite, admettaient la compensation (1); pour la repousser, il faudrait prétendre que la personne du créancier, par cela seul qu'on s'est engagé envers un créancier inconnu et incertain, ne doit pas être prise en considération, et que le porteur doit être assuré de recevoir son paiement, quels que soient ses rapports avec le souscripteur; c'est la théorie du Code fédéral; on comprendrait que le projet l'eut admise; le débiteur eut renoncé d'avance à invoquer la compensation (2). Le projet s'est placé à un autre point de vue; d'ail-

(1) Thöl, *Hand. R.*, § 229, note 11. Brunner, *Handb. d'Endemann*, § 199, note 12. — Cf. Kuntze, *Lehre von den Inhaberpapieren*, § 138. — Stobbe, *Deutsch. Priv. R*, III, § 181, note 31.

(2) On pourrait le soutenir aussi en droit français. On peut voir en une matière analogue un arrêt de la Cour de Dijon, du 6 mai 1887 (Sir. 88, 2, 5). Il s'agissait du porteur d'un chèque auquel le tiré opposait la compensation; or, on prétendait la repousser en invoquant, entre autres arguments, l'idée que le porteur n'était qu'un fondé de pouvoir à l'effet de toucher le paiement sans être déclaré effectivement créancier : c'était à peu près la théorie de Thöl, à propos des titres au porteur. L'argument était inadmissible; car le porteur est sans aucun doute créancier du tiré. On fit valoir alors qu'en matière de titres de cette nature, le débiteur du titre devait être considéré comme ayant renoncé d'avance à la compensation; car le tiré doit au titre et s'est engagé à n'en pas restreindre l'efficacité. — (Cf. Mouchet. *De la compensation dans les chèques* dans *Annales de droit commercial*, 1889, II, p. 39 et suiv.). Cette présomption nous paraît fondée. Tout chèque, comme disent fort bien les allemands, suppose un contrat préalable; il a été entendu avec le tiré que celui-ci paierait sur présentation d'un mandat de paiement; c'est là le sens exact de la provision dont parle l'article 2 de notre loi du 14 juin 1865 (Cf. Cohn (*Zahlungsgeschäfte*) dans l'*Handbuch d'Endemann*, III, § 454, p. 1149). Or, ce que promet le tiré, c'est d'effectuer ce paiement aux mains du porteur de la même façon que celui-ci aurait à le recevoir du tireur lui-même. Très certainement celui-ci n'aurait pu opposer la compensation du chef du tiré; il n'est pas douteux, par conséquent, que la situation du porteur ne doit pas être aggravée, parce qu'au lieu de réclamer son paiement du tireur, il va le toucher auprès du tiré. Il est vrai que cette théorie est surtout admissible si l'on se dégage de l'idée française que le droit du porteur contre le tiré provient d'une cession que le tireur lui aurait faite de ses droits (Lyon-Caen et Renault, *Précis*, n° 1352). Cette idée repose sur la conception inexacte que l'on se fait de la provision; elle devient au contraire très nette si l'on accepte l'idée, qui se propage en Amérique et en Allemagne, d'une stipulation pour autrui (Cf. Daniel. *A treatise on the law of Negotiable Instruments* (Éd. 1879), II, p. 592, note 1, et Cohn, *loc., cit.*, p. 1155). Le tiré, lors du contrat de chèque s'est engagé à payer au porteur, et celui-ci acquiert ainsi un droit propre contre lui. Mais dans cet engagement il a renoncé d'avance, pour les raisons que nous avons indiquées, à la compensation. Reste à savoir s'il faut tirer

leurs la compensation pour lui n'est plus une exception, mais un véritable paiement; il faut en conclure que le souscripteur, au lieu de payer en espèces, aura droit de payer le porteur avec les espèces que celui-ci est censé avoir en mains et qu'il devrait lui fournir (cf. *supra*, n° 55 et suiv.). Enfin parmi les exceptions tirées de la personne du porteur, les motifs font remarquer qu'il y aura lieu de comprendre l'exception de dol, mais il faut s'entendre, cela supposera dol commis à l'égard du souscripteur, sinon, s'il suffisait de s'appuyer sur un fait dolosif du porteur, ce serait le renversement du principe que le débiteur ne peut exciper de l'acquisition irrégulière du titre; le dol doit être personnel. Voici une application que prévoient d'ailleurs les motifs; on peut supposer qu'un porteur contre lequel le débiteur pût invoquer une exception qui lui fut personnelle, passe le titre à un autre qui s'entend avec lui pour enlever au débiteur le bénéfice de l'exception; il faut ajouter de plus, ce que ne disent pas les motifs, que pour qu'il y ait dol dans cette manœuvre, il faut en général supposer que l'exception était fondée sur le fait d'un enrichissement sans cause, ou sur un motif d'ordre public, comme par exemple si le premier porteur eut volé lui-même le titre au débiteur et le passe à un autre qui en connaisse l'origine. Assurément il n'y aurait plus dol si l'acquéreur du titre avait acheté le titre ayant connu une cause de compensation existant à l'encontre de son vendeur; nous ne voulons pas dire que, même dans ce cas, il ne put jamais y avoir les éléments d'une manœuvre dolosive, mais la seule connaissance d'une cause de compensation ne suffirait assurément pas; enfin, on trouve là le correctif à l'article 686 qui admet la validité du titre volé au souscripteur avant l'émission; s'il est présenté par le voleur ou un compère, ou tout autre porteur qui ait connu le vol, le débiteur sera en droit de refuser le paiement; l'efficacité de l'en-

---

de là un *a fortiori*, tout au moins un argument d'analogie, pour la matière des titres au porteur : oui, si l'on envisage le caractère économique du titre, et c'est ce qui nous semblerait ressortir des observations de M. Mouchet sur l'arrêt de la Cour de Dijon cité plus haut; non, si l'on n'envisage que son caractère juridique, car le porteur devient le créancier direct du souscripteur du titre sans aucune référence à une dette antérieure dont la création du titre dût procurer le paiement; il n'y a donc plus les mêmes raisons de soustraire la dette du souscripteur aux règles du droit commun et de présumer de la part de ce dernier une renonciation aux droits et privilèges qui appartiennent à tout débiteur vis-à-vis de son créancier : c'est la conception du projet.

gagement n'est donc consacrée ici qu'en vue des acquéreurs de bonne foi.

281. *Coupons détachés du titre.* — Les coupons au porteur sont de petites obligations au porteur relatives au paiement des intérêts et dividendes; le souscripteur est donc dans la mesure des énonciations portées au titre engagé envers le porteur quelconque du coupon; or, il peut arriver que l'obligation principale vienne à disparaître depuis que le coupon a été détaché et mis en circulation, ce qui arrive fréquemment, par exemple, pour le cas d'amortissement par voie de tirage au sort; or bien que le souscripteur se soit engagé envers le porteur quelconque du coupon, il n'en a pas moins spécifié sa dette et, par là même, indiqué les conditions de son engagement, puisque le contenu du coupon porte qu'il s'agit d'une dette d'intérêts, par conséquent d'une dette accessoire impliquant que l'obligation principale subsiste, de sorte que le débiteur serait, d'après la rigueur des principes, autorisé à refuser le paiement, lorsqu'il s'agirait d'intérêts échus après extinction de la dette. C'est l'application de l'article 680 qui admet les exceptions tirées du contenu de la dette. Mais en pratique, cette conséquence serait nuisible au crédit du coupon, aussi l'article 690 déclare le coupon valable quoi qu'il arrive indépendamment même du maintien ou de l'extinction de l'obligation principale; la dette d'intérêt une fois incorporée dans un titre distinct du titre principal, perd son caractère de dette accessoire pour devenir dette indépendante, subsistant alors même que l'obligation principale vienne à disparaître. Seulement, comme le souscripteur, en réalité, ne doit plus rien après l'obligation éteinte, et que s'il est obligé de payer, c'est le créancier de l'obligation qui doit lui tenir compte du paiement indû qu'on lui impose, le porteur du titre devra subir, lors du remboursement du capital, la réduction des coupons détachés et non représentés. Ceci n'a rien d'exorbitant puisque le porteur du titre qui les a négociés est censé en avoir reçu la valeur.

282. *Délai de paiement après l'échéance.* — L'application de la prescription en notre matière est une question fort débattue et tout au moins à laquelle il a été donné les réponses les plus diverses soit dans la doctrine, soit en législation. On voit immédiatement d'où vient la difficulté; si l'on s'en tient aux principes du droit commun, faudra-t-il admettre les causes d'interruption et de suspension de prescription personnelles au porteur du titre? Dans la théorie qui repose sur l'idée de cession, faudra-t-il tenir compte des causes d'interruption ou de suspension se référant aux porteurs intermédiaires (1) ? Dans celle du projet qui repose sur l'idée d'un engagement direct au profit du porteur, faudra-t-il faire partir le délai de l'échéance ou du jour de l'entrée en possession du porteur actuel, puisqu'on pourrait soutenir que la prescription n'a pu commencer contre son droit de créancier avant qu'il fût créancier ? On conçoit que de toutes ces solutions, aucune ne se trouvait concorder avec la nature du titre : le projet, à l'exemple de plusieurs législations allemandes, accepte, au lieu d'une véritable prescription, un délai préfixe de présentation partant du jour où le droit, porté au titre, aurait pu être exercé et pendant lequel le titre devra être présenté au débiteur ; ce délai passé, le droit résultant du titre sera éteint (art. 691).

Ce délai sera de trente années en général, sauf pour les coupons d'intérêts ou d'arrérages, pour lesquels il sera de quatre ans. Ces délais pourront, d'ailleurs, être modifiés par une mention portée au titre. Ajoutons, enfin, que les délais pourront subir une interruption résultant de la procédure en annulation qui pourrait intervenir au cas de perte ou de vol et dont nous allons maintenant nous occuper (art. 694).

283. *Titres perdus ou volés.* — Le projet ne fait guère en cette matière que reproduire les dispositions du Code de procédure relatives à l'annulation des titres, dispositions généralement acceptées par les lois particulières des États germaniques et dont entre autres la loi prussienne du 10 mars 1877 (2) nous offre une assez fidèle reproduction. Le point intéressant à constater est que l'expédient qui nous paraît le plus simple et le plus légitime, l'opposition à paiement, est précisément le point qui paraît avoir soulevé le plus de difficultés en Allemagne. Les propriétaires dépossédés pratiquaient, en France, l'opposition à paiement bien avant la loi du 15 juin 1872, et c'était même à peu près le seul droit que notre jurisprudence leur eût reconnu ; ce qui, au contraire, provoquait les scrupules, c'était de fournir un duplicata, c'était de

---

(1) Cf. en droit français sur la possibilité d'admettre l'application aux titres au porteur des causes de suspension de la prescription. Paris, 13 mai 1865 (Sir. 65. 2. 153) et la note de M. Labbé sur cet arrêt. — Cf., aussi de Folleville, *Titres au Porteur* (Éd. 1875), p. 551, note 1 et n° 396.

(2) *Annuaire de Lég. comp.*, 1878, p. 168 (Traduct. de M. Georges Dreyfous).

permettre au propriétaire dépossédé, de toucher le paiement; que le débiteur refuse le paiement au porteur, qui en vertu de l'opposition devient un porteur suspect, qu'il avertisse l'opposant de façon à ce que la justice décide entre eux, rien de plus simple et de moins compromettant. Mais, au contraire, permettre d'effectuer un paiement libératoire aux mains de qui n'est pas porteur du titre, cela est grave, puisque le porteur éventuel, s'il est dans les conditions d'application de l'article 2279, a incontestablement le droit d'exiger le paiement en vertu de son titre; fournir un duplicata, c'est encore plus grave, car à moins de rendre la compagnie débitrice éventuelle des deux porteurs, cela équivaut à annuler le titre perdu ou volé, et cela au préjudice peut-être d'un possesseur de bonne foi; si bien qu'on était encore assez disposé à permettre le paiement aux mains du propriétaire dépossédé sauf garantie, caution ou nantissement, ou après prescription présumée du droit porté au titre; mais on refusait énergiquement de lui fournir un duplicata qui lui permît de négocier son titre. Même, aujourd'hui encore, notre loi de 1872 qui admet sans hésitation l'opposition aux mains du débiteur, et aussi l'opposition à négociation du titre, n'accepte qu'à la dernière extrémité, et sous les plus minutieuses garanties la possibilité de prononcer la déchéance du titre; tout le système de la loi 1872 repose sur une présomption de destruction du titre, laquelle va se fortifiant au fur et à mesure que les échéances se succèdent, sans que personne se présente, et ce n'est que lorsque la présomption est devenue presque une certitude, c'est-à-dire après un délai minimum de onze ans, pendant lequel aura trouvé place la plus sérieuse publicité, que notre loi permet de fournir un duplicata qui annule l'ancien titre (loi du 15 juin 1872, art. 15, art. 9); jusque-là le propriétaire dépossédé peut obtenir paiement des intérêts, ou même paiement du capital, s'il vient à échéance, ce qui est rare, sous l'obligation de fournir certaines garanties dont l'opposant sera libéré après un délai qui est très inférieur à celui de la prescription présumée des actions relatives aux sommes perçues, délai de deux ans pour les intérêts (art. 4), de dix ans pour le capital (art. 5); c'est par là et par la possibilité d'obtenir un duplicata du titre disparu que la loi nouvelle est en progrès sur la jurisprudence antérieure. En résumé, la loi française ne se croit pas le droit, ou du moins ne le prend qu'à la dernière extrémité, d'annuler le titre et par suite d'éteindre les droits éventuels d'un possesseur de bonne foi; mais tout en conservant au titre sa valeur, elle en restreint les effets puisqu'elle permet au débiteur de refuser tout paiement au porteur, l'autorisant, au contraire, à payer l'opposant; sous certaines garanties, il est vrai; de telle sorte que si un porteur se présente, il ait à débattre ses droits avec l'opposant sans que le débiteur y soit intéressé.

En Allemagne, au contraire, on pratique depuis longtemps la procédure de publication et d'annulation, tandis que la plupart des lois qui l'admettent sont muettes en ce qui touche l'interdiction de paiement (*Zahlungssperre*) aux mains du débiteur; on conçoit donc qu'on puisse arriver assez promptement à annuler le titre pourvu que la publicité ait été suffisante, mais tant qu'il reste valable, on n'admet pas qu'on en puisse diminuer la valeur et l'énergie, et le débiteur reste obligé envers le porteur; s'il refuse le paiement c'est à ses risques et périls (1), c'est ainsi que le Code de procédure et la plupart des lois anciennes sur la matière organisent la procédure de publication (*Aufgebotsverfahren*) et d'annulation par jugement aux termes du délai de publication (*Kraftloserklärung, Amortisation*), mais ne parlent pas d'interdiction de paiement et encore moins d'atteinte à la négociabilité du titre; celui-ci se transmet d'après les règles du droit commun, et les nouveaux acquéreurs n'ont rien à craindre à cet égard. Cependant, certaines lois plus récentes admettent le droit pour la justice saisie d'une procédure en publication et annulation de titres de faire défense au débiteur de payer au porteur (2).

284. Le projet suit ce dernier système; il admet la procédure de publication et d'annulation et, comme conséquence de l'introduction de la poursuite, l'opposition par voie de justice au paiement (art. 692 et 693). Pour ce qui est de la procédure de publication et le jugement d'annulation des titres, l'article 692 se contente de renvoyer aux articles du Code de procédure sur la matière (C. proc. allem., art. 837, art. 849 et suiv.). La procédure qui s'y trouve indiquée comprend trois séries d'actes : la requête au tribunal à fin de publication, les mesures et le délai de publication avec sommation au porteur d'avoir à présenter le titre à la justice (C. proc. allem., art. 841) et, enfin, le jugement d'annulation. Les délais de publication sont relativement courts, ce sont ceux repro-

---

(1) Cf. Brunner, dans l'*Handbuch d'Endemann*, II, § 199, p. 225.
(2) Cf. Brunner, *loc. cit.*, p. 226, par exemple Lois de Saxe, de Wurtemberg, d'Anhalt, de 1879, *Säch., Ges., vom, 6 März 1879*, § 9, *Anh., Ges., vom, 10 Mai 1879*, § 3. *Wurtemb., Ges., vom 18 August*, 1879.

duits par la loi prussienne du 10 mars 1877 (art. 7 et 8) (1), d'après la distinction suivante : si le titre comporte des feuilles de coupons émis par séries plus ou moins variables (art. 843), il faut que depuis la perte une nouvelle série ait commencé, que le premier coupon de cette série soit échu, et que six mois se soient écoulés depuis cette échéance sans que personne eût présenté le titre à l'effet d'obtenir une nouvelle feuille de coupons; mais, si le titre est muni d'une série de coupons pour plus de quatre années, il suffira que quatre années soient écoulées et l'on comptera le délai de six mois à partir de l'échéance du dernier coupon de ces quatre années, et à condition que, pendant tout ce temps, personne n'ait présenté les coupons pour en toucher le paiement. On voit, en somme, qu'une période moyenne de quatre à cinq ans sera ici suffisante. Une fois le jugement d'annulation intervenu, le titre disparu est frappé de déchéance et le débiteur obligé de fournir un nouveau titre (art. 695) (2). Seulement, l'article 692 ne rend pas cette procédure applicable aux coupons volés ou perdus.

285. En dehors de l'annulation, et dès l'introduction de la procédure, le projet admet l'opposition par ordre de justice aux mains du débiteur : celui-ci est donc tenu de ne plus délivrer aucune feuille de coupons au porteur du titre s'il se présente ; quant aux

(1) *Annuaire* 1878, p. 169.

(2) C'est à peu près pour le fond le système que proposait M. de Folleville, avant la loi de 1872 *Titres au Porteur* (Éd. 1875), n° 394). Seulement comme la loi française n'admettait pas l'annulation du titre, il fallait s'appuyer sur les principes généraux et chercher le moyen de rendre opposable au porteur le paiement fait à l'opposant. Pour y arriver, M. de Folleville, s'appuyait sur l'article 1240, qui déclare libératoire le paiement fait de bonne foi à celui qui est en possession de la créance; ce qui était doublement inexact; en ce que l'article 1240, suppose d'abord un possesseur de créance, tandis que dans l'hypothèse il s'agissait précisément de celui qui n'avait plus la possession et se prévalait de son droit pour en recouvrer la possession et l'exercice, et que d'autre part, l'article 1240 suppose la bonne foi, ce qui implique que le débiteur n'a aucun doute sur le droit de celui à qui il paie, alors que dans l'espèce il sait qu'il peut exister un porteur de bonne foi qui seul, en ce cas, ait droit au paiement de la somme portée au titre. Tant que le titre existe, il était donc impossible en s'appuyant sur les principes généraux de déclarer libératoire le paiement fait au propriétaire dépossédé. Pour arriver à ce résultat, il a fallu une loi, la loi de 1872. Le système de M. de Folleville pouvait être excellent comme solution désirable, il était difficilement conciliable avec les textes du Code civil et le caractère juridique du titre au porteur.

coupons délivrés avant l'opposition reçue et venus à échéance depuis, il est certain qu'ils ne tombent pas sous l'interdiction de paiement adressée au débiteur; ce peuvent être des coupons détachés du titre avant sa disparition, et restés aux mains du propriétaire ou négociés par lui; si, au contraire, ils ont disparu avec le titre principal, et il n'y a pas lieu davantage de leur appliquer les effets de l'interdiction de paiement, car celle-ci est la conséquence de la procédure de publication laquelle n'est pas applicable aux coupons perdus (art. 692 et 697). On sait, de plus, que les coupons d'intérêts conservent leur valeur en dépit de l'annulation du titre principal (art. 690, v. *supra*, n° 281). Nous avons déjà laissé entendre que le droit d'opposition n'avait été admis qu'à grand'peine; les auteurs du projet surtout ont dû se montrer hésitants, puisqu'ils avaient rejeté l'idée d'une série de cessions successives pour déclarer le débiteur engagé uniquement envers le porteur; le propriétaire dépossédé est à l'égard du débiteur un tiers sans droit, et par conséquent il paraissait difficile qu'une opposition en paiement pût être faite en son nom, même par justice. Le projet a dû céder ici aux nécessités de bon sens et d'équité et faire échec à la logique de ses principes un peu doctrinaires. Au surplus, si le propriétaire dépossédé n'est pas créancier du souscripteur et que celui-ci n'ait d'autre créancier que le porteur, l'opposant a lui-même quelque chance d'être créancier du porteur, si celui-ci est un possesseur sans droit; et, par suite, on comprend qu'il puisse être autorisé par justice à pratiquer une sorte de saisie-arrêt aux mains du débiteur de ce dernier.

286. On a vu qu'il n'était pas question de paiement aux mains de l'opposant; cela tient à ce que le paiement ne peut être fait qu'au porteur, tant que le titre conserve sa valeur; s'il s'agit d'intérêts, ceux-ci seront représentés par des coupons à l'égard desquels il n'y a ni annulation ni opposition possibles; nous allons y revenir; si même la feuille de coupons est épuisée, l'opposant n'est pas admis sur-le-champ à toucher les nouvelles échéances, car c'est précisément à ce moment qu'il y a chance de voir se présenter le porteur du titre à l'effet de réclamer une nouvelle feuille; du reste, lorsqu'il en est ainsi, l'opposant n'a plus qu'un délai très court à subir avant d'obtenir le jugement en annulation de titre, c'est l'hypothèse de l'article 843 du Code de procédure et, une fois celui-ci annulé, il recevra les échéances en retard. S'il s'agit du capital devenu exigible, il lui faudra de toutes façons attendre que les droits du porteur soient annulés.

287. — *Perte ou vol de coupons.* — On sait déjà lorsqu'il s'agit de coupons disparus que l'annulation n'est pas possible (art. 692, *supra*, n° 284 *in fine*). Il y avait là des difficultés pratiques insurmontables, puis une question de délai qui rendait la chose fort compliquée; il importe, en effet, de prescrire en matière d'arrérages un délai de paiement assez court et la procédure d'annulation exige au contraire forcément pour être sérieuse un délai de publication assez long; si ce dernier doit se confondre avec le délai de prescription l'annulation devient inutile; c'est ce que la plupart des législations ont pensé; seulement plusieurs, tout en n'admettant plus ici l'annulation du titre, ont permis l'opposition au paiement; ou ce qui est la conséquence de l'interdiction de paiement, la sommation au débiteur d'avoir à consigner la somme jusqu'à l'expiration du délai de prescription : c'est le système du Code fédéral (C. féd., art. 857). Le projet y voit une contradiction; il n'a admis l'opposition qu'en prévision de l'annulation éventuelle : si donc celle-ci n'est pas recevable, l'interdiction de paiement, qui n'est autre qu'une annulation partielle, doit être rejetée, et il y aura lieu de conserver au titre sa pleine efficacité. Malgré tout avertissement ou opposition officieuse, le débiteur peut encore payer au porteur et se libérer : c'est sur ce point que l'on donne satisfaction aux nécessités de pratique sur lesquelles, avant la loi de 1872, s'appuyaient chez nous les compagnies pour soutenir qu'elles n'avaient pas à tenir compte de l'opposition. Seulement si après le délai de paiement, prescrit en matière de coupons, lequel est de quatre ans, personne ne s'est présenté, le débiteur étant assuré de n'avoir plus rien à payer au titre, il lui est enjoint de verser la somme aux mains de l'ancien propriétaire dépossédé, pourvu que celui-ci ait dénoncé la perte avant le délai de prescription (1); cet avertissement vaut interruption à son profit, et, sous la condition pour lui de prouver qu'il était propriétaire du coupon et qu'il l'a perdu, il en touchera le montant à l'expiration des quatre ans si le débiteur ne l'a pas payé dans ce délai au porteur du coupon (art. 697).

288. Enfin il arrive très souvent que les titres au porteur soient accompagnés d'un talon, qui lui-même soit souscrit au porteur, et

(1) Cf. *Loi Prussienne du* 10 *mars* 1877, art. 18 (*Annuaire* 1878, p. 171).

donnant droit à la réception de nouvelles feuilles de coupons ; le talon est lui-même un titre au porteur, mais qui est considéré comme devant rester attaché à la possession du titre principal et ne devant pas être aliéné sans celui-ci (1) ; si donc le possesseur du titre perd le talon, il lui suffira d'avertir le débiteur pour que celui-ci doive refuser toute nouvelle feuille de coupons au porteur du talon (art. 698).

289. *Conversion.* — La conversion a pour but de garantir les propriétaires de titres au porteur contre les dangers de disparition et d'assurer aussi l'application des prescriptions légales en matière d'incapacité ou d'inaliénabilité, comme s'il s'agit par exemple de titres appartenant à des mineurs ou compris dans un patrimoine formant l'objet d'une substitution. Mais, d'autre part, elle aggrave la situation du débiteur, puisqu'au lieu de pouvoir payer au porteur quelconque, il devra, pour que le paiement soit libératoire, s'assurer de l'identité ou des droits de celui qui lui présente le titre ; il perd le bénéfice de la sécurité. Aussi les lois d'États particuliers n'avaient guère conçu la possibilité d'une conversion au gré du porteur et sans la participation et le gré du souscripteur du titre : la conversion n'était jamais obligatoire pour le débiteur. Cependant certains États avaient admis une mise hors cours du titre susceptible d'être pratiquée à la volonté du porteur, et sans participation du débiteur, mais n'étant jamais que provisoire, et n'ayant pas pour but de changer absolument la nature du titre, mais d'en modifier les effets. Le type des législations de ce genre nous est offert par la législation prussienne (2). Ici la mise hors cours doit être pratiquée par l'autorité publique, tout au moins s'il s'agit d'effets publics ; elle consiste dans une mention inscrite au titre, et indiquant le nom et le droit du propriétaire ; elle a pour effet d'enlever au titre son caractère de papier de légitimation ; si elle était faite par le propriétaire seul, sans participation d'un officier public, elle serait inopposable au débiteur, le titre conservant alors son caractère de papier de légitimation ; mais elle aurait effet au point de vue de la transmission du titre,

---

(1) Cf. Brunner, dans l'*Handb. d'Endemann*, II, § 199 (p. 204 et 205).

(2) V. citations dans Brunner (*Handbuch*, II, § 199, p. 216, note 5). — Cf. sur la mise hors cours du droit prussien, une note de M. Flurer, accompagnant la traduction qu'il a donnée dans l'*Annuaire* de la loi prussienne du 5 juillet 1875 sur la tutelle (*Annuaire* 1876, p. 452, note 5).

en ce sens que la propriété n'en pourrait être acquise que par voie de tradition émanant du véritable propriétaire; la mention inscrite au titre suffirait donc à écarter l'application des articles 306 et 307 du Code de commerce (voir *supra*, nº 279) (1). Dans d'autres États, la Saxe-Weimar par exemple, on se contente d'une mention privée sans participation d'un officier public; il suffit que le propriétaire inscrive la mention « *mis hors concours* » (*Ausser kurs gesetz*), suivie de ses nom et domicile et de la date (loi du 9 avril 1879) (2). Certains États admettent une mention impersonnelle (3). Enfin, en Autriche et en Bavière, il y a une institution spéciale (*Vinkulirung*) qui consiste en une sorte de conversion en titre nominatif avec mention d'indisponibilité pour les titres destinés à servir de cautionnement (4).

Toutes ces entraves à la négociabilité et au fonctionnement des titres au porteur sont aujourd'hui universellement condamnées (5), bien que Gierke prétende qu'en Prusse on regretterait la mise hors cours qui actuellement est tout à fait passée dans les usages du commerce (6). Il est certain, en tout cas, que cet usage prussien acquiert une grande importance par suite de ce fait qu'en cette matière on applique forcément, au cas de conflit, la loi du lieu originaire du titre, laquelle n'est autre que celle du domicile du débiteur qui l'a émis, d'où il suit qu'en Allemagne les titres d'Empire émis au porteur reçoivent l'application des règles prussiennes sur la mise hors cours (7).

290. Quoiqu'il en soit, le projet ne pouvait rien admettre de semblable, il ne pouvait pas davantage permettre la conversion contre le gré du débiteur; toutes ces mesures avaient été repous-

---

(1) Brunner, Handb., II, p. 217.

(2) Brunner, *loc. cit.* On peut voir un modèle officiel de la mention de mise hors cours dans la *Revue de Goldschmidt* (*Zeitsch., F. H. R.*, XXIX, p. 561). Il se trouve dans une déclaration ministérielle du 22 mai 1884, du grand-duché d'Oldembourg, relative aux titres des tuteurs et curateurs, déposés sous forme de cautionnement comme garantie de leur gestion.

(3) Motifs sur l'art. 700 (II, p. 714).

(4) Kerstorf, dans *Verhandl, des VIIᵉⁿ deutsch. Juristentages*, p. 143, p. 150.

(5) V. spécialement Koch, *Geld und Werthpapiere* (dans *Bekker-Beiträge*, fasc. 4, p. 41 et 42).

(6) Gierke, *Der Entwurf* (*Rev. de Schmoller*, XIII, p. 225).

(7) Brunner, *Handb.*, II, p. 219, Förster et Eccius, *Preuss. Priv. R.*, I, § 65, note 38.

sées au VII° Congrès des jurisconsultes allemands et condamnées
par la pratique. A plus forte raison ne pouvait-il y souscrire étant
donné son système d'un engagement direct à l'égard du porteur
quelconque du titre sans détermination individuelle. On pourra,
d'ailleurs, obvier aux dangers que présente le caractère du titre
par les dépôts en banque; c'est, par exemple, ce qui est ordonné
pour les titres des mineurs; l'article 1670 prescrit sans doute la
conversion là où elle est possible; comme elle ne l'est pas toujours,
il donne le choix au tuteur, ou de faire inscrire les titres au nom
du pupille ou d'en opérer le dépôt à la Banque impériale; et, dans
ce cas, le retrait ne pourra en être réalisé que par autorisation du
tribunal de tutelle (art. 1670) (1). Donc l'article 700 se contente de
déclarer que la conversion au nom d'une personne déterminée ne
pourra avoir lieu que du consentement du débiteur, et que celui-ci
ne pourra jamais y être forcé.

291. *Principe de la libre émission. Atténuations.* — L'article 701
proclame le droit pour tout particulier de souscrire des titres au
porteur; mais avec cette grave exception que s'il s'agit d'une série
d'obligations ayant pour objet une somme d'argent déterminée, il
faudra l'autorisation administrative. Cette dernière sera donc requise pour les titres émis par les communes et pour ceux des sociétés de banque, de commerce ou d'industrie. Cette autorisation
devra émaner du pouvoir central; seulement on aurait pu comprendre qu'il n'y eut qu'une autorité compétente, celle de l'État
du lieu d'émission. On paraît avoir craint une sorte de conflit entre
les divers États fédérés, et on admet qu'il suffira de l'autorisation
d'un État quelconque; si bien, a-t-on fait remarquer, qu'une maison de banque de Berlin qui aurait lieu de se défier des autorités
prussiennes, pourra obtenir d'une petite principauté allemande
quelconque le droit d'émettre des obligations au porteur; cela peut

---

(1) Cf. Koch, *loc. cit.* (*Bekker-Beiträge*, fasc. 4, p. 52 et 53). — Cet
article 1670 ne fait en somme que reproduire l'article 3 de la loi du 16 juin
1887, sur la tutelle pour l'Alsace-Lorraine; avec cette différence toutefois
que dans cette dernière, c'est au conseil de famille qu'il appartient de décider quelles mesures doivent être prises en ce qui touche les titres au
porteur, tandis que l'article 1670 du projet impose au tuteur, à moins que
le tribunal de tutelle l'en dispense de prendre l'une des deux mesures indiquées (*Annuaire* 1888, p. 384). On pourra comparer avec l'article 60 de
la loi prussienne du 5 juillet 1875, inspiré par la théorie prussienne sur la
mise hors cours (*Annuaire* 1876, p. 452).

paraître bizarre (1). L'autorisation devra être publiée. Enfin la sanction du défaut d'autorisation sera la nullité du titre et l'obligation pour celui qui a souscrit l'émission irrégulière d'indemniser les porteurs du préjudice qui peut en résulter pour eux. En dehors de cette hypothèse, les particuliers peuvent librement souscrire une obligation individuelle au porteur, quel qu'en soit l'objet, ou, s'il s'agit d'émission en masse, mettre en circulation des titres au porteur (2) ayant pour objet toute prestation autre qu'une somme d'argent fixée à un chiffre déterminé (3). L'article 701 en indique de très intéressantes applications : seront traités comme titres au porteur les billets, marques et contremarques, tickets d'abonnement de toutes sortes, dès qu'il ressortira de la nature des choses que celui qui les a émis a entendu s'engager envers le porteur quelconque; ce qui rend assez difficile, il faut bien l'avouer, l'application de l'article 686 sur la validité du titre soustrait avant l'émission : un directeur de théâtre timbre une série de billets qui lui sont volés avant d'être distribués au guichet; pour éviter qu'on puisse s'en servir, il met en circulation d'autres tickets portant une marque différente, de telle sorte qu'on

---

(1) Gierke (*Rev. de Schmoller*, XIII, p. 226). — Koch (*Bekker-Beitträge*, fasc. 4, p. 44).

(2) Cf. pour le droit français, de Folleville, *Titres au porteur* (1875), n° 171 et 172). — Savigny, au contraire, en partant de la théorie d'un contrat avec personne incertaines, admis exceptionnellement par la loi en dehors des règles du droit commun, exigeait dans tous les cas l'autorisation administrative (Savigny, *Oblig.*, § 65). — Cf. Notre étude sur les sources de l'obligation (*Bulletin* 1889, p. 656, note 5).

(3) Cette distinction n'apparaît pas très clairement dans le texte de l'article 701, si ce n'est que celui-ci parle au pluriel de l'émission d'*obligations de sommes d'argent;* mais il est bien certain qu'il n'entend pas obliger à demander l'autorisation le particulier qui souscrit un billet au porteur, fût-il d'une somme d'argent déterminée; il ne vise que l'*émission d'obligations,* donc la mise en circulation et l'offre au public d'une série d'obligations. Du reste, il faut bien reconnaître, quoique cette délimitation ne ressorte guère des textes, que tout l'ensemble des dispositions du projet sur la matière ne parait guère avoir en vue que l'*émission* proprement dite de séries d'obligations et non la simple *souscription* d'un billet au porteur. L'idée d'un engagement unilatéral envers un créancier indéterminé n'est guère acceptable que dans le premier cas, tandis que l'idée de contrat domine forcément dans le second. Cela veut-il dire que le projet ait entendu distinguer entre les deux cas? Nous ne le croyons pas; seulement ce qui est certain c'est que son système paraîtra bien anormal au cas de simple souscription individuelle; et pour cette hypothèse on pourra parfois être tenté de faire du titre plutôt un papier de légitimation (art. 703) qu'un titre au porteur au sens du projet.

puisse reconnaître et refuser à l'entrée tous les billets volés ; dira-t-on que ceux-ci n'en seront pas moins valables et que les porteurs auront droit aux places indiquées sur le billet, ou tout au moins au remboursment du prix ? Cela peut paraître étrange. Il est vrai que les dispositions de notre section ne seraient pas de nature à 'imposer aux particuliers et que pour les titres dont il s'agit, ceux qui les émettent pourraient éviter l'application de l'article 686 en indiquant sur le billet que celui-ci n'est valable qu'après avoir été distribué au bureau ou par les mains des employés autorisés de l'administration. On pourra faire même remarque pour les billets de chemins de fer.

292. *Simples titres de légitimation.* — Il ne faut pas confondre avec les titres au porteur, lesquels, dans toutes les théories, donnent à celui qui les présente le droit d'en exiger le paiement sans autre justification et sans que le débiteur puisse soulever la question de défaut de qualité, les papiers qui, tout en indiquant le nom d'un créancier déterminé, sont cependant payables au porteur sans autre condition, soit qu'ils contiennent une cause analogue à l'ancienne formule alternative des titres du moyen âge : *Vous paierez à un tel ou au porteur* (1); soit que ce caractère résulte de la loi, des usages ou de la nature des choses. Les titres de ce genre n'ont pas pour effet de donner au porteur, en tant que porteur, le droit d'exiger le paiement; le porteur ne peut l'exiger qu'à titre de créancier, donc comme cessionnaire ou mandataire; et c'est en cela qu'ils diffèrent des véritables titres au porteur; mais ils ont pour effet de dispenser le débiteur de la vérification des titres et qualité du porteur et lui permettent de payer entre ses mains sans autre justification. Le paiement ainsi fait sera libératoire. Mais, d'autre part, le débiteur conserve le droit d'exiger du porteur la preuve de son droit, puisque celui-ci, en tant que porteur, n'acquiert aucun droit contre le débiteur et ne peut agir contre lui que comme cessionnaire ou représentant du créancier. Il s'ensuit également qu'au cas de perte le propriétaire du titre aura de droit qualité pour faire opposition au paiement. Toute cette théorie des papiers de légitimation a été fort bien présentée par Brunner; l'article 703 du projet ne fait que la reproduire en l'appliquant aux titres portant mention d'un nom déterminé avec indication de faculté de paiement au porteur du titre. Des papiers de ce genre sont de simples

(1) V. *supra,* n° 269.

titres de légitimation sans engagement direct envers le porteur; on revient ainsi à l'idée de cession. Seulement le débiteur a le droit de payer à qui présente le titre sans autre justification. Les titres de ce genre ou titres analogues sont assez nombreux, par exemple les reconnaissances de dépôt délivrées par la banque d'Empire (1); les reçus postaux, lesquels sont rédigés au nom du destinataire et qui donnent droit néanmoins à l'administration des postes de délivrer le colis sur la seule présentation du titre sans autre information; il en est de même des mandats sur la poste (2), les livrets de caisse d'épargne, les reconnaissances de prêts sur gage, celles-ci constituant un titre très particulier au moins dans le système prussien de la loi du 17 mars 1881 sur la profession de prêteur sur gages (3). Le titre est écrit au nom de l'emprunteur avec faculté pour le porteur de retirer le gage, sous condition de remboursement bien entendu, mais sur la seule présentation du titre, et sans avoir à justifier d'aucun mandat ni cession (*art.* 17 *de la loi du* 17 *mars* 1881). Ici la dispense de justification de qualité constitue bien un droit pour le porteur tout autant qu'une faculté pour le débiteur. Il s'agit bien là d'une sorte de titre mixte, impliquant droit au profit du porteur, considéré, sans admission de la preuve contraire, comme légitime cessionnaire ou comme mandataire de l'emprunteur. Seulement ce titre n'a qu'une valeur temporaire; car si trois semaines se sont écoulées depuis l'échéance et que la vente du gage n'ait pas encore eu lieu conformément au droit qui appartient au gagiste à cet égard, l'emprunteur peut retirer le gage sans même avoir à présenter le titre, pourvu qu'il opère le remboursement, cela revient à dire que les droits du porteur sont éteints (*art.* 8 *de la loi du* 17 *mars* 1881) (4). C'est donc à ces sortes de titres et autres analogues que l'article 703 du projet a voulu faire allusion pour les distinguer des titres au porteur proprement dits et leur garder le caractère de simples papiers de légitimation (5).

(1) Cf. Koch, *Die Drucksachen der Reichsbank*, dans *Zeits. f. Hand. R.*, XXIII (*Beilageheft*), p. 237 et suiv., pp. 271, 274, 279.

(2) Postgesetz, vom 20, Oktob. 1871, § 49 et Postordnung, vom 18 Décemb. 1874, § 37. — Pour les mandats sur la poste, V. Schott (*Transport Geschaft*) dans *Handb. d'Endemann*, III, § 369, note 13.

(3) *Annuaire* 1882, p. 180 (Traduct. de M. Louis Thévenet).

(4) Brunner (*Handb.*, II, § 190 *Anhang*, p. 235). — Cf. Dernburg, *Preuss. Priv. R.*, I (3e édit.), p. 888, note 11, add. Cohn, *Kreditgeschäfte* (*Handb.*, III, § 443, note 64).

(5) Cf. Cod. sax., art. 1048 : « *Si, dans le titre, le créancier est désigné,*

§ 5. — EFFETS ACCESSOIRES DES CONTRATS.

293. Nous avons étudié les effets directs résultant du contrat, les uns applicables à tous, les autres propres à certains contrats particuliers; il nous reste à dire quelques mots d'effets résultant de clauses accessoires, et supposant une convention expresse adjointe au contrat. Dans cet ordre d'idées, le projet traite des arrhes, de la clause pénale et de la résolution conventionnelle.

294. *Arrhes.* — Le projet considère les arrhes, conformément aux précédents historiques (1), comme signe de la conclusion du contrat et non comme faculté de dédit, sauf convention expresse à ce sujet bien entendu (art. 417). De plus, l'article 418 présume, comme le font la plupart des législations (2), que les arrhes sont données en acompte sur la prestation à fournir par la partie qui les offre.

Rien de plus facile, s'il s'agit d'une prestation en argent; dans le cas contraire, les arrhes seraient restituées une fois l'obligation de celui qui les a remises accomplie, ce qui se produira, en somme, toutes les fois qu'il n'y aura pas entre les arrhes et l'objet de la dette rapport de fongibilité. Il y aura aussi droit à restitution si le contrat est annulé ou résolu (art. 419).

Nous n'avons à noter ici que le système dissident du Code fédéral qui considère les arrhes comme supplément de prix et non comme un acompte sur le prix. Toutefois, si celui qui les a données est responsable de la nullité ou de la résolution du contrat, celui qui les a reçues les garde, comme acompte sur les dommages-intérêts qui peuvent lui être dus, et tout au moins comme minimum d'indemnité (art. 419).

295. *Clause pénale.* — Le projet envisage la clause pénale sous un double point de vue, comme moyen de contrainte et comme es-

---

mais que le paiement soit promis au porteur, le premier est le légitime titulaire du droit, mais le débiteur est autorisé à se libérer en payant au porteur quelconque du titre. »

(1) V. Stobbe, *Zur Geschichte des deutschen Vertragsrechts* (Leipz., 1855, p. 50-56). — Cf. Du Cange, v° *Denarius Dei.*

(2) Pour le droit commun, voir Windscheid, *Pand.,* § 325. — Cf. C. de comm. all., art. 285; C. civ., art. 1590, et 1715. — *Contra,* C. féd., art. 178.

timation à forfait des dommages-intérêts pour inexécution. Le moyen de contrainte consiste dans la menace d'exiger la peine si l'exécution n'est pas fournie; il est vrai qu'en pareil cas le créancier a toujours à son service la menace des dommages-intérêts; mais encore faut-il avant de les obtenir poursuivre le fait principal. Ce n'est qu'à la dernière extrémité, et s'il y a impossibilité d'avoir la chose, que l'obligation se transforme en dette d'indemnité (art. 243, *supra*, n° 25). Or la clause pénale constitue, au contraire, une sorte d'alternative portant sur la peine et sur l'objet de la dette, de sorte que le créancier, lorsque les conditions mises à l'ouverture de son droit sont acquises, a le choix entre les deux facultés qui lui sont offertes; par conséquent, il peut d'emblée exiger la peine, et l'on comprend que cette mesure puisse agir à l'égard du débiteur comme moyen de contrainte à l'effet de l'obliger à payer ce qu'il doit.

Si le créancier choisit la peine, son choix est irrévocable, c'est le droit commun en matière d'alternative (*supra*, n° 9); il ne pourra donc plus exiger à nouveau la chose ni même les dommages-intérêts proprement dits, puisque ceux-ci supposent qu'il y a eu demande d'exécution en nature. Mais si le créancier se décide pour l'exécution en nature, son choix n'est plus absolument irrévocable en ce qui touche la peine; et c'est ici qu'apparaît la seconde fonction de la clause pénale : elle est une évaluation à forfait des dommages-intérêts, ou, comme dit Pothier (1), compensatoire des dommages-intérêts. Si donc l'exécution en nature n'est pas acquise ou devient impossible, d'impossibilité matérielle ou fictive, peu importe, le créancier peut revenir à la clause pénale et exiger la peine, non plus comme objet de l'alternative qu'il s'était ménagée, mais comme taux de l'indemnité qui lui est due : il est vrai qu'il y faut cette fois une condition nouvelle, l'impossibilité matérielle ou fictive d'exécution. La plupart des législations s'en tiennent là : la clause pénale constitue un forfait; par suite, le créancier ne peut, en outre, demander de plus amples dommages-intérêts, il doit s'en tenir à ceux qu'il a prévus et fixés lui-même. Ceci d'ailleurs a un fondement historique. Dans les coutumes du moyen âge, et jusqu'à une époque assez avancée, on ne connaissait pas l'action subsidiaire en dommages-intérêts, de sorte qu'on stipulait une peine destinée à en tenir lieu; et il va de soi qu'au cas d'inexécution on

---

(1) Pothier, *Oblig.*, n° 342.

n'avait droit qu'à la peine convenue (1). Cela pouvait avoir, il est vrai, le gros inconvénient de pousser les contractants à imposer un taux énorme. Il y a donc de nos jours une tendance très accentuée à considérer la peine fixée comme un forfait qui ait pour but de dispenser le créancier de la preuve du préjudice souffert, mais qui ne lui enlève pas le bénéfice de plus amples dommages, s'il croit pouvoir établir que la peine reste au-dessous du préjudice.

Le Code de commerce, le Code saxon et le Code fédéral ont admis ce système (2). Ce qu'il y a de bizarre dans ce dernier, c'est qu'il redoute encore les peines conventionnelles excessives et permet au juge de les réduire (C. féd., art. 182). Cela vise sans doute certains contrats usuraires dissimulés sous l'apparence d'une clause pénale (3). Or, ce remède arbitraire est peu satisfaisant; si la clause pénale dissimule un contrat illicite on l'annulera, mais il y a grand inconvénient à permettre au juge, sans autre condition et sans autre preuve, de substituer son appréciation, même équitable, à la volonté des parties (cf. C. civ., art. 1152). Le projet respecte donc ici la liberté des conventions; seulement, il permet au créancier, s'il juge que la peine est inférieure au dommage, de demander plus ample indemnité à la charge par lui d'en établir les éléments; mais il résulte de ce que nous venons de dire que, s'il demande la peine, le débiteur n'aurait pas le droit d'en poursuivre la réduction en prouvant qu'elle dépasse le préjudice réel (art. 420). Si la peine a été stipulée en vue d'une exécution incomplète ou irrégulière, les solutions données par le projet sont conformes aux principes qui viennent d'être posés : la peine pourra se cumuler avec l'obtention de la chose principale (cf. C. civ., art. 1229), si ce n'est que le créancier, en acceptant cette dernière, doit faire ses réserves sur ses droits à la peine. Ce lui sera facile au cas de retard; ce le serait moins au cas d'exécution irrégulière, s'il ignore l'irrégularité et que celle-ci ne soit pas apparente. Aussi l'article 421 lui conserve le droit d'exiger la peine s'il a ignoré, lors de l'exécution, le droit qu'il

(1) Stobbe, *Zur Geschichte des deutschen Vertragsrechts*, p. 32 et suiv. L'ancien droit allemand ne donnait action que pour poursuivre l'objet dû ou sa valeur représentative, sans qu'il y eût action pour l'ensemble du préjudice souffert.

(2) H. G. B., art. 284, § 3. — Sächs., G. B., § 1428; C. féd., art. 180-2. — *Contra*, Preuss. A. L. R., I. 5, § 293. — Œsterr. G. B, § 1336. — C. civ., art. 1229 et art. 1152. Le système du projet était déjà, du reste, celui du droit romain (Windscheid, *Pand.*, § 285, note 15. V. aussi Pothier, *Oblig.*, n° 342).

(3) Cf. Gierke, *Der Entwurf* (*Revue de Schmoller*, XIII, p. 215).

pouvait avoir d'invoquer la clause pénale (art. 421). Enfin, conformément aux principes posés, le créancier pourra, au lieu de la peine, s'il trouve celle-ci insuffisante, demander ici encore plus amples dommages-intérêts, sous la condition d'en établir la cause et les éléments (1).

296. Les conditions d'ouverture de la clause pénale se résument en une seule, la demeure du débiteur. C'est le droit commun (C. civ., art. 1230); mais il faut se souvenir que le projet a admis la règle : *Dies interpellat pro homine* (*supra*, n° 28, art. 245). D'autre part, si l'obligation consiste à subir un fait ou à laisser faire, la peine sera encourue dès qu'il y aura un fait d'opposition régulièrement constaté (art. 422). Le créancier sera d'ailleurs déchu du droit d'exiger la peine, si c'est par sa faute que l'obligation principale ne peut être exécutée, ou d'une façon générale si cette dernière vient à s'éteindre avant que la peine soit encourue (art. 423); cette dernière disposition n'est que la conséquence du caractère accessoire de la clause pénale; de même celle-ci sera-t-elle nulle toutes les fois que l'obligation principale le sera, et alors même que les parties eussent connu les causes de nullité de l'obligation (art. 424); on ne pouvait leur donner le moyen de valider par voie d'une peine accessoire un contrat immoral ou illicite (2). Enfin comme la peine implique l'inexécution, ou autrement dit le maintien de l'obligation principale, ce n'est pas au créancier, lorsqu'il poursuit la peine, à prouver que le débiteur n'a pas exécuté; mais à celui-ci d'établir l'exécution régulière, puisque de droit commun c'est au débiteur à prouver sa libération (art. 425) (3).

297. *Clause de résiliation.* — Notre tâche, en ce qui touche le retrait conventionnel, se trouve singulièrement facilitée par les développements historiques et dogmatiques que nous avons donnés à propos de la résolution légale. Nous nous contenterons de fournir ici un exposé méthodique des dispositions du projet sur la résolution conventionnelle, que nous appellerons résiliation pour éviter toute confusion; et nous rappellerons enfin, que les règles que nous

(1) Cf. C. féd., art. 179-2°.
(2) Cf. C. civ., art. 1227; C. féd., art. 181.
(3) Cf. Windscheid, § 285-5°. Il ne faut donc pas dire, comme on l'a quelquefois laissé entendre, qu'il y ait là une dérogation aux principes. — Cf. C. saxon, art. 1435 (éd. Francke, Leip., 1888, p. 255, note 2).

allons poser seront applicables à la résolution légale dans les cas exceptionnels où elle est admise, de là leur importance; applicables aussi dans toutes les hypothèses traditionnelles de clause résolutoire, *Lex commissoria, pactum displicentiæ, in diem addictio*, etc.

298. *Déclaration de résiliation* (art. 426). — Le principe du projet est qu'il n'y a pas de résiliation judiciaire. Lorsqu'une partie s'est réservé le droit de résoudre le contrat, sous une condition acceptée par les contractants, dès que la condition prévue se trouve réalisée, il suffit d'une déclaration de volonté émanant de celui à qui appartient le droit de résiliation, et adressée directement à l'autre, pour que la résolution soit acquise. Ce système diffère donc à la fois de celui de la résolution de plein droit, opérant à la façon d'une condition résolutoire, et de la résolution judiciaire qui suppose l'intervention du juge et d'ordinaire le droit pour celui-ci d'accorder des délais avant de la prononcer (cf. C. civ., art. 1184). C'est d'ailleurs un des traits caractéristiques du projet d'avoir supprimé partout où il l'a pu l'intervention de la justice pour les actes qui constituent un droit pour les particuliers et qui ne dépendent que de la volonté de celui qui est autorisé à les exercer : on comprend que la justice n'ait pas à intervenir, l'intéressé n'a qu'à manifester sa volonté par un acte précis adressé à celui à l'égard duquel cet acte doit produire ses effets.

Le projet en traite d'une façon générale à l'article 74 (1) ; et nous avons vu une des applications les plus intéressantes du système en matière de compensation (art. 282, *supra*, n° 56); nous en trouvons une autre ici en ce qui touche la résiliation (2). Toutes ces déclarations de volonté sont des actes unilatéraux, indépendants de l'acceptation de celui à l'égard duquel ils doivent produire leurs effets (art. 426).

299. *Effets de la résiliation.* — C'est ici l'un des points véritablement nouveaux du projet et qui sera l'un des mieux venus des économistes : le projet établit une résiliation personnelle et non réelle, ne devant résoudre que les obligations et non la propriété; la condition résolutoire de droit commun opère *ipso jure*, résolvant la propriété et les droits réels et, bien que n'ayant pas effet rétroactif,

---

(1) *Motifs*, I, p. 156.
(2) Autre exemple en matière de réméré (art. 477). V. notre étude sur les *Sources de l'obligation*, n° 28 (*Bull.*, 1889, p. 611). — Cf. *supra*, p. 138, note 2.

opposable aux tiers (art. 129 et 871). Le projet aurait pu traiter de même la résolution conventionnelle, en ce qui touche ses effets tout au moins ; c'est ce que fait notre article 1184 et ce que font aussi le droit autrichien, le Code saxon et la plupart des projets législatifs allemands, de même enfin le droit prussien (1). Mais on a reconnu qu'un pareil système était préjudiciable au crédit ; et le projet n'attribue à la résiliation conventionnelle les effets absolus de la condition résolutoire que si les parties se sont formellement exprimées à cet égard. Non seulement la résiliation n'est pas opposable aux tiers, mais l'acquéreur eût-il même connu la clause de retrait, n'est pas responsable envers la partie qui peut s'en prévaloir ; car la clause de retrait n'a fondé d'obligation qu'entre les parties, et celle qui a droit de l'invoquer n'acquiert pas pour cela action contre les tiers (2). Cette obligation de restitution dérive d'une clause du contrat et non pas simplement de l'enrichissement sans cause, comme en matière de *condictiones;* il s'ensuit que du jour où la résiliation est acquise, chacune des parties est personnellement obligée, non seulement à restituer ce qu'elle a reçu, mais à remettre les choses dans l'état où elles seraient si le contrat n'était pas intervenu (*obligatio ad restituendum in integrum*) ; il en résulte que si l'une des parties a reçu en exécution du contrat une somme d'argent productive d'intérêts, ou toute autre chose productive de revenus, fruits et intérêts devront être restitués avec la chose qui les a produits (3) ; et comme cette obligation éventuelle peut se réaliser à tout moment et que les parties doivent s'y attendre, il y a pour elles, avant même toute déclaration de résiliation, devoir d'administration et de surveillance, mesuré sur le type du bon administrateur ; si bien que celles des parties qui aura reçu une chose frugifère dont elle devrait restitution une fois le retrait prononcé, sera responsable des fruits non perçus et qu'elle aurait dû toucher. Pour ce qui est de la restitution des impenses,

(1) Œsterr., G. B., §§ 919, 1083, 1084. — Sächs., G. B., §§ 1107 et suiv. — A. L. R., 11, §§ 331, 332, 272.

(2) Cf. *Motifs*, II, p. 281.

(3) Chez nous la question de restitution des fruits, en ce qui touche l'application de l'article 1184, se présente comme l'une des faces de la question de rétroactivité en matière de condition résolutoire ; il s'agit de savoir si la rétroactivité s'applique aux fruits et la question est ici très controversée (V. Aubry et Rau, IV, § 302, note 76). Le projet, en matière de résiliation conventionnelle, rejette l'idée de condition résolutoire et arrive, par l'idée d'une obligation réciproque de restitution de l'état antérieur, à imposer restitution des fruits et intérêts.

on applique les dispositions admises au regard du possesseur de bonne foi (art. 936 et suiv.). Tout ceci revient à dire que si le contrat a déjà été exécuté, partiellement tout au moins, de part et d'autre, les parties sont tenues chacune d'une obligation réciproque; et ces obligations réciproques seront analogues à celles qui dérivent d'un contrat synallagmatique : c'est, fictivement du moins, un contrat synallagmatique inverse; et il s'ensuit que ces obligations réciproques devront s'exécuter comme celles qui résultent du contrat synallagmatique, c'est-à-dire simultanément, ou trait pour trait, comme disent les Allemands (*zug um zug*) (art. 428, cf. art. 364 et 365).

300. Mais qu'arrivera-t-il si la restitution n'est plus possible par suite de perte par cas fortuit? Si nous étions véritablement en présence d'obligations réciproques résultant d'un contrat synallagmatique, nous appliquerions la règle qui met les risques à la charge du débiteur; d'où cette conséquence que celui qui doit restitution et ne peut plus la fournir, ne pourrait plus demander restitution de ce qui lui est dû, donc ne pourrait plus prononcer la résiliation (art. 368).

Le projet n'admet pas ce point de vue et son raisonnement est très correct : il y a bien, dit-il, obligations réciproques et par suite analogie avec l'hypothèse du contrat synallagmatique; mais il n'y a qu'analogie et il serait faux de considérer les parties obligées à restitution de ce qu'elles ont reçu comme tenues en vertu d'un véritable contrat synallagmatique, d'autant plus que très souvent il n'y aura d'obligation qu'à la charge de l'une d'elles et qu'il sera assez rare que celle qui se plaint de l'inexécution et impose de ce chef la résiliation ait elle-même reçu quelque chose. La vérité est qu'il y a obligation réciproque de remettre les choses dans l'état primitif, et cette obligation existe au profit de celui qui a droit à la résiliation ; donc ce dernier, dès que la condition mise à l'ouverture de son droit existe, peut demander restitution, autrement dit peut exiger qu'on le remette dans la situation où il aurait été sans le contrat intervenu, et cela alors même que, de son côté, il fût dans l'impossibilité, par suite de cas fortuit bien entendu, de replacer l'autre partie dans la situation où elle se trouverait si le contrat n'avait pas eu lieu, autrement dit alors même qu'il fût dans l'impossibilité, par suite de cas fortuit, de restituer ce qu'il a reçu (art. 429). Cette solution est empruntée au système de la rédhibition en matière de garantie des vices, laquelle est admise dès qu'il est prouvé que le vice existait et alors même que la chose eût péri par cas fortuit aux mains de l'acheteur (1) (*supra*, n° 218).

Notre droit français exige, au contraire, pour la rédhibition que la restitution de la part de l'acheteur soit encore possible art. 1647) ou, du moins, si elle ne l'est plus, que celui-ci prouve que la perte est due au vice de la chose (loi du 2 août 1884, (art. 10). La simple preuve de l'existence du vice ne suffirait pas à faire admettre la résolution s'il est établi ou présumé que l'animal a péri par l'effet d'une autre cause que la maladie dont il est affecté. Il est vrai que dans notre droit il n'y a pas absolument, comme dans le projet, corrélation forcée entre l'action en rédhibition et la résolution de l'article 1184, et nous ne croyons pas, pour notre part, que le système admis pour l'une doive nécessairement s'étendre à l'autre ; si donc une des parties avait reçu exécution partielle et qu'elle eût livré de son côté sans que l'autre se mît en mesure de fournir ce qui reste encore à sa charge, nous ne croyons pas impossible, quant à nous, d'admettre que celle des deux à qui appartient la résolution puisse l'exercer alors même que la chose qu'elle avait reçue eût péri sans sa faute et qu'elle fût dans l'impossibilité de la restituer. Les auteurs examinent la question pour le coéchangiste, créancier d'une soulte, et le déclarent déchu de la résolution s'il a aliéné la chose, parce que par là il est censé avoir renoncé d'avance à la résolution, ce qui semble signifier par *a contrario* que s'il n'eût pas aliéné, mais que la chose eût péri entre ses mains par cas fortuit, il aurait encore la résolution pour défaut de paiement de la soulte (2); ce serait ainsi exactement la même solution que celle du projet. La résolution de l'article 1184 est une arme aux mains du créancier pour obtenir ce qui lui est dû, cette garantie ne doit pas lui être enlevée sans sa faute et le risque du cas fortuit doit être ici à la charge du débiteur qui n'exécute pas, puisqu'il est en faute de ne pas exécuter (cf. *supra*, n° 218).

Mais à l'inverse, il va de soi que si la partie contre laquelle existe la résolution n'est plus à même, par suite de cas fortuit, de restituer la chose dans son intégrité, celui à qui la résolution appartient n'est pas autorisé pour cela à demander indemnité ou à retenir sur ce qu'elle a reçu le montant de la moins-value. C'est

(1) Cf. C. féd., art. 254, et Sächs., G. B., § 918.
(2) Cf. Aubry et Rau, IV, § 360, note 11.

qu'en effet la partie contre qui la résiliation est exercée est libérée partiellement de son obligation par suite de la perte partielle arrivée par cas fortuit, ce qui supprime toute cause d'indemnité; tandis que l'autre partie n'est pas libérée des obligations que le retrait met à sa charge, du moment qu'elle était libre de ne pas exercer le retrait, et qu'en optant pour la résiliation elle a accepté de remplir de son côté toutes les obligations qui lui incombent de ce chef. Ceci est une autre preuve de cette idée qu'il importe de ne pas traiter cette réciprocité d'obligations comme celle qui résulte du contrat synallagmatique, et qu'il n'y a pas à poser la question de risques sur le terrain où elle se pose en matière de contrats de cette espèce (1).

On peut rapprocher de cette solution, que nous déduisons des principes, celle que le projet donne expressément en matière de réméré (2) (art. 478). Le vendeur à réméré n'est pas autorisé, si la chose s'est détériorée par cas fortuit, à défalquer de son prix le montant de la moins-value; c'est exactement la solution que nous proposons pour le cas de résiliation; et cependant le projet ne traite pas le réméré comme une résolution de la première vente, mais comme une revente au gré du premier vendeur; c'est un pacte de rachat au sens strict du mot; l'ancien vendeur joue le rôle d'acheteur dans le rachat, et, d'après les principes sur les risques, il ne devrait pas subir la perte, même partielle, puisque les risques sont pour le débiteur (art. 368). Les motifs échappent à cette logique extrême en se prévalant de l'intention des parties (II, p. 343); ils pourraient ajouter que si le réméré n'entraîne pas résolution réelle de la première vente, il implique bien quelque chose d'analogue à la résolution personnelle qui résulte de la clause de retrait (art. 420), puisque les deux parties sont réciproquement obligées à rétablir l'état antérieur et que les obligations réciproques mises à leur charge, sauf en ce qui touche la restitution des fruits (art. 478-1°), sont bien à peu près celles qui existent en matière de retrait et que par suite il y a libération des obligations de l'une des parties par suite du cas fortuit, et au contraire maintien intégral des obligations de l'autre par suite de l'acceptation implicite que cette dernière en a faite en se prévalant du pacte de rachat.

(1) Cf. notre étude sur les *Sources de l'obligation*, n° 24 (*Bulletin*, 1889, p. 604, 605).

(2) Cf. notre étude sur les *Sources de l'obligation*, n° 28 (*Bulletin*, 1889, p. 611).

301. *Extinction ou déchéance du droit de résiliation.* — La partie à laquelle appartient la résiliation peut y renoncer expressément ou tacitement, et l'on présume la renonciation tacite toutes les fois que cette partie, par son fait, s'est mise dans l'impossibilité de rétablir les choses dans l'état antérieur; ce qui comprendra les trois cas suivants, déjà admis comme cas de renonciation à la rédhibition en matière de vices rédhibitoires (*supra*, n° 219) : 1° s'il y a impossibilité absolue de restitution par suite de perte imputable à faute ou par suite d'aliénation au profit d'un tiers, celle-ci équivalant à perte au regard des parties, puisque la résiliation n'a pas d'effet à l'égard des tiers (1); 2° s'il y a eu constitution de droits réels ou de charges quelconques au profit d'un tiers, celles-ci constituant une impossibilité partielle de rétablir l'état antérieur; 3° s'il y a eu transformation matérielle de la chose. Le droit commun admettait déjà ces solutions, sauf peut-être en ce qui touche la constitution de droits réels, sous le prétexte que la restitution n'est plus impossible et que si la valeur de la chose se trouve amoindrie, il suffit d'imposer une soulte à celui qui exerce la résolution et ne peut restituer la chose qu'amoindrie de valeur (2). Le projet s'est placé à un autre point de vue, qui est le vrai, celui de la renonciation tacite, et a pensé que celui qui pouvait se trouver un jour à même de déclarer le contrat résolu, et disposait d'avance de ce qu'il a reçu de façon à en rendre, le cas échéant, la restitution impossible, ou tout au moins incomplète, avait par le fait même renoncé à exercer son droit (art. 430). Il y a également renonciation tacite si celui à qui appartient la résiliation, son droit étant ouvert, consent, en connaissance de cause, à l'exécution du contrat, soit qu'il exécute de son côté, soit qu'il poursuive l'exécution contre l'autre partie (art. 431).

Il va de soi qu'un droit de ce genre, consistant dans une faculté de déclaration, ne pouvait être soumis à une prescription proprement dite; mais, d'autre part, il importait de l'enfermer dans un délai assez court et de ne pas laisser la situation en suspens; l'article 432 pose donc le principe d'un délai préfixe après lequel la partie à qui appartient la résiliation sera déchue de son droit; ce délai est laissé à la réglementation des parties; et, à défaut par elles de conventions à ce sujet, il sera de quatre semaines, lesquelles commenceront du jour de la conclusion du contrat si le droit de retrait peut être exercé ce jour-même et n'est

(1) Cf. Aubry et Rau, IV, § 360, note 11.

(2) Cf. Windscheid, *Pand.*, § 394, note 5. C'était aussi le système du Code saxon (Süch., G. B., § 914.

soumis à aucune condition préalable, et qui, au contraire, si l'ouverture du retrait est subordonné à une condition, ne commenceront, une fois cette condition réalisée, qu'après injonction, de la part de celui que menace la résiliation, adressée à l'autre d'avoir à opter et à se déclarer pour le retrait ou l'exécution du contrat.

II

Du délit considéré comme source d'obligation.

302. *Notion du délit.* — L'histoire de l'obligation délictuelle n'est plus à faire, il est cependant bon de rappeler que l'idée d'indemnité en matière de délit ne fut qu'une conception assez tardive dans la législation antique ; l'état primitif fut celui de la vengeance privée auquel correspondit à une époque plus avancée le droit de s'emparer directement de l'auteur du délit par voie de *manus injectio*, ou s'il était en puissance d'autrui, celui d'obliger le maître à le livrer à la victime, ou sinon à répondre pour lui ; de là les actions noxales (1).

La première origine d'une peine pécuniaire se trouve dans les pactes et transactions privées qui intervenaient entre le coupable et la victime du délit, cela supposait que le premier s'engageait par voie de *nexum* comme s'il se fût agi d'une somme qu'on lui eût prêtée, et les droits et actions de l'autre partie étaient les mêmes que ceux qu'elle aurait eus au cas de prêt (2). La somme qui lui était due de ce chef avait donc le caractère d'une peine privée qu'elle s'était fait promettre comme satisfaction du délit commis et pour abandon de son droit de vengeance ; elle n'avait donc pas le caractère d'une indemnité pour réparation du dommage causé et, par conséquent, pouvait dépasser de beaucoup la valeur du dommage ; c'était une peine privée convenue entre les parties. Plus tard, lorsque ce système d'une action pécuniaire se fût généralisé, le caractère de la somme à laquelle l'action devait abou-

---

(1) Voir sur ces deux points les pages si intéressantes de Girard et de Krueger : Girard, *Les actions noxales*, II (*Nouv. Rev. hist.*, 1888, p. 36 et suiv.). — Krueger, *Geschichte, der Capitis deminutio*, I, § 16.

(2) Cf. Krueger, *loc. cit.*, I, p. 397, 399.

tir resta le même : amende privée et nullement indemnité. On comprend, en partant de ces idées, que le droit romain ne soit jamais arrivé à une théorie générale du délit civil; il ne pouvait y avoir d'amende au profit des parties, à défaut de convention privée sur ce point, que là où la loi avait formellement prévu le cas, présumé par conséquent un pacte sous-entendu et fixé la somme à fournir. De là, le principe romain que le nombre des délits civils donnant naissance à obligation resta toujours limité aux cas prévus par la loi (1). Il va de soi, aussi, que la loi romaine dans les applications qu'elle adopta se plaça exclusivement en présence d'un dommage patrimonial susceptible d'estimation pécuniaire; elle suppose toujours perte ou détérioration d'un objet constituant une valeur patrimoniale, il n'y a pas de délit né de la violation d'un droit incorporel. Nous allons voir que cette dernière conception fait encore le fond des théories adoptées par les législations modernes; la première, au contraire, n'a plus cours; et le droit moderne part de cette idée rationnelle que la conséquence normale de tout délit est une dette d'indemnité et que, par suite, il doit y avoir indemnité partout où il y a dommage causé par un fait considéré comme illicite; le caractère délictuel du fait devra résulter non d'une disposition légale, mais des conditions générales considérées comme constitutives du délit civil; de là cette formule extrêmement large de notre article 1382 : *Tout fait quelconque de l'homme qui cause à autrui un dommage, oblige celui par la faute duquel il est arrivé à la réparer.* Cette généralité de la conception du délit civil constitue la différence la plus visible entre lui et le délit pénal; ce dernier étant caractérisé par une violation de l'ordre public, et devant aboutir à une peine, la loi a seule qualité pour déterminer quand il y aura atteinte portée à l'ordre public et pour prononcer la peine; l'autre, au contraire, supposant violation d'un intérêt privé et obligation d'indemnité, il suffit, pour que le caractère délictuel existe que le fait matériel de violation soit démontré et que ce fait résulte d'une faute, c'est-à-dire d'un fait de l'ordre moral impliquant responsabilité de l'agent. La seule question sera de déterminer à quelles conditions cet élément d'imputabilité sera considéré comme existant; mais les éléments matériels du délit civil n'ont pas besoin d'être fixés législativement : ils résultent de toute violation d'un intérêt privé tombant sous la protection du droit (2).

(1) Cf. Ihering, dans *Jahrb. Dogm.*, IV, p. 12, 24.
(2) Cf. *Motifs*, II, p. 724-725.

303. *Quasi-délit.* — L'unité de délit forme le fond de la théorie moderne en matière de délit civil (1); et ce qui constitue le double élément du délit civil, c'est d'une part le dommage et de l'autre la faute. Mais la plupart des législations modernes ont admis, à côté du délit proprement dit, des cas de responsabilité qui n'impliquent aucune idée de faute ni réelle ni présumée, à la charge de celui à qui incombe cette responsabilité; lorsqu'elle a pour fondement la faute d'un autre, on dit généralement qu'il y a quasi-délit; ainsi, par exemple, au cas de responsabilité pour autrui, les législations comme la nôtre (art. 1384) qui admettent d'une façon générale que les maîtres ou patrons répondent de la faute de leurs subordonnés, alors même qu'ils sont exempts eux-mêmes de toute faute personnelle, classent les obligations de ce genre parmi celles qui naissent du quasi-délit; cette conception n'est pas étrangère non plus au droit allemand; sans parler de la responsabilité au cas de dégâts commis par le fait d'animaux domestiques, certaines lois particulières ont admis, pour quelques cas spéciaux, une disposition analogue à celle de notre article 1384 en matière de responsabilité pour autrui; par exemple la loi, bien connue, du 7 juin 1871, sur la responsabilité au cas d'accidents en matière d'entreprises de chemins de fer et autres industries déterminées, rend le chef d'entreprise responsable en principe de la faute de ses subordonnés (loi du 7 juin 1871, § 2) (2).

À côté du quasi-délit, il y a aussi des cas de simple responsabilité légale, dans lesquels on rejette toute idée de faute soit à la charge de celui sur qui pèse la responsabilité, soit à la charge de celui de qui le fait émane, et qui constituent de véritables cas d'assurance légale pour risques éventuels. Ainsi, par exemple, la loi que nous venons de citer (art. 1er), nous fournit une hypothèse de ce genre, en ce qui touche la responsabilité des compagnies de chemins de fer, pour le cas d'accidents de travail ou, d'une façon générale, d'accidents arrivés par le fait de l'exploitation; la compagnie en est responsable indépendamment de toute hypothèse de contrat passé entre elle et la victime, comme ce pourrait être le cas, s'il s'agit des voyageurs qu'elle s'est engagée à transporter sains et saufs; elle en est responsable de plein droit, à moins

---

(1) Cf. *A. L. R.*, I, 6, §§ 1, 7, 9, 10 et suiv. — *Œsterr*. G. B., §§ 1295, 1305, 1323, 1331 et suiv. — Sächs., G. B., §§ 116, 117, 773, 774, 776. — C. f., art. 50 et suiv. — C. civ. ital., art. 1151.

(2) V. traduction de M. Lyon-Caen dans *Annuaire de Législ. étrang.*, 1872, p. 264.

qu'elle ne prouve la force majeure ou la faute de la victime; on
sait les théories nouvelles que l'on a émises en pareil cas, et qui ga-
gnent tous les jours du terrain; il s'agit, a-t-on dit, de responsabilité
contractuelle reposant sur une clause de garantie tacite : la chose
est ici manifestement impossible, puisque notre article dans sa
généralité s'applique au cas d'accidents dont serait victime même
l'individu étranger à la compagnie et qui ne puisse invoquer contre
elle aucun rapport de contrat; d'autres disaient qu'il y avait faute
présumée; dans le cas de la loi de 1871 cela pouvait paraître assez
exact, puisqu'on réserve le droit d'écarter la responsabilité de la
compagnie en prouvant le cas fortuit. On a répondu avec raison que
le cas fortuit admis comme décharge de la compagnie était uniquo-
ment la force majeure indépendante de tout fait émanant de la
compagnie ou de ses agents, et qu'en dehors de cette hypothèse, il
y avait place pour le fait personnel au chef de l'entreprise ou à ses
subordonnés, non constitutif de faute à la charge de personne; ce
qui n'empêche que, pour ce cas, la responsabilité établie par la loi
de 1871 reste acquise; il s'agit donc d'une véritable responsabilité
légale, indépendante de la faute (1), et qu'on ne peut restreindre
par voie de conventions privées, conformément à l'article 423 du
Code de commerce. En réalité, il s'agit d'un risque dont la responsabilité a été mise par la loi à la charge du chef d'industrie; aussi,
comprend-on que cette responsabilité légale ne puisse exister, en
dehors de toute faute démontrée, que dans les cas et sous les conditions expressément prévues par la loi. Ces cas de responsabilité
légale doivent *à fortiori* être mis à part, et il faut bien se garder de
les confondre avec la catégorie des obligations nées de délits ou
même de quasi-délits (2). Quoiqu'il en soit, on voit tout au moins
pour le cas où il y a faute de quelqu'un qu'il peut être question, et
nous faisons allusion ici au quasi-délit, d'une responsabilité qui
atteigne celui à qui la faute n'est pas imputable. Cet état de
choses devait attirer l'attention des rédacteurs du projet et il y
avait lieu de se prononcer sur le maintien de ces distinctions et de
ces différents systèmes.

304. *Projet.* — Le projet devait donc, d'une part, fixer les conditions et le critérium du délit civil et, d'autre part, se prononcer

---

(1) Cf. Westerkamp, *Haftpflicht*, dans l'*Handb. d'Endemann*, III, § 379,
p. 640-641.
(2) Westerkamp, *loc. cit.* (*Einleitung*), p. 616.

sur l'admissibilité du quasi-délit. L'idée fondamentale qui lui sert de point de départ, idée très satisfaisante au point de vue tout au moins de la raison abstraite, c'est que, en dehors de la convention ou plutôt de l'acte juridique, il ne peut y avoir lieu à obligation à la charge de quelqu'un que s'il y a faute de sa part; toute hypothèse d'enrichissement sans cause étant mise de côté. L'obligation née du fait d'un individu ne peut résulter que d'un fait qui engage sa responsabilité. C'est la faute seule qui crée la dette (1). Donc, en principe, le projet n'admet plus de quasi-délits; assurément il ne supprime pas les cas de responsabilité légale dérivant de lois antérieures, mais il rejette le quasi-délit comme source normale d'obligation. De même, il exige la faute personnelle puisque la responsabilité de l'agent peut seule fonder une obligation à sa charge; de là cette disposition qu'en matière de responsabilité pour autrui, en dehors des cas où il s'agit de l'exécution d'une obligation contractuelle, le maître ou patron n'est responsable que de son défaut de surveillance ou de son choix (art. 710-712). C'est l'antipode de notre article 1384. — Autre conséquence, il n'y aura plus faute, donc plus de délit, dans tous les cas d'irresponsabilité pour défaut d'âge ou absence de raison (art. 708-709). Enfin, dans aucun cas, il ne doit y avoir présomption de faute : c'est à la victime du délit à faire dans toute hypothèse la double preuve du fait matériel constitutif du dommage et du fait moral constitutif de la responsabilité (*Mot.*, II, p. 720). Tel est le système dans ses grandes lignes et dans ses conséquences les plus saillantes. Peut-être est-il susceptible de quelques crititiques ; nous les exposerons au cours de cette étude, car elles ne peuvent être comprises qu'une fois la théorie connue dans ses détails.

Étudions donc, d'après le projet, le délit civil dans ses éléments constitutifs, ses caractères, son domaine d'application.

305. *Conditions du délit civil.* — La détermination des éléments constitutifs du délit civil forme, à coup sûr, la pierre d'achoppement de toute législation sur la matière; notre article 1382 n'en signale que deux : un élément matériel qui est le fait dommageable, et un élément subjectif, la faute. La faute consiste, par définition, dans l'intention de commettre un acte illicite, ou la connaissance des caractères délictuels du fait accompli, ou enfin la négligence que l'on a mis à ne pas en découvrir les conséquences ou

(1) *Motifs*, II, p. 727, 734, 736, 744.

les caractères ; de toutes façons l'élément délictuel de la volonté vient du caractère délictuel de l'acte ; si l'acte en lui-même était innocent, l'intention qu'on a de l'accomplir serait en elle-même innocente (1). Or, l'article 1382 ne désigne l'acte matériel que comme un fait dommageable, d'où il faudrait conclure que tout fait susceptible de causer dommage à autrui est en lui-même un fait contraire en droit, et que la faute consiste à savoir qu'il peut résulter dommage de l'acte qu'on entreprend ; ce qui aboutirait à cette formule que quiconque sait ou doit savoir que l'acte entrepris, et cela qu'il s'agisse d'un fait quelconque, est susceptible d'avoir des suites dommageables pour autrui, est coupable de délit civil et tenu à réparation (2). Est-ce donc là ce qu'a voulu dire l'article 1382 ?

Le propriétaire qui, sans profit pour lui, mais dans la seule intention de nuire, enlève à son voisin, par une construction élevée à la distance réglementaire, la vue dont il jouissait, commet un acte qu'il sait susceptible de nuire, a-t-il donc commis un délit civil ? A surément non ; il use, dira-t-on, d'un des avantages compris dans son droit de propriété ; mais, ne peut-on pas dire aussi de la plupart des faits susceptibles de causer dommage à autrui, qu'ils rentrent dans la sphère des avantages que comporte la liberté ? La liberté est comme la propriété : un droit absolu. Mais tout droit absolu de sa nature trouve sa limite dans les droits des autres ; et celui qui, sans intention de nuire, profite de sa liberté de façon à violer l'intérêt d'autrui, peut être, suivant les circonstances, déclaré coupable de délit civil. On voit donc qu'il y a des faits dommageables qui ne constitueront aucun délit, et qu'il ne suffit peut-être pas, pour en fixer la limite, de dire que ce sont ceux qui rentrent dans l'exercice d'un droit ; car il s'agit de savoir jusqu'où peut aller l'exercice du droit individuel. Nous arrivons ainsi à ces deux conséquences : le seul fait qu'un acte peut être dommageable ne suffit pas à en faire un délit, et le seul fait qu'il rentre dans l'exercice d'un droit ne suffit peut-être pas à l'inverse pour l'exclure de la catégorie des délits civils, de sorte que la définition de l'article 1382 ne nous fournit jusqu'alors aucun critérium bien sûr du fait délictuel.

Laissons pour le moment de côté l'élément subjectif, la faute,

---

(1) Le mot *Faute* ne désigne pas, en effet, un simple rapport de causalité, mais un rapport de culpabilité.

(2) Stobbe donne cette formule comme l'expression de l'ancien droit allemand (*loc. cit.*, III, § 200-3).

puisqu'elle consiste dans un fait d'intention, ou dans la connaissance que l'on a d'un acte mauvais en soi ; il nous faut donc rechercher, avant tout, à quelles conditions un fait sera mauvais en soi, et nous venons de voir qu'il ne suffit pas de dire avec l'article 1382, que le fait soit un fait dommageable. Le projet a donc tenté de caractériser le fait délictuel ; il a entrepris d'en déterminer les éléments matériels ; il le définit : le fait illicite susceptible de causer dommage à autrui (1) ; il ajoute donc un élément à l'article 1382 ; le fait matériel n'est pas désigné seulement comme fait dommageable, mais comme fait illicite, il n'est pas illicite seulement en tant que fait dommageable, ce que semble dire l'article 1382 ; il est illicite en soi et indépendemment de toute conséquence nuisible pour autrui. L'article 50 du Code fédéral avait déjà parlé de l'acte dommageable accompli sans droit (2) ; le projet exige quelque chose de plus, il ne suffit pas que l'acte dommageable soit un acte accompli sans droit, il faut qu'il soit un acte contre le droit (*Widerrechtliche Handlung*, art. 704). Reste à savoir ce qui caractérise le fait illicite et ce qu'il doit comprendre. Il est bien entendu que sous le mot *fait*, nous comprenons l'omission et le laisser faire aussi bien que le fait positif, l'article 704 le dit lui-même.

306. *De l'acte illicite en soi.* — L'article 704, après avoir parlé du fait illicite, donne dans son second alinéa, un exemple de faits illicites, ce sont ceux qui consistent dans la violation d'un droit absolu appartenant à autrui (3), et le texte ajoute qu'il faudra com-

---

(1) Cette définition lui est fournie par celle de la *Lex Aquilia* « *Damnum injuria datum.* » — Cf. Windscheid, *Pand.*, § 455, note 10. Le principe romain *du fait illicite* semble l'avoir emporté sur le principe germanique du simple *fait dommageable* (cf. Stobbe, III, § 200-3). — Sur le *damnum injuria datum*, voir Gaius, III, § 219 et LL. 3, 5, § 1, 17, 55, 151, 155, § 1, D. (ad. leg. aq.), 0, 2. — Voir surtout Gruober, *The Roman law of damage to property* (Oxford, 1886). Nous renvoyons aussi à une bonne thèse soutenue cette année devant la Faculté de droit de Paris. (Tarbouriech, *De la responsabilité contractuelle et délictuelle en droit romain*, thèse, Paris, 1889. Voir spécialement n° 26).

(2) « *Quiconque cause sans droit un dommage à autrui, soit à dessein, soit par négligence ou par imprudence, est tenu de le réparer.* »

(3) Le texte s'exprime à cet égard d'une façon qui est certainement erronée : art. 704, § 2 : « Si quelqu'un, par suite de mauvaise intention ou de négligence, *par un acte illicite*, viole le droit d'autrui. » (*Hat Jemand aus Vorsatz oder Fahrlässigkeit durch eine widerrechtliche Handlung das Recht eines Anderen verletzt*, etc.). Il n'a certainement pas voulu dire que la violation du droit d'autrui dût émaner d'un acte qui fût

prendre au nombre des droits absolus, non seulement les droits
patrimoniaux, mais certains droits ayant pour objet la personnalité humaine dans ses éléments essentiels : la vie, la santé, la liberté,
l'honneur. Ce n'est là bien entendu qu'un exemple, une catégorie
de faits illicites, et la moins susceptible de donner prise aux doutes ;
si l'article 704 l'indique expressément, ce n'est pas qu'il ait craint
qu'on pût s'y méprendre, c'est qu'il a voulu l'entourer de conditions
spéciales en ce qui touche la détermination de l'imputabilité ; il ne
sera pas nécessaire ici pour qu'il y ait faute, que celui qui viole le
droit d'autrui ait pu prévoir qu'il pût en résulter un dommage
pour ce dernier ; la faute résultera du seul fait qu'il a su ou dû
savoir qu'il violait un droit : ceci se réfère aux éléments constitutifs de la faute et ne touche pas à ceux qui concernent la matérialité du fait. Revenons à l'acte illicite ; en dehors du cas auquel
nous venons de faire allusion, l'article 704 ne donne aucun autre
exemple du fait illicite ; on en a conclu que dans la catégorie des
droits, il ne protégeait que les droits absolus, ceux par conséquent
qui sont opposables à tous, et que tous doivent respecter comme
la liberté et la propriété, et qu'au contraire la violation d'un
droit relatif constitué par un rapport tout personnel inopposable
aux tiers, ne constituerait jamais un fait illicite ; on cite l'exemple
du fermier, lequel n'est pas propriétaire de la récolte encore sur
pied, et l'on prétend que si quelqu'un endommage cette dernière, il ne commet pas de délit vis-à-vis du fermier (1). Cette
conclusion ne ressort nullement de l'article 704 qui ne parle de la
violation des droits absolus que pour fixer pour cette hypothèse
les conditions constitutives de la faute, et qui n'a pas voulu dire
pour cela que la violation d'un droit relatif et tout personnel ne

déjà par lui-même un fait illicite en dehors de l'atteinte portée au droit
d'autrui. La violation du droit d'autrui est en effet par elle-même un fait
illicite, indépendamment du caractère que peut avoir l'acte duquel elle
résulte. Le projet n'a certainement pas voulu dire le contraire. En parlant
de fait illicite, il a voulu prévoir le cas où la loi elle-même permettrait de
porter atteinte au droit d'autrui, comme dans le cas de restriction à la
propriété ; et s'il exige qu'on ait par un acte illicite violé le droit d'autrui,
il veut dire « par un acte qui ne rentre pas dans ceux que la loi autorise » ; seulement il oublie qu'en style précis, et par suite en style législatif, lorsqu'on fait un acte que la loi permet, même à l'encontre du droit
d'autrui, cela ne s'appelle plus une *violation du droit d'autrui* : il s'agit
d'une *restriction au droit d'autrui*. Cf. Melscheider, *Die alten Streitfragen... (Bekker-Beiträge*, fasc. 3, § 2, p. 36).

(1) Gierke (*Rev. de Schmoller*, XIII, p. 250). — Cf. *Motifs*, II, p. 748.

rentrât jamais dans la catégorie fort large et fort élastique du fait illicite ; de ce que cet acte ne tomberait pas sous l'application du paragraphe 2 de l'article 704, rien ne prouve qu'il échappe au paragraphe 1er, et tout ce qu'il en faudrait en conclure, c'est qu'au cas de violation d'un droit de ce genre, il n'y aurait faute que si l'agent a pu prévoir qu'il en résulterait dommage pour autrui, et encore serait-ce là une interprétation fort risquée (1) ? Nous n'avons trouvé encore qu'un exemple de faits illicites, nous n'en pouvons tirer une formule restrictive destinée à exclure de cette catégorie aucun ordre de faits quelle qu'en soit la nature.

307. Les motifs, il est vrai, complètent ces indications par d'autres exemples ; ils citent (II, p. 726) la violation d'une défense légale ; la chose va de soi ; si, par contravention à un règlement de police, je suis la cause d'un accident qui porte préjudice à autrui, j'en suis responsable : il y a fait illicite au premier chef. Resterait à voir si cette hypothèse, au point de vue des conditions d'imputabilité, doit rentrer dans la règle de l'article 704 ou dans l'exception admise au cas de violation des droits absolus ; c'est ce que nous verrons tout à l'heure. On a cherché à interpréter au sens restrictif l'expression qu'emploient les motifs lorsqu'ils parlent de défense légale (*Verbotsgesetz*), laquelle ne comprendrait pas le cas d'obligation positive imposée par la loi (2) ; c'est dénaturer la pensée des motifs ; ils ont voulu parler de violation positive d'une loi, et il y a violation de la loi, qu'il s'agisse d'une loi qui ordonne ou d'une loi qui prohibe. On cite un passage des motifs relatifs aux dommages résultant du mauvais état de la propriété (3) et dans lequel on déclare que le propriétaire use de son droit en laissant dépérir la chose et qu'on ne se reconnaît pas qualité pour lui imposer, en vue du public, l'obligation d'en prévenir la ruine, sauf exception pour le

---

(1) En effet reste à savoir à ce second point de vue, qui est celui de la prévision du dommage (art. 704, § 2), ce qu'il faut entendre par *droit absolu*. Il faut bien remarquer d'ailleurs que ce mot *droit absolu* n'est pas dans le texte, mais dans les motifs (II, p. 717). Le texte parle d'une façon générale et sans restriction de violation du droit d'autrui. Faut-il donc, avec les motifs, l'entendre uniquement des droits protégés par une action *in rem ?* Il peut se faire qu'on porte atteinte aux droits d'un créancier. (V. exemple dans Meischeider, *loc. cit.*, *Bekker-Beiträge*, III, p. 37), pourquoi n'y aurait-il ici pas *violation d'un droit*, au sens de l'art. 704, § 2 ?

(2) Cf. Liszt, *Grenzgebiete zwischen Privatrecht, und Strafrecht* (*Bekker-Beiträge*, fasc. 5, p. 35-36).

(3) *Motifs*, II, p. 825.

cas d'immeuble (art. 735). Ce qui veut dire qu'on n'a pas cru devoir créer à l'encontre des droits du propriétaire une obligation légale de veiller à sa propriété; mais ce qui veut dire aussi que si cette obligation avait été érigée en loi, l'omission de ce devoir légal constituerait aussi un fait illicite au sens de l'article 704, et c'est ce qui a lieu pour le cas d'immeuble (art. 735). En réalité, toute loi prohibitive contient un ordre, l'ordre de ne pas faire; et toute loi impérative contient une défense, celle de s'abstenir de ce qui est ordonné (1).

308. Les motifs citent enfin (II, p. 727) l'inexécution fautive de l'obligation; rien de plus légitime que de traiter comme délit civil la violation d'un droit de créance au même titre que la violation du droit de propriété; c'est dire qu'il n'y a en réalité, et en ce qui regarde le fond des choses, qu'une seule catégorie de faute, et que la faute dite contractuelle n'est à vrai dire qu'une faute délictuelle née à l'occasion d'un contrat; nous avons déjà insisté sur cette assimilation (2). Cependant, malgré cet aveu, les motifs reconnaissent que conformément à la tradition on a rangé la dette d'indemnité née de l'inexécution de l'obligation parmi les obligations contractuelles et qu'on ne la classe pas parmi les obligations délictuelles; cela semble au premier abord pure affaire de mots, puisqu'en réalité on reconnaît au fond qu'il n'y a pas de différence de nature essentielle. D'ailleurs, nous y reviendrons.

309. Cependant, les exemples cités laissent planer encore beau-

(1) Melschælder (*loc. cit.*, *Bekker-Beiträge*, III, p. 36-37) paraît croire que le paragraphe 1 de l'art. 704 se référerait uniquement au cas de contravention à la loi, tandis que le paragraphe 2 viserait celui de violation d'un droit (*Motifs*, II, p. 725 et suiv.). C'est une interprétation inexacte, le paragraphe 1er de l'art. 704 ne vise aucune catégorie de délits en particulier, il pose le principe en disant que tout acte illicite ayant causé dommage à autrui est un délit privé, d'où naît l'obligation délictuelle. Ce principe posé, il examine une catégorie spéciale de délits (*violation d'un droit*), afin de déterminer pour cette hypothèse les conditions de l'imputabilité et nullement pour introduire une catégorie de délits que le paragraphe 1er de l'article n'aurait pas comprise; ce paragraphe 1er les comprend tous, il pose le principe. Toute la question revient à savoir ce qu'il faut ranger au nombre des *faits illicites*. Voilà pourquoi les motifs donnent des exemples; voilà pourquoi l'art. 705 vient étendre la notion du *fait illicite* en traduisant ce dernier terme par celui de *fait immoral*, ou plutôt contraire aux mœurs, aux *boni mores* des anciens.

(2) V. *supra*, n° 13. — Cf. *supra*, p. 168.

coup de vague sur la matière, car ils ne se réfèrent qu'aux hypothèses non douteuses, violation de la loi, violation d'un droit. Le
cas embarrassant est celui où l'on fait usage de son droit de façon
à porter préjudice à autrui, soit qu'il s'agisse de l'usage de sa liberté, soit peut-être aussi qu'il s'agisse de l'usage de sa propriété.
Sous ce rapport une distinction s'imposait : celui qui use d'un droit
positif que la loi lui accorde d'une façon expresse, ne saurait être
rendu responsable dans aucun cas du dommage qui peut en résulter au préjudice d'autrui, alors même qu'il agirait par esprit de
chicane (1); cela conduit à exclure de notre question tout ce qui a
trait à l'exercice de la propriété, sauf bien entendu au cas où des
règlements légaux ou administratifs viendraient restreindre les
droits du propriétaire et que celui-ci vînt à les violer; en dehors de
cela, celui qui exerce son droit de propriétaire même en vue de
nuire à autrui ne commet pas de délit civil. On a paru le regretter;
celui qui agit par pur esprit de chicane, même dans la limite des
droits qui lui sont garantis, doit réparation; on ajoute avec beaucoup d'élévation de langage que tout droit a une autre face et est
en même temps un devoir; que, par conséquent, tout droit trouve en
lui ses limites naturelles, conformes à la justice et aux bonnes
mœurs, cela veut dire qu'on ne devrait pouvoir user de son droit
que dans une mesure admise par l'équité (2); mais qui serait juge
de cette mesure? et qui ne voit qu'il se cache sous ces vérités de
haute morale une source d'arbitraire et d'empiétement contre la
propriété?

Nul ne saurait soutenir pour prendre l'exemple déjà cité, qu'on
pût obliger le propriétaire qui a construit ou surélevé un mur à la
distance légale à le détruire sous prétexte qu'il a agi par esprit de
chicane. Si on ne peut l'obliger à remettre les choses dans l'état
primitif, lui imposera-t-on indemnité au profit du voisin? Ce serait
un contre sens, car la seule vraie réparation est la réparation en
nature quand elle est matériellement possible et ici elle est matériellement possible; or qu'est-ce qu'une indemnité, lorsque l'exécution en nature est possible et qu'on l'écarte? Cela deviendrait
une véritable peine privée fondée sur le fait de chicane, et alors autant vaudrait ériger la chicane en délit pénal, ce serait plus logique
et moins arbitraire, à condition d'en délimiter les conditions et les
degrés. Seulement, si le projet ne s'est pas cru autorisé à admettre

(1) Cf. Motifs, II, p. 726.
(2) Gierke (Rev. de Schmoller, XII, p. 1265, et III, p. 251).

l'idée d'une possibilité de délit résultant de l'exercice du droit de propriété, il a senti la nécessité d'imposer en certains cas certaines obligations légales au propriétaire, obligations ayant en vue la sécurité du public, comme par exemple le devoir de veiller sur l'état de ses immeubles de façon à ce qu'ils ne deviennent pas un danger pour les passants (art. 735) et le devoir de surveillance à l'égard des animaux qu'il peut avoir en sa garde (art. 734). L'omission de ces différents devoirs le constituera responsable vis-à-vis d'autrui du dommage qui en serait la conséquence.

310. En définitive la question de délit ne peut s'élever qu'en ce qui touche l'usage de la liberté et non s'il s'agit de l'exercice d'un droit positif expressément garanti par la loi. On peut user de sa liberté de façon à ne violer ni loi formelle, ni droit absolu au profit d'autrui, et de façon cependant à commettre un acte déloyal, autrement dit un délit civil. C'est sur ce point que nous allons rencontrer la différence exacte qui existe entre le système du projet et celui de notre article 1382; et nous allons voir que la théorie du projet est loin d'être aussi soucieuse et protectrice des intérêts privés que celle de notre droit français. D'après l'article 1382, tout exercice de la liberté qui, sans constituer une violation d'un droit ni une contravention à une loi, a pour but de nuire à autrui, est par le fait même un fait délictuel; l'intention dommageable constitue l'élément illicite de l'acte. Or, si nous nous souvenons que le fait illicite de l'article 704 du projet n'est un délit que si la possibilité des suites dommageables a pu être prévue, il faudra bien en conclure que ce seul fait de la prévision du dommage ne suffit pas à constituer le délit, puisque l'article 705 exige, en outre, que l'acte en lui-même puisse être considéré comme déloyal au point de vue des bonnes mœurs. Il ne suffit pas pour qu'il y ait exercice abusif de la liberté (1) qu'on ait pu prévoir le dommage qui peut

(1) Il va de soi, disent les motifs, que si l'acte est ordonné par celui à qui l'agent est, au nom de la loi, obligé d'obéir, il perd son caractère d'acte illicite ou déloyal, il n'y a pas délit privé (*Motifs*, II, p. 730, cf. A. L. R. I, 6, § 45 et suiv.). Cette observation vise très certainement les cas de discipline militaire. Nous préférerions dire non pas que le fait en soi aura toujours cessé d'être illicite, mais que la responsabilité de l'agent cesse quant au fait du dommage lui-même; car tout en commettant un fait qui est peut-être coupable en soi, il n'a eu aucune intention de nuire, et il ne lui était pas permis, au point de vue de la loi, sinon au point de vue de sa conscience, de ne pas exécuter l'ordre donné. En tous cas, nous éviterions

en résulter, il faut aussi que le fait en lui-même soit condamnable en se plaçant au point de vue de l'opinion et des bonnes mœurs. On a fort critiqué ce système (1); en effet, a-t-on dit, il y a abus de la liberté, par cela seul que, par son imprudence, on se met à même de nuire à autrui; et du moment qu'on a pu prévoir le dommage on sait à quoi on s'expose, on doit réparation. Nous admettons pleinement ces critiques; et l'article 705 qui exige, en outre du caractère dommageable, le caractère déloyal de l'acte ne pourrait se justifier, suivant nous, que, si le seul fait de déloyauté, indépendamment de toute prévision du dommage, suffisait à constituer le délit, comme au cas du second paragraphe de l'article 704, lorsqu'il s'agit de violation du droit d'autrui. Il nous semble qu'avec cette légère correction on arriverait à un système très satisfaisant : 1° le caractère illicite du fait suffit à fonder le délit indépendamment de toute prévision de ses suites dommageables, et le caractère illicite sera constitué par la violation du droit d'autrui, la contravention à une loi ou l'exercice abusif de la liberté naturelle ; ce dernier apprécié suivant l'idée que l'on se fait des bonnes mœurs (art. 705) ; 2° indépendamment de tout caractère illicite résultant d'une des trois circonstances qui précèdent, le seul fait de l'intention de nuire ou de la prévision du dommage suffit à donner à l'acte un caractère déloyal et à constituer l'élément matériel du délit.

311. Cette légère retouche nous semblerait donner satisfaction à la logique et à la morale; et le système qui en résulterait serait

de dire que l'acte en soi a forcément cessé d'être illicite, mais nous dirions plutôt que l'agent étant de par la loi forcé d'obéir, il y a eu impossibilité légale de se refuser à l'accomplissement du fait, donc défaut de liberté, et là où il y a défaut de liberté, il y a défaut de responsabilité : nous supprimons l'élément subjectif du délit, la faute, et non l'élément matériel du délit, le caractère délictuel du fait. Ceci n'est pas sans importance, en dehors même du point de vue philosophique; car le défaut de liberté morale peut être affaire d'appréciation, et il peut y avoir tel cas, où, même sous le régime de l'obéissance passive, il reste place pour la liberté, et par conséquent pour la responsabilité; et celle-ci n'ayant pas disparu, le caractère délictuel de l'acte se maintient aussi, il y aura délit. Nous trouvons dangereux de proclamer que le droit de commandement supprime la criminalité du fait; contentons-nous de dire qu'il peut supprimer celle de l'agent (Cf. C. pén. fran... art. 327, et Garraud, *Précis de droit criminel*, n° 162, 1885, p. 229).

(1) Liszt, *loc. cit.*, dans *Bekker-Beitrâge*, fasc. 5, p. 35-37.

moins vague que celui de notre article 1382, et d'autre part plus
sûrement protecteur que celui du projet, puisqu'il ferait résulter le
caractère constitutif du délit, de la négligence ou de la faute relative
à la prévision du dommage, indépendamment de toute autre circonstance, et d'autre part du caractère délictuel du fait indépendamment de toute faute relative à la prévision de ses suites dommageables. Enfin rien ne paraît plus juste, en dehors de tout fait
de violation des droits ou de contravention à la loi, que d'attribuer un caractère relatif aux éléments constitutionnels du délit
civil; c'est affaire de bonnes mœurs. Cela varie suivant l'idée que
l'on se fait de la morale et des devoirs sociaux; rien de plus légitime
que d'avoir placé les limites imposées à la liberté de chacun sous
l'égide de la morale sociale incessamment progressive (1).

(1) Nous trouvons en matière de promesse de mariage un exemple intéressant de l'élément délictuel fourni par les appréciations du sens moral
public (le *fait contraire aux mœurs de l'art.* 705 par opposition au *fait
contraire au droit de l'art.* 704). En effet, le projet ne reconnaît pas le caractère obligatoire aux promesses de mariage, d'où cette conséquence que
non seulement on ne peut en exiger l'exécution en nature, mais qu'on ne
peut pas non plus en principe exiger indemnité correspondante, ce dernier
droit étant considéré comme un moyen de contrainte pour obtenir l'exécution en nature, donc constituant ici une entrave à la liberté (cf. *Motifs*, IV,
p. 3, et *Projet*, art. 1227). Toutefois le projet (art. 1228) soumet celle des
parties qui a rompu sans fondement légitime à l'obligation de rembourser
les frais faits en vue du mariage. C'est une indemnité bien insuffisante;
mais les motifs remarquent (IV, p. 3 et 5) que si la rupture a constitué un
fait contraire aux mœurs au sens de l'article 705, donc un délit, il y aura
lieu à pleine réparation; or la question de savoir quand il y aura délit
dépendra donc du niveau de la moralité publique; et la chose aura surtout
son importance au cas de séduction par voie de promesse de mariage; on
sait que la jurisprudence française s'était placée à ce point de vue, qui est
celui de l'article 1382, pour tourner l'article 340 (cf. Léon Renault, *Des
promesses de mariage*, dans *Rev. crit.*, 1888, p. 785 et suiv.). Mais dans une
législation qui admet la recherche de la paternité, tout au moins à l'effet
d'attribuer à l'enfant une créance alimentaire (art. 1571 et 1572, voir les
intéressants développements donnés par les *Motifs*, IV, p. 368 et suiv.), il
ne serait pas invraisemblable, et la jurisprudence cette fois serait tout à
fait dans son droit, que l'on vît dans le fait d'avoir promis le mariage dans
un but de séduction et d'avoir après coup violé sa promesse un fait délictuel au sens de l'article 705; on dira peut-être que l'enfant a déjà droit à
des aliments (art. 1571); mais ce droit n'appartient pas à la mère (*Motifs*,
IV, p. 375 et suiv.) et la question pour elle est d'obtenir réparation du tort
fait à son honneur. Il importera toutefois, même lorsqu'il s'agit d'une simple réparation pécuniaire et non de mariage forcé, de ne pas tomber dans
les exagérations américaines (cf. de Varigny, *Le mariage et le divorce aux
États-Unis*, *Rev. des Deux-Mondes*, 1880, t. XCV, p. 71, 72, et suiv.).

312. *De la faute.* — Le point de départ du projet est que quel que soit le caractère de l'acte et la gravité de ses suites, il n'y a jamais délit sans qu'il y ait faute personnelle chez l'agent. En quoi celle-ci consistera-t-elle? Elle peut être de deux sortes : faute d'intention ou faute de négligence (*Vorsatz, Fahrlassigkeit*). On a voulu commettre un acte délictuel, ou bien on est en faute de ne s'être pas rendu compte du caractère de l'acte et de ses suites. La faute suppose donc appréciation du fait commis, soit qu'il s'agisse d'appréciation qui ait existé, ou qui aurait dû exister. Mais sur quoi cette appréciation doit-elle porter : sur les caractères du fait ou sur ses suites? En premier lieu l'article 704 exigeant dans tous les cas que le fait fût illicite en soi, indépendamment de ses conséquences, il faut toujours que l'appréciation constitutive de la faute se réfère au caractère du fait, en tant que fait illicite. Il est donc nécessaire, avant tout, pour qu'il y ait faute, que l'agent ait su ou dû savoir qu'il commettait un fait illicite en soi, et qu'il lui ait été possible par conséquent, s'il eut été moins négligent de l'éviter. Mais cette appréciation délictuelle doit-elle se référer aussi aux conséquences de l'acte lui-même? Autrement dit, nous savons qu'il doit y avoir faute relative au caractère du fait accompli; doit-il en outre y avoir faute relative à ses conséquences? C'est sur ce point que l'article 704 admet la distinction importante dont nous avons déjà parlé : S'agit-il de violation d'un droit, et l'on sait que sous ce rapport on range parmi les droits la vie, la santé, la liberté, l'honneur, il suffit qu'il y ait faute relative au fait lui-même; il n'est pas nécessaire que l'agent ait prévu ou dû prévoir le dommage qui en résulterait. S'agit-il de tout autre fait illicite, il faut que l'agent ait pu connaître le dommage qui pouvait en résulter et qu'il y ait négligence de sa part de ne l'avoir ni prévu ni évité (1). De ces deux dispositions, la seconde forme la règle, et la première l'exception; et encore cette

---

(1) Il est important de noter qu'il suffit qu'on ait pu prévoir qu'il en résulterait dommage *in abstracto;* on n'exige pas que l'étendue du dommage ait pu être prévue, ni même que l'on ait pu savoir en quoi il consisterait, ni quelle personne en serait la victime : on n'exige pas qu'il y ait fait d'imprudence, ou faute, à l'égard spécialement de la personne qui en a souffert. Il suffit que le fait ait pu nuire à autrui en général. On se contente de la prévision d'un dommage abstrait, on n'exige pas celle du dommage concret. Par exemple, la compagnie responsable de l'accident de chemin de fer arrivé par sa faute savait-elle qui en serait victime et en quoi consisterait le dommage causé? Elle n'en sera pas moins responsable.

exception n'est elle-même considérée que comme interprétation légale conforme à la règle posée. Le principe est que le délit privé consiste dans un dommage causé sans droit, que par conséquent l'intention ou la négligence coupable doit se référer au dommage causé; seulement lorsqu'on viole un droit, on considère, par voie d'interprétation légale, que l'on est en faute, faute de négligence tout au moins, de n'avoir pas prévu qu'il en résulterait dommage pour autrui; cela provient de la conception du projet qui n'envisage jamais que les droits patrimoniaux et qui, par conséquent, voit dans toute violation d'un droit de ce genre une atteinte au patrimoine, donc un préjudice pécuniaire.

On a objecté alors que s'il s'agit d'un fait illicite en soi, mais ne consistant pas dans la violation d'un droit proprement dit, l'agent ne sera plus présumé en faute de n'en avoir pas prévu les suites dommageables, et il va falloir prouver sa négligence à ce point de vue; le faux témoin, l'anarchiste, a-t-on dit, ne s'attaquent à aucun droit pris en particulier; et par suite comme il n'y a plus lieu à l'application de la disposition exceptionnelle de l'article 704, § 2, faudra-t-il donc prouver, conformément à l'article 704, § 1er, qu'ils sont en faute de n'avoir pas prévu les suites dommageables des faits qu'ils accomplissent (1)? Nous ajouterons en outre ceci : les motifs classent les contraventions à la loi parmi les faits illicites en général, et ne les considèrent pas forcément, et cela est vrai, comme constituant une atteinte aux droits positifs d'autrui; faudra-t-il donc là aussi prouver que celui qui enfreint la loi ait dû prévoir qu'il pourrait en résulter dommage pour autrui? On répondra peut-être que l'essence du délit civil par opposition au délit pénal est dans l'atteinte portée aux intérêts privés, sans qu'il y ait à s'occuper de l'atteinte à l'ordre public, et que par conséquent la faute doit se référer au dommage et non à la qualification du fait; la faute à l'égard des particuliers consiste à leur avoir porté préjudice et non à avoir violé la loi; c'est donc par rapport aux conséquences de l'acte qu'il va falloir envisager l'acte et non par rapport à son caractère pénal ou illicite. Celui qui viole la loi peut être passible d'une répression pénale en tant qu'il porte atteinte à l'ordre public, il n'est passible d'une répression privée au profit d'autrui que s'il est en faute par rapport au dommage qu'il lui a causé. Ce serait là assurément une conception très juridique dont voici la formule :

(1) Liszt, *loc. cit.*, dans *Bekker-Beiträge*, V, p. 40.

le délit privé ne reposant que sur la violation de l'intérêt privé.
Mais ce qui est certain, c'est que cette conception n'est pas celle du
projet; car, si cela était, la faute ne devrait jamais porter que sur
les conséquences du fait et jamais sur ses caractères; si ce système
était celui de l'article 704, ce dernier devrait être conçu comme
notre article 1382 ou quelque chose d'approchant : quiconque par
son fait, et en dehors de l'exercice d'un droit positif qui lui appartienne, a causé à autrui un dommage qu'il aurait pu et dû prévoir
est tenu à réparation; ce serait à peu près la formule de l'article 50
du Code fédéral. En d'autres termes, la faute, en dehors des faits
qui ne sont que l'exercice d'un droit formel, devrait consister à
avoir voulu causer un dommage ou dû savoir que celui-ci pourrait
exister. Or nous savons que tel n'est pas le système du projet. Celui
qui s'est exposé à causer dommage à autrui ne commet pas de délit,
si le fait d'où résulte le préjudice n'est pas en lui-même un fait illicite au point de vue des bonnes mœurs. Cela prouve que le projet
fonde le délit privé sur le caractère illicite du fait, et non seulement sur l'intention dommageable : il ne faut donc pas dire
comme nous le faisions pour expliquer la distinction de l'article 704, que le délit privé consiste uniquement dans une atteinte
aux intérêts privés, sans qu'il y ait à se préoccuper de l'atteinte à
l'ordre public. Le délit privé du projet, pour un élément tout au
moins, renferme une atteinte à l'ordre public. Et alors la question
qui se pose est celle-ci : cette atteinte à l'ordre public ne suffit-elle
pas, dès qu'elle a pu conduire à des résultats dommageables, ou
faut-il encore qu'il y ait eu dans l'intention de l'agent atteinte à
l'intérêt privé? La question est aussi claire que possible. Le projet
y a répondu, sauf pour l'exception de l'article 704, § 2, par la négative : la faute est dans le fait et en même temps dans l'exécution
du fait; autrement dit, il doit y avoir faute relative aux caractères
du fait et faute relative à ses suites dommageables pour l'intérêt
privé. Tel est le système.

343. On sait déjà la critique que nous en avons faite. Toute
atteinte à l'ordre public est en même temps, selon nous, une atteinte
aux intérêts privés, dont l'ensemble constitue l'ordre public; l'anarchiste a beau dire qu'il n'en veut à personne en particulier, il
sait ou doit savoir que les projets qu'il médite, pourront causer
un dommage à quelqu'un; donc, ceux sur qui retombe le dommage, doivent avoir droit à la réparation impliquée dans l'intention illicite de l'agent. La contravention à la loi est une violation

de tous les intérêts privés que la loi protège, et par conséquent, assimilable à la violation du droit d'autrui, dont l'article 704, fait une cause de délit, indépendamment de toute prévision de ses suites. En d'autres termes ce qui dans l'article 704 constitue l'exception devrait être la règle.

314. Supposons maintenant que la faute d'intention ou de négligence ait porté sur le fait du dommage, nous savons que cela ne suffira pas à fonder le délit, encore faudra-t-il faute relative au caractère du fait. Il faut que la responsabilité porte non seulement sur le fait du dommage, mais sur les éléments constitutifs de l'acte duquel il dérive. Un individu tire un feu d'artifice dans des conditions qui constituent une contravention à l'article 368, § 7 du Code pénal, nous empruntons cet exemple à Liszt; mais il ignore absolument l'article 368 du Code pénal, et son ignorance est considérée comme excusable : il a cru que ce qu'il faisait était permis; d'après l'article 707, il n'y a plus faute par rapport au caractère du fait; il n'y a plus fait illicite au sens de l'article 704, ou du moins fait imputable à l'agent. Mais tout en ignorant le Code pénal, celui-ci a prévu ou dû prévoir que ce qu'il va faire pourrait causer accident de personnes ou dommage aux propriétés; le dommage se produit, il n'y a pas de délit privé, car la faute n'a porté que sur l'exécution du fait et non sur ses caractères; l'auteur du dommage a cru être en droit de faire ce qu'il faisait, peu importe qu'il ait pu craindre qu'il en résultât dommage pour autrui; il usait de sa liberté naturelle dans les limites où cette liberté peut s'exercer, et dans la mesure où elle constitue un droit absolu pour tous : il est comme le propriétaire qui exerce une des facultés comprises dans son droit de propriété (1); pour le déclarer coupable d'un délit privé, il faudrait que le fait de tirer un feu d'artifice à proximité des lieux habités fût considéré comme étant en soi un fait contraire aux mœurs au sens de l'article 705 (2). On voit combien tout ceci est subtil. Là encore, nous avons critiqué le système du projet : la responsabilité,

(1) Cf. Liszt., *loc. cit.*, p. 41.
(2) Il est vrai qu'en se fondant sur le même article 705 on pourra quelquefois prétendre que le seul fait de s'être exposé sciemment à causer dommage à autrui, alors même que l'acte accompli n'eût en soi rien de déloyal, puisse être considéré comme contraire aux mœurs; de sorte que l'intention dommageable renfermerait à la fois les deux caractères exigés

disions-nous, dérive de l'intention dommageable, intention, négligence ou imprudence, peu importe : elle est indépendante du caractère du fait lui-même.

Quoi qu'il en soit, le projet ayant posé en règle le principe de la dualité des fautes, on arrive, dit Lizt, à cette quadruple classification des délits privés :

1° Dommage intentionnel dérivant d'un fait illicite intentionnel ;

2° Dommage intentionnel dérivant d'un fait illicite commis par négligence ;

3° Dommage par suite de négligence, dérivant d'un fait illicite intentionnel ;

4° Dommage par suite de négligence, dérivant d'un fait illicite commis par négligence.

Si l'on veut, en outre, distinguer avec l'article 705, le fait déloyal du fait illicite, le second étant une violation de la loi et l'autre une atteinte aux bonnes mœurs, il faudrait ajouter quatre nouveaux genres de délits à la liste. Ce qui constitue huit catégories différentes, correspondant au délit visé par le premier alinéa de l'article 704 ; il faut en ajouter deux aussi pour le délit du second alinéa, le dommage ne dérivant pas d'une intention ou négligence coupable, mais provenant soit d'une violation intentionnelle, soit d'une violation par négligence du droit d'autrui.

315. A notre avis, si le fait illicite dérivait du caractère de l'acte, indépendamment de l'intention dommageable, ou de l'intention dommageable, indépendamment de la qualification du fait, toute réserve faite en ce qui touche l'exercice d'un droit positif, il suffirait alors pour qu'il y eut responsabilité, que la faute se référât soit au fait, soit à ses conséquences dommageables. Celui qui, par intention, négligence ou imprudence, cause un dommage à autrui, en dehors de tout droit formel, est responsable et tenu d'un délit ; de même, que celui qui par intention ou négligence accomplit un fait illicite est tenu de ses suites dommageables, alors même qu'il ne serait coupable d'aucune faute d'intention ou négligence par rapport au dommage causé. Telle est la formule qui nous eut semblé la plus juridique.

pour l'imputabilité, et constituerait l'élément illicite et l'élément dommageable. Mais tout cela dépend d'une question d'appréciation et de bonnes mœurs et prête à l'arbitraire ; le système que nous proposons est plus net et plus sûr.

316. *De l'absence de faute en général.* — Nous arrivons maintenant aux conséquences du principe posé par le projet d'une responsabilité personnelle à l'agent. Il s'agit de savoir dans quel cas il y aura absence de faute et, par suite, absence de délit, ce qui se présentera d'après le projet, dans les quatre cas suivants : 1° au cas de consentement de la victime; 2° au cas d'erreur excusable de la part de l'agent; 3° au cas d'irresponsabilité pour défaut d'âge ou de raison; 4° enfin, s'il s'agit du fait d'autrui, au cas de non participation d'aucune sorte au fait commis. Passons en revue ces quatre hypothèses.

317. *Consentement de la victime.* — L'article 706 consacre pleinement la maxime : *Volenti non fit injuria* (1). Si la victime a consenti au fait d'où il peut lui arriver dommage, il n'y a plus chez l'agent intention coupable à l'encontre d'un particulier; il peut bien y avoir encore atteinte à l'ordre public, si le fait en soi est illicite comme au cas de duel (2), ou de mutilation d'un conscrit sur la demande de ce dernier, et en vue de lui procurer une exemption de service, il n'y a pas atteinte portée à l'intérêt privé : d'où il suit qu'il peut y avoir dans le même fait, délit pénal, sans qu'il y ait délit privé; cela se comprend admirablement dans la théorie du premier alinéa de l'article 704, qui exige pour fonder le délit, la prévision relative au dommage et, qui fait, par conséquent, de l'intention dommageable, une des conditions essentielles du délit en dehors du caractère délictuel du fait lui-même; nous pouvons ajouter que la disposition de l'article 706 n'est pas non plus en désaccord avec le cas exceptionnel du second alinéa de l'article 704, bien que la condition du délit soit ici le caractère de l'acte, indépendamment de l'intention dommageable; c'est qu'en effet, l'exception n'est ici qu'apparente et fondée sur ce fait, que la loi voit dans toute violation d'un droit une intention dommageable présumée, ou tout au moins une négligence coupable à n'en avoir pas pressenti les suites. Et cela prouve que la solution de l'article 706 resterait également compatible avec le système que nous proposons, d'une obligation *ex delicto*, naissant du seul fait de l'accomplissement d'un acte illicite en soi, en

---

(1) Cf. Pernice, *Labeo*, II, p. 26 et suiv.
(2) Pour ce qui est du duel, voir *Motifs*, II, p. 770, et notre *Étude sur les sources de l'obligation* (*Bulletin de la Soc. de législ. comp.*, 1889, p. 661, note 1).

dehors de toute faute relative au fait du dommage lui-même; c'est qu'un acte illicite en soi est, dans une certaine mesure, une violation de l'ordre public ou des bonnes mœurs, et par suite, une atteinte aux intérêts privés que l'ordre public et les bonnes mœurs ont pour but de protéger; si donc, l'un de ceux à qui se réfèrent ces intérêts privés, que l'acte peut avoir pour résultat de blesser, accepte d'avance cette conséquence, l'acte n'est plus dirigé contre lui, et il n'y a plus faute à son encontre, s'il y a encore faute contre les autres.

348. *Erreur excusable chez l'agent.* — La détermination de l'erreur excusable en matière de faute, forme l'un des éléments qui servent à délimiter le domaine de la négligence; la négligence ne consiste pas seulement à n'avoir pas fait tous ses efforts pour éviter un fait nuisible, car chacune de ces omissions successives constitue, par elle-même, un acte qui participe du caractère délictuel de l'acte final; chacune d'elles constitue un fait qui, en lui-même, est un acte délictuel au point de vue de la matérialité du fait; ce n'est pas à proprement parler dans ces faits d'omission ou d'imprudence que réside la faute; la faute consiste dans l'intention, si on a prévu les résultats possibles de ces omissions et qu'on ne les ait pas évités, ou alors dans l'erreur sur leurs conséquences, si ces omissions proviennent de ce fait qu'on n'a rien prévu; donc, l'erreur excusable servira de limite au domaine de la négligence et ce sera forcé, là où la faute consiste uniquement à n'avoir pas prévu les conséquences dommageables d'un fait; aussi, le projet n'aurait-il pas à prévoir le cas d'erreur, si la seule condition constitutive du délit eût été le fait de la prévision du dommage. Mais on sait que cet élément n'est pas seul et qu'il en existe un second, la faute d'intention ou de négligence relative à la matérialité du fait lui-même. Ici la faute consiste à avoir commis sciemment un fait illicite ou à n'avoir pas, par négligence, soupçonné le caractère délictuel du fait; et ici encore l'erreur excusable formait la ligne séparative entre la négligence, c'est-à-dire, la responsabilité d'une part, et l'absence de faute d'autre part. Mais cette fois le doute pouvait s'élever, car l'erreur va consister à ignorer la loi ou à croire permis ce qui est défendu, soit par la loi, soit par les mœurs. Cette erreur est-elle jamais excusable? On ne l'admet pas en droit pénal, va-t-on l'admettre en matière de délit privé? Très certainement, pour qu'elle soit excusable, il faut supposer que le doute, au point de vue moral, soit permis, comme s'il s'agit de ces faits qualifiés de déloyaux, au point de vue des mœurs, et non classés parmi les contraventions et délits du droit pénal ; on ne l'admettra jamais pour les délits qui touchent à l'honorabilité. Même dans cette limite, devait-on accepter qu'il pût y avoir erreur excusable ? On aurait pu comprendre une distinction, suivant qu'il s'agirait de violation d'un droit ou de contravention à la loi, ou simplement d'un fait qui ne fût considéré comme déloyal qu'au point de vue des mœurs. Le projet n'a pas admis cette distinction et accepte l'excusabilité de l'erreur d'une façon absolue (art. 707), même, par conséquent, en matière de contravention à la loi ; assurément, il sera rare dans l'application qu'elle soit admise, mais le juge sera libre de reconnaître qu'il y aura eu erreur excusable, qu'il s'agisse d'erreur de fait ou d'erreur de droit ; et nous avons reproduit un exemple de Liszt, fondé sur cette disposition, celui de l'individu qui, voulant tirer un feu d'artifice, ignore, par suite d'erreur excusable, les dispositions du Code pénal à cet égard et croit avoir le droit de faire ce qu'il fait. Il nous semble, cependant, qu'en ce qui touche la responsabilité dérivant du caractère de l'acte, la faute du droit privé devrait être la même que celle du droit pénal ; on comprend l'erreur excusable lorsque la faute se réfère à la prévision des dommages causés : on n'a pu les prévoir. Mais lorsqu'elle se réfère au caractère délictuel du fait, il semblerait que l'adage : nul n'est censé ignorer la loi, devrait s'appliquer sans distinction à la recevabilité de l'erreur ; donc ne devrait être admis que pour les faits de caractère indéterminé et dont la qualification délictuelle dépend uniquement d'un fait d'appréciation, et d'une question de mœurs et d'ordre public en prenant le mot au sens large, et peut-être au fond, est-ce là ce qu'ont entendu les auteurs du projet.

319. *Irresponsabilité pour défaut d'âge ou de raison ; absence de volonté.* — Il va de soi que si la faute est l'élément essentiel du délit civil, le défaut d'âge ou l'absence de raison doivent la supprimer ou l'empêcher de naître. Il y aura donc une capacité délictuelle au point de vue du délit civil, comme à celui du délit pénal. D'où il suit que l'individu privé de raison sera incapable au point de vue délictuel comme il l'est d'ailleurs au point de vue contractuel ; seulement, en matière de délits, l'incapacité doit être réelle et non pas présumée, ce qui fait que l'interdit serait responsable des délits civils qu'il aurait commis dans un intervalle lucide (cf. art. 64). L'absence de raison peut, il est vrai, être momentané, comme au cas d'ivresse ou de sommeil hypno- tique (1); l'agent qui se trouve ainsi dans un état d'incapacité transitoire est en principe irresponsable, sauf exception pour le cas où la cause, d'où résulte pour lui la privation de raison, lui serait imputable. L'article 708 le dit de l'ivresse; l'article 57 du Code fédéral s'exprimait d'une façon beaucoup plus générale et par- tant beaucoup plus exacte, en disant que celui qui, par sa faute, a perdu momentanément la conscience de ses actes était tenu du dom- mage causé; ce qui peut comprendre les cas d'hypnotisme, de sommeil magnétique et autres similaires. Ici encore se révèle une des conséquences du système défectueux du projet. D'après l'article 704, il n'y a délit, en principe et sauf une exception dont il ne peut être question au cas d'ivresse, que si l'on a pu prévoir le dommage qui pourrait être la suite du fait constitutif du délit; on n'exige pas, il est vrai, que l'étendue du dommage ait pu être prévue, pourvu que son existence ait pu l'être (art. 704, § 1). Faudra-t-il donc, au cas d'ivresse, qu'on ait pu prévoir qu'il en pourrait résulter dommage pour autrui, et s'il peut être établi que l'imprudent qui se laisse entraîner aux excès visés par le projet ne pouvait avoir conscience des conséquences possibles de son état, faudra-t-il le déclarer irresponsable, bien que l'on doive lui imputer à faute ou négligence l'état lui-même où il se trouve ? Le projet semble bien avoir abandonné sur ce point son principe fondamental, puisque l'article 708 exige simplement que l'ivresse lui soit imputable; cette disposition concorde au contraire avec le système que nous proposons : celui qui se livre à l'ivresse commet un acte qui, en lui-même, est contraire aux mœurs et dont, sans autre considération, il doit être déclaré responsable. En serait-il de même de celui qui consent à se laisser hypnotiser ? Dans l'état actuel des mœurs la question peut être douteuse, et alors, si l'on hésitait à voir dans cet acte un fait immoral en soi, il faudrait, selon le système que nous proposons, exiger que le sujet ait dû avoir conscience des faits dommageables auxquels il pourrait être entraîné sous l'empire de la volonté d'autrui.

L'article 709 traite de l'irresponsabilité tenant au défaut d'âge, et reproduit en cela purement et simplement les dispositions du droit romain; il établit une période d'*infantia*, allant jusqu'à sept ans, pendant laquelle n'existe aucune capacité ni délictuelle,

---

(1) Cf. Liszt, *loc. cit.*, p. 43.

ni contractuelle (art. 25). Au delà de sept ans et jusqu'à dix-huit, le projet admet l'excuse d'irresponsabilité (1), c'est quelque chose d'analogue à la distinction romaine entre les *infantiæ proximi* et *pubertati proximi*.

On sait déjà que ces dispositions sont applicables à la faute dite contractuelle, celle qui concerne par conséquent l'exécution d'une obligation née de contrat (art. 224).

L'irresponsabilité consistera dans l'incapacité d'apprécier le caractère délictuel du fait; l'agent n'aura pas à prouver qu'il ne s'est pas rendu compte du fait pris en particulier, mais qu'il n'avait pas les lumières suffisantes pour apprécier un fait de ce genre. Or, il faut se souvenir que l'article 704 exigeant qu'on ait prévu le dommage, il faudra que l'*infantiæ proximus* établisse qu'il n'a pu soupçonner les conséquences dommageables de son fait (2).

Enfin le projet, s'en tenant à la rigueur des principes, n'a pas admis, comme l'avaient fait les Codes prussien et suisse (3), que le juge pût prendre en considération l'état de fortune de l'irresponsable pour accorder indemnité à sa victime. Qu'un fou millionnaire mette le feu à sa maison et que l'incendie gagne l'immeuble du voisin et réduise à la misère les locataires qui l'habitent, ceux-ci n'auront-ils aucun recours? Cela revient à se demander lequel vaut le mieux de tenir le malheur qui les frappe pour un accident fortuit, comme le serait le feu du ciel, ou de donner au juge un pouvoir d'appréciation aussi étendu et susceptible de tant d'arbitraire (4)?

320. *Capacité délictuelle des personnes morales.* — A la matière que nous venons de traiter se rattache une question accessoire de la plus haute importance, celle de la capacité délictuelle des personnes morales, et subsidiairement de l'État; pour être en faute, il faut être capable de volonté, c'est un principe de justice, c'est aussi le principe du projet; or, les personnes morales ont-elles une volonté? C'est à cela que revient la question. L'idée romaine est qu'une collectivité ne peut ni agir, ni vouloir par elle-même, et comme la volonté est le fondement de l'attribution des droits, ou, pour employer le langage technique, l'élément

(1) Cf. C. pén. allem., §§ 55-57.
(2) Cf. *Motifs*, II, p. 733. — Liszt, *loc. cit.*, p. 44.
(3) Cf. *Al. L. R.*, I, 6, 41-43. — C. féd., art. 58.
(4) Gierke, *Revue de Schmoller*, XIII, p. 248.

essentiel de tout sujet juridique, on ne peut que par fiction accorder la personnalité à un être de raison, tels que les établissements, fondations, corporations : c'est la théorie de la personne fictive. Les personnes morales étant de création artificielle, elles n'ont que les droits et obligations pour lesquels la personnalité leur a été reconnue, autrement dit ceux qui rejaillissent sur elles par le fait de leurs représentants; or, ces derniers n'ont pas reçu mandat de commettre des délits pour le compte de l'être juridique au nom duquel ils agissent (1) et, comme d'autre part, cet être juridique n'a pas de volonté par lui-même, il se trouve que la condition essentielle de l'obligation délictuelle fait défaut, la responsabilité : donc les agents de la collectivité, état, ou corporation privée, peu importe, sont responsables individuellement; mais les délits qu'ils commettent dans l'exercice de leurs fonctions, ou au cours de leur mandat, ne créent pas de responsabilité collective à la charge de la corporation qu'ils représentent. Telles sont les déductions rigoureuses des principes romains (2), bien qu'il y ait lieu de croire que les romains se soient quelquefois départis de cette logique intraitable, surtout en matière de droit public international (3).

Il est un point qui, cependant, n'a jamais fait difficulté, c'est que les personnes morales répondent de l'inexécution fautive, voir même dolosive, des obligations contractées par leurs agents ; logiquement, elles n'ont pas donné mission à leurs représentants de se montrer de mauvaise foi dans l'accomplissement de leurs obligations contractuelles; alors il faut admettre, quelque parti qu'on prenne sur la question de responsabilité et garantie, pour employer les termes techniques de l'école nouvelle, que de toutes façons, elles répondent de leurs contrats parce qu'elles sont garantes de leur exécution, dans la mesure où en sont responsables ceux qui doivent les exécuter pour elles (4); dans cette mesure, elles répondent pour leur représentants, elles couvrent leurs agents. Pourquoi donc ne pas admettre une obligation de garantie analogue pour tous les actes accomplis par ceux-ci dans l'accomplissement de leur mandat?

(1) Cf. Zachariæ, *Ueber die Haftungverbindlichkeit des Staats aus rechtswidrigen Handlungen und Unterlassungen seiner Beamten*, dans *Zeitsch. f. die gesammte Staatswissenchaft*, XIX, 1863, p. 607 et suiv.

(2) Gierke, *Das deutsche Genossenschaftsrecht*, III, p. 108 et suiv. — Cf. Windscheid, *Pand.*, § 59, note 9.

(3) V. Karlowa, *Zur Lehre von den juristischen personen (Zeitsch. f. den priv. und öff. R.)*, XV, p. 427 et suiv.

(4) Cf. art. 224, et *supra*, p. 17, note 1.

La loi qui reconnaît la personnalité civile d'un être de raison, ne lui donne des organes pour agir et vouloir qu'à la condition de lui imposer garantie de tous les actes faits par eux en vue des fonctions qu'ils ont à remplir (1) ; nous ne dirons plus dans cette théorie que la personne morale est responsable par elle-même, mais nous la rendrons garante des délits de ses représentants, l'intérêt pratique consistera en ce que la garantie sera presque forcément subsidiaire (2) ; et l'on sent que cette théorie concorde encore très bien avec la thèse de la personne fictive ; on comprend également que son étendue d'application soit susceptible de plus ou de moins, puisqu'elle dépend d'un fait de création légale et des conditions tacites mises à l'obtention de la personnalité, lesquelles peuvent varier et être plus ou moins rigoureuses ; la garantie pourra être universelle ou partielle. Enfin, tout en restant dans le domaine de la théorie de la personnalité fictive, on peut encore aboutir à une responsabilité générale par la voie du quasi-délit, tout au moins dans les législations comme la nôtre (C. civ., art. 1384), qui rendent le maître responsable des délits de ses agents, indépendamment de toute faute de sa part (3). Il est vrai qu'en matière de responsabilité pour autrui la tendance allemande était de suivre le principe romain d'une responsabilité personnelle au maître, et dans ce cas, l'application de ce système aux personnes morales eût presque abouti à reconnaître la capacité délictuelle de celles-ci. La jurisprudence fut longtemps flottante, c'est surtout en ce qui touche la responsabilité de l'État pour le compte de ses agents qu'elle eût à se prononcer ; or, le plus souvent elle se contenta de le déclarer responsable du choix, de la *culpa in eligendo*, par conséquent (4). On

---

(1) Cf. *Motifs*, I, p. 103.

(2) Cf. Gerber, *Grundzüge des deutschen Staatsrechts*, 3° éd., p. 213 et suiv. — Stobbe, *loc. cit.*, III, § 201, note 49. — Zachariæ, dans *Zeits. f. d. ges. Staatswiss.*, t. XIX, 1863, p. 582 et suiv., et *Deuts. Staats und Bundesrecht*, 3° éd., § 140. — Cf. Gierke, *Genossenschaftstheorie*, p. 760, note 2.

(3) Cf. Sourdat, *Traité général de la responsabilité*, 1887, t. II, n° 1290 et suiv. Cette conception conduit du reste à une confusion grave entre les *organes de l'État* et les *employés de l'État*, entre les actes qui doivent être censés accomplis par la personne morale elle-même et ceux qui restent le fait de ses agents. Il ne devrait être question de responsabilité pour autrui que pour ces derniers, et le problème que nous examinons reste, de toutes façons, absolument intact pour ce qui est des autres.

(4) Voir résumé de la jurisprudence dans Gierke, *Genossenschaftstheorie*, p. 751, note 1. — Add., Stobbe, III, § 201, note 48.

pouvait dire à la rigueur que l'admission de la personnalité impliquant la constitution de représentants, qui en fussent les organes, il y avait obligation à la charge de la collectivité et vis-à-vis des tiers de se choisir des représentants habiles et honnêtes. C'eût été l'un des cas de garantie partielle dont nous parlions plus haut.

Dans aucune de ces théories on n'en arrivait à affirmer ouvertement la responsabilité personnelle, au point de vue du délit civil des personnes morales, et l'on pressent par les divergences que nous venons de signaler, à quelles incertitudes en pratique tout ce système devait conduire. Tout cela était fort grave en matière de sociétés et en ce qui touche les délits commis par les gérants et administrateurs; fort grave aussi, en ce qui concerne les compagnies de transport et sociétés industrielles; il est vrai que pour celles-ci, les lois sur la responsabilité ont pour la plupart des cas tranché la question, en déclarant la compagnie responsable des faits de ses agents et employés; nous avons déjà eu occasion de dire que cette responsabilité, dans plus d'une hypothèse, repose sur l'idée d'une sorte d'assurance légale, et en tous cas, les lois auxquelles nous faisons allusion, n'ont pas entendu trancher la question de principe. Enfin, c'est surtout au point de vue des obligations de l'État et autres personnes morales publiques que la question avait donné lieu aux plus grandes difficultés (1). Certaines lois avaient prévu le cas et établi pour les hypothèses qu'elles visent une responsabilité particulière de l'État pour le fait de ses agents; ainsi, pour la Prusse, l'ordonnance du 5 mai 1872, sur l'organisation des livres fonciers (*Grundbuchordnung*, § 29), laquelle admet la responsabilité subsidiaire de l'État; en matière de dépôt judiciaire on était généralement d'accord pour rendre l'État responsable du choix de ses agents, tandis que la loi prussienne du

(1) On les trouvera exposées, avec la jurisprudence à l'appui, dans E. Loening, *Die Haftung des Staates aus rechtswidrigen Handlungen seiner Beamten*, 1879. — Rocholl, *Rechtsfälle aus der Praxis des Reichsgerichts*, t. I (Breslau, 1885), p. 383 et suiv. — Gierke, *Genossenschaftstheorie*, p. 743 et suiv. — Stobbe, *loc. cit*, III, § 201-6°, p. 398 et suiv. — Windscheid, *Pand.*, § 470, note 4. — Cf. Brinz, *Pand.*, t. III, 2° part., 1888, p. 577. — Bekker, *Pand.*, § 62, note o, et § 153. — Cf. Waterman, W. Thomas, *A treatise on the law of corporations other than municipal* (New-York, 1888, Baker, Voorhis, et Cᵒ), ch. XV et XVI, et sur ce dernier ouvrage le compte rendu de *König* dans la *Revue de Goldschmidt* (*Z. f. H. R.*, 1889, t. XXXVI, p. 364-365).

14 mars 1879 (*Hinterlegungsgesetz*), considère l'État comme partie
contractante et règle sa responsabilité vis-à-vis du déposant sur la
base du contrat (1). Indépendamment de toute disposition législative, la pratique judiciaire allemande est presque unanime à
accepter, en ces deux matières, la responsabilité de l'État (2);
d'une façon générale, on l'admet en ce qui touche le fait des administrateurs du domaine et autres agents administratifs, employés
à la gestion du patrimoine de l'État. Mais il en fut tout autrement
pour ceux qui exercent au nom de l'État les droits de souveraineté (3), et qui sont considérés comme les dépositaires du pouvoir
public (4) : ici la jurisprudence allemande, tout en les considérant
d'après les règles du droit public comme individuellement responsables, hésite à faire rejaillir sur l'État la responsabilité du délit.
Sans doute, l'État n'a pas donné mission aux administrateurs de
la fortune publique de nuire à autrui, en vue de l'accroissement
du patrimoine de l'État; ce qui n'empêche que les délits qu'ils
commettent au cours de leur administration ont pour but de profiter à l'État et le plus souvent lui profitent effectivement; il serait
injuste, par conséquent, que l'État ne se porte pas garant de la
conduite de ses agents, alors que celle-ci n'est en somme qu'une
exagération de leur rôle d'administrateur (5). Mais il n'en est plus
de même des représentants du pouvoir public; on ne peut plus
dire que leurs excès de zèle doivent profiter à l'État, car l'État ne
peut pas être considéré comme ayant intérêt à violer la loi, et c'est
la violer que de commettre un abus de pouvoir; ils n'ont en
somme les droits de souveraineté que par voie de délégation et

(1) Cf. Förster-Eccius, *Preuss. Priv. R.*, I, 90, p. 553-554.

(2) Stobbe, III, § 201, notes 51, 52. — Roth, *Bayr. civ. R.*, I, éd. 1881, § 37,
notes 34 et suiv., note 42. Il faut joindre aux exemples cités au texte les
dispositions relatives à la responsabilité de l'État en ce qui touche l'administration des postes et télégraphes; nous y reviendrons à propos de la responsabilité pour autrui. — Cf. E. Lœning, *Die Haftung des Staates*, V,
p. 45 — Brinz, *Pand.*, § 452, note 28.

(3) Förster-Eccius, *loc. cit.*, I, § 90, note 33.— Cf. Meischeider, dans *Bekker-Beiträge*, fasc. 3, p. 52.

(4) D'une façon plus précise on admet la responsabilité de l'État pour les
faits de ses agents rentrant dans la sphère du droit privé et non pour ceux
rentrant dans celle du droit public; en pratique, la distinction coïncide
presque toujours, non pas forcément il est vrai, avec celle que nous indiquons entre les administrateurs de la fortune publique et les représentants
du pouvoir public.

(5) Cf. *Motifs* sur l'art. 46, I, p. 103.

leur délégation ne porte que sur les droits que l'État pourrait exercer lui-même; donc, sur les droits qui sont consacrés par les lois, et s'ils vont au delà, ils dépassent leur mandat et l'État n'y est pour rien; pourrait-on même supposer qu'il eût prévu d'avance et garanti leurs excès de pouvoirs? Autant voudrait dire que l'État a prévu que ses fonctionnaires pourraient violer la loi et pris sur lui les conséquences des illégalités qu'ils pourraient commettre. Ce serait impossible. On conçoit que l'on puisse prévoir la négligence d'un administrateur de la fortune publique, il serait inique de se porter garant par avance des illégalités d'un fonctionnaire public; ce serait presque l'encourager par avance à les commettre. On aperçoit donc une raison de différence entre les deux catégories d'hypothèses que nous venons de signaler, et l'on comprend que la jurisprudence allemande ait eu l'idée de la distinction que nous indiquons.

Sur ces entrefaites, Gierke, continuant les tendances de Beseler (1), s'est fait le promoteur d'une idée nouvelle, en opposition directe avec les doctrines romaines sur la personne fictive : les personnes morales ne sont pas des fictions, mais des réalités; si la volonté est la base de la personnalité juridique, on ne peut nier l'existence d'une volonté commune à tous les membres d'une collectivité, distincte de la volonté individuelle de chacun d'eux et cependant résidant chez tous, dont la résultante soit une entité juridique parfaitement réelle, sinon réalisée; pour être réalisée il lui manque des organes, mais ces derniers lui seront fournis par l'organisation des différents pouvoirs chargés d'administrer la société; on dit généralement de ceux à qui cette mission incombe, qu'ils sont les représentants de la collectivité; rien n'est plus faux : on ne représente que ceux qui existent déjà; un représentant est celui qui substitue sa personnalité juridique à une personnalité déjà existante; tel n'est pas le rôle des administrateurs d'une collectivité : ils traduisent à l'intérieur et manifestent au dehors cette volonté collective et une en même temps qui est à la base de la personnalité civile : ils lui servent d'intermédiaires, ils en sont les organes. Leur volonté, lorsqu'elle se produit dans la sphère de leur rôle social, n'est pas leur volonté propre se substi-

(1) Cf. Beseler, *Volksrecht und Juristenrecht*, 1843, p. 158 et suiv., et *System des deutsch. Privatrechts* (3ᵉ éd. 1873, t. I, §§ 66 et suiv.). — Cf. Ch. Périn, *Du droit de propriété des personnes civiles*, dans *Rev. cathol. des instit. et du droit* (oct. 1889, p. 317).

tuant à la personnalité d'autrui, de telle sorte qu'on puisse distinguer encore deux personnalités différentes, c'est la volonté même du corps social qui s'exprime par la leur : leur fait est le fait de la collectivité, leurs délits sont délits de la personne morale dont ils sont l'instrument : cette fois non seulement la possibilité d'une volonté collective et par suite d'une responsabilité collective se trouvait affirmée, mais, Giérke, posait cette axiome, que tout délit d'un administrateur social agissant en vue de l'accomplissement de ses fonctions devenait un délit de la communauté. Il y a dans cette théorie deux choses, le principe d'une responsabilité ou même d'une culpabilité collective, considérée comme possible, puis l'étendue d'application du principe. Beaucoup d'auteurs, et des plus éminents, ont admis le principe (1), mais plusieurs hésitent à lui donner cette large portée. Comment, dit Karlowa, si l'administrateur d'une caisse d'épargne commet une fraude au cours de son administration, la commune sera-t-elle considérée comme ayant commis la fraude? et si le dernier des petits fonctionnaires publics se laisse aller dans l'accomplissement de sa mission à commettre un délit civil à l'égard d'un tiers, le délit sera-t-il censé commis par l'État? Ne faut-il pas distinguer tout au moins, parmi les organes de la communauté, ceux qui manifestent dans toute sa plénitude cette volonté collective qui est le fondement juridique de la personne morale; de ceux qui ne sont en somme que des délégués ou mandataires et qui gardent, même dans l'accomplissement de leurs fonctions, leur individualité juridique propre, et distincte de celle de la communauté? Lorsque le premier ministre d'un pays porte atteinte aux droits d'un État voisin et viole à son détriment les principes du droit des gens, il est vrai de dire, à moins de désaveu immédiat, que le délit provient de l'État lui-même; mais qui donc voudrait le soutenir encore d'une offense provenant d'un fonctionnaire subalterne (2)? On voit en somme que dans cette limite

---

(1) Cf. Förster-Ecclus, I, § 90, p. 553. — Stobbe, III, § 201, note 50. — Windscheid, *Pand.*, § 470. — Roth, *Bayr. Civilrecht*, I, 1881, p. 252, § 37, note 51. — *Verhandl. des VI^{ten} Juristentages*, I, p. 45 et suiv.; III, p. 54 et suiv., p. 323 et suiv. — *Des VIII^{ten}*, I, p. 388 et suiv. — *Des IX^{ten}*, III, p. 20 et suiv., p. 340 et suiv.

(2) Karlowa, *Zur Lehre von den Juristischen Personen*, dans *Zeitsch. f. das Priv. und öff. R.*, XV, 1888, p. 431. La question revient en somme à distinguer les organes de la collectivité de ses simples employés, à fixer les limites de la responsabilité directe et de la responsabilité pour autrui.

et ramenée à ces termes, la question est loin d'être complètement résolue, soit dans la théorie, soit dans la pratique : quelle
est maintenant la solution du projet ?

321. Le projet ayant supprimé le quasi-délit et posé, en matière
de responsabilité pour autrui, le principe de la faute personnelle,
la question se trouvait compliquée, puisqu'il n'y aurait plus, pour
la résoudre sans aborder le principe lui-même, la ressource d'une
disposition analogue à celle de notre article 1384. Il semble que le
projet devait dès lors prendre parti sur la question de fond : nous
ne sommes cependant pas très sûr qu'il ait entendu se prononcer
pleinement sur la théorie de la capacité délictuelle des personnes
morales, puisque la disposition qu'il a admise se trouve, sous ce
rapport, également interprétée dans les deux sens par les différents
commentateurs du projet. Remarquons tout d'abord que cette disposition ne se trouve pas au chapitre sur le délit civil, mais dans
la partie générale, au titre même des personnes morales. Il y est
dit (art. 46) que toute corporation, société ou autre, répond des
délits que son conseil de direction ou l'un des membres de celui-ci a pu commettre dans l'exercice de ses fonctions. Gierke en
conclut aussitôt que le projet a fait brèche à sa théorie romaniste
et doctrinaire de la personne civile pour admettre le principe
germanique de la capacité délictuelle des personnes morales (1).
Mais Listz semble bien dire tout le contraire par l'excellente raison, suivant lui, que le projet ne soumet pas la responsabilité
des personnes morales au principe de la faute personnelle qui
sera admis en matière de responsabilité pour autrui (2). Il n'y
aurait, suivant lui, d'obligation *ex delicto* à la charge des personnes morales que si l'on exigeait pour qu'il en fût ainsi le délit
personnel de la collectivité, soit à raison du choix de l'agent, soit
à raison du défaut de surveillance ; l'article 46 admettant que la
collectivité est responsable de tout délit de ses administrateurs,
même en dehors de toute faute qui lui soit propre, s'écarte par
conséquent du principe de la responsabilité délictuelle, pour revenir à l'idée du quasi-délit, ou à celle de la simple garantie (3). On

(1) Gierke, *Rev. de Schmoller*, XII, p. 1237.
(2) Listz, dans *Bekker-Beitrâge*, fasc. 5, note 9, p. 43.
(3) On remarquera également que le Code fédéral (art. 62, § 2) a réglé la
responsabilité des personnes morales conformément aux principes de la
responsabilité pour autrui. Cependant, s'il s'agit de personnes morales pu-

pourrait répondre, il est vrai, que si le projet met au compte de la société tout délit de ses gérants, sans s'occuper de savoir si la société elle-même est en faute, c'est qu'il adopte probablement le principe de Gierke : le gérant n'est que l'organe de la communauté et par suite le fait de l'administrateur est le fait de la communauté, et son propre délit le délit de cette dernière. Ce serait l'expression la plus complète de la théorie qui admet la capacité délictuelle des personnes morales ; et Liszt aurait confondu responsabilité directe et responsabilité pour autrui, organes et employés ; alors que l'article 46 a précisément pour but de fixer la limite entre ces deux classes d'agents. En tous cas il importerait d'être fixé sur la pensée théorique du projet, car si la responsabilité des personnes morales donne lieu à une obligation *ex delicto*, l'action qui en résulte ne sera pas régie en tous points, en matière de prescription par exemple (art. 719), par les dispositions du droit commun. Or nous serions tout à fait disposé, pour notre part, à croire que le projet aurait admis ici, tout au moins dans une mesure restreinte et par voie d'exception, la théorie de Gierke sur l'identification des actes accomplis par les organes sociaux considérés comme actes de la société. Seulement il ne l'admet que d'une façon restreinte en ce sens qu'au lieu d'engager la responsabilité de la personne civile pour tout acte des administrateurs qui lui servent d'organes, il limite à ce point de vue le nombre des agents qui auront ce caractère d'organes de la société (art. 46). Ceci n'a rien qui doive étonner ; c'est déjà ce que proposait Karlowa, nous l'avons vu. Nous avons ajouté qu'il n'avait admis cette théorie qu'à regret, par voie d'exception, et comme ayant eu la main forcée par les nécessités et les besoins de la pratique : ce sont les motifs eux-mêmes qui le disent (I, p. 103). La représentation des personnes

bliques, on prévoit les dérogations qui pourraient être apportées aux principes généraux en ce qui touche la responsabilité des employés et fonctionnaires (art. 64).

Il est vrai que l'article 64 parle de la responsabilité des fonctionnaires et non de la responsabilité de l'Etat à raison du fait de ses fonctionnaires ; de sorte que l'on ne paraît pas prévoir que cette dernière pût être réglée autrement que celle d'un patron pour le fait de ses employés. Du reste, la loi fédérale du 9 décembre 1850 sur la responsabilité des autorités et fonctionnaires de la Confédération ne s'occupe pas de la responsabilité de l'Etat à raison du fait de ses agents. On trouvera le texte de cette dernière dans l'excellent recueil de P. Wolf, *Die Schweizerische Bundesgesetzgebund*, p. 29 (1re liv., Bâle, 1888).

morales par leurs administrateurs a été artificiellement étendue aux délits commis par ceux-ci (*Künstlich gewährte Vertretung*, ce sont les expressions même des motifs). Il en faudra conclure au point de vue des principes que l'admission de cette représentation délictuelle n'implique pas qu'on ait voulu consacrer les idées de Gierke sur la nature des personnes morales. Reste maintenant à prouver que ce sont bien là les idées du projet et qu'il s'agit dans l'article 46, bien que celui-ci ne soit pas placé au titre des délits, d'une responsabilité délictuelle directe et non d'une simple responsabilité légale ; et il suffit pour l'établir du mot de *représentation* employé par les motifs, bien qu'on y voie une extension artificielle de la représentation. Peu importe cette restriction ; le fait du représentant est considéré comme étant le fait du représenté ; c'est un principe. Enfin le rédacteur des motifs paraît avoir emprunté à Windscheid les expressions qu'il emploie et Windscheid entendait bien reproduire sous ce terme de représentation artificielle la formule connue que le délit de l'agent sera délit de la communauté, et entendre la chose d'une véritable capacité délictuelle des personnes morales, tout au moins dans la mesure et les limites où cette capacité leur aurait été concédée par la loi (1).

Nous avons enfin à nous demander si le projet a entendu appliquer à l'État la solution de l'article 46 : celui-ci n'en dit rien et l'article 63 nous avertit qu'on n'a pas entendu modifier les dispositions particulières qui attribuent au fisc des différents États la personnalité civile et en règlent les effets ; mais on doit néanmoins se demander si, à défaut de dispositions spéciales dans les lois d'État, on devra appliquer aux personnes morales publiques et en particulier au fisc, la solution de l'article 46. Les motifs l'affirment, mais en limitant l'application de cette disposition aux délits provenant de faits qui puissent relever du domaine du droit privé et laissant en dehors de sa portée les faits rentrant dans la sphère du droit public (2). C'est dire qu'on a voulu consacrer la distinction de la jurisprudence entre la responsabilité pour faits

(1) Cf. Windscheid, I, 1887, § 59 : « *Erstreckt sich die der Juristischen Person künstlich gewährte Handlungsfähigkeit auch auf Delicte, d. h. gilt auch ein von dem Vertreter einer Juristischen person in dieser seiner Eigenschaft und innerhalb seiner Vertretungsbefugniss begangenes Delict als Delict der Juristischen person* »? — Cf. Gierke, *Genossenschaftstheorie*, p. 752, note 2.

(2) *Motifs*, I, p. 103.

d'administration et la responsabilité pour faits de souveraineté ; non pas que les motifs prétendent exclure la responsabilité de l'État pour ces derniers, mais ils déclarent n'avoir pas à s'en occuper et laisser la question au domaine du droit public. Mais il est bon d'observer en terminant que le texte, pris à la lettre, ne laisse rien soupçonner de tout cela et que, on l'a déjà fait remarquer du reste, si on doit l'appliquer à l'État (1), il sera difficile d'y introduire la moindre distinction (2).

322. *Responsabilité pour le fait d'autrui.* — Nous poursuivons l'examen du principe de la responsabilité personnelle et en recher-

(1) Cf. Melscheider, dans *Bekker-Beiträge*, fasc. 3, p. 53.

(2) En tous cas, cette disposition de l'article 46 s'appliquera assurément aux fondations (*Stiftungen*) aussi bien qu'aux sociétés et corporations (art. 61). Ici cependant la controverse pouvait paraître plus délicate encore, car la fondation n'implique plus association de personnes et par suite on ne saurait découvrir d'autre volonté susceptible de responsabilité en dehors de la volonté des administrateurs de la fondation : un patrimoine, personne morale, n'est pas une volonté susceptible de faute; on peut, il est vrai, chercher cet élément subjectif dans la volonté qui a érigé la fondation; mais cette volonté elle-même, suffisante à donner l'être à une entité juridique, n'est plus considérée comme subsistant au delà de l'acte de fondation, et on ne peut lui attribuer la responsabilité des délits commis au cours de l'administration du patrimoine érigé en personne juridique indépendante. Que cette dernière soit responsable de l'inexécution de ses contrats, rien de mieux (cf. *supra*, p. 17, note 8); un patrimoine ne peut s'enrichir aux dépens de personne et s'il devient créancier c'est à condition qu'il soit débiteur des obligations qui correspondent à son droit de créance. Mais il n'en est plus de même des délits qu'on lui attribue. Les objections étaient donc ici très pressantes (cf. Brinz, t. III, 1888, § 443, note 63). Cependant ici encore les délits commis par les administrateurs de la fondation, considérés comme ses organes au sens de l'article 46, seront délits de la fondation; il y a, dans une certaine mesure, une capacité délictuelle des fondations; ou, pour employer le langage de Windscheid reproduit par les motifs, une représentation artificielle des fondations même en matière de délits. Est-ce absolument anormal? Non, si tout organe d'une personne morale est censé manifester la volonté propre de l'être juridique auquel il sert d'intermédiaire; si sa propre personne s'annihile pour s'identifier avec celle de l'être juridique qu'il représente, ou plutôt qui agit par lui. Il faut bien remarquer qu'en matière de corporation la volonté des administrateurs ne représente nullement les volontés individuelles des personnes associées dont l'ensemble constitue la corporation, on fait absolument abstraction des individus qui composent cette dernière, pour ne voir que l'être juridique, la volonté idéale qui ressort de l'ensemble; si cela est vrai, la théorie ne sera pas plus inadmissible en

chons les conséquences : les articles 710 à 712 nous en offrent une remarquable application ; il s'agit de savoir quelles sont les personnes qui auront à répondre du fait d'autrui et dans quelle mesure elles en répondront. Pour qu'il soit question d'imposer à un individu la responsabilité du fait d'un autre, il faut, de toute nécessité, qu'il existe entre le répondant et celui dont il doit répondre des rapports qui fassent de l'un dans une certaine mesure le dépendant de l'autre. Ces rapports peuvent se présenter sous deux aspects ; ou bien il s'agit d'individus unis par des liens juridiques

matière de fondations, bien que toute idée d'association de personnes ait disparu : de toutes façons on néglige l'individu, ou la somme des individus, pour ne voir que l'individualité juridique. Sur ce point encore le droit allemand nous présente des particularités absolument étrangères au droit français ; nous avons déjà signalé l'énorme différence qui existe entre les deux législations en ce qui touche l'érection des fondations (cf. *supra*, p. 147, note 1 ; cf. Roth, *Stiftungen*, dans *J. f. Dogm.*, I, p. 208 ; cf. *Denkschrift des erzb. Capitelsvicariats von Freiburg den Gesetzentwurf über die Rechtsverhältnisse und die Verwaltung der Stiftungen betr.* (Freiburg, 1869), et Zöpfl, *Bemerkungen zu einigen der hauptsächlichsten Bestimmungen des badischen Gesetzentwurfs* (Freiburg, 1869) ; ces dernières, en droit allemand, pouvant tenir leur existence juridique, sauf autorisation administrative ultérieure s'il en est besoin, d'un acte de dernière volonté (art. 59), ou d'une simple constitution de patrimoine, voire même d'une simple promesse, au sens du projet (art. 58), tandis que le droit français oblige ou à peu près le testateur qui veut créer une fondation à recourir à l'intermédiaire d'une personne, réelle ou fictive, déjà existante, en procédant par voie de donation avec charges (voir sur cette matière une intéressante consultation de M. Beudant, dans l'affaire Kalindéro, *affaire des héritiers de J. Otteteléchano contre J. Kalindéro*, Bucarest, 1889, p. 24 et suiv.). Mais les différences sont encore bien plus profondes en ce qui touche l'administration de la fondation elle-même et ce qui est relatif aux questions de représentation. Nous supposons, bien entendu, qu'il ne s'agit pas d'un établissement qu'on eut créé et pour lequel on eut obtenu la personnalité civile ; mais nous nous plaçons dans l'hypothèse ordinaire où l'on a dû avoir recours à la donation *sub modo* : l'institué a créé une école, un asile, etc., et affecte à son entretien les revenus de ce qui lui a été légué à cet effet, si le directeur de l'école ou de l'asile se rend passible de délits privés, les tiers pourront-ils avoir recours en dehors de l'auteur du délit contre l'institué qui est censé l'avoir placé lui-même à la tête de l'établissement ? Sera-t-il considéré comme son agent, son mandataire, son subordonné ? En tout cas si l'on doit répondre par l'affirmative, en se fondant sur l'idée de responsabilité pour autrui (art. 1384), et rien n'est plus douteux, l'institué ainsi déclaré responsable, le sera sur tous ses biens ; dans le système du projet, c'est la fondation qui est responsable, donc par conséquent cette responsabilité n'engage que le patrimoine qui lui est affecté.

et dont la collectivité se présente au regard des tiers comme un petit groupe organisé, si bien que les individus dont se compose la collectivité puissent être en certains cas considérés comme les organes de ce petit corps social. Ou bien ce peuvent être des relations tout accidentelles, créées volontairement, par voie de convention, entre deux individus, l'un s'étant substitué l'autre dans l'exercice de sa fonction, de son commerce, de son industrie, ou encore ayant confié à l'autre l'accomplissement d'un ou plusieurs faits déterminés. Dans la première catégorie rentrent, à coup sûr, les collectivités considérées comme personnes morales ; seulement nous savons déjà que les individus qui les composent ou qui en dépendent ne doivent pas tous figurer parmi les organes de la société ; de ce nombre seront ceux dont la volonté a pour effet de représenter la volonté collective et d'agir au lieu et place du corps social : ce sont de ceux-là qu'il est vrai de dire que leur fait est le fait de l'ensemble et que leurs délits sont délits de la communauté. Si donc on dit de la société qu'elle répond de ses agents, nous savons déjà qu'il ne faut pas entendre cela d'une responsabilité pour autrui, mais d'une responsabilité propre : toute la question sera de savoir quelles seront les personnes à qui cette qualité d'organes du corps social devra être attribuée et l'article 46 en a délimité le nombre en attribuant ce caractère, au point de vue de la représentation délictuelle, au conseil de direction et à ses membres pris individuellement. Lors donc qu'un délit aura été commis par l'administrateur d'une société il n'y aura pas à se demander si celle-ci, en corps, aurait pu surveiller son agent et, par suite, prévoir et éviter le dommage que ce dernier a causé à autrui : le délit commis est le délit personnel de la collectivité. Mais en dehors de ces organes sociaux, toute collectivité peut avoir à son service des gens qu'elle emploie et qui ne s'absorbent pas en elle de façon à ce que leur personnalité juridique se confonde avec la sienne : elle a des employés comme en aurait tout autre particulier ; ceux-ci sont pour elle et pour les tiers « *autrui* » et les délits qu'ils commettent restent leurs délits propres; si donc celui qui les emploie, particulier ou personne morale, doit en répondre, il s'agit bien alors de responsabilité pour autrui.

Seulement on pouvait peut-être se demander si au point de vue de la responsabilité délictuelle il n'y avait pas lieu d'agrandir le cercle de ces petites sociétés organisées, en dehors même de celles qui ne rentrent plus dans la catégorie des personnes morales, ou encore pour ces dernières, s'il n'y avait pas lieu d'étendre la notion de l'organe social. Ainsi, par exemple, la famille, le ménage, autrement dit la petite société domestique, ne constitue pas une personne morale au point de vue juridique, et cependant on aurait compris qu'il existât de droit entre tous les membres de cette petite collectivité une sorte de solidarité au point de vue délictuel. Cette idée serait tout à fait dans l'esprit des anciennes traditions germaniques (1). Ce que nous disons du ménage pourrait se dire d'autres groupes organisés. D'autre part, une société industrielle est bien personne morale, mais les ouvriers qu'elle emploie ne rentrent pas au nombre de ces organes sociaux dont le fait, aux termes de l'article 46, est réputé le fait de l'ensemble ; et cependant, ici encore, au point de vue de la responsabilité délictuelle, on aurait pu comprendre, à raison des rapports que l'industrie établit entre ouvriers et patrons, l'existence d'une solidarité effective sur ce point. En tout cas on aurait pu entrevoir en se plaçant à ce point de vue social les bases d'une distinction entre les deux catégories d'hypothèses dont nous venons de parler, et le cas de l'individu qui charge un autre d'un travail ou de l'exécution d'un fait quelconque, auquel cas il ne peut être question d'apercevoir dans les rapports qui les unissent aucun élément de solidarité susceptible d'aboutir à une responsabilité générale de l'un à l'égard de l'autre (2).

Quoiqu'il en soit le projet ne s'est pas placé à ce point de vue organique, mais au point de vue individualiste, que nous avons signalé, de la faute personnelle : or à ce point de vue, il ne peut y avoir de personnes responsables pour autrui que celles qui ont la surveillance d'autrui et qui par suite sont susceptibles de négliger ce devoir de surveillance ; cette manière de voir aboutira pour certaines hypothèses au même résultat que l'idée de solidarité que nous avons essayé de développer, mais le principe théorique et même les conséquences juridiques seront loin d'être identiques. Ainsi, par exemple, en matière de société domestique il y a lieu à responsabilité dans les deux systèmes ; dans l'un,

---

(1) Sans remonter jusqu'à l'ancien droit germanique proprement dit, on peut se reporter au Code prussien, *A. L. R.*, II, 5, §§ 1 et suiv. — Cf. Gierke, *Rev. de Schmoller*, XIII, p. 236, et notre *Etude sur les sources de l'obligation*, n° 38 (*Bulletin* 1889, p. 623). — Cf. Sohm, *Die deutsche Genossenschaft* (dans *Festgabe der Leipz. Jur. Fakultät, f. B. Windscheid*, p. 156 et suiv., et tirage à part, p. 18 et suiv.

(2) Cf. *Rev. de Schmoller*, XIII, p. 249.

parce que le chef du ménage a la surveillance de ceux qui dépendent de lui (art. 710); dans l'autre, parce que l'ensemble constitue
une, petite société solidaire au point de vue pénal. Seulement, en
se plaçant à ce dernier point de vue, on dira que le délit de l'enfant est considéré comme le fait du 'petit groupe domestique et
la victime du délit n'aura pas à établir le défaut de surveillance
du père, ni le rapport de causalité entre son défaut de surveillance
et le fait commis (1); dans le système de la faute personnelle qui
est celui du projet, le demandeur aura à prouver la faute, c'est-à-
dire le défaut de surveillance, et de plus le rapport de causalité,
c'est-à-dire à démontrer que si le père ou le maître avait surveillé
son enfant ou son serviteur, le dommage n'aurait pas été causé
(art. 710).

323. *Des personnes qui sont les surveillants légaux d'autrui.* —
Le principe du projet est qu'il n'y a plus de responsabilité pour autrui proprement dite, au sens de ce que l'on appelle le quasi-délit :
il n'y a plus qu'une responsabilité personnelle engagée par le fait
d'autrui, et cette responsabilité personnelle ne peut provenir que
d'un défaut de surveillance, lorsque cette surveillance constituait
un devoir pour celui qui l'a négligée. Reste à savoir quelles sont les
personnes à qui incombe ce devoir de surveillance ; le projet les
classe en deux catégories : celles qui par état sont les surveillants
légaux d'autrui, parents, tuteurs, instituteurs (art. 710) et celles
qui ont confié l'accomplissement d'un fait à autrui, et qui par conséquent doivent en surveiller l'exécution (art. 715). Dans les deux
cas, il s'agit d'un devoir reconnu par la loi, seulement dans l'un,
ce devoir de surveillance s'impose, dans l'autre, il a été volontairement accepté, d'où cette conséquence que dans le second cas il
pourra y avoir un second élément de culpabilité, en dehors du
défaut de surveillance : et ce sera la négligence dans le choix,
culpa in eligendo (art. 712) : ceci se présentera, par exemple, dans
les rapports entre patrons et ouvriers (art. 711) (2).

324. *De la mesure de la responsabilité.* — Nous savons quelles
sont les personnes qui peuvent être rendues responsables du délit
d'autrui ; ce sont les surveillants légaux d'autrui, rangés par le

(1) Cf. C. civ., art. 1384, §§ 2 et 3.
(2) Cf. Notre *Etude sur les sources de l'obligation*, n° 62 (*Bulletin*
1889, p. 662-663).

projet dans deux catégories, celles dont le devoir de surveillance
résulte d'un rapport nécessaire, et celles dont ce devoir résulte
d'un rapport volontaire existant entre elles et leurs subordonnés.
Reste à voir plus au juste dans quelle mesure elles vont répondre
du fait de leurs subordonnés. Nous avons déjà traité la question
pour ce qui est de la responsabilité contractuelle, et nous rappelons
le principe adopté et la base sur laquelle il repose. Lorsqu'il s'agit
de l'exécution d'un contrat, tout dépend d'une question de convention, il y a lieu de délimiter la mesure et l'étendue de l'obligation
du débiteur ; et par suite la question est de savoir, lorsqu'il a promis de faire, s'il a entendu promettre un résultat sans qu'il y ait à
tenir compte des moyens qu'il aura à employer pour l'obtenir, si
en d'autres termes il a promis garantie pour le fait des intermédiaires dont il pourra ou devra se servir. C'est une présomption à
établir ; nous avons dit que la question pouvait être susceptible de
distinctions (1) ; mais que le projet n'en avait admis aucune et
présumé dans tous les cas, alors même que l'emploi d'intermédiaires était obligatoire et que le débiteur n'est en faute ni de négligence dans le choix, ni d'inattention dans la surveillance, ce
qui pourtant constitue bien pour lui une hypothèse de cas fortuit,
qu'il eût répondu de l'exécution par autrui, et par suite de la
faute d'autrui (art. 224) : c'est une garantie contractuelle tacite.

Mais on comprend que la question ne se posait plus sur le
même terrain en matière de faute délictuelle. Celui qui emploie
un agent ne s'est obligé envers personne à répondre de ses délits ;
dans certains cas, il pourrait y avoir lieu à une sorte de solidarité
légale qui impliquât responsabilité collective ; mais nous avons vu
que le projet n'avait dans aucun cas accepté ce point de vue : reste
alors le principe de raison et de justice que chacun n'est responsable, en dehors du contrat, que de son fait personnel. C'était le
principe romain, assurément ; mais on sait cependant que dans
l'hypothèse du *receptum*, les Romains avaient considérablement
étendu cette responsabilité et fait une large brèche au dogme de la
faute personnelle (2) ; il faut se souvenir en outre que dans l'anti-
quité tout le travail manuel était fait, ou à peu près, par les
esclaves, et que, si ceux-ci commettaient un délit, la victime avait

---

(1) V. surtout le rapport du professeur Leonhard présenté au XVIIᵉ congrès des jurisconsultes allemands (1ʳᵉ partie), *Verhandl. des XVIIᵉⁿ deuts.
Juristentages*, I, p. 338 et suiv.

(2) Cf. Windscheid, *Pand.*, § 454, note 21, et § 457, note 5.

contre le maître les actions noxales : donc, dans la plupart des cas de transport, en matière de dépôt chez les aubergistes (hypothèses comprises dans le *receptum*), et toutes les fois qu'un délit était commis par un ouvrier ou employé appartenant à la classe servile, ce qui était le cas ordinaire, il y avait responsabilité du maître en dehors de sa faute personnelle.

Dans nos sociétés, heureusement, il n'y a plus d'esclaves; le travail est fait par des hommes libres ; la victime d'un délit commis par l'ouvrier employé chez son patron, pourra donc s'attaquer à l'ouvrier lui-même; mais cette ressource est le plus souvent illusoire. Reste le patron, fallait-il de par la loi le déclarer responsable, soit directement, soit subsidiairement ? Pour l'affirmative on avait l'exemple du *receptum;* en somme, c'était poser la question sur le terrain de l'ordre public : importe-t-il à l'ordre public que ceux qui emploient le service d'autrui, soient responsables des faits délictuels commis par leurs employés dans l'exercice de leurs fonctions. Notre Code civil a accepté l'affirmative (art. 1384), parce qu'il suppose un rapport de dépendance (1) entre maîtres et subordonnés, patrons et ouvriers, et qu'il érige en présomption la faute du maître, autrement dit son défaut de surveillance; seulement, s'il s'était véritablement placé sur ce terrain de la présomption de faute, il aurait dû réserver au maître le droit à la preuve contraire, comme l'a fait le Code fédéral (art. 61-62). En le lui refusant, il est vrai de dire qu'il a abandonné l'idée d'une présomption de faute pour se placer au point de vue de l'intérêt public ; il a vu une raison d'ordre général à imposer responsabilité au maître pour ceux qu'il emploie, il a voulu obliger le maître à une diligence plus attentive. Cela ne peut s'expliquer que par cette raison : or, la raison d'ordre public est toujours une raison contingente, dépendant d'un certain état social et d'un certain état de mœurs, qui peut s'atténuer ou disparaître, exister là et pas ailleurs. Aussi, en Allemagne, on n'a pas cru que ce motif d'intérêt public existât au même degré et qu'il y eût nécessité de déroger, comme théorie générale, au principe romain de la faute personnelle.

325. Seulement, si l'on n'a pas cru que l'ordre public exigeât dans tous les cas que le maître fût responsable, il a bien fallu reconnaître que pour certaines hypothèses, cette raison d'ordre

---

(1) V. Dalloz, *Répert.*, v° *Responsabilité*, ch. III, sect. 2, art. 5, n° 1611.

public devait être admise, et cela précisément dans celle de ces sociétés organisées, auxquelles nous avons déjà fait allusion, et surtout lorsqu'il s'agit de la grande industrie et des exploitations dangereuses. C'est en matière de chemins de fer que la nécessité d'une réglementation spéciale se fit surtout sentir; en restant sur le terrain des principes, la victime d'un accident de chemin de fer aurait dû prouver la faute de la compagnie, ou sinon, se contenter de prouver celle de l'agent et n'avoir d'action que contre ce dernier. Le point important était donc, avant tout, la question de preuve, mais on sait quelle en est la difficulté; les compagnies profitaient de ces impossibilités et restaient le plus souvent indemnes, même de leur faute personnelle; or, comme il s'agit d'exploitation dangereuse par excellence, il n'était pas trop exorbitant de présumer la faute au cas d'accident : les compagnies qui se chargeaient de semblables entreprises, devaient savoir à quoi s'en tenir et accepter le risque des accidents dont la cause restait inconnue. La jurisprudence fit le premier pas dans cette voie ; elle invoqua même, pour faire échec au principe romain, un prétendu principe coutumier allemand (1), susceptible de justifier le principe de la présomption de faute : on cite une haute Cour qui, voulant de toutes façons se rattacher au principe romain de la faute personnelle, déclara, dans un considérant, que toute exploitation de chemin de fer au moyen de locomotive impliquait nécessairement en elle-même un fait délictuel, et que, par suite, tout accident qui en était la conséquence, entraînait sans autre preuve, la responsabilité de la compagnie (2). La loi prussienne du 3 novembre 1838, § 25 (3), trancha législativement la question, tout au moins pour un État particulier; sa disposition est remarquable en ce qu'elle englobe à la fois les deux cas, de responsabilité contractuelle et de responsabilité délictuelle : elle déclare les compagnies obligées de plein droit pour tout dommage arrivé, soit aux personnes ou aux marchandises qui sont l'objet du transport, soit à toute autre personne ou à tout autre objet corporel. Or, la responsabilité à l'égard des personnes ou objets transportés doit être réglée par les principes

---

(1) Cf. Westerkamp, *Die Haftpflicht*, dans l'*Handb.* d'*Endemann*, III, p. 618. — Stobbe, *loc. cit.*, § 201, note 33.

(2) Cf. Stobbe, *loc. cit.*, III, § 200, note 25.

(3) Stobbe, *loc. cit.*, III, p. 381.

relatifs au contrat de transport (1). Au contraire, en faisant allusion aux dommages causés à toute autre personne ou à toute autre chose, en dehors de celles faisant l'objet de transport, la loi vise la responsabilité délictuelle. La règle émise pour les deux cas est que la compagnie est responsable de plein droit, sauf pour elle le droit de se disculper en prouvant soit la force majeure, soit que l'accident est arrivé par la faute de la victime. Laissons de côté l'hypothèse de responsabilité contractuelle qui a été réglée par l'article 400 du Code de commerce, relatif au contrat de transport et que vise l'article 224 du projet, en déclarant que le débiteur est responsable de l'inexécution due à la faute d'autrui; or le voiturier qui a promis de transporter et de conduire sain et sauf à destination l'objet qui lui a été confié, ou la personne qui s'est confiée à lui, répond de l'accident causé par un de ses agents et d'où résulte une violation de son contrat (2). Tenons-nous-en à l'hypothèse d'un accident causé à un tiers, envers qui la compagnie n'était pas liée par contrat; c'est le cas de responsabilité délictuelle : l'article 25 de la loi prussienne ne vise pas spécialement le cas où l'accident est le fait d'un agent de la compagnie, mais en déclarant que la compagnie ne peut exciper que de la force majeure, comme le fait émanant de son agent ne rentre pas dans cette hypothèse, la loi entend dire qu'elle répondra du fait de ses employés. C'est cette théorie qu'a généralisée la loi actuellement en vigueur sur la responsabilité, promulguée le 7 juin 1871, et devenue loi d'empire. Son article 1er déclare, au cas d'accident survenu aux personnes par suite de l'exploitation d'une entreprise de chemin de fer, la compagnie responsable, sauf pour elle le droit de se disculper en prouvant la faute de la victime ou la force majeure (3). On remarquera que cette disposition ne s'applique qu'aux accidents de personnes et non au cas de dommage causé aux choses; pour ces dernières, s'il s'agit de celles qui sont l'objet du transport (Cf. Code civil, art. 1784), la responsabilité sera donc réglée par les principes du droit commercial en cette matière, et pour

(1) Cf. Meili, *Das Recht der modernen Verkehrs und Transportanstalten*. Leipzig, 1888, §§ 23-36. — Cf. Schott, *Das Transportgeschäft*, § 342, (*Handb. d'Endem.*, III, p. 362 et suiv.).

(2) Cf. Sainctelette, *Responsabilité et Garantie*, ch. III et IV. — Add. Lyon-Caen, *Examen doctrinal*, dans *Rev. crit.*, 1886, p. 362.

(3) Cf. Westerkamp, *loc. cit.*, dans *Handbuch d'Endemann*, III, § 377, p. 627.

les autres, par les règles du droit commun en matière de responsabilité délictuelle; de plus, en ce qui touche les personnes, on voit que la loi ne distingue pas les voyageurs des autres personnes : quelle que soit la personne atteinte, la compagnie est responsable; et, cependant, ce peut être ou un voyageur déjà protégé par les règles du contrat de transport, ou un ouvrier engagé par la compagnie et qui veuille prétendre que sa sécurité personnelle lui soit garantie par son propre contrat (1), qui, en tout cas, depuis la loi de 1884, demanderait indemnité aux corporations d'assurances; enfin, ce peut être un tiers qui ne puisse invoquer aucun contrat existant entre lui et la compagnie : ce sont ces derniers principalement qui auront intérêt, aujourd'hui, surtout depuis que les ouvriers de l'exploitation sont protégés par le mécanisme de l'assurance obligatoire, à invoquer l'article 1er de la loi de 1871. Mais il est bon de remarquer que celui-ci était absolument général et ne faisait aucune de ces distinctions. Ajoutons, enfin, que l'interprétation qu'il comporte est la même que celle de l'article 25 de la loi prussienne de 1838, et que par conséquent, il implique la responsabilité pour le fait d'autrui, agents ou employés quelconques, indépendamment de toute faute de la compagnie et alors même qu'elle n'en aurait commis aucune (2); il n'y a que la force majeure proprement dite qui puisse dégager sa responsabilité.

Mais la loi de 1871 ne se contente pas de poser le principe de la responsabilité des compagnies de chemins de fer pour le cas d'accidents de personnes, son article 2 traite, d'une façon cette fois absolument spéciale, de la responsabilité pour autrui en matière d'industries nommément désignées et de fabriques en général (3). Il est dit que le chef d'industrie, au cas d'accidents de personnes, répondra de la faute de ses agents, représentants et surveillants divers. Il s'agit donc d'une disposition exceptionnelle; l'exception consiste en ce que la responsabilité est de droit sans qu'on ait à prouver la faute personnelle du maître, sans même que celui-ci pût se disculper en prouvant l'absence de faute; il suffit de prou-

---

(1) Cf. Sauzet, *Responsabilité des patrons vis-à-vis des ouvriers*, n° 31. V. *Rev. crit.*, 1883, p. 616, note 3.

(2) Cf. Stobbe, *loc. cit.*, III, § 201, p. 396.

(3) Westerkamp, *loc. cit.* (*Hand. d'Endem.*, III, § 383). — Sur toutes les questions relatives aux lois de 1838 et 1871, voir Massola, *L'assicurazione degli operai nella scienza et nella legislazione germanica* (Roma, 1885, ch. XI).

ver la faute de l'agent. Aussi, cette disposition n'est déclarée
applicable qu'à certaines industries déterminées, mais il est vrai
que le mot *fabriques*, employé au texte, permet la plus large interprétation (1). On remarquera en outre que pour ces industries,
autres que celles ayant pour objet l'exploitation des chemins de
fer, la loi de 1871 ne traite que du cas de responsabilité pour
autrui, ou pour mieux dire, de responsabilité pour la faute
de certaines personnes déterminées, celles qui représentent le
maître ou sont préposées par lui à la surveillance des travaux :
elle ne pose pas le principe d'une responsabilité générale; si
donc il s'agit de personne blessée autrement que par le fait d'un
des employés de l'usine, et qui ne puisse établir la faute des surveillants, par exemple on peut supposer qu'il s'agisse de l'un des
ouvriers atteint au cours de son travail et sans qu'il y ait faute des
ingénieurs, surveillants et contre-maîtres, la victime aurait eu à
faire la preuve de la faute personnelle du patron (2); il en sera
encore de même aujourd'hui pour les personnes étrangères à l'exploitation et qui ne pourraient établir la faute des agents visés par
l'article 2 de la loi de 1871; on sait que pour ce qui est des ou-

---

(1) Cf. Förster-Eccius, II, § 151, note 44.

(2) On voit en somme que l'ouvrier, sous le régime de la loi de 1871, et
on dehors de ceux employés dans les compagnies de chemins de fer, ne
pouvait obtenir indemnité qu'à l'aide d'une série de preuves plus ou moins
délicates : il lui fallait établir le défaut de surveillance des contre-maîtres
ou des directeurs de travaux; sinon prouver la faute des ingénieurs; démontrer par suite les vices de l'installation ou de l'outillage mécanique,
la mauvaise direction des travaux; ou enfin s'il n'y pouvait réussir remonter
jusqu'au chef d'industrie et à la compagnie en établissant par exemple
que le service de surveillance était incomplet; l'ouvrier, ne pouvant plus
s'en prendre aux agents visés par la loi de 1871, eût cherché à s'en prendre
au patron en lui reprochant d'avoir un nombre de surveillants trop restreint. Tout cela était fort délicat. Il est vrai que s'il y avait eu violation de
la part du patron des prescriptions légales sur la réglementation de l'industrie (*Reichs Gewerbe Ordn.*, § 120), on pourrait soutenir, et on l'a soutenu sous l'influence sans doute des idées nouvelles (voir Eccius, II, p. 484),
que ces prescriptions constituent comme des clauses légales du contrat de
louage de services passé entre l'ouvrier et le maître et que par suite la
violation de ces prescriptions équivaudrait de la part du maître à une violation de son contrat; mais encore faudrait-il, pour établir la violation du
contrat, prouver l'oubli des règlements, et il ne suffit pas que l'ouvrier soit
blessé pour qu'il y ait inexécution du contrat; celle-ci résulte de la violation des clauses relatives aux prescriptions légales et il faut démontrer
cette violation contractuelle; cela même dans la théorie d'Eccius. — Cf. L.
Brentano, *la Question ouvrière*, § 43, traduct. de L. Caubert, p. 260.

vriers, la loi de 1884 sur l'assurance obligatoire, a modifié tout cela. Mais laissons ce point de côté, nous n'avons pas à nous en occuper ici et revenons à la responsabilité pour la faute d'autrui.

Dans le même ordre d'idées on peut signaler, pour la Suisse, la loi fédérale du 1er juillet 1875, dont les articles 1 et 2 traitent de la responsabilité des compagnies de chemins de fer pour le fait de leurs agents et pour le cas d'accidents de personnes; elle vise l'hypothèse, non seulement d'accident survenu au cours de l'exploitation, mais au cours de la construction, et s'exprime à peu près comme la loi allemande de 1871, § 2 (1).

326. En dehors de ces cas visés par les lois, le principe du droit commun restait celui de la faute personnelle, d'où cette conséquence que, dans plus d'un cas, la victime d'un dommage n'avait d'action que contre l'auteur direct et non contre le maître. Peut-être aurions-nous pu parler à cette occasion de la responsabilité de l'administration des postes et de celle des télégraphes pour le fait de leurs agents; mais, en réalité, elle est calquée sur la responsabilité contractuelle et tout au moins dépend d'une obligation légale, visée par les règlements légaux ou administratifs sur la matière, et ne peut guère figurer au nombre des cas de responsabilité délictuelle; sans doute on admet le plus généralement que les rapports entre l'administration, soit des postes, soit des télégraphes, et les expéditeurs ne dérivent pas d'un véritable contrat, mais d'une réglementation légale (2), de laquelle résultent, comme conséquence du monopole administratif, certaines obligations à la charge de ces administrations, et comme compensation, certains droits à l'égard du public qui fait appel à leur intermédiaire. Mais il n'en suit pas moins que ces obligations imposées par la loi, plutôt que résultant de la libre convention, sont modelées sur celles qui pourraient résulter d'un contrat passé avec l'expéditeur, contrat de transport pour ce qui est de l'envoi de lettres, et, selon l'avis le plus commun, contrat assimilable à la *locatio operis*, en ce

(1) Cf. loi fédérale du 25 juin 1881; loi anglaise du 7 septembre 1880. Sur les résultats de la législation anglaise récente en matière de responsabilité, voir Baernreither, *Die Englischen Arbeiterwerbände und ihr Recht* (I, Tubingen, 1886, p. 108-112).

(2) Cf. Schott, *loc. cit.* (*Handb. d'Endem.*, III, § 367, p. 542, § 372, p. 590, note 36).

qui touche l'expédition des dépêches (1); si donc l'administration répond du fait de ses agents, c'est en vertu d'une disposition formelle de la loi qui la considère comme étant obligée envers
l'expéditeur à procurer un résultat déterminé, comme elle le serait
en vertu d'un contrat passé avec lui, et qui par conséquent
engage sa responsabilité, pour le fait d'inexécution résultant de
la faute d'un agent, en dehors de toute faute personnelle de sa
part et en vertu seulement d'une obligation de garantie qui lui
est imposée; rappelons également que cette obligation de garantie ne s'étend qu'aux faits strictement spécifiés par les lois et
règlements ; ainsi, par exemple, pour ce qui est des postes, l'administration ne répond des lettres chargées, tout au moins pour la
valeur intégrale, que si. celle-ci est déclarée dans les formes et
conditions requises (2); de même, l'administration des télégraphes
ne répond pas de la remise régulière et opérée dans un délai déterminé des dépêches, ni de l'exacte traduction de ces dernières, si
ce n'est qu'au cas de remise tardive ou de version inexacte, elle peut
être obligée à restituer la taxe perçue (3). On voit, en somme,
combien cette responsabilité spéciale est ici limitée; mais dans
tous ces cas, si l'intéressé prouve la faute de l'agent, il peut poursuivre celui-ci en vertu des principes du droit commun sur la responsabilité délictuelle et lui demander pleine réparation (4); nous
croyons aussi que s'il pouvait établir la faute personnelle de l'administration, par exemple le défaut de surveillance par rapport à
ses employés, il aurait droit de lui demander réparation pour le
fait d'autrui, car si les lois ont limité sa responsabilité légale, que
nous appellerions, par analogie, sa responsabilité contractuelle,
elles n'ont pas entendu la soustraire au principe du droit commun en matière de délit civil : seulement c'est à l'intéressé à faire
sa preuve.

327. Telles sont les principales hypothèses où la loi ait statué,
et, en dehors de ces cas spéciaux, le principe romain de la faute
personnelle subsistait dans toute son intégrité; fallait-il donc

---

(1) Schott, *loc. cit.*, § 372, note 38.
(2) *Post Gesetz*, §§ 8 et 10, et *Post Ord.*, §§ 6 et 15.
(3) *Telegraph. Ordn.*, § 24.
(4) Schott, *loc. cit.*, § 367, note 117-118, § 373, note 44.

l'abandonner (1) pour lui substituer, soit le principe français
d'une responsabilité absolue, sans aucune possibilité de justification pour toute faute d'un subordonné, soit tout au moins le
principe de la loi Suisse, d'une présomption de faute susceptible
d'être combattue par la preuve contraire? Le projet ne l'a pas pensé.
Certains disaient que le droit de surveillance, et par suite que
l'autorité créait la responsabilité; mais c'est oublier que l'autorité
ne supprime pas l'individualité de l'ouvrier et qu'elle ne crée de
responsabilité que dans la mesure où elle peut s'exercer, autrement dit dans la mesure du devoir de surveillance qui en est la
suite, ce qui est revenir au principe romain de la faute personnelle. D'autres faisaient de l'employé, de l'ouvrier, les représentants du maître; ce qui est une fausse analogie. On représente
quelqu'un, lorsqu'on se substitue à lui et que l'on fait à sa place
ce qu'il aurait pu faire, auquel cas, le maître est garant de celui
qu'il s'est substitué; mais qui pourrait soutenir que le chef d'une
usine se substitue tous les ouvriers qu'il emploie? (2) La vérité
est qu'il fait exécuter par eux ce qu'il serait incapable de faire
lui-même : il fait appel à leurs services, il s'associe leur travail;
il y a adjonction de deux activités, dont l'une se met au service de
l'autre, il n'y a pas substitution de l'une à l'autre. Enfin, on a
parlé d'instruments de travail, à quoi on a répondu que ce n'était
là qu'une image et non une démonstration : l'ouvrier est un
instrument qui se manie lui-même et qui n'est pas aux mains du
maître comme le serait l'outil aux mains du forgeron : le maître
répondrait-il des accidents que son marteau aurait causé aux
mains d'un tiers? Or, l'ouvrier est un instrument aux mains d'un
tiers, lequel tiers n'est autre que l'ouvrier lui-même, et le maître
est responsable de celui qui manie l'instrument et non de l'instrument (3). Donc, la question reste la même : dans quel cas doit-il
être responsable de celui qui tient l'instrument? La raison répond :
lorsqu'il a manqué à son devoir de surveillance, et l'on doit
ajouter, sauf si l'on doit considérer les relations entre maîtres et

---

(1) Cf. Windscheid, *Pand.*, § 45:, note 5 *a*. — *Verhandl. des XVII*en
deutsch. Juristentages, I, p. 46 et suiv., p. 125 et suiv., 378 et suiv., II,
p. 80 et suiv., p. 284 et suiv. des XVIII en, 1, p. 275 et suiv. — Goldschmidt,
dans *Zeitsch.*, f. H. R., III, p. 73 et suiv., p. 93 et suiv.

(2) Cf. Leonhard, dans sa consultation au XVII e congrès (*Verhandl. des
XVII*en *d. Jur.*; p. 351).

(3) Cf. Leonhard, *loc. cit.*, p. 382-383.

ouvriers comme résultant d'un organisme social qui implique entre eux une certaine solidarité; sauf également si une raison d'ordre public doit faire supporter par le maître la responsabilité absolue de ceux qu'il emploie. De ces deux points de vue, le projet ignore le premier et n'admet le second que dans les cas exceptionnels visés par les lois, ce qui fait allusion à la loi de 1871 ; et par conséquent le principe qui triomphe reste celui de la responsabilité personnelle à raison du fait d'autrui, soit que la faute du maître résulte de son choix (art. 712), soit qu'elle consiste dans le défaut de surveillance (art. 710-711).

328. La conséquence importante de cette théorie est que le demandeur, la victime du dommage par conséquent, devra prouver et la faute de l'agent et celle du maître, et enfin le rapport de causalité entre elles. Tout cela pourra être fort délicat, et il importait de bien mettre la chose en relief.

On doit aussi, comme on l'a toujours fait, rapprocher de cette matière le cas de responsabilité pour dommage causé par les animaux domestiques : dans le système du projet qui n'admet pas le quasi-délit, la responsabilité du propriétaire ou d'une façon générale du maître, ne sera engagée que s'il y a à sa charge défaut de surveillance : seulement il fallait pour cela consacrer législativement ce devoir de surveillance et c'est ce que fait l'article 734 (1).

329. *Caractère de l'action en responsabilité.* — Nous avons traité jusqu'alors des conditions d'existence de la responsabilité délictuelle, quelques mots suffiront pour en décrire les caractères. Le point important est d'indiquer quelle sera la mesure de l'indemnité ; d'après l'article 715 elle devra couvrir l'intégrité du dommage pourvu qu'entre celui-ci et le fait délictuel il y ait rapport de cause à effet, et quant aux principes relatifs au calcul de l'indemnité on renvoie aux règles sur la dette d'indemnité (*supra*, n° 43) ; d'où il suit, d'après l'article 219 (add. art. 243), que la règle sera en premier lieu celle de la restitution en nature, faute de quoi seulement il pourra y avoir lieu à indemnité en argent. Celle-ci devra être calculée d'après la valeur de la chose au jour du dommage (art. 220) et il n'y a à prendre en considération les accroissements de valeur survenus ultérieurement que si la victime du délit établit que sans la perte

(1) V. notre *Étude sur les sources de l'obligation* (*Bulletin* 1889, p. 665-666), ch. C. civ., art. 1383.

qu'elle a subie elle aurait profité sûrement de cette plus-value. Le projet pose d'ailleurs quelques règles spéciales pour certains cas particuliers, par exemple pour le cas de mort ou de blessures : nous en avons parlé dans notre étude sur les sources de l'obligation, nous n'avons pas à y revenir ici où nous nous en tenons aux théories absolument générales (1). S'il y a eu soustraction d'un objet corporel, l'auteur de la soustraction est déclaré responsable des cas fortuits dans la mesure où le serait un débiteur en demeure (art. 716) (2) ; et si la chose soustraite est une somme d'argent, celui qui l'a soustraite subira également les règles sur la demeure : il sera donc chargé des intérêts légaux, sans préjudice de plus ample indemnité, s'il est établi que le dommage causé est supérieur (art. 717, cf., art. 217, 248, 252). Seulement le débiteur astreint à restitution aura droit au remboursement de ses impenses (art. 718) dans la mesure où ce droit appartiendrait au possesseur (art. 936-938). Une autre question était de savoir quels seraient les droits de la victime lorsqu'elle se trouverait en présence de plusieurs personnes responsables du même fait, comme par exemple dans l'hypothèse dont nous avons parlé de responsabilité pour autrui : la responsabilité du maître serait-elle ou non subsidiaire ? Or l'article 713 accepte, tout au moins en ce qui touche l'action de la victime, le principe de la solidarité ; dans les rapports entre le maître et son subordonné, il va de soi que ce dernier, étant l'auteur du fait, devra seul en supporter les conséquences (cf., art. 337-1) : de là le recours du maître. Il y aura également responsabilité solidaire au cas de délit commun à plusieurs personnes, tels que coauteurs ou complices, à condition toutefois que la part de responsabilité de chacun ne puisse être déterminée et alors même qu'il résulterait de la nature du fait que le délit n'a pu être l'œuvre en réalité que d'un seul. Comme on ignore qui l'a commis, la présomption de responsabilité pèse sur tous, et le résultat juridique se traduit par le principe de la solidarité (art. 714). Le dernier trait particulier à l'obligation née du délit civil se réfère à la prescription de l'action (art. 719) ; le droit romain la laissait soumise aux délais ordinaires ; de même le droit français ; mais plusieurs législations ont vu grande utilité à la restreindre ; on considère comme équitable de ne pas exposer l'adversaire à perdre ses moyens de défense ; il

---

(1) Cf. *Étude sur les sources de l'obligation dans le projet de Code civil allemand*, n° 63 (*Bulletin* 1889, p. 604-605).

(2) Cf. C. civ., art. 1302 *in fine*.

y a lieu également de se défier en pareille matière d'une action qu'on a différée ; si le dommage est sérieux, la victime ne tarde pas à se plaindre ; si elle attend, c'est qu'elle veut spéculer sur le délit dont elle prétend avoir souffert. Pour tous ces motifs la durée de l'action est restreinte au délai de trois ans, déjà admis pour l'action civile résultant des contraventions prévues en matière de propriété littéraire ou artistique (1). Le délai commence à courir du jour où le créancier a connaissance du dommage et de la personne qui l'a causé ; et si, faute de se trouver dans ces conditions, la prescription de trois ans ne peut courir, l'action s'éteint par le délai ordinaire de trente ans dans les conditions du droit commun.

330. *Domaine d'application de la responsabilité délictuelle.* — Il convient avant d'en finir avec cette importante question de la responsabilité délictuelle d'en préciser le domaine d'application, et nous le ferons par voie de comparaison avec le droit français. Le principe du projet est celui-ci : il y a obligation fondée sur la responsabilité partout où il y a délit et là seulement où il y a délit ; et cependant nous connaissons une autre obligation née de la responsabilité et qui ne se trouve pas au titre du délit civil ; c'est en ce qui touche la responsabilité contractuelle : ici encore l'obligation d'indemnité résulte de la faute, la faute consiste à avoir violé un contrat, et par conséquent à avoir violé en cela le droit d'autrui ; y a-t-il donc *obligation ex delicto* au sens du projet, ou plutôt la faute qui consiste à violer un contrat n'est-elle pas un délit civil au sens de l'art. 704, au même titre que celle par laquelle on porte atteinte à tout autre droit, par exemple à la propriété ? Sur ce point les expressions des motifs restent ambiguës ; ils reconnaissent sans doute que la faute, au point de vue de sa nature est la même dans les deux cas ; que certains de ses résultats, en ce qui touche, par exemple, la mesure de l'indemnité, doivent être identiques (2) ; et cependant on avoue qu'on n'a pas entendu classer la faute (3) contractuelle parmi les délits civils proprements dits : essayons donc de rechercher ce que l'on a voulu dire par là ; tout ceci est très im-

(1) Cf. Loi sur le droit d'auteur du 11 juin 1840, § 3 (*Annuaire de* 1871, traduct. de P. Gide). — Lois de janvier 1870 (traduct. dans l'*Annuaire de* 1877).

(2) Nous avons déjà indiqué les résultats communs aux deux cas (voir *supra*, n° 16, p. 15).

(3) V. *Motifs*, II, p. 727.

portant; il convient non seulement d'échapper à la contradiction, mais de préciser une théorie juridique de la plus haute portée. En d'autres termes voyons si par ces formules embarrassées, le projet n'aurait pas entendu déclarer que la faute contractuelle était, par sa nature, un délit civil comme tout autre, mais dont la sphère et les conséquences juridiques n'étaient pas de tous points les mêmes.

331. *Responsabilité et garantie.* — Nous connaissons deux théories très différentes sur ce sujet. Dans l'une, on prétend qu'il ne saurait y avoir deux espèces de fautes : une faute contractuelle et une faute délictuelle (1). Si l'on veut dire par là que toute faute en soi est un délit, c'est ce que le projet dit lui-même (2) ; mais si l'on entend qu'il n'y ait aucune différence entre le délit commis à l'occasion d'un contrat et celui né en dehors du contrat, on se heurte à toutes les traditions juridiques, romaines et françaises, autant qu'allemandes (3) ; et le nouveau projet est le premier à déclarer qu'il y a sur ce point une distinction à faire. Mais cette distiction est-elle aussi tranchée que dans la théorie récente qui a si nettement mis en relief la dualité des fautes, et dont l'honneur revient surtout à M. Sainctelette (4)? Nous savons déjà que sur ce point également le projet est loin d'être aussi affirmatif. On a dit que d'un côté il s'agissait de responsabilité, et de l'autre de garantie : or, cette terminologie est étrangère au projet ; et ici les mots ont leur importance, car ils peuvent entraîner les idées. Pour le projet il y a responsabilité dès qu'il y a faute ; il y aura donc une responsabilité de délit contractuel et une responsabilité de délit non contractuel : telle serait sa véritable formule (5). L'expression de garantie que l'on propose pour désigner l'obligation d'indemnité née de l'inexécution du

(1) Cf. Dans la *Rev. crit.* 1886, p. 485 et suiv., un article signé «Lefèvre,» *De la responsabilité délictuelle et contractuelle.* — — (Cf. Arth. Desjardins, *Le Code civil et les ouvriers* (*Revue des Deux-Mondes*, 15 mars 1888, p. 350 et suiv., p. 362 et suiv.).

(2) Cf. *Rev. crit.* 1888, p. 426 et suiv., un article signé « Marc Gérard » qui contient des vues extrêmement justes et fort bien présentées.

(3) Sainctelette, *Projet d'une proposition de loi sur les accidents de travail* (Bruxelles, 1886), p. 12, note 1, et *Accidents de travail, la jurisprudence qui s'éloigne et la jurisprudence qui s'approche* (Bruxelles, 1888), p. 3 et suiv.

(4) Sainctelette, *Responsabilité et garantie.*

(5) Cf. Stobbe, *loc. cit.*, III, § 201, « *Verhaftung für kontraktliche und ausserkontraktliche Culpa.* »

contrat pourrait avoir un danger, celui de paraître écarter l'idée de faute et de responsabilité ; peut-être ferait-elle croire, ce que personne assurément ne soutient, que la dette d'indemnité fût, en ce cas, comme une dette accessoire, prévue en dehors et à côté de la dette principale, née d'une clause de garantie tacite, comme c'était le cas, nous l'avons vu, pour la clause pénale à l'époque où elle venait se substituer aux dommages-intérêts, qui n'existaient pas alors de plein droit. Le projet et ses motifs nous semblent donc dans la vérité en reconnaissant que la responsabilité du débiteur est engagée par la violation de son contrat, et que la faute qui lui est imputable est une faute contre le droit d'autrui dont il doit réparation en dehors de toute garantie tacite (1); car c'est un principe moderne universellement accepté que tout dommage causé par un fait illicite implique indemnité (art. 704 et C. civil, art. 1382) (2).

332. Toutefois cette responsabilité contractuelle n'a pas de tous points les mêmes caractères que la responsabilité non contractuelle ; il n'y a pas en somme opposition de principe entre les deux fautes, mais leur domaine d'application diffère, et de là certaines différences de résultat. La plus sensible vient des éléments constitutifs du délit dans les deux cas, le délit né en dehors de tout rapport de contrat s'attaque à un état de droit absolu. Ses conditions d'existence ne dépendent pas de la volonté des parties ; ses éléments sont partout les mêmes et les mêmes pour tous. Le délit né de la violation du contrat s'attaque à un droit dont la volonté des

---

(1) Cf. Lyon-Caen, dans *Rev. crit.*, 1886, p. 362, note 1. Tout ce que l'on peut dire, c'est que le délit d'inexécution contractuelle a été prévu par les parties, et la responsabilité qui en découle, corroborée par la convention; de ce que les parties en ont prévu et réglé les conséquences, cela ne change pas les caractères de la faute, et la preuve en est que d'après le projet l'étendue de la réparation sera la même, que les dommages aient été ou non prévus; elle sera de toute la perte, comme c'est la règle en matière de délit en général. (Cf. *supra*, n° 13). Seulement, il suit de là que ce délit particulier se rattachant au contrat et la responsabilité qui en découle étant corroborée par le contrat, cela aura les conséquences pratiques que nous allons indiquer, et de plus l'action en responsabilité pour violation de contrat sera l'action même du contrat, se prescrivant d'après les règles du droit commun et non d'après celles de l'art. 719. — Cf. Ecclus, II, p. 484.

(2) Cf. Arth. Desjardins, *Rev. des Deux-Mondes*, 15 mars 1888, p. 362, et l'article signé Marc Gérard, dans *Rev. crit.*, 1888, p. 427.

partïes a fixé l'étendue et par suite n'existe que dans la mesure prévue par la convention en d'autres termes c'est la convention qui a
seule déterminé les éléments de la faute contractuelle ; lors donc
que la jurisprudence refusait d'admettre, en matière de transport,
certaines clauses de non garantie, sous prétexte que la responsabilité
est d'ordre public, elle oubliait que, si la responsabilité est d'ordre
public ; elle se mesure au contrat (1), car elle dérive d'un droit
dont la volonté des parties a seule fixé l'étendue ; et que par suite
si le débiteur n'a promis qu'une certaine somme de diligence, le
créancier n'a droit qu'à la prestation due : il n'y a violation du
droit d'autrui que dans la mesure où ce droit peut exister. Il faut
reconnaître que M. Sainctelette a été l'un des plus ardents à com-
battre cette jurisprudence (2) ; mais il n'en est pas moins curieux
de constater que la séparation peut-être un peu tranchée qu'il a
relevée entre les deux fautes pourrait fournir à nouveau des armes
à la reconstitution d'une théorie presque similaire. En effet, di-
sait-il, la jurisprudence se trompe en parlant de responsabilité en
matière de contrat, il s'agit de garantie, et la garantie dépend
de la convention, donc toutes les conventions en principe sont libres ; mais voici alors le raisonnement que l'on serait tenté de
faire : à côté de la garantie, laquelle dépend de la convention, il y a
la responsabilité qui n'en dépend pas ; cette dernière est engagée
par le fait seul qu'on a par sa faute causé dommage à autrui ; or ce
dommage peut émaner d'un débiteur à l'occasion de son contrat
et celui-ci aura beau s'être déclaré non garant de sa faute, s'il a
commis dans l'exécution de son contrat un fait qui l'ont constitué
en faute vis-à-vis d'un tiers quelconque, il n'en sera pas moins en
faute vis-à-vis de son créancier, et cette faute constitue un délit
qui engage sa responsabilité conformément à l'article 1382 du Code
civil ; or, cette responsabilité est d'ordre public et l'on ne peut s'y
soustraire par une convention qui l'écarte (3). Si l'on voulait dire par
là qu'on ne peut d'avance s'affranchir de son dol, la chose serait
inutile à dire, car une telle convention serait contraire à l'ordre public ; on ne peut d'avance se donner le droit d'être de mauvaise foi.
Mais ce que l'on veut dire par là, c'est qu'on ne pourrait s'affranchir de certaines fautes, lorsque celles-ci seraient le résultat

---

(1) Cf. Sainctelette, *Responsabilité et Garantie*, ch. III, nᵒˢ 14, 15 et suiv.
(2) Sainctelette, *loc. cit.*, ch. III, nᵒ 21 et suiv.
(3) Cf. Arth. Desjardins, *loc. cit.*, p. 366, 367.

d'une négligence qui eut suffi, en dehors du contrat, à constituer la faute de l'article 1382. Or, nous savons déjà que le projet a repoussé ces exagérations et admis dans toute leur étendue les clauses de non responsabilité (*supra*, n° 16). C'est qu'en effet en matière de contrat, il n'y a pas deux sortes de responsabilité ; il n'y en a qu'une, celle qui se réfère à la violation du contrat (1) ; dans toute hypothèse elle se trouve engagée par la mauvaise foi, car tout contrat exige la bonne foi et doit être exécuté de bonne foi ; mais ceci à part, la violation du contrat ne peut aller au delà du fait promis et des obligations acceptées ; or, un débiteur peut toujours promettre une certaine somme de diligence et ne rien promettre au delà, et la faute qui implique une diligence supérieure à celle qu'il a promise et que le créancier a acceptée, ne sera jamais une violation du contrat. Pour soutenir le contraire il faudrait dire qu'il y a une raison d'ordre public à ce que les débiteurs ne soient jamais négligents, même

(1) Bien entendu, en parlant de responsabilité unique en matière de contrat, nous n'avons en vue que le fait même de violation du contrat ; et c'est en cela que nous disons avec M. Sauzet (voir *infra*, p. 394) : le fait seul de l'inexécution du contrat est une faute, non pas présumée mais actuellement réalisée. Mais il peut arriver que le fait duquel découle cette violation de l'obligation contractuelle ait eu pour résultat de causer au créancier d'autres dommages que ceux qui résultent directement pour lui de l'inexécution de ce qui lui était dû ; en ce cas, le fait concret d'où dérive cette inexécution constitue bien à son égard, et par rapport à celles de ses conséquences qui ne se réfèrent plus à l'inexécution du contrat, un délit distinct, qui ne se confond plus avec la faute contractuelle et qui doit être prouvé et spécialisé ; on en verra une application à propos de la loi de 1883 et du locataire déclaré en faute parce qu'il est le seul à n'avoir pu établir que le feu n'avait pas commencé chez lui (cf. *infra*, p. 394 ; il va de soi que si, en dehors de cette preuve négative, on établit d'une façon concrète le fait d'où dérive sa faute, c'est-à-dire le fait qu'il a par son imprudence mis le feu à la maison, il sera responsable de tout le dommage comme conséquence d'un délit dont on a établi et fixé les éléments concrets. Tout ce que nous avons voulu dire, c'est qu'en matière d'exécution du contrat, la faute relative au seul fait d'inexécution, indépendamment des autres conséquences qu'elle peut avoir et du préjudice qu'elle a pu causer en dehors de la violation même du contrat, ne peut se mesurer qu'à la libre convention des parties. Voici un autre exemple qui mettra mieux en relief cette distinction : le voyageur a été blessé par un accident et il se trouve que le même accident a détérioré sa propriété : il s'agit, par exemple, d'un déraillement, et le train, passant en remblai, se déverse sur un terrain qui se trouve appartenir à l'un des voyageurs qu'il transporte et le détériore ; c'est le même fait qui a blessé le voyageur et endommagé sa propriété ; et cependant le voyageur sera dispensé de preuve en ce qui touche

du consentement de leurs créanciers : or cette raison d'ordre public ne peut exister que si l'objet susceptible d'engager la responsabilité des parties est de ceux qui touchent à l'intérêt général, par exemple s'il s'agit d'éviter un accident de personnes et de veiller à la sécurité d'autrui (1) ; c'est ce qu'a admis le droit allemand en matière de responsabilité des compagnies de chemins de fer et en matière de responsabilité relative aux accidents dans certaines industries (2). Mais en dehors de cette exception et de quelques autres, l'exécution de l'obligation du débiteur n'intéresse que le créancier et si celui-ci consent à courir le risque de l'inexécution on ne peut soutenir, sauf réserve pour certains cas, que la loi doive veiller plus que lui-même à ses propres intérêts. En tout cas les exceptions au principe de liberté devront provenir de la loi et être motivées par une raison d'ordre public, mais il faut bien se garder de poser en règle juridique, sous prétexte de responsabilité fondée sur le délit civil, une atteinte générale à la liberté des conven-

l'indemnité pour dommage à sa personne et devra prouver la faute pour le dommage à sa propriété ; c'est que, pour ce qui est du premier point, il s'agit d'une faute d'inexécution du contrat de transport, laquelle existe de droit, mais n'existe que par rapport à l'inexécution du contrat ; pour lui imputer d'autres conséquences, en dehors de la violation du contrat, il faudrait prouver le double délit, donc établir le fait concret qui engage la responsabilité de la compagnie à l'égard de la propriété endommagée. On voit donc que le même fait peut engendrer un double délit, mais le délit relatif à la pure inexécution du contrat se mesure aux clauses du contrat (voir un autre exemple à peu près analogue rapporté par M. Labbé, *Examen doctrinal*, *Rev. crit.*, 1886, p. 439, 440).

Enfin, de même que le même fait peut engendrer un double délit, de même le débiteur peut être tenu envers son créancier d'un délit relatif au contrat et qui ne soit pas un délit d'inexécution du contrat, par exemple ce sera un délit relatif à la formation même du contrat, comme au cas de dol ou violence, auquel cas la victime, au lieu d'invoquer le droit qui lui est réservé de faire annuler le contrat suivant les règles des articles 103 et 104, peut s'en tenir à l'idée de délit et demander réparation, les motifs le reconnaissent absolument (I, p. 208). Nous rappelons enfin qu'on a laissé à l'examen des interprètes et de la doctrine le soin de décider si la *culpa in contrahendo* constituait ou non un délit civil au sens propre du mot ou une faute contractuelle (*supra*, n⁰ˢ 159 et 160). On voit donc bien que si le projet admet l'identité de caractère en ce qui touche les deux fautes, il distingue avec soin leurs origines et leurs conséquences : tout cela est délicat, mais en somme nous semble très correct.

(1) Cf. Sainctelette, *Responsabilité et Garantie*, ch. IV, n⁰ 15 et suiv.
(2) Cf. C. de com. all., art. 423 et suiv., et loi du 7 juin 1871, sur la *Responsabilité*, art. 5. — Cf. Loi prussienne du 3 nov. 1838, art. 25.

tions (1). La responsabilité en matière de contrat ne naît que du contrat et n'existe que dans la mesure créée par le contrat lui-même (2).

333. Signalons entre les deux fautes une autre différence acceptée par le projet comme par notre législation : c'est en ce qui touche la preuve. La faute ne se présume pas, c'est à celui qui s'en prétend victime à l'établir et à démontrer le dommage qui en est résulté; ce principe reste intact en matière de responsabilité non contractuelle; lors, au contraire, qu'il s'agit de faute contractuelle,

(1) C'est, en somme, la thèse exacte de M. Sainctelette, *loc. cit.*, et celle de M. Labbé, *Annales de droit commercial*, I, p. 185 et suiv., p. 254 et suiv. — Cf. *supra*, n° 16.

(2) Nous rappelons une autre question très voisine de celle de la validité des clauses d'irresponsabilité; c'est en matière d'assurance de responsabilité civile : la compagnie entend garantir au chef d'industrie qui s'est assuré auprès d'elle la responsabilité qui pourra lui incomber à raison des accidents arrivés à ses ouvriers ou aux tiers par la faute de ses ouvriers. La compagnie entend-elle garantir encore les accidents arrivés par suite de la faute lourde de l'assuré? On voit la corrélation que l'on peut établir entre les clauses de non garantie des accidents dus à la faute lourde et le droit de s'assurer contre les conséquences des mêmes accidents. D'autre part, il arrive souvent que les polices portent expressément que la compagnie ne répond pas des accidents arrivés par suite de violation des règlements; or, les compagnies ont voulu prétendre que par extension de cette clause elles ne répondaient pas non plus des accidents dus à la faute lourde. (Cf. trib. de com. du Havre, 18 juillet 1884, rapporté dans le journal le *Droit*, 7 sept. 1884). Si l'on croit, comme on le propose, que la responsabilité du patron vis-à-vis de ses ouvriers dérive de son contrat, on sera tenté d'admettre l'assurance pour tout accident, même ceux qui proviennent de la faute lourde; car la responsabilité couverte par l'assurance est celle qui provient de l'inexécution d'un contrat, et il n'y a aucun motif d'ordre public qui puisse restreindre le droit de s'assurer contre les risques relatifs à la faute contractuelle; si, de plus, la compagnie n'a fait aucune distinction, on ne voit pas pourquoi elle prétendrait s'exonérer de certains risques. On sait, au contraire, que la jurisprudence voit dans la responsabilité du patron pour accidents professionnels une responsabilité délictuelle reposant sur l'art. 1382; d'autre part, nous venons de dire que, même avec la théorie de M. Sainctelette sur la responsabilité et la garantie, on pourrait prétendre que dans les rapports entre débiteur et créancier, et même en ce qui touche l'exécution du contrat, il pourrait y avoir lieu au cumul des deux fautes et que le même fait qui engage la responsabilité civile en vertu de la garantie contractuelle pût constituer aussi, à raison de ses caractères, un délit civil conformément à l'art. 1382, de sorte que dans cette théorie on peut parfaitement soutenir que la faute lourde de laquelle résulte accident de personne soit à la fois un délit civil rentrant dans le domaine de l'art. 1382 et

le créancier n'a rien à prouver et c'est au débiteur à établir, soit qu'il a exécuté son obligation, soit qu'il en a été empêché par suite de cas fortuit. Les rôles en matière de preuve se trouvent renversés. Faut-il en conclure qu'en matière de contrat la dette d'indemnité ne repose pas sur l'idée de faute, mais sur une clause de garantie tacite ? Chez nous l'article 1147 suffit à écarter cette idée, car le cas fortuit seul supprime l'indemnité et le cas fortuit commence là où cesse la faute ; c'est donc que l'indemnité implique l'idée de faute dans l'exécution, ou pour mieux dire, celle

une violation du contrat entre patron et ouvrier : et pour ceux qui raisonnent de la sorte la question revient toujours à ceci : peut-on s'assurer contre les risques provenant d'une faute délictuelle ? Après quoi on aurait à poser la question subsidiaire ; si on le peut, dans quelle mesure le peut-on ? Et enfin qu'elle est la portée d'application des clauses d'assurances qui ne prévoient pas expressément la faute lourde ? Qu'on puisse s'assurer contre les risques provenant de la responsabilité délictuelle, cela ne fait aucun doute en tant que celle-ci repose sur la simple négligence ; il n'y a pas de doute non plus qu'il soit interdit de s'assurer contre les conséquences de son dol ; on voit comment la question se resserre : faudra-t-il donc assimiler ici la faute lourde au dol ? Or certains auteurs qui, en matière de clauses d'irresponsabilité, assimilent l'un à l'autre, proscrivant la non-garantie des risques dus à la faute lourde parce qu'ils proscrivent, et cela avec raison, celles des risques provenant du dol, prétendent établir, en matière d'assurance de responsabilité civile, la même corrélation : rien n'est plus faux ; il y a un abîme entre se dégager de toute responsabilité à raison de son délit civil, de telle sorte que la victime n'ait rien à prétendre, et faire supporter à l'assureur la charge de ce qu'on devra à la victime : or, on ne peut s'assurer contre son propre dol, car ce serait prévoir qu'on sera de mauvaise foi et trafiquer de son dol, mais rien n'empêche de faire porter sur l'assureur qui l'accepte les conséquences d'une simple négligence, dût-elle constituer une faute lourde. Reste maintenant les questions d'interprétation : quand l'assureur a-t-il entendu prendre à sa charge le risque de la faute lourde, et entre autres la clause d'exclusion des risques provenant de la violation des règlements entraîne-t-elle exclusion d'une façon générale de ceux provenant de la faute lourde ? Ce sont là des questions fort délicates, mais plutôt des questions de fait que de principe ; nous avons simplement voulu faire ressortir les points de contact entre la question d'assurance de responsabilité civile et celle des clauses d'irresponsabilité, et nous tenions à bien établir ceci : que le terrain juridique des deux questions est absolument différent et que l'on a tort de vouloir raisonner de l'un à l'autre par voie d'analogie : l'un porte sur l'étendue d'un engagement contractuel et le droit que l'on peut avoir de fixer à son gré la mesure de sa responsabilité en matière de contrat, l'autre porte sur le droit qu'on peut avoir de faire supporter par un assureur sa responsabilité délictuelle. (V. la thèse de Tarbouriech, *Assurance contre les accidents de travail*, Paris, 1889, p. 241-260).

d'inexécution par la faute du débiteur. Et cependant on n'exige plus que la faute soit prouvée, serait-ce donc qu'on la présume? Ceci est une autre erreur au point de vue théorique: on ne présume pas plus la faute en matière de contrat que en dehors du contrat. Seulement, la faute consiste dans l'inexécution d'une obligation qui subsiste et qu'on était en état de remplir; pour s'exonérer, il faudrait prouver que l'obligation ne subsiste plus ou qu'on n'a pas été en état de l'accomplir par suite de cas fortuit, autrement dit, il faudrait que le débiteur établît sa libération, et de droit commun cette preuve lui incombe (Cod. civ., art. 1302 et 1315). Tant qu'il ne la fait pas : 1° il reste acquis que l'obligation subsiste, et 2° rien n'est venu établir que le débiteur fût ou eût été incapable de la remplir : donc, un débiteur qui ne remplit pas son obligation alors qu'il le pourrait, ou qui ne l'a pas remplie alors qu'il l'aurait pu, est en faute. Il n'y a pas faute présumée, il y a faute réalisée (1). Seulement, ce qui reste incertain, parce que la preuve n'a pas été faite, c'est le fait d'où dérive la faute du débiteur : il y a bien faute, mais il n'y pas faute spécialisée. On ne sait pas quelle est la faute exacte que le débiteur a commise, mais il reste acquis, faute de preuve contraire, qu'il en a commis une, puisqu'il n'exécute pas une obligation dont il pas n'a établi l'extinction. Or, il y a intérêt à dire qu'il y a faute sans que l'on sache de quel fait elle dérive, car la mesure de l'indemnité se règle d'après celle du dommage, et pour établir le dommage, il faut qu'il y ait rapport de causalité entre le préjudice dont on se plaint et le fait concret auquel on l'attribue, et ici, par supposition, ce fait n'a pu être établi; donc, au cas de faute non spécialisée, on ne pourra en général réclamer indemnité que pour le dommage direct résultant de l'inexécution de l'obligation et non pour celui qui, en dehors du défaut de prestation de l'objet dû, pourrait se rattacher au fait qui a rendu cette dernière impossible (2). Éclairons cela par un exemple, et celui que nous choisissons est des plus célèbres : on sait les difficultés qui se sont élevées au cas d'incendie depuis la loi du 5 janvier 1883, lorsque de plusieurs locataires, tous moins un, ont établi que le feu n'avait pu prendre chez eux et que ce dernier n'a pu faire cette preuve pour la partie qu'il occupe, sans toutefois qu'on ait pu déterminer exactement le lieu initial de l'incendie,

(1) Cf. Sauzet, *Responsabilité des locataires au cas d'incendie* (*R. crit.* 1885, p. 177).

(2) Cf. les explications que nous avons données au numéro précédent (n° 332 et p. 390, note 1).

ni sa cause. Assurément, ce dernier doit indemnité, puisqu'il n'a pu démontrer le cas fortuit, mais devra-t-il indemnité pour le tout? Oui, si l'on parle de faute présumée, car la présomption consistera en ce qu'il sera soupçonné par sa faute avoir été l'auteur de l'incendie, donc, il devra entière réparation des conséquences de son fait, et la conséquence du fait qu'on lui attribue est la destruction totale de l'immeuble (1). Mais on a répondu avec raison qu'il n'y avait pas faute présumée; en effet, dirons-nous, il n'y a que faute non spécialisée, en ce sens qu'il est déclaré en faute de n'avoir pas rempli son obligation, sans que le fait d'où dérive cette inexécution ait été déterminé; or ce peut être assurément un fait de négligence duquel l'incendie fût résulté, mais il peut se faire aussi que ce dernier ait eu pour cause une étincelle venant d'ailleurs, et cela est possible, puisqu'il n'a pas été établi directement que l'incendie eût commencé dans la partie occupée par le locataire qui reste seul en cause. Donc, si le fait n'est pas spécialisé, rien ne prouve que la faute de ce dernier eût consisté à mettre l'incendie plutôt qu'à n'avoir pas préservé l'appartement qu'il habite; le fait n'étant pas spécialisé, on ne peut lui demander compte que de la faute d'inexécution, et la faute d'inexécution consiste à n'avoir pas su préserver du feu l'appartement qu'il devait conserver et rendre; on ne peut lui imputer une faute qui supposerait un rapport de causalité entre son fait et l'incendie lui-même, puisque ce fait reste incertain, et que, dans l'incertitude, il ne peut être déclaré responsable que de l'impossibilité de restituer les lieux, sans qu'on ait le droit de rattacher au fait, d'où cette impossibilité dérive, la destruction totale de la maison (2).

334. Jusqu'ici, en somme, sauf une différence de terminologie, les idées du projet concordent, ou à peu près, avec celles de M. Sainctelette; il y a fort à craindre que sur une question très voisine et non la moins importante, l'accord n'existe plus; nous faisons allusion à la thèse célèbre de la responsabilité en matière de risques profes-

(1) Cf. Batbie, dans la *Rev. crit.* 1881, p. 730 et suiv., p. 742. — Pépin Lehalleur, *Note sur l'interprétation du nouvel article 1734 du Code civil,* p. 28 et suiv.

(2) Cf. Sur toute cette question l'étude si remarquable de M. Sauzet, dans la *Rev. crit.* de 1885, p. 166 et suiv. — V. aussi Bourcart, *Du fondement de la responsabilité des locataires en cas d'incendie (France jud.* 1887), tirage à part, p. 40 et suiv. (Voir cependant M. Planiol, *Examen doctrinal,* dans *Rev. crit.,* 1886, p. 627.)

sionnels. Un grand nombre d'éminents jurisconsultes ont été frappés de la situation de l'ouvrier, obligé d'établir, au cas d'accident, la faute du maître pour obtenir indemnité. Il leur a semblé alors que l'ancienne école, ici encore, confondait garantie et responsabilité, et M. Sainctelette a été l'un des promoteurs de cette idée ingénieuse, que, en matière d'industrie, le contrat de louage de services impliquait une clause tacite de garantie par laquelle le patron s'engageait à protéger l'ouvrier contre tout accident professionnel ; c'est lui, en effet, qui procède à l'aménagement de son entreprise, qui règle les conditions du travail, c'est à lui, par conséquent, que l'ouvrier s'en remet du soin de veiller à sa propre sécurité : en d'autres termes, il a l'autorité, il doit avoir la responsabilité ; on pourrait ajouter que cette théorie concorde avec celle de nos articles 1384 et 1385, fondée sur le principe de la responsabilité découlant de l'autorité (1) ; si l'on impute au maître toute faute de ses employés c'est qu'il est réputé, parce qu'il est le maître, devoir surveiller ses subordonnés, à plus forte raison doit-il diriger chez lui le travail et l'exploitation de son industrie ; et s'il doit aux tiers de les préserver de toute imprudence de ceux qui lui sont soumis, à plus forte raison doit-il à ces derniers de les préserver de tout danger provenant du travail auquel il les emploie. Enfin, s'il est responsable du dommage causé par ses animaux domestiques, comment ne le serait-il pas de plein droit de celui qui provient de son outillage industriel (2) ? Déjà, M. Sauzot, avait enfermé l'idée dans une formule d'une véritable précision juridique : le maître a garanti la sécurité des personnes dont il loue les services, comme le voiturier, ajouterons-nous, qui répond des objets qu'il transporte (3). Si donc un accident arrive, le maître se trouve avoir manqué à son contrat, et c'est à lui à prouver qu'il n'est pas en faute. On arrive ainsi à intervertir les rôles en matière de preuve : c'est le résultat que l'on voulait atteindre.

(1) Cf. Sainctelette, *Mémoire pour Mme v^e Desitter*, p. 15 et suiv.

(2) On a parlé d'une responsabilité pour le fait des choses (machines ou autres) existant parallèlement à la responsabilité pour le fait d'autrui (art. 1384, cf. *infra*, p. 399, note 1).

(3) V. Sauzet, *De la responsabilité des patrons vis-à-vis des ouvriers dans les accidents industriels* (Rev. crit., 1883, p. 616, note 3). « *Le patron doit veiller à la sécurité de l'ouvrier, c'est-à-dire qu'il doit le garder sain et sauf au cours de l'exécution du travail dangereux qu'il lui confie et qu'il dirige ; il doit, à chaque instant, pouvoir le restituer le rendre à lui-même, valide, comme il l'a reçu.* »

335. Reconnaissons tout de suite que le droit allemand, pour quelques-uns des cas qu'avaient en vue les auteurs du système que nous venons d'exposer, a consacré aussi le même résultat; mais il s'est bien gardé de lui donner la valeur d'un principe juridique, d'une présomption générale applicable à toutes les hypothèses. Nous en avons la preuve dans la loi de 1871 qui rend les compagnies de chemins de fer responsables de droit de tout accident de personnes arrivé à un individu quelconque et qui soit la conséquence de l'exploitation; sous la généralité des termes il faut comprendre les ouvriers engagés par la compagnie, aussi bien que les voyageurs, aussi bien que les tiers quelconques; il a fallu faire une loi pour les dispenser de prouver la faute de la compagnie, c'est donc que celle-ci n'était pas engagée par contrat à veiller à leur sécurité, elle n'y était engagée qu'en vertu du devoir qui incombe à tout le monde de ne rien faire qui pût mettre en danger la vie d'autrui. Seulement cette application stricte du droit commun étant insuffisante, la loi impose aux compagnies une responsabilité de droit, et ce qu'il importe de remarquer c'est que cette responsabilité est mise à la charge des compagnies quelle que soit la personne victime de l'accident; fût-ce même un tiers qui ne fut lié par aucun rapport contractuel avec la compagnie, le passant qui traverse la voie par exemple; s'il lui arrive malheur par le fait de l'exploitation, il n'a rien à prouver et la compagnie lui doit réparation sauf pour elle le droit d'établir que l'imprudence vient de lui. Tout ceci prouve à merveille que cette responsabilité est absolument étrangère à l'idée de contrat; il s'agit d'une responsabilité légale justifiée par les dangers de l'exploitation et qui par suite devait profiter à toute personne victime d'accident, sans qu'il y eût à tenir compte de ses rapports avec la compagnie. Tel est le point de vue du droit allemand (1); il apparaît plus nettement encore aujourd'hui depuis les

(1) Cf. Aussi ce que nous avons dit de l'art. 2 de la loi de 1871 relatif à la responsabilité des chefs de fabrique, compagnies minières, etc., pour accidents survenus par la faute de leurs représentants, préposés et surveillants (cf. *supr.*, n° 325, et spécialement p. 380, note 2). Nous rappelons que le chef d'industrie est obligé à certaines précautions légales (*R. Gewerb. ordn.*, § 120) et que certains auteurs considèrent cette obligation comme une clause tacite d'aggravation de responsabilité sous-entendue dans le contrat passé entre patrons et ouvriers (Ecclus, II, p. 484, v° *supra*, p. 380, note 2). Mais il ne faut pas confondre l'obligation de prendre certaines mesures de surveillance et l'obligation contractuelle de garder à l'ouvrier

lois sur l'assurance obligatoire ; cette obligation légale a été trans-
portée de la personne du patron sur la corporation chargée de l'assurance : on peut dire en principe que le maître n'est plus responsable ; nous laissons les exceptions de côté bien entendu : les
corporations instituées à cet effet supportent la charge du risque
professionnel. Tout cela est étranger au contrat qui lie l'ouvrier
au patron ; ce sont obligations qui résultent de l'organisation même
de la grande industrie, et qui n'ont rien de commun avec les principes ordinaires du droit privé (1) ; celui-ci ne règle que les conventions individuelles ; ce sont les lois spéciales qui réglementent le
fonctionnement des groupes industriels.

336. En dernière analyse, et après longue réflexion, ce dernier
point de vue est bien encore celui qui nous paraît le plus exact. Le
principe de droit privé mis en avant par l'école belge et que l'école
française semble vouloir accepter est un expédient qui, poussé à
ses dernières limites et accepté dans toute sa généralité, est par
trop radical. Il se réduit en somme à une interprétation de volonté ; mais si l'on veut y regarder de près on devra reconnaître
que cette obligation contractuelle que l'on impose au maître sera
souvent la dernière à laquelle il ait songé ; et si le maître fait accepter des clauses qui le déchargent de la preuve et le ramènent au
droit commun, que deviendra alors la présomption de garantie
tacite ? On demandera sans doute qu'on en fasse une garantie légale dont le patron ne puisse se dégager : c'est ce que sont en train

la vie sauve : dans le premier cas la survenance d'un accident ne constitue pas par elle-même une violation du contrat et laisse encore à la victime
le soin de prouver que les mesures de précaution n'ont pas été prises ; dans
le second cas tout accident est une violation du contrat qui dispense la
victime de toute preuve. Dans toutes les hypothèses où il y a interversion
de preuve, comme dans celles de la loi de 1871, le droit allemand voit là
avec raison une sorte de garantie légale des risques d'exploitation imposée
au patron et non une garantie contractuelle ; et c'est dans ce sens que
l'ont entendu tous ceux, auteurs ou parlementaires, qui, avant les lois
actuelles sur l'assurance, demandaient une extension, soit partielle, soit
générale, des dispositions de la loi de 1871 sur la responsabilité et voulaient ainsi généraliser l'interversion de preuve. On pourra voir diverses
motions faites dans ce sens au Reichstag en 1878 et 1879 et rapportées
dans l'*Handb. d'Endem.*, III, p. 623, note 18.

(1) On l'a dit avec raison ; toutes ces questions d'assurance et d'assistance
sociale n'ont rien à voir avec la question de faute et de responsabilité personnelle (cf. *supra*, p. 340, note 1, et Moriz Ertl, *Die soziale Versicherung
in Œsterreich*, dans la *Revue de Schmoller*, XII, p. 659).

de faire les Chambres françaises; mais alors mieux vaut reconnaître tout de suite qu'il ne s'agit plus d'une convention libre, mais d'une clause forcée pour raison d'intérêt public et mieux vaut tout de suite lui restituer son véritable caractère d'obligation légale et non contractuelle (1). La chose a son importance, nous allons le voir. Tout d'abord si l'on veut s'en tenir à l'idée de garantie tacite, on se voit presque forcé de généraliser la présomption, et cela devient manifestement impossible; il est tel cas, non plus peut-être en matière de grande industrie, mais l'hypothèse par exemple du propriétaire qui s'adresse à un ouvrier isolé pour un travail dont celui-ci ait seul la direction, ce qui arrive tous les jours, où l'on ne peut plus dire que le maître ayant la haute main aura de plein droit la responsabilité : il n'a même pas les connaissances techniques qui peuvent l'avertir du danger que va courir l'ouvrier, celui-ci seul les possède et lui seul peut se garantir (2).

On a répondu, il est vrai, qu'en raisonnant ainsi on confondait l'entreprise d'ouvrage avec le louage de services (3); mais il n'est pas rare, même dans cette seconde hypothèse, que la direction appartienne encore exclusivement aux ouvriers que l'on engage, bien qu'il ne s'agisse pas d'un ouvrage dont on leur confie l'entière exécution et pour lequel ils aient toute l'initiative. On voit tous les jours des patrons, même des entrepreneurs, engager des ouvriers spéciaux pour des travaux pour lesquels ces derniers ont seuls les connaissances techniques et professionnelles, et procéder cependant par voie de louage de services, sans qu'on puisse prétendre que le patron ou même l'entrepreneur ait entendu veiller lui-même à la sécurité de l'ouvrier autrement qu'il ne veille à la

---

(1) Du reste, il faut bien reconnaître que les auteurs du projet de loi se sont placés, sinon à ce point de vue d'une obligation légale, tout au moins à celui d'une obligation *ex delicto* ou plutôt *quasi-délictuelle;* ils ont voulu élargir, en l'appliquant à l'outillage industriel, le cadre de l'article 1384. Le patron répond de sa machine comme des gens qu'il a sous sa garde; on oublie que dans le cas de responsabilité pour autrui on suppose qu'il y a *faute* d'autrui et faute démontrée, tandis que dans le cas de prétendue *responsabilité pour le fait des choses* il n'y aurait plus à prouver la faute de personne et l'on présumerait d'emblée celle du patron alors qu'il est tout aussi naturel de présumer celle de l'ouvrier (cf. Paul Nourrisson, *La responsabilité des accidents du travail et le projet de loi,* p. 13 et suiv.).

(2) Cf. A. de Courcy, *Le Droit et les ouvriers,* p. 30-41.

(3) Saincteletto, *Accidents de travail, la jurisprudence qui s'éloigne et la jurisprudence qui s'approche,* p. 15.

sécurité de tous les gens qu'il emploie, quels qu'ils soient. Il y a donc là des distinctions qui s'imposent et qui nous paraissent extrêmement délicates. En d'autres termes, la présomption que l'on invoque peut être compatible avec les conditions d'exercice de la grande industrie en présence d'un outillage compliqué auprès duquel l'ouvrier n'est plus qu'un rouage parmi les autres (1); mais ailleurs, dans la plupart des cas, elle va contre tous les usages reçus (2).

Enfin voici ce qui nous frappe : le maître, dit-on, a promis de veiller à ce qu'il n'arrive pas d'accident à l'ouvrier; mais a-t-il donc besoin d'une promesse spéciale pour que ce devoir lui incombe? Est-ce qu'il n'en est pas tenu envers toute personne quelconque, non seulement envers l'ouvrier qui travaille chez lui, mais à l'égard par exemple de l'étranger qui visite son usine? S'il en est ainsi, comment supposer qu'il ait dû prendre vis-à-vis de l'ouvrier un engagement qui lui est déjà imposé envers tout le monde par les plus simples notions de la morale et de la loi naturelle?

(1) Cf. La note très remarquable de M. Labbé, dans *Sir.*, 1885, IV, 25; et Labbé, *Examen doctrinal* dans *Rev. critique*, 1886, p. 444.

(2) En somme, la thèse de M. Sauzet et de M. Sainctelette se présente sous la forme d'un principe trop absolu et a le grand inconvénient de ne pas tenir compte des nuances et des détails; mais il faut savoir à ses auteurs un gré infini d'avoir soulevé la question, de l'avoir approfondie eux-mêmes avec une science aussi profonde et une finesse d'analyse si pénétrante, d'avoir en quelque sorte mis le problème à l'ordre du jour; quelle que soit la solution définitive à laquelle on aboutisse, une grande part de l'honneur en reviendra aux éminents jurisconsultes qui ont les premiers posé la question sur son véritable terrain, qui est à la fois le terrain juridique, économique et social. En tout cas, c'est un mérite dont nous sommes absolument redevables à M. Sainctelette, on ne saurait trop le dire, d'avoir quitté enfin le terrain de la faute délictuelle et le domaine de l'art. 1382 pour revenir à celui du contrat (cf. Planiol, *Examen doctrinal* dans *Rev. crit.*, 1888, p. 280 et suiv.); l'idée d'une obligation de garantie résultant du louage de services a été une idée féconde; celle d'une clause d'assurance, bien qu'elle en diffère très peu, nous semble un progrès; seulement nous voulons l'assurance libre et non l'assurance forcée, ou tout au moins si on croit devoir l'imposer aux patrons, nous ne voulons plus qu'on parle alors d'obligation contractuelle, mais d'obligation légale, rigoureusement exceptionnelle, pour les cas seulement fixés par la loi; à moins, bien entendu, d'usages ou de circonstances qui la fasse présumer; on voit en quoi nous différons des idées émises par MM. Sauzet et Sainctelette : ils aboutissent, en somme, comme résultat pratique, à l'assurance forcée à peu près universelle, tandis que nous ne voulons l'assurance forcée que très exceptionnelle.

Voici alors le résultat auquel va conduire cette théorie : le même accident blesse à la fois l'ouvrier qui travaille à l'usine et l'étranger qui la visite ; l'ouvrier aura sa preuve toute faite et l'autre devra faire la sienne ; le patron sera déclaré responsable envers le premier, et pourra ne pas l'être envers le second, faute par celui-ci d'avoir fait sa preuve. Cette inégalité, la loi allemande de 1871 ne l'admet pas ; elle est également étrangère au système du quasi-délit tel qu'il ressort de nos articles 1384 et 1385, où l'on ne distingue pas suivant les personnes victimes du dommage, tandis que, au contraire, le système de la garantie tacite y conduit forcément. Rien de plus naturel, dira-t-on ; le patron ne doit rien à l'étranger, sinon les précautions qui lui sont imposées en vue de la sécurité générale ; à l'étranger de prouver qu'elles n'ont pas été prises ; tandis qu'il a promis à l'ouvrier de veiller à sa sécurité particulière. Voilà ce que nous ne pouvons pas admettre ; il n'y a pas d'obligation de veiller à la sécurité particulière de certains individus qui puisse être différente de l'obligation de veiller à la sécurité générale de tous ; la vérité est que si le patron a promis quelque chose à l'ouvrier, en dehors des conditions ordinaires du contrat de louage, ce n'est pas de lui garder la vie sauve, c'est l'ouvrier que cela regarde, et il a, connaissant son métier, tous les moyens d'y veiller ; mais il lui a promis, à raison des dangers auxquels sa profession l'expose, de prendre les risques à sa charge, sauf quelques cas exceptionnels de force majeure ou de faute personnelle à l'ouvrier. Ne dites donc plus qu'il s'est engagé à lui procurer la sécurité, c'est un devoir qu'il a vis-à-vis de tous ; dites, ce qui est bien différent, qu'il s'est engagé à prendre sur lui certains risques. Ne dites plus que nous sommes en présence d'une obligation impliquée de droit dans le contrat d'engagement, ou de louage de services, mais que nous sommes en présence d'un contrat d'assurance tout à fait distinct. Et cette fois du moment que nous ne sommes plus en présence d'une clause inhérente au louage industriel, nous ne serons plus tentés d'étendre à tout engagement de services, en matière d'industrie, l'assurance pour risques professionnels ; cela dépendra des caractères de l'industrie elle-même, des règlements en usage, de la nature de l'outillage, et cela devient une question d'ordre économique ou plutôt une question sociale beaucoup plus que juridique.

337. C'est alors que nous en reviendrions à nous demander si nos conceptions individualistes suffisent à la réglementation de ces

grands corps organisés que nous présentent aujourd'hui certaines
sociétés industrielles ; suffit-il encore du jeu des volontés individuelles et ne faut-il pas reconnaître que ces petites sociétés ont
leurs lois organiques spéciales pour lesquelles la notion de contrat
est tout à fait insuffisante, et pour lesquelles il faut tenir compte à
la fois des conditions de l'industrie, des intérêts de l'ouvrier et de
ceux du patron? L'engagement de l'ouvrier est-il lui-même un
contrat comme tout autre où la position des parties soit égale, ou
le parallélisme des volontés soit intact? N'est-il pas plus vrai de
dire que l'ouvrier accepte de devenir membre d'un organisme compliqué, qu'il entre dans une société et qu'il adhère à ses statuts?
Il ne les débat pas, il ne les discute pas; la réglementation du
travail et de tout l'organisme lui échappe : il devient membre
d'une association industrielle dans laquelle vont être représentés
le travail et le capital. Il accepte une loi qu'on lui propose, il ne
discute pas les conditions d'un contrat : il y a là un phénomène
juridique qui tend à devenir aujourd'hui bien habituel, et en
vertu duquel le parallélisme des volontés se trouve remplacé par
l'adhésion de la volonté à une loi que l'on propose (1); il y a bien
encore concours de volonté et par suite convention au sens large.
Y a-t-il encore contrat au vieux sens romain du mot et n'est-il pas
opportun de rappeler que les Romains donnaient assez volontiers
ce nom de *lex* à ces propositions de contrat qui n'étaient pas débattues par les parties et auxquelles on adhérait plus qu'on ne les
discutait, comme en matière de marchés publics? De même en
matière industrielle, ce sont de véritables lois que l'ouvrier va
accepter, c'est toute une constitution qui va réglementer son travail et régir son activité industrielle, son avenir, sa vie; et il importe de favoriser en présence de cet état de choses tout essai d'organisation collective conçue non pas dans un esprit d'antagonisme
contre le patron, mais au contraire d'accord avec lui, en union
avec lui, de telle sorte que la protection des intérêts divers engagés
résulte d'une entente commune et véritablement efficace; là où
cette entente existe les patrons sont les premiers à organiser l'assurance des risques, à faire eux-mêmes les premiers sacrifices; en
tout cas, on comprend que si l'on se place à ces divers points
de vue, la question s'élève et l'on sent que l'intérêt public n'est
plus indifférent à la constitution de ces vastes corps organisés

(1) Cf. Sauzet *Situation des ouvriers dans l'assurance-accidents collective* (*Rev. crit.*, 1886, p. 371); cf. *supr.*, p. 299-300.

du fonctionnement desquels vont dépendre à la fois la richesse du pays et l'avenir des classes laborieuses. En présence de ces grands intérêts engagés de part et d'autre, on est aujourd'hui tenté de faire intervenir l'État et de lui remettre la tutelle et la haute main en cette matière, là est le danger, le danger social et le danger politique (1) : on sait ce qui se passe en Allemagne à cet égard ; on avait voulu faire de l'État l'assureur de tous les risques professionnels, comme si l'individu devait trouver dans la protection de l'État un remède à toutes les misères inhérentes à la vie de l'humanité, et sans que l'on ait songé que toute protection venant de l'État constitue le plus souvent à la fois une atteinte à la liberté et une augmentation des charges collectives, par conséquent un accroissement pour tous de ces difficultés de vie contre lesquelles on prétend s'assurer. On est parvenu à mettre l'assurance à la charge de corporations dont font partie patrons et ouvriers et l'assurance est obligatoire pour l'ouvrier : l'État réglemente ainsi les conditions de l'industrie et applique à toutes sociétés de ce genre un moule uniforme, tout cela est mauvais en soi (2) : le rôle de l'État devrait se borner à provoquer, en matière d'assurance, l'initiative des patrons et il ne lui appartient pas de se substituer à eux ; il peut encore favoriser les caisses d'assurances et aider à leur crédit auprès des ouvriers. C'est le système suivi en Italie (cf. *loi italienne du 8 juillet* 1883) et peut-être serait-ce là ce qu'il y aurait de mieux à faire (3). En tout cas, la réglementation de l'industrie doit être laissée à l'initiative privée et

(1) Cf. Claudio Jannet, *le Socialisme d'Etat*, V, p. 217 et suiv. Ce danger menacerait déjà l'Angleterre elle-même, le pays de la libre initiative par excellence (cf. Baernreither, *Die Englischen Arbeiterverbände,* p. 337 et suiv., et Hasbach, *Neuere Literatur über die englische Arbeiterversischerungswesen,* dans *Rev. de Schmoller*, XII, p. 180 et suiv.). L'Autriche, bien entendu, a suivi l'Allemagne dans la voie de l'assurance obligatoire (loi du 28 décembre 1887). Pour les différences avec la législation allemande sur ce point, voir Ertl, *Die soziale Versicheruug in Œsterreich,* dans *Rev. de Schmoller*, XII, p. 670-671). Pour ce qui est du droit comparé, on trouvera tous les principaux documents dans le rapport de M. de Ramaix, *La Réforme sociale et économique en Europe et dans les EtatsUnis de l'Amérique du Nord* (Bruxelles, 1889).

(2) Cf. Gruner, *Les Lois d'assurances ouvrières en Allemagne* (Chaix, 1887). Non que la responsabilité corporative soit chose mauvaise en soi ; ce qui est mauvais, c'est la corporation imposée par l'État (cf. baron Reille, *La responsabilité des accidents devant le Parlement*, p. 47-48).

(3) V. la thèse française de Tarbouriech, *Des assurances contre les accidents du travail,* p. XXXI-XXXII (Paris, 1889).

à la liberté ; seulement si l'État ne doit pas intervenir dans la réglementation de l'industrie on comprend que la loi réglemente l'engagement industriel et détermine pour certains cas spéciaux la responsabilité du patron (1) ; on comprend que pour certaines industries, où cela paraît conforme à la nature des choses, elle accepte cette présomption d'assurance pour risques professionnels dont on veut faire aujourd'hui une loi générale et forcée : l'étendre à tous les cas d'engagements industriels cela est dangereux, l'appliquer à certaines industries ou à certains contrats d'engagement industriel conclus dans certaines conditions, ou encore la restreindre à certains risques, cela peut être opportun, bien que rien ne vaille, à notre avis, le principe de la libre assurance, encouragée et facilitée par tous les moyens possibles ; en tout cas, tout ceci exige une étude sérieuse des conditions du travail, une analyse minutieuse des faits, un examen approfondi des intérêts engagés, enfin un sens de la vraie liberté, qui, tout en sachant reconnaître où sont les responsabilités vraies (2), ne risque pas de porter atteinte au libre jeu des initiatives privées, et par suite au développement des usages auxquels il peut donner naissance et qui seuls peuvent offrir satisfaction à tous, puisqu'ils proviennent de la combinaison naturelle des intérêts de tous.

338. En d'autres termes nous comprenons que, pour certaines hypothèses, il y ait une responsabilité légale imposée au patron. Nous ne comprenons pas que ce qui alors doit être l'exception soit érigé en principe ; nous comprenons encore moins que l'obligation qui en dérive soit regardée comme obligation contractuelle, puisque c'est la loi qui l'impose, ni même comme obligation délictuelle puisqu'elle est fondée, non pas sur une présomption de faute, mais sur un devoir d'assurance ; nous tenons à lui rendre son véritable caractère d'obligation légale ; et alors c'est à la loi qu'il appartiendra d'en fixer les conditions et les cas d'application ; mais en dehors des cas où la loi l'aura admise, nous nous en tiendrons au droit commun ; nous dirons que le patron n'est responsable que de son délit proprement dit ou de l'inexécution de son contrat ; or son délit doit être prouvé, et son contrat ne comprend pas de droit une clause d'assurance pour risques professionnels ; il est possible

---

(1) Cf. Glasson, *Le Code civil et la question ouvrière*, p. 10 et suiv.
(2) V. sur tous ces points Mataja, *Das Recht des Schadenersatzes von Standpunkte der Nationalökonomie* (Leipzig, 1888).

qu'on raison des usages cette clause puisse être considérée comme
tacitement incluse au contrat. Mais alors ce sera à l'ouvrier à établir l'existence de cette clause tacite (1); nous ne la présumons pas
et nous croyons en cela rester d'accord avec les principes du droit,
avec ceux de la justice tout en respectant, ce qui est le grand point,
la liberté.

339. Tel est, en somme, le point de vue du projet : pour lui l'o-
bligation délictuelle est celle qui provient d'un délit prouvé et spécifié; en dehors de cela, il peut y avoir, en matière de responsabilité surtout, certaines obligations légales, mais il importe de ne
pas confondre obligation légale et obligation délictuelle; le projet
n'a pas pensé qu'il eût mission de fixer ces obligations légales; il a
été si loin dans cette voie qu'il a supprimé la notion considérée
comme artificielle du quasi-délit, et il laisse aux lois spéciales le
soin d'imposer certaines responsabilités et par suite certaines obligations nécessitées par les besoins de la pratique ou certains intérêts d'ordre public, mais qui ne devaient pas trouver place, en tant
que principes de droit, dans un Code de droit privé.

III

Enrichissement sans cause.

340. Le projet, suivant une terminologie assez habituelle aux
recueils allemands, ne connaît pas l'expression de quasi-contrats.
Après avoir parlé du contrat et du fait illicite, considérés comme
sources d'obligations, il s'occupe de certaines obligations nées
d'autres causes, sans autre désignation (*Einzelne Schuldverhältnisse aus anderen Grunden*); parmi ces autres causes se trouvent
les matières connues sous le nom de quasi-contrat d'après l'ordre
traditionnel, par exemple la gestion d'affaires; nous laissons de
côté ici ces théories particulières pour nous en tenir aux idées générales; or, nous trouvons comme expression de ces dernières l'importante matière de l'enrichissement sans cause, sous laquelle se
dissimulent, revêtues de noms allemands, les anciennes *condictiones*
du droit romain, et qui acquiert dans le projet une importance

---

(1) Cf. Marcel Planiol, *Rev. crit.* 1888, p. 270 et suiv.

considérable, puisque la plupart des titres d'acquisition, en matière de droits tant réels que personnels, ont le caractère de contrats réels qui produisent leur effet indépendamment de toute cause préexistante et ne laissent, au cas de défaut de cause, à l'ancien titulaire dépossédé, qu'une action personnelle reproduite des anciennes *condictiones*, et fondée sur l'enrichissement irrégulier. C'est donc de celui-ci que nous avons à parler en terminant.

341. Le principe qui domine la matière est que tout enrichissement dépourvu de cause juridique donne naissance, au profit de celui aux dépens de qui il a eu lieu, à une obligation de restituer ce qu'il en reste. Il ne suffit pas de dire, comme on l'a fait quelquefois, que personne ne doit s'enrichir aux dépens d'autrui ; cette formule laisse de côté l'une des conditions d'existence de l'obligation, car celle-ci suppose à la fois les deux faits suivants : un enrichissement et le défaut de cause ; cette théorie diffère également de celle de la *versio in rem* dont il est surtout question dans le Code prussien ; elle se caractérise, comme nous venons de le voir, par le fait d'un enrichissement obtenu aux dépens d'autrui et que ne justifie aucune cause légitime d'acquisition. Ce principe, dans son expression la plus générale, n'apparaît cependant dans le projet que tout à fait dans la dernière application qui en soit faite, celle qui correspond à la *condictio sine causa* proprement dite (art. 748) ; seulement dans la terminologie du projet la *condictio sine causa* se trouve en quelque sorte spécialisée, en ce sens qu'elle reste l'action réservée pour les cas d'enrichissement auxquels ne s'appliquent pas les autres *condictiones* limitées à certains cas spéciaux ; or le domaine auquel se trouve restreinte cette *condictio sine causa* (1) ainsi réduite, est celui de l'enrichissement irrégulier qui se soit produit sans le fait ni la participation de celui aux dépens duquel il a été obtenu ; de sorte que nous pouvons, d'après le projet, distinguer deux sortes d'enrichissement sans cause : celui qui est arrivé par le fait de la personne dont le patrimoine se trouve lésé et celui arrivé sans son fait. Enfin parmi les hypothèses de la première catégorie, nous trouvons une action d'une portée absolument générale, correspondant à l'ancienne *condictio ob rem*, c'est l'action en répétition de l'enrichissement, procuré en vue d'une cause qui n'existe pas, ou d'une cause future qui ne se réalise pas ; il semblerait que ce fût à l'occasion de ce cas tout à fait général que le projet eût dû poser les règles de la matière : il

---

(1) Cf. Windscheid, *Pand.*, § 424, note 1.

no l'a pas fait; il a traité à part, vue son importance, d'un des cas
d'application de la *condictio ob rem*, celui de la répétition de l'indû;
et c'est à propos de cette matière qu'il a posé les bases de toute la
théorie; on se demande même au premier abord pourquoi il a été
amené à faire une distinction puisque l'une des hypothèses rentre
dans l'autre; la raison en est que les conditions d'exercice de la
condictio indebiti ne sont pas de tous points semblables à celles de
la *condictio ob rem*, dont elle n'est cependant qu'une variété; la
différence se réfère surtout aux règles relatives à l'erreur en matière
d'indû. Cette observation faite, nous allons, avec le projet, traiter
en premier lieu de la *condictio indebiti*, sauf à généraliser plus tard
quelques-unes des règles qui vont être posées en cette matière.
Nous ajoutons une dernière remarque générale avant d'aborder
l'étude des dispositions particulières du projet : c'est que toutes les
actions nées de l'enrichissement sans cause, comme les anciennes
condictiones sont de simples actions personnelles, inopposables aux
tiers, et qui n'aboutissent jamais à une résolution de la propriété.

342. *Action en répétition en matière de paiement de l'indû.* — Le
projet suit d'assez près en cette matière les solutions romaines,
sauf quelque différence en ce qui touche la preuve de l'erreur. Le
principe est que celui qui a fourni une prestation, ayant dans sa
pensée le caractère d'un paiement, c'est-à-dire faite en vue d'exécuter et d'éteindre une obligation qu'il croit lui incomber, a le
droit de répéter ce qu'il a fourni s'il est établi que l'obligation
n'existait pas ou avait cessé d'exister (art. 737). Il n'y a d'ailleurs
pas à distinguer suivant que l'obligation était inexistante, ou paralysée par une exception perpétuelle; il n'y a pas non plus à distinguer suivant la nature de la prestation, fût-ce même un simple
transfert de possession (*condictio possessionis*); bien entendu on
n'admet pas la répétition de ce qui aura été payé avant terme
(art. 738); mais on considérera comme n'existant pas une dette
simplement conditionnelle (art. 128), tandis qu'on ne fera pas de
la dette susceptible de compensation une dette paralysée par une
exception perpétuelle; nous avons déjà dit pourquoi celui qui a
payé ignorant une cause de compensation ne peut répéter (art. 281
et suiv.). Il faut aussi se souvenir que le projet ne connaît pas
l'obligation naturelle; par conséquent la *condictio indebiti* ne sera
pas refusée sur le seul fondement que l'obligation était fondée sur
un motif de convenance ou un devoir moral (1).

(1) *Motifs*, II, p. 833. — *Cf. C. civ.*, art. 1235, art. 1906.

343. Mais le point délicat est celui qui touche aux conditions de preuve : l'auteur du paiement doit établir l'existence d'une obligation provenant de l'enrichissement sans cause, et ici l'enrichissement sans cause a son fondement dans l'inexistence de la dette; le demandeur en répétition devra donc prouver : 1° qu'il a fait une prestation; 2° que cette prestation avait le caractère d'un paiement; 3° que la dette n'existait pas. Est-ce là tout (1)? Le droit romain déclarait que le droit à répétition avait pour base l'erreur du *solvens;* s'il a payé sachant la dette inexistante, il est présumé avoir fait une donation et on lui refuse la répétition. Le projet admet bien encore que, s'il a su que la dette n'existait pas, il sera débouté de sa demande; non pas qu'on présume forcément l'intention de donner, mais on présume l'existence d'une cause quelconque que l'auteur du paiement a voulu dissimuler; en d'autres termes, la prestation n'est plus censée dénuée de cause. Seulement la condition première de cette déchéance est l'erreur de celui qui a fourni la prestation; ce dernier devra-t-il encore prouver qu'il a ignoré l'inexistence de la dette? La question était controversée sur le terrain du droit commun; on pouvait dire que c'était au demandeur à établir toutes les conditions auxquelles est subordonné son droit, et l'erreur ici en est une; on pouvait ajouter en outre, en se fondant sur les théories de Bähr, relatives au contrat de reconnaissance de dette, qu'en payant il avait reconnu l'existence de la dette, que par suite il avait substitué un titre nouveau à l'ancien et que ce dernier servait de cause suffisante à la prestation qui avait été faite indépendamment de toute cause antérieure; que par conséquent pour détruire l'efficacité de ce nouveau titre, il fallait prouver qu'il n'avait pas eu la volonté de s'engager ainsi par voie de promesse abstraite, et le seul moyen d'établir l'absence de volonté est de prouver l'erreur où il a été sur l'ancienne et la croyance où il était d'exécuter une obligation qui lui incombait (2). Mais la jurisprudence trouvait la chose un peu subtile et pensait que celui qui paie une dette doit être présumé avoir cru à l'existence de sa dette, à moins que l'on dût supposer chez lui une erreur absolument grossière; en d'autres termes la simulation ne se présume pas et la présomption d'erreur doit être attachée au fait de la prestation, du moment qu'il est établi qu'elle a eu les apparences d'un paiement.

---

(1) Windscheid, *Pand.*, §§ 426-5.
(2) Cf. Windscheid, *Pand.*, § 426, note 19.

Notre Code civil et le Code fédéral (1) n'acceptent pas cette présomption et veulent que le demandeur prouve l'erreur; le projet suit la tendance déjà fortement manifestée par la jurisprudence allemande et, allant plus loin qu'elle, voit dans tous les cas et sans distinction, une présomption d'erreur au cas de prestation fournie à titre de paiement d'une dette; il exige donc que le défendeur prouve l'erreur de celui qui a payé; il devra établir exactement que celui-ci a su que la dette n'existait pas; comme on l'a fait remarquer (2), il ne suffirait pas qu'il établît le doute dans lequel il était sur le fait de la dette, mais la connaissance positive de son inexistence. Si donc un individu paie une dette sur la validité de laquelle il a des doutes et que pour des considérations quelconques il ne veuille pas en contester l'existence, il pourra toujours, lui ou ses héritiers, répéter ce qu'il a presté, sans qu'on puisse lui opposer qu'il a accepté de payer en dépit des doutes qu'il pouvait avoir. Si la preuve de l'erreur eût été à sa charge, il n'aurait pu l'établir, car le doute n'est pas l'erreur; comme on a interverti la preuve, l'*accipiens* ne pourra établir que l'autre a connu pertinemment l'inexistence de la dette, car ici encore le doute n'est pas la certitude; tout au moins, ajouterons-nous, sa preuve sera beaucoup plus difficile et le succès de la *condictio* bien plus sûr. On a craint que ce soit une source de difficultés dans les relations de la vie et une mine à procès; si cela est, il faudra reconnaître qu'ici encore la logique à outrance du projet aura été au rebours des besoins de la pratique et des usages reçus (3).

344. Cela veut-il dire que l'*accipiens* sera sûr, en toute hypothèse, de garder la chose parce qu'il a détruit la présomption d'erreur existant au profit de celui qui a payé? Pas absolument, car il résulte de ce que celui-ci savait la dette inexistante, qu'il simulait la cause réelle de la prestation; or il peut toujours, à son tour, faire la preuve de la cause vraie, une fois la cause apparente rejetée, et s'il se trouve que la cause réelle constitue une cause illicite, comme, par exemple, si la prestation avait pour but d'exé-

---

(1) Cf. C. civ., art. 1376-1377; C. féd., art. 72, de même A. L. R., I, 16, §§ 166, 178, 181.

(2) Cf. Meischeider, *Die alten Streitfragen gegenüber dem Entwurfe* (*Bekker-Beiträge*, fas. 3, p. 71).

(3) Cf. Bähr, *Beurtheilung*, etc., p. 93, et Gierke, *Rev. de Schmoller*, XIII, p. 260.

cutor une donation irrégulière, ou quelque chose d'équivalent, le demandeur pourrait encore, cette preuve une fois faite, répéter ce qu'il a fourni. Tout ceci nous permet également de saisir en quoi les résultats pratiques en matière d'obligation naturelle vont différer, dans la théorie du projet, de ce qu'ils sont dans la plupart des théories juridiques actuelles; on admet ordinairement que l'obligation naturelle sert de cause valable au paiement, et cela alors même que le *solvens* aurait cru payer une obligation civile. Le projet n'admettant pas l'obligation naturelle, donnera gain de cause au *solvens* qui prouvera qu'en pareil cas il n'y avait pas de dette à sa charge; seulement, celui qui a reçu le paiement pourra établir que l'autre a payé en connaissance de cause, dans l'intention par exemple de remplir un devoir de conscience et la répétition sera rejetée; le prétendu paiement vaudra comme donation; de sorte que dans les cas où le droit commun verrait une obligation naturelle, le projet oblige l'*accipiens* à prouver l'intention qu'a eue l'auteur du paiement, s'il veut conserver ce qu'il a reçu; tandis que la plupart des législations ne lui imposent aucune preuve et lui assurent la conservation de ce qu'il a reçu en tout état de cause.

345. *De la mesure de la restitution.* — Le principe est que la restitution que devra opérer le défendeur se mesurera à l'enrichissement; car le droit du demandeur suppose deux conditions, l'enrichissement et le défaut de cause. Seulement, il peut se faire que l'enrichissement ait disparu. Le demandeur pourra-t-il exiger la valeur de tout ce dont l'autre s'était enrichi ou ce qu'il en reste? D'ordinaire, cette question est posée sur le terrain de la responsabilité, et l'on se demande dans quelle mesure l'*accipiens* est responsable à l'égard de l'auteur du paiement des pertes survenues à la chose; or, tant que l'*accipiens* ignore qu'il puisse être obligé à restitution, la question n'a pas de sens, car il ne doit rien au *solvens* et n'est soumis à aucune obligation de conserver la chose à son profit. Aussi, le projet décide-t-il que l'action se mesurera à l'enrichissement actuel. Seulement, si la chose n'existe plus, le projet présume que la valeur en a été versée dans le patrimoine et que l'enrichissement subsiste; le *solvens* n'ayant pas d'action réelle opposable aux tiers demandera restitution de la valeur, sauf au défendeur à prouver, par voie d'exception, qu'il ne lui reste aucun enrichissement actuel de ce qu'il avait reçu; le projet, ne fait d'ailleurs aucune distinction suivant qu'il s'agit ou non de choses fongibles, quoique en droit commun ce soit très contesté (art. 739). Seulement si l'action se mesure à l'enrichissement actuel, elle comprend tout l'enrichissement, donc les gains et profits retirés de la prestation reçue; mais une exception est faite en ce qui touche les revenus d'une chose transmise en propriété; l'*accipiens* est assimilé au possesseur (art. 740) et, s'il est de bonne foi, il est dispensé de restituer les revenus qu'il a perçus; c'est la décision formelle de l'article 930, en ce qui touche le possesseur de bonne foi, décision qu'il ne faut pas confondre avec celle qui lui fait acquérir les fruits naturels par la séparation (art. 900); de telle sorte que l'*accipiens* gardera l'enrichissement qui lui aura été procuré de ce chef, par exception, par conséquent, aux articles 739 et 748 (1). Mais, si l'*accipiens* doit restituer, en dehors de cette exception relative aux fruits, tout ce dont il s'est enrichi, il ne doit cette restitution que dans la mesure de son enrichissement; et par conséquent le montant de ce qu'il doit rendre devra être diminué de toutes les impenses qu'il aura pu faire, sans distinction (2). Il pourra donc faire valoir ce droit par voie d'exception, sous la forme du droit de rétention ; si, d'ailleurs, il omettait d'invoquer ce droit, la doctrine et la pratique auraient à décider s'il aurait à son tour une *condictio* fondée sur l'article 748 pour réclamer du demandeur à qui il aurait restitué la chose l'enrichissement que pourrait avoir procuré à celui-ci les impenses dont il n'a pas été tenu compte et qui, par suite, peuvent constituer pour lui un enrichissement sans cause (3). Donc, tant qu'il s'agit d'un *accipiens* de bonne foi, tout se mesure à l'enrichissement et il ne saurait être question, avant l'introduction de l'instance (art. 739), d'obligation de veiller à la chose et de responsabilité. Mais sa responsabilité, au contraire, commence avec son obligation, ou plutôt avec la connaissance qu'il en a, autrement dit avec sa mauvaise foi (art. 741). Seulement, il faut ici distinguer deux hypothèses, celle où il a toujours été de mauvaise foi et celle où il l'est devenu après coup. Dans le premier cas, s'il a su que la dette pour laquelle il recevait paiement n'existait pas, et que, d'autre part, le *solvens* était dans l'erreur à cet égard, son obligation résulte non seulement du fait de l'enrichissement,

---

(1) A. L. R., I, 7, § 189 (Förster-Ecius, II, § 150, note 85). — Sächs., G. B., § 1527. — V. *Motifs*, II, p. 839, III, p. 365 et 401.

(2) Voir solution différente du Code civil, art. 1481, et du C. féd., art. 74. — Cf. Sächs., G. B., § 1527, A. L. R., I, 16, § 190.

(3) *Motifs*, II, p. 840.

mais d'un véritable délit et elle se mesure alors à tout le dommage, comme c'est la règle pour les obligations nées de faits illicites (art. 741, § 1). Mais, si cette connaissance ne lui parvient qu'après réception de la chose, on ne peut plus traiter de délit le simple fait de n'avoir pas pris l'initiative de la restitution ; la *mala fides superveniens* ne pouvait pas non plus à elle seule, disent les motifs, le constituer en demeure (*mora ex re*). Seulement, l'obligation de veiller à la chose, en vue de sa restitution possible, existe à partir de ce moment à la charge de l'*accipiens*, comme elle existerait du jour de l'introduction de l'instance ; et, par conséquent, à partir de ce moment, il est tenu à l'égard du *solvens* des pertes arrivées par sa faute, bien loin de ne lui devoir que l'enrichissement subsistant au jour de la demande ; il faut seulement remarquer qu'il ne répondra pas des cas fortuits (art. 741, § 2) (1).

Telles sont les dérogations apportées par suite de la *males fides superveniens* aux principes des articles 739 et 740. Mais il importe surtout d'insister sur le caractère de l'obligation de l'*accipiens*, s'il a reçu la chose de mauvaise foi, car du moment qu'on le traite comme coupable d'un délit, son obligation aura tous les caractères de l'obligation délictuelle, soit au point de vue des restitutions à opérer, soit à celui de la prescription ; seulement cette dernière ne sera réduite à trois ans (art. 719) qu'autant que le *solvens* invoque le délit pour obtenir pleine réparation ; s'il s'appuie uniquement sur le fait de l'enrichissement pour limiter son action à l'enrichissement, il ne subira que la prescription de droit commun puisqu'il se trouvera intenter la *condictio* et non l'action née du délit.

346. *Condictio ob rem* (art. 742). — Après le cas particulier le projet étudie le principe général, susceptible de comprendre toutes les hypothèses dans lesquelles on fait une prestation en vue d'un événement à venir ou d'un effet de droit qui ne se réalisent pas : c'est sous ce titre et sous cette longue périphrase que le projet annonce la *condictio ob rem ;* nous savons déjà que la *condictio indebiti* n'en est qu'une application particulière visant le cas où une prestation est fournie en vue d'un effet juridique spécial, l'extinction d'une dette, lequel ne se produit pas puisqu'il n'y a pas de

(1) V. interprétation dans ce sens de l'art. 1379-1° du C. civ. (Aubry et Rau, § 442, note 30. — Cf. Observations de Meischelder, *loc. cit.* (*Bekker-Beitrüge*, f, 3, p. 72).

dette à éteindre. Ce qui reste au domaine de la *condictio ob rem* proprement dite se réfère surtout à l'hypothèse où la cause de la prestation fournie est un événement futur et dont on attend la réalisation, comme par exemple s'il s'agit de donation avec charge, ou d'une façon générale de *datio ob rem*. Il faut, en effet, ne jamais perdre de vue que le transfert de propriété est valable indépendamment de sa cause et que par conséquent si l'on a procédé, par exemple en matière immobilière, au contrat de transfert suivi d'inscription aux registres et que le profit auquel on avait subordonné l'aliénation ne se réalise pas, l'ancien propriétaire n'aura d'autre ressource que l'action personnelle en restitution. On aurait pu être également tenté d'en étendre l'application au cas de contrat synallagmatique lorsque l'une des parties s'est exécutée sans que l'autre eût satisfait à ses obligations; mais l'on sait déjà que dans la conception adoptée par le projet la cause de chacune des prestations est plutôt l'existence de la créance elle-même qui appartient à celui qui l'a fournie que l'obtention effective de l'objet même de cette créance (art. 360) ; aussi n'y a-t-il pas non plus résolution du contrat pour inexécution de l'obligation; mais il pourra se faire que l'un des débiteurs paie alors qu'il ne devait plus rien; par exemple l'un des créanciers se trouve libéré par suite de la perte fortuite de ce qui lui était dû, les risques étant pour le débiteur il ne doit plus rien; mais dans l'ignorance de sa libération il paie son prix (art. 368), il aura la *condictio ob rem;* une autre hypothèse plus délicate, en matière de contrat synallagmatique est celle de l'omission par erreur du droit de rétention; le créancier qui a payé alors qu'il aurait pu ainsi s'en dispenser pourrait-il se faire restituer la chose afin de la retenir jusqu'à paiement de ce qui lui est dû? Nous avons déjà fait allusion à la question et indiqué les motifs qui nous portent à croire que les auteurs du projet seraient partisans de l'affirmative (*supra*, n°s 174 et suiv., n° 177). Par exception la *condictio* sera exclue dans les trois cas suivants (art. 743) : 1° si la cause en vue de laquelle la prestation a été fournie est de telle nature que le paiement doive constituer pour celui qui l'a fait une atteinte aux bonnes mœurs (1); 2° si c'est par la faute de celui qui a fait la prestation que la cause a manqué; 3° si enfin celui-ci savait lorsqu'il a payé que la cause qu'il avait en vue ne devait pas pouvoir

---

(1) Cf. Windscheid, § 428, note 9. — Aubry et Rau, § 442 *bis*, note 8. — *Contra :* Colmet de Santerre, V. 49 *bis*, IV. — Demolombe, XXIV, 382.

se réaliser. On voit que la première hypothèse est un cas d'application des règles relatives à la *condictio ob turpem causam;* l'auteur du paiement ne pourrait réclamer ce qu'il s'était fait promettre, il ne peut donc se plaindre de ne pouvoir toucher ce que le droit ne lui permet pas d'obtenir, donc il ne peut fonder sa réclamation sur une cause que le droit annule ou ne reconnaît pas; seulement comme il devait prévoir dès le début cette impossibilité d'obtenir par voie de justice ce qu'il attendait de l'*accipiens,* il est censé avoir fait une sorte de contrat aléatoire duquel résulte la véritable cause qui justifie le maintien de la prestation aux mains de celui qui l'a reçue (1). Enfin, en ce qui touche le montant de la restitution, l'article 744 applique sinon la lettre, du moins le principe fondamental des articles 739 à 741 qui règlent la matière relativement à la *condictio indebiti.* L'obligation de restituer ne commencera donc que lorsque la cause devient irréalisable; jusque-là l'*accipiens* est propriétaire et a juste motif de croire qu'il le sera toujours, donc n'est tenu d'aucune obligation de conserver la chose qu'il a reçue : il devra restituer ce qu'il en reste du jour où naît à sa charge le droit à restitution, à condition encore qu'il eût conscience de ce fait, ou pour mieux dire il devra restituer ce dont son patrimoine s'en trouve enrichi. Il en serait autrement bien entendu si par avance et en esprit de fraude, il avait disposé de la chose en vue uniquement de rendre impossible la restitution dont il peut être menacé. Si maintenant il est de mauvaise foi, et que par conséquent il ait su dès le début que la cause ne se réaliserait pas, le fait d'avoir accepté le paiement constitue de sa part un délit aux termes de l'article 741 ; de même qu'on le rend responsable aussi de toute perte survenue par sa faute si cette certitude ne lui est acquise que plus tard, c'est-à-dire au cas de *mala fides superveniens* (art. 741, § 2).

347. *Condictio ob causam finitam.* — Le projet traite à part (art. 745) des cas où la prestation a été exécutée sur le fondement d'une cause qui vient à disparaître et qui juridiquement se trouve effacée (2). A cette catégorie appartiendront les cas assez nombreux de rescision ou d'annulation ; on pourrait être tenté d'y faire rentrer les hypothèses de résolution avec effet purement obligatoire, comme celui de la résiliation conventionnelle de l'article 426 ;

(1) Aubry et Rau, § 442 *bis,* note 9.
(2) Cf. C. féd., art. 71. — Osters, G. B., § 1435. — Such., G. B., § 1548.

on sait en effet que la clause de retrait ne produit que des effets personnels et a pour résultat principal de faire naître une obligation de restitution de l'état de choses antérieur; mais il faut bien se garder d'assimiler les deux hypothèses; elles diffèrent d'abord au point de vue du fondement de l'obligation, puisque celle-ci, dans le cas de résiliation, est fondée sur une clause expresse ou tacite du contrat, tandis que la répétition accordée au cas d'anéantissement de la cause repose non sur une convention sous-entendue, bien que nos anciens auteurs l'aient cru (1), mais sur le fait d'un enrichissement devenu irrégulier; de plus, au point de vue des résultats pratiques, la résiliation oblige à rétablir l'état de choses antérieur avec tous les accessoires et conséquences que cette formule comporte (art. 427), tandis que la mesure de la répétition, en matière de *condictio*, se limite à l'enrichissement sous les conditions d'application des articles 739 à 741 telles que nous allons les retrouver ici indiquées.

Nous serions tentés d'en dire autant au cas de terme et condition résolutoires (art. 129 et 142), lesquels reposent également sur une manifestation de la volonté et non sur un pur fait d'enrichissement et qui également doivent avoir pour effet de rétablir un état de choses antérieur plutôt que de faire restituer ce dont on se trouve irrégulièrement enrichi. La question se trouve d'ailleurs fort réduite d'importance dans la théorie du projet qui, tout en rejetant la rétroactivité de la condition (art. 128 et 129), accepte le rétablissement de plein droit de l'état de choses antérieur (2). Ainsi par exemple au cas de transfert de propriété sous condition résolutoire, et à supposer que la condition ait été mentionnée aux registres fonciers (cf. art. 837 et art. 135) (3), si la condition se réalise, et alors même que la chose eût été retransférée à un tiers, la propriété revient de plein droit, bien que sans effet rétroactif, à celui en faveur de qui s'opère la résolution (art. 874, art. 843). Ce dernier n'a donc pas seulement une action personnelle en rétrocession, comme on le proposait (4) et comme cela se présente au cas de résiliation conventionnelle (art. 426), il est redevenu

---

(1) Cf. Windscheid, § 423, note 13.
(2) Cf. *Motifs*, I, p. 253, et le compte rendu de M. Bufnoir (*Bulletin* 1889, p. 160).
(3) Cf. *Motifs*, III, p. 218, note 2.
(4) Cf. *Motifs*, I, p. 253. — Cf. Säch., G. B., §§ 112, 875, 1109. — A. L. R., I, 4, §§ 115, 116. — C. féd., art. 174.

propriétaire et a la revendication. Seulement l'action personnelle existera encore forcément s'il s'agit de prestations autres qu'un transfert de propriété ayant pour objet un corps certain susceptible de conserver son individualité. Mais on rangera alors sûrement dans cette catégorie, c'est l'article 746 qui le dit expressément, les cas de prestation fournis à la suite d'un jugement exécutoire par provision et qui vient à être cassé et autres hypothèses analogues qu'indique la fin de l'article.

Ici encore il fallait, après avoir indiqué les conditions et les cas d'application de la *condictio*, en régler les effets. C'est ce que fait le second paragraphe de l'article 745 en renvoyant aux articles 737 à 744, sous réserve du paragraphe 3 de l'art. 737 et du paragraphe 1er de l'article 741 qui se trouvent écartés. Le premier est celui qui fait allusion à l'exclusion de la *condictio indebiti* pour ce motif que l'auteur du paiement avait agi en connaissance de cause; et le second est celui qui traite comme coupable d'un véritable délit civil celui qui a reçu le paiement sachant la dette existante et l'autre partie dans l'erreur. Il ne pouvait être question en effet d'écarter la *condictio* pour la raison que l'auteur de la prestation avait pu prévoir la disparition de la cause en vertu de laquelle il la fournissait, tout au plus pourrait-on l'exclure alors en tirant de ce fait une preuve de confirmation, à supposer celle-ci recevable; mais ce serait tout une autre question; et encore moins, si l'*accipiens* a de son côté prévu cette même éventualité, pouvait-on le déclarer pour ce fait tenu d'un délit civil? En cette matière il n'y a pas de mauvaise foi initiale, comme disent les motifs (1), il ne peut y avoir qu'une mauvaise foi survenue après coup, laquelle résultera de la connaissance acquise de la disparition de la cause, et ses effets seront ceux de l'article 741, paragraphe 2, de fonder une obligation de restitution entraînant celle de surveillance et conservation; il en résultera que la mesure de la rétrocession ne sera plus limitée à l'enrichissement actuel. Nous renvoyons à ce que nous avons dit à propos de la *condicto indebiti*. Mais de ce que le seul fait de la prévision des chances d'annulation ou de résolution du titre qui sert de cause au paiement ne suffit pas à fonder le délit civil, il ne faut pas en conclure que l'*accipiens* ne pourrait jamais être coupable de délit, par exemple au cas de violence de sa part, de dol, de fraude en général; conformément aux principes généraux : l'article 745 *in fine* le dit expressément.

(1) *Motifs*, II, p. 847.

348. *Condictio ob turpem causam.* — L'article 747 réserve le droit à la répétition si le fait d'avoir accepté la prestation constitue pour celui qui l'a reçue un fait contraire aux mœurs; s'il y avait immoralité des deux côtés, aussi bien dans le fait du *solvens* d'avoir payé que dans celui pour l'autre d'avoir accepté le paiement, la répétition serait exclue. Le caractère d'immoralité peut se référer tout aussi bien à une cause passée qu'à une cause future, par exemple si le *solvens* a voulu rémunérer des services passés et qu'il ne soit pas bienséant, dans le sens de la *turpis causa* des Romains, pour l'*accipiens*, de recevoir ce qu'on lui offre. Restait à régler la responsabilité de ce dernier par rapport à l'obligation qui lui incombe de restituer ce qu'il a reçu; il ne pouvait être question de le déclarer tenu d'un délit civil, comme il est dit à l'article 741, paragraphe 1; on l'assimile alors à celui qui a reçu l'indû de bonne foi et qui n'apprend qu'après coup l'irrégularité de la prestation, ce qui est le cas de *mala fides superveniens* (art. 741, § 2).

349. *Condictio sine causa proprement dite* (art. 748). — Le projet termine le titre consacré aux *condictiones* par le principe général que le fait d'avoir en mains une chose acquise sans titre juridique, de quelque façon que cela soit arrivé (*Sonstiges grundloses Haben*), donne lieu à l'exercice d'une *condictio;* et il la désigne sous l'expression générique de *condictio sine causa*, sinon le projet qui s'ingénie à ne parler qu'allemand, du moins les motifs, cela afin de la distinguer des autres *condictiones* créées en vue d'espèces particulières et portant un nom spécial. Or il se trouve que les *condictiones* spéciales que nous venons de parcourir comprennent tous les cas d'enrichissement sans cause provenant du fait de celui au détriment duquel il s'est opéré, ou, tout au moins, de sa volonté en tant qu'elle n'est pas frappée d'incapacité, de sorte que notre *condictio sine causa*, au sens étroit que lui donne le projet, va se trouver restreinte aux hypothèses d'enrichissement sans cause procuré indépendamment de la volonté de celui à l'encontre duquel il s'est réalisé, ou, tout au moins, s'il provient de lui, provenant d'une volonté considérée comme inefficace et frappée d'incapacité juridique : ce sont les deux cas prévus par l'article 748.

Un mot suffit pour ce qui est de la seconde hypothèse : on suppose un acte fait par un incapable; il en résulte une acquisition réalisée à son détriment et non consentie par son ou ses représentants légaux; en principe il sera resté propriétaire et pourra revendiquer (cf. art. 64 et suiv.); mais encore faut-il que la revendi-

27

cation soit possible; si la chose a été consommée, ou qu'il s'agisse de prestation de services, il ne peut y avoir lieu qu'à une action personnelle en restitution de l'enrichissement procuré; et cette action sera la *condictio sine causa*.

La première hypothèse est bien plus délicate : il s'agit de celui qui s'est enrichi sans cause aux dépens d'autrui, mais sans la participation d'autrui; cela suppose assurément que la propriété, s'il s'agit d'un objet corporel, n'en soit pas restée à celui qui la réclame, sinon il ne saurait être question d'enrichissement; il n'y aurait pas eu transfert de droit, ni acquisition par un patrimoine aux dépens d'un autre; il n'y a donc pas à songer à celui qui acquiert une chose d'un non-propriétaire, puisqu'en principe, et sauf les règles spéciales en matière mobilière, il n'en devient pas propriétaire. Mais on peut imaginer qu'il s'agit de choses qui ne conservent pas leur individualité, ou que l'*accipiens* a consommées; ou encore, s'il s'agit de meubles, d'objets qu'il a retransférés à un tiers de bonne foi auquel la propriété en ait été acquise en vertu des règles sur la transmission des meubles, tandis que l'aliénateur en aura reçu le prix; dans tous ces cas, et mettant à part l'hypothèse de délit civil, il y a enrichissement sans cause, réalisé, nous le supposons, sans la participation ni la volonté de l'intéressé, il y aura lieu à *condictio*. Nous supposons donc, pour construire l'hypothèse, qu'il y a perte d'un droit au profit d'autrui, et cette perte a procuré un enrichissement irrégulier à quelqu'un : celui-ci sera tenu à restitution. Seulement cet enrichissement, et par suite la perte du droit, peuvent provenir d'un simple fait, sans que la loi ait prévu et sanctionné la déchéance dont le titulaire du droit va être victime; il s'agira par exemple d'un vol de denrées, le voleur consomme ou revend les objets volés, la perte que subit la victime du vol ne repose assurément pas sur une disposition légale; il peut se faire au contraire que la perte repose sur une prescription de la loi et soit consacrée ou consommée par la loi elle-même; le cas de prescription acquisitive en est l'exemple le plus frappant. Or il peut se faire que la loi, tout en déclarant le droit perdu pour l'ancien titulaire ait pu ne pas vouloir lui en faire perdre la valeur, mais il peut arriver aussi qu'elle ait entendu lui imposer une perte sèche, sans compensation. Ainsi au cas d'acquisition par voie d'accession, confusion et autres cas analogues, le projet oblige l'acquéreur à désintéresser l'ancien propriétaire de la chose (art. 807); au contraire il va de soi qu'en matière de prescription acquisitive, en matière d'acquisition d'un meuble fondée sur la bonne foi de l'acquéreur (art. 877), ou bien encore s'il s'agit des fruits acquis au possesseur de bonne foi (art. 900), il ne pouvait être question d'obliger celui au profit de qui ces dispositions ont été édictées à rendre la valeur de ce qu'on lui attribue; c'eût été lui faire subir sous une autre forme la perte à laquelle on veut le soustraire. Il pouvait donc y avoir, dans tous les cas où la loi a posé elle-même le principe d'un transfert du droit d'autrui, une question d'appréciation délicate sur le point de savoir si elle entendait que la perte du droit constituât une perte pour le patrimoine d'autrui, et par suite une perte de sa valeur. Le projet a pensé qu'il eût été dangereux d'en laisser la décision à l'interprétation, et pose en règle que si l'enrichissement réalisé sous forme d'acquisition du droit d'autrui repose sur une prescription légale, on doit présumer que ce titre d'acquisition est une cause régulière d'enrichissement; donc, dans le doute, la *condictio* sera exclue, et on ne pourra répéter la valeur de ce qui a été perdu; cela s'appliquera, sans aucun doute, aux cas de prescription et d'acquisition sur le fondement de la bonne foi, cas dont nous avons déjà parlé; dans d'autres hypothèses, la loi a réservé elle-même le droit à répétition, et par suite l'application de la *condictio*, par exemple au cas d'accession, mélange, confusion (art. 897), et d'acquisition de la propriété en matière de choses perdues (art. 922) (1).

C'est donc pour les hypothèses pour lesquelles la loi ne s'exprime pas à cet égard que la présomption de titre légitime d'enrichissement est posée par l'article 748; mais ce n'est qu'une présomption et il y a telle ou telle hypothèse où la preuve contraire ressortira des faits eux-mêmes; les motifs citent l'exemple du débiteur qui, après cession de la créance, paie à l'ancien créancier, de telle sorte que ce paiement soit libératoire dans les conditions indiquées par la loi (art. 304-306). La créance est perdue pour le cessionnaire et le débiteur libéré, il y a aussi enrichissement pour le cédant qui a touché ce qu'il ne devait pas recevoir, et cet enrichissement tant pour le débiteur que pour l'ancien créancier repose sur une disposition légale; il va de soi cependant que pour ce dernier la présomption de légitimité du titre ne sera pas admise (2).

---

(1) Le projet admet, en effet, que celui qui a trouvé un objet et en a fait la déclaration à la police en acquiert la propriété après un certain délai et sous certaines conditions et formalités (art. 918 à 921). Mais il est comptable de l'enrichissement qu'il en a retiré (art. 922).

(2) *Motifs*, II, p. 852-853.

Mais il résulte de là que pour l'application de la règle, il faut supposer une disposition légale relative à un transfert de droit; ainsi
par exemple un juste titre d'acquisition, émanant d'un non-propriétaire, n'est un juste titre d'enrichissement que dans le cas où
la loi consomme le transfert du droit et déclare l'acquéreur propriétaire définitif; en règle, le simple titre d'acquisition, inefficace
pour défaut de droit, rentre dans les cas d'enrichissement réalisé
sans la participation de celui à qui le droit appartient, et il va de
soi que vis-à-vis de ce dernier l'enrichissement n'a pas de cause,
du moins en principe et tant qu'il n'y a pas usucapion réalisée. La
question n'a pas d'importance en ce qui touche le fond du droit
tant que le *verus dominus* reste propriétaire, mais elle peut en avoir
s'il s'agit de choses qui se consomment et en admettant que le
possesseur ne les ait pas acquises conformément aux règles sur
l'acquisition des meubles par le seul effet de la bonne foi (art. 877);
elle peut en avoir aussi par rapport à l'enrichissement retiré de
l'usage de la chose (1); nous ne parlons pas des fruits qui sont
déclarés acquis au possesseur de bonne foi par la séparation
(art. 900); mais en dehors des fruits il pouvait y avoir enrichissement reposant uniquement sur le titre d'acquisition et la question
de répétition se posait; le projet l'a tranchée en déclarant que la
bonne foi sera dans ce cas une juste cause d'enrichissement comme
elle est déjà une juste cause d'acquisition des fruits, et l'article 930
déclare que le possesseur de bonne foi de la chose d'autrui n'aura
pas à restituer les profits qu'il en a retirés. Telles sont les principales hypothèses pour lesquelles le projet se soit exprimé par voie
de dispositions spéciales; en dehors de ces hypothèses il pourra y
avoir lieu à difficulté sur le fait de la régularité du titre et le point
de savoir s'il y a juste cause d'enrichissement à l'encontre de celui
aux dépens de qui il se produit, mais la présomption de l'article 748
sera de nature à écarter les plus grosses difficultés.

La dernière partie de l'article 748 traite des effets de la *condictio
sine causa* et lui applique les règles de la *condictio ob causam finitam*, c'est-à-dire les articles 737 à 745, moins le dernier paragraphe
de l'article 741 (cf. *supra*, n° 347); la seule question qui pouvait
se poser était de savoir si l'acquéreur de mauvaise foi ne devait
pas être considéré comme tenu d'un délit civil et soumis par conséquent aux dispositions du paragraphe 1er de l'article 741 (2); il

(1) Cf. Windscheid, § 422, note 8.
(2) Cf. Süch., G. B., § 1550, C. féd., art. 73.

pourra en effet arriver très souvent que celui qui s'est enrichi de la sorte aux dépens d'autrui se soit procuré cet enrichissement par la voie d'un délit, comme par exemple au cas de spécification opérée par qui savait pertinemment qu'il s'agissait de la chose d'autrui ; mais l'existence d'un délit n'est pas forcée et personne ne soutiendra que celui qui va profiter de l'avulsion, bien qu'il sache parfaitement qu'il acquiert sans cause la propriété d'autrui, ait commis à l'égard de ce dernier aucun délit civil. Or comme le délit ne se présume pas, l'article 748 n'applique à celui qui s'est enrichi connaissant l'irrégularité de la cause que les règles relatives à la responsabilité de l'*accipiens* qui n'apprend qu'après coup l'inexistence de la dette pour laquelle il a reçu paiement ; autrement dit qui se trouve responsable en raison seulement de sa *mala fides superveniens ;* on traitera de même celui qui dès le début se sera enrichi aux dépens d'autrui sachant qu'il s'agissait d'enrichissement irrégulier ; seulement il va de soi que l'intéressé pourra toujours prouver le délit et en invoquer les conséquences s'il réussit à l'établir.

FIN

TABLE DES TEXTES CITÉS [1]

(1) Nous n'indiquons ici que les articles du projet et les textes législatifs.

LOIS DIVERSES

LOIS DIVERSES (*suite*)

LOIS DIVERSES (*suite*).

TABLE ANALYTIQUE

Nota. — Les chiffres renvoient aux pages.

A

E

F

M

S

TABLE MÉTHODIQUE

PARIS. — IMP. C. MARPON ET E. FLAMMARION, RUE RACINE, 26.